PUBLICATIONS OF
THE ISRAEL NATIONAL ACADEMY
OF SCIENCES AND HUMANITIES

SECTION OF HUMANITIES

FONTES AD RES JUDAICAS SPECTANTES

Records of the Trials
of the Spanish Inquisition
in Ciudad Real

Volume One

THE TRIALS OF 1483–1485

The opening of the trial of Sancho de Ciudad and María Díaz

Records of the Trials of the Spanish Inquisition in Ciudad Real

Edited with Introductions and Notes

by

HAIM BEINART

VOLUME ONE

1483–1485

Jerusalem 1974
The Israel National Academy of Sciences and Humanities

Preparation and publication
of this volume
was made possible by a grant from the
Memorial Foundation for Jewish Culture

© The Israel National Academy of Sciences and Humanities, 1974
Printed in Israel
at the Daf-Chen Press Ltd., Jerusalem

Memoriae fratris
Salomonis

Preface

Some ninety years have passed since the trials of Judaizing Conversos in Spain began to receive the attention of scholars. Among the first to highlight the importance of these trials as a source of information on Converso life in fifteenth-century Spain were F. Fita, F. de Santa María, Delgado Merchán, H. C. Lea and, later, Y. F. Baer. However, although many documents of the Spanish Inquisition have been published to date, no complete record of the trials and documents relating to an entire group or community of Conversos has been collected, transcribed and annotated. The present collection of documents pertaining to the trials of the Ciudad Real Conversos is an attempt to fill this need. It comprises the files found on these Conversos in the Archivo Histórico Nacional, Madrid, the section of Judaizers, the Inquisition of Toledo.

Fifty-seven files of victims who were condemned by the Ciudad Real Inquisition were transcribed and annotated in the work presented here. Every trial is a complete unit, preceded by a short introduction and followed by lists of those who composed the Court, of the names of defence and prosecution witnesses and of the members of the *consulta-de-fe*, as well as by the dates on which the trial was held. To some trials I have also added a genealogy.

In addition to the fifty-seven trials published in Volumes I-III, I have included sixty-seven cases of Conversos who were tried, but for whom no files have been preserved. The information on these cases has been extracted from the extant files and from other documents. Moreover, the one hundred and twenty-four cases presented here represent an even larger number of persons tried, since, in many instances, a single file was compiled for more than one accused, e. g., for husband and wife.

These records cover the period between 14 September 1483, the year of the Court's establishment at Ciudad Real, and 30 November 1527, at which time this particular Converso community was virtually extinct.

The eighty-eight cases heard between 1483 and 1485 are contained in Volume I; Volumes II and III contain the remaining thirty-six trials, which were held between 1494 and 1527.

Documents and Biographical Notes related to the Conversos tried or mentioned in the files will be presented in Volume IV. Most of these documents are from the Archives at Simancas, Section Registro del Sello, and have not heretofore been published. In addition, we shall publish short biographical notes on the persons who played a part in these cases.

A regional investigation of this type represents a new historical method, which enables us to envisage the Jewish life of the Converso community as well as the judicial procedures that existed in that period throughout the whole of Spain. For, as the same judicial system prevailed in all Courts of the Inquisition and the methods developed in one place became standard practice in another, the procedures adopted in one region may be regarded as typical of the whole kingdom.

My work on the *Records of the Trials of the Spanish Inquisition in Ciudad Real* began in 1951, when I received grants from the Hebrew University of Jerusalem, my Alma Mater, and from the M. and C. Warburg Foundation, which enabled me to investigate the Inquisition Records in Madrid. I wish to tender my thanks to both institutions.

I should also like to express my gratitude to all those who assisted me throughout the twenty years that I have spent in preparing this work. First and foremost I record my indebtedness to my teacher, Prof. Yitzhak F. Baer, who already in the nineteen-twenties, stressed the importance of the records of the Inquisition as a source of Jewish History and who provided the stimulus for my work in this area, encouraging me in it throughout all its stages. Prof. Baer read the original manuscript, and our discussions of various points were of great value to me.

I am also most appreciative of the help afforded me by the late Mr E. I. J. Poznansky, former Academic Secretary of the Hebrew University of Jerusalem, who assisted me in accomplishing the trips I made to Spain to work at the Archive.

I owe much to my friends in Spain, Prof. Dr Don Francisco Cantera y Burgos and Prof. Dr Don Federico Pérez Castro, professors at the University of Madrid and directors of the Instituto Arias Montano, whose friendship, kindness and readiness to advise I shall always remember. I shall cherish the memory of the time I spent at the Instituto Arias Montano in Madrid, a great sanctuary for Jewish and Sephardi studies. To the friends already mentioned I gratefully add the late R. P. Don Pedro Longás Bartibás, former director of the Manuscript Section at the Biblioteca Nacional; the late Don Benito Fuentes Isla, former director of the Archivo Histórico

Preface

Nacional; Prof. Dr Don Luís Sánchez Belda, director of the Archive; Dr Pilar León Tello of the Archive; and Don Tomás Magallón, official photographer of the Biblioteca Nacional, who supplied me with much-needed copies of various Inquisition records. I also thank Prof. Dr Don Ricardo Magdaleno Redondo, director of the Archives at Simancas; Prof. Dr Don Angel de la Plaza, vice-director of that Archive; and Miss Amalia Prieto, Miss C. Alvarez Terrán, Mrs E. García de Wattenberg and Miss Adela González Vega, all of Simancas. The help and advice they extended to me at various stages enabled me to accomplish the vast preparatory work necessary for a study of this nature. My debt to them all is profound.

The whole project would not have reached finality had I not been accorded the courteous help of the Israel National Academy of Sciences and Humanities. Some years ago Prof. E. E. Urbach, then Chairman of the Humanities Section of the Academy, took the initiative in proposing this publication. I was awarded a special grant to further my work, and all possible technical assistance was put at my disposal. I am much indebted to Prof. G. Scholem, President of the Academy, and to Prof. Y. Prawer, Chairman of its Humanities Section, for their encouragement. I am also grateful to Prof. Prawer and to Prof. C. Wirszubski, members of the Academy and of its publication committee, for their advice on the final form of this work. To Prof. I. Abrahams and Miss Norma Schneider I owe thanks for the good English styling and for critical discussions at various points. To Mr R. Eshel my thanks are due for the thoroughness with which he helped me to prepare this vast amount of material for publication. The complicated layout problems have been excellently solved by Dr M. Spitzer and Mr Eshel, to both of whom I express my appreciation. I am indebted to Dr N. Spiegel for giving his valuable time to the discussion of problems connected with the Latin texts in this work. I also wish to thank Mrs Sarah Shenkolewsky and Miss Yehudit Fastovsky, who checked my transcriptions of the files against the original texts. Miss Fastovsky helped me verify various points; she also prepared the typescript for the printer with meticulous care and read the Spanish proofs. And, last but not least, I acknowledge with gratitude the assistance given me by my wife Ruth and my eldest daughter Yael.

Haim Beinart

The Hebrew University of Jerusalem 1972

Contents

Introduction

I The History of the Court of The Inquisition in Ciudad Real — xiii
II The Composition of the Court — xxi
III The Files of the Court — xxiii
IV Notes on the Transcription of the Files of the Inquisition — xxxv
Bibliographical Abbreviations — xxxvii

The Trials of The Ciudad Real Conversos Held in the Years 1483—1485

1 Trial of Sancho de Ciudad and María Díaz, his Wife — 1
2 Trial of María Díaz, *la cerera* — 40
3 Trial of María González, *la panpana*, Wife of Juan González Panpan — 70
4 The Case of Juana González, Wife of Juan de Merlo — 91
5 Trial of Juan González Pintado — 92
6 Trial of Juan González Daza — 133
7 Trial of Juan de Chinchilla, Tailor, *alias* Juan Soga — 163
8 The Case of Diego de la Sierra — 181
9 Trial of Juan de Fez and Catalina Gómez, his Wife — 182
10 Trial of Pedro de Villegas — 212
11 Trial of María Alonso, Wife of Alonso the Notary — 225
12 Trial of Juan de Ciudad and Isabel de Teva, his Wife — 237
13 Trial of Juan Calvillo — 246
14 Trial of Juan González Panpan — 262
15 Trial of Juan Alegre — 272
16 Trial of Juan Díaz Doncel and Catalina González, his Wife — 280
17 Trial of Juan Falcón, Spice Merchant — 298
18 Trial of Marina González, Wife of Bachiller Abudarme — 306
19 Trial of Leonor González, Wife of Alonso González del Frexinal — 315
20 The Case of Pero Alegre and Mari González, his Wife — 335
21 The Case of Cecilia González — 336

22	Trial of Inés de Belmonte, *alias* González, Wife of Fernando de Belmonte	337
23	The Case of Constanza, Wife of Pero Franco	344
24	The Case of Constanza Díaz, Daughter of María Díaz	345
25	The Case of Diego de los Olivos and his Wife	346
26–68	Persons Burnt at the Stake on 23 and 24 February 1484	347
69	Trial of Isabel, Wife of Bachiller Lope de la Higuera	359
70	The Case of Inés Alonso	363
71	The Case of Fernando del Tremal	364
72	The Case of Fernando Zarza	365
73	The Case of Constanza Díaz, Wife of Ruy Díaz Doncel	366
74	Trial of Catalina de Zamora	367
75	Trial of Juan Caldes	425
76	Trial of Juan González and Beatríz, his Wife	437
77	Trial of Beatríz, Wife of Rodrigo the Alcaide	449
78	Trial of Beatríz, Aunt of Ruy Díaz, Apothecary	462
79	Trial of María González, Wife of Juan González Pintado	474
80	Trial of Juan González Escogido	487
81	Trial of Juan Martínez de los Olivos and his First Wife	505
82	Trial of Marina Gentil	529
83	Trial of Rodrigo Marín and Catalina López, his Wife	538
84	Trial of Juan Falcón, the Elder	551
85	Trial of Juan Díaz, *alias* Juan Dinela, Draper	568
86	Trial of Diego López, Shoemaker	580
87	The Case of Alonso de la Carrera	611
88	The Case of Alonso González de Teva	612

| The Proceedings of the Court of Ciudad Real, 1483–1485 | 613 |
| Dates of *Autos-de-fe* held in Ciudad Real, 1483–1485 | 636 |

Plates

The opening of the trial of Sancho de Ciudad and Maria Díaz
frontispiece

The signature of the notaries Juan Sanchez de Tablada and Juan de Segovia confirming the sentence of María Díaz, *la cerera*
opposite page xxxi

Introduction

I. *The History of the Court of the Inquisition in Ciudad Real*

The Ciudad Real Court of the Inquisition, founded in 1483, was the third Court set up in the Kingdom of Castile after Courts were established in Seville and Córdoba in 1481 and 1482, respectively. It was to serve Ciudad Real and its surrounding towns and villages, the whole Campo de Calatrava and the Archdiocese of Toledo,[1] and must be considered the forerunner of the Court of Toledo, where it was transferred in 1485.[2]

The records of this Court speak for themselves as they describe how a flourishing Converso community in fifteenth-century Spain was demolished by the Inquisition. From them we get a comprehensive picture of life in that community and of the relations of its members to both Judaism and Christianity. For, when stripped of its outer mantle of Christianity, the Converso community of Ciudad Real emerges as an essentially Jewish community.

In the early days the Inquisition proceeded cautiously when entering new areas, thoroughly preparing the local population for what was to follow.[3] By establishing what was eventually to become the Court of Toledo in Ciudad Real, with Toledo under its jurisdiction,[4] and by obtaining the cooperation of its population, the Inquisition was able to condition public opinion in Toledo, which is only 70 km from Ciudad Real. This manoeuvre also obviated the necessity of requesting papal permission when the Court was established in Toledo, since it was merely considered the transfer of the Ciudad Real Court to a new location.[5]

Among the reasons for establishing the central Court for Castile in that town, rather than in Toledo, was the fear of strong resistance

1 The official appointment of the Inquisitors and their jurisdiction speak of 'Çibdad Real e su tierra e en todo el Campo de Calatrava e arçobispado de Toledo'; see the summonses and sentences in the files.
2 See Vol. II.
3 Thus the Castle of Triana served as the centre for Seville, and the village of Cella, for Teruel; see Baer, II, pp. 365 f.
4 Toledo was first included in the area of jurisdiction of Seville. See also B. Llorca, *Bulario Pontificio de la Inquisición Española*, Rome 1949 = *Miscellanea Historiae Pontificae*, XV, p. 56.
5 This system was adopted by the Inquisition in many places throughout Spain.

from Toledo's influential Converso community,[6] for whom Ciudad Real was to serve as an example. As a result, Conversos suspected of Judaizing were intimidated throughout the entire area and were well aware that leniency was not forthcoming from any quarter.

In addition, the Marquis of Villena and Rodrigo Téllez Girón, Master of the Order of Calatrava, who exerted great influence in the region, used Ciudad Real as their centre of activity in their 1474 uprising against the monarchy. After the rebellion was suppressed and the region pacified, in 1476 Alonso Carillo, Archbishop of Toledo, appointed Tomás de Cuenca [7] to investigate the extent of Judaizing among Ciudad Real Conversos.[8] Since Carillo acted with papal authority in his capacity as archbishop, this investigation should be considered a diocesan enquiry made by a bishop or under his orders, and not a full-scale Inquisition. The Crown felt that the time had now come to fully settle accounts with the Conversos who had participated in the uprising.[9] The manner in which Torquemada — who was already Inquisitor-General when the Ciudad Real Court was founded — appointed the Court members [10] and the order in which the Ciudad Real Conversos were tried [11] strengthen this supposition.

We lack exact data as to the inauguration of the Ciudad Real Court, its method of operation and the function of the various members of the Court. As the Inquisitors were appointed before they came to Ciudad Real, they may have had previous experience in this capacity in Seville or in Córdoba. While we do not know the exact date that Torquemada decided to appoint Francisco Sánchez de la Fuente and Pero Díaz de la Costana as judges and Fernán Rodríguez del Barco as prosecutor, undoubtedly their deep religious

---

6 It is well known that many city councils opposed the establishment of a Court at their place, e.g., Teruel and Barcelona.

7 No details are available on his career or on why he was chosen to carry out this investigation.

8 See Lea, I, p. 166; Beinart, pp. 77 ff.

9 See the trials of Sancho de Ciudad (No. 1), Juan González Pintado (No. 5) and Juan de Fez, the Elder (No. 9).

10 Delgado Merchán (p. 209) is incorrect in stating that Torquemada did not appoint the Court members in Ciudad Real. In 1482 Torquemada was already the Inquisitor-General, and without doubt he had the final word as to the officers of each Court.

11 In contrast to Seville, Ciudad Real's founding order is no longer extant. See Llorca, *op. cit.* (supra, n. 4), pp. 48–59; Delgado Merchán, pp. 200 ff.

Introduction

devotion and unwavering dedication to the aims of the Inquisition were regarded as prerequisites for such positions. Since the appointees were also required to differentiate between local gossip and true evidence, we must also assume that they had some knowledge of the conditions prevailing in Ciudad Real and in the Campo de Calatrava, and that they received help from local advisers or assessors and from trusted informers,[12] which enabled them to evaluate, after a comparatively short time, any piece of information collected in a small town like Ciudad Real.[13]

In order to determine the date on which the Court began to function in Ciudad Real and the first steps taken by it, Delgado Merchán, basing himself on L. Páramo's work [14] and calculating back from the first *auto-de-fe* in Ciudad Real which was held near the end of 1483, came to the conclusion that the Court began to operate in the spring of 1483.[15] After the Inquisitors arrived in Ciudad Real it took quite some time to collect the necessary evidence and to open the trials. Still more time elapsed before the verdicts could be carried out. Delgado Merchán was correct in presuming that a well-defined pattern of procedure existed in all Courts of the Inquisition: First came the arrival of the Inquisitors and the establishment of the Court, then the proclamation of a Period of Grace for confessions, which was followed by the gathering of information and, finally, the opening of the trials.

There is no evidence, however, that the order of the Court's procedures and the time appropriated to them were the same in, for example, Toledo and Ciudad Real. In Toledo the forty-day Period of Grace was prolonged by another sixty days, and, upon their expiration, by still another thirty days [16] — in all, one hundred and thirty days of Grace. We may not assume that the Court proclaimed as many days of Grace in Ciudad Real. There is also no reason why the Court should have come to Ciudad Real in the spring and have waited until 14 November 1483 to start

---

12 To mention a few: Jufré de Loaysa and his brother Gonzalo Muñoz, who were familiars of the Court, and Fernán Falcón. See Biographical Notes on them.
13 See the introduction to each trial.
14 L. Páramo, *De Origine et Progressu Officii Sanctae Inquisitionis Eiusque Dignitate et Utilitate,* Madrid 1598, fol. 17v.
15 See Delgado Merchán, pp. 207 ff.
16 See Fita, p. 510; idem, *Boletín de la Real Academia de la Historia,* IX (1885), p. 294; cf. ACA, No. 3864, fol. 31; Beinart, p. 87, n. 53.

summoning those it had decided to try. If the Inquisitors arrived in the spring, they would have had to collect their evidence in the hot and dry summer. It would have been more practical to have begun work in the later summer months, or even in the autumn. That this is what actually happened is shown in the file of Leonor de la Oliva,[17] where we find a notarial confirmation to the effect that the first day of the Inquisition in Ciudad Real was 14 September 1483. The Edict of Grace was proclaimed on that day in the Santa María Church, allowing a thirty-day Period of Grace for those who had erred to confess their sins and to inform on other Conversos who had sinned against the Church. The Edict promised absolution to those who made full confessions and who told all they knew; it was signed by the Inquisitors Francisco Sánchez de la Fuente and Pero Díaz de la Costana.

The period of thirty days seems to have been inadequate for collecting the vast amount of information that poured forth from the many 'sinners' who presented themselves to confess and from 'Old Christian' and Converso witnesses who informed against their 'New Christian' neighbours. The trials of the Ciudad Real Conversos indicate that from the very beginning the Inquisitors, examiners and notaries were kept fully occupied with receiving information and confessions, evaluating them, and taking notes and minutes.[18]

The Court was pressured with a great deal of work, and probably the only rest days allowed its members were Holy Days and those Sundays on which no *autos-de-fe* were held.[19] However, as long as the Court sat in Ciudad Real, the Inquisitors made certain that the religious rigour created by its presence never abated.

By the time the opening sermon was given and the Edict of Grace was proclaimed, the Christian community in Ciudad Real had already been instructed, sometimes by their parish priests, on how to recognize Jewish observances and on the importance of reporting such activities to the Court. As each allegation endangered many Conversos, the Period of Grace was in truth a period of calamity. Conversos who observed Jewish traditions in secret anticipated the worst, as they were well aware of the fate of their brethren in Seville

---

17 See her trial, No. 123, fol. 2v.
18 See list of Officials and Familiars of the Ciudad Real Court of the Inquisition, below, p. xxi.
19 See the chapter on the Proceedings of the Court of Ciudad Real at the end of this volume.

Introduction

and Córdoba. Moreover, since the Inquisition sat in the San Pedro quarter, near La Mata street,[20] anyone seen entering its premises was suspected by his neighbours, who knew that they had to present themselves before the Inquisition if they had anything on their conscience. Thus, the trial of a husband would often follow that of his wife, or *vice versa*. All family ties were broken and no allegiances whatsoever were honoured.[21] It was even common practice to have children bring about their parents' condemnation by serving as witnesses for the prosecution.[22] No wonder that many Conversos fled Ciudad Real at the first rumours that a Court of the Inquisition was to be established there!

The first confession made before this Inquisition was that of Juan de la Sierra on 1 October 1483.[23] Within six weeks about two hundred additional folios had been filled with confessions.[24] As the Court required additional time to record all the confessions and charges, another thirty-day Period of Grace was proclaimed on 14 October 1483. On 3 November 1483 the entire Converso community in Ciudad Real was betrayed to the Court by Fernán Falcón, himself a Converso.[25] On 14 November 1483 the Court opened its doors and tried *in absentia* Sancho de Ciudad and María Díaz, *la cerera*,[26] the most important members of the Converso community in Ciudad Real.

Delgado Merchán has suggested that the period in which the

---

20 See the trial of María González, wife of Pero de Villarrubia, No. 99, fol. 16v.
21 See, for instance, the trial of Juan de Fez and his wife Catalina Gómez, No. 9, foll. 14r–15r; cf. Beinart, p. 81, n. 22.
22 See, for instance, the trial of Leonor González, No. 19.
23 See his trial, No. 118, fol. 5r–v. His confession was entered in *Libro Segundo de Çibdad Real, de Confesiones*, fol. CIII.
24 This huge number of entries is evidenced by further denunciations on Juan de la Sierra, dated 11 and 17 November 1483, which were already on foll. CCCXV and CCCXXI. The Books of Confessions (see above, n. 23) are not extant, but it is to be presumed that each one contained several hundred folios. We are not certain if the first book was already filled before the second was begun or if both were compiled simultaneously.
25 See trials below. He was the main source of information to the Court, and, despite all charges levelled against him by the Conversos on trial or by their defence counsels, the Court's trust in him was not diminished. We do not know why he did not present himself before that date.
26 See the introductions to their trials, Nos. 1–2.

[xvii]

Court operated in Ciudad Real should be divided in two: from its establishment there until 29 November 1483,[27] during which time the Court operated without clearly defined procedures, and from that time, when procedural rules were established, until May 1485, when the Court was transferred to Toledo. However, if we study the Court's work throughout its entire period of operation in Ciudad Real, the only differences that can be noted between the trials held in 1483 and those held in 1484 and 1485 pertain to various declarations made by the prosecutor [28] and to the form of oath-taking. In fact, the system that prevailed in Ciudad Real was the same as that initiated at the trials of the Conversos first summoned by the Inquisition in Seville. At certain stages the Court might waive one procedural act or another, but it generally made certain that the formal side of the trial was kept strictly.

It would seem that the work of the Court in Ciudad Real should be divided into three periods instead of two:

1. From 14 September 1483, when the Inquisitors arrived and proclaimed the Period of Grace,[29] to 14 November 1483, the day of the first trial.[30] During this period evidence was collected, investigations were carried out and decisions taken on who would have to stand trial, who would be restored to the Church but with their property confiscated and whose confessions were to be accepted in full.

2. The first period of the trials, from 14 November 1483 to 24 February 1484.

3. The second period of the trials, until 15 March 1485.[31]

This division is derived from the order in which the defendants were summoned and their roles in Ciudad Real society.

Until 24 February the Court tried only important living Conversos, either present or *in absentia*. These trials were to serve as a warning to those who had not yet come forward to confess and to show that even runaways, such as Sancho de Ciudad and his family and María Díaz, *la cerera*, were not outside the reach of the Inquisition. After these, María González, *la panpana*, was brought to trial, although it may have been her husband who was the true object

27 See Delgado Merchán, p. 207; cf. H. Beinart, *Zion*, XX (1956), pp. 4 ff
28 For instance, that the arraignment was not presented out of malice toward the accused.
29 The Inquisitors probably arrived a week or so before this.
30 See the trial of Leonor de la Oliva, No. 123, fol. 2v.
31 The Court moved to Toledo in the middle of June of that year.

Introduction

in this case. Juan González Pintado, who had served as secretary to two kings, was the next to be brought to trial.

These trials were followed by those of the lesser personalities in the Converso community, whose well-known Jewish practices were considered an adverse influence on the entire community.

Last to be tried were people of little influence in the community, whose relatively minor transgressions enabled the Court to include a large number of them in the sentences of well-known Judaizers of great influence, such as Juan González Escogido and Juan Martínez de los Olivos. For example, forty-two people were sentenced along with Juan Martínez de los Olivos.[32] By summoning them together and passing one sentence on them, the Jewish practices of all these persons were put on the same level. This leads us to believe that after the Court rounded up a whole group and the day of the *auto-de-fe* became imminent, the *consulta-de-fe* passed one sentence for them all in order to clear up some of the arrears of work. Only after these cases had been dealt with did the Court turn its attention to the deceased Conversos on whom they had gathered enough evidence to initiate a trial.[33]

The exact number of Conversos brought to trial by the Ciudad Real Court of the Inquisition will remain undetermined. We do know, however, from a comparison of the number of extant files with the number of people burnt in the *autos-de-fe* held there[34] between 16 November 1483 and 15 March 1485, that many more Conversos were tried and condemned than the number of files would suggest.[35] What happened to all the Conversos who were implicated in the trials of others and on whom we have no further information, we can only surmise.

If we assume that at that time the Converso community of Ciudad Real comprised fifty or more households (after 1391 there was no longer any Jewish community in that town), then not a single Converso family escaped without having at least one of its members condemned by the Inquisition. In some cases, entire families were

---

[32] See the opening of the trial of Juan Martínez de los Olivos (No. 81), which is a summary of the life of these forty-two Conversos.

[33] However, some deceased and living Conversos were tried during both periods.

[34] See the list of *autos-de-fe* at the end of this volume.

[35] See Fita, pp. 294 ff.; cf. Delgado Merchán, pp. 214–224; Beinart, p. 292–298; idem *Tarbiz*, XXVI (1957), pp. 71–86.

brought to trial, the parents condemned and burnt and some or all of the children penanced.[36]

The only way to avoid the terror of the Inquisition was to flee from its wrath. However, the Inquisition had patience. It was active in tracking down fugitive heretics and undertook to bring runaway Conversos back to stand trial.[37]

Portugal, which had no extradition treaty with Spain, offered refuge to runaway Conversos and even allowed them to live openly as Jews until 1497, when, influenced by her neighbour, she forced all Jews to convert. Nevertheless, that country continued to harbour the Converso refugees from Spain until the late thirties of the sixteenth century, when it founded its own Inquisition. Many Ciudad Real Conversos fled to Portugal while the Court functioned in their town. They remained there even after the Court moved to Toledo, as the Toledo Court still sent inspectors to Ciudad Real to collect information, causing those who had not yet fled to join their brethren in Portugal.[38] By then they had learned that flight was the only way to escape an encounter with the Inquisition.[39]

---

36 See, for instance, the genealogy appended to the trial of Juan Martínez de los Olivos, No. 81.
37 See, for instance, the afore-mentioned trial of Leonor González, where her son Juan de la Sierra went to Portugal under a safe-conduct from the Inquisition to persuade his mother to return and stand trial; cf. Beinart, pp. 184–185.
38 See the trial of Juan de la Sierra, No. 118.
39 On the Court of Ciudad Real at work, see Beinart, pp. 89–159.

Introduction

II. *The Composition of the Court*

The composition of the Court did not change during the entire period that it sat in Ciudad Real. The Judges-Inquisitors were Licenciado Pero Díaz de la Costana, Canon of Burgos;[1] and Doctor Francisco Sánchez de la Fuente, Canon of the Diocese of Zamora and later Bishop of Ávila and Córdoba.[2] The Prosecutor was Fernán Rodríguez del Barco, who became an Inquisitor after the Court transferred to Toledo. Juan Gutiérrez de Baltanás acted as assessor and as legal advisor to the Court. Juan Ruiz de Córdoba, Juan Martínez de Villarreal, Juan de Hoces and Juan González examined the witnesses prior to the trial, evaluated the information collected after taking careful note of the local jealousies and hatreds that might lie behind various testimonies, and then passed it on to the Prosecutor. They also kept the Inquisitors informed of the cases pending. The work of these four examiners, carried out for the most part during the Periods of Grace, was similar to what pre-trial investigators do today.

The other members of the Court were: Juan de Uría, receiver of confiscated property; Juan del Faro, chief gaoler; and his assistant gaoler, Juan Redondo. In addition, there were many familiars, notaries and scribes.[3] Some of the Converso familiars, such as Jufré de Loaysa and Gonzalo Muñoz de Loaysa,[4] were consultants to the Court on Jewish matters. The Counsels for the Defence, even though they were not always familiars, must have had connections with the Inquisitors, as they were trusted by the Court.[5] In all, the Court comprised a group of zealous functionaries who knew no mercy, and few of those brought to trial managed to escape its grip.

Officials and Familiars of the Ciudad Real Court of the Inquisition

Name	Function in the Court	Years
Pero Díaz de la Costana	Inquisitor	1483–1485
Francisco Sanchéz de la Fuente	Inquisitor	1483–1485
Fernán Rodríguez del Barco	Prosecutor	1483–1485

1 He was the judge ordinary and died in 1488; see Biographical Notes.
2 See Biographical Notes on him.
3 For a full list, see the following list of Officials and Familiars of the Ciudad Real Court of the Inquisition.
4 See Biographical Notes on them.
5 See Beinart, pp. 125 ff.

Records of the Spanish Inquisition in Ciudad Real, 1483-1485

Name	Function in the Court	Years
Juan Gutiérrez de Baltanás, Cura de Yebenes	Assessor and Advisor	1483-1485
Jufré de Loaysa	Assessor	1483-1485
Gonzalo Muñoz de Loaysa	Assessor	1483-1485
Juan de Hoces	Examiner	1483-1485
Juan Martínez de Villareal	Examiner	1483-1485
Juan Ruíz de Córdoba	Examiner	1483-1485
Juan del Faro	*Alguacil* (Mayor), Chief Gaoler	1483-1485
Juan Redondo	*Portero,* Assistant	1483-1485
Juan de Uría	*Receptor,* Receiver of Confiscated Property	1483-1485
Juan de Lorca	*Pregonero*	1483
Juan de Santa Cruz	Notary, Confessor [6]	1483
Juan Sánchez	Notary	1483-1485
Juan Sánchez de Madrid	Notary	1483-1485
Juan de Segovia	Notary	1483-1485
Juan Sánchez de Tablada	Notary	1483
Juan Gallego	Notary [7]	1484-1485
Diego Téllez	Notary	1484-1485
Gonzalo Hernández Gallego	*Letrado*	1484-1485
Juan González [8]	Familiar, Chaplain to Pero Díaz de la Costana	1484-1485
Pedro de Torres	Familiar, Chaplain to Pero Díaz de la Costana	1484-1485
Tristán de Medina	Familiar, Chaplain to Pero Díaz de la Costana	1484
Pedro de Villacis	Familiar to Francisco Sánchez de la Fuente	1483-1485
Alfonso Mejía (Mexía) [9]	Familiar	1483
Martín de Cepeda	Familiar to Francisco Sánchez de la Fuente	1483-1485
Pedro de la Pelegrina [10]	Familiar	1483-1485
Fernando de Trujillo, Converso	Familiar, Witness to Court Procedures	1483-1485
Fernán Falcón, Converso	Familiar, Witness to Court Procedures	1483-1485
Bachiller [ ] del Camargo	Member of *Consulta-de-fe*	1483-1485
Licenciado Juan del Campo	Member of *Consulta-de-fe*	1483-1485
Bachiller Gonzalo Fernández, Alcaide	Member of *Consulta-de-fe*	1483-1485

(For further details, refer to the Biographical Notes or to the Index)

6 During Period of Grace; see the trial of Juan González Pintado, No. 5, fol. 16v.

7 He also served as *Procurador* in the trial of Juan González Daza, No. 6, fol. 3r.

8 He was also called González de Valdivieso.

9 In 1485 he represented the Court in Almagro.

10 He was the servant of Juan del Faro.

[xxii]

Introduction

III. *The Files of the Court*

The files of all the Conversos tried in Ciudad Real and Toledo were drawn up according to the same pattern — one that was already well established in 1483, when the Court took up residence in Ciudad Real.[1] We shall deal here with the outlines of this pattern, adding information on the Court's procedures where necessary.

The file of a person, i.e. the body of documents found in a particular file, is mainly a protocol of the various stages of that person's trial. But it is more than that. As its contents are not confined to the Court's sessions, it should also be considered a personal file on the Converso tried. Indeed, large sections of the file were prepared outside the Court, as well as during the Court sessions which often ran for many years.

Technically speaking, the file was for the most part prepared by the notary or notaries who recorded the minutes of the trial. This recording was sometimes done while the audience was still in progress and the Inquisitors were sitting in judgement. No less directly involved in preparing the file were the prosecutor, the defence counsel — in the person of the *letrado* — and, sometimes, the defendant. Authorship of the documents presented to the Court by the prosecution and the defence should be attributed to them, as it is to be presumed that each played a part in preparing the material presented. Theoretically, the prosecutor could influence the outcome of the trial by the way in which he set forth the acts the defendant was accused of committing. Although the documents presented by the prosecutor or the defence counsel may have been considered more or less valuable as evidence, their roles as instruments of the Court were fixed, as they had to follow a set terminology and order of composition. In time a special terminology even arose for describing acts of the Court and the behaviour of the accused.[2]

Altogether, each file is a composite record, consisting of original documents and drafts, in fair or rough copy. Some of these — the arraignment, the questionnaire for defence witnesses and the

1 During the course of time slight changes occured in the form and style of entries or in the choice of expressions used by an official of the Inquisition or by the defendant, but the same general pattern continued to be found as late as the eighteenth century.
2 E. g., *tacha* (*tachar*; to erase or strike out a testimony — to annul a testimony) and *relapso* (someone who has returned to his old ways after having abjured and been absolved by the Court of sins committed).

[xxiii]

sentence — are final formulations of documents most likely prepared from drafts.

The entries on the various audiences follow a fixed order: place of audience (prison, torture chamber, etc.); date; type of audience (regular, morning or afternoon session); those present (judges, prosecutor, defence counsel, notaries, witnesses, etc.).[3] Only after these details had been recorded did the notary describe the subject dealt with at that audience. Through this procedure the forms and order of entry adhered to were those observed by all Spanish Courts of Law.[4]

Arraignment

The prosecutor's arraignment was among the first documents entered in the file; often it was the very first. It was prepared prior to the Court session at which it was presented to the Inquisitors, and it comprised a summary of the testimonies collected by the examiners, including the defendant's confession, when this was made before them during the Period of Grace or in pre-trial examinations.

The charges in the arraignment were drawn up by the prosecutor, who took pains to stress the more relevant and important aspects of the defendant's transgressions, omitting what he felt was immaterial. At some early stage the material was handed over to the prosecutor's assistant (*portero*),[5] who prepared the arraignment itself.[6] Since the arraignment was based on testimonies, its contents were dictated by the type of information collected. Thus, although the arraignments followed a set pattern, each one was individual in character.[7]

Upon being presented in Court, the arraignment was read before the defendant and then passed on to the notary to be entered in

3   Sometimes only the names are given, sometimes only the titles; or the presence of a notary and witnesses may have been evidenced by their signatures at the end of the entry.
4   See J. Klein, *The Mesta,* Cambridge (Mass.) 1920, pp. 376 ff. The description here is based on the summary of a long list of trials.
5   Sometimes the *portero* appeared in Court on the prosecutor's behalf.
6   This is why slight differences in the wording are often found between the opening of the arraignment and the evaluation of a certain Jewish act.
7   See, for instance, the opening of the trial of Juan Martinez de los Olivos (No. 81), which is, in a way, a summary of the life of forty-two Judaizers.

Introduction

the file. Later on it was sewn into the file in its assigned place, generally at the beginning. A copy of a summary of the arraignment was given to the counsel for the defence. Among the other entries found in the first part of the file were the testimonies of informers who were brought in to support the charges against the accused Converso, testimonies to the effect that the accused had been summoned but had fled, or testimonies recording the fact that the accused had died but that his heirs and relatives were called to defend his memory. Entries of this type were usually made by the notary at the time the summons was issued and were attested by witnesses who were probably familiars of the Court.

Confession of the Defendant

Some files open with the defendant's confession — which is written on a separate sheet of paper — instead of with the arraignment. We may assume that in such instances the confession was made prior to the trial, during the Period of Grace. In such cases the confession alone was considered sufficient reason to bring an accused to trial, and the confession was considered valid evidence against all possible claims that it was extracted under duress, should the defendant subsequently retract it. Nevertheless, all defendants, even if their confessions were made after they were arrested, had to approve their confessions anew 'of their own free will' during their trials. Those defendants who were literate wrote and signed their own confessions. If they could not write, the confession in the file was written down by the person who received it — the *letrado*, who served for the defence, a notary of the Court, or a local priest.

Thus, depending upon the course of the trial, the document found in the file immediately after the arraignment was either:

a. The defendant's confession, made before or after he heard the indictment.[8]

b. The defendant's denial of the indictment or his response to the charges made against him. This should be distinguished from the first answer (or pleading) of the defence counsel — consisting of a

---

[8] If the defendant confessed in Court or handed in a written confession during his trial, the prosecutor would either accept or reject it. If it was accepted, it became the second, or additional, arraignment. If it was rejected, the accused would be admonished and later tortured. For this a special verdict was given, and the torture was considered an examination.

procurador and one or two *letrados* — which the defendant was permitted to appoint at a certain stage of the trial.

Defence

Next in the file is a note to the effect that defence counsel had been appointed.

The power-of-attorney given to the defence counsel by the heirs and relatives of the accused Converso was usually written on a large sheet of paper and had to be folded to fit into the frame of the file before it was sewn in. It should be pointed out that although the power-of-attorney was one of the first documents sewn into the file, the date indicates that sometimes it was made out before the arraignment was even presented in Court.[9] Hence, it is clear that some information and advice was given to the family just after the Converso concerned was arrested. The family member with the power-of-attorney appeared in Court and, in due course, handed over the conduct of the defence to counsel for the defence.

The file then presents the various stages of the defence and their sessions, in the same order that these matters were brought up in the arraignment: (1) the pleading; (2) the questionnaire for defence witnesses; (3) the presentation of witnesses and their swearing in; (4) the witnesses' examination by the Court's examiners.[10]

The pleading and the questionnaire were prepared outside the Court by a *letrado* who had been given power-of-attorney by the family of the accused Converso. He was most probably assisted by a relative of the defendant, who furnished the defence with details on the accused's way of life and the names of people hostile toward the accused who might have testified against him. On completing these documents, the *letrado* presented them to the Court, where they were placed in the file by a notary. Since these instruments were not presented to the notaries at the same time, there are blank pages in the file, e.g. between the pleading and the questionnaire and between the last document and new sections of the file. These blank parts or pages were often used by the notaries to record various procedures, an understandable practice, since paper was not abundant at that time.

---

9 At times it was issued outside Ciudad Real, and, later, outside Toledo.
10 The summons of the witnesses for the defence, their swearing in and their examination were carried out by a Court examiner in the presence of a notary. The defence, however, was not present.

Introduction

Prosecution

The first documents, which come from the defence, are followed by those of the prosecution.

The prosecutor adduced his evidence, a procedure that was connected with an Interim Verdict given by the Court and recorded by the notary present as soon as it was announced. The prosecutor then presented his witnesses, who testified after they were sworn in.

Some of the testimonies that appear in the file were taken down verbatim from the witnesses as they appeared in Court; others were copied from books of testimonies given prior to the trial. Almost all prosecution witnesses who appeared before the Court were actually testifying for the second time. They merely confirmed the testimony they had given in the pre-trial examination or during the original investigation. Each witness was required to keep his evidence secret and to swear that he would not divulge anything he learned while he testified.

Testimonies

Since the testimonies of prosecution witnesses comprise the bulk of the material found within each file, the way in which these were entered by the notary is of exceptional importance. The name and surname of the witness were entered first. Sometimes his nickname was added for further identification. This was followed by his title, occupation and address.[11] Then a note was made referring to the swearing-in ceremony, stating whether the witness was appearing for the prosecution or for the defence and giving many personal details on the witness himself for identification purposes. Only then was the testimony of the witness entered in the file, in *stilo relativo*.

The relationship between defendant and witness was detailed in full: how long they were acquainted, the approximate time when the act was committed by the defendant and in what circumstances and manner the defendant had performed it. Conversations reported by a witness were recorded verbatim. From the point of view of diplomatics this part should be regarded as 'narratio' and 'dispositio' combined. Defence witnesses, however, were merely presented with

---

11 If the witness was a woman, the name of her father or husband was noted. The same rule obtained if the witness was a minor.

questions from a questionnaire drawn up by the defence, to which, as a general rule, they were required to answer only on the specific point raised in that question.

At the end the witness would affirm that his testimony was not given out of malice,[12] but in obedience to the dictates of his conscience and because he had sworn to tell the truth. This may be called the 'sanctional' part and may be deemed an 'eschatocol'.

Although the testimony generally followed this pattern, the evidence often suffered from lacunae due to omissions, forgetfulness, etc. It must be borne in mind that each testimony was based on the witness's memory of events that had taken place decades earlier; any trivial deed or expression that was recalled might be interpreted as a Jewish act or as devotion to Mosaic Law.

The Inquisition invariably tried to obtain detailed information; it never failed to ask witnesses when and how a *mitzvah* was performed or an expression used, and under what circumstances the incident occured. Each witness was no doubt given preparatory instruction on these matters, but only his replies were entered in his testimony — first in the Book of Testimonies and later in the file. Such entries may be identified from the formula used by the Court for the confirmation of a testimony[13] and from a marginal remark entered by the notary.

The strict observance of procedure gave the written testimony its full weight from a procedural point of view. The evidence also contained an internal corroborative system, from the point of view of the document, which was intended to assure the trustworthiness and exactness of the account given by the witness.

Although some testimonies were based on hearsay or local gossip, the construction of the entry covered up any faulty aspects of the testimony. By elaborating this system the Inquisition tried to preserve, through documentation, things that passed into oblivion in the course of time. The Court saw to it, however, that each testimony for the prosecution was confirmed by another source and that this confirmation was entered in the file, as the defence always objected strongly to unconfirmed testimonies.

---

12 Such additions were also made by the prosecutor. This practice came into being after the reunion of the Inquisitors in 1484. It was devised to avoid a form of pleading often used by the defence.

13 'Fuele leydo el contenido de su dicho; dixo ser verdad todo lo que ha dicho.' See, for instance, the trials of Juan Ramirez (No. 109) Mayor Gonzáles (No. 116) and others in the later period.

Introduction

At the request of the prosecution or defence, an order for publishing a summary of the testimonies for the prosecution might be issued by the Court and minuted during the session. The same notary who entered the testimonies in the file would sum them up when the Court was not in session, maintaining utmost secrecy. The summary did not mention the names of witnesses and omitted any other allusions that might allow the defence to identify a witness and, thus, to rebut his testimony, e.g. by bringing forth evidence of the latter's hatred of the defendant. The summary given to the defence was a copy of the one written directly into the file.[14]

Pleading for the Defence

At this point the file presents various defence documents. The first of these, drawn up by the defence *letrado* and presented by the *procurador,* denied the truth of the testimonies given, pleading that they did not incriminate the defendant. The next document comprised a list of names of persons who, according to the defendant, might have testified against him. This was necessary because the defendant, his defending counsel and even the other witnesses for the prosecution never knew who had testified. The deed, called 'tachar los testigos', described the enmity and the envy that the named persons had for the accused. It not only gives us a cross-section of the social relations, local occurrences and gossip, but also depicts the overall social status of the defendant in his town or village.

The next document is another questionnaire presented by the defence, which contained a list — often very long — of witnesses who would prove the defence's claims. It was written by the *letrado* and was given to the notary to be added to the file. After the witnesses mentioned in this list were interrogated by special examiners, they testified against the witnesses for the prosecution who might have informed on the defendant. All these testimonies were recorded and entered in the file, and the notary entered a marginal note mentioning whether the prosecution witness whose testimony was being refuted had, in fact, testified. Sometimes a whole paragraph in the testimony of a defence witness was struck out because the testimony it had been intended to refute had never been given.

14 *Libro Segundo de Çibdad Real,* and the folio number.

Summing-Up of the Prosecution

The prosecutor then brought forth additional evidence to prove his case and entered a plea for rejection of the defence testimonies. This was also recorded by the notary during Court session.

Consulta-de-fe

The *consulta-de-fe*, which followed next in the Court's procedure, is represented in the file by a document that contains a summary of the statements made by each participant.[15] If the defendant was to be acquitted, the decision to present compurgatory witnesses was duly noted; if he was condemned, no vindicating testimonies are found in the file.[16]

When a defendant was acquitted or his case was dismissed, the file contains an account of the entire procedure with regard to the compurgatory witnesses: their presentation, swearing in and questioning through still another questionnaire presented by the defence.

Sentence

The penultimate document in the file is the sentence, which was prepared by a notary outside the Court session for the *auto-ae-fe*, where it was read and pronounced before being entered into the file. Every sentence passed while the Court sat in Ciudad Real was made out in the same form, probably by only one or two notaries.

The sentence is a summary of the witnesses' testimonies, the examination of the defendant in Court and of his confession — if he confessed. Although it is in part a repetition, it is of great importance because of its formal aspect and also because it sometimes contains information that is not available in testimonies or in the confession itself.

The connection between the sentence and the arraignment is of special interest. While these two documents were not always drawn up by the same notary, the similarity in style and form of expression is quite evident.[17] Obviously an effort was made to adhere to

---

[15] There are instances when the *consulta-de-fe* is only mentioned in the sentence, see the synopsis of each trial.

[16] Although decisions were supposedly reached by consensus, with each member of the *consulta* expressing his view on the guilt of the accused and the sentence to be passed, the prosecutor exerted great influence on the outcome of each case.

[17] Since the defence repeated the wording of the arraignment, the latter was recorded as an integral part of the pleading of the defence.

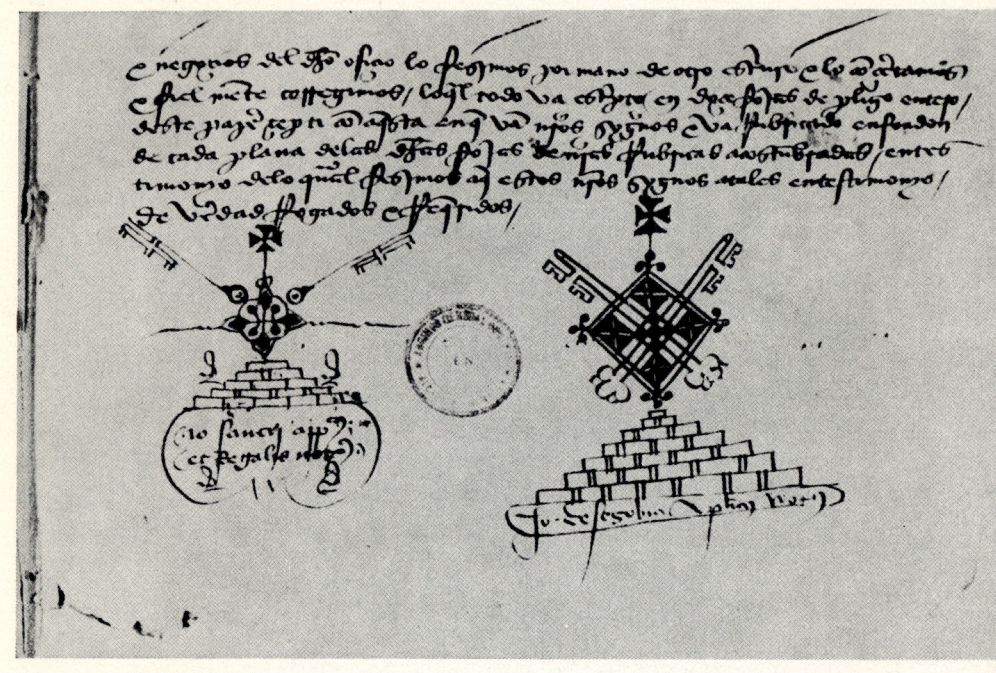

The signature of the notaries Juan Sanchez de Tablada and Juan de Segovia confirming the sentence of María Díaz, la cerera

Introduction

formal procedure in order to tie up all the loose ends of the case in question.

Conclusion of the File

The last entry in the file is a notice testifying that the sentence had been carried out and naming the witnesses to it. This document was signed by the notary in attendance at the *auto-de-fe,* who was not always the same notary that had recorded the Court sessions during the trial.

The file was closed at this point, at least temporarily. Sometimes, however, an accused who was penanced and not burnt was later retried as a relapsed heretic. In such cases, the file was reopened — even after a lapse of many years — and the trial renewed. Thus, the same file might serve for two trials, the second of which usually ended with the burning of the accused Converso, a clear indication that the files were as a rule prepared to be kept as a permanent record.

Signatures

Each file contains various signatures: defendants signed their own confessions (if they wrote them); witnesses confirmed their testimonies (if they testified during the trial); the *letrado* signed the pleading for the defence; the judges, the sentence; notaries, those parts of the protocol referring to the stages of the trial in which they had taken part, as well as the closing of the file noting that the sentence had been carried out. In the files transcribed here the signature of the prosecutor is not found on any of the instruments he presented.[18] Nor did the notary who drew up the arraignment sign it. Each notary added his special sign to his signature (see Plate).[19] All these signatures were considered confirmations of the contents of the instruments and of their entry into the file.

The notary present would sometimes sign as witness to a certain procedure, and would then be mentioned at the end of the deed, although often that procedure had other witnesses as well.[20]

---

18 His name, titles and offices are used only at the opening of the arraignment.
19 For various notaries' signatures see, for instance, F. Garcia Morales et al., *El documento notarial en la historia*, Madrid 1969.
20 "Ante los notarios testigos infra escriptos" would be the note added.

Additions to the File

Quite a few files contain additions that were sewn in as separate sections or booklets. These often consist of testimonies collected by a special examiner in another place or town and confirmed by a local notary; for example, orders given by the Suprema, letters or documents, written prayers or amulets intercepted or found at the defendant's house. From the sixteenth century onward, printed Indulgences of the Pope,[21] printed summonses and orders and, sometimes, pamphlets are found in the files.[22] In some cases these were copied anew into the file.

It should be stressed that early in the sixteenth century the Court began questioning the accused about their ancestry. Exact genealogies were drawn up — on both the maternal and paternal sides — of grandparents, aunts and uncles, with notes as to which of these had been tried, reconciled and restored to the Church, or burnt at the stake.[23] These lists, which were inserted into the files, helped the Court evaluate the environment and background of the defendant.

Incomplete Files

Sometimes documents pertaining to the procedure were omitted from the files, and badly prepared files may be found. The lack of a particular document or its faulty preparation might be an indication of official neglect, which the defence counsel often used in his arguments against the prosecution. However, such inconsistencies in no way influenced the *consulta-de-fe* or the judges in their decisions and sentences. It made little difference to them whether the procedures were fully recorded or whether they were abridged and incomplete, as the Court was concerned only with the significance of the Jewish acts of the defendant. Yet, a badly-prepared file is not conclusive evidence that a trial was not properly conducted. Pressure of work or laziness may have been responsible for the failure of a scribe or notary to enter all the necessary details in the file, or a document may simply have been misplaced.

---

21 An Indulgence served the defence as proof that the defendant's sins were already absolved. How the Inquisition evaluated such Indulgences is another question.
22 Thus indicating that the Courts had already printed up documents needed for its operations.
23 For my reconstructed genealogies, see the end to each trial.

Marginal Notes

Much information on the preceding particulars has been made available to us through marginal notes and comments written into the files by the notaries. These marginal notes were entered in the file either during the trial, when the witnesses were presented to confirm their testimonies, or at some point afterwards, when the notary was working on the file. The marginal notes might include references to the fact that a certain testimony was copied from a particular book of testimonies, when the notary might add the number of the book — e.g. *Libro Primero* [or: *Segundo*] *de Çibdad Real* — and give the exact folio.[24] When the notary who entered these testimonies in the file in fair copy was unable to complete his work, he might write a marginal note to the effect that a number of testimonies still had to be copied into the file,[25] again specifying the book of testimonies from which they were to be taken. Needless to say, everything concerned with the writing of these notes was accomplished in complete secrecy.

A marginal note might relate that the testimony entered was from a witness who died before his testimony was presented in Court,[26] or from a witness who had fled and could not be found. Sometimes a notary made a marginal note of the fact that a particular witness was descended from a condemned Converso,[27] or that he had lied in his testimony. In some cases the notary wrote the word *ojo* (eye) in the margin, to alert the Inquisitors or the Prosecutor to a specific piece of information.

These marginal comments, in addition to explaining various omissions and discrepancies in the files, are also of great historical importance because of the information they give us on the manner in which the Court functioned. Further, they are valuable as a source of information on the personal lives of all those who were connected with the trials.

---

24 See the trial of Leonor de la Oliva, No. 123, fol. 16r.
25 See, for instance, the trial of Juan Díaz, No. 85, fol. 4v: 'Quedan por asentar en este proçeso otros seys testigos que estan en los libros.'
26 This is especially true in later trials. See, for instance, the trial of Juan Ramirez, No. 109.
27 This was often the case with witnesses for the defence, whose testimony was then rejected.

Records of the Spanish Inquisition in Ciudad Real, 1483–1485

Evaluation of Documents

From the point of view of diplomatics, the case of each Converso arraigned and condemned by the Inquisition is to be considered a Court file, which, as it stands, is a historical document. Even if one doubts some accounts included in the testimonies, the file in its entirety is a document that describes the life and fate of the person or persons concerned, also revealing the tragedies of members of the same family and of their relatives and friends. As such, it is the key to understanding the vicissitudes that befell them. The occasional discrepancies and omissions in some files do not detract from the Inquisition's zeal for detail, exactness and formalism. Nor do they lessen the historical value of the contents of each testimony and its significance for posterity. For what clearly emerges from these records is the narrative of people who, despite the hundreds of years they lived under the yoke of the Inquisition, never ceased to yearn for their Jewish past.

Introduction

IV. *Notes on the Transcription of the Files of the Inquisition*

As a general rule, the transcription of the trials has been executed according to the rules set by the Spanish Academy for the publishing of mediaeval texts. In addition, we have used ñ instead of the nn in the files, and the sign ɀ has been changed to e or y. Accents were not added to names or to other words, as they were not used at the time the files were composed.

Names and surnames in the trials themselves are as they appear in the files, e.g. Pascual, *borceguinero*, or Juan, *carpintero*, are given without the person's trade or profession being turned into a surname. In the English sections of the work, including the Biographical Notes, we have endeavoured to give the names a unified modern form, using accents where they would be used today.

As grammatical rules were unspecified at the time of the Inquisition, each notary had his own grammar for spelling and syntax, and one even finds the same word written two or more ways in one phrase. Such inconsistencies have not been altered in the transcription. I have, however, ventured to use modern punctuation to make reading easier: commas were added; periods and new paragraphs are as they were in the files. While capital letters were used indiscriminately by the notaries, I have capitalized only names and words of special religious significance.

The file (*legajo*) numbers given in our texts accord with those given by M. Gómez Campillo in his *Catálogo de las causas contra la fe seguidas ante el Tribunal del Santo Oficio de la Inquisición de Toledo*, Madrid 1903. However, as the Archivo Histórico Nacional has recently renumbered the files of the Inquisition, I have, in each case, given both Campillo's number and the new number.

Marginal notes of various types are printed differently, in order that they may be distinguished from the text and from each other. Those of a notary, which give additional information on the accused, are printed in small type; those by an Inquisitor are printed in small bold type; material that was originally omitted by the notary during the trial and that he remembered to write in later are printed in regular type.

Records of the Spanish Inquisition in Ciudad Real, 1483–1485

Signs Used in the Transcription of the Files

[ ]	reconstruction (or illegible)
( )	delete
⟨ ⟩	addition of editor
⟨ ⟩	crossed out or erased by scribe
{ }	written in the margin
⌐ ¬	written between the lines
| |	blank space

Bibliographical Abbreviations

ACA = Archivo General de la Corona de Aragón
AHN = Archivo Histórico Nacional
BAE = Biblioteca de Autores Españoles
Baer = Y. F. Baer, *Die Juden im christlichen Spanien*, I—II, Berlin 1929—1936
Beinart (*Anusim*) = H. Beinart, *Anusim be-Din ha-Inquisizia (Conversos on Trial by the Inquisition)*, Tel Aviv 1965
BN = Biblioteca Nacional, Madrid
Delgado Merchán = L. Delgado Merchán, *Historia Documentada de Ciudad Real* ², Ciudad Real 1907
Fita = F. Fita, *Boletín de la Real Academia de la Historia*, XX (1892)
IT = Inquisición Toledo
Lea = H. C. Lea, *A History of The Inquisition of Spain*, I—IV, New York 1904—1907
Leg. = Legajo
REJ = *Revue des Études Juives*

The Trials, 1483—1485

1 Trial of Sancho de Ciudad and María Díaz, his Wife 1483–1484

Source: AHN IT, Legajo 139, No. 145, foll. 1r–17r; new number: Leg. 139, No. 11.

This trial, which opened on 14 November 1483, was the first to be held in Ciudad Real after the establishment of the Spanish Inquisition in that town. Sancho de Ciudad and his wife [1] were tried in absentia, *having fled a short time before the Inquisitors arrived.*

Sancho de Ciudad was an illustrious member of the Converso community and was very well known as a member of the Town Council. He farmed the Alcabala taxes as well as other levies of the Crown. The witnesses who testified against him called him 'Rabbi Mayor', and it is therefore to be presumed that he was head of the Ciudad Real Converso Community.

In 1463 he was circumcised and began to live openly according to the Law of Moses. In 1474–1475 he joined the Marquis of Villena and his followers in their rebellion against the Catholic monarchs. For this his property was confiscated, and he was deprived of his office. When the Campo de Calatrava and Ciudad Real were pacified his property was returned to him, but he was not reinstated in office. At that time he was tried by Dr. Tomás de Cuenca, the Inquisitor sent by Don Alfonso Carrillo, Archbishop of Toledo and Corregidor of Ciudad Real, to investigate the heresies of the Conversos of Ciudad Real. He was probably absolved later. Thus, the trial under discussion here was the second for Sancho de Ciudad. A full procedure was followed, and the trial ended with Sancho de Ciudad and his wife being sentenced to be burnt in effigy.

Subsequently they were caught (see document appended), together with many other refugees, on the coast of Valencia. They were tried again in Toledo, and this time they died as martyrs by being burnt at the stake in person.

There were thirty-two witnesses for the prosecution. One more witness [2] probably testified against Sancho de Ciudad, but his

---

[1] See the genealogy of their family on p. 37.
[2] Cristino de Escalona; see list of witnesses.

[1]

testimony was not included in the file. The number of witnesses speaks for itself.

On Sancho de Ciudad's activities, see also document Nos. 6, 14, 23, 24, 59, 66 in Vol. IV, and the trials of Juan González Pintado (No. 5) and of Juan de Ciudad (No. 12).

Bibliography: Delgado Merchán, p. 222; Lea, I, p. 167; III, pp. 87 ff.; H. Beinart, *Zion*, XX (1956), pp. 7–13; idem, *Anusim*, pp. 166 ff. and passim.

1r
Proçeso contra Sancho de Çibdad
e contra Mari Dias su muger
vesinos de Çibdad Real
avsentes

1v *Blank page*

2r En la noble Çibdad Real, catorse dias del mes de nouienbre, año
14 Nov. del Nasçimiento del Nuestro Saluador Ihesu Christo de mil e
1483 quatroçientos e ochenta e tres años, estando los reuerendos señores inquisidores Pero Dias de la Costana, liçençiado en santa theologia, canonigo en la yglesia de Burgos, et Françisco Sanches de la Fuente, doctor en decretos canonigos en la yglesia de Çamora, dentro en las casas de su morada que son en la dicha çibdad, en la sala baxa donde acostunbran faser la abdiençia a la ora de la terçia, en presençia de nos, los notarios e testigos infra escriptos, paresçio ante los dichos señores inquisidores el honrado Ferrand Rodrigues del Barco, clerigo, capellan del Rey nuestro señor, promutor fiscal en el dicho Ofiçio, traido por los dichos señores estando e teniendo su abdiençia a la dicha ora de la terçia, les denunçio e dixo que muchos vezinos desta dicha çibdad, asi onbres como mugeres, que eran sospechosos e infamados de la heregia se auian absentado e huydo desta dicha çibdad por themor de la

[2]

dicha Inquisiçion, entre los quales era notorio que se auia absentado Sancho de Çibdad e Mari Dias, su muger, e non sabia donde estan, de los quales el entendia de denunçiar del dicho crimen de la heregia e de aver judaysado; por ende, que pedia e pidio a los dichos señores inquisidores que resçebida su informaçion de la notoriedad de la absençia dellos desta dicha çibdad, la qual se ofresçia luego a dar si les constase ser ansi absentes como dicho tenia, mandasen dar su carta çitatoria por hedicto contra los dichos Sancho de Çibdad e su muger, con çierto termino, en el qual les mandasen que paresçiesen personalmente a responder a las querellas e denunçiaçiones que sobre la dicha eregia e aver judaysado e seguido la Ley de Muysen contra ellos e cada vno dellos entendia ante nos presentar e poner e perseguir sus proçesos sobre el dicho caso de heregia, inplorando çerca de todo ello su ofiçio. E oydo el dicho pedimiento del dicho promutor fiscal por los dichos señores inquisidores, mandaron que les diese e presentase ante ellos los dichos testigos para ver su informaçion de como eran absentes los dichos Sancho de Çibdad e Mari Dias, su muger, desta çibdad e non eran en ella presentes. E luego, el dicho procurador fiscal presento ante los dichos señores inquisidores por testigos a Juan Ruis, trapero, e a Juan de Areualo e a Anton Moreno e a Rodrigo de Villa Ruuia,[3] de los quales e de cada vno dellos los dichos señores resçibieron juramento en forma de derecho, fasiendoles poner sus manos derechas en la Crus e mandandoles que so cargo del dicho juramento dixiesen verdad en el caso presente. E cada vno de los dichos testigos respondio que si juraua, e a la confusion del dicho juramento respondieron: Amen. E preguntados por los dichos señores inquisidores si saben ser notorio que los dichos Sancho de Çibdad e Mari Dias, su muger, eran absentes desta çibdad, e que se auian absentado por causa de la Inquisiçion, e que tanto tienpo auia que se auian absentado; e los dichos testigos e cada vno dellos por si, absoluiendo el dicho juramento, respondie-
2v ron | et dixieron que era e es publico e notorio que los dichos Sancho de Çibdad et Mari Dias, su muger, eran absentes desta çibdad, e que pudia aver quinse dias antes que los señores inquisidores veniesen a esta çibdad, poco mas o menos, que se avian absentado desta dicha çibdad, e que a todo su creer e pensar se absentaron por themor de la Inquisiçion, e que ansi era notorio

---

[3] They served in the same capacity: to confirm the fleeing of María Díaz, *la cerera;* see No. 2, fol. 2r.

e publica fama en esta dicha çibdad, e que por agora non sabian donde estauan e residian. E luego los dichos señores, auida la dicha informaçion, dixieron que pues les constaua e consto de la notoria absençia de los dichos Sancho de Çibdad e Maria Dias, su muger, e ser absentes desta çibdad e de sus casas e abitaçion donde aiuan morado e eran vesynos e non se sabia de çierto donde estauan, que mandauan e mandaron dar su carta çitatoria en forma de hedicto contra ellos e cada vno dellos con termino de treynta dias por tres terminos e el vltimo perentorio, por la qual les mandauan que paresçen a responder en los dichos terminos a las acusaçiones e denunçiaçiones que el dicho fiscal sobre el dicho crimen de la heregia e de judaysar dise que les entiende poner. La qual dicha carta mandaron notificar en las casas de sus moradas que son en esta dicha çibdad, e publicamente pregonar en la plaça e notificar en la yglesia de San Pedro, do eran perrochianos, en dia de fiesta, estando ayuntado el pueblo a la Misa e Oficios Diuinos, et despues que sea puesta e afixa en vna de las puertas de la dicha yglesia e este en ella por todo el dicho termino de los dichos treynta dias. Testigos que a todo lo susodicho fueron presentes: Los dichos Juan Ruis, trapero, e Juan de Areualo e Anton Moreno e otros muchos que ende fueron presentes, e nos, los dichos notarios Juan Sanches e Juan de Segouia. El thenor de la qual dicha carta es este que se sygue:

14 Nov. 1483 De nos, Pero Dias de la Costana, liçençiado en santa theologia, canonigo en la yglesia de Burgos, e Françisco Sanches de la Fuente, doctor en decretos, canonigo en la yglesia de Çamora, juezes inquisidores que somos de la heretica prauedad dado por la autoridad apostolica en esta Çibdad Real e su tierra, a vos, Sancho de Çibdad e Mari Dias, vuestra muger, e Mari Dias, la çerera, vesinos que soys desta dicha Çibdad Real, salud en Dios, y a los nuestros mandamientos, que mas verdaderamente son apostolicos, firmemente obedesçer e cunplir. Sepades que ante nos paresçio el procurador Ferrand Rodrigues del Barco, clerigo, nuestro promutor fiscal, e nos denunçio e fiso relaçion e dixo como vos e cada vno de vos, los sobredichos, seyendo vesinos e moradores en esta dicha ciudad e estando so nonbre e posesion de christianos, guardastes e siguistes la Ley de Muysen en todo o en parte, fasiendo muchas çerimonias della, e venistes contra nuestra Santa Fe Catholica e vos apartastes de la vnion e ayuntamiento de la Santa Madre Yglesia e de los catolicos e fieles christianos della, segund paresçe por

3r vna informaçion de testigos que contra vos e cada vno de vos ante nos presento, e a esta cabsa, e por non ser por el denunçiados e acusados, dis que vos absentastes e aveys absentado desta çibdad. Y porque el entiende de denunçiar de vos e de cada vno de vos e de vos acusar de la heregia en que aveys caydo incurrido de guardar e solepnisar la Ley de Muysen, apostatando nuestra Santa Fee Catolica, pidionos que le mandasemos dar nuestra carta çitatoria para vos e cada vno de vos, por la qual vos çitasemos e llamasemos e mandasemos que dentro de çierto termino paresçiesedes ante nos personalmente aqui, a esta dicha Çibdad Real, a estar con el a derecho e responder a las denunçiaçiones e querellas que contra cada vno de vos entendia intentar e presentar e proponer, apersebiendovos que si non paresçiesedes, que en vuestra absençia, aviendovos por presentes, presentaria e proponia las dichas denunçiaçiones e querellas e presentaria su prouança contra cada vno de vos sobre el dicho delito de heregia e juderia que cometistes e en que incurristes, e que proçediesemos en ellas e en cada vna dellas segund fallasemos por derecho. E asimismo nos pidio que por quanto erades absentes desta çibdad e su tierra e el no sabia o ni avia pudido saber donde estauades o por agora fasiades vuestra abitaçion, que nos pidia que mandasemos publicar esta nuestra carta de çitaçion en esta çibdad en los lugares publicos e en las yglesias della, e ponerla e mandarla afixir en las puertas de las dichas yglesias por que de alli pudiesen venir a vuestras notiçias; e sy nesçesario era, de como no estauades en esta dicha çibdad e su tierra ni sabia adonde al presente residiades que estaua presto de dar informaçion, la qual luego ante nos presento por testigos fidedignos, e faser qualquier solepnidad o juramento que de derecho deuiese e mandasemos e quisiesemos. E nos, visto su relaçion e pedimiento ser justo e conforme al derecho, e vista la informaçion e testigos que ante nos presento contra cada vno de vos, asi del delito de heregia (de heregia) de que soys infamados como de vuestra absençia desta çibdad, mandamosle dar e dimos esta nuestra carta paravos, por la qual çitamos e mandamos a cada vno de vos que del dia que vos fuere intimada en vuestras personas, sy pudieredes ser avidos, o en las casas de vuestras moradas, o fuere publicada e pregonada en la plaça desta dicha çibdad o leyda en las yglesias al tienpo de la Misa en dia de fiesta, estando el pueblo ayuntado para los Diuinos Ofiçios, e despues puesta e afixa en vna de las puertas de las dichas yglesias, pues nos consta de vuestra absençia desta çibdad por la informaçion por nos resçebida, dende a treynta dias primeros siguientes, dandovoslos por tres terminos de diez en dez dias por cada moniçion e termino e el ultimo perentorio, paresçiades e cada vno de vos paresca personalmente ante os dentro en las casas de nuestra morada | que son en esta çibdad, donde acostumbramos faser abdiençia, a ver proponer e presentar contra vos por el dicho fiscal las dichas denunçiaçiones o acusaçiones ⟨o⟩ querellas e responder a ellos e alegar todo lo que quisieredes en vuestra defension e derecho, e oyrvos hemos e guardarvos hemos vuestro derecho. En otra manera, si en el dicho termino non paresçieredes e rebeldes e contumases fuerdes, en vuestra absençia e rebeldia oiremos el dicho nuestro promutor fiscal e reçebiremos las dichas denunçiaçiones e querellas que contra cada vno de vos intentare e pusiere e todo lo que quisiere desir e alegar, e resçebiremos los testigos que sobre ello presentare. E si culpados vos fallaremos en el dicho delito de heregia de que soys sospechosos e infamados, en que se dise que aveys cometido e que aveys guardado e solepnizado la Ley de Muysen e sus rictos e çerimonias, pronunçiarvos hemos e declararvos hemos por erejes, e proçederemos contra vos e cada vno de vos fasiendo nuestro proçeso sumariamente, segund e como de derecho devamos. Para lo qual todo e para cada vna cosa e parte dello e para la sentençia o sentençias e execuçion della o dellas, por la presente perentoriamente vos çitamos, et mandamos que esta nuestra carta, despues de ser publicada en la plaça desta dicha çibdad e leyda en las yglesias della donde aveys seydo e soys perrochianos, segund suso dicho es, sea puesta e afixa en las puertas de las dichas yglesias e que ninguno la quite dende, so pena dexcomunion, sin nuesro mandado e liçençia, la qual proferimos en estos escriptos contra el que lo contrario fisiere. Dada en esta Çibdad Real, dentro de las casas donde al presente hasemos nuestra abitaçion, a catorse dias del mes de nouiembre, año del Nasçimiento del Nuestro Saluador Ihesu Christo de mil e quatroçientos e ochenta e tres años.

Summons and Procedure

16 Nov. 1483   E despues desto, domingo, diez e seys dias del dicho mes de nouiembre, año susodicho, esta dicha carta fue leyda e publicada dentro de la yglesia de San Pedro por mi, Juan de Segouia, notario de la dicha abdiençia e Ofiçio de la Inquisiçion, estando grand parte del pueblo de la dicha çibdad junto en la dicha yglesia a la Misa Mayor e al acto de la reconçiliaçion [4] que fasian aquel dia los

[4] Many Conversos were restored to the Church on 16 November 1483.

penitentes, estando presentes los virtuosos cauallveros Juan Peres, corregidor desta dicha çibdad, e mosen Lope de la Tudia, comendador de Malagon, e muchos de los cauallveros e regidores de la dicha çibdad, y testigos, que fueron presentes, el liçençiado Jufre de Loaysa e Alfonso Mexia,[5] bachiller, e otros muchos.

17 Nov. 1483 E despues desto, lunes siguiente, diez e siete dias del dicho mes de nouiembre, año susodicho, estando en la plaça publica desta dicha çibdad, se pregono esta dicha carta en la dicha plaça publicamente | a alta boz, leyendo yo, el dicho Iohan de Segouia, notario, e pregonando Juan de Lorca, pregonero e ofiçial de la dicha çibdad, deputado para las semejantes cosas. Testigos que fueron presentes al dicho pregon: Juan de Vilarreal, escriuano, e Juan de Ouiedo e Juan Gomes, fiscal del señor arçobispo, e otros vesinos desta dicha çibdad.

4r

E despues desto, este dicho dia, estando ante las puertas de las casas del dicho Sancho de Çibdad e Mari Dias su muger, que son en esta dicha çibdad en la collaçion de San Pedro a Barrionueuo, en la calle que se dise de la Torre de Sancho de Çibdad, por mi, el dicho notario, fue notificada e intimada esta dicha carta en persona del honrado cauallero Juan Peres, corregidor que es en esta dicha çibdad, que esta e mora e se aposenta en las dichas casas. Testigos que fueron presentes: Ferrando de Trujillo e Alfonso de Almodovar, moradores en la dicha çibdad.

E despues desto, este dicho dia e mes e año susodichos, esta dicha carta fue puesta e afixa por el dicho promutor fiscal en vna de las puertas de la dicha yglesia de Sant Pedro con çiertos clauos por ante mi, el dicho notario, e testigos yuso escriptos que fueron presentes a la dicha afixaçion, lo qual el dicho fiscal pidio por testimonio sinado a mi, el dicho notario, de como la dicha carta quedaua puesta e afixa en la dicha puerta de la dicha yglesia de Sant Pedro. Testigos que fueron presentes a lo sobre dicho: Ferrand Alfonso, cura, e Pedro Ferrandes, clerigos de la dicha yglesia de Sant Pedro

25 Nov. 1483 E despues desto, en veynte e çinco dias del dicho mes de nouienbre, año susodicho, estando los dichos señores en las dichas sus casas en la sala baxa, fasiendo su abdiençia publicamente a la ora de la terçia, segund que lo acostunbran faser, paresçio ante ellos el dicho promutor fiscal e dixo que por quanto oy, dicho dia, se cumplian los diez dias del primero del primero ⟨sic⟩ termino de

---

[5] For the personalities mentioned here, see Biographical Notes.

los dichos treynta dias que en la dicha carta se auian dado a los dichos Sancho de Çiudad e a Mari Dias, su muger, para paresçer e se presentar ante sus reuerençias, e non paresçian, que les acusaua e acuso la primera rebeldia. E los dichos señores dixieron e respondieron que la resçebian. Testigos que fueron presentes: Juan Martines, cura de Yebenes, e Pedro de Torres, capellan del dicho señor liçençiado inquisidor, e nos, los dichos notarios.

26 Nov. 1483 E despues desto, otro dia siguiente, veynte e seys dias del dicho mes de nouienbre del dicho año, el dicho fiscal paresçio ante los dichos señores inquisidores, estando en la dicha sala donde acostunbran faser audiençia a la ora de la terçia, ante nos, los dichos

4v notarios e testigos de yuso escriptos, dixo que | por quanto ayer avia acusado la primera rebeldia de la carta de hedicto que contra Sancho de Çibdad e Maria Dias, su muger, se auia dado e puesta e afixa en la dicha puerta de la yglesia de Sant Pedro, que la ratificaua ante los dichos señores inquisidores, e si neçesario era de nueuo la acusaua. E los dichos señores respondieron que lo oyan. Testigos que fueron presentes: El liçençiado Jufre de Loaysa e Luys Mendes, cantero.

4 Dec. 1483 E despues desto, en cuatro dias del dicho mes de dizienbre, año susodicho, estando los dichos señores inquisidores dentro en la dicha sala de sus casas fasiendo su abdiençia, en presençia de nos, los dichos notarios e testigos yuso escriptos, paresçio el dicho promutor fiscal e dixo que por quanto oy era el segundo termino de los dichos treynta dias contenidos en la dicha carta çitatoria e de hedicto que se dio contra los dichos Sancho de Çibdad e Mari Dias, su muger, e non pareçian, que les acusaua e acuso la segunda rebeldia. E los dichos señores respondieron que lo oyan. Testigos que fueron presentes: Pedro de Torres e Juan Sanches, clerigos, capellanes del dicho señor liçençiado de Costana, inquisidor.

5 Dec. 1483 E despues desto, otro dia siguiente, çinco dias del dicho mes de diçienbre del dicho año, estando los dichos señores inquisidores dentro en la dicha su sala oyendo las personas que ante ellos paresçian,[6] paresçio el dicho procurador fiscal e dixo que por quanto ayer auia acusado la rebeldia del segundo termino de la carta que se dio contra Sancho de Çibdad e su muger, que oy la ratificaua en presençia de los dichos señores, e si nesçesario era la acusaua de nueuo. Los dichos señores respondieron e dixeron que la resçebian en quanto pudian e de derecho deuian. Testigos que a esto

[6] This seems to have been part of the general procedure against all the accused.

Trial of Sancho de Ciudad and María Díaz

fueron presentes: Nos, los dichos notarios, e Juan de Hoçes e Pedro de Torres, clerigos.

15 Dec. 1483 E despues desto, lunes, quinse dias del dicho mes de disienbre del dicho año, estando los dichos señores inquisidores fasiendo su abdiençia a la ora de la terçia dentro en la sala baxa de sus casas, segund que lo han de vso e de costunbre, paresçio ante ellos el dicho procurador fiscal e dixo que por quanto oy se cunplia el vltimo termino e perentorio de la carta çitatoria e de hedicto que contra Sancho de Çibdad e Mari Dias, su muger, por ellos dado en que avian de paresçer, e non paresçian, que les acusaua la ultima e terçera rebeldia, e que pidia a sus reuerençias que los vuiesen por contumaçes e rebeldes e por tales los pronunçiasen. E los dichos señores respondieron que oyan lo que desian e que estauan prestos de faser aquello que con derecho deuiesen. Testigos que fueron presentes. |

5r
16 Dec. 1483 E despues desto, martes, diez e seys dias del dicho mes de diziembre, año susodicho, estando los dichos señores inquisidores en la dicha sala de sus casas donde acostumbran haser su abdiençia, ante sus reuerençias paresçio el dicho procurador fiscal e dixo que por quanto ayer avia acusado la vltima e perentoria rebeldia a Sancho de Çibdad e Mari Dias, su muger, e pedio que lo vuiese por rebeldes, que agora, a mayor abondamiento e si nesçesario le era, ratificaua la dicha rebeldia e la acusaua de nueuo y pidia a los dichos señores que los ayan por rebeldes e contumases e en sus absençias e rebeldias reçebiesen sus denunçiaçiones o querellas que contra ellos e cada vno dellos entendia poner e ante su reuerençia presentar, e proçediesen en el proçeso de cada vna dellas segund e como de derecho deuiesen, pues que para todo el dicho proçeso auian seydo çitados e llamados. Et los dichos señores dixieron e respondieron que los avian e vuieron por rebeldes e que en su absençia, aviendo su contumaçia por presençia, pusiese e presentase las querellas o denunçiaçiones que quisiesen, que estauan prestos de lo oyr e de le faser cunplimiento de justiçia. Testigos que fueron presentes: El liçençiado Jufre de Loaysa e Pedro de Torres, familiar del señor liçençiado de Costana, inquisidor.

Arraignment

5 Jan. 1484 E despues desto, çinco dias del mes de henero, año del Nasçimiento del Nuestro Saluador Ihesu Christo de mil e quatroçientos e ochenta e cuatro años, estando el señor doctor Françisco Sanches de la Fuente, inquisidor, dentro en la dicha sala oyendo a las personas que ante ellos paresçian, paresçio el dicho procurador fiscal e dixo que presentaua e presento este libelo de denunçiaçion contra los dichos Sancho de Çibdad e Mari Dias, su muger, el thenor de qual es este que se sigue:

Muy Reuerendos e Virtuosos Señores Jueses Inquisidores de la heretica prauedad:

Yo, Ferrando Rodrigues del Barco, capellan del Rey nuestro señor, promutor fiscal de la Santa Inquisiçion, paresco ante Vuestras Reuerençias e denunçio e querello de Sancho de Çibdad e Mari Dias, su muger, vesinos desta Çibdad Real, absentes que agora della son, como rebeldes e contumases a los mandamientos apostolicos e a vuestros llamamientos e enplasamientos que en su absençia, que deve ser auida por presençia, digo que biuiendo los dichos Sancho de Çibdad e Mari Dias, su muger, en nonbre e posesion de christianos e gozando e vsando de las prorrogativas de christianos, en ofensa de Nuestro Señor e de nuestra Santa Fee Catholica, sin themor de las penas e çensuras que por judaysar e guardar la Ley de Muysen e rictos judaycos esperar deuiera, los dichos Sancho de Çibdad e su muger judaysaron e hereticaron guardando la Ley de Muysen en las de yuso:

5v Vno, que ençendieron | e fisieron e consintieron ençender candiles linpios los viernes en las noches aderesçados de tenprano por honra e çerimonia de los sabados. Iten, que guisaron e fisieron guisar viandas los biernes para los sabados a fin de no lo guisar en los dichos sabados por fiesta, e asy comian ellos e los de su casa el tal guisado frio en los tales sabados con las çerimonias de judios. Iten, hereticaron los dichos Sancho de Çibdad e su muger guardando los dichos sabados, no fasiendo ny entendiendo en ellos en obras ny cosas de trabajo. Iten, que guardaron e festiuaron las pascuas de los judios fasiendo en ellas las çerimonias e cosas que los judios en ella suelen e acostunbran faser. Iten, solepnisaron e honraron los dichos sabados e pascuas, asy vistiendose en ellos ropas linpias e de fiesta, mas aquel dia que en otros de la semana, de paño e de lino, como yendose ellos a folgar en los tales dias a casas de sus parientes como los tales parientes veniendose a su casa. Iten, que los dichos Sancho de Çibdad e su muger comieron e fisieron comer a los de su casa pan çençeño en las pascuas que los judios lo suelen comer, que llaman ellos del Cordero, e fisieron en las dichas pascuas junto con el comer del dicho pan otras çerimonias e rictos judaycos como enteros e çiertos judios. Iten, que siguiendo e guardando la dicha Ley de Muysen comian carne muerta con çerimonya judayca, e quando non la pudia aver non comian otra, ny comian de los pescados vedados en la dicha Ley de Muysen, todo en forma judayca e a modo de judios, siguiendo sus pisadas. Iten, que los dichos Sancho de Çibdad e su muger denegaron el advenimiento de Nuestro Verdadero Redentor e Saluador Ihesu Christo, Nuestro Mexias, en espeçial, juntandose en su casa el e otros conversos e conversas, quando agora puede aver treynta años, poco mas o menos, que vna estrella echava de sy vnos ramos grandes, subidos en su torre, e desian a boses: ¡Nasçido es el que nos ha de saluar!, todo en oprobio de nuestra Santa Fee Catholica. Iten, que los dichos Sancho de Çibdad e su muger a los tiempos que comian e çenauan bendeçian la mesa en forma de judios, disiendo oraçiones judaycas. Iten, que los dichos Sancho de Çibdad e su muger, continuando sus heregias, leyan e resauan oraçiones judaycas.[7] Iten, que los dichos sabados, por honra e guarda de la dicha Ley de Muysen, non tratauan ny avn tomaron ni daua⟨n⟩ dineros, segund que lo fasen los judios. Iten, que el dicho Sancho de Çibdad, continuando sus eregias e apostasias, en menospreçio de Nuestro Redentor e de Su Santa Fe, como dicho es, leyo como rabi muchas beses oraçiones judaycas e otras semejantes cosas de la Ley de Muysen a muchos conversos e conversas que a su casa yvan a oyr del, e otras veses el mismo yva [8] | a otras casas a les leer e resar las tales oraçiones. Et non solo esto fasian, mas avn trabajaua quanto pudia por subuertir, como heresiarca e subuersor de nuestra Santa Fee Catholica, asy a los conversos como a los christianos viejos a su herroneo e dapnado camino. Iten, que los dichos Sancho de Çibdad e su muger judaysaron e ereticaron en otras cosas e casos e maneras e tienpos que seyendo nesçesario protesto declarar en el presente negoçio. Por que, Virtuosos Señores, digo que ansi por los dichos Sancho de Çibdad e su muger aver hereticado e apostotado notoria e publicamente en las cosas ya dichas, como por rebeldes a los dichos vuestros mandamientos, e non aver paresçido ante Vuestras Reuerençias a se reduzir a la Madre Santa Yglesia, a quien tanto ofendieron, antes aver fuydo e absentandose desta dicha çibdad por cabsa de la Inquisiçion, que los dichos Sancho de Çibdad e su muger son e deuen ser auidos por notorios herejes e apostotas e personas que publicamente guardaron la dicha Ley de Muysen e

---

[7] An amendment in the text begins here.
[8] The folio ends here. A line was drawn, and under it we read: 'Va escripto sobre rayado en esta plana o discontinuando: sus heregias leyan a resaban oraçiones, valga e non enpesca.'

sus çerimonias, e por ello incurrieron en las çensuras eclesiasticas e en las otras penas çeuiles e criminales en los derechos e santos canones constituydas. Por que, Reuerendos Señores, vos pido e requiero que por tales notorios erejes e apostotas los declareys e pronunçieys, declarando aver incurrido en las dichas penas, para lo qual todo inploro el reuerendo e noble ofiçio de Vuestras Reuerençias, e sobre todo pido conplimiento de justiçia. Et juro por las ordenes que resçebi que si los dichos Sancho de Çibdad e Maria Dias, su muger, presentes fueren, esta misma denunçiaçion les pusiera; por que, Señores, vos pido e requiero que, aviendolos por presentes, proçedays contra ellos segun la calidad del negoçio e contemto de los dichos Sancho de Çibdad e Maria Dias su muger, segund que en tal caso el derecho permite, fasta la sentençia difinitiva e inclusiue; e yo esto presto de justificar esta dicha mi denunçiaçion e querella si e en quanto nesçesario fuere, e pido segund dicho es.

Summons and Procedure

Et asy presentado el dicho escripto de denunçiaçion ante el dicho señor inquisidor, e rebeldia e contumaçia del dicho Sancho de Çibdad e Mari Dias, su muger, el dicho señor inquisidor dixo que lo resçebia e mando a los dichos Sancho de Çibdad e Mari Dias, su muger, que dentro de terçero dia primero seguiente venga respondiendo e disiendo de su derecho contra el dicho libelo. Para lo qual mandaron a mi, el dicho notario, que los çitasen ‹a› esta abdiençia e en las casas de su morada. Testigos que a esto fueron presentes: Juan de Hoçes e Juan Ruys de Cordoua, maestro en santa theologia.

E luego yo, el dicho notario, incontinenti, por virtud de la dicha comision e mandamiento, los çite a alta bos en la dicha abdiençia

6v en presençia | de los que ende estauan. Testigos que fueron presentes: Los sobredichos e otros muchos.

E luego, incontinenti, yo, el dicho notario, por mandamiento del dicho señor e a pedimiento del dicho fiscal, fue a las casas de los dicho‹s› Sancho de Çibdad e Mari Dias, su muger, ante las puertas de las dichas casas los çite que pareçiesen a terçero dia a responder a la dicha denunçiaçion e querella que sobre el dicho crimen de la heregia contra ellos era puesta. Testigos que fueron presentes: Ferrando de Trugillo e Alfonso de Almodovar, moradores e vesinos desta dicha çibdad.

7 Jan. E despues desto, en siete dias del dicho mes de henero del dicho *1484* año, ante el dicho señor doctor e inquisidor, estando en la dicha abdiençia, paresçio el dicho procurador fiscal e dixo que, por quanto los dichos Sancho de Çibdad e Mari Dias, su muger, a petiçion suya e por mandamiento de su reuerençia auian seydo çitados para que personalmente paresçiesen a esta abdiençia a responder a vna denunçiaçion e querella por ante el puesta contra el dicho Sancho de Çibdad e su muger, e non paresçian, e oy se cunplia el termino, que les acusaua e acuso la rebeldia. E el dicho señor dixo que la resçebia. Testigos que fueron presentes: Martin de Çepeda e Christoual de Burgos, familiares del dicho señor doctor inquisidor.

E luego el dicho señor doctor inquisidor [9] dixo que pues los dichos Sancho de Çibdad e su muger Mari Dias eran rebeldes e non paresçian, que el concluya en la dicha denunçiaçion que contra ellos auia presentado, e le pedia que asymismo el concluyese e los resçebiesen a la prueua. Testigos que fueron presentes: Los dichos Martin de Çepeda e Christobal de Burgos.

E luego el dicho señor inquisidor respondio e dixo que en absençia e rebeldia del dicho Sancho de Çibdad e Maria Dias su muger, que el concluya con el dicho fiscal, que presente estaua, e aseñalaua termino para dar sentençia para luego, la qual dixo e pronunçio en vnos escriptos que en sus manos tenia en la forma siguiente:

Fallamos que deuemos resçebir e resçebimos al dicho nuestro promutor fiscal a la prueua de lo por el denunçiado e querellado contra los dichos Sancho de Çibdad e su muger, saluo jure inpertinentium et non admitendorum. E para la qual prueua faser les damos e aseñalamos termino de nueue dias primeros siguientes, dandole tres dias por cada termino e plaso e todos nueue por termino perentorio, e asy lo pronunçiamos en estos escriptos e por ellos. E por quanto avemos seydo informados que non conviene saber ni conosçer las personas de los testigos que en esta cabsa e las otras depusiere | por el peligro de sus personas, segund la parentela que esta gente tiene e por ser el dicho Sancho de Çibdad regidor desta çibdad e aver tenido e tener grand parte e poder en ella a personas e gentes que le seguian e sele allegauan, e nos ha constado e consta que algunos de los conversos han amenasado a los testigos e han querido poner sus amenasas en execuçion, non mandados çitar ni llamar a los dichos Sancho de Çibdad e Maria Dias, su muger, para ver jurar e consoçer las personas de los testigos que por el dicho fiscal fueren presentados, saluo que sea resçebido de los testigos que el dicho fiscal presentare juramento secretamente, en manera que non se conosçen sus personas ni sepa quien son.

---

[9] *Sic;* the text should read 'promutor fiscal'.

Witnesses for the Prosecution

7 Jan. 1484 E despues desto, en siete dias del mes de henero, año susodicho, acostunbran haser abdiençia, paresçio el dicho fiscal e para en estando el dicho señor inquisidor en la sala de las casas donde prueua de su intinçion o denunçiaçion o querella que contra los dichos Sancho de Çibdad e su muger propuso e presento por testigos a Ferrando de Mora e a Maria Ruys, muger de Juan Ruys, escudero, e a Teresa Nuñes, muger de Lope Franco, e a Pedro de la Torre ⟨e⟩ a Lope de Villa Real e a Rodrigo de los Oliuos e a Rodrigo de Santa Crus e a Mençia Gonçales, muger de Alfonso de Caçeres, e a frey Gomes Mexia, frayle de Santo Domingo, e a Gonçalo de Mora, criado de maestre de Calatraua, e a Juan Rico e a Juan de la Torre, notario, e Juan de Espinosa, carpentero, todos vesinos desta dicha Çibdad Real, de los quales e de cada vno dellos el dicho señor inquisidor resçebio juramento en forma de derecho, fasiendoles poner sus manos derechas sobre vna Crus e en vn libro de los Santos Evangelios e sobre el Evangelio de in principium erat berbum, e les pregunto e dixo si jurauan a aquella Crus e palabras de los Santos Evangelios, que corporalmente cada vno dellos tenia con su mano derecha, de desir verdad en esta cabsa en que son por testigos presentados e que non lo dexarian de desir por presçio e interese o amor o parentesco o qualquier otra cabsa. Et cada vno de los dichos testigos respondio, e todos respondieron e dixieron: Si, juro. Et por el dicho señor les fue dicho que si bien e la verdad dixiesen que Dios les ayudase, en otra manera que el gelo demandase en este mundo e en el otro como a malos christianos que perjuran Su Santo Nonbre. Et cada vno de los dichos testigos respondio amen. Testigos que a esto fueron presentes: Martin de Çepeda e Pedro de Villaçis, familiares del dicho señor doctor inquisidor.

8 Jan. 1484 E despues desto, ocho dias del mes de henero, año susodicho, estando el dicho señor inquisidor dentro en la sala donde suele faser su abdiençia, paresçio ante el el honrado Fernand Rodrigues del Barco, fiscal, e presento por testigos en esta cabsa e proçeso contra el dicho Sancho de Çibdad e su muger a Catalina de Çibdad, fija

7v del dicho ancho de Çibdad, muger del bachiller del Castillo | e a Catalina, muger de Pero Feruandes, vezinas desta dicha çibdad, de las quales e de cada vna dellas el dicho señor resçibio juramento en forma de derecho segund e como de suso. Al qual los dichos testigos respondieron que si jurauan, e a la confusion del respondieron amen. Testigos que fueron presentes: El maestro Juan Ruys de Cordoua e Juan de Hoçes, clerigos.

Trial of Sancho de Ciudad and María Díaz

10 Jan. E despues desto, diez dias del dicho mes de henero, año susodicho,
1484 estando el dicho señor inquisidor presente en la dicha sala donde acostunbra faser audiençia, en la dicha sala paresçio ay presente el dicho fiscal e presento por testigos en esta cabsa e proçeso contra los dichos Sancho de Çibdad e su muger a Catalina Fernandes, muger de Pero Martines del Moral, e Marina Nuñes, muger de Iohan de Santa Maria, calderero, e a Teresa, muger de Anton Texedor, e a Fernando de Toledo, xastre, e a Juan Gonçales de las Moças e a Juan de Ferrera e a Maria Gomes, fija de Pero Gomes, texedor, e a Juana de Jones, fija de Françisco Aluares de Jones, e a Eluira, muger de Vastian, fidalgo, e a Christino de ‹E›scalona, todos vesinos desta dicha çibdad, de los quales e de cada vno dellos el dicho señor inquisidor resçebio juramento en forma de derecho, poniendo la mano en la Crus y en vn libro de los Santos Evangelios, por los quales juraron e por Dios e Santa Maria de dezir verdad. E respondio cada vno dellos a la confusion del dicho juramento e dixo: Si, juro, — e: amen. Testigos que a esto fueron presentes: Martin de Çepeda e Pedro de Villaçis, familiares del señores doctor inquisidor.

13 Jan. E despues desto, trese dias del dicho mes de henero, año susodicho,
1484 estando el señor doctor Françisco Sanchez de la Fuente, inquisidor, en la sala de las casas donde acostunbra faser audiençia, paresçio ante el (el) dicho procurador fiscal e dixo que para en prueua de su justiçia en este dicho proçesco de Sancho de Çibdad e su muger, presentaua e presento por testigos a Mari Dias, fija de Aluar Gonçales, muger de Gil del Castillo, e a Antonio de la Torre, escriuano del Rey, e a Pero Franco el viejo e a Juan de Fes, fijo de Alonso Gonçales, converso, e a Juan de Morales, fijo de Gutierre Gomes de Morales, e a Juana, muger de Anton Cotillo, e a Pedro de Murçia, labrador, e a Elbira, fija de la de Juan Aluares, vesina de Carrion, e todos los otros vezinos desta dicha çibdad de los quales e de cada vno dellos el dicho señor inquisidor resçebio juramento en forma, poniendo la mano sobre la Crus e en el libro de los Santos Evangelios, por los quales cada vno dellos juro de desir la verdad e respondio a la confusion del dicho juramento, e dixo: Si, juro, e amen. Testigos que fueron presentes: Pedro de Torres e Juan Sanches, clerigos e capellanes del señor liçençiado inquisidor.

E luego el dicho señor doctor e inquisidor dixo que por quanto el estaua ocupado en el Ofiçio de la dicha Inquisiçion en oyr a muchas
8r querellas | venian e non pudia ser presente a la examinaçion e

[15]

deposiçion de los testigos que en esta cabsa e proçeso por el dicho fiscal eran presentados e se presentasen, que cometia e cometio la dicha reçepçion e examinaçion de los testigos a los honrados Juan Ruys de Cordoua, maestro en santa theologia, e a Juan de Hoçes, clerigos benefiçiados en esta çibdad, asy como a personas discretas e honestas para que vno, juntamente conmigo, el dicho notario, o con otro notario de la dicha Inquisiçion, resçiban e examinen los dichos testigos secreta e apartadamente, segund que el derecho en tal caso quiere e dispone. Testigos que fueron presentes: Juan Sanches, capellan del dicho señor liçençiado, e el cura de Yevenes.

E lo que los dichos testigos e cada vno dellos dixeron, seyendo examinados e preguntados cada vno dellos particularmente por los dichos maestro‹s› Juan Ruys de Cordoua e Juan de Hoçes, clerigos, deputados para ellos segund suso se contiene, preguntandolos e examinandolos por el libelo de la denunçiaçion que contra los dichos Sancho de Çibdad e su muger Maria Dias ‹en› este proçeso esta presentada, es lo siguiente:

Primeramente, Lope de Villa Real,[10] testigo susodicho, jurado en forma e preguntado por los dichos reçeptores,[11] dixo que, so cargo del dicho juramento, lo que sabe deste fecho es que puede aver veynte e vn años, poco mas o menos, que este testigo biuio con Sancho de Çibdad. E que le vido subir muchas veses en la torre de su casa del dicho Sancho, e que entonçes, como este testigo era puesto nueuamente con el, non sabia la cabsa ni rason de la subidas que el dicho Sancho de Çibdad fasia a la dicha torre. Et que despues, yendo este testigo en camino con el dicho Sancho de Çibdad, que le yva fablando e disiendo cosas contra nuestra Fee, a fin de le boluer judio e a la Ley de Moysen. E que le dixo muchas cosas, de las quales dixo que non se acuerda, tanto tienpo ha, saluo que su intinçion del dicho Sancho fue de le boluer a la dicha Ley de Moysen. E dixo este testigo que algunas veses subio a la torre donde estaua resando a le demandar algunas cosas para yr a su heredad e a otras partes, e que le fasia estar alli asentado fasta que el dicho Sancho acabaua de resar e su muger, bueltos a la pared como judios, estando anbos en la dicha torre, abonde continuauan resar cada dia. E que este testigo vido alli estar resando a la dicha Maria Dias, su muger, e a Ysabel, su hija, muger de Alfonso de Hoçes, e a Juan de Çibdad, su hijo, e a su sobrina, muger de Aluaro, lençero, e a Ynes,

---

[10] This witness was himself a Converso; see Biographical Notes.
[11] This was their official title.

Trial of Sancho de Ciudad and María Díaz

la de Juan Garçia de la Maça [   ]. E que sabe que guardaua el sabado e se vestian de camisas linpias en el e ençendian candiles e comian el guisado del biernes. E que les vido faser todas las çerimonias como puros judios. | E que este testigo, veniendo de Segovia, hallo al dicho Sancho mal, e que vna moça de casa le dixo a este testigo que lo auian retajado. E para el juramento que fiso dixo que todo lo susodicho era verdad e ansi es publica bos e fama en esta çibdad.

El dicho Juan de Fes,[12] converso, fijo de Alfonso Gonçales de Fes, testigo susodicho, jurado en forma, preguntado por los dichos reçeptores dixo que, yendo este testigo con Sancho de Çibdad camino para Jahen, que llegaron vn viernes en la tarde a Linares, e que otro dia sabado non quiso partir de alli, porque sabe que guardaua el sabado. E dixo que non tomaua dinero en sabado. E que sabe que non comia carne, saluo si fuese degollada con çerimonia judayca. E que muchas veses persiguieron a este testigo por le tornar a la Ley de Muysen. E que segund cree, que es del todo judio, e que por tal es auido en esta çibdad. E que esto es lo que sabe para el juramento que fiso.

La dicha Catalina de Çibdad, conversa, fija del dicho Sancho de Çibdad, testigo susodicho, jurada en forma e preguntada e examinada por los dichos reçeptores por los articulos de la dicha denunçiaçion e querella, dixo que estando ella moça en casa de Sancho de Çibdad, su padre, e de Mari Dias, su madre, en esta Çibdad, que beia resar al dicho Sancho de Çibdad, su padre; e que venian alli a resar la çerera vieja e Fernando Dias, yerno de Lope Ruys. E que ayunauan aquel dia. E comian pan çençeño cada año el dicho su padre e la dicha Maria Dias, su muger, madre deste testigo. E que comian el sabado el guisado del viernes, e vestian camisas linpias e folgauan el sabado. E dixo que algunos sabados vido venir alli a casa de su padre a resar a otra muger, que se llama la de Ferrando de Marsella e la de Juan de Çibdad, e que comian alla los sabados. Y dixo que tambien yva a casa del dicho su padre a resar la de Aluaro, lençero, e la de Juan Garçia de la Maça. E que vido que trayan carne de fuera e que non sabe como se llama donde lo trayan de fuera. E que lo guisauan para los dichos Sancho de Çibdad, su padre, e Maria Dias, su madre deste testigo. E dixo que Diego de Çibdad, su hermano, e Teresa de Çibdad, su hermana,

---

[12] He appeared as a witness in many trials and was burnt at the stake on 23 February 1484; see Biographical Notes.

moça, estando con el dicho su padre e madre fasian lo que ellos fasian, e asymismo dixo que lo fasia este testigo seyendo donsella pequeña e estando so poderia paternal del dicho su padre, e que fasia lo que le mandauan asymesmo e fasia asimesmo ⟨sic⟩ lo que ellos fasian, porque trayan otra carne de la carnesçeria para este testigo e sus hermanos, e que non comian ninguna ave ahogada. E dixo ansy-
9r mesmo que | iuan a casa del dicho su padre la muger de Juan de Herrera a resar. Y ansymesmo dixo que trayan carne para comer algunas veses para casa del dicho su padre de casa del Podrido, e que sabe que tanbien comia de aquella carne Luys Franco, e que traya la dicha carne su hermano Diego de Çibdad, et dixo que todos estos susodichos fasian las çerimonias judaycas. E que sabe que los dichos Sancho de Çibdad e su muger, padre e madre deste testigo, se fueron et absentaron desta çibdad por miedo de la Inquisiçion. Et que esto es lo que sabe para el juramento que fiso.

Catalina Fernandes, muger de Pero Martines del Moral, testigo susodicho, jurado en forma, preguntada e examinada por los dichos reçeptores, dixo que puede aber hasta veynte e çinco años, poco mas o menos,[13] que fiso vna estrella mouimiento en el çielo luego a primera noche. E que este testigo vido como estauan muchos conversos e conversas desta çibdad ençima de la torre de Sancho de Çibdad mirando aquella señal de aquella estrella, e que desian con grandes apelidos: Ya que nasçido es el que nos ha de saluar. Iten dixo que como este testigo era vesina de las casas del dicho Sancho de Çibdad, que veya como holgauan todos en casa del dicho Sancho de Çibdad publicamente los sabados. Esto es lo que sabe deste negoçio para el juramento que fiso.

Catalina, muger de Pero Ferrandes, testigo susodicho, jurado en forma, examinado por los dichos reçeptores, dixo que biuiendo con su muger de Juan de Herrera[14] fue con la dicha su ama los viernes e sabados de mañana a casa de Sancho de Çibdad. E asi mesmo yva la muger de Aluaro a la de Ferrando de la Higuera e la de Lorenço Gomes, trapero, e otras muchas, e yvan alli a resar a vna camara. E que vn dia fue este testigo a llamar a la dicha su ama a casa del dicho Sancho de Çibdad, e que las hallo todas en vna sala, las cabeças cubiertas de rodillas, las caras tapadas, asentandose e leuanutandose. E que el mesmo Sancho de Çibdad estaua aya con

---

[13] The Prosecutor said in the arraignment that this happened in 1453; according to this witness, the year was 1458.

[14] Juan de Herrera also appeared as witness for the prosecution in Juan de Ciudad's trial; see No. 12, fol. 3v and Biographical Notes.

ellas leyendo. E que desque bieron a este testigo murmuraron mucho e que su ama le dixo que fuese, e asi se boluio este testigo a casa de su ama. Et ansymesmo sabe que el dicho Sancho de Çibdad e su muger se absentaron e fueron desta çibdad por miedo de la Inquisiçion. Et que esto es lo que sabe para el juramento que fiso.

Juana de Jones, testigo susodicho, juro en forma, examinada e preguntada por los dichos reçeptores por los articulos de la dicha denunçiaçion e querella, dixo que este testigo estuuo tres años con Françisca Gonçales, muger de Juan de Çibdad, la qual guardaua la Ley de Muysen e guardaua los sabados e | pascuas de los judios e ayunaua sus ayunos. E dixo este testigo que vio ayunar a la dicha su ama por el mes de agosto o de setienbre, que non comia fasta la noche salida el estrella. E que sabe que los viernes en la tarde se yva a casa de Sancho de Çibdad e estaua alla hasta el sabado bien tarde, que non boluia a casa. E asimesmo dixo que vio al dicho Sancho de Çibdad venir algunas veses a casa de la dicha Françisca Gonçales, su señora deste testigo, e que en algunos sabados se subian en vna sala alta el dicho Sancho de Çibdad e la dicha su señora e Catalina, su sobrina. E que este testigo dende baxo de la torre oyo como cantaua el dicho Sancho de Çibdad, pero dixo que non lo pudo entender. Esto es lo que dixo que sabe deste negoçio para el juramento que fiso.

La dicha Maria Dias, testigo susodicho, jurada segund de suso, examinada e preguntada por los dichos reçeptores, dixo que estando este testigo con su padre e madre, que son ya falleçidos, que guardauan la Ley de Muysen, guardando el sabado e las pascuas de los judios e ayunando sus ayunos e comiendo pan çençeño, que sabe que este testigo fuera con su madre dos veses a casa de Sancho de Çibdad, e que bio estar ende en vna sala al dicho Sancho de Çibdad e a Maria Dias, su muger, e a Ysabel, su hija. E que se juntauan alli a resar oraçiones judaycas. E que el dicho Sancho de Çibdad les leya en vn libro, e que les vido comer pan çençeño. E que creya que ayunaua el dicho Sancho de Çibdad todos los dias de ayuno, segund le vio leer e faser çerimonias judaycas. E que esto es lo que sabe deste fecho para el juramento que fiso.

Elvira, fija de Iohan Aluares, testigo susodicho, preguntado por los dichos reçeptores dixo que puede aver diez años, poco mas o menos, que este testigo moro con Juan de Çibdad, hermano de Sancho de Çibdad e Ysabel de Theba su muger.[15] E a esta cabsa yva a casa

---

[15] See Biographical Notes.

del dicho Sancho de Çibdad muchas beses, porque era hermano del dicho su amo. E que vna noche durmio este testigo en casa del dicho Sancho de Çibdad con sus hijas, e que vio e oyo como a la media noche se leuanto el dicho Sancho de Çibdad de la cama en pie, e que oyo como resaua disiendo: Abraham, Adonay, e otras cosas que no se acuerda. Et asimesmo dixo que vido vn viernes de mañana venir muchas conversas, las cabeças cubiertas, de dos en dos e de tres en tres e otras solas, e entrauan en casa de Sancho de Çibdad e se subian luego a la torre en vna camara. E asimesmo fasian los conversos que aquel dia alli entrauan, e en la noche siguiente non salian de aquella camara hasta otro dia sabado en la tarde. Esto es lo que sabe para el juramento que fiso. |

10r Ferrando de Mora,[16] testigo susodicho, jurado en forma, examinado e preguntado por los dichos reçeptores, dixo que avra catorse años, poco mas o menos, que yendo este testigo en vna carreta con Sancho de Çibdad, a ver su heredad el dicho Sancho de Çibdad al Batanejo, e este este [17] testigo a ver vna heredad de su padre, que estaua junto con la suya, sabe e vido este testigo que el dicho Sancho de Çibdad se boluio hasia do sube el sol e començo de resar casy media ora. E este testigo creo que era ebrayco, porque non resaua Pater Noster, nin Ave Maria, nin oraçiones de la Yglesia ninguna, nin entendio lo que resaua. Et que esto es lo que sabe e vido para el juramento que fiso.

Mari Dias, muger de Juan Ruys, escudero, el moço, biuda, vesina a San Pedro a la cal de las Bestias, testigo susodicho, jurado en forma susodicha, preguntada por los dichos reçeptores dixo que avra ocho o nueue años, poco mas o menos, que biuiendo este testigo en Almagro tenia por vesino a Sancho de Çibdad, e oyo vna noche este testigo al dicho Sancho de Çibdad, a ora de la media noche, leer como rabi hasiendo la baraha, que duro fasta dos oras. Que esto es lo que sabe e vido para el juramento que fiso.

Teresa Nuñes, conversa, muger de Pero Franco,[18] asimesmo confeso, testigo susodicho jurado en forma de derecho, reçebida e examinada por los dichos reçeptores dixo que ella mora çerca de las casas de Sancho de Çibdad. E que yendo vn dia con la muger de Fernando Dias, tintorero, a casa del dicho Sancho de Çibdad e entrando en su

---

[16] A certain Fernando de Mora is mentioned in a document found in Simancas; see Vol. IV, Doc. No. 42, 3 April 1476.
[17] This word is written twice in the text.
[18] See Biographical Notes. In the list of witnesses cited above (fol. 7r), his name is Lope Franco; on Lope Franco, see also Biographical Notes.

casa, que vido al dicho Sancho de Çibdad que estaua asentado a vna mesa. E que vido sobre la mesa vn libro grande, e que le dixieron que era Biblia, estando ende oyendo lo que el dicho Sancho de Çibdad desia su muger del dicho Sancho de Çibdad e Fernando Dias, tintorero, e Guiomar, su muger, e Panpan e dos hermanos que se llaman los Caluillos. E que todos estos estauan oyendo lo que el dicho Sancho de Çibdad leya e resaua. Et que esto es lo que sabe e vido so cargo del dicho juramento que fiso.

Pedro de la Torre, testigo susodicho, jurado en forma, preguntado e examinado por los dichos reçeptores por los articulos de la dicha denunçiaçion o querella, dixo que lo que sabe deste negoçio es que algunas veses fue este testigo, seyendo fiel en esta çibdad, a casa de Sancho de Çibdad, e que desque entraua en su casa que le fallaua metido en vn palaçio fasiendo oraçion judayca sabadeando. E que quando alli estaua por cosa ninguna, avnque fuese conplidero a la çibdad, non se saldria fuera fasta que fuese acabada su oraçion. E dixo que sabe que era puro judio, e que sabe que guardaua las fiestas de los judios e aconpañaua con los judios, de lo qual dixo que es publica bos e fama en esta çibdad e que | es ansi la verdad. Et esto es lo que sabe para el juramento que fiso.

Rodrigo de los Oliuos, testigo susodicho, preguntado e examinado por los dichos reçeptores, dixo que ha veynte tres años que tiene la carneçeria desta çibdad, e que ha mas de los catorse que el dicho Sancho de Çibdad non lleuo carne della. E que es publico e notorio en esta çibdad que el dicho Sancho de Çibdad ha veuido mas en vida de judio que non de christiano, e que el vendia carneros en pie a los conversos desta çibdad; e que oyo desir que los degollava Juan Panpan e otro que se desia Garçia Baruas,[19] e que lo repartian por los otros conversos. E que esto es lo que sabe para el juramento que fiso.

Rodrigo de Santa Crus, testigo susodicho, preguntado e examinado por los dichos reçeptores, dixo que este testigo, estando vn dia con Diego,[20] fijo de Sancho de Çibdad, que le oyo desir que el dicho su padre resaua oraçiones judaycas a grandes boses, e que el dicho su fijo reñia con el porque resaua con tan grandes boses. Iten, dixo este testigo que porque acusaua al dicho Sancho de Çibdad algunas

---

[19] One of the refugees who fled to Palma, near Córdoba, in 1474; see Biographical Notes.

[20] On Diego de Ciudad, see Biographical Notes. He, too, was burnt in effigy on 24 February 1484.

veses esto que fasia, que le respondio e dixo que al Señor a quien el servia, de Aquel esperaua el galardon. E dixo este testigo que lo que cree del es que es judio, de lo qual es publica boz e fama en esta çibdad. E que esto es lo que sabe para el juramento que fiso.

Mençia Gonsales, muger de Alfonso de Caçeres,[21] testigo susodicho, juro en forma, preguntado e examinado por los dichos reçeptores por los articulos de la dicha denunçiaçion o querella, dixo que puede aver tres años, poco mas o menos, que bino este testigo a morar a esta çibdad, e que se fue a morar luego quando vino a casa de Maria Alfonso, muger de Alfonso, escriuano. E que estando alli, que vido entrar en aquella casa a Sancho de Çibdad, e que se entro en vn palaçio donde ella texia e çerro la puerta, e que sintio como resauan. E que sabe que la dicha Maria Alfonso guardaua el sabado e el dicho Sancho de Çibdad. Iten, dixo que este testigo fue a casa de Sancho de Çibdad con la dicha Maria Alfonso, su cuñada, e que ella se entro adonde el dicho Sancho de Çibdad estaua; e que luego enbiaron a este testigo a que çerrase la puerta, e que desque torno que los vido estar resando en fiestas, de cara a la pared. E que esto es lo que sabe para el juramento que fiso.

Fray Gomes Mexia,[22] frayle de la orden de Santo Domingo, testigo susodicho, juro en forma, preguntado e examinado por los dichos reçeptores, dixo que avra diez o dose años, poco mas o menos, que yendo este testigo a casa de Sancho de Çibdad, que yva a negoçiar çiertas cosas, vido como estaua a la mesa e acabaua de comer, e

11r vido que tomo vna taça de vino e la bendixo | e reso sobre ella; e non sabe lo que desia, saluo que ha visto faser lo semejante a judios, e dio de aquel vino a todos los que estauan a la mesa. Esto es lo que sabe e vido para el juramento que fiso.

Gonçalo de Mora, criado del señor maestre de Calatraua, testigo susodicho, juro en forma, preguntado e examinado por los dichos reçeptores, dixo que avra quinse o diez e seys años, poco mas o menos, que saliendo este testigo fuera de la çibdad a vna heredad de su padre que se llama el Batanejo, vido a Sancho de Çibdad, que yvan juntos en vna carreta, que yva resando, e que este testigo non entendio lo que resaua, e que le pareçio mal a que el resaua. Y que esto es lo que sabe para el juramento que fiso.

---

[21] She also testified against María Alonso, wife of Alonso the Notary; see No. 11, fol. 5r. On Alfonso de Cáceres, see Biographical Notes.

[22] On him, see the trial of Juan de la Sierra, No. 118, fol. 12r. The testimony of Anton Sánchez Bermejo was confirmed before Gómez Mexia.

Trial of Sancho de Ciudad and María Díaz

Iohan Rico, testigo susodicho, jurado e preguntado por los dichos reçeptores, dixo que estando vn dia en Valdero guardando vnas bestias que alla tenia, domingo de mañana bido yr a Sancho de Çibdad caualgando ençima de vna mula, e le vido como desçendio della e la arendo a vna çepa de vna viña de Anton Martines Paxaraso, e vido este testigo como el dicho Sancho de Çibdad andaua por la viña resando e sabadeando con la cabeça,[23] e que non pudo entender lo que resaua. E que dende se fue en su mula a vna huerta que tenia ende çerca. Esto es lo que sabe e vido para el juramento que fiso.

Juan de la Torre, testigo susodicho, jurado en forma e preguntado por los dichos reçeptores, dixo que sabe que Sancho de Çibdad e su muger, que es publico e notorio en esta çibdad que son como judios puros. E que este testigo dixo que fallo vn libro en su casa, judayco, en que leya el dicho Sanches de Çibdad e su hijo. E que esto es lo que sabe para el juramento que fecho auia.

Juan de Espinosa, carpentero, testigo susodicho, juro en forma, preguntado e examinado por los dichos reçeptores, dixo que labrando este testigo vn dia en las casas de Sancho de Çibdad, que sabe que Juan de Segouia, albañi⟨l⟩, que labraua alli con este testigo, fallo vnos quaternos de libros pequeños de çerimonias judaycas, e que este testigo fue presente quando se fallaron. Yten, dixo que vido como las conversas de Barrionueuo desta çibdad, donde estan las casas del dicho Sancho de Çibdad, se vestian los sabados de ropas linpias e los guardauan, e que non fasian cosa ninguna el dia del sabado, lo qual dixo que es notorio en esta dicha çibdad. Et ansimesmo que non se querian enterrar saluo binesas virgenes ellos e ellas fuera del çeminterio. Et esto que lo sabe porque lo vido asi pasar fasta que se fiso el robo postrimero desta çibdad. E que esto es lo que sabe para el juramento que fiso.

La dicha Marina Nuñez, testigo susodicho, presentada e jurada en forma, preguntada e examinada por los dichos reçeptores, dixo que 11v morando | este testigo vn año antes del robo donde agora mora, que es en la calle de la Herreria, tenia por vesino pared e medio a Iohan Caluillo,[24] fijo de Diego Ferrandes Caluillo, que era trapero, e a su

---

[23] On this mode of prayer, see Gen. xxiv: 16, in the translation of the Bible by Rabbi Moshe Arragel, done in 1422–1430, edited by A. Paz y Melia, Biblia del Duque de Alba, Madrid 1922; cf. C. O. Nordström, *The Duke of Alba's Castilian Bible*, Uppsala 1967, pp. 61–63.

[24] On him and on his father, see his trial (No. 13) and Biographical Notes.

muger Costança, sabe e vido que, por espaçio de dos años que fue su vesino, que los viernes en la tarde ya noche e algunos sabados venian alli, a casa del dicho Juan Caluillo, Sancho de Çibdad, cuyas son las casas que tiene el corregidor, e Diego de la Finojosa, que primero fue xastre e despues tendero, e lo que les oyo este testigo dende su casa como quando entrauan demandauan agua a manos, e despues que eran lauados oya este testigo como, a su paresçer, leyan en algund libro. E esto es lo que sabe para el juramento que fiso.

Theresa, muger de Anton Rodrigues, texedor, testigo susodicho, jurada en forma, preguntada e examinada por los dichos reçeptores, dixo que estando este testigo en poder de su madrastra, que se llamaua Aldonça Rodrigues, que caso con su padre Anton Rodrigues, çerrador, con los quales estuuo dos años, que puede aver dose años, que la dicha su madrastra biuia como judia, ayunando los ayunos de los judios e guardando las pascuas e sabados; dixo que la viera estar descalça los dias del Ayuno Mayor, e que yva fuera aquel dia a casa de Sancho de Çibdad, e que aquel dia guardaua e se vestia de fiesta. E que sabe e vido que en aquel tienpo que la dicha su madrastra se fue a bañar por dos veses viernes en la tarde en agua tibia, segund ella desia, en casa de Sancho de Çibdad. Que esto es lo que sabe para el juramento que fiso.

Ferrando de Toledo, xastre, testigo susodicho, examinado e preguntado por los dichos reçeptores, dixo que puede aver dose o trese años, poco mas o menos, que este testigo se vino a morar a esta çibdad e caso aqui con vna muger conversa, e que se fue de aqui a Toledo. E que morando este testigo en Toledo, que fuera a su casa Sancho de Çibdad, vezino desta çibdad, vn viernes despues de los mouimientos desta çibdad, disiendo: Primero con vos quiero comer. E que el dicho Sancho de Çibdad se fue a casa deste testigo e se entro en vna camara, e dende a poco que este testigo le vido estar de cara a la pared sabadeando e disiendo Adonay, e que estuuo alli desde ora de çerca fasta las honse oras todavia resando e sabadeando, fasta que este testigo le dixo; ¡Pese a Dios, señor! ¿Esta es sinoga? E que estonçes el dicho Sancho de Çibdad rogo a este testigo que non vuiese enojo, e que si lo el supiera que auia de aver enojo non fuera a su casa. E dixo que le rogo mucho que non dixiese nada. E que este es lo que sabe para el juramento que fiso.

Juan Gonçales de Las Moças,[25] testigo susodicho, juro en forma,

[25] His maid-servant Elvira, wife of Fernando de Vallejo, testified against Juan de Fez and his wife Catalina Gómez; see No. 9, fol. 9r.

preguntado e examinado por los dichos reçeptores, dixo que avra
12r diez o honse años que salia | este testigo vender perdises, e que le
dixo vna ves Sancho de Çibdad, e otras muchas veses, que le truxiese
perdises biuas. E que el bachiller del Castillo, yerno del dicho
Sancho de Çibdad, dixo a este testigo: Non ge las trayades, que las
quiere para juderia. E que esto es lo que sabe para el juramento
que fiso.

Juan de Herrera,[26] testigo susodicho, juro en forma, preguntado e
examinado por los dichos reçeptores, dixo que avra diez e siete o
diez e ocho años que viniendo este testigo vn dia sabado de misa
de Santo Domingo, entro en casa del dicho Sancho de Çibdad e
vido al dicho Sancho de Çibdad como leya en vn libro ebrayco
despues de misa. Estauan alli oyendolo Alfonso de Theba, mercader,
que mora en la cal de Calatraua, e Juan de Çibdad, fijo del dicho
Sancho de Çibdad, e otros, cuyos nonbres non se acuerda. E que
esto es lo que sabe para el juramento que fiso.

Mari Gomes, testigo susodicho, juro en forma, examinada e
preguntada por los dichos reçeptores, dixo que este testigo seyendo
pequeña fue criada de Juan Garçia de Bonilla e de su muger, los
quales guardauan la Ley de Muysen, guardando los sabados e
ayunando los ayunos de los judios e comiendo el pan çençeño. E que
vio en casa del dicho Juan Garçia, su amo, algunas veses a Sancho
de Çibdad leer en vna Briuia. E que esto es lo que sabe para el
juramento que fiso.

Elvira, muger de Vastian, fidalgo, testigo susodicho, juro en forma,
examinada e preguntada por los dichos reçeptores dixo que sabe
que la de Sancho de Çibdad e el dicho Sancho de Çibdad, su marido,
ençendian candiles viernes en la noche e guisauan de comer para el
sabado, e que el sabado comian lo del viernes, e que guardauan el
sabado e se vestian de ropas linpias como judios, e que lo sabe
porque trataua e comunicaua con ellos e entraua e salia en su casa.
Esto es lo que sabe para el juramento que fiso.

Antonio de la Torre,[27] escriuano, testigo susodicho, preguntado e
examinado por los dichos reçeptores, dixo que puede aver ocho
meses, poco mas o menos, que estando este testigo en casa de
Sancho de Çibdad vino ende Juan Ruys, albañi⟨l⟩, que andaua

---

[26] See Biographical Notes.
[27] A certain Antonio de la Torre, notary, was called by the prosecution on 19 July 1515 to testify in the trial of Juan Ramírez. He testified on 21 July; see No. 109, foll. 77v, 80r.

labrando de albaneria en la torre de la dicha casa, e dixo a este testigo: Señor Antonio, leedme estos librillos que me he hallado en esta torre, para ver si son judaycos.[28] E que este testigo leyo algo dellos e hallo que non estaua en ninguno dellos nonbre de Ihesu, nin señal de Crus, saluo Adonay e Apiadador. E que los boluio. E dixo que despues le dixo el dicho Juan Ruys a este testigo que el dicho Sancho de Çibdad le auia dicho que le boluiese aquellos librillos e que le daria paño para vn sayo e vino que beuiese. Esto es lo que sabe para le juramento que fiso. |

12v Pero Franco, el viejo,[29] confeso, testigo susodicho, presentado e jurado segund susodicho es, preguntado e examinado por los dichos reçeptores, dixo que puede aver dos años, poco mas o menos, que este testigo ovo por caso de yr a casa de Sancho de Çibdad, e que de que entro en su casa que lo vido estar resando en vn libro a grandes boses. E que le vio como se echo de barriga en el suelo. E que este testigo dixo que despues estuuo con el disiendole que traya mal camino en aquello que fasia, e que el respondio que el traya mejor camino que non los que lo desian, e que Aquel a quien seruia, que Aquel le daria el galardon. E que esto es lo que sabe para el juramento que fiso.

Juana, muger de Anton Cotillo, testigo susodicho, juro en forma, e examinada e preguntada por los dichos reçeptores, dixo que avra veynte e seys años que moro este testigo con la de Juan de Çibdad, e que moro con ella dose años, e que ha que salio de su casa catorse, e que sabe que guardaua la Ley de Muysen, guardando los sabados e pascua de la Ley de los judios e fasiendo todas sus çerimonias. E que en ella non auia señal de christiana, e que la dicha su ama e Çeçilia Gonsales e la çerera vieja desian a este testigo que yvan a misa, e yvan a casa de Sancho de Çibdad, donde este testigo las vido resar de rodillas e cubiertas las cabeças e sabadeando. E que esto es lo que sabe e vido para el juramento que fiso.

Pedro de Murçia, testigo susodicho, juro en forma, preguntado e examinado por los dichos reçeptores, dixo que avra dies e siete o dies e ocho años, poco mas o menos, que teniendo este testigo a medianeria con Sancho de Çibdad çiertas tierras de pan cojer en el

---

[28] The witness undertook to investigate the matter himself instead of reporting his finding to the owner or handing it over to the *corregidor* or *alguacil* of the town.

[29] See Biographical Notes on Pero Franco, the Elder; cf. F. Cantera, *Sefarad*, XXVIII (1968), p. 35.

Trial of Sancho de Ciudad and María Díaz

Batanejo, e entrando muchas veses en su casa del dicho Sancho de Çibdad, le vido algunas veses resar a modo de judio sabadeando. Esto es lo que sabe para el juramento que fiso.

El dicho Juan de Morales, testigo susodicho, resçebido e examinado por los dichos reçeptores e jurado en forma, segund dicho es, dixo que conosçio e conosçe a Sancho de Çibdad abra mas de treynta años de vista e trato. E que hablando con este testigo vn dia, avra dies e ocho o veynte años, que le dixo el dicho Sancho de Çibdad que en este mundo avra de ser perdurable para sienpre, amanesçiendo e anocheçiendo y saliendo el sol y la luna. Y que este testigo le dixo que en aquello contradesia a Dauid, que desia en el Salmo los çielos eran obra de las manos de Dios, e que El los mudaria e serian mudados asy como vestidura, y que El y los sus años nunca desfalleçerian.[30] Y el dixo que bien, pero que non avia de aver otra cosa saluo lo que desia. Esto es lo que sabe para el juramento que fiso. |

Publication of Testimonies and Final Summons

13r
13 Jan.
1484

E despues desto, trese dias del dicho mes de henero, año susodicho, paresçio el dicho promutor ante el dicho señor doctor e inquisidor, estando fasiendo abdiençia a la ora de la terçia en la sala do la acostunbra faser, e dixo que por cuanto el non entendia de presentar mas testigos de los que tenia presentados en este negoçio, que pedia que mandase faser publicaçion de los dichos testigos que por el eran presentados. E el dicho señor doctor e inquisidor dixo que lo oya e que mandaua çitar a la parte para mañana a la abdiençia a ver faser publicaçion de los testigos. Testigos que fueron presentes. El liçençiado Jufre de Loaysa e su hermano el bachiller Jufre ⟨sic⟩ e otros. Este dicho dia por mi, el dicho notario, fue çitado el dicho Sancho de Çibdad e su muger[31] ante las puertas de sus casas, para cras siguiente, a ver haser la publicaçion de los dichos testigos por

---

[30] See Ps. cii:26–27. This idea was expressed by R. Isaac Abravanel, *Mif'alot Elohim*, II, 29. B. Netanyahu (in his book *Don Isaac Abravanel — Statesman and Philosopher*, Philadelphia 1953, pp. 130 ff.) thought that Abravanel took this anti-Aristotelian view from Origenes (*De Principiis*, III, 5), but it seems that such ideas were common, among Jews and Conversos alike in fifteenth-century Spain. On the witness, see Biographical Notes.

[31] At the end of the folio: 'Va escripto sobre raydo en esta plana en dos lugares o dis Sancho de Çibdad e sa muger e o dis Sancho de Çibdad, valga e non le enpesca.'

el dicho promutor fiscal pedido. Testigos: Diego de Hubeda e Gonçalo Albin, vesinos desta dicha çibdad.

14 Jan. 1484 E despues desto, catorse dias del dicho mes de henero del dicho año, paresçio el dicho promutor ante el dicho señor doctor e inquisidor, estando fasiendo abdiençia a la ora de la terçia, e dixo que para esta abdiençia fueron çitados los dichos Sancho de Çibdad e Maria Dias su muger para que paresçiesen ante su reuerençia a ver faser la publicaçion de los dichos de los testigos e non paresçia, que les acusaua e acuso la rebeldia, e pedia e pidio al dicho señor que mande faser la publicaçion, segund avia pasado por mi, el dicho notario, que le auia çitado, de lo que el luego fiso fee. E el dicho señor doctor e inquisidor dixo que resçebia la rebeldia de los dichos Sancho de Çibdad e Maria Dias su muger, e mandaua e mando faser publicaçion en su absençia, la qual yo fise por mandado del dicho señor, començando a desir el dicho del primero testigo deste proçeso. E el dicho señor doctor e inquisidor mando que se de traslado e copia de los dichos testigos al dicho Sancho de Çibdad e Maria Dias su muger, callando sus nonbres e dandoles sus dichos, e que a terçero dia vengan respondiendo e disiendo lo que quieran contra ellos. Testigos que fueron presentes: Alfonso de Almagro e Fernando Falcon. E luego yo, el dicho notario, en la dicha abdiençia çite e notifique a alta bos a los dichos Sancho de Çibdad e Maria Dias, su muger, la dicha publicaçion que era fecha, e como se les mandava dar copia de los testigos e termino de terçero dia para que viniesen disiendo e alegando contra ellos. Testigos: El maestro Juan Ruys de Cordoua e Diego, carpentero.

E despues desto, este dicho dia, ante las puertas de las casas donde solian morar el dicho Sancho de Çibdad e Maria Dias, su muger, notifique el dicho abto de la dicha publicaçion e el dicho termino que se les auia dado para venir e contradesir los dichos de los testigos e alegar todo lo que quisiesen contra los dichos testigos. Testigos que fueron presentes: Diego de Vbeda e Gonçalo Albin e otros. |

13v E despues desto, este dicho dia, estando el dicho señor doctor e inquisidor a la dicha sala a la ora de las bisperas, oyendo las personas que ante el paresçian, paresçio presente el dicho promotor fiscal e dixo que para en prueua deste proçeso contra el dicho Sancho de Çibdad e Maria Dias, su muger, presentaua e presento el proçeso e deposiçiones de testigos que en el estauan en quanto fasian a este caso, el qual dicho proçeso estava en publica forma e se auia fecho en esta dicha çibdad por el doctor Thomas, juez delegado e inquisidor deputado por el reuerendisimo señor don Alfonso Carrillo, arçobispo que fue deste dicho arçobispado de Toledo. E el dicho señor inquisidor dixo que lo oya e que lo auia e ovo por presentado, e que mandaua que se asentase en este proçeso lo que fasia para mayor prouança e verificaçion, segund que estaua çerca de mi, el dicho notario, ya otras veses presentado, del qual asimesmo manda dar copia a la parte. Testigos: El maestro Juan Ruys de Cordoua e Juan de Hoçes, clerigo.

16 Jan. 1484 E despues desto, dies e seys dias de henero, estando el dicho señor doctor e inquisidor fasiendo su abdiençia en la dicha sala, paresçio el dicho promutor que acusaua e acuso la rebeldia al dicho Sancho de Çibdad e Mari Dias, su muger, por quanto para oy les avian aseñalado termino para veuir e alegar contra les dichos de los testigos, e non paresçian, que pedian que los vuiesen por rebeldes. E ansymesmo dixo que concluya e pedia e pidio al dicho señor doctor e inquisidor que concluyese. E el dicho señor doctor e inquisidor dixo que oya lo que desia e que mandaua que fuese çitada la parte para terçero dia que venga concluyendo, con aperçibimiento que sy non paresçian avria el pleyto por concluso. Testigos: Juan de Hoçes, clerigo, e Ferrand Falcon, vesinos desta dicha çibdad.

E despues desto, este dicho dia, yo, el dicho notario, por mandado del dicho señor doctor e inquisidor, çite a los dichos Sancho de Çibdad e Maria Dias su muger ante las puertas de sus casas donde solian morar, para que a terçero dia parescan ante sus reuerençias a concluyr en el pleyto e cabsa de que por el dicho fiscal son acusados, con aperçibimiento que si non paresçiesen, que en sus absençias el dicho señor doctor concluyria con el dicho fiscal. Testigos que fueron presentes: Yñigo de Salzedo e Juan de Alcaras, vesinos de la dicha çibdad.

19 Jan. 1484 E despues desto, en diez e nueue dias del dicho mes de henero, estando el dicho señor doctor e inquisidor fasiendo abdiençia en la dicha sala a la ora de la terçia, paresçio ay presente el dicho promutor fiscal, e dixo que para oy, dicho dia, avian seydo çitados Sancho de Çibdad e Maria Dias su muger, que veniesen concluyendo en el pleyto e denunçiaçion que contra ellos prosygue, e non paresçian, que les acusaua e acuso la rebeldia, e pedia e pedio al dicho señor doctor e inquisidor que concluyese e ouiese este pleyto por concluso e diese en el sentençia. E el dicho señor inquisidor dixo que resçebia la rebeldia de los dichos Sancho de Çibdad e Maria Dias, su muger, e concluya con la parte concluyente e auia este pleyto por

[29]

concluso, e aseñalaua termino para dar sentençia para terçero dia, e dende para cada dia que feriado non fuese. Testigos que fueron presentes: Gonçalo de Oliuos e Anton de Villa Real, vesynos desta çibdad, e otros.

Consulta-de-fe

E despues desto, este dicho dia en la tarde, el dicho señor doctor e inquisidor, estando en sus casas de su morada, mando llamar para ver e aver consejo e examinar este proçeso a los reuerendos padres al guardian de Sant Françisco desta dicha çibdad, maestro en santa theologia, e al prior de Santo Domingo, de la Orden de los Predicadores, e al liçençiado Juan del Canpo e al liçençiado Jufre de Loaysa e al bachiller Gonçalo Fernandes, alcalde, e al bachiller Gonçalo Muñoz e al bachiller de Camargo. Los quales todos vinieron por su llamamiento e fueron presentes juntos con el dicho señor doctor e inquisidor en presençia de mi, Juan Sanches, escriuano del dicho Ofiçio, vieron el dicho proçeso leyendolo desde el prinçipio fasta el fin todo por entero. E apuntando en el las dubdas e platicando e comunicando sobre ellas, auido su consejo e deliberaçion, votaron. E cada vno dellos dio su voto, en que dixieron que tenian ser los dichos Sancho de Çibdad e Maria Dias, su muger, declarados por erejes, e relajados al braço seglar. E todos fueron en este acuerdo e voto e consejo e hunanimes e concordes.

Summons

28 Jan. 1484 E despues desto, miercoles, veynte e ocho dias de henero, año susodicho, estando los dichos señores inquisidores fasiendo abdiençia en sus casas en la sala baxa a la ora de la terçia, paresçio ante sus reuerençias el dicho promutor fiscal e dixo que por quanto en el proçeso de Sancho de Çibdad e Maria Dias, su muger, avian aseñalado termino para dar sentençia a terçero dia e dende para de cada dia, que pedia que diesen en el sentençia. E los dichos señores dixieron que a mayor abondamiento, que mandauan a mi, el dicho notario, çitar e llamar a los dichos Sancho de Çibdad e Maria Dias su muger para terçero dia a esta abdiença a oyr sentençia. Testigos: El liçençiado Jufre de Loaysa e el bachiller Gonçalo Muños, su hermano, e Juan de Segouia, notario.

Luego, incontinenti, en la dicha abdiençia, en presençia de los que ende estauan en ella, yo, el dicho notario, çite e llame a los dichos Sancho de Çibdad e Maria Dias, su muger, a alta e inteligible bos, que paresçiesen a terçero dia a oyr sentençia en el proçeso e cabsa de la denunçiaçion de heregia de que es dellos querellado. Testigos: Gonçalo del Oliba e Diego de Villa Real.

E despues desto, este dicho dia, a la ora de las bisperas, yo, el dicho Juan Sanches,[32] notario, por mandado de los dichos señores inquisidores çite e llame a los dichos Sancho de Çibdad e Maria Dias su muger, estando ante las puertas de sus casas donde solian morar, que son en esta dicha çibdad, donde por agora mora e se aposenta el corregidor,[33] para que parescan a oyr sentençia a terçero dia a la terçia, ante los dichos señores, en el pleyto e cabsa de la denun-

14v çiaçion | o querella que el fiscal tiene puesta contra ellos sobre la eregia en que incurrieron. Testigos que estauan presentes: Diego, aluañir, e Juan de Storga e Pascual, platero, vesinos de la dicha çibdad.[34]

30 Jan. E despues desto, viernes, treynta dias del dicho mes de henero del 1484 dicho año, estando los dichos señores inquisidores fasiendo abdiençia dentro en las dichas sus casas, en la sala baxa, segund que lo acostunbran haser a la ora de la terçia, paresçio el dicho promutor fiscal e dixo a los dichos señores que sus reuerençias auian mandado çitar e llamar a mi, el dicho notario, a Sancho de Çibdad e a su muger para oy, este dia, e a esta abdiençia de la terçia, para oyr sentençia en la causa de la eregia de que son e estan denunçiados, e que non paresçian; syendo como avian sido çitados, que acusaua e acuso sus rebeldias e que pedia sentençia o sentençias. E luego los dichos señores preguntaron a mi, el dicho notario, en presençia de Juan de Segovia, notario, sy avia çitado e llamado a los dichos Sancho de Çibdad e su muger para esta abdiençia para oyr sentençia, segund me lo avian mandado. E yo les dixe e respondi que sy, e fise fee de la dicha çitaçion para oyr sentençia e que era para esta abdiençia, e que les avia çitado asi en esta abdiençia publicamente como despues en su casa ante las puertas della. E los dichos señores dixeron que pues les constaua de la çitaçion e llamamiento para oyr la sentençia, segund yo les avia fecho fee, que resçebian sus rebeldias de los dichos Sancho de Çibdad e Maria Dias, su muger, e los avian por rebeldes, e en su absençia e rebeldia en presençia del dicho promutor fiscal estauan prestos de dar sentençia. Testigos que a todo lo susodicho fueron presentes: Pedro de Torres, capellan del señor

---

[32] He was the notary for this trial.
[33] It shows that these were confiscated at an earlier date.
[34] These names, it appears from a comparison o fthe handwriting, were added after the summons.

liçençiado de Costana, e Pedro de Villaçis, criado del señor doctor Françisco Sanchez, inquisidores, et nos, los notarios Juan de Segouia e Juan Sanches. E luego, incontinenti, los dichos señores dieron e pronunçiaron la dicha sentençia, la qual leyo por su mandado en su presençia el notario Juan de Segouia. Et ellos e cada vno dellos dixieron al fin dello: Asi lo pronunçiamos e declaramos. El thenor de la qual dicha sentençia, de berbo ad berbum, es esta que se sigue: |

Sentence

15r
30 Jan.
1484

Vysto por nos, Pero Dias de la Costana, liçençiado en santa theologia, e Francisco Sanches de la Fuente, doctor en decretos, juezes inquisidores por la abtoridad apostolica e yo, el dicho Pero Dias de la Costana, como vicario e ofiçial general por el reuerendisimo señor don Pero Gonçales de Mendoça, cardenal de España, arçobispo de la Santa Yglesia e arçobispado de Toledo, como sobre la fama publica e notoria que en esta Çibdad Real avia que muchos de los que estavan so nonbre de cristianos e en posesion de tales hereticauan e guardauan la Ley de Muysen, ouimos nuestra informaçion de algunas personas, por do nos consto la dicha fama ser verdad y que muchos de los vezinos e moradores de la dicha çibdad seguian y solepnisauan e guardauan en quanto en ellos era e pudian la Ley de Muysen, haçiendo sus çerimonias siguiendo sus antiguos ritos judaycos. E queriendo usar con ellos e cada vno dellos de clemençia e piedad, dimos e disçernimos nuestra carta de graçia e hedicto para que todas las personas desta dicha çibdad e su tierra que en la dicha eregia de seguir la Ley de Muysen vuiesen caydo e incurrido, que dentro de treynta dias primeros siguientes veniesen ante nos, confesando sus herrores e abjurando e renunçiando e partiendo de si la dicha eregia, e abraçandose con nuestra Santa Madre Yglesia e vnion e ayuntamiento de los fieles cristianos, e que los resçibiriamos vsando con ellos de toda piedad e misericordia que pudiesemos. E non solamente en el dicho termino de los treynta dias, mas por otros treynta despues los esperamos, e resçebimos todos los que quisieron venir a confesar y desir sus pecados çerca de la dicha eregia. E pasado el dicho termino de los dichos sesenta dias e mas tienpo, contra los que non venieron ni paresçyeron, en espeçial contra los que huyeron por themor de la dicha nuestra Inquisiçion, de los quales teniamos informaçion e eran atestiguados çerca de nos, seyendo requeridos por nuestro promutor fiscal, avida nuestra informaçion sumaria de la fuga e absentamiento dellos e de la dicha eregia que auian cometido, mandamos dar nuestra carta de llamamiento e hedicto contra las personas sospechosas e infamadas e que asi se absentaron. E porque entre ellas nos consto ser muy publico e notorio Sancho de Çibdad e Maria Dias su muger ser y aver seydo notorios e publicos herejes e aver seguido e seguir publicamente la dicha Ley de Muysen, solepnizandola e guardandola publicamente en esta çibdad, y constandonos de la dicha su absençia y fuga, mandamos dar la dicha nuestra carta çitatoria e de hedicto contra ellos e cada vno dellos, por la qual les mandamos que personalmente paresçiesen ante nos dentro de treynta dias por tres terminos, dandoles diez dias por cada termino e el vltimo perentorio, a se defender e responder sobre esta cabsa de la heregia e judayzar de que eran notoria e publicamente infamados e atestiguados, a la denunçiaçion o querella que contra ellos e cada vno dellos el dicho nuestro promutor fiscal entendia de denunçiar a proponer ante nos, aperçebiendolos que si en el dicho termino paresçiesen, les oyriamos e resçibiriamos en su defension lo que qui|siesen dezir e alegar; en otra manera, en su absençia e rebeldia oyriamos al dicho nuestro promutor de lo que contra ellos quisiese denunçiar e querellar, e proçederiamos segund que de derecho deuiesmos. Et visto como la dicha nuestra carta fue publicada ante las puertas de las casas e morada de los dichos Sancho de Çibdad e su muger e en la yglesia perrochial donde eran feligreses, e pregonada en la plaça publica desta çibdad et despues puesta e afixa en vna de las puertas de la dicha yglesia; et como por el dicho promutor fueron ante nos acusadas las rebeldias a los terminos e tienpos contenidos en la dicha carta e que acusar se deuyan; e como el dicho Sancho de Çibdad e su muger non paresçieron, e el dicho promutor nos pidio que le vuiesemos por rebeldes e contumases, e en su absençia, auyendolos por presentes, resçebiesemos sus denunçiaçiones o querellas que contra ellos e cada vno dellos entendia de proponer; e como los vuimos por tales rebeldes e contumases, et resçebimos la denunçiaçion o querella que propuso e intento contra los dichos Sancho de Çibdad e su muger, en que nos denunçio e querello e dixo que estando los susodichos en nonbre e posesion de christianos e llamandose e nonbrandose por tales, hereticaron e judaysaron, apartandose de nuestra Santa Fee Catholica e de la vnion della, syguiendo la Ley de Muysen, guardandola e solepnisandola por entero en quanto en ellos fue, asi en quardar los sabados, guisando e fasiendo guisar las viandas e lo que avian de comer del viernes en la noche para el sabado, ençendiendo candiles viernes en

la noche a modo e çerimonia de judios, vistiendo ropas linpias en los dias sabados, comyendo en ellos lo guisado del viernes e guardandose de faser obra alguna de trabajo en ellos, e guardando las pascuas de los judios, ayunando sus ayunos, comiendo el pan çençeño en el dia e tienpo que ellos comen, e comiendo carne muerta e degollada con solepnidad judayca, resando oraçiones de judios segund e en la forma que ellos las resan, e resçebiendo en su casa otros muchos conversos e conversas los dichos sabados e fiestas a orar, resar e oyr leer libros judaycos que el dicho Sancho de Çibdad les resaua, leya e publicaua. Et ansimesmo que el dicho Sancho de Çibdad subuertia e procuraua de subuertir otros christianos a guardar e solepnisar la dicha Ley de Muysen, et publicaua en aquella averse de saluar e non ser venido el Mexias Nuestro Saluador e Redentor Ihesu Christo. E yva a otras casas, a leer e faser oraçiones con otros conversos e conversas que judayzauan e seguian su dapnada opinion, e a les mostrar resar e orar. Por lo qual dise e denunçia que el dicho Sancho de Çibdad e su muger notoria e publicamente se apartaron de nuestra Santa Fee Catholica, en seguir la Ley de Muysen en la forma susodicha, e que deuen ser pronunçiados e declarados por notorios e publicos erejes, e aver incurrido en las penas, çensuras, en los derechos contenidas, e por tales ser pronunçiados e declarados pidiendo serle fecho en todo conplimiento de justiçia. Et vista la dicha denunçiaçion e la prouança por el dicho promutor fiscal fecha por grand copia de
16r testigos, por do paresçe e consta | e se prueua los dichos Sancho de Çibdad e Maria Dias su muger aver cometido e fecho e consentido faser los exçesos e delitos de heregia e apostasia contenidos en la dicha denunçiaçion, e aver seguido e solepnisado e çeremoniado e honrado la Ley Muysen, fasiendo e permitiendo faser sus ritos e çerimonias en quanto pudieron e en ellos fue, enseñandola el dicho Sancho de Çibdad non solamente a sus fijos e criados mas avn a los de fuera de su casa, e publicandola e aprouandola, e de como trabajo e procuro de peruertir e atraer a otros christianos a la seguir e guardar, e como todo o lo mas dello ha seydo e es notorio e publico en esta çibdad. Et ansymesmo se prueua como se absentaron e huyeron desta çibdad por themor de la Inquisiçion, desanparando sus casas e bienes, e se acogieron e fueron a lugares de señorios e fuera deste arçobispado, donde buenamente non pudiesen por nos ny por nuestro mandado ser avidos. Et visto como en el termino de la graçia nin despues, antes que fuesen en espeçial o particularmente llamados, non quisieron venir ny conpareçer e se

Trial of Sancho de Ciudad and María Díaz

presentar ante nos a se reconçiliar, persystiendo en su dapnado herror e creençia, ny ansymesmo despues, quando fueron llamados a responder a la denunçiaçion, e sienpre han seydo e fueron rebeldes e contumases a todos los llamamientos e çitaçiones e actos deste proçeso. Actento la notoriedad del delito e grauesa del, auydo sobre todo nuestro consejo e deliberaçio con personas asy religiosas como seglares letrados con quien comunicamos e vimos el dicho proçeso, siguiendo su pareçer e comun determinaçion de todos ellos, teniendo a Dios ante nuestros ojos, fallamos que devemos declarar e declaramos, condepnar e condepnamos a los dichos Sancho de Çibdad e Maria Dias su muger, e a cada vno dellos, por publicos erejes e apostotas, por se aver apartado como se apartaron de nuestra Santa Fee Catholica, e seguir como siguieron la Ley de Muysen, e que por el mesmo fecho e delito cayeron e incurrieron en sentençia de excomunion mayor e a todas las otras penas espirituales e temporales e perdimiento e confiscaçion de bienes que son estableçidas en derecho contra los tales hereges e apostotas, e por consiguiente que los devemos relaxar e relaxamos al virtuoso cauallero Juan Peres, commendador, correigidor en esta Çibdad Real e su tierra por el Rey e Reyna, nuestros señores, e a sus alcaldes e alguasiles e a las justiçias de qualesquier çibdades de villas e lugares destos reynos e fuera dellos, para que en ellas executen las penas que fallaren que deuen aver a conseguir segund derecho. E porque los dichos Sancho de Çibdad e Maria Dias, su muger, son absentes e non se pueden aver, mandamos relaxar e relaxamos sus estatuas, que estan presentes, en que sean executadas las dichas penas. E asy lo pronunçiamos e mandamos en estos escriptos e por ellos. Que fue dada e pronunçiada esta dicha sentençia por los dichos señores inquisidores en la dicha Çibdad Real, en lugar e audiençia acostunbrada, estando los dichos señores sentados por ante nos, Juan de Segovia, clerigo, capellan de la Reyna nuestra señora, e Juan Sanches Tablada, escriuanos e notarios publicos e escriuanos de la dicha Santa Inquisiçion, en treynta | dias de mes de enero, año del Nasçimiento del Nuestro Saluador Ihesu Christo de myl e quatroçientos e ochenta e quatro años. E de como esto paso, el dicho promutor fiscal dixo que lo pedia e pidio por testimonyo sygnado, de lo qual son testigos, que fueron presentes quando los dichos señores inquisidores dieron e pronunçiaron esta dicha sentençia e firmaron aqui en ella sus nonbres, el liçençiado Jufre de Loaysa, vesino de la dicha çibdad, e Pedro de Torres, capellan del señor

(—) Franciscus, doctor
(—) Didacus, licenciatus

16v

[35]

liçençiado inquisidor, e Villaçis, criado del dicho señor doctor inquisidor, e otros. E nos, los dichos Juan Sanches Tablada e Juan de Segouia, clerigo, escriuanos e notarios publicos susodichos, que fuimos presentes a todos los actos e sentençia deste proçeso en vno con los dichos testigos e ocupados en cosas e negoçios del dicho Ofiçio de la Santa Inquisiçion, lo fesimos por mano de otro escriuir e lo conçertamos e fielmente corregimos, lo qual todo va escripto en quince fojas deste papel çepto pli⟨e⟩go entero con aquesta en lo que van nuestros sygnos acostunbrados, y en rondon de cada de las dichas quinze fojas señalado de nuestras rubricas acostunbradas. En testimonio de lo qual fesimos aqui nuestros sygnos a tales en testimonio de verdad rogados e requeridos.

(—) Sancius, Apostolicus (—) Jo⟨hanes⟩ de Segobia,
et Regalis notarius notario e escrivano

17r *Blank page*

The following note,[35] written by the sixteenth-century chronicler Sebastian de Horozco, throws additional light on the situation of Sancho de Ciudad and María Díaz, as well as on the other Ciudad Real Conversos who were tried by the iniquisition:

...fueron tomados en el puerto de Valençia un Sanho de Çiudad y su muger, y un hijo suyo y su muger, e otrosi Pero Gonzales de Teva e su muger, los quales eran hereges naturales de Villarreal; e fueron fuyendo de alli estando alli la Santa Inquisiçion, y compraron una fusta en la dicho puerta y la basteçieron y embarcaron para se ir; e navegaron çinco dias, segun de ellos se supo, e plugo a Dios que les vino un viento contrario e fortuna, e volvio al puerta, donde fueron tomados. E los truxeron presos a esta çibdad e los entregaron a los inquisidores. Y estos fueron los primeros que en esta çibdad [36] fueron quemados por herejes despues que los inquisidores vinieron.

[35] Published by Fita, p. 294.
[36] Toledo.

Trial of Sancho de Ciudad and María Díaz

Genealogy of the Family of Sancho de Ciudad and María Díaz

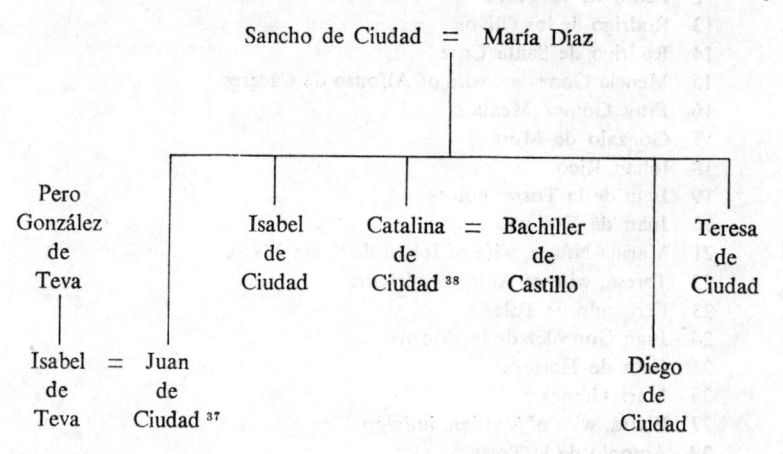

```
                    Sancho de Ciudad  =  María Díaz
        ┌──────────────┬──────────┬────────────────┬──────────────┐
      Pero                                                        
    González         Isabel      Catalina  =  Bachiller         Teresa
       de              de           de           de               de
      Teva           Ciudad       Ciudad³⁸    Castillo          Ciudad
       │
    Isabel  =  Juan                                       Diego
      de        de                                         de
     Teva     Ciudad³⁷                                   Ciudad
```

The Composition of the Court

Judges:	Pero Díaz de la Costana
	Francisco Sánchez de la Fuente
Prosecutor:	Fernán Rodríguez del Barco
Examiners of Witnesses:	Juan Ruiz de Córdoba
	Juan de Hoces
Notaries:	Juan Sanchez Tablada
	Juan de Segovia

Witnesses for the Prosecution in Order of Testification

1. Lope de Villarreal
2. Juan de Fez
3. Catalina de Ciudad
4. Catalina Fernández, wife of Pero Fernández del Moral
5. Catalina, wife of Pero Fernández
6. Juana de Jones, daughter of Francisco Alvarez de Jones
7. María Díaz, daughter of Alvar González, wife of Gil del Castillo
8. Elvira, daughter of Juan Alvarez
9. Fernando de Mora
10. María Díaz, wife of Juan Ruiz [39]
11. Teresa Núñez, wife of Pero Franco [40]

---

[37] He was tried and condemned; see trial No. 12.
[38] She testified against her parents.
[39] In the list of witnesses her name is María Ruiz.
[40] In the list his name appears as Lope Franco; see fol. 7r.

Records of the Spanish Inquisition in Ciudad Real, 1483–1485

Witnesses for the Prosecution (continued)

12 Pedro de la Torre
13 Rodrigo de los Olivos
14 Rodrigo de Santa Cruz
15 Mencia González, wife of Alfonso de Cáceres
16 Fray Gómez Mexia
17 Gonzalo de Mora
18 Iohan Rico
19 Juan de la Torre, notary
20 Juan de Espinosa
21 Marina Núñez, wife of Iohan de Santa María
22 Teresa, wife of Antón Rodríguez
23 Fernando de Toledo
24 Juan González de las Moças
25 Juan de Herrera
26 Mari Gómez
27 Elvira, wife of Vastian, *hidalgo*
28 Antonio de la Torre
29 Pero Franco, the Elder
30 Juana, wife of Antón Cotillo
31 Pedro de Murcia
32 Juan de Morales, son of Gutierre Gómez de Morales
33 Cristino de Escalona [41]

Consulta-de-fe

Francisco Sánchez de la Fuente, Guardian of the San Francisco Order in Ciudad Real, Prior of the Dominican Monastery in Ciudad Real
Liccenciad Jufré ⟨de Loaysa⟩
Licenciado Jufré ⟨de Loaysa⟩
Bachiller Gonzalo Fernández, *alcalde*
Bachiller Gonzalo Nuñoz
Bachiller de Camargo
Juan Sánchez, notary

Synopsis of Trial

1483

14 Nov. The trial opens. The prosecutor informs the Court that many Conversos have fled and presents witnesses who testify to that effect. He asks that the accused be summoned. They are given thirty days to appear, the summons to be issued three times, once every ten days.
16 Nov. The first summons is issued in the parochial church.
17 Nov. A summons is issued in the Town Square.

---

[41] We do not know the order in which he testified, as he is mentioned as witness, but his testimony is not in the file; see Biographical Notes.

Trial of Sancho de Ciudad and María Díaz

Synopsis of Trial (continued)

25 Nov. The end of the first period of summons. The prosecutor accuses the defendants of being rebels.
26 Nov. The prosecutor appears before the Court and announces that he is ready to hand in his arraignment.
4 Dec.   The prosecutor announces the end of the second ten-day period.
5 Dec.   The defendants are again charged with rebellion.
15-16 Dec. The prosecutor announces the end of the third ten-day period. He charges the defendants with being rebels and asks that they be denounced as such. The Court agrees.

1484

5 Jan.   The prosecutor presents his charges. The accused are summoned to appear in three days.
7 Jan.   The prosecutor asks for another summons to be issued to the accused, demanding an answer to the charges against them. Witnesses for the prosecution are received and examined.
8 Jan.   The examination of witnesses for the prosecution continues.
10 Jan. For the third day, witnesses for the prosecution are examined.
13 Jan. The witnesses for the prosecution are still being examined. The prosecutor asks for the publication of testimonies.
14 Jan. The defendants are charged with rebellion. The judges order the publication of testimonies in their absence.
16 Jan. The prosecutor asks for another summons. The defendants are again charged with rebellion.
19 Jan. Sancho de Ciudad and his wife are due to appear in Court today. In the afternoon: *consulta-de-fe*.
28 Jan. Three days are given for hearing the sentence.
30 Jan. The sentence of burning in effigy is proclaimed in the Town Square.

2 Trial of María Díaz, la cerera
1483–1484

Source: AHN IT, Legajo 143, No. 196, foll. 1r–26r; new number: Leg. 143, No. 11.

The trial of María Díaz, la cerera, *opened on 14 November 1483, the same day as the trial of Sancho de Ciudad. She, too, was absent, having fled Ciudad Real after the Inquisition decided to open a Court there, but shortly before it was actually established in the town.*

María Díaz was well known for her Jewish activities, and she played an important role in the Converso community of Ciudad Real. She was considered the most active leader of the Converso community. In Palma, near Córdoba, where she was a refugee from the 1474 anti-Converso riots in Ciudad Real, she was renowned for her knowledge of the Law of Moses and of Jewish customs. Damaging testimony regarding her activities during this period was given to the Court by Fernando de Trujillo, who had served as Rabbi to the communities of Ecija and Palma before his conversion to Christianity.[1]

María Díaz was condemned and burnt in effigy on 24 February 1484. Her sister, Leonor González, wife of Alonso González del Frexinal, was also well known for her Jewish practices. She, too, was tried and condemned; [2] *see trial, No. 19.*

Bibliography: H. Beinart, *Zion*, XX (1956), pp. 13–16; idem, *Tarbiz*, XXX (1961), pp. 52 ff.; idem, *Anusim*, pp. 183 ff.

---

[1] See Biographical Notes.
[2] For the genealogy of her family, see below, p. 67.

¹ʳ Legajo 35 Numero 14   Çiudad Real
             absente   condenada
         Proçeso de Maria Diaz la çerera

1v *Blank page*

²ʳ Legajo 35 numero 25
     Proçeso contra Mari Dias la çerera
        vesina desta Çibdad Real
    ausente   condenada

2v *Blank page*

3r En la noble Çibdad Real, catorze dias del mes de nouiembre, año
14 Nov. del Nasçimiento del Nuestro Saluador Ihesu Christo de mil e quatro-
1483 çientos e ochenta y tres años, estando los reuerendos señores inquisidores Pero Dias de la Costana, liçençiado en santa theologia,
canonigo en la yglesia de Burgos, e Françisco Sanches de la Fuente,
doctor en decretos, canonigo en la yglesia ⟨sic⟩, juezes inquisidores de la heretica prauedad, dentro en las casas de su morada que
son en esta dicha çibdad, en la sala baxa donde acostunbran faser
abdiençia a la ora de la terçia, en presençia de nos, los notarios e
testigos infraescriptos, paresçio ante los dichos señores inquisidores
el honrado Fernand Rodrigues del Barco, clerigo, capellan del Rey
nuestro señor, nuestro promutor fiscal en el dicho Ofiçio, criado por
los dichos señores, e estando e teniendo su abdiençia a la dicha ora
de la terçia, e les denunçio e dixo que muchos vesinos desta dicha
çibdad, asi ombres como mugeres, que eran sospechosos e infamados
de la heregia se auian absentado e huydo desta dicha çibdad por
themor de la dicha Inquisiçion, entre los quales se auia absentado
Maria Dias, la çerera, e non sabia donde estaua, a la qual el
entendia de acusar del dicho crimen de la eregia e de aver judaysado;
por ende, que pidia e pidio a los dichos señores inquisidores
(inquisidores) que, reçebida su informaçion de la absençia della
desta dicha çibdad, la qual se ofreçia luego de dar, si les constase ser

Records of the Spanish Inquisition in Ciudad Real, 1483–1485

ansy absente como dicho tenia mandasen dar su carta çitatoria por hedicto contra la dicha Maria Dias, çerera, con çierto termino en el qual le mandasen que paresçiese personalmente a responder a la denunçiaçion o querella que sobre la dicha heregia e aver judaysado e seguido la Ley de Muysen contra ella entendia intentar e proponer e proseguir su proçeso sobre el dicho caso de la heregia, implorando çerca de todo ello su ofiçio. E oydo el dicho pedimiento del dicho promutor fiscal por los dichos señores inquisidores, mandaron que diese e presentase ante ellos testigos para aver su informaçion de como era absente la dicha Maria Dias, çerera, desta çibdad. E luego el dicho procurador fiscal presento ante los dichos señores inquisidores por testigos a Juan Ruys, trapero, e a Juan de Areualo e a Anton Moreno e a Ferrand Falcon e a Rodrigo de Villarruuia,[3] de los quales e de cada vno dellos los dichos señores inquisidores resçibieron juramento en forma deuida de derecho, fasiendoles poner sus manos derechas en la Cruz e mandandoles que so cargo del dicho juramento dixesen verdad en el caso presente. E cada vno de los dichos testigos respondio que si juraua, e a la confusion del dicho juramento respondieron: Amen. E preguntado⟨s⟩ por los dichos

3v señores inquisidores si saben | que la dicha Maria Dias, çerera, era absente desta çibdad, e que tanto tienpo auia que se auia absentado; e los dichos testigos, absoluiendo el dicho juramento, respondieron e dixieron que la dicha Maria Dias era absente desta çibdad e que pudia aver quinse dias, poco mas o menos, antes de que los señores inquisidores veniesen a esta çibdad se absentaron ⟨*sic*⟩ della, e que es publico e notorio que se fue e se absento por themor de la Inquisiçion, desque supo que auian de venir aqui inquisidores a esta çibdad, e que por agora non sabian donde estaua e residia. E luego los dichos señores, auida la dicha informaçion, dixeron que pues les constaua e consto la dicha Maria Dias, çerera, ser absente desta çibdad e de sus casas e abitaçion donde auia morado e era vesina, e non se sabia çierto donde estaua, que mandauan e mandaron dar su carta çitatoria en forma de hedicto contra la sobredicha con termino de treynta dias por tres terminos, e el ultimo perentorio, por la qual le mandauan que paresca a responder en los dichos terminos a la denunçiaçion que el dicho fiscal, sobre el dicho crimen de la heregia e de judaysar e de aver venido contra nuestra Santa Fee,

[3] Juan Ruys, Juan de Arévalo, Anton Moreno and Rodrigo de Villarrubia served in the same capacity in the trial of Sancho de Ciudad, No. 1, fol. 2r. Fernán Falcón is an additional witness here. On Arévalo, Moreno, Villarrubia and Falcón, see Biographical Notes.

[42]

dise que le entiende poner. La qual dicha carta mandaron notificar en las casas de su morada que son en esta dicha çibdad, e publicamente pregonar en la plaça, e leer notificar en la yglesia de Sant Pedro, do eran perrocianos ⟨sic⟩, en dia de fiesta, estando ayuntado el pueblo a la Misa e Ofiçios Diuinos, e despues que sea puesta e afixa en vna de las puertas de la dicha yglesia e este en ella por todo el dicho termino de los dichos treynta dias. Testigos que a todo lo susodicho fueron presentes: Pedro de Torres e Juan Sanches,[4] clerigos, capellanes e familiares del dicho señor liçençiado de Costana, inquisydor. El thenor de la qual dicha carta es este que se sigue:

14 Nov. 1483 Por nos, Pero Dias de la Costana, liçençiado en santa theologia, canonigo en la yglesia de Burgos, e Françisco Sanches de la Fuente, doctor en decretos, canonigo en la yglesia de Çamora, juezes inquisidores que somos de la heretica prauedad dados por la autoridad apostolica en esta Çibdad Real e su tierra, a vos, Maria Dias, la çerera, salud en Dios, e a los nuestros mandamientos, que mas verdaderamente son apostolicos, firmemente obedesçer e cunplir. Sepades que ante nos paresçio el honrado Ferrand Rodrigues del Barco, clerigo, nuestro promutor fiscal, e nos denunçio e fiso relaçion e dixo como vos, la sobredicha, seyendo vesina e moradora en esta dicha çibdad e estando so nonbre e posesion de christiana, guardastes e seguistes la Ley de Muysen en todo o en parte, fasiendo muchas çerimonias della, e venistes contra nuestra Santa Fee

4r Catholica e vos apartastes de la vnion | e ayuntamiento de la Santa Madre Yglesia e de los catolicos e fieles christianos della, segund paresçe por vna informaçion de testigos que contra vos, la sobredicha, nos presento; e a esta cabsa, e por non ser acusada, dis que vos absentastes e aveys absentado desta çibdad. Y porque el entiende de denunçiar de vos y de vos acusar de la heregia en que aveys caydo e incurrido en guardar e solepnisar la Ley de Muysen, apostatando nuestra Santa Fe Catholica, pidionos que le mandasemos dar nuestra carta çitatoria para vos, por la qual vos çitasemos e llamasemos e mandasemos que dentro de çierto termino paresçiesedes ante nos personalmente aqui, en esta Çibdad Real, a estar con el a derecho e responder a las denunçiaçiones e querellas que contra vos entendia de intentar e presentar e proponer, aperçibiendovos que si no paresçiesedes, que en vuestra absençia, aviendovos por presente, presentaria e proponia la dicha denunçiaçion o querella e

---

[4] See Biographical Notes on both of them.

presentaria su prouança contra vos sobre el dicho delito de heregia
e juderia que cometistes e incurristes, e proçediesemos en ellas
segund fallasemos por derecho. E asimismo nos pidio que por quanto erades absente desta çibdad e su tierra, e el non sabia ni avia
pudido saber donde estauades o por agora fasiades vuestra abitaçion,
que nos pidia que mandasemos publicar esta nuestra carta çitatoria
en esta çibdad, en los lugares publicos della, e ponerla e mandarla
afixar en las puertas de las dichas yglesias, por que de alli pudiese
venir a vuestra notiçia. E si nesçesario era, como non estauades en
esta dicha çibdad e su tierra ni sabia adonde al presente residiades
estaua presto de dar informaçion, la qual luego ante nos presento por
testigos fidedignos, e faser qualquier solepnidad o juramento que de
derecho deuiese e mandasemos e quisiesemos. E nos, visto su relaçion e pedimiento ser justo e conforme al derecho, e vista la informaçion de testigos que ante nos presento contra vos, la sobredicha, asi del delito de heregia de que soys infamada e veemente
sospecha, por do nos consto que a cabsa de nuestra Inquisiçion
vos auiades absentado desta çibdad, mandamosle dar e dimos esta
nuestra carta para vos, por la qual vos çitamos e mandamos que del
dia que vos fuere intimada, en prueua personal sy pudieredes ser
auida, o en las casas de vuestra morada, o fuere publicada o
pregonada en la plaça desta dicha çibdad, o leyda en las yglesias
en cuya perrochia morays e teneys vuestras casas de morada, en dia
de fiesta, estando el pueblo ayuntado para los Diuinos Ofiçios, e
despues puesta e afixa en vna de las puertas de la dicha yglesia, e
dende a treynta dias primeros siguientes, dandovoslos por tres terminos de diez en dies dias por cada moniçion e termino e el vltimo
perentorio, parescades personalmente ante nos dentro en las casas
de nuestra morada que son en esta dicha çibdad, donde acostunbramos haser nuestra abdiençia, a ver presentar e proponer contra vos
por el dicho fiscal | la denunçiaçion o querella que contra vos dise
que entiende poner sobre el delito de heregia, e responder a ella e
alegar todo lo que quisieredes en vuestra defension e derecho, e
oyrvos hemos e guardarvos hemos vuestro derecho. En otra manera,
si en el dicho termino non paresçieredes e rebelde e contumas
fueredes, en vuestra rebeldia, auiendovos por presente, oyremos al
dicho nuestro promutor fiscal e resçebiremos la dicha denunçiaçion
o querella que contra vos intentare e pudiere e todo lo que quisiere
deçir e alegar e resçebiremos los testigos que sobre ello presentare.
E si culpada vos fallaremos en el dicho delito de heregia que se dise
que aveys cometido, e guardado e solepnisado la Ley de Muysen e

sus rictos e çerimonias, pronunçiarvos hemos, declararvos emos por ereje, e proçederemos contra vos, fasiendo nuestro proçeso sumariamente, segund e como de derecho devamos. Para lo qual todo e para cada vna cosa o parte dello e para la sentençia e execuçion della o dellas, por la presente perentoriamente vos çitamos, e mandamos que esta nuestra carta, despues de ser publicada en la plaça desta dicha çibdad e leyda en la yglesia perrochial, segund susodicho es, sea puesta e afixa en las puertas de la dicha yglesia e que ninguno la quite de ende, so pena de excomunion, sin nuestro mandado e liçençia, la qual proferimos en estos escriptos contra el que lo contrario fisiere. Dada en Çibdad Real, dentro de las casas donde al presente fasemos nuestra abitaçion, a catorse dias del mes de nouienbre, año del Nasçimiento del Nuestro Saluador Ihesu Christo de mil e quatroçientos e ochenta e tres años.

Summons and Procedure

16 Nov. 1483 E despues desto, domingo, diez e seys dias del dicho mes de nouiembre, año susodicho, esta dicha carta fue leyda e publicada dentro en la yglesia de San Pedro por mi, Juan de Segouia, notario de la dicha abdiençia e Ofiçio de la Inquisiçion, estando grande parte del pueblo de la dicha çibdad junto en la dicha yglesia a la Misa Mayor, al abto de reconçiliaçion que fasian aquel dia de los penitentes,[5] estando presentes los virtuosos caualleros Juan Peres, corregidor de la dicha çibdad, e mosen Lope de la Tudia, comendador de Malagon, e muchos de los cavalleros e regidores de la dicha çibdad. Testigos que fueron presentes: El liçençiado Jufre de Loaysa e Alfonso Mexica, bachiller, e otros muchos.

16 Nov. 1483 E despues desto, lunes siguiente, dies e seys [6] dias del dicho mes de nouienbre, año susodicho, estando en la plaça publica desta çibdad se pregono esta dicha carta en la plaça publicamente a alta bos, leyendo yo, el dicho Juan de Segouia, notario, e pregonando Iohan de Lorca, pregonero e ofiçial de la dicha çibdad, deputado para las semejantes cosas. Testigos que fueron presentes al dicho pregon: Juan de Villa Real, escriuano, e Juan de Ouiedo e Juan Gomes,[7] fiscal del señor arçobispo, e otros vesinos de la dicha çibdad.

[5] This also confirms the inaugural date of the Inquisition in Ciudad Real. Taking into account the sixty-day Period of Grace, we must fix the date at 14 September 1483. See the trial of Leonor de la Oliva, No. 123, fol. 2v; cf. Beinart, p. 263.
[6] Read: 'siete'; probably an error of the scribe.
[7] See Biographical Notes.

E despues desto, este dicho dia, estando ante las puertas de las 5r casas | de la dicha Maria Dias, çerera, que son en esta dicha çibdad en la collaçion de Sant Pedro, a la calle que se dise de Monteagudo el viejo, por mi, el dicho notario, fue notificada esta carta ante la puerta de la dicha casa. Testigos: Fernando de Trujillo e Pedro de Palencia, moradores en esta dicha çibdad.

E despues desto, este dicho dia e mes e año susodicho, esta dicha carta fue puesta e afixa por el dicho promutor fiscal en vna de las puertas de la dicha yglesia de San Pedro con çiertos clauos, por ante mi, el dicho notario, ⟨e⟩ testigos de yuso escriptos, que fueron presentes a la dicha afixaçion. Lo qual el dicho fiscal pidio por testimonio sinado a mi, el dicho notario, de como la dicha carta quedava puesta e afixa en la dicha puerta de la dicha yglesia de Sant Pedro. Testigos que fueron presentes: Ferrando Alonso,[8] cura, e Pedro Rodrigues, clerigos de la dicha yglesia de Sant Pedro.

25 Nov. E despues desto, en veynte e çinco dias del dicho mes de nouienbre
1483 susodicho, estando los dichos señores en las dichas sus casas en la sala baxa, fasiendo su abdiençia publicamente a la ora de la terçia, paresçio antellos el dicho promutor fiscal e dixo que por quanto oy, dicho dia, se cunplian los dichos dias del primero termino de los dichos treynta dias que en la dicha carta se auian dado a la dicha Maria Dias, çerera, para paresçer e se presentar ante sus reurençias, e non paresçia, que le acusaua e acuso la primera rebeldia. E los dichos señores inquisidores dixieron e respondieron que la resçebian. Testigos que fueron presentes: Juan Martines, cura de Yeuenes, e Pedro de Torres, capellan del dicho señor liçençiado e inquisidor.[9]

26 Nov. E despues desto, otro dia siguiente, veynte e seys dias del dicho
1483 mes de nouienbre del dicho año, el dicho fiscal paresçio ante los dichos señores inquisidores, estando en la sala donde acostunbran faser abdiençia a la ora de la terçia, e dixo que por quanto ayer auia acusado la primera rebeldia de la carta de hedicto que contra Maria Dias, la çerera, se auia dado e puesta e afixa en la puerta de la yglesia de Sant Pedro, que la ratificaua ante los dichos señores inquisidores, e si nesçesario era, de nueuo la acusaua. Los dichos señores respondieron que lo oyan. Testigos que fueron presentes: Pedro de Torres e Juan Sanches, capellanes del dicho señor liçençiado inquisidor, e otros.

---

[8] See the trial of Juan González Daza (No. 6, fol. 8r), where he acted as witness for the defence.
[9] See Biographical Notes.

Trial of María Díaz, la cerera

4 Dec. 1483 — E despues desto, en cuatro dias del mes de dezienbre, año suso dicho de mil e quatroçientos e ochenta e tres años, estando los dichos señores inquisidores dentro en la dicha sala de sus casas fasiendo su abdiençia, en presençia de nos, los dichos notarios e testigos de yuso escriptos, paresçio el dicho promutor fiscal e dixo que por quanto oy era el segundo termino de los dichos treynta dias contenidos en la dicha carta çitatoria e de hedicto que se dio contra la dicha Maria Dias, çerera, e non paresçia, que la acusaua e acuso la segunda rebeldia. Los dichos | señores respondieron que lo oyan. Testigos que fueron presentes: Pedro de Torres e Juan Sanches, clerigos, capellanes del dicho señor liçençiado de Costana, inquisidor.

5 Dec. 1483 — E despues desto, otro dia siguiente, çinco dias del dicho mes de disienbre del dicho año, estando los dichos señores inquisidores en la dicha su sala oyendo a las personas que ante ellos paresçian, paresçio el dicho procurador fiscal e dixo que por quanto ayer auia acusado la rebeldia del segundo termino de la carta que se dio contra la dicha Maria Dias, çerera, e oy la ratificaua en presençia de los dichos señores, e si nesçesario era la acusaua de nueuo. Los dichos señores respondieron e dixieron que la resçibian en quanto podian e de derecho deuian. Testigos que fueron presentes: Nos, los dichos notarios, e Juan de Hoçes e Pedro de Torres, clerigos.

15 Dec. 1483 — E despues desto, lunes, quinse dias del dicho mes de disienbre del dicho año, estando los dichos señores inquisidores fasiendo su abdiençia a la ora de la terçia dentro en la sala baxa de sus casas, segund que lo han de vso e de costunbre, paresçio ante ellos el dicho procurador fiscal e dixo que por quanto oy se cunplia el vltimo termino e perentorio de la carta çitatoria e de hedicto contra Maria Dias, la çerera, por ellos dada, en que auia de paresçer, e non paresçia, que le acusaua la vltima rebeldia, e que pidia a sus reuerençias que la vuiesen por contumas e rebelde, e por tal la pronunçiasen. E los dichos señores respondieron e dixieron que oyan lo que desia(n) e que estauan prestos de faser aquello que con derecho deuiesen. Testigos que fueron presentes: Martin de Çepeda e Pedro de Villaçis, familiares del dicho señor doctor inquisidor, e otros.

16 Dec. 1483 — E despues desto, martes, diez e seys dias del dicho mes de disienbre, año susodicho, estando los dichos señores inquisidores en la dicha sala de sus casas donde acostunbran faser abdiençia, ante sus reuerençias paresçio el dicho promutor fiscal e dixo que por quanto ayer auia acusado la vltima e perentoria rebeldia (rebeldia)

[47]

a Maria Dias, la çerera, e pedio que la vuiese por rebelde, e agora, a mayor abondamiento e ser ⟨sic⟩ nesçesario era, le ratificuaua la dicha rebeldia e la acusaua de nueuo, e que pedia a los dichos señores que la ayan por rebelde e contumas, e en su absençia e rebeldia reçibiesen su denunçiaçion o querella que contra la sobredicha entendia poner e ante su reuerençia presentar, e proçediesen en el proçeso segund e como de derecho deuiesen, pues que para todo el dicho proçeso auia seydo çitada e llamada. E los dichos señores respondieron e dixieron que la auian e ouieron por rebelde, e que en su absençia, aviendo su contumaçia por presençia, pudiese e
6r presentase | la denunçiaçion o querella que quisiese, e que estauan prestos de la faser conplimiento de justiçia. Testigos que fueron presentes: Pedro de Torres e Juan Sanches, capellanes del señor inquisydor el liçençiado Costana.

Arraignment

5 Jan.   E despues desto, en çinco dias del mes de henero, año del Naçimien-
1484   to del Nuestro Saluador Ihesu Christo de mil e quatroçientos e ochenta e cuatro años, estando el señor doctor Fuente, inquisidor, dentro en la dicha sala oyendo a las personas que antel paresçian, paresçio ay el dicho promutor fiscal e dixo que presentaua e presento vn escripto de denunçiaçion contra la dicha Maria Dias, çerera, el thenor del qual es este que se sygue:
Muy Reuerendos e Virtuosos Señores Jueses Inquisidores de la heretica praueded:
Yo, Ferrand Rodrigues del Barco, clerigo, capellan del Rey nuestro señor, promutor fiscal de la Santa Inquisiçion, paresco ante Vuestras Reuerençias e denunçio de Maria Dias, la çerera, vesyna desta Çibdad Real, absente que agora della es, como rebelde e contumas a los mandamientos apostolicos e a vuestro llamamientos e enplasamientos, y en su absençia, que deve ser auida por presençia, digo que biuiendo la dicha Maria Dias en posesion e nonbre de christiana e gosando e vsando de las prerogatiuas de christiana, ella, en oprobio e ofensa de Nuestro Señor e Redentor Ihesu Christo e de Su Santa Fee Catholica, e sin temor de las penas e çensuras que por judaysar e apostotar e hereticar esperar deuiera, la dicha Maria Dias judayso e apostato e guardo la dicha Ley de Muysen e sus rictos e çerimonias judaycas en la forma siguiente: Vno, que ençendio e fiso ençender candiles linpios los viernes en las noches por honra e çerimonia del sabado, segund forma judayca. Iten, que la dicha Maria Dias guiso e fiso guisar viandas los viernes para los sabados

a cabsa de non lo guisar en los sabados, disiendo que los quebrantaua, e ansy comia ella e los de su casa et tal guisado en los tales sabados frio, por çerimonia judayca e segund judia. Iten, que la dicha Maria Dias guardo los sabados e fiestas e pascuas que los judios suelen e acostunbran guardar e honrar, çesando de trabajar e faser en los tales dias obras de fasienda e avn de trabajo, con las otras çerimonias que fasen los judios, e non segund christiana. Iten, que guardo e festiuo los dichos sabados e pascuas, vistiendo en ellos ropas linpias de paño e de lino, e honrando e guardando los tales dias, yendo ella a folgar a casas de sus fijas e parientes e amigos,
6v y ellos por consiguiente a la suya. | Iten, que la dicha Maria Dias ayuno como judia los ayunos que los judios suelen ayunar e non comiendo fasta la noche, y estonçes çenaua carne çerimonialmente. Iten, que en la Pascua de los judios comio pan çençeño, segund que los judios lo suelen comer, y en toda la dicha Pascua non comia otro pan, e fasiendo con ello otras çerimonias que en la tal Pascua acostunbran faser los judios. Iten, que la dicha Maria Dias honrando la dicha Pasua por çerimonia de la ley de Muysen, en toda la dicha Pascua non comio saluo en escodillas e platos e ollas e jarros e otras vasijas todo nueuo, segund forma e costunbre de judios. Iten, que la dicha Maria Dias non comia carne si non fuese muerta con çerimonia judayca o por mano de judio, e quando non la pudia aver non comia otra, saluo fruta o hueuos o semejante. Iten, que la dicha Maria Dias, continuando su⟨s⟩ herrores hereticos e damnado camino, resaua e reso en los dichos sabados e pascuas de judios e otros dias de contino oraçiones judaycas, y non solamente esto fasia particularmente, mas avn resaua e leya las tales oraçiones a otras personas conversas que a su casa por indusimiento suyo yvan a la oyr, e ella les platicaua la dicha Ley de Muysen, procurando quanto pudo de subuertir a las tales personas conversas a seguir la dicha Ley de Muysen, como eresiarca. Iten, que la dicha Maria Dias, çerera, heretico e judayso e apostato en otras cosas e casos e maneras e tienpos que seyendo nesçesario protesto de declarar en el presente negoçio. Por que, Virtuosos Señores, digo que ansy por la dicha Maria Dias aver ereticado e apostotado en las cosas ya dichas, como por ser rebelde a los dichos vuestros mandamientos e llamamientos e non aver paresçido ante Vuestras Reuerençias a se redusir a la Santa Madre Yglesia, a quien tanto ofendio, que la dicha Maria Dias es e deue ser auida por erege e apostota e persona que guardo la dicha Ley de Muysen e sus çerimonias, e por ello incurrio en las çensuras eclesiasticas e en las otras penas çeuiles e criminales en

los derechos e sacros canones constituydas. Por que, Reuerendos Señores, vos pido e requiero que por tal ereje e apostota la declareys e pronunçieys, declarando aver incurrido en las dichas penas, para lo qual inploro el reuerendo e noble ofiçio de Vuestras Reuerençias e pido conplimiento de justiçia. E juro por los sacros ordenes que reçebi, que si la dicha Maria Dias, la çerera, presente fuera, que esta misma denunçiaçion le pusiera. Por que, Señores, vos pido e requiero que auiendola por presente, proçedays contra ella segund la calidad del negoçio e menospreçio de la dicha Maria Dias, segund que en tal caso e⟨l⟩ derecho permite, fasta la sentençia definitiua inclusiue, e yo esto presto de justificar esta dicha mi denunçiaçion si en en quanto nesçesario fuere, e pido segund suso. |

Summons and Procedure

7r E asi presentado el dicho escripto de acusaçion ante el dicho señor doctor e inquisidor en rebeldia e contumaçia de la dicha Maria Dias, el dicho señor doctor dixo que la resçibia, e mandaua a la dicha Mari Dias que dentro de terçero dia primero siguiente venga respondiendo e disiendo de su derecho, para lo qual mando a mi, el dicho notario, que la çitase en esta abdiençia e en las casas de sus morada⟨s⟩. Testigos que fueron presentes: El liçençiado Jufre de Loaysa e Juan de Hoçes, e otros. E luego, incontinenti, yo, el dicho notario, por virtud de la dicha comision e mandamiento, la cite en la dicha abdiençia en presençia de los que ende estauan, a alta e intelegible bos. Testigos que fueron presentes: Los sobredichos e otros muchos. E despues desto, este dicho dia, yo, el dicho notario, por mandamiento del dicho señor inquisidor a pedimiento del dicho fiscal, fue a las casas de la dicha Maria Dias, çerera, e ante las puertas de las dichas casas la çite que paresçiese a terçero dia a responder a la dicha denunçiaçion e querella que sobre el dicho crimen de la eregia le era puesta. Testigos que fueron presentes.

7 Jan. E despues desto, en siete dias del dicho mes de henero del dicho 1484 año, ante el dicho señor doctor inquisidor en la dicha abdiençia, paresçio el dicho procurador fiscal e dixo que por quanto la dicha Maria Dias, çerera, a petiçion suya e por su mandamiento auia seydo çitada para que personalmente paresçiese a esta abdiençia a responder a vna denunçiaçion por el ante ellos puesta contra la dicha Maria Dias, çerera, e non paresçia, e oy se cunplia el termino, que le acusaua e acuso la rebeldia. E el dicho señor dixo que la resçibia e resçebio. Testigos que fueron presentes.

E luego el dicho fiscal dixo al dicho señor doctor e inquisidor que pues la dicha Maria Dias era rebelde, e non paresçia, que el concluya en la denunçiaçion que contra ella auia presentado, e le pedia que asimismo el concluyese e lo resçibiese a la prueua. Testigos que fueron presentes: El liçençiado Jufre de Loaysa e Juan Ru⟨y⟩s de Cordoua, maestro en santa theologia, e otros muchos.

E luego el dicho señor inquisidor respondio e dixo que en absençia e rebeldia de la dicha Maria Dias, çerera, que concluya con el dicho fiscal, que presente estaua, e aseñalaua termino para dar sentençia para luego, la qual dio e pronunçio en vnos escriptos que en sus manos tenia en la forma siguiente. Testigos: Los susodichos.

Fallamos que devemos resçebir e resçebimos al dicho promutor fiscal a la prueua de lo por el denunçiado e querellado contra la dicha Maria Dias, saluo jure inpertinentium et non admitendorum, 7v para la qual prueua faser le damos e aseñalamos terminos | de nueue dias primeros siguientes, dandole tres dias por cada termino e plaso, e todos nueue por termino perentorio, e ansy lo pronunçiamos en estos escriptos e por ellos. E por quanto avemos seydo informado⟨s⟩ que non conviene saber ni conosçer las personas de los testigos que en esta cabsa e las otras depusieren por el peligro de sus personas, segund la parentela desta gente, e nos ha constado e consta que algunos han amenasado e an querido poner sus amenasas en execuçion, non mandamos çitar ni llamar a la dicha Maria Dias, çerera, para ver jurar e conosçer las personas de los testigos que por el dicho fiscal fueren presentados, antes mando que se tomen secreto asi los juramentos como sus dichos, en manera que non se sepa quien son las personas de los testigos ni se conoscan. Testigos: Los susodichos.[10]

Witnesses for the Prosecution

E despues desto, este dicho dia, estando el señor doctor Françisco Sanches de la Fuente, inquisidor, en la dicha sala donde acostunbran faser abdiençia, a la ora de las bisperas, paresçio ante el el dicho fiscal, e para en prueua de su intençion e denunçiaçion que contra la dicha Maria Dias, çerera, propuso, presento por testigos a Catalina de Çamora, muger de Juan de Çamora, defunto, e a Juan de la Torre e a Maria Dias, muger de Garçia Fernandes, perayle, e a Fernand Falcon e a Juan de Merlo, fijo de Alonso de Merlo, vesinos todos desta dicha çibdad, de los quales e de cada vno dellos el dicho

---

[10] This form of announcement clearly shows the conditions prevailing in Ciudad Real during the early days of the Court's work.

señor inquisidor resçibio juramento en forma de derecho, fasiendoles poner sus manos derechas sobre vna Crus e vn libro de los Santos Evangelios abierto, por los quales e por Dios Todopoderoso juraron e cada vno dellos juro de desir verdad en esta cabsa que son por testigos presentados, e que non lo dexaria⟨n⟩ de desir por preçio o amor o desamor ni por otra qualquier cosa. E cada vno de los dichos testigos respondio e dixo: Si, juro; e a la confusion del dicho juramento que le fue puesta por el dicho inquisidor, cada vno dellos respondio: Amen. Testigos que fueron presentes: Juan Martines, cura de Yevenes, e Pedro de Torres, capellan del dicho señor liçençiado inquisidor.

10 Jan. 1484 E despues desto, en diez dias de henero, año susodicho, estando el dicho señor doctor e inquisidor en las dichas casas e sala donde acostunbran faser su abdiençia, paresçio antel el dicho procurador fiscal e presento por testigos contra la dicha Maria Dias, çerera, a Antonia Gomes, muger de Villacastin, cardador, e a Juan de Fes e a Catalina Gonçales e a Gomes de Chinchilla e a Marina Gutierres, muger de Gonçalo, borçeguiero, e a Catalina, muger de Alfonso Martines, albañi⟨l⟩, de los quales e de cada vno dellos el dicho señor inquisidor resçibio juramento en forma de derecho, poniendo la mano en la Crus e en los Santos Avangelios ⟨sic⟩ que en vn libro estan escriptos, juraron de desir verdad en este caso, e si non la dixiesen que Dios les cohondiese en este mundo e condepnase en el otro, asi como aquel que se perjura en Su Santo Nonbre en vano; e cada vno de los dichos testigos respondieron e dixo ⟨sic⟩: Si,
8r juro; - e: Amen.[11] | Testigos que fueron presentes: El liçençiado Jufre de Loaysa e Juan de Hoçes, clerigo.

E lo que los dichos testigos e cada vno dellos dixieron e depusieron, seyendo examinados e preguntados cada vno particular e apartadamente por los honrados Juan Ruys de Cordoua, maestro en santa theologia, e Juan de Hoçes, clerigos benefiçiados en esta dicha Çibdad Real, a los quales por el dicho señor inquisidor fue cometida la examinaçion e reçepçion de los testigos, juntos conmigo, el dicho notario, preguntandolos e examinandolos por el libelo de la denunçiaçion que contra la dicha Maria Dias, çerera, en este proçeso es presentada, es lo siguiente:

Catalina de Çamora,[12] conversa, testigo presentado e jurado en la

---

[11] At the end of the folio: 'Va escripto en esta plana o dis denunçiaçion non la enpesca avnque va sobre raydo.'
[12] See her trial, No. 74; cf. Biographical Notes.

Trial of María Díaz, la cerera

forma susodicha, preguntada e examinada por los dichos reçeptores, dixo que oyera desir, avra dos años, poco mas o menos, a Costança de Bonilla, muger de Pero Franco, que tenia por vesina este testigo, que viendola velado con su marido en la yglesia, como fasen los christianos, en la noche a ora de çenar aquel dia mismo que vinieran a su casa Pedro de Bonilla e Fernando Dias, tintorero, e que la dixieron que la auian de tornar a velar por mano de vn judio que se llamava Truxillo, e que la auian de bañar en agua fria, en tal manera que la çerera, Maria Dias, e su fija Costança, la tomaran e la cobijaran vna sauana e la bañaran en vn arroyo o rio que pasaua por su puerta en la villa de Palma, do por estonçes estauan. E que vino el dicho judio Trujillo con vna taça de vino en la mano e dixo çiertas palabras e dioles a beuer al nouio e a la nouia. E luego vino el marido de la Costança, fija de la çerera, que se llama Juan de Torres, e dixo que pasase a tal con aquel judio, que le daria de palos, que el cristiano era e non judio. Esto es lo que sabe e le dixo la dicha Costança de Bonilla que le auia acontesido con la dicha çerera, para el juramento que fiso.

El dicho Juan de la Torre,[13] testigo susodicho, juro en la forma susodicha, preguntado por los dichos reçeptores, dixo que sabe que la çerera Maria Dias muger que fue de Fernando, çerero, que es pura judia. Y esto es lo que sabe, porque este testigo siguia mucho en su casa e vido como el viernes noche ençendian candiles linpios e guisauan de comer para el sabado, e que guardaua el sabado e non consentia ençender candela en su casa ni guisar de comer en el dicho dia del sabado, e que sabe que comia el sabado del guisado del viernes; e que le vio comer carne en Cuaresma asas veses; e que la carne que ella comia que creya que la traya de casa de Alfonso Garçia de los Oliuos e de Juan Martines de los Oliuos, conversos, e que la degollauan. Iten, dixo que despues que los susodichos fallesçieron, sabe que degollaua la carne que auia de comer su yerno Juan de Torres, fijo de Fernando de Torres. Iten dixo este testigo que sabe e vido como la dicha çerera guardaua las pascuas de los judios, e la vido conpuesta e muy bien vestida en ellas; e que comia la carne degollada con çerimonia de judio;[14] nunca la vido

---

[13] He was a notary and he testified at many trials; see Biographical Notes. His testimony here is also to be found in the trial of Juan Martínez de los Olivos, No. 81, fol. 5r.

[14] At the end of the folio: 'Va escripto sobre borrado raydo o dis la dixeron non enpesca.'

santiguar ni faser señal alguna de christiana, saluo que era pura judia. Esto es lo que sabe para el juramento que fiso.

Maria Dias, muger de Garçia Fernandes, testigo susodicho, preguntada e examinada por los dichos reçeptores dixo que avra veynte e tres años, poco mas o menos, que moro este testigo con la çerera, que se llama Maria Dias, con la cual moro dos años, e que ha que salio de su casa onse o dose años, e que sabe e vido que en el tienpo que con ella moro que tenia consigo tres hijas; Vna, Costança, muger de Juan de Torres, e la otra Ysabel, casada con el fijo del bachiller de la Plaça, e la otra se llama Leonor e se caso en Almagro con vno que non sabe como se llama, a las quales todas les vido guardar el sabado e se vestian de ropas linpias e de fiesta e se leuantauan aquel dia tarde e se pasauan a leer en vn libro todas sabadeando posadas en vn palaçio, e sabe que guisauan de comer el viernes para el sabado, e a las vesces guisauan carne. E sabe e vido que ençendian los candiles linpios viernes en la noche, en espeçial vno que turaua ⟨sic⟩ fasta la mañana, e que lo vido guardar las pascuas de los judios que cahen ocho dias antes de las nuestras. E que sabe que ayunauan fasta la noche, e a la noche comian vueuos. E les vido comer pan çençeño e lo cosian en su casa. E que sabe que las pascuas ençendian nueue candiles; e comian carne en Cuaresma e los sabados, e aquella carne que comian la traya⟨n⟩ de la que matauan entre ellos, e la deseuauan; e que algunos domingos les vido coser. E sabe que entrauan en su casa algunos conversos e comian con ella e su marido a la mesa. E sabe e vido que se bañauan, e que nunca les vido señales de christianos. Iten, dixo que algunas veses preguntaron a este testigo si yria con ellas a Constantinopla,[15] e que oyo desir a vna criada de la dicha Maria Dias, conpañera deste testigo, que se queria⟨n⟩ yr a tornar judias, e que sabe que eran judias. Esto es lo que sabe para el juramento que fiso.

Ferrand Falcon,[16] converso testigo susodicho, jurado e preguntado por los dichos reçeptores, dixo que vn sabado entro este testigo en casa de Costança Dias, madre de Juan de Torres, estando ella desposada con vn sobrino deste testigo, e que llamara a la puerta e non le oyera ni respondiera alguno, e que oyo murmullo de gente en vna camara e subio por vna escalera alla, e que hallara a la çerera vieja, que se dise Maria Dias, e a Costança, su muger de

---

[15] This clearly indicates that this witness was also a Conversa.
[16] See Biographical Notes.

[54]

Trial of María Díaz, la cerera

Juan de Torres, e a otras dos sus hijas moças resando en vn libro judayco que se dise çidur, e el dicho su sobrino en vna silleta asentado de cara mirando como resauan. E que este testigo reñio mucho con el dicho su sobrino. Esto es lo que sabe para el juramento que fiso.

Juan de Merlo,[17] testigo susodicho, jurado en forma, preguntado e examinado por los dichos reçeptores, dixo que puede aver poco
9r mas de vn año que | estando en casa de Maria Dias, la çerera, con Juan de Torres, su hermano, ⟨vido⟩ como la dicha çerera e Costança Dias su hija ençendian candiles el viernes en la noche e guisaua⟨n⟩ de comer del viernes para el sabado. E que sabe que guardauan el sabado ellas e vestian camisas e ropas linpias e comian el guisado del viernes. E que sabe que escondidamente deste testigo guardaron vna pascua de judios por invierno. E que sabe que non comian carne de la carneçeria saluo si fuese degollada con çerimonia judayca. E que este testigo vido a Pero Franco, fijo de la de Lope Ruys, degollar vna oveja para la dicha çerera, e que cree este testigo que la degollo con çerimonia judayca. E esto es lo que sabe para el juramento que fiso.

La dicha Antonia Gomez, testigo susodicho, resçebido e examinado por los dichos reçeptores, dixo que avra ocho años, poco mas o menos, que moro este testigo con Maria Dias, la çerera, muger de Fernando Alfonso, çerero, que estaua biuda a la sason e tenia consygo tres hijas, la vna Costança e la otra Leonor e la otra Ysabel; las dos estauan desposadas e la vna moça. Sabe e vido en aquel tienpo e año que con ellas moro que guardauan el sabado madre e hijas e se vestian de fiesta aquel dia e se afeitauan; e que aquel dia sabado y desde el viernes a mediodia se ençerrauan en vn palaçio e alli leyan todas en vn libro, las cabeças cubiertas, sabadeando, e desian entre otras palabras: Si supieses o entendieses quales son los tres libros de la Ley Sacra, Rebeca la chirimia, barach Adonay barach. Iten, sabe e vido que guisauan de comer del viernes para el sabado, e ençendian los candiles linpios. E sabe que guardauan las pascuas de los judios, e que les vido ayunar muchas veses, cada semana vn dia, fasta la noche, e en la noche comian carne. E sabe que mataua las aves que comian Pero Gonçales, çerero, su tio de las moças, hermano de su padre. Iten, sabe e vido que cosian en su casa e amasauan el pan çençeño e lo comian

---

[17] He was the brother of Juan de Torres; see the trial of Juan Calvillo, No. 13, fol. 5v.

en su tienpo e non comian otro pan, e aquella Pascua del Pan comian en platos e escodillas nueuos. A misa nunca yvan, e que nunca les vido santiguarse; que non comian las cosas vedadas en la ley de los judios, e que non comian carne de la carneçeria de los christianos, saluo muerta con çerimonia de judios, e que quando non la tenian comian vuas e huevos. Lo del resar dixo este testigo que lo vido ençima del palaçio por entre vnas tablas. E esto es lo que sabe para el juramento que fiso.

Juan de Fes,[18] confeso, testigo susodicho, juro en forma, examinado por los dichos reçeptores, ⟨dixo⟩ que sabe que Maria Dias, la çerera, guardaua el sabado e comia carne en Cuaresma e fasia todas las çerimonias judaycas e que non comia carne saluo si fuese degollada por çerimonia de judios. Esto que lo sabe porque comunicaua e partiçipaua en su casa e es converso como ella. Esto es lo que sabe deste fecho para el juramento que fiso. |

9v Catalina Gonçales, conversa, testigo susodicho, jurado en forma, preguntada por los dichos reçeptores, dixo que estando este testigo en el lugar de Palma donde se auia ydo huyendo despues del robo postrimero desta çibdad con otros conversos, que vn dia fue a oraçion a vna casa en que moraua Alfonso de Herrera e Rodrigo, donsel, e fueron alla aquel dia a faser oraçion Fernando Dias, tintorero, e Guiomar Dias, su muger, e Sancho, su hijo, e Garçia Baruas e Garçia Dias, sedero, e Pero Franco e la çerera Maria Dias e Costança su hija, e otras personas muchas, las quales dise que non confio.[19] Esto dixo que sabe e vido para el juramento que fiso.

Gomes de Chinchilla,[20] converso, testigo presentado, preguntado por los dichos reçeptores deputados, dixo que vio a Costança, muger de Juan de Torres, e a Maria Dias, la çerera, su madre, faser oraçiones judaycas; y estar ella⟨s⟩ resando e demandarles este testigo dineros para conprar de comer e que no gelos quisieron dar por no quebrar su oraçion. E que este testigo fue por su mandado de la dicha Maria Dias e de su fija Costança a casa de Pero Gomes, platero, por carne para ellas, disiendo que les diese de la carne que el sabia e non de la que el hasia; e que des que alli non la tenian, que le inbiaua a casa de otro que se llamaua Panpan, e que si en casa de aquellos non les hallase carne, que les llevase pescado. E

[18] He, too, was tried and burnt; see his trial, No. 9. He also testified against Sancho de Ciudad, No. 1, foll. 7v, 8r.
[19] On the group of Conversos in Palma, see Beinart, pp. 61 f.
[20] See Biographical Notes.

Trial of María Díaz, la cerera

que sabe que se vestian los sabados e se atauiauan como vnas grandes señoras e que fasian todas la otras çerimonias judaycas. Esto es lo que sabe para el juramento que fiso.

Marina Gutierres,[21] testigo susodicho, preguntado e examinado por los dichos reçeptores, dixo que vn dia lleuaua vna moça de Maria Dias, la çerera, vnos palominos biuos en la mano; dixo este testigo: ¿Donde los lleuas? E que dixiera la moça: A casa de Juan Falcon, el viejo. E que dixiera este testigo: ¿A que? E que le dixiera la dicha moça: A degollarlos, que non los comen en otra manera. Esto es lo que sabe para el juramento que fiso.

Catalina, muger de Alfonso Martines, albañi⟨l⟩, testigo jurado e preguntado por los dichos reçeptores, dixo que avra veynte e cuatro años que moro este testigo diez e nueue años con Catalina de Çespedes, muger de Alfonso de Çeruantes, el qual moraua pared e medio de Maria Dias, la çerera, e que sabe e vido en aquel tienpo entraua muchas veses en casa de la dicha Maria Dias, e que guardauan el sabado ella e sus fijas e su marido el çerero, e se vestian ropas linpias e de fiesta e guisauan de comer del viernes para el sabado e ençendian los candiles linpios. E sabe e vido que guardauan vna pascua en la Semana Santa, e que ayunauan sus ayunos fasta la noche; e que nunca les vido señales de christianos. E que esto es lo que sabe para el juramento que fiso.

12 Jan. E despues desto, en dose dias del mes de henero, año susodicho,
1484 estando el reuerendo señor doctor inquisidor haçiendo su abdiençia,
10r paresçio el dicho | fiscal ante, e dixo que presentaua e presento por testigos a Fernando de Trusillo e a Christoual, çapatero,[22] de los quales e de cada vno dellos el dicho señor inquisidor reçibio juramento en forma de derecho segund suso se contiene, e los dichos testigos hisieron el dicho juramento e respondieron a el e a la confusion del, e dixo cada vno dellos: Si, juro, — e: Amen. Testigos que fueron presentes: Martin de Çepeda e Christoual del Burgo, familiares del dicho señor doctor e inquisidor.

El dicho Fernando de Trusillo, testigo presentado, juro en forma, e examinado e preguntado por los dichos reçeptores, dixo que estando en Palma, puede aver siete años, poco mas o menos, que seyendo este testigo judio e estando alli por rabi de los conversos, vido a Maria Dias, la çerera, continuamente guardar los sabados en la misma orden que este testigo por estonçes los guardaua, e las

---

[21] She was the wife of Gonzálo, *borceguinero;* see Biographical Notes.
[22] Cf. below, fol. 10v: 'carpentero'.

otras fiestas de los judios, asi la Pascua del Pan Çençeño, comiendolo, como otra çerimonia que fasen en la dicha Pascua las dos primeras noches, en que comen lechugas e apio e çerrajas e vinagre, e otra çerimonia que fasen de maror, que quiere desir amargo, e con çiertas tortillas de pan çençeño pequeñas, todo gelo vido faser e guardar e festejar ni mas ni menos que los judios lo fasen e guardan, en vestir ropas linpias como en comer en vasijas nueuas que non vuiese llegado a ellas pan libdo, e si en algunas comya eran de cobre o de palo o de otros metales, y esto seyendo muy bien escaldadas con agua herviendo e despues con fria. En la qual Pascua vido este testigo a la dicha çerera faser oraçion como judia. Iten, le vido guardar la Pascua de Çinquesma, que llaman ellos la Dada de la Ley, e la de las Cabañuelas, e la de las Candeillas, e la del Cuerno, en todas le vido este testigo resar oraçiones segund el dia e segund çerimonia de judios. Iten, que le vido ayunar los ayunos de los judios, señaladamente el Ayuno Mayor que disen los judios, e estan descalços en todo el dia, e non comer ni beuer e resar hasta la noche, e a la noche desayunandose con aves e otras carnes. Iten, dixo que sabe que la dicha çerera tenia nonbre de judia, del qual nonbre no se acuerda a este testigo. Iten, dixo que la dicha Maria Dias tomo a este testigo vna nomina de ebrayco, e que non se acuerda cuanto le dio por ella, e le dixo como la queria para su fija, la muger de Lope de Pisa, e que este testigo vio como la dio a la dicha su fija. E que sabe que non comia carne, saluo degollada de mano deste testigo o de otro judio que supiese degollar, e antes estaua sin la comer que non averla de comer de mano de christiano. Iten, que algunas veses yva este testigo dende alli de Palma a Eçija, a cunplir con el aljama de los conversos de Eçija, porque era este testigo bien rogado e pagado, e con tanto que yva alla dexaua dicho a las conversas de Palma que se siguiesen por la orden que la çerera les diese, porque creya este testigo que el mismo non les podria desir mas ny doctrinar en la Ley de Muysen. La qual dicha
10v çerera en todo e por todo era judia | a la qual nunca vido este testigo en el tienpo que alli estuuo, que seria siete meses, poco mas o menos, faser ningund abto ny solepnidad a las cosas de nuestra Santisima Fe ny a lo que somos obligados a la Santa Madre Yglesia, mas antes faser burla e echarnio de todo, demandando vengança a Dios de sus enemigos los christianos. En algunas cosas reprehendia ella a este testigo, disiendo que non las guardaua por entero asi como ella en la Ley de Muysen. Esto es lo que sabe e vido para el juramento que fiso.

[58]

Trial of María Díaz, la cerera

El dicho Christoual, carpentero,[23] testigo susodicho, juro en forma, preguntado e examinado por los dichos reçeptores, dixo que quatro años antes del robo, poco mas o menos, moro este testigo con la çerera vieja, que moraua arriba en los cunbros, sabe e vido en aquel tienpo que con ella moro, que ella e su hija Leonor Conçales, la menor, guardauan los sabados e se vestian de fiesta ropas linpias e aquel dia resauan a la pared los pies juntos. E que sabe que guisauan de comer del viernes para el sabado e ençendian candiles linpios, en cada casa su candil, e que ençendian cinco o seys candiles. E que sabe e vido que comia carne la Cuaresma algunas veses, la qual carne la mataua Pero, çerero, su primo, que moraua pared e medio, e era marido de su hermana della, Costança Dias. E guardauan asimismo los sabados e se vestian de fiesta, e que al tanto fasian las hijas de la dicha Maria Dias, las casadas, Ysabel e Costança, Esto es lo que sabe para el juramento que fiso.

13 Jan. 1484 E despues desto, trese dias del dicho mes de henero, año susodicho, paresçio el dicho promutor ante el dicho señor doctor e inquisidor, estando hasiendo abdiençia a la ora de la terçia en la sala do la acostunbran haser, e dixo que por quanto el non entendia de presentar mas testigos de los que tenia presentados en este negoçio, que pedia que mandasen haser publicaçion de los dichos de los testigos que por el eran presentados. E el dicho señor inquisidor dixo que lo oya e que mandaua çitar a la parte mañana a la abdiençia, a ver hacer publicaçion de los testigos. Testigos que fueron presentes: El liçençiado Jufre e su hermano el bachiller Jufre de Loaysa ⟨*sic*⟩[24] e otros muchos.

Publication of Testimonies

Este dicho dia por mi, el dicho notario, fue çitada la dicha Maria Dias, çerera, ante las puertas de su casa para cras siguiente, a ver haser la publicaçion de los dichos testigos por el dicho procurador fiscal pedida. Testigos: Diego de Vbeda e Gonçalo Albin,[25] vesinos desta dicha çibdad.

14 Jan. 1484 E despues desto, catorse dias del dicho mes de henero del dicho año, paresçio el dicho promutor ante el dicho señor doctor e inquisidor estando hasiendo abdiençia a la ora de la terçia, e dixo que para oy a esta abdiençia fue çitada la dicha Maria Dias, çerera,

---

[23] Cf. above, fol. 10r: 'çapatero'.
[24] This should be Gonçalo Moñoz.
[25] He was the son of Juan González Pintado; see Biographical Notes.

para que paresçiese ante su reuerençia a ver haser la publicaçion de los dichos testigos, e non paresçia, que le acusaua e acuso la rebeldia, e pedia e pidio al dicho señor que mande haser la publicaçion, segund avia pasado por mi, el dicho notario, que le avia çitado. De lo qual luego hise fee. | E el dicho señor doctor e inquisidor dixo que resçebia la rebeldia de la dicha Maria Dias, çerera, e mandaua e mando faser publicaçion en su absençia, la qual yo fise por mandado del dicho señor, començando a desyr el dicho del primero testigo deste proçeso. E el dicho señor doctor e inquisidor mando que se de treslado e copia [26] de los dichos de los testigos a la dicha Maria Dias, çerera, callando los nonbres e dandole sus dichos, e que a terçero dia venga respondiendo e disiendo lo que quisiese contra ellos. Testigos que fueron presentes: Alfonso de Almagro e Ferrand Falcon. E luego yo, el dicho notario, en la dicha abdiençia çite e notifique a alta bos a la dicha Maria Dias, çerera, la dicha publicaçion que era fecha e como se le mandaua dar copia de los testigos e termino de terçero dia para que viniese disiendo e alegando contra ellos. Testigos: El maestro Juan Ruys de Cordoua e Diego, carpentero.

Excerpts from Trial Held Before Tomas de Cuenca

E despues desto, este dicho dia, ante las puertas de la⟨s⟩ casas donde solia morar la dicha Maria Dias, çerera, notifique el dicho abto de la dicha publicaçion e el dicho termino que se le avia dado para venir a contradeçir los dichos de los testigos, e alegar todo lo que quisiese contra ellos. Testigos que fueron presentes: Diego de Vbeda e Gonçalo Albin. E despues desto, este dicho dia, estando el dicho señor doctor e inquisidor en la dicha sala a la ora de las bisperas oyendo las personas que ante el paresçian, paresçio presente el dicho promutor fiscal e dixo que para en prueua deste proçeso contra la dicha Maria Dias, la çerera, presentaua e presento al proçeso e deposiçiones de testigos que en el estauan en quanto fasian a este caso, el qual dicho proçeso estaua en publica forma e se auia hecho en esta dicha çibdad por el doctor Thomas, juez delegado e inquisidor deputado por el reuerendisimo señor don Alfonso Carrillo, arçobispo que fue deste dicho arçobispado de Toledo. El dicho señor inquisidor dixo que lo oya, e que lo auia e ouo por presentado segund que estaua çerca de mi, el dicho notario, ya otras veses presentado, e que mandaua que se

---

[26] There is another copy of the entire trial in the file.

Trial of María Díaz, la cerera

asentase en este proçeso lo que hasia para mayor prouança verificaçion, de lo qual asimismo mandaua dar copia a la parte. Testigos: Los susodichos, el maestro Juan Ruys de Cordoua e Juan de Hoçes, clerigos.

Final Summons

16 Jan. 1484 E despues desto, diez e seys dias de henero, estando el dicho señor doctor e inquisidor hasiendo abdiençia en la dicha sala, paresçio el dicho promutor fiscal e dixo que acusaua e acuso la rebeldia a la dicha Maria Dias, çerera, por quanto para oy le avia aseñalado termino para venir a alegar contra los dichos de los testigos, e non paresçia, que pedia que la vuiesen por rebelde; e asymismo dixo que concluya e pidia e pedio al dicho señor doctor e inquisidor que concluyese. E el dicho señor doctor inquisidor dixo que oya lo que desia, e que mandaua que fuese çitada la parte para terçero dia, que venga concluyendo, con aperçibimiento que sy non paresçia avria el pleyto por concluso. Testigos: Juan de Hoçes e Ferrand Falcon. |

11v E despues desto, este dicho dia, yo, el dicho notario, por mandado del dicho señor doctor e inquisidor çite a la dicha Maria Dias, çerera, ante las puertas de su casa donde solia morar, para que a terçero dia paresca ante su reuerençia a concluyr en el pleyto e cabsa de que por el dicho fiscal es acusada, con aperçibimiento que si no paresçiese, que en su absençia el dicho señor inquisidor concluyria con el dicho fiscal. Testigos que fueron presentes: Fernando de Truxillo e Gonçalo Fernandes de Almagro.

19 Jan. 1484 E despues desto, diez e nueve dias del dicho mes de henero, estando el dicho señor doctor e inquisidor hasiendo abdiençia en la dicha sala a la ora de la terçia, paresçio ay presente el dicho promutor fiscal e dixo que para oy, dicho dia, auia seydo çitada Maria Dias, la çerera, que viniese concluyendo en el pleyto e denunçiaçion que contra ella prosigue, e non paresçia, que el acusaua e acuso la rebeldia, e pidia e pidio al dicho señor doctor e inquisidor que concluyese e ouiese este pleyto por concluso, e diesen en el sentençia. E el dicho señor inquisidor dixo que resçebia la rebeldia de la dicha Maria Dias, e concluya con la parte concluyente e auia este pleyto por concluso, e aseñalaua termino para dar sentençia para terçero dia, e dende para cada dia que feriado non fuese. Testigos que fueron presentes: Gonçalo del Oliua e Anton de Villarreal.

[61]

Consulta-de-fe

E despues desto, este dicho dia en la tarde, el dicho señor doctor e inquisidor, estando en sus casas de su morada, mando llamar para ver e aver consejo e examinar este proçeso a los reuerendos padres el guardian de San Françisco desta dicha çibdad, maestro en santa theologia, e al prior de Santo Domingo de la Orden de los Predicadores, e al liçençiado Juan del Campo e al liçençiado Jufre e al bachiller Gonçalo Fernandes, alcalde, e al bachiller Gonçalo Muños e al bachiller de Camargo, los quales todos vinieron por su llamamiento e fueron presentes juntos con el dicho señor doctor e inquisidor, e en presençia de mi, Juan Sanches, escriuano del dicho Ofiçio, vieron el dicho proçeso, leyendo desde el prinçipio fasta el fin todo por entero, e apuntando en el las dubdas e platicando e comunicando sobre ellas, auido su consejo e deliberaçion, votaron e cada vno dellos dio su voto, en que dixieron que deuia ser la dicha Maria Dias declarada por ereje e relaxada al braço seglar. E todos fueron en este acuerdo e voto e consejo vnanimes e concordes.

Petition for Sentence

28 Jan. 1484
12r

E despues desto, miercoles, veynte e ocho dias de enero, año susodicho, estando los dichos señores inquisidores hasiendo abdiençia dentro en sus casas en la sala baxa a la ora de la terçia, paresçio ante sus reuerençias el dicho promutor fiscal e dixo que por quanto en el proçeso de Maria Dias, la çerera, avia⟨n⟩ aseña|lado termino para dar sentençia a terçero dia e de ende para cada dia, que pedia que diesen en el sentençia. E los dichos señores dixieron que a mayor abondamiento que mandauan a mi, el dicho notario, çitar e llamar a la dicha Maria Dias, la çerera, para terçero dia a esta abdiençia a oyr sentençia. Testigos: El liçençiado Jufre de Loaysa e el bachiller Gonçalo Muños, su hermano, e Juan de Segouia, notario. E luego, incontinenti, en la dicha abdiençia, en presençia de los que ende estaua⟨n⟩ en ella, yo, el dicho notario, cite e llame a la dicha Maria Dias, la çerera, a alta e intelegible bos que paresçiese a terçero dia a oyr sentençia en el proçeso e causa de denunçiaçion de eregia de que es della querellado. Testigos: Los notarios.

E despues desto, este dicho dia a la ora de las bisperas, yo, el dicho Juan Sanches, notario, por mandado de los dichos señores inquisidores çite a llame a la dicha Maria Dias, la çerera, ante las puertas de las casas donde solia morar, para que paresca a oyr sentençia a terçero dia a la ora de la terçia ante los dichos señores en el pleyto e cabsa de la denunçiaçion o querella que el fiscal tiene puesta contra ella sobre la eregia en que incurrio. Testigos que fueron presentes: Juan de Hoçes, clerigo, e Fernando de Trugillo.

30 Jan. E despues desto, viernes, treynta dias del dicho mes de henero del
1484 dicho año, estando los dichos señores inquisidores hasiendo abdiençia dentro en las dichas sus casas en la sala baxa, segund que lo acostunbran haser a la ora de la terçia, paresçio el dicho promutor fiscal e dixo a los dichos señores que sus reuerençias auian mandado çitar e llamar a mi, el dicho notario, a Maria Dias, la çerera, para oy, este dia, a esta abdiençia de la terçia, para oyr sentençia en la cabsa de la heregia de que son e estan ⟨sic⟩ denunçiada, e que non paresçia; seyendo como avia seydo çitada, que acusaua e acuso su rebeldia e pedia sentençia. E luego los dichos señores preguntaron a mi, el dicho notario, en presençia de Juan de Segouia, notario, si auia çitado e llamado a la dicha Maria Dias, la çerera, para esta abdiençia para oyr sentençia, segund me lo auian mandado. E yo les dixe e respondi que si, e fise fee de la dicha çitaçion para oyr sentençia e que era para esta abdiençia, e que la avia çitado en esta abdiençia publicamente como despues en su casa ante las puertas della. E los dichos señores dixieron que pues les constaua de la çitaçion e llamamiento para oyr la sentençia, segund yo les auia fecho fee, que resçebian su rebeldia de la dicha Maria Dias, çerera, e la avian por rebelde, e en su absençia e rebeldia, en presençia del dicho promutor fiscal estauan prestos de dar sentençia. Testigos que a todo lo susodicho fueron presentes: Pedro de Torres, capellan del señor liçençiado de Costança, Pedro de Villaçis, criado del señor doctor Françisco Sanches, inquisidores, e nos, los dichos notarios Juan de Segouia e Juan Sanches.

E luego, incontinenti, los dichos señores dieron e pronunçiaron la dicha sentençia, la qual leo por su mandado en su presençia el notario Juan de Segouia, e ellos se cada vno dellos dixieron al fin dello: Asi lo pronunçiamos e declaramos. El thenor de la qual dicha sentençia de berbo ad berbum es este que se sigue: |

12v *Blank page*

Sentence

13r Visto por nos, Pero Dias de la Costana, liçençiado en santa theo-
30 Jan. logia, e Françisco Sanches de la Fuente, doctor en decretos, jueses
1484 inquisidores por la abtoridad apostolica, e yo, el dicho liçençiado

[63]

Records of the Spanish Inquisition in Ciudad Real, 1483-1485

Pero Dias de la Costana como vicario e ofiçial general por el reverendisimo señor don Pero Gonçales de Mendoça cardenal de ⟨E⟩spaña, arçobispo de la santa yglesia e arçobispado de Toledo, vn proçeso de pleyto que ante nos se ha tratado e pende sobre vna denunçiaçion o querella que nuestro promutor o procurador fiscal propuso e intento, en que denunçio de Maria Dias, la çerera, veçina desta Çibdad Real, en que dixo que la dicha Maria Dias, biuiendo so nonbre e posesion de christiana, judayso e apostato e heretico siguiendo la Ley de Muysen e sus rictos e çerimonias judaycas, guardando los sabados en forma e guisa de judios, ençendiendo candiles los viernes en las noches, e guisando de comer del viernes para el sabado, e holgando los sabados, non fasiendo nin permitiendo faser en su casa alguna cosa seruil. E ansimesmo guardo las pascuas e fiestas de los judios en que ayuno los ayunos de los judios segund que ellos los ayunan, e comio el pan çençeño en el tiempo e segund que ellos lo comen e con las çerimonias que ellos en el tal tienpo e fiesta vsan. E que non comia carne, salvo muerta por mano de judio e con su çerimonia, e que resaua oraçiones judaycas e las leya e enseñaua a otras personas en su casa e fuera della, procurando de convertir las personas que pudia a la dicha su creençia, e fasia otras çerimonias de la dicha Ley de Muysen e seguia sus rictos en quanto en ella era e pudia. Por lo qual pedio ser declarada por ereje apostota e por tal pronunçiada, e aver caydo e incurrido en las penas e çensuras en los derechos estableçidas, inplorando çerca de todo ello nuestro ofiçio. Et visto como la dicha Maria Dias fue llamada por nuestra carta de hedicto, por ser absente desta çibdad e su tierra, con termyno de treynta dias, la qual fue leyda e notificada en los lugares que deuian e puesta e afixa en la puerta de la yglesia perrochial de la yglesia ⟨sic⟩ donde era feligresa la dicha Maria Dias, e como por el dicho fiscal fueron acusadas las rebeldias de la dicha carta a la dicha Maria Dias en los terminos e tiempos que deuia, e como non paresçio, asy en esta çitaçion espeçial, seyendo particular e espeçialmente llamada, como en el termino e tiempo de la general çitaçion o manifestaçion, quando fueron todos llamados para que se veniesen a reconçiliar, e como nos consto que se absento desta dicha çibdad e su tierra, huyendo y absentandose por themor de nuestra inquisiçion, e non quiso venir ni conpareçer en el dicho termino de la dicha graçia nin despues, por asas tienpo, antes que fuese particular e espeçialmente llamada para responder a la dicha denunçiaçion, e como consyderadas sus rebeldias e persistençia en su dapnado herror, e que non se esperava

Trial of María Díaz, la cerera

della reconçiliamiento de su pecado e obidiençia de nuestra Santa Madre Yglesia, saluo infiçionar e dapnar a otros fieles christianos, por obuiar a su dapnando proposito, resçebimos el dicho promutor fiscal a la prueua de la dicha denunçiaçion, la qual por el fecha, e publicados los dichos e depusiçiones de los testigos que presento, e fechos todos los etros abtos que para validaçion deste proçeso |
13v se requeria, pareçe e consta que el dicho promutor fiscal prouo bien, entera e conplidamente su denunçiaçion o querella que contra la dicha Maria Dias propuso, por do nos consto aver cometido e fecho e perpetrado el dicho delito de eregia e aver judaysado e seguiendo la Ley de Muysen en la manera que en la dicha denunçiaçion fue relatada, e avn mas conplidamente ser publico en esta çibdad. E avido sobre todo nuestro consejo e deliberaçion con famosos letrados, ansy religiosos graduados en santa theologia como en los sacros canones e leyes, de comun acuerdo, sin discrepaçion o variaçion alguna, siguiendo su sano consejo, conforme al derecho, aviendo solamente e teniendo a Dios e Nuestro Redentor Ihesu Christo ⟨sic⟩, fallamos que deuemos pronunçiar e pronunçiamos, declarar e declaramos, a la dicha Maria Dias, la çerera, por hereje e apostota de nuestra Santa Fee Catholica, por aver seguido como siguio la dicha Ley de Muysen, e que por tal la deuemos condenpnar e condepnamos; et ansymesmo declaramos por el dicho delito aver incurrido en las penas e çensuras en los derechos contenidos, e perdimiento e confiscaçion de sus bienes, e que la devemos relaxar e relaxamos al virtuoso e honrado cauallero Juan Peres Barradas, corregidor en esta çibdad por el Rey e Reyna, nuestros señores, e a sus alcaldes e alguasiles e justiçia en su nonbre, e a otros qualesquier justiçias destos reynos e fuera dellos, para que en ella executen las penas que fallaren que deven aver e conseguir por derecho. Et porque la dicha Maria Dias es absente e non se puede aver, por el presente mandamos que las dichas penas sean executadas en la estatua e figura que en su nonbre ante nos es presente. Et ansy lo pronunçiamos e mandamos en estos escriptos e por ellos. Que fue dada e pronunçiada esta dicha sentençia por los dichos señores inquisidores en la dicha Çibdad Real, en el logar e audiençia acostunbrada, estando los dichos señores sentados por ante nos, Juan de Segovia, clerigo, capellan de la Reygna nuestra señora, e Juan Sanches Tablada, escriuanos e notarios publicos desta Santa Inquisiçion, en treynta dias del mes de enero, año del Nasçimiento del Nuestro Saluador Ihesu Christo de mil e quatroçientos

(—) Petrus, licenciatus
(—) Franciscus, doctor

e ochenta e quatro años. De lo qual son testigos, que fueron presentes quando los dichos señores dieron e pronunçiaron esta dicha sentençia e firmaron aqui en ella sus nonbres, el liçençiado Jufre de Loaysa, vesino de la dicha çibdad, e (el) Pedro de Torres, clerigo e capellan del señor liçençiado inquisidor, e Villaçis, criado del dicho señor doctor inquisidor, e otros. E nos, los dichos Juan Sanches Tablada e Juan de Segovia, clerigos, escriuanos e notarios publicos susodichos, que fuemos presentes a todos los actos e sentençia deste proçeso en vno con los dichos testigos, e 14r ocupados en cosas e | negoçios del dicho Ofiçio, lo fesimos por mano de otro escriuano e lo constatamos e fielmente corregimos, lo qual todo va escripto en doçe fojas de pliego entero deste papel çepti con aquesta en que va nuestros sygnos, e va rubricado en fin donde cada plana de las dichas hojas de nuestras rubricas acostunbradas. En testimonio de lo qual fesimos aqui estos nuestros sygnos a tales en testimonio de verdad rogados e requeridos.

⟨— Notarial sign⟩ ⟨— Notarial sign⟩
Io Sancius, apostolicus Jo⟨hannes⟩ de Segobia
et regalis notarius apostolicus notarius

14v *Blank page*

There follows, on foll. 15–26r, another verbatim copy of the trial. It lacks only the final procedures and the sentence.

Trial of María Díaz, la cerera

Genealogy of the Family of María Díaz, la cerera

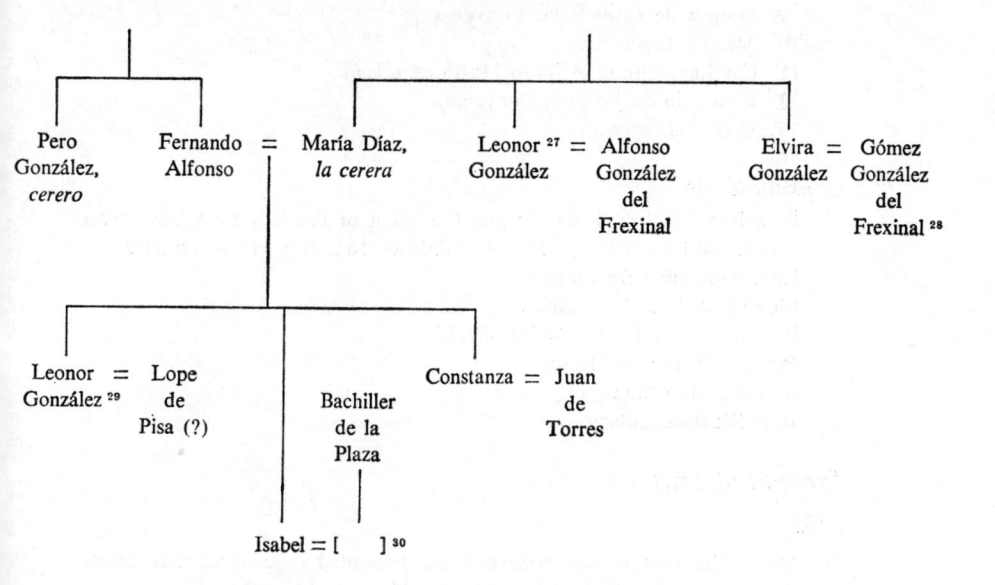

```
            |                                    |
    _____|_____         _____
   |                 |       |         |        |              |       |
  Pero          Fernando = María Díaz, Leonor [27] = Alfonso   Elvira = Gómez
 González,      Alfonso    la cerera   González    González   González  González
  cerero                                             del                  del
                                                  Frexinal            Frexinal [28]

   _____|_____
  |                       |                 |
Leonor = Lope          Bachiller      Constanza = Juan
González [29]  de      de la                     de
         Pisa (?)      Plaza                     Torres
                         |
                    Isabel = [   ] [30]
```

The Composition of the Court

Judges:	Pero Díaz de le Costana
	Francisco Sánchez de la Fuente
Prosecutor:	Fernán Rodriguez del Barco
Examiners of Witnesses:	Juan Ruiz de Córdoba
	Juan de Hoces
Notaries:	Juan de Segovia
	Juan Sánchez Tablada

Witnesses for the Prosecution in Order of Testification

1. Catalina de Zamora, Conversa
2. Juan de la Torre, notary
3. María Díaz, wife of García Fernández, *peraile*
4. Fernán Falcón
5. Juan de Merlo, son of Alonso de Merlo
6. Antonia Gómez

---

[27] She was tried and condemned; see her trial, No. 19.
[28] Gómez González del Frexinal was the brother of Alonso González del Frexinal.
[29] She was the youngest daughter and was married in Almagro.
[30] We do not know his name.

Records of the Spanish Inquisition in Ciudad Real, 1483–1485

Witnesses for the Prosecution (continued)

7 Juan de Fez, Converso
8 Catalina González, Conversa
9 Gómez de Chinchilla, Converso
10 Marina Gutiérrez
11 Catalina, wife of Alfonso Martinez, *albañil*
12 Fernando de Trujillo, Converso
13 Cristobal, carpenter

Consulta-de-fe

Francisco Sánchez de la Fuente, Guardian of the San Francisco Order in Ciudad Real, Prior of the Dominican Monastery in Ciudad Real
Licenciado Juan del Campo
Licenciado Jufré [de Loaysa]
Bachiller Gonzalo Fernández, *alcalde*
Bachiller Gonzalo Muñoz
Bachiller de Camargo
Juan Sánchez, notary

Synopsis of Trial

1483

14 Nov. The trial opens. Witnesses are presented to confirm that María Díaz fled from Ciudad Real. Their oaths and testimonies are accepted.
16 Nov. The summons is read in the San Pedro Church in Ciudad Real. Thirty days, divided into three ten-day periods, are allowed for María Díaz to appear before the Court and to stand trial.
25 Nov. The first ten-day period ends. María Díaz is charged with rebellion.
26 Nov. The prosecutor declares that he is ready to indict her as a rebel.
4 Dec. The end of the second ten-day period. The prosecutor states that he is ready to present the arraignment. His declaration is accepted by the Court.
5 Dec. The defendant is again charged with rebellion.
15 Dec. The prosecutor proclaims the end of the third ten-day period.
16 Dec. The prosecutor asks that the defendant be denounced as a rebel. The Court agrees.

1484

5 Jan. The arraignment is presented. Summons is issued for the defendant to appear before the Court in three days.
7 Jan. The prosecutor repeats his request to arraign the defendant within three days. The Court allows nine days for presentation of the arraignment. Witnesses for the prosecution are presented.
10 Jan. The presentation of witnesses for the prosecution continues.
12 Jan. Witnesses for the prosecution are again presented.
13 Jan. The prosecutor asks for the trial to be concluded, and for a new

[68]

Trial of María Díaz, la cerera

	summons to be issued against the defendant. The court agrees and the summons is read at the gate of her house in Ciudad Real.
14 Jan.	The testimonies are published. María Díaz is pronounced a rebel.
16 Jan.	The prosecutor asks that three days be given for María Díaz to appear before the Court, otherwise the trial will be considered closed.
19 Jan.	The prosecutor declares that he has concluded his arraignment of the defendant. A declaration is made that the sentence will be passed. A *consulta-de-fe* is held at the Court.
28 Jan.	The prosecutor asks for the sentence to be passed. His petition is accepted, and María Díaz is summoned to hear it.
30 Jan.	María Díaz is pronounced a rebel, and sentence is passed for her to be burnt in effigy.
24 Feb.	The sentence is carried out at the *auto-de-fe* held in the Town, Square.

3 Trial of María González, la panpana, Wife of Juan González Panpan
1483–1484

Source: AHN IT, Legajo 154, No. 375, foll. 1r–10v; new number: Leg. 154, No. 28.

María González, la panpana, *whose trial opened on 26 November 1483, was the first Conversa to be tried in person in Ciudad Real. As seen above, the three who were tried before her were tried in absentia. María González had appeared before the Inquisition and confessed during the Period of Grace, on 9 October 1483, but she was brought to trial because her confession was considered inadequate. In addition, she was considered an accomplice to the Jewish practices of her husband, Juan González Panpan, who was held in high regard by the Converso community of Ciudad Real.*[1]

During the trial she attempted to place the burden of responsibility for her Jewish observances on her husband, claiming that it was he who forced her to live as she did. She testified further that he had demanded that she sell the family property and join him in his new residence, where he probably lived openly as a Jew. The trial records show that he had already sold a part of their property in Ciudad Real.

The Court regarded the claims of María González as fraudulent. She was charged as a full accomplice of her husband and was sentenced to be burnt at the stake. The sentence was carried out on 23 February 1484.

María González was the first of those tried in Ciudad Real for whom the Court appointed a counsel for the defence. Alonso Alvarez, who also served as defence counsel to Juan González Pintado (No. 5, fol. 18r), played a passive role in the trial, observing only the regular defence procedure.

The file includes neither the date of the consulta-de-fe *nor the names of its members. We only know, from the sentence (fol. 10r), that it was held between 6 and 22 February 1483.*

[1] For his trial, see below, No. 14; see also the genealogy on p. 89.

Trial of María González, la panpana

Bibliography: Fita, pp. 485 ff.; Lea, II, pp. 605 ff.; B. Llorca, *La Inquisición en España*², Barcelona 1946, pp. 127 ff.; H. Beinart, *Zion*, XX (1956), pp. 16–22; Y. Baer, *A History of the Jews in Christian Spain*, II, Philadelphia 1966, pp. 334 ff.; Beinart pp. 173 ff. and index.

1r Çibdad Real

Proçeso contra la Panpana quemada   Con la sentençia
Maria Gonzalez la Panpana
muger de Juan Panpano

b⟨iva⟩ Relaxada
quemada

Confession

1v Mui Reuenrendos e Mui Virtuosos Padres:

9 Oct. Mari Gonsales, muger de Juan Panpan, vesino de la collaçion de
1483 Santiago, con mui omil reuerençia paresco ante vos e me encomiendo en Vuestra Merçed, ante la qual paresco con gran arrepentimiento e contriçion de mis pecados, e digo que puede aver veinte e çinco años que yo case con el, e al tienpo que yo con el case era buen christiano; e en ese tienpo, puede aver dies e seys años, poco mas o menos, quel tomo otra opinion de su mudar de beuir en la Santa Fe Catolica e faser çerimonias judaicas e desta cabsa, porque yo no queria seguir su camino malo quel levara, me dio mui muchas feridas; e me fiso contra mi voluntad que non filase el sabado e guisase de comer el viernes para el sabado, e algunas veses comia dello e otras non queria comerlo, porque mi padre sienpre biuio e me crio como buen christiano, lo qual me duro seys o siete años; e porque yo sabia que non traya carne de la carneçeria non la queria comer e desta cabsa, por muchas feridas que me dio, alguna ves me la fasia comer. E yo ha dies años que biuo sin el, porque se fue desta çibdad e yo nunca quise yr con el, teniendo que me faria beuir en el error quel beuia; e vino aqui vna noche, puede aver seys años, a me rogar que me fuese con el, e no le quise acoger en

[71]

mi casa e fue luego. E puede aver dose años, poco mas o menos, que me fis coser pan çençeño dos o tres veses e contra mi voluntad me lo hizo comer, por non pasar mala vida, que todauia nunca ⟨buena⟩ me dava. E despues quel se fue yo non filaua algunos sabados, e confeselo con el cura de Santiago, e me mando que filase, e yo despues aca syenpre he filado e fecho mis fasiendas como vuena christiana. E despues quel se fue la segunda ves, me ha enbiado a rogar que me fuese con el e vindiese esta fasienda que aqui tenia, lo qual nunca quise faser nin fise para no bevir con el, de cabsa de su mal beuir; el qual me vindio dos pares de casas que me dio mi padre e vna posada de colmenas,[2] e quisyera vender esas casas en que moro e vna viña por me dexar pobre, e yo nunca lo consenti.

Deso me arrepiento de buen coraçon e de buena voluntad, e pido a Dios misericordia e a vosotros, Señores, me deys penitençia, la qual yo con buen coraçon quiero para la reçebir.

A nueve de otubre de mil quatroçientos ochenta e tres años. ante los 1vª señores padres paresçio presente la dicha Mari Gonsales e fiso su confesion, segund la dio por este escripto.

Arraignment and Confession

26 Nov. En veynte e seys dias del mes de enero,[3] año del Nasçimiento del
1483 Nuestro Salvador Ihesu Christo de mil e quatroçientos e ochenta e tres años, a la hora de la terçia, estando en juyzio e jusgando los reuerendos padres el lyçençiado de la Costana e el doctor Françisco Sanchez de la Fuente, inquisidores de la heretica pravedad, en las casas e lugares donde acostunbran faser su audiençia, paresçio Hernan Rodrigues del Barco, clerigo, capellan del Rey nuestro señor, promotor fiscal de la dicha Inquisyçion, estando presente Mari Gonsales, muger de Juan Gonsales Panpan, vesina e moradora en esta çibdad. El dicho Hernan Rodrigues presento vna acusaçion contra la dicha Mari Gonsales, su thenor de la qual es esta se sigue:

2r Contra la muger de Juan Panpan, en XXVI de novienbre
Muy Reverendos e Virtuosos Señores Juezes Ynquisidores de la heretica prauedad:
Yo, Fernan Rodrigues del Varco, clerigo, capellan del Rey nuestro

---

[2] Fita adds: 'Este colmenar se decia de la gibada' (p. 486).
[3] Error of the scribe; it should be 'noviembre'; see below, fol. 2r, and Synopsis of Trial, p. 90.

Trial of María González, la panpana

señor, promutor fiscal de la Santa Ynquisiçion, paresco ante Buestras Reuerençias e acuso a Mari Gonsales, muger de Juan Panpan, vezina desta Çibdad Real. E contando el caso, digo que aviendo venido la dicha Mari Gonsales en el tienpo de la graçia asignada por Vuestras Reverençias para que las personas del pueblo los errores hereticos pudiesen confesar e aquellos manifestar ante Vuestras Reverençias, en el numero de las otras personas culpables que asi auian guardado uso e çerimonia de la Ley de Moysen en todo o en parte e en ofensa de Nuestro Señor e de Santa Fe Catolica fue la dicha Mari Gonsales, la qual, deviendo fielmente desir e confesar los tales errores e apostasyas segund e como deuia y con el animo e voluntad que deuia, simulada e cabtelosamente, permanesçiendo todavia en su damnado error e coraçon endureçido, çelo y encubrio y no manifesto los tales heretycos errores y heregias, disiendo solamente en su confesion que guardo algunos sabados en absençia del dicho Juan Panpan, su marido, y que todo lo demas que çirimonio e apostato segund la dicha Ley de Moysen que fue como neçesitada e subjecta del dicho su marido e contra su voluntad e pesandola dello; en el qual tiempo dise que guiso de comer del viernes para el sabado e que algunas veses comia dello e otras que no queria comer, e que quando traian carne que no fuese de la carneçeria que non lo queria comer, e que non filo el sabado, e que cosio pan çençeño por mandado del dicho su marido dos o tres veses e que lo comio contra su voluntad a cabsa del dicho su marido. La qual confesion asi fecho por la dicha Mari Gonsales como fraviblosa digo no la aprovecha, asi por ser engañosamente fecha e non con verdadero coraçon como porque Vuestras Reverençias fallara⟨n⟩ que, demas de lo por ella asy confesado por conosçida verdad, Nuestro Señor lo permitiendo, en mayor daño e condepnaçion suya, demas e allende de lo que asy la dicha Mari Gonsales confeso, judayso, heretico e apostato e guardo la Ley de Moysen en las cosas de yuso:

Vno, que oyo las oraçiones judaycas como los christianos oyen la Misa.

Iten, que guardo los sabados, çesando toda la obra.

Iten, que en los dichos sabados vistio ropas linpias de lino e ropas de fiesta.

Iten, que guardo las pasquas de los judios.

Iten, que fiso hadas a sus fijos como lo fasen los judios a sus fijos al tienpo de sus nasçimientos.

Iten, que dotrino a sus fijos segund la Ley de Moysen.

Iten, que comio carne en toda la Quaresma, especialmente en Viernes Santo vna gallina, y esto çerimonialmente, fasiendolo solepnisando la dicha Ley de Moysen. |

2v Iten, judayso, heretico e apostato en otras cosas que protesto, venido a mi notyçia, mas espeçificar e declarar en el progreso deste sumario proçeso, en agrauaçion e acresçentimiento de mayor daño suyo. Por que, Reuerendos Padres, digo que la dicha Mari Gonsales, como convicta e confiesa en las dichas eregias e apostasias, es digna de las penas çeuiles e criminales en los dichos sacros canones constituydas, en las quales ipso facto e ipso jure yncurrio en el cometimiento de aquellas. Por que, Virtuosos Señores, vos pido e requiero por tal heretyca e apostota la declareys e pronunçeis e por ello aver caydo e yncurrido en las dichas penas çeuiles e criminales, non resibiendo ayuda de su confesyon en cosa alguna. Para lo qual ynploro vuestro noble ofiçio e pido conplimiento de justiçia.

E asy presentado el dicho escripto de acusaçion, la dicha Mari Gonsales dixo que pidia e pidio traslado e procurador e abogado. Los dichos señores le mandaron dar e dieron por procurador a Alonso Aluares, e por letrado al bachiller Gonçalo Muños, e que respondiese a nueve dias.

Defence

3r Juana Gonsales Panpan ⟨sic⟩ Primero de disienbre
1 Dec. Reuerendos e Muy Virtuosos Señores e Deuotos Padres:
1483 Yo, la dicha Mari Gonsales, muger de Iohan Gonsales Panpan, presa en esta carçel de la Santa Ynquisyçion, paresco ante Vuestra Virtud respondiendo a vna acusaçion contra mi propuesta por el honrado Ferrand Rodrigues del Barco, vuestro promutor fiscal, en la relaçion e narraçion de la qual se contiene que yo vine en el tienpo de la graçia por Vuestras Reuerençias asygnado a manifestar ⟨e⟩ confesar mis errores en que auia yncurrido ante Vuestras Reuerençias, et dis que çele e encubri çiertos errores, de que en espeçial el acusante fase mençion, por que pide que, como confiesa en las dichas culpas et errores, me pronunçieys e declareys por ereje e apostota, segund que esto en efecto mas largamente con otras cosas en la dicha su acusaçion se contiene. Lo qual dado auido aqui por espreso, digo, Virtuosos Señores, satysfaçiendo aquello que soy obliga prinçipalmente, que yo soy catolica buena, fiel christiana, y tengo y creo y confieso firmemente todas aquellas cosas que la Madre Santa Yglesia tiene y cre⟨e⟩ en sy, et non ereje nin apostota, segund que el señor acusante afirma por la dicha su acusaçion, e

Trial of María González, la panpana

que la dicha mi confisyon fue entera verdadera quanto mi juyzio et discriçion basto, et sy algo en el dicho tienpo que yo fise la dicha mi reconçiliaçion çese de desir e declarar e confesar fue porque mas dello non se me acordo. Et comoquiera que esto bastaua para satysfaçion de todo lo que contra mi se opone, enpero, queriendo satysfaçer en espeçial a cada cosa dello, digo, Virtuosos Señores, que yo niego aver oydo las dichas oraçiones judaycas tan continuadamente como los christianos la Misa, et sy algunas, serian en el dicho tienpo que confese quel dicho mi marido me las faria oyr del, enpero non de otra persona, et despues de aquello me arrepenty et non las quise oyr. Et a lo que se dise que guardaua los sabados, digo que seria de la forma que se contiene en la dicha mi reconçiliaçion et non mas ni allende, asy en el vestir que dise de las ropias ⟨sic⟩ linpias como en lo al. Et en lo que dise que guardava las pasquas, digo que podria ser en aquel tienpo quel dicho mi marido me atruxo guardar algunas, enpero despues non lo fasia et antes nunca lo fis, segund que en la dicha mi reconçiliaçion se contiene. Et a lo que se dise que fis hadas a mis fijos, digo que seria quel dicho mi marido las fiso quando mis fijos nasçieron, enpero non que yo lo mandase, e niegolo. Et a lo que se dise que doctrine mis fijos, digo que sy alguna dotrina los dichos mis fijos reçebieron de la Ley de Muysen la reçeberian de su padre et non de mi, et a mas, yo gelo retraeria, et como al su padre convenga dotrinar a los fijos, paresçe, segund dicho es, que yo non seria en lo tal. Et a lo que se dise que comi gallina en Quaresma, digo que nunca Dios quiera ni mande que yo tal gallina comi en tal dia, et sera falso testimonio que me
3v fue | leuantado; no es de creer que persona que discreçion e juysio toviese, en tal dia, syn grandisyma cabsa de enfermedad, lo tal atentase a faser avnque muy pecadora culpada fuese. Por que, Virtuosos Señores, pido e suplico a Vuestras Reuerençias que pronunçiando lo susodicho ser asy me den por libre e quita de lo contra mi acusado, dando la tal acusaçion por ninguna, mandandome soltar desta carçel en que esto e alçar qualquier sequestro que en mis bienes se a fecho. Para lo qual e en lo nesçesario ynploro el noble ofiçio de Vuestras Reuerençias, et pido supleçion en la forma e via quel derecho quiere serme fecho conplimiento de justiçia. Et demas e allende de lo por mi confesado niego la dicha acusaçion, con protestaçion de desir e alegar de mi derecho en tienpo deuido, et asi lo pido por testimonio. Gonçalo Muños, bach⟨iller⟩.[4]

[4] He served as *letrado* and witness for the prosecution in many trials although he was himself of Converso descent; see Biographical Notes.

Records of the Spanish Inquisition in Ciudad Real, 1483–1485

1 Dec. Et asy presentado el dicho escripto por parte de la dicha Mari
1483 Gonsales, muger del dicho Juan Gonsales Panpan, primero dia de dizienbre de ochenta y tres, paresçio ende el dicho promotor fiscal e dixo que, pues por parte de la dicha Mari Gonsales le era negada la dicha su acusaçion, que pidia e requiria a los dichos señores inquisydores lo reçibiese⟨n⟩ a la prueba de su intençion, e que concluya e concluyo. Y luego los dichos señores dixeron al dicho Alonso Aluares, su parte de la dicha muger, que sy concluya. El qual dixo que sy concluya. Y luego los dichos señores dixieron que pues amas las dichas partes avian concluydo, que ellos concluyan con ellos e asygnavan termino para luego dar sentençia, en que dixeron que reçibian las partes a la prueva; para la qual prueva faser les dieron termino de nueve dias por tres terminos saluo jure inpertinentium et non admitendorum. |

4r En tres dias de disiembre   La de Juan Gonsales Panpan
3 Dec. Muy Virtuosos e Reuerendos Señores Jueses Ynquisidores sobredi-
1483 chos:

Yo, la dicha Mari Gonsales, muger de Iohan Gonsales Panpan, paresco ante Vuestras Reuerençias et la⟨s⟩ suplico e pido que a los testigos que por mi vos seran presentados les fagan o manden faser al reçibir las preguntas siguientes:

I Primeramente, sy conosçen a mi, la dicha Mari Gonsales, muger del dicho Juan Gonsales Panpan.

II Yten, sy saben o vieron o oyeron desir o creen que yo he dotrinado enseñando ⟨a⟩ mis fijos e fijas como otra qualquier catolica christiana desta çibdad, amostrandoles el Credo e la Salve Regina, llevandoles a las yglesias a oyr sus Misas e amostrandoles las otras cosas que qualesquier christianos catolicos muestran a sus fijos.

III Yten, sy saben, etç., que yo, la dicha Mari Gonsales, aya fecho o obrado los dias de los sabados todas o qualesquier fasiendas e obras seruiles que se me ofresçiesen de faser en los tienpos que yo he estado casada, non fasiendo diferençia del sabado a otro qualquier dia de la semana que fuese dia de faser fasienda.

IIII Yten, sy saben, etç., que en los dichos dias sabados me vestia las ropas que entre los otros dias de la semana me solia vestir, non fasiendo diferençia de los dichos dias sabados a los dias de entre semana, saluo sy non fuese fiesta mandada guardar por la Yglesia, o acasçiese que aquel dicho dia sabado sacabase ropa nueva o camisa para me vestir, o ouiese gana de lo folgar por descansar, no por çerimonia judayca.

Trial of María González, la panpana

V Yten, sy saben, etç., que en todos los dias de entre el año yo fasia mis fasiendas e obras seruiles, segund dicho es, en el dia del sabado saluo sy no fuesen domingos o fiestas mandadas guardar por la Yglesia, non curando de guardar pasquas de los judios.

VI Yten, sy saben, etç., que al tienpo que alguno de los fijos que yo tengo nasçieron yo non los fade ni mande fadar, et sy se fadaron, que los mandaria e faria fadar Iohan Gonsales Panpan, su padre.

VII Yten, sy saben, etç., que yo aya guardado las Quaresmas, non comiendo en ellas saluo cosa de pescado o semejante conducho quaresmal.

VIII Yten, sy saben. etç., que yo aya tratado, conversado e obrado como catolica christiana, yendo a las yglesias desta çibdad a las Misas e Sacrifiçios Divinos, confesando, comulgando las Quaresmas en los dias mandados por la Yglesia, confesando e creyendo todo lo que fiel e catolica christiana tiene e cree. |

4v E faganles o manden faser Vuestras Reuerençias al reçebir las otras preguntas al caso pertenesçientes, para lo qual en lo nesçesario ynploro su noble ofiçio, e pidolo por testimonio.

Witnesses for the Defence

3 Dec. 1483 En Çibdad Real, en tres dias del mes de diçienbre, año del Nasçimiento del Nuestro Saluador Ihesu Christo de mil e quatroçientos e ochenta e tres años, dentro en las casas donde residen e façen su abitaçion e auidiençia acostumbrada los reverendos señores padres inquisidores, estando ende los devotos padres Juan de Hoçes, clerigo e benefiçiado en esta dicha çibdad, e Juan Gonçales, vicario del señor arçediano de Calatraba, dados e deputados por los dichos reverendos señores padres inquisidores para resçebir e examinar testigos, paresçio ende presente Alonso Albares, en nonbre e como procurador que es de la dicha Mari Gonsales, e presento vn interrogatorio de preguntas, e asymismo dixo que presentaba e presento por testigos para su prueva de su entiçion ⟨sic⟩ de la dicha Mari Gonsales, e suya en su nonbre, a Lope Malara e a Juan de Villarreal e a Martin, el negro, e a Alonso Garçia, mantero e a Juan Gonsales, clerigo, e a Maria de Pedrosa, muger de Aluaro Gaytan, e a Diego Sanches, cura de Santiago, vesino desta dicha çibdad, e de los quales e de cada vno dellos los dichos devotos padres deputados resçibieron juramento en forma devida, en que dixeron que juravan e juraron a Dios e a Santa Maria e a las palabras de los Santos Evangelios, sobre que pusieron sus manos, e a la señal de la Crus +, que ellos e cada vno dellos corporalmente

con sus manos derechas tocaron, que como fieles y verdaderos christianos diran la verdad de lo que supiesen e les fuese preguntado por los dichos señores deputados, e que si la verdad dixesen e jurasen, que Dios los ayudase en este mundo a los cuerpos e en el otro a las animas, e si lo contrario dixeren e juraren, que Dios gelo demande a mal e caramente en este mundo a los cuerpos e en el otro a las animas, donde mas abian de durar, como a malos christianos que juran y perjuran el Santo Nonbre de Dios en bano, e respondieron a la confusion del dicho juramento e dixeron que asy lo juraban, e juraron, e-: Amen. |

5r Provança de la de Panpan

Lo que los dichos testigos dixeron e depusieron, so cargo del juramento que fecho avian, seyendo preguntados por los dichos deputados por las preguntas del dicho interrogatorio secreta e apartadamente, es lo siguiente:

Primeramente, Maria de Pedrosa, muger de Aluar Gaytan [5]

I La dicha Maria de Pedrosa, testigo presentada por parte de la dicha Mari Gonsales, jurada en forma e preguntada por las preguntas del dicho interrogatorio, por la primera pregunta dixo que conosçe a la dicha Mari Gonsales, contenida en la dicha pregunta, de treynta años a esta parte, poco mas o menos, que moraba cabe su padre deste testigo.

II A la segunda pregunta dixo que sabe que las Quaresmas de los años de LXX⟨X⟩II e desta LXX⟨X⟩III, e que la dicha Mari Gonsales demando vn manto para vna su fija, porque dixo que la queria llevar a confesar a Santiago, pero que non la vido confesar, e asymismo dixo que la demandara vna candela para que dixo que queria resçebir el Cuerpo de Dios la dicha su fija, e que gela dio, pero que non la vido comulgar, saluo que la vido fablar con el cura çerca dello.

III A la terçera pregunta dixo que este testigo non la vido façer cosa en sabado, porque no entrava en su casa este testigo, pero que por alguna sospecha enbio algunas veses algunos sabados a su moça a su casa ver que façia, o a la rogar que llegase a su casa deste testigo, e que la moça le dixo que la fallava sienpre filando a la dicha Mari Gonsales, e a su fija tanbien, el dia del sabado como otro dia qualquiera de entre semana.

[5] He was a *regidor* in Ciudad Real, appointed to replace Sancho de Ciudad (above, No. 1); see Vol. IV, Doc. No. 23, 3 April 1476; see also Biographical Notes.

Trial of María González, la panpana

IIII° A la quarta pregunta dixo que nin sabe sy vestya ropas linpias el sabado ni sy non las vestia, que non miraba en ello, e que de lo otro contenido en la dicha pregunta non lo sabe.

V A la quinta pregunta dixo que nunca la vido guardar pascua de judios, e que nin si lo sabe guardo o si non.

VI, VII A la sesta pregunta e a la setima preguntas dixo que non lo sabe. |

5v VIII° A la otaba pregunta dixo que sabe que la vido yr a Misa algunos dias de domingos, e que lo otro contenido en la dicha pregunta non lo sabe.

Preguntada por las otras preguntas al fecho pertenesçientes dixo que desia lo que dicho abia.

Dicho de Alonso Garçia, mantero

I El dicho Alonso Garçia, mantero, testigo presentado por parte de la dicha Mari Gonsales, jurado en forma, preguntado por las preguntas del dicho interrogatorio, por la primera pregunta dixo que la conosçe de tres años a esta parte, poco mas o menos.

II A la segunda pregunta dixo que oyo desir a sus fijas que su madre les avia amostrado el Pater Noster e el Credo e Salue Regina, e que vido que llevava a sus fijas consigo a la yglesia, e que sabe, que si era en esta Quaresma que agora paso o si eran en la otra antepasada, que vido a la dicha Mari Gonsales llevar a las dichas sus fijas a la yglesia a confesr.

III A la terçera pregunta dixo que nunca en el dicho tienpo la vido façer diferençia en el vestir mas el dia del sabado que otro dia alguno de entre semana.

IIII A la quarta pregunta dixo que non lo sabe.

V A la quinta pregunta dixo que sabe que guardaba las pascuas de los christianos, en quanto este testigo dixo que vido e pudo conosçer della en el dicho tienpo, e dixo que nunca la vido que guardase pascuas de judios.

VI A la sesta pregunta dixo que non lo sabe.

VII A la setima pregunta dixo que a lo que este testigo pudo ver e conosçio de la dicha Mari Gonsales, que guardaba las Quaresmas, comiendo su conducho quaresmal en el dicho tienpo.

VIII Al la otaba pregunta dixo que muchas veses vido en el dicho tienpo a la dicha Mari Gonsales yr a la yglesia a imisa, asi en domingo como entre semana, e que çerca de lo otro contenido en esta pregunta, que se refiere a lo que dixo en la segunda pregunta.

Preguntado por las otras preguntas al fecho pertenesçientes dixo que desia lo que dicho abia.

Dicho de Diego Sanches,[6] cura de Santiago
I El dicho Diego Sanches, cura, testigo presentado por parte del dicho Alonso Aluares en el dicho nonbre, jurado en forma, preguntado por las preguntas del dicho interrogatorio, por la primera dixo que la conosçe.
II Preguntado por la segunda pregunta dixo que non la sabe.
III Por la terçera pregunta, dixo, que non la sabe. |
6r IIII, V, VI, VII Por la quarta e por la quinta e sesta ⟨e⟩ setima preguntas dixo que non las sabe.
VIII Por la otaba pregunta dixo quesabe que la confeso este testigo e la comulgo, a ella e a sus fijas, las dos Quaresmas pasadas de LXXXII e LXXXIII años,[7] como a buenas christianas, y la vido continuar la yglesia con la muger de Pedro de Pedrosa y despues con su fija, la de Gaytan.

Dicho de Lope Malara [8]
I El dicho Lope Malara, testigo presentado por parte de la dicha muger de Juan Panpan, jurado en forma, preguntado por las preguntas del dicho interrogatorio, por la primera dixo que la conosçe, que ha sido su vesina de treynta años a esta parte e es su comadre.
II Por la segunda pregunta dixo que non lo sabe.
III A la terçera pregunta dixo que la vido asas veses el dia del sabado yr a las viñas ver sus obreros pero que de su casa non lo sabe.
IIII, V A la quarta pregunta e a la quinta dixo que non lo sabe.
VI, VII, VIII A la sesta e setima e VIIIº preguntas dixo que la vido yr algunas veses a la yglesia con la de Pedro de Pedrosa e oyr Misa, pero que lo otro contenido en las dichas preguntas dixo que non lo sabe.
IX A la novena pregunta dixo que lo non sabe.
Preguntado por las otras preguntas al fecho pertenesçientes, dixo que desia lo que dicho avia.

[6] See Biographical Notes. See also the trial of Juan González Pintado (No. 4, fol, 9v), where he testified for the defence.
[7] I.e. 30 March; see Fita, p. 495.
[8] See also the trial of Leonor González, No. 19, fol. 5v.

Trial of María González, la panpana

Dicho de Juan de Villarreal [9]

I El dicho Juan de Villarreal, testigo presentado por parte de la sobredicha, jurado en forma, preguntado por las preguntas del dicho interrogatorio, por la primera dixo que la conosçe de tres años a esta parte, poco mas o menos.

II A la segunda pregunta dixo que non lo sabe.

III A la terçera pregunta dixo non lo sabe.

IIII A la quarta pregunta dixo que non lo miro nin lo sabe.

V A la quinta pregunta dixo que lo non sabe.

VI A la sesta pregunta dixo que lo non sabe.

VII A la setima pregunta dixo que non lo sabe.

VIII A la otava pregunta dixo que muchas veses la vido yr a la yglesia con Aluaro Gaytan e oyr Misa e los Divinos Ofiçios, e que lo otro contenido en la dicha pregunta que non lo sabe.

Por las otras preguntas al fecho pertenesçientes dixo que desia lo que dicho abia.[10] |

Witnesses for the Prosecution

6v Et despues desto, quatro dias del mes de diziembre, año del Señor de mil e quatroçientos e ochenta e tres años, dentro en las casas e moradas donde los señores inquisydores fasen su abitaçion en su lugar e audiençia acostunbrado, el dicho promotor fiscal, para en prueva de su intençion, presento por testigo a Fernando Falcon, marido de Briolan Gonsales, del qual los señores el maestro Juan Ruys de Cordova, clerigo benefiçiado en Çibdad Real, e Juan Martines de Villa Real, clerigo, cura de Yevenes,[11] deputados por los dichos señores inquisidores para recebir e examinar testigos, reçibieron juramento en forma de derecho. El qual juro por Dios e por Santa Maria e por la señal de la Crus, tal como esta +, en que corporalmente el puso su mano d⟨e⟩recha, que bien e fielmente, como bueno e catholico christiano, dira verdad de lo que supiere, e que sy asy lo fiziere, Dios Nuestro Señor le ayude, ⟨e⟩ el contrario faziendo, que El gelo demande mal y caramente, como a mal christiano que perjura Su Santo Nonbre en vano, e a la confusyon del dicho juramento dixo: Si, juro, — e: Amen.

El dicho Fernando Falcon, testigo presentado por el dicho fiscal,

4 Dec. 1483

---

[9] There were many people with this name; see Biographical Notes.

[10] See Fita, p. 496, n. 1. The file lacks the testimonies of Martin, *el negro*, and of Juan González, the priest.

[11] See Fita, p. 497, n. 1. Yevenes is a village near Orgaz, in the Province of Toledo.

juro en forma de derecho susodicha, e preguntado por los articulos
e pregunta de la dicha acusaçion dixo que aquello sabe que dixo
en la sumaria informaçion e general inquisyçion, e en ello se afirmava
e afirmo, e sy neçesario era lo dezia de nuevo, lo qual dixo ante
los sobredichos señores en tres dias de novienbre de ochenta y tres,
lo qual es lo syguiente: Ferrando Falcon, testigo, jurado en forma
de derecho, so cargo del qual dixo que conosçio a Juan Gonsales
Panpan e a su muger, e que sabe que son judios e que les vido guar-
dar los sabados. Esta es la verdad, e en ello se afirma.[12] |

7r Et despues desto, nueve dias del dicho mes dezienbre, año susodicho,
9 Dec. el dicho promutor fiscal paresçio ante los dichos señores en el lugar
1483 e abdiençia susodichos y presento por testigo, para en prueva de
su intinçion, a Alfonso de la Serna, el qual juro en la forma de
derecho susodicha.

El dicho Alonso de la Serna, testigo presentado por el dicho fiscal,
juro en forma de derecho, e preguntado secreta e apartadamente
por los articulos e preguntas de la dicha acusaçion. El qual dixo
que lo que desto fecho sabe es lo siguiente: Que puede aver nueve
años, quando el robo desta çibdad,[13] prendieron a Sancho Dias,
tintor, padre de maestre Fernando, el qual estaua preso en la carçel
del arçobispo en poder de Juan de la Torre, fiscal; al qual vido
este testigo dar tormento, e estando en el dixo como Juan Gonçales
Panpan era carniçero de los conversos, e que el mesmo avia leuado
carne de su casa, e que todos eran judios los conversos desta
çibdad e que todos se confesauan con Alonso Escogido e con
Gonçalo Podrido,[14] e que esto es verdad e en ello se afirma para el
juramento que fiso.

10 Dec. Et despues desto, en diez dias del dicho mes del dicho año de mil
1483 e quatroçientos e ochenta e tres, en el lugar e abdiençia susodichos,
ante los dichos señores paresçio el dicho promutor fiscal e presento
por testigos, para en prueua de lo por el acusado contra la dicha
Mari Gonsales, a Pascual, borzeguiero, e a Maria Lopes, muger de
Anton Castellano,[15] los quales juraron en la forma de derecho
susodicha. E ansymismo este dicho dia presento por testigo a Anton
Martines, labrador, el qual juro en la forma de derecho susodicha.

[12] This was the date of his confession; see Synopsis of Trial, below, p. 271, and Biographical Notes.
[13] 1 August 1474; see Beinart, p. 27. On the witness, see Biographical Notes.
[14] On Gonzalo Alonso Podrido and Alonso Escogido, see Biographical Notes. The former was burnt in effigy on 24 February 1484; see No. 47.
[15] See Biographical Notes.

Trial of María González, la panpana

El dicho Pascual,[16] borçeguiero, vezino de Santiago, testigo presentado por el dicho fiscal, juro en la forma de derecho susodicha, e preguntado secreta e apartadamente por los articulos e preguntas de la dicha acusaçion dixo que sabe e vido que lleuauan muchos conversos e conversas muchas veses de casa de la Panpana carne degollada con çerimonia judayca, la qual degollaua su marido Juan Panpan; e que esto es lo que sabe e vido para el juramento que fiso. |

7v La dicha Mari Lopes, muger de Anton Castellano, labrador, vezina a Santiago en la calle del Cocoyo Viejo, testigo presentado por el dicho fiscal, juro en la forma de derecho susodicha, so cargo de qual dixo que este testigo ovo morado enfrente de las casas donde moraua Juan Gonsales Panpan, e dixo que sabe quel dicho Juan Gonsales Panpan y su muger y Ynes y Constança y Aldonça, sus fijas, guardauan el sabado e vestian camisas linpias e comian el sabado de lo guisado del viernes; e que esto es lo que sabe e vido, lo qual es verdad, para el juramento que fiso. E esto, que lo sabe e vido entrando muchas veses en su casa, en lo qual se afirma.

El dicho Anton Martines Castellano, labrador, vezino de Santiago en vna casa de Sant Sevastian de Los Moços, testigo presentado por parte del dicho fiscal, juro en la forma de derecho susodicha, preguntado secreta e apartadamente por los articulos e preguntas de la dicha acusaçion dixo que avra dos años, poco mas o menos, que morando este testigo frontero a la de Iohan Gonsales Panpan, frontero de la qual moro dos años, sabe e vido que ella e sus hijas Constança e Aldonça e Ynes guardavan el sabado e se vestian de fiesta e se leuantauan tarde, e les vido ençender candiles linpios el viernes en la noche, e les vido los domingos que se levantavan do mañana e las veya, entrando alla los domingos, posadas de mañana e las ruecas cabo ellas con sus çerros[17] puestos. Iten, dixo que oyo desir a la dicha muger de Panpan que sy filaua los domingos, que Pedro de Pedrosa[18] gelo desia que ganase de comer y filase, pues que eran pobres. E que esto es lo que sabe e vido e se le acuerda para el juramento que fiso.

11 Dec. Et despues desto, en onse dias del dicho mes de desienbre del dicho
1483 año de ochenta e tres, dentro en las casas donde los señores inquisidores fasen su abdiençia, paresçio el dicho promutor fiscal e

[16] See Biographical Notes.
[17] See Fita, p. 499, n. 1.
[18] The father of María de Pedrosa.

[83]

dixo que, para en prueua de su intinçion, presentaua e presento
8r por testigos a Diego de Poblete, regidor, vesino desta çibdad | a Santa
Maria, et a Rodrigo Aluares, vesino otrosi desta çibdad a Santa
Maria, e a Mari Gonsales, muger de Alfonso Garçia, herrador, a
la puerta de Toledo, de los quales e de cada vno dellos los dichos
señores deputados tomaron e resçebieron juramento en forma de
derecho; los quales juraron por Dios e por Santa Maria e por la
señal de la Crus, tal como esta +, en que corporalmente cada vno
dellos puso su mano derecha, que bien e fielmente, como buenos e
catholicos christianos, dirian verdad de lo que supiesen, e que sy
asi lo fisiesen, Dios Nuestro Señor les ayude en este mundo al
cuerpo ⟨e⟩ en el otro a la anima, donde mas han de durar; lo
contrario fasiendo, quel gelo demande mal y caramente, como
aquellos que a sabiendas perjuran en el Su Santo Nonbre en vano.
Los quales, e cada vno por sy, fisieron el dicho juramento e
respondieron a el e a la confusion del, e dixo cada vno dellos: Si,
juro, – e : Amen.

El dicho Diego de Poblete,[19] regidor, testigo presentado por el
dicho fiscal, juro en la forma susodicha, so cargo del qual dicho
juramento dixo que avra nueve años, quando el robo desta çibdad,
que prendieron a Sancho Dias, tintor, padre de maestre Fernando, el
qual estava preso en la carçel del arçobispo en poder de Juan de
la Torre, fiscal; al qual vido este testigo dar tormento, e estando en
el dixo como Juan Gonsales Panpan era carniçero de los conversos,
e quel mesmo avia levado carne de su casa, e que todos eran
judios los conversos desta çibdad; et que esto es lo que sabe e vido
para el juramento que fiso.

El dicho Rodrigo Aluares, vezino desta çibdad en la collaçion de
Santa Maria, testigo presentado por el dicho fiscal, juro en la forma
susodicha, so cargo del qual dicho juramento dixo que quando
mercauan algund carnero, que lo degollava Juan Gonsales Panpan
con la çirimonia de judios; e que esto es lo que sabe e vido para
el juramento que fiso. |

8v La dicha Maria Gonçales,[20] muger de Alonso Garçia, herrador,
vesina en la cal de Toledo, pared e medio de Juan, quemado,
testigo susodicho presentado por parte del dicho fiscal, juro en
forma, ⟨e⟩ preguntada por los dichohs señores deputados secreta
e apartadamente por los articulos e preguntas de la dicha acusaçion

[19] See Biographical Notes.
[20] See Fita, p. 501, n. 1; see also Biographical Notes.

Trial of María González, la panpana

dixo que avra treynta años, poco mas o menos, que moro este testigo con Juan Gonsales Panpan, mercader y lençero, con el qual moro nueve años; sabe e vido que en todo este tienpo que con el e con su muger, que se llama Maria Gonsales, moro, que guardauan el sabado e se vestian de ropas linpias e de fiesta, e guisauan de comer del viernes para el sabado, e algunas vezes guisavan carne, e ençendian candiles linpios. Iten, sabe que guardauan las pascuas de los judios e ayunauan sus ayunos e comian pan çençeño en su tienpo. E sabe e vido que comian carne la Cuaresma, e quel Biernes Santo oyo este testigo a vna su fija como aquel dia avian comido vna gallina. E sabe e vido que todos quantos dias amanesçian, resauan el dicho Juan Gonsales en libros judaycos, en espeçial el sabado, e leyan hasta ora de comer; e venian alli muchos judios de señal a leer con el e otros sus primos conversos,[21] e venian otras muchas personas, sus parientes e parientas, aquellos sabados, todos vestidos de fiesta. Iten, que estaua a aquel leer su muger e sus fijos e fijas del dicho Juan Gonsales Panpan. Iten, dixo que quando les nasçian sus fijos e fijas fasia las fadas. Iten, sabe que non ⟨se⟩ comia en aquella casa conejo ni liebre, e que la carne que auian de comer, que la purgaua antes que la comiese⟨n⟩. Et que esto es lo que sabe e al presente se le acuerda para el juramento que fiso.

Publication of Testimonies and Pleading of the Defence

22 Dec. 1483 E despues desto, en veynte e dos dias del mes de deçienbre, año susodicho, ante los dichos señores en juysio, paresçieron el dicho promutor fiscal e el dicho Alonso Aluares, en el dicho nonbre, e pidieron publicaçion de testigos. Los señores, visto su pedimiento, fesieron publicaçion dellos e dieronlos publicados, e mandaron dar treslado a la parte que los quisiese, sin los nonbres de los testigos, con termino de seys dias para que contradigan sy quisiesen. Testigos: Anton del Castillo e Juan Gomes. |

9r En XXVI enero   Mari Gonsales, la Panpana
26 Jan. 1484 Muy Reuerendos et Virtuosos Señores Ynquisydores Jueses susodichos:

Yo, la dicha Mari Gonsales, muger de Juan Gonsales Panpan, paresco ante Vuestras Reverençias et digo que, por aquellas visto e examinado el proçeso contra mi fecho e fulminado, fallaran sufiçiente e conplidamente provada mi entinçion, conviene a saber: Yo, con la contriçion que Nuestro Señor Ihesu Christo me quiso

---

[21] See Fita, p. 501, n. 2.

dar, con entera voluntad e proposito de renunçiar e dexar las culpas e errores por mi cometydos aver paresçido ante Vuestras Reverençias a las confesar e pedir dellas penitençia saludable, et que todas las que a mi memoria vinieron confese, et las que dexe de confesar fue a cabsa de las aver olvidadas, de las quales non me acuerdo avnque mas sean de las susodichas confesadas, porque, como dixe en la dicha mi reconçiliaçion, las que asy ove cometido fue contra mi voluntad, a yndusimiento del dicho mi marido por las rensillas que sobrello me dava, tanto que me fasia faser lo que non era de mi voluntad. Lo qual paresçe se prueva, asy por los testigos contra mi presentados, ⟨que⟩ solo disen e deponen aquello que a mi en espeçial se señalan lo que yo ove confesado, et lo demas disen del dicho mi marido, que fue la cabsa de todo ello, como por los testigos por mi presentados, los quales disen e deponen muy muchas e diversas veses me aver visto obrar, tratar e conversar como fiel e catolica christiana, de que paresçe, como dicho he, que avnque algunos tienpos cometyese los dichos errores, non todos pues asy obraria. Et comoquiera que para ante Vuestras Reverençias estotro bastava para mi justificaçion, a mayor abondamiento digo que lo susodicho asy se prueva por los dichos de los testigos por mi presentados en la segunda e terçera e quarta preguntas del ynterrogatorio, los quales son personas de buena fama, trato e conversaçion, mayores de toda sospecha e caresçientes de toda exçebçion, contra lo qual non fasen ni derogan ni enpeçen los testigos en contrario presentados por el dicho fiscal, por ser, como son, syngulares en sus dichos e deposyçiones, non dantes rason nin cabsa sufiçiente de sus dichos, et por tal quedan equivocos e confusos de sasion, efecto e valor, segund que de yuso se espeçificara. Et deviniendo a la espeçial contradiçion de cada vno dellos, digo quel primero[22] dicho contra mi presentado es confuso, porque la cabsa non es tan sufiçiente como el dicho, porque dise que so judia porque guarde el sabado; como en mas este ser judia vna persona que non solo en guardar el sabado, e lo del sabado ya lo confese, por ende, antes contradigolo. Nin tanpoco me enpeçe el segundo dicho nin el terçero,[23] porque fablan de mi marido e non de mi; por ende, contradigolos. Nin el quarto[24] tanpoco me enpeçe, porque ya lo confese. Nin tanpoco me enpeçen el quinto,[25] porque ya lo confese,

[22] Fernán Falcón.
[23] Alonso de la Serna and Pascual, buskin maker.
[24] María López.
[25] Antón Martínez.

e en lo demas fabla de oyda; por ende, contradigolo. Nin tanpoco me empeçen los dichos del sesto e del setymo,[26] porque fablan de mi marido; por ende, contradigolos. Nin el otavo,[27] porque el guisar de comer del viernes para el sabado e comer pan çençeño ya lo confese, e en lo al que contra mi dise que non comia liebre nin conejo e que se desevava la carne, digo que la que sy alguna se desevava, seria para que comiese el dicho mi marido, et yo provare la carne, quando por mi estava, como venia de la carneçeria, e 9v liebre | e conejo digo que lo como, e asy lo provare; en lo al todo de las hadas y pasquas, ya dixe e confese en la dicha mi reconçiliaçion que auia fecho muchas e diversas çerimonias judaycas; en lo del pan çençeño yo lo confese; por ende, contradigolo.[28] Et digo e pido en todo segund suso, e lo perjudiçial negando, saluo prueva nesçesaria, concluyo, et desto pido testimonio.

Conclusion of Pleading

6 Feb. 1484 Et despues desto, en seys dias del mes de febrero, año del Nasçimiento del Nuestro Saluador Ihesu Christo de mil e quatroçientos e ochenta e quatro años, este dicho dia, en juysio ante los dichos señores estando sentados en audiençia a la hora acostunbrada, paresçio ende el dicho promutor fiscal e dixo que por sus reverençias bien visto lo proçesado, se fallara el tener bien e cunplidamente prouada su entinçion e acusaçion, e que lo otro dicho e alegado e pedido por la dicha parte aduersa e por el dicho Alonso Aluares en su nonbre non la relieva, nin ovo nin ha logar de derecho, e sin embargo de todo ello dixo que concluya e concluyo, e pidio la otra parte concluyr, e sentençia, la qual pidio. E luego, los dichos señores dixeron al dicho Alonso Aluares, que presente estaua, sy el sy concluya en nonbre de la dicha su parte. El qual dixo que sus reverençias fallarian lo dicho e alegado e respondido e pedido por la dicha Maria Gonsales, su parte, e por el en su nonbre, aber logar de derecho e su entinçion bien prouada, e que concluya e concluyo con el dicho fiscal. E lugo, los dichos señores dixeron que pues las dichas partes abian concluydo, que ellos concluyan con ellos e avian el dicho pleito por concluso, e que asygnaban e asygnaron termino para dar sentençia para la primera audiençia, e dende en adelante para cada dia que bien

---

[26] Rodrigo Alvares; Diego de Poblete.
[27] María González, wife of Alonso García.
[28] See Fita, p. 503, n. 7.

visto les fuese e les pluguiese. Testigos: Juan de Vria, reçebtor, e Juan de Alpharo, alguasil mayor, e Anton del Castillo. |

Sentence

10r
23 Feb.
1484

Contra la Panpana Pronunçiada en XXIII de febrero de LXXXIIII°
Visto por nos, Pero Dias de la Costana, liçençiado en santa theologia, e Françisco Sanches de la Fuente, doctor en decretos, jueses inquisidores dados por la abtoridad apostolica, et yo, el dicho liçençiado Pero Dias de la Costana, como ofiçial e vicario general en este arçobispado de Toledo por el reuerendisimo señor don Pero Gonçales de Mendoça, cardenal de España, arçobispo de Toledo, vn proçeso de pleyto que ante nos se ha tratado e pende entre el honrado Fernando Rodrigues del Barco, clerigo, capellan del Rey nuestro señor, nuestro promutor fiscal, actor, e de la otra Maria Gonsales, muger de Juan Panpan, vezina desta Çibdad Real, sobre quel dicho promutor denunçio della e la acuso, disiendo que aviendo seguido la Ley de Muysen e beuido en ella, simulada e cabtelosamente fingio venirse a reconçiliar con la Santa Madre Iglesia, confesando en el tienpo de la graçia algunos de los herrores e apostasias que avia fecho e en que avia caydo, e encubrio e non manifesto los mas dellos, donde paresçio que non vino con buena nin con verdadera contriçion de se venir e tornar a nuestra Santa Fee Catholica, antes, de perseuerar en su dañada opinion; e dise que allende de lo por la dicha Maria Gonsales confesado, heretico e apostato, resando oraçiones judaycas e oyendolas resar; et que guardaua los sabados, çesando toda obra; e que en los sabados vestia ropas linpias de lino e de fiesta; e que guardo las pascuas de los judios; e que fiso fadas a sus fijos, como lo fasen los judios, al tienpo de su nasçimiento; e que dotrino a sus fijos segun la Ley de Muysen; e que comia carne en Cuaresma; e que un Viernes Santo comio vna gallina; e fasya otras çirimonias de la Ley de Muysen, segund que los judios las fasen; por lo qual pidio que, non obstante su fingida confesion, fuese declarada por hereje, e aver caydo e incurrido en las otras penas que contra los herejes son estableçidas. Et visto como la dicha Maria Gonçales alego en su defension algunas rasones e esçepçiones contra la dicha acusaçion, referiendose a su confesion e reconçiliaçion, e en fin nego la dicha acusaçion, et como fueron resçebidos, asi el dicho fiscal como la dicha Maria Gonçales, a la prueua, et como de los dichos e depusiçiones de los testigos fue fecha publicaçion e dado copia a la dicha Maria Gonçales e termino para desir contra ellos lo que

Trial of María González, la panpana

quisiese. Lo qual visto, e todo lo otro que alegaron fasta que concluyeron, e avido nuestro acuerdo con letrados e personas religiosas de sana⟨s⟩ e buenas conçiençias, siguiendo su acuerdo e deliberaçion, teniendo a Dios ante nuestros ojos:
Fallamos que por el dicho fiscal fue prouada bien e enteramente su acusaçion, tanto de derecho devia, por do paresçe que la dicha Maria Gonsales Panpana syguio e fiso todas las çerimonias que pudo de la Ley de Muysen, de que fue acusada, e aun mas allende, e que quebrantaua los domingos, hasiendo en ellos algo, e que todo lo hasia de su propia e libre voluntad e non compulsa ni apremiada del dicho su marido, como ella confeso en su fingida reconçiliaçion, queriendose escusar donde mas verdaderamente se avia de acusar. Por ende, pronunçiamos e declaramos la dicha Maria Gonsales Panpana aver seydo e ser hereje e apostota, e aver incurrido en sentençia dexcomunion mayor e en todas las penas espirituales
10v e tenporales en los | derechos estableçidas e en perdimiento e cofiscaçion de sus bienes, et que la devemos relaxar e relaxamos al virtuoso cauallero Juan Peres de Barradas, comendador de Çieça, corregidor por el Rey e Reyna nuestros señores en esta çibdad e su tierra, e a sus alcaldes e justiçias, para que proçedan contra ella segund e como hallaren por derecho. Et por esta nuestra sentençia asy lo pronunçiamos, declaramos e sentençiamos en estos escriptos e por ellos.

(—) Petrus, licenciatus   (—) Franciscus, doctor

Genealogy of the Family of Juan González Panpan and María González

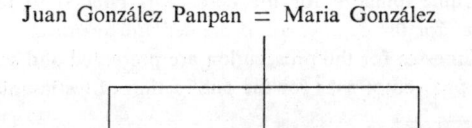

```
Juan González Panpan = Maria González
                  |
      ┌───────────┼───────────┐
     Inés     Constanza    Aldonza
```

The Composition of the Court [29]
   Judges: Pero Díaz de la Costana
                    Francisco Sánchez de la Fuente
   Prosecutor: Fernán Rodríguez del Barco

[29] The notaries for this trial are not mentioned in the file. It is to be presumed that they were Juan de Segovia and Juan Sanchez Tablada.

Records of the Spanish Inquisition in Ciudad Real, 1483–1485

Defence:	Alonso Alvarez — *procurador*
	Bachiller Gonzalo Muñoz — *letrado*
Examiners of of Witnesses	Juan Ruiz de Córdoba
for the Prosecution	Juan Martínez de Villarreal
Examiner of Witnesses	Juan de Hoces
for the Defence	Juan González

Witnesses for the Prosecution in Order of Testification

1. Fernán Falcón
2. Alfonso de la Serna
3. Pascual the buskin maker
4. Mari López, wife of Antón Castellano, *labrador*
5. Antón Martínez Castellano, *labrador*
6. Diego de Poblete
7. Rodrigo Alvarez
8. María González, wife of Alonso García, *herrador*

Witnesses for the Defence in Order of Testification [30]

1. María de Pedrosa, wife of Alvaro Gaytán
2. Alonso Garcia, *mantero*
3. Diego Sánchez, *cura* of Santiago
4. Lope Malara
5. Juan de Villarreal
6. Martín, *el negro*
7. Juan González, *clérigo*

Synopsis of Trial

1483

9 Oct. María González confesses during the Period of Grace.

26 Nov. The arraignment is presented.

1 Dec. The accused defends herself. The prosecutor asks for nine days in which to conclude the arraignment and to present witnesses for the defence.

3 Dec. The questionnaire for the defence is handed to the Court. Witnesses for the defence are presented and sworn in.

4, 9–11 Dec. Witnesses for the prosecution are presented and sworn in.

22 Dec. The prosecutor asks for the publication of testimonies.

1484

26 Jan. The defence counsel pleads his case. The accused presents a list of her enemies and asks that the prosecution's testimonies be annulled.

6 Feb. The pleadings of the prosecution and the defence are concluded.

Date unknown *Consulta-de-fe.*

23 Feb. The sentence is publicly pronounced and is carried out at the *auto-de-fe* held in the Town Square.

---

[30] We do not know the order in which witnesses Nos. 6 and 7 testified as they are mentioned, but their testimony is not in the file.

4 The Case of Juana González, Wife of Juan de Merlo 1483

Source: Legajo 138, No. 124, fol. 5v.

Juana González, who was arrested by the Inquisition and detained in a private house rather than in prison because she was elderly and ill, committed suicide before she was brought to trial.

On 28 November 1483 the prosecutor, Fernán Rodríguez del Barco, appeared before the Court to declare that she had drowned herself in the courtyard well of the house where she was being held.

The Court accepted the prosecutor's declaration and appointed Juan Ruíz Cavallero [1] as procurador. Ruíz, however, asked the Court to judge Juana on the basis of circumstantial evidence, i.e. since she had committed suicide she proved herself guilty, thus negating any possible case for her defence.

Little is known of Juana González' Jewish practices other than the testimony of her servant María González, to the effect that Juana kept the Sabbath by visiting her nephews on that day to say special prayers.

This fragmentary testimony of María González is found only in the file of Juan Calvillo,[2] who may possibly have been a relative of Juana's.

Bibliography: Beinart, p. 86.

---

[1] His son, Diego de Coca, is mentioned in the trial of Leonor Alvárez, wife of Fernando Alvárez; see her trial, No. 101, fol. 23r.

[2] See his trial, No. 13, fol. 5v.

5 Trial of Juan González Pintado
1483–1484

Source: AHN IT, Legajo 154, No. 357, foll. 1r–21r; new number: Leg. 154, No. 10.

Juan González Pintado was secretary to two kings, Juan II and Enrique IV, whom he served for a period of 40 years, 28 of these with the relator *Fernando Díaz de Toledo. After he retired he was appointed* regidor *on the City Council of Ciudad Real. His high positions emphasize the importance of his trial in the context of the local politics of Ciudad Real, which was probably his birth-place. He lost his office on the City Council in 1475 after he participated in the 1474 rebellion of the Marquis of Villena,[1] but was restored to this office after the country was pacified. He was also assigned, along with another Converso, Juan Falcón, the Elder (also tried later), to collect money for the restoration of the Ciudad Real Converso community, which had been dispersed during the riots of 1474.*

Juan González Pintado's trial formally opened on 29 November 1483. However, the counsel for his defence — his son, Gonzalo Díaz Albin — had already been appointed and had presented his power-of-attorney on 27 November, clearly indicating that the arrest must have taken place some weeks earlier. The appointment of his son as defence counsel was rather unusual because the rules of the Inquisition stated that the descendants of those condemned were forbidden to hold public office,[2] and it had to be considered likely that Juan González Pintado's trial would end with his condemnation. The personal problem of a son defending his father, with clear knowledge that the defendant might be burnt at the stake in his presence as attorney, must certainly have been a heart-rending one.

The sentence of being burnt was carried out on 23 February 1484. This trial assumes even greater political significance when we see

---

[1] It was given to Rodrigo de Martiañez; see Vol. IV, No. 12 and Index.
[2] Male descendants were debarred for two generations; see Beinart, pp. 151–152.

the actual 'Jewish sins' of Juan González Pintado, which were few in comparison with his Christian way of life, stressed by the defence.
See also the file of María González (No. 79), wife of Juan González Pintado.

Bibliography: Delgado Merchán, pp. 448 ff.; H. Beinart, *Zion*, XX (1956), pp. 22-28; idem, *Anusim*, pp. 170-172 and index.

¹ʳ Çibdad Real   en XI de febrero visto en concordia
Proçeso contra Juan Gonsales Pintado
con la sentençia
Veçino de Çibdad Real
quemado

1v En veynte y nueve dias del mes de novienbre, año del Nasçimiento
29 Nov. del Nuestro Saluador Ihesu Christo de mil e quatroçientos y ochenta
1483 y tres años, a la hora de la terçia, estando en juyzio y jusgando los reuerendos señores inquisydores el lyçençiado Pero Dias de la Costana e Françisco Sanches de la Fuente, inquisydores de la heretica prauedad por las abtoridades apostolica e ordinaria, en las casas e lugar donde acostunbran faser su audiençia, paresçio el honrado Hernan Rodrigues, clerigo, capellan del Rey nuestro señor, promutor fiscal de la Santa Inquisiçion, estando presente Gonçalo Dias Albin, procurador (procurador) que se mostro ser de Juan Gonsales Pintado, el qual poder le dio y puso ante mi, el notario Juan de Segovia del Ofiçio de la Santa Inquisiçion, en veynte y siete dias de nouienbre, estando echado en la cama mal, presente el lyçençiado Jufre e el dicho promotor fiscal, contra el sobredicho promotor presento vna acusaçion, el thenor de la qual es este que se sygue: |

Arraignment

[Juan Gonsales Pintado—acusaçion]

2r Reuerendos e Virtuosos Señores:

Pero Dias de la Costana, liçençiado en santa theologia, e Françisco Sanches de la Fuente, doctor en decretos, juezes inquisidores, por la abtoridad apostolica, de la heretica prauedad en esta Çibdad Real y su tierra: Yo, Fernand Rodrigues del Barco, capellan de la Reyna nuestra señora, paresco ante Vuestras Reuerençias como promutor fiscal del dicho Ofiçio e acuso e querello de Juan Gonçales Pintado, regidor desta çibdad, e digo que el, seyendo christiano e estando en tal posesion e so nonbre de christiano, se aparto de nuestra Santa Fee Catholica e ha seguido e siguio la Ley de Muysen, judaysando e fasiendo muchas de las çerimonias della, teniendo que en aquella se auia de saluar. En espeçial, que permitio e consentio en su casa el viernes en la noche ençender candiles en forma e solepnidad de judios, ençendiendo vna lanparilla con cuatro o çinco mechas e vn candil. Asimesmo, se le guisauan de comer del viernes para el sabado, por non lo guisar en el sabado, e comia de las dichas viandas asi guisadas en el viernes para el sabado; e guardaua e guardo el sabado, vistiendo en el ropas linpias, asi de lino como otras, segund que los christianos vsan vestir e guardar e festiuar en el dia santo del domingo; e comio carne muerta con solepnidad judayca, e la leuaua de casa de Alfonso de Ferrera,[3] vesino desta çibdad, e la purgaua e mandaua purgar quitando della el seuo a manera de judios; e que non queria comer carne saluo degollada con la dicha solepnidad judayca, e porque vn dia en su casa se degollo vn pollo sin la dicha solepnidad judayca lo hiso comer a sus criados e non quiso comer del, e non solamente en su casa comia las dichas cosas e viandas asi guisadas, mas aun de lo asi guisado en su casa del viernes para el sabado enbiaua de comer a Beatris Gonçales, muger de Françisco Gonçales el Franco; e comia e comio carne en Quaresma, e hueuos, sin tener nesçesidad para ello; y fiso e consintio faser otras muchas solepnidades e çerimonias judaycas, asi en su casa como fuera della, siguiendo la dicha Ley de Muysen. Por lo qual incurrio e cayo en crimen de heregia e fue e es hereje y apostota. Por ende, Señores, vos pido que lo pronunçieys e declareys por hereje e por tal lo condepneys, e asimesmo declareys aver incurrido e caydo en sentençia de excomunion mayor e en

---

[3] See Biographical Notes.

Trial of Juan González Pintado

todas las otras penas en los derechos contra los tales herejes contenidas e en perdiçion e confiscaçion de sus bienes. E pido por vos, Señores, serme fecho complimiento de justiçia |

2v Et asy presentado el dicho escripto de acusaçion contra el dicho Juan Gonçales Pintado, el dicho Gonçalo Dias Albin, en nombre e como procurador del dicho Juan Gonsales Pintado, dixo que pidio treslado de la dicha acusaçion, y asymismo dixo que para alegar de su justiçia y derecho le mandasen dar letrado. Los dichos señores le dieron por letrado al bachiller Gonçalo Hernandes Gallego, el qual estouo por su letrado, y le dieron termino para que viniese a responder a nueve dias, los quales le davan por tres terminos. |

Defence

3r {En çinco de diçienbre}
5 Dec. Juan Gonçales Pintado
1483 Muy Reuerendos, Deuotos e muy Virtuosos Señores:

Iohan Gonçales, regidor en esta Çibdad Real (vesino e morador de aquella, beso vuestras manos et me encomiendo en Vuestra Merçed, ante la qual paresco a desir, resonar e alegar de mi derecho contra la acusaçion por Ferrand Rodrigues del Barco, clerigo, capellan del Rey nuestro Señor, promotor fiscal de la Santa e Piadosa Ynquisyçion, contra mi propuesta e yntentada, en que dixo biuiendo yo so nonbre de christiano e en tal posesion estando e gosando de las graçias e preuillejos de que gosan los christianos, me aparte de la Fe de Christo siguiendo la Ley de Muysen, fasiendo çiertas cosas por el en la dicha su acusaçion espresadas auia relaçion aqui auida por espresa, Reuerendos Señores, digo lo por el susodicho acusante non ha ni ouo logar contra mi, porque sabra Vuestra Reuerençia yo sali desta çibdad de hedad de trese años e non bolui a ella fasta el año de quarenta e ocho, que tome casa e asyento; en este tienpo vine a ella onde estaua dos e tres meses, asy seyendo moço como casado, hara de tres en tres años, e en todo este dicho tienpo continue con el relator,[4] mi señor, que me crio, el qual era uno de los onbres famosos que auia en las Españas, de lo ⟨sic⟩ qual yo e los otros letrados, escuderos, escriuanos e camareros resçebiamos muchas buenas dotrinas e castigos tocantes e de nuestra Santa Fe Catolica. E despues deste tienpo yo serui por mas de doze años a los señores Reyes Don Iohan e Don Enrique, que santa gloria ayan, por su secretario, e fuy conosçido en sus cortes e en esta çibdad e

---

[4] Fernán Díaz de Toledo; see Beinart, pp. 15 ff.

en otras partes por bueno, fiel, catolico christiano, procurando, por el logar que tenia, de honrar las yglesias e monasterios donde el Nombre de Nuestro Señor Ihesu Christo es alabado, ensalçado e honrado. E ha mas de treynta e çinco años que procure de faser capilla y enterramiento dentro de la yglesia de Santo Domingo desta çibdad, onde tengo syngular deuoçion, et fise altar e puse ymagen e ensinia de la Virgen Maria, Nuestra Señora, onde el Culto Diuino fuese onrado e çelebrado, e donde mando desyr misas e se me disen desde el dicho tienpo aca, asi de como de otras deuoçiones, e çelebrar otras fiestas e ofiçios que se suelen e acostunbran de ser e faser por los finados. Et he procurado de acreçentar en honra e reuerençia la dicha casa, segund que es publico e notorio en esta dicha çibdad, e por tal lo alego. Et en quanto a lo que se dise que consenti en mi casa los viernes ençender candiles con la dicha forma et solepnidad, ençendiendose la dicha que dise lanparilla e candil, digo, Virtuosos Señores, que yo nunca ni lo vi ni lo consenti ni permiti faser en los logares e partes onde mas continuamente estaua, en seruiçio de los dichos señores. nin menos en mi casa, que yo lo viese ni supiese en ningund tienpo, porque la forma que solia e suele tener, asy en los pocos tienpos que aqui estaua quando venia como agora, es que a la noche, despues de puesto el sol, en todos los dias de la semana syn distinçion alguna se ençiende vn candil con vna mecha, sy es en ynvierno en la cosina, donde solemos estar, e en el verano en vna casa bodega donde suelo comer e çenar, para alumbrar a los que ende estan andondo por casa con candiles de seuo para faser las cosas nesçesarias, gastando dos maravedis o tres blancas cada noche de candelas, syn faser çerimonia ni acto judayco alguno ni sabiendo que cosa es. Y en lo que se dise de la lamparilla, digo, Reuerendos Señores, yo jamas lo toue ni mande tener, saluo dos candeleros de los de Flandes, donde se ponian ocho o seys candelas para honrar vn palaçio onde estauan puestos para personas de honra, en los quales yo ponia o fasia poner vna candela a los tiempos que nos veniamos acostar, los quales dichos candeleros me fueron robados en los jubileos desta çibdad.[5] Et en lo que toca disiendo me guisaron de comer el viernes para el sabado, digo que nunca Dios plega ni mande lo tal acostumbre mandar faser ni se fiso, saluo dar horden como cada vn dia se guisase de comer para dos comidas las viandas neçesarias para los dias de carne, comiendo de todas carnes, asy frescas como de montes, conejos, toçino, tasajos, liebres, perdises,

---

[5] They were probably stolen in 1474; see Beinart, pp. 57 ff.

quier que fuesen muertas o biuas, e otras aves de qualesquier otras raleas que fuesen, e de todos pescados, anguila, lanpreas, camarones, tollo e pulpo e congrio para mi con mis syruientes ⟨e⟩ familiares, comiendo con ellos junto en vna mesa toda mi vida el tiempo que los toue, non diferençiando los pescados, carnes, que los judios e los que guardan su ley non comen ni acostumbran comer; podria ser que de los dichos pescados sobrase para otro dia alguna cosa para lo comer a bueltas de otras viandas que otro dia se guisasen o darlo por amor de Dios a algunas personas miserables con alguna cosina de la que otro dia se guisana, que sobraua otro dia siguiente, segund que es publico e lo entiendo prouar. Et dando de comer a pobres en el Viernes Santo de la Santa Quarentena de dies años a esta parte en cada vn año, en espeçial a dose pobres, e sy mas venian a comer, en reuerençia de los dose Apostoles disçipulos de Nuestro Señor Ihesu Christo, e los seruia por mi mano, e para en las noches daua a cada vno sendos maravedis, et a las veses dos; et dando limosna a todos los pobres, que es çierto que demanden por amor de Ihesu Christo e non deuiesen, que a la puerta de mi casa venian. E lo que el dicho promutor fiscal dise del vestir de las ropas linpias en el dia del sabado, asy de lino como de paño, por honrar la ley de los judios, digo Dios non lo consyenta yo jamas tal aya fecho ni mande faser en mi casa ni en los lograres donde he fecho mi vida ni en alguna dellos, saluo en los dias de las pasquas, domingos e fiestas de Nuestro Señor, segund que lo acostumbran faser e fasen los fieles christianos, e muchas veses en el verano, por recreaçion a cabsa del grande calor, entre semana vesti alguna camisa, e sy aquella ouiese tomado en los dichos sabados, de que non me acuerdo, seria por la dicha cabsa e cabsas e non por çerimonia. Ni menos ha logar lo que el dicho acusante dise del leuar de la carne de casa de Alfonso de Herrera, e que la fasian purgar e quitar el seuo a manera de judios, porque se fallara yo nunca mande comprar ni compre de su casa ni de otra parte ni casa alguna la tal carne, segund del se puede aver ynformaçion, la qual vos pido, Reuerendos Señores, del aveys, pues esta preso en vuestro poder, ni la comia, saluo de las carneçerias publicas desta dicha çibdad, asy al peso como de rastro, degollada por mano de los carniçeros a modo e manera de christianos, de lo qual, sy nesçesario fuere, a la qual me ofresco, sy Vuestra Reuerençia mandare, entiendo dar plenaria ynformaçion, asy de los dichos carniçeros como de los que venden toçino e menudos del; e syn faser solepnidad alguna ni çerimonia en la dicha carne, saluo solamente lauarla por venir manoseada, e quitarle las astillas de los tajones, pero non para judaysar nin faser lo que los judios fasen. E niego yo aver pasado lo que dise del dicho pollo, porque sy aquello conteçiere, puesto non lo comiera yo, lo que sy fisiera antes lo daria a qualquier de mis familiares que non al dicho moço, mayormente que de las tales cosas yo jamas vse ni consenti vsar en la dicha mi casa. E en lo que dise non solamente consenti en mi casa las dichas viandas proybidas asy guisadas, con de mas que de lo guisado del viernes para el sabado enbiaua a la dicha Beatris Gonçales, etç.,

4r porque la verdad es que por ser | la susodicha parienta de mi muger, la acogian en mi casa e le lauauan la ropa de lino, asy como sauanas e camisas, e que viniendo a lo traer en los dias de entre semana gele dieron de algunos panesillos de camarones e de vnos peçes que se guisauan dos veses, e quando cosian la dauan vn pan e vn sonado; de lo qual dis que se auia alebado en su casa a vna criada de su madre de Iohan de Herrera e la de Lope Rodrigues de Valdepeñas e a su hermana, la de Iohan Gomes, que non pliega a Dios que ella fuese en otra forma ni con otra solepnidad guisado mayormente que algo dello era vianda que non comen los judios. E en quanto a lo que se dise que comi carne en Quaresma, e huevos, digo, Virtuosos Señores, que es verdad que la comi en Quaresma, puede aver syete años o ocho, estando en la villa de Almagro, onde yo e todos los de mi casa adoleçimos e murio mi muger e dos criadas mias en nueve dias; los que quedamos estuuieron ⟨sic⟩ enfermos los que ⟨stain⟩ quatro meses, e yo honse, en grand peligro de nuestras personas, e se comio por consejo de los fisycos del maestre [6] e por mandado de Mateo Rodrigues, cura de la yglesia de Sant Bartolome de la dicha villa; e en otras Quaresmas, avra dos años e esta Quaresma pasada, por grandes enfermedades que tenia e tengo antiguas de que estaua e esto a peligro de muerte, por mandado de los fisycos que por entonçes aqui estauan e agora estan, con liçençia de Diego Sanches de Santa Maria, de la yglesia de Santiago, las quales enfermedades yo confese e comulgue, segund que cada año fago e es publico e notorio en esta dicha çibdad. E en quanto a lo que dise que fise e consenti faser otras çerimonias, digo que nunca a Dios tal pliega que yo tal fisiese ni consentiese, antes mandar a los de mi casa, e yo con ellos, continuasen las yglesias, oyesen los Sermones, Misas, Predicaçiones, mandandoles obrar desde el lunes fasta el sabado en la noche, sy dia ⟨de⟩ fiesta non entreviniese, en lo qual les mandaua çesar de la obra como

---

[6] Of Calatrava.

otro qualquier christiano. Et sy allende desto algunas cosas deui-
niese⟨n⟩ de nuestra Santa Fe Catolica, que contra aquella paresçiesen
se enderesçar sus mandamientos, que non se ni creo, seria en tienpos
que yo non estouiese en la tierra ni fuese dello sabidor ni lo consyntiese, o estando enfermo en la cama, non pudiendo dello saber ni lo
consintando, sgund dicho es. Por que, Reuerendos e Virtuosos
Señores, a Vuestra Merçed suplico e pido me manden dar por libre
e quito de lo contra mi acusado, pronunçiando la dicha acusaçion
ser ninguna e contra mi non aver logar. E sy alguna nota de
apostasya por la tal propuesta contra mi sea cabsa de forma della,
en la qual non creo aver yncurrido ni caydo, yo estoy presto de la
renunçiar e adjurar, e de aquella que a de lo que a memoria non
viene, pido penitençia saludable, protestando, como protesto, estar
e ser obidiente a los mandamientos de la Santa Madre Yglesia e de
Vuestra Reuerençia, teniendo, como firmemente tengo y creo, todo
lo que ella confiesa, predica, tiene e cree. E pido ser liberado deste
dicho carçel en que esto e ser puesto sylençio al dicho promutor
fiscal, mandandome tornar mis bienes e alçar el sequestro dellos,
restituyendome en mi buena fama. Para lo qual todo e en lo mas
neçesario el ofiçio de Vuestra Merçed ynploro, e pido serme fecho
entero conplimiento de justiçia e niego la dicha acusaçion en aquello
que contiene demas de aqui por mi dicho e confesado, e desto pido
testimonio. |

4v Et asy presentado el dicho escripto de respuesta por parte del dicho
5 Dec. Juan Gonsales Pintado, en çinco dias del mes de diziembre, año
1483 susodicho de mil quatroçientos e ochenta y tres años, pareçio ende
el dicho promotor fiscal y dixo que pues por parte del dicho Juan
Gonsales Pintado le era negada la dicha acusaçion, que pedia y
pidio, y requeria y requirio a los dichos señores inquisydores le
reçibiesen a la prueua de todo lo contenido en la dicha su acusaçion,
demas y allende que entendia declarar en su proçeso contra el dicho
Juan Gonsales, y que concluya y concluyo. Y luego los dichos
señores dixeron al dicho Gonçalo Dias Albin, su parte, que sy
concluya. El qual dixo que sy concluya. Y luego los dichos señores
dixeron que pues amas las partes concluyan, que sus reuerençias
concluyan con ellos y asynauan termino para dar sentençia, en que
dixeron que reçibian amas las partes a la prueua; para la qual
prueva faser les dieron termino de nueve dias por tres terminos,
salvo jure impertinentium et non admitendorum. De todo en como
paso el dicho promotor fiscal dixo a nos, los notarios del dicho
Ofiçio, gelo diesemos por testimonio. |

5r A IX de diçienbre
9 Dec. Juan Gonsales, regidor
1483 Muy Reuerendos et Muy Virtuosos Señores Ynquisidores Jueses susodichos:

Yo, Gonçalo Dias, en nombre e como procurador que soy del dicho Iohan Gonçales, regidor, paresco ante Vuestra Merçed e le suplico e pido que a los testigos que por mi, en nonbre del dicho regidor, le seran presentados, les pregunten e manden al reçebtor, las preguntas siguientes:

I Primeramente, sy conosçen al dicho Iohan Gançales, regidor, mi parte.

II Yten, sy saben, etç., que el dicho mi parte estouo en las cortes de los señores Reyes Don Iohan e Don Enrique, de gloriosa memoria, que santo parayso ayan, quarenta años e mas tienpo, biuiendo veynte e ocho años con el relator Fernando Dias de Toledo, que Dios aya, e dose años con los dichos señores Reyes seyendo su secretario, e que en los dichos tienpos que el asy biuio con los dichos señores touo criados e familiares, con los quales juntamente, syn faser diferençia, comia de todos los pescados, carnes e caças, asy de los vedados comer en la Ley de Muysen como de otros qualesquier que los dichos sus criados le trayan e fallauan a coser, como otro qualquier catolico christiano comia; e que estando en las dichas cortes fizo e obro como bueno e fiel e catolico christiano, e por tal fue tenido e conosçido, e por onbre de virtud e buena fama a honra.

III Yten, sy saben, etç., que despues del dicho tienpo que el dicho regidor, mi parte, estouo en la corte, que biue en esta çibdad, en las visytaçiones e cofradias de la hermandad e de la çibdad e en todos los otros cargos que onren, en qual ha estado fasta agora, syenpre syn diferençia alguna comia de todos e qualesquier manjares que los otros comian e que qualquier catolico christiano deue comer.

IIII Yten, sy saben, etç., que todo el dicho tienpo que yo y mi parte ha estado en esta dicha çibdad e tierra aya sydo tenido en posesion de bueno, fiel e catolico christiano, como lo soy, yendo a las yglesias a las Misas e Sacrificios Divinos en ellas çelebrados, fasiendo memorias e altar en la yglesia de Santo Domingo, e fasiendo desir misas cada vn año por las animas de mis defuntos e por mi, continuando tanto los dichos sacrifiçios e Misas e Pedricaçiones ⟨sic⟩ como el mas catolico christiano desta dicha çibdad, confesando e comulgando en los tienpos deuidos, en sanidad e en sus enfermedades que Dios le ha quisydo dar, e doctrinando los de su casa como otro qualquier catolico christiano.

[100]

V   Yten, sy saben, etç., que todos los dichos tienpos que el dicho mi parte ha estado en esta dicha çibdad aya tenido esta forma en el ençender lumbre en su casa de noche, que mandaua ençender vn candil todas las noches del mundo syn diferençia prinçipalmente, del qual ençendian sus criados candelas de seuo con que andauan por casa, e que el dicho candil estaua quedado porque non fallesçiese la lumbre, e se mataua quando el e los de su casa se yuan acostar.

VI   Yten, sy saben, etç., que syenpre en los dias se guisaua e guisa de comer e çenar en casa del dicho mi parte para ese dia a comer, asy pescado como hueuos e morçellas, como en otro qualquier casa de otro qualquier catolico christiano se fase, trayendole ese dia de la plaça. |

5v VII   Iten, sy saben, etc., que qualquier dia de semana que acaesçiese ser menester vestirse el dicho mi parte camisa linpia o ropa, se la vestia, syn faser diferençia del sabado otro qualquier dia de entre semana, e que mas a la continua se vestia las dichas ropas linpias en los dias mandados guardar e festiuar por la Yglesia.

VIII°   Yten, sy saben, etç., que todo el dicho tiempo que el dicho mi parte en esta dicha çibdad ha estado, syenpre sus moços e familiares trayan carne para que el comiese de las carneçerias desta çibdad o de lo que se vende a rastro, menudos de puercos e caças e pescados, asy syn escama como con ella, como se acaesçiese fallaua e se fase en esta dicha çibdad en casa de qualquier otro catolico christiano, e que de aquello comia publicamente con los dichos sus criados e familiares, seyendo dellos seruido como onbre de honra.

IX   Yten, sy saben, etç., que por el dicho parte aver seydo curial e linpiamente criado en las dichas cortes, mandaua a sus criados e criadas que lauasen la carne que se traya de las dichas carneçerias porque venia ensangrentada e susia con las afallas de los tajones, non a fin ni cabsa de judaysar, saluo de la mandar lauar, como dicho es.

X   Yten, sy saben, etç., que el dicho mi parte daua pordios a los pobres que a su casa llegauan en Nonbre de Christo continuamente, e daua de comer a dose pobres el Viernes Santo e les daua sendos maravedis o cada dos, e que vna o dos o tres veses se dio en su casa a Beatris Gonçales, muger de Françisco Gonçales, de vnos panesillos de camarones e de algunos peçes que estauan guisado entre semana, porque era muger miserable e por ser parienta de la muger del dicho mi parte.

XI   Yten, sy saben etç., que el dicho mi parte sea onbre que aya

Records of the Spanish Inquisition in Ciudad Real, 1483–1485

tenido e tenga tantas e tan diversas pasyones que liçitamente, porque non le faga daño el pescado, podria comer carne en Quaresma; e que agora ha syete años estouo mucho mal en Almagro, de cuya cabsa la comio, e agora ha dos años, e agora ha vn año, e que la comio con liçençia de los curas de sus perrochias e lo confeso, e por ello le fue dada penitençia.

Et fagales Vuestra Reuerençia o mandeles faser las otras preguntas al caso perteneçientes, para lo qual ⟨e⟩ en lo neçesario ynploro el noble ofiçio de Vuestra Merçed, e pido sobre todo conplimiento de justiçia, e desto pido testimonio.

Witnesses for the Defence

9 Dec. 1483 En Çibdad Real, a nueve dias del mes de diçiembre, año del Nasçimiento del Nuestro Saluador Ihesu Christo de mil e quatroçientos e ochenta e tres años, este dicho dia, dentro en las casas donde los reuerendos señores padres inquisidores resyden e façen su abitaçion e audiençia acostunbrada, ante los señores Juan de Hoçes, clerigo e benefiçiado en esta çibdad, e Juan Gonçales, vicario por el arçediano de Calatraba, paresçio ende presente el dicho Gonçalo Dias, en nonbre del dicho Juan Gonçales, regidor, e presento este interrogatorio, e asimismo, presento por testigo a fray Juan de Ribarredonda, jubilario, e a Juan de Hoçes, clerigo, e a Pedro de
6r Arevalo e a Juana de Cadahalso e a Diego de | [Provança de Juan Gonçales Pintado, regidor] Mazariegos [7] e a Juan de Pedrosa, fijo de Françisco de Pedrosa, e a Alonso Garçia, carniçero, e a Juan de Soto e ⟨a⟩ Diego Sanches, cura vesino⟨s⟩ desta çibdad, de los quales e de cada vno dellos los susodichos deputados reçibieron juramento en forma deuida de derecho, en que juraron a Dios e a Santa Maria e a las palabras de los Santos Evangelios e a la señal de la Cruz +, que ellos e cada vno dellos con sus manos derechas corporalmente tocaron, que como fieles e verdaderos christianos dirian la verdad de lo que supiesen e les fuese preguntado, e que sy asy lo feçiesen e dixesen, que Dios los ayudare en este mundo a los cuerpos e en el otro a las animas, e que sy el contrario de la verdad dixesen e jurasen, que Dios gelo demandase mal e caramente en este mundo a los cuerpos e en el otro a las animas, donde mas abian de durar, como a malos christianos que juran y perjuran el Santo Nonbre de Dios en bano. E respondieron a la confusion del dicho juramento, e dixeron que asy lo juravan, e juraron,–e: Amen.

---

[7] On him and on the other witnesses, see Biographical Notes.

E lo que los dichos testigos e cada vno dellos dixeron e deposieron en sus dichos e deposiçiones, secreta e apartadamente, syendo preguntados por los dichos señores deputados, es lo seguiente primeramente:

I El dicho fray Juan de Ribarredonda, jubilario, testigo presentado por parte del dicho Juan Gonsales, regidor, jurado en forma, preguntado por las preguntas del dicho interrogatorio, por la primera pregunta dixo que conosçe al dicho Juan Gonsales, contenido en la dicha pregunta, puede aber veynte años, poco mas o menos.

II Preguntado por la segunda pregunta, dixo que sabe que bibio con el relator e aun con los Reyes, de gloriosa memoria, que Dios aya, e que andubo en la corthe grand tienpo, pero que no sabe las viandas que alla comia; e que sabe que desdel dicho tienpo que lo cognosçe aca le ha visto estar en posesion de buen christiano. E ansimismo le vido muchas ⟨veces⟩ en Santo Domingo oyr los Dibinales Ofiçios.

III Por la terçera dixo que non lo sabe.

IIII° A la quarta pregunta dixo que la sabe segund que en ella se contiene, porque lo vido asy façer en el dicho monasterio de Santo Domingo; e que sabe que tiene en el dicho monesterio vn | altar de Nuestra Señora, e que sabe e vido como el dicho Juan Gonsales fasia desir alli muchas veses Misa e la oya como catholico christiana ⟨sic⟩ e que tiene en el dicho monesterio capilla, donde el fiço el dicho altar de Nuestra Señora; e que le confeso asas veses en sanidad; e que le vido oyr los Sermones e Predicaçiones como a buen christiano, pero que este testigo non se acuerda que el le comulgase.

V A la quinta pregunta dixo que non lo sabe.

VI A la sesta pregunta dixo que non lo sabe.

VII, VIII° A la setima e a la otaba pregunta dixo que non lo sabe.

IX A la novena dixo que non lo sabe.

X A la desima pregunta dixo que oyo desir este testigo que el dicho Juan Gonsales daba de comer a doçe pobres a honor de los doze Apostoles, por amor de Nuestro Señor, e que non sabe mas de lo contenido en la dicha pregunta.

XI A la honzena pregunta dixo que non lo sabe. Preguntado por las otras preguntas al hecho perteneçientes, dixo que en las confesiones que el dicho Juan Gonsales fiso con este testigo, que las fasia e confesava como verdadero christiano, e que en todo lo otro, que desia lo que dicho abia; e que esto es la uerdad de lo que sabe.

Records of the Spanish Inquisition in Ciudad Real, 1483-1485

Dicho de Pedro de Arevalo

I   El dicho Pedro de Arevalo, testigo presentado por parte del dicho Juan Gonsales, jurado en forma, dixo, siendo preguntado por los deputados por las preguntas del dicho interrogatorio, por la primera pregunta dixo que cognosçe al dicho Juan Gonsales Pintado, contenido en la dicha pregunta, de veynte años a esta parte, poco mas o menos, porque dixo que moro con el vn año siendo secretario del Rey Don Enrique, que santa gloria aya.

II   A la segunda pregunta dixo que puede aber los veynte años que bibio este testigo con el dicho Juan Gonsales vn año, estando la corte en Balladolid. E que este testigo estaba ende con el susodicho Juan Gonsales, e que este mismo tenia cargo de su despensa e de gastar e guisar de comer, e que sabe que de quantas viandas este testigo traya para comer, asy de carne como de pescado de qualquiera que fuese, para el dicho Juan Gonsales, que de todo comia como otro qualquier christiano viejo comia e devia comer, sin enpacho alguno; e que sienpre le vido yr continuadamente lugo de mañana a oyr Mysa; e que vio que daba limosnas a pobres por amor de Dios, como buen christiano.

7v   III   A la terçera pregunta dixo que sabe este testigo que el dicho Juan Gonsales comia de todas viandas, como de suso, en la segunda pregunta, dicho tiene. E que le otro contenido en esta pregunta que non lo sabe.

IIII°   A la quarta pregunta dixo que sabe que le ha visto muchas ⟨veces⟩ en Sant Pedro e en Santo Domingo oyr Misas, e aun en otras yglesias. E que sabe que el dicho Juan Gonçales fiso e tiene vn altar de Nuestra Señora, que fiço en el monesterio de Santo Domingo desta çibdad, estando este testigo con el; e que sabe e vido como el dicho Juan Gonsales conpro la ymagen de Nuestra Señora para el dicho altar en la feria de Medina, e vn frontal e otros ornamentos; e dixo que lo sabe porque la vido conprar e pago este testigo los maravedis, por mandado del dicho Juan Gonçales, de sus dineros, e aun que este testigo dixo que despues fue entrada la dicha ymagen, que esta oy dia en el dicho altar, dentro en el dicho monesterio.

V   A la quinta pregunta dixo que en el tienpo que este testigo estubo aqui en esta çibdad en su casa del dicho Juan Gonsales, que podrian ser ocho dias, poco mas o menos, que nunca vido ençender candiles vna noche mas que otra en su casa, e aun que sienpre se alunbravan lo mas con sevo.

Trial of Juan González Pintado

VI A la sesta pregunta dixo que se refiere a lo que dixo en la segunda pregunta.

VII A la setima pregunta dixo que nunca en aquel tienpo le vido façer mudança alguna en bestir ropas de lana ni de lino mas en el dia del sabado que en otro qualquir dia de entre semana, saluo si fuese para yr ver algund señor o para caminar afuera parte.

VIII° A la otaba pregunta dixo que sabe que comia toçino, porque gelo vido comer muchas veses, e lo conpro este testigo e lo guiso en la olla para el dicho Juan Gonçales. E que en todo lo otro en esta pregunta contenido, que se refiere a lo que dicho tiene en la segunda pregunta.

IX A la novena pregunta dixo que desia lo que dicho abia en la segunda pregunta.

X A la deçena pregunta dixo que non lo sabe.

XI A la honzena pregunta dixo que non lo sabe.

Preguntado por las otras preguntas al fecho pertenesçientes, dixo que desia lo que dicho abia.

7v Dicho de Alonso Garçia, carniçero

El dicho Juan de Soto, clerigo, testigo presentado por parte del dicho Juan Gonçales Pintado, jurado en forma, preguntado por la quarta pregunta del dicho interrogatorio, dixo que este testigo le vido algunos dias de los domingos e los dias de las pascuas oyr Misa e los Diuinos Oficios en la yglesia de Santiago, e que sabe que el dicho Juan Gonçales se ha confesado tres años pasados con este testigo, e que esta Quaresma que agora paso reçibio el Cuerpo de Nuestro Señor el dia del Jueves Santo, que gele dio el cura de Santiago a el e a otros como a fieles christianos.

Dicho de Alonso Garçia, carniçero

El dicho Alonso Garçia, carniçero, testigo presentado por parte del dicho Juan Gonçales Pintado, jurado en forma devida, preguntado por las preguntas en el dicho interrogatorio, preguntado por la primera pregunta dixo que le conoçe de treynta e çinco años a esta parte, poco mas o menos.

Iten, leydo el dicho interrogatorio e todas las preguntas en el contenidas de verbo ad uerbum delante del dicho Alonso Garçia, carniçero, dixo, so cargo del juramento que fecho abia, que sabe que el dicho Juan Gonçales en persona e otros sus moços continuavan e llevaban carne de la carniçeria, asi deste dicho testigo como de los otros carniçeros, e aun dixo que este testigo le dio algunas veses algunas medias (medias) piernas de vaca. E que esto es lo que sabe de lo contenido en el dicho interrogatorio para el juramento que fecho abia.[8]

Dicho de Juan de Pedrosa

I El dicho Juan de Pedrosa, testigo presentado por parte del dicho Gonçales regidor Pintado ⟨sic⟩, jurado en forma, preguntado por las preguntas del dicho interrogatorio, por la primera pregunta dixo que conosçe al dicho Juan Gonçales contenido en la dicha pregunta de veynte e ocho años a esta parte, poco mas o menos, que moro con el.

II Preguntado por la segunda pregunta dixo que puede aber veynte e ocho años que este testigo moro con el dicho Juan Gonçales e que andubo con el en la corthe honçe meses, e que en este tienpo tenia cargo este testigo de la despensa del dicho Juan Gonsales, e que traya de comer e lo guisaba para el, e que syenpre dixo que traya las viandas de la plaça e de la carniçeria. E ansi dixo que traya tosino e todas las cosas que devian comer, como verdadero christiano; e que le vido que comia de todas las viandas sin enpacho alguno. |

8r III A la terçera pregunta dixo que sabe que lo vido comer en cofradias e ayuntamientos desta çibdad, e que vido que comia de todas las viandas que comian los otros que a las mesas estaban sin enpacho alguno; e que esto es lo que sabe de lo contenido en la dicha pregunta.

IIII° A la quarta pregunta dixo que despues que lo conosçe le ha vido tener en posesion de christiano, porque le vido que yva a la yglesia a oyr Misa como christiano, asy fuera desta çibdad, en corte, como en esta çibdad. E dixo que sabe que tiene vn altar de Nuestra Señora que fiço en el monesterio de Santo Domingo, e que compro la ymagen el dicho Juan Gonçales en Balladolid, en el espital de Esgueva, y costo quatorçe doblas, las quales dixo que pago este testigo por mandado del dicho Juan Gonçales, e que pago mas tres doblas por las estrellas que tiene en el cuerpo e en la corona. E dixo que le vido façer limosnas a pobres de lo que en su casa tenia.

V A la quinta pregunta dixo que sabe que en todo el tienpo que este testigo moro con el dicho Juan Gonçales, que nunca le vido ençender candil alguno en su casa demasiado mas en el viernes en la noche que en otro qualquier dia de entre semana.

[8] It seems that the questionnaire was read to the witnesses, and they then stated what they knew. Possibly the interrogators wanted to save time in this way; or perhaps they had other motives for using this method.

VI   A la sesta pregunta dixo que sabe que en el dicho tienpo que este testigo moro con el dicho Juan Gonçales, que en el tienpo ⟨que⟩ con el andubo en la corte, que este testigo guisaba de comer tanbien el sabado como en los otros dias para el dicho Juan Gonçales, e que estando en su casa (en su casa) en esta çibdad, que asimismo vido que ençendian fuego el sabado e guisaban de comer como en otro dia qualquiera para el dicho Juan Gonçales e para los de su casa.
VII   A la setima pregunta dixo que sabe e vido lo que de suso dicho tiene en las preguntas sobredichas, e lo otro contenido en la dicha pregunta, que non lo sabe.
VIII⁰   A la pregunta dixo que no lo sabe.
IX   A la novena pregunta dixo que an aquel tienpo que moro con el, que este testigo traya la carne e lo guisaba por si mismo, e que suçio o linpio, qual este testigo gelo guisava, que tal lo comia el dicho Juan Gonçales. |
8v X, XI   A la dezena e a la honzena pregunta dixo que non lo sabe.
XII   A la dozena ⁹ pregunta dixo que desia lo que dicho abia e que non sabia mas del fecho para el juramento que fecho abia.

Dicho de Juana de Cadahalso
I   La dicha Juana de Cadahalso, testigo presentado por parte del dicho Juan Gonçales, jurada en forma, preguntada por las preguntas del dicho interrogatorio, por la primera dixo que conosçe al dicho Juan Gonçales de veynte años a esta parte, que fue su vesino, poco mas o menos.
II   A la segunda pregunta dixo que sabe que desde que era mançebo seguio la corte, asi con los Reyes Don Juan e Don Enrique, de gloriosa memoria, que Dios aya, e con el relator, pero que lo que alla comia que non lo vido este testigo; e que sabe que despues que vino de la corte a su casa a esta çibdad, que le vido que vino bien criado e como buen christiano.
III   Por la terçera pregunta dixo que non lo sabe lo contenido en la dicha pregunta, pero que en su casa sabe que comia de todas viandas, porque dixo que este testigo gelo vido comer asas veses.
IIII⁰   A la quarta pregunta dixo que sabe que el dicho Juan Gançales continuaba yr a las yglesias e monesterios e que oya las Misas e Oras e Sermones como buen christiano, e que sabe que fiço vn altar

⁹   This questionnaire had only eleven questions.

de Nuestra Señora en Santo Domingo e que ha fecho desir Misas al dicho altar entrel año; e dixo que lo sabe porque lo vido. E dixo que vido confesar en Santo Domingo, pero que non lo vido comulgar.

V   A la quinta pregunta dixo non lo sabe.

VI   A la sesta pregunta dixo que le vido matar puerco en su casa, pero que non lo vido comer tosino.

VII   A la setima pregunta dixo que sienpre le vido bien vestido y muy linpio traerse en todos los dias de la semana sin faser diferençia alguna el dia del sabado mas que en otros dias.

VIII   A la otaba pregunta dixo que se referia a lo que dicho abia en la terçera pregunta.

IX   A la novena dixo que vido traer carne a sus casa e labarlo para echar en la olla, pero que nunca gelo vido desbrisnar ni desensevarla.

X   A la dezena pregunta dixo que oyo desir al dicho Juan Gonçales que daba de comer a çiertos pobres por amor de Dios, e que lo al contenido en la dicha pregunta, que non lo sabe.

Por las otras preguntas al fecho pertenesçientes dixo que desia lo que dicho abia. |

9r   Dicho de Alonso Garçia, carniçero

I   El dicho Diego de Mazariegos, testigo presentado por parte del dicho Juan Gonçales, regidor, jurado en forma, preguntado por las preguntas del dicho interrogatorio, por la primera pregunta dixo que cognosçe al dicho Juan Gonçales de quarenta e çinco años a esta parte, poco mas o menos, asi en casa del relator como en casa del Rey Don Enrique, de gloriosa memoria, que Dios aya.

II   Preguntado por la segunda pregunta, dixo que sabe que vibio con el Rey Don Juan, de gloriosa memoria, e con el relator, y despues con el dicho señor Rey Don Enrique, que Dios aya.

III   A la terçera pregunta dixo que sabe que el dicho Juan Gonçales comia de todas las viandas e caças, que comia asi en las visitaçiones de la hermandad como en los ayuntamientos de la çibdad, e que lo sabe, porque dixo que este testigo comio con el dicho Juan Gonçales muchas vezes.

IIII°   A la quarta pregunta dixo que sabe le vido asas veses oyr Misa en Sant Pedro e oyr los Sermones. E asimismo dixo que sabe que fiço vn altar de Nuestra Señora en Santo Domingo, e que façia limosnas a los pobres por amor de Dios. E dixo que vido que lo fasia todo como bueno e fiel christiano, e dixo que en tal posesion le ha tenido despues que lo conosçe del dicho tienpo aca. E que lo otro contenido en la dicha pregunta, que lo non sabe.

V, VI, VII, A la quinta, sesta, setima preguntas dixo que lo non sabe.

VIII⁰ A la otaba pregunta dixo que se refiere a lo que dicho tiene en la terçera pregunta.

IX, X, XI A la novena, dezena, honzena preguntas, dixo que non lo sabe.

Preguntado por las otras preguntas al fecho pertenesçientes, dixo que desia lo que dicho abia.

Dicho de Mateo Sanches

I El dicho Mateo Sanches, testigo presentado por parte del dicho Juan Gonçales, jurado en forma, preguntado por las preguntas del dicho interrogatorio, preguntado por la primera pregunta dixo que le conosçe de años a esta parte.

II Preguntado por la segunda pregunta, dixo que sabe que ha quarenta años que bibio con el Rey Don Juan e con el relator e andava de continuo en la corthe. E que sabe que comia de todas viandas, asi en la corthe estando como estando en esta çibdad, e dixo que lo sabe porque gelo vido comer de todas viandas. |

9v III A la terçera pregunta dixo que en las visitaçiones de la hermandad y en estas de la çibdad, que le vido que comia de las viandas que los otros comian.

IIII⁰ A la quarta pregunta dixo que sabe e vido que despues que lo conosçe le ha vido entrar en las yglesias e oyr Misas e los Sermones como a buen christiano, e que tal posesyon dixo que le tubo este testigo sienpre del dicho tienpo aca, pero que non lo vido ocnfesar ni comulgar.

V A la quinta pregunta dixo que non lo sabe.

VI A la sesta pregunta dixo que muchas vido llevar a sus moços e criados carne e pescado de la plaça, pero que non sabe como lo aguisavan.

VII A la setima pregunta que sienpre le veya andar bien vestido e limpio, vn dia como otro.

VIII⁰ A la otaba pregunta dixo que sabe que comia de todos los pescados porque gelos vido comer algunas veses; e aun que este testigo dixo que le vendio anguilas del rio asas veses, e que este testigo dixo que gelas vido comer.

IX A la novena pregunta dixo que non lo sabe.

X A la dezena pregunta dixo que sabe que le vido dar limosnas

[109]

asas veses a los pobres, e aun que sabe que el Viernes Santo llevava doze pobres e les dava de comer e sendos maravedis a cada pobre; e que lo sabe porque este testigo dixo que comio dos o tres Viernes Santos en su casa con los otros pobres.

XI A la XI pregunta dixo que non lo sabe, ni lo vido comer carne en sabado ni en viernes ni en Quaresma.

Preguntado por las otras preguntas al fecho pertenesçientes, dixo que desia lo que dicho abia.

Dicho de Diego Sanches, cura de Santiago

El dicho Diego Sanches, cura, testigo presentado por parte del dicho Juan Gonsales, regidor, dixo que le conosçe, jurado en forma, ⟨sic⟩ de treynta años a esta parte, e que en este tienpo sienpre le vido como christiano, continuando la yglesia e oyr Misas e Predicaçiones como fiel christiano. E que sabe que andubo en la corthe con el relator en vida del Rey Don Juan e aun despues, en vida del Rey Don Enrique, que Dios aya. |

10r Preguntado por todas las otras preguntas del dicho interrogatorio, seyendo⟨le⟩ leydo delante de verbo ad verbum, dixo que sabe que comia de todas las viandas que comian los otros catholicos christianos, e que lo sabe porque comio algunas veses con el en las cofradias de la hermandad e de Sant Llorente, e que le vido que traya Albin, su criado, continuamente carne de la carneçeria. E que sabe que por ser enfermo el dicho Juan Gonçales este testigo le dio algunas veses liçençia para que comiese carne en Quarsma de dos años a esta parte, porque lo mandaban los fisicos desiendo que lo abia menester.

Preguntado por las otras preguntas al fecho pertenesçientes, dixo que desia lo que dicho abia.

Witnesses for the Prosecution [10]

9 Dec. 1483 E despues desto, en nueve dias de dizienbre del dicho año de mil e quatroçientos e ochenta y tres años, dentro en las casas y moradas donde los señores inquisydores fasen su abitaçion en su lugar e audiençia acostumbrado, el dicho Hernan Rodrigues, promotor fiscal, para en prueva de su intençion, paresçio y presento por testigos a Antonia, hija de Juan de Buendia, e a Catalyna Sanches, muger de Juan Sanches de Segobia, e a Maria Sanches, muger de

---

[10] The interrogation of all these witnesses on the same day shows the urgency of the trial.

Trial of Juan González Pintado

Canisales, e a Juan, hijo de Gonçalo de Aguilar, e a Maria Ruys, muger de Pedro Martines, de Almagro,[11] de los quales los señores el maestro Juan Ruys de Cordoua, clerigo benefiçiado en esta Çibdad Real, e Juan Martines de Villarreal, clerigo, cura de Yeuenes, deputados por los dichos señores inquisidores para reçebir e examinar testigos, reçebieron juramento en forma de derecho. Los quales e cada vno dellos juro por Dios e por Santa Maria e por la señal de la Crus, tal como esta +, en que corporalmente ellos e cada vno dellos puso su mano derecha, que bien e fielmente, como buenos e catholicos christianos, diran verdad de lo que supieren e çerca de lo (e çerca de lo) susodicho les sera preguntado, e que sy asy lo fisieren, Dios, Nuestro Señor, les ayude; el contrario fasiendo, que El gelo demande mal y caramente como a malos christianos que perjuran Su Santo Nonbre en vano; cada vno de los susodichos dixo: Si, juro – e: Amen |

10v La dicha Antonia,[12] hija de Juan de Buendia, testigo presentado por el dicho fiscal, juro en forma de derecho, so cargo del qual, preguntado secreta e apartadamente por los articulos e preguntas de la dicha acusaçion, dixo que lo que deste fecho sabe es lo que dixo por su dicho e acusaçion en la sumaria informaçion, quando fue tomada por testimonio por los sobredichos señores en dies dias de otubre de ochenta y tres;[13] lo qual seyendole leydo de palabra a palabra por mi, el dicho notario, dixo que aquello es lo que sabe e no mas ni allende, e a aquello se referia e refirio. E lo que dixo es lo siguiente: Antonia, hija de Juan de Buendia, veçino de Bolanos, criada del comendador de Granatula, testigo reçebido, juro en forma, so cargo de lo qual dixo que aura tres meses que salio de morar con Alonso de Herrera, el largo,[14] trapero, con el qual e con su muger Ines biuio dos años, sabe que el dicho su amo Alonso de Herrera leya en vn libro ebrayco como rabi, y venia ally a le oyr Juan Gonçales Pintado, el qual le oya sabadeando como judio. E sabe e vido que el dicho Alonso de Herrera mataua en su casa carne, de la qual lleuaua el dicho Juan Gonçales Pintado. Esto es lo que sabe e vido por el juramento que fiso, e es verdad, e en ello s afirmo.

La dicha Catalyna Sanches,[15] muger de Juan Sanches de Segobia,

---

[11] On this list of witnesses, see Biographical Notes.
[12] See Biographical Notes.
[13] Information given during the Period of Grace.
[14] No details are available on his trial; see Biographical Notes.
[15] See Biographical Notes.

testigo presentado por el dicho fiscal, juro en forma de derecho susodicho, e preguntada secreta e apartadamente por los articulos e preguntas de la dicha acusaçion, dixo que lo que de este fecho sabe es lo que dixo e depuso por su dicho e deposiçion en la sumaria informaçion, quando fue tomada por testimonio por los sobredichos señores en seys dias del mes de otubre de ochenta y tres ; [16] lo qual seyendole leydo de palabra a palabra por mi, el dicho notario, dixo que aquello es lo que sabe e non mas ni allende, e a aquello se referia e refirio, e en ello se afirmava e afirmo. E lo que dixo es lo

11r syguiente: Catalyna | Sanches, muger de Juan Sanches de Segobia, veçino en la pedrera de Santa Maria, testigo jurada en forma, dixo que avra quatro años, poco mas o menos, que moro este testigo con Juan Gonçales Pintado, regidor, que morava a Santiago en el Barrionuevo, con el qual moro obra de ocho o nueve meses, sabe e vido en aquel tienpo que guardavan el sabado e se vestian de fiesta ropas lympias e de fiesta, e se yvan a ver parientes e otros venian a ver a ellos, e sabe que ençendian candiles lympios los viernes en la tarde. Del guisar del comer dixo que non se acuerda.[17] E sabe que ella comia carne la Quaresma, tasajos, ella y otras dos hermanas suyas. Esto es lo que sabe e vido, e es verdad, por el juramento que fiso, e en ello se afirma.

La dicha Mari Sanches,[18] muger de Canisales, testigo presentado por el dicho ⟨fiscal⟩, juro en forma de derecho susodicho, e preguntada secreta e apartadamente por los articulos e preguntas de la dicha acusaçion, dixo que lo que deste fecho sabe es lo que dixo e depuso por su dicho e deposiçion en la sumaria informaçion, quando fue tomado por testimonio por ante los sobredichos señores en treze dias del mes de otubre de ochenta y tres ; [19] lo qual seyendole leydo por mi, el dicho notario, de palabra a palabra, dixo que aquello es lo que sabe e non mas ni allende, e a aquello se referia e refirio, e en ello se afirmaua e afirmo. E lo que dixo es lo syguiente: Mari Gonsales,[20] muger de Canizales, el corredor, veçino de San Pedro en la cal de Çiruela, testigo reçebido, juro en forma, so cargo del

---

[16] This information was given during the Period of Grace.
[17] This form of interrogation shows that witnesses were guided by the interrogator; it is not the testimony of a witness who came forward to confess.
[18] See Biographical Notes.
[19] Information given during the Period of Grace.
[20] *Sic*; the notary may have erred.

qual dixo que avra çinco años e anda en seys, poco mas o menos, que morando este testigo en las casas de Juan de Herrera, el Franco, que son en la cal de Calatrava pared y medio de Rodrigo de Valdepeñas, tuuo por veçino de vna puerta adentro quinse meses

11v a vna que se llama Beatris Gonçales, muger | que auia seydo de Françisco Gonçales, el Franco, la qual era muger pobre, sabe e vido que de casa de Juan Gonçales Pintado le trayan el viernes guisado para que comiese el sabado. Esto es lo que sabe e vido, e es verdad, por el juramento que fiso.

El dicho Juan, hijo de Gonçalo de Aguilar,[21] testigo presentado por el dicho fiscal, juro segund de suso, e preguntado secreta e apartadamente por los articulos e preguntas de la dicha acusaçion, dixo que lo que deste fecho sabe es lo que dixo e depuso por su dicho e deposiçion en la sumaria informaçion, quando fue tomado por testimonio por los sobredichos señores en doze dias del mes de nouienbre de ochenta y tres años.[22] E lo que dixo es lo syguiente: Juan, hijo de Gonçalo de Aguilar, baruero, que mora con su padre en la cal de la Mata frontero a Santo Domingo, juro en forma, so cargo del qual dixo que avra tres años que moro vn año con Juan Gonçales Pintado, que esta preso, sabe e vido que comia huevos en Quaresma, e sabe e vido que guisavan de comer del viernes para el sabado en su casa. Esto es lo que sabe e vido e non mas, e es verdad, por el juramento que fiso, e en ello se afirma.

La dicha Maria Ruys, muger de Pedro Martines de Almagro, testigo presentado, juro en forma de derecho susodicha, e preguntada secreta e apartadamente por los articulos e preguntas de la dicha acusaçion, dixo que lo que deste fecho sabe es lo que dixo e depuso por su dicho e deposiçion en la sumaria informaçion, quando fue tomada por testimonio por ante los sobredichos señores (la) en dies y syete dias [23] del mes de noviembre de ochenta y tres. E lo que dixo es lo syguiente, lo qual, seyendole leydo de palabra a palabra por mi, el dicho notario, dixo que aquello es lo que sabe y non mas ni allende e a aquello se referia e refirio, e en ello se afirmaua e afirmo: Maria Ruys, muger de Pedro Martines de

12r Almagro, molynero, veçino en la collaçion | de Santa Maria a la

---

[21] Witness for the defence; see fol. 18v.
[22] Information given during the Period of Grace.
[23] The Period of Grace terminated on 14 November. Her information was therefore given after that date. According to the rules of the Inquisition, she should have been accused of having hidden information from the Court; however, the Court waived this charge.

puerta de la dicha yglesia, testigo jurada en forma, preguntada, dixo que pasando vn domingo por la puerta de Juan Gonçales Pintado, regidor, que vido como salian xabonaduras, por vn aluañar de su casa, de lauanderas de trapos, a la calle, e que creya que lauauan trapos aquel dia en casa del dicho Juan Gonçles, e que esto es lo que sabe e vido, e en ello se afirma, por el juramento que fiso.

10 Dec. 1483 E despues desto, en dies dias del dicho mes de diziembre, año susodicho de mil e quatroçientos e ochenta e tres años, dentro en las casas e moradas susodichas e en el lugar e avdiençia susodichos, paresçio el dicho promotor fiscal e presento ante los señores sovredichos por testigos, para en prueva de su intençion e de lo por el acusado contra el dicho Juan Gonçales Pintado, a Hernando Falcon e a Juan Martines, labrador, veçino de Las Casas, de los quales reçibieron juramento en la forma susodicha.

El dicho Hernando Falcon, testigo presentado por el dicho fiscal, juro en la forma susodicha, preguntado secreta e apartadamente por los articulos e preguntas de la dicha acusaçion, dixo que lo que deste fecho sabe es lo que dixo e depuso por su dicho e depusiçion en la sumaria informaçion, quando fue tomado por testimonio por los dichos señores en tres dias de noviembre [24] de ochenta y tres, lo qual seyendole leydo de palabra a palabra por mi, el dicho notario, dixo que aquello es lo que sabe e non mas ni allende, e a aquello se referia y refirio, e en ello se afirmaua afirmo. E lo que dixo es lo syguiente: Fernando Falcon, veçino a San Pedro cabe San Françisco, testigo jurado en forma, dixo que conosçio a la muger de Juan Gonçales Pintado, porque era su pariente, e que oyo dezir muchas veses que era judia, e que este testigo asy lo cree porque su padre era muy judio, e que cree que aprendio de su padre. Y que
12v entrando algunas veses en su casa, no estando el dicho | Juan Gonçales en la çibdad, la vido holgar el sabado. Esto es lo que sabe e vido, y es verdad, e en ello se afirma por el juramento que fiso.

El dicho Juan Martines,[25] labrador, testigo presentado por el dicho fiscal, juro en la forma susodicha, e preguntado secreta e apartadamente por los articulos e preguntas de la dicha acusaçion, dixo que lo que de este fecho sabe es lo que dixo y depuso por ⟨su⟩ dicho en la sumaria informaçion e general inquisiçion, quando fue tomado

---

[24] This was the day on which he informed against the Conversos of Ciudad Real; it was during the Period of Grace. The same date is mentioned in the trial of María González, *la panpana*, No. 3, fol. 6v.

[25] See Biographical Notes.

por testimonio por los sobredichos señores en veynte e dos dias del mes de otubre;[26] lo qual seyendole leydo por mi, el dicho notario, dixo que aquello es lo que sabe y non mas ni allende, y a aquello se referia e refirio e en ello se afirmaua e afirmo. E lo que dixo es lo syguiente: Juan Martines, labrador, veçino de Las Casas, testigo jurado en forma, preguntado, dixo que puede aver doze años, poco mas o menos, que este testigo moro con Juan Gonçales Pintado, regidor, e con su muger, e que vido como el viernes en la noche ençendian vna lamparilla e vn candil con tres e quatro tocadas, e que sabe que guardauan el sabado como los christianos el domingo, e que guisavan el viernes lo que auian de comer el sabado, e que comian el sabado lo que el viernes auian guisado. E que les vido comer carne en Quaresma e huevos. E que este testigo degollo vn pollo, y quando supieron que el lo avia degollado, que non lo quisieron comer, e que le fizieron comer a este testigo e a vna camarera que tenian en casa. E que sabe e vio como de que trayan carne de la carneçeria que lo deseuauan e purgauan toda. E asymismo que les vio comer carne en Quaresma. Iten, dixo que vido resar al dicho su amo Juan Gonçales Pintado muchas veses, pero que non sabe ni entendia lo que resaua. E que vna vegada dieron e este testigo a comer de vn pan blanco, e que era tan desaborado que non lo podia comer; e que otra vegada le dieron a comer de vna cosa que era guisada con muchas espeçias, e que dezian que era adafina, e que ove que aquel pan blanco que comio que era pan

13r çençeño. E que vna vegada | riño con este testigo el dicho su amo, porque non auia traydo vna carretada de lana el domingo de mañana. Esto es lo que sabe e vido, e es verdad por el juramento que fizo, e en ello se afirma.

11 Dec. E despues desto, en honze dias del dicho mes de dizienbre del *1483* dicho año de mil e quatroçientos e ochenta y tres años, en el lugar e audiençia susodichos, el dicho fiscal paresçio y presento por testigo, para en prueva de su intençion e de lo por el acusado contra el dicho Juan Gonçales, ante los sobredichos señores, a Juan Martines Çepudo, del qual reçibieron juramento en forma de derecho susodicho.

El dicho Juan Martines Çepudo, testigo presentado por el dicho fiscal, jurado segund suso, dixo, preguntado secreta e apartadamente por los articulos e preguntas de la dicha acusaçion (dixo) que lo que deste fecho sabe es lo que dixo e depuso por su dicho y

---

[26] During the Period of Grace.

depusyçion en la sumaria informaçion, quando fue tomado por testimonio por ante los sobredichos señores en veynte e tres dias del mes de otubre de ochenta y tres;[27] lo qual seyendole leydo de palabra a palabra por mi, el dicho notario, dixo que aquello es lo que sabe e non mas ni allende, e en ⟨sic⟩ ello se referia e refirio, e en ello se afirmaua e afirmo. E lo que dixo es lo syguiente: Juan Martines Çepudo, notario, veçino de Santa Maria en la cal de Toledo, jurado en forma, preguntado, dixo que estando este testigo en Alcala de Henares en la posada del liçençiado Thomas de Cuenca, del Consejo del arçobispo, puede aver syete años, poco mas o menos, e que este testigo, fablando con el dicho liçençiado sobre los que auian lleuado desta çibdad presos por mandamiento del señor arçobispo, que el dicho liçençiado dixo a este testigo que los que alla estauan presos ya estauan reconçiliados e abraçados con la Madre Santa Yglesia, e que le mostro el dicho liçençiado la sentençia que el señor arçobispo dio sobre ello. E que sabe que seyendo corregidor en esta çibdad Garçia de Cotes, vido a Juan Gonçales Pintado sobredicho, porque dezian en esta çibdad a los conversos herejes, saco vna carta del seno e dixo: Ved aca como son todos reconçiliados. La qual carta estaua firmada e sellada del arçobispo. Esto es lo que sabe e non mas por el juramento que fiso. |

13v
13 Dec.
1483

E despues desto, en treze dias del dicho mes de dizienbre, año susodicho, ante los dichos señores paresçio el promotor fiscal e dixo que, para en prueva de su intençion e de lo ⟨que⟩ por el esta denunçiado e acusado contra el dicho Juan Gonçales, que presentaua e presento por testigo a Maria Alfonso, muger de Diego Fernandes de Piedrabuena, de la qual los dichos señores inquisidores tomaron e reçibieron juramento en forma de derecho segund suso se contiene.

La dicha Maria Alfonso, testigo susodicho, examinada e preguntada por los dichos reçeptores, dixo que avra cuarenta años que moro este testigo a soldada con Juan Gonçales Pintado, con el qual e con su muger Maria Gonçales, hija de Terras, moro çinco años, e ha que salio de su casa treynta e çinco años, sabe e vido que en todo este dicho tienpo que nunca el dicho Juan Gonçales estuuo en su casa, porque continuamente andaua con el Rey, saluo vna [   ]. E a su muger sabe e vido que guardauan el sabado e se vestian en ropa linpia, e sabe e vido que guisauan de comer del viernes para el

[27] During the Period of Grace.

[116]

Trial of Juan González Pintado

sabado, de lo qual comia el dicho Juan Gonçales Pintado, e sabe e vido que ençendian candiles linpios. Item, sabe e vido ayunar a la dicha su ama vn ayuno fasta salida la estrella. E sabe e vido que ella masaua en su casa el pan çençeño en la Cuaresma, por la Semana Santa, lo qual yva este testigo a cozer al horno de poya de Diego Gonçales. Repreguntada si guardaua la Pascua del Pan Çençeño, dixo que non se le acuerda, pero que algunas veses la vido resar. Iten, dixo que estas çerimonias que ella fasia non gelas reñia el dicho Juan Gonçales Pintado, aunque algunas veya faser e otras non. E que esto es lo que sabe e vido para el juramento que fiso.[28]

22 Dec. E despues desto, veynte e dos dias del ⟨sic⟩ dizienbre, año del
1483 Nasçimiento del Nuestro Señor Ihesu Christo de mil e quatroçientos e ochenta y tres años, este dicho dia, en juysio ante los dichos señores inquisydores, paresçio presente el dicho promutor fiscal e dixo que pidia e pidio publicaçion de testigos, estando presente Gonçalo Dias Albin, procurador del dicho Juan Gonçales. E luego los dichos señores, visto su pedimento, fizieron publicaçion de testigos e los dieron por publicados, e mandaron dar copia dellos a la parte, sy los quisyese, con termino de seys dias, callados los nonbres. Testigos: Juan Gomes e Francisco de Hoçes. |

Defence[29]

14r En dos dias de enero de LXXXIIII⁰
2 Jan. Juan Gonçales Pintado
1484 Muy Reuerendos e Muy Virtuosos Señores
Jueses Ynquisidores susodichos: Yo, el dicho Juan Gonçales, regidor, paresco ante Vuestra Reverençia en la cabsa e acusaçion contra mi por el dicho promutor fiscal yntentada, et digo que por Vuestra Reverençia visto e examinado el presente proçeso, actos, minutos del, razones e cabsas en el contenidas, fallara bien e conplidamente provada mi yntençion conviene a saber: Yo todo el mas tienpo e dias de mi vida avia biuido en las cortes de los señores Reyes Don Iohan e Don Enrique, que santa gloria ayan, en seruiçio de Sus Altezas, seyendo su secretario, teniendo conmigo escuderos e otros familiares e biviendo como cortesano et onbre curial, e publicamente con los dichos mis escuderos e criados

---

[28] This testimony is repeated in the trial of María González, wife of Juan González Pintado, No. 4, fol. 4v.
[29] Published by Delgado Merchán, pp. 448 ff.

comiendo con ellos en mi mesa, e con otros que a ella se acaesçian venir, de todos e qualesquier manjares, asy de carne como de pescado, que todo qualquier fiel catolico christiano come e usa comer. E de tal manera, biviendo como el que mas, en las dichas cortes andava e servia a los dichos señores Reyes continuar las Misas y Sacrifiçios Divinos e Sermones de sus capillas e de las otras yglesias adonde los dichos señores Reyes andavan, e me confesando e comulgando en los tienpos deuidos, e seyendo tenido, por rason de todo lo susodicho, por bueno, fiel, catolico christiano, e en tal posesion avido e tenido por todos los que en el dicho tienpo me vieron e conosçieron, e aun por ombre que muy enteramente, e mas que otro, catolicamente bivia, segund que era obligado; dando limosnas, ayunando e procurando por las yglesias cabsas pias, que por los dichos señores Reyes fuesen fechas merçedes, sus negoçios fuesen negoçios como las conplia, e asy, por tal ynterçeçion conosçido, todos los mas de los dichos negoçios ocurrieron a mi, que con la parte que tenia los despachaua e negoçiaua quanto pudiese mas a provecho de las tales causas pias, donde el Nonbre de Nuestro Señor Ihesu Christo fuese alabado; e aquel abito teniendo e continuaçion syguiendo en los tienpos que yo en esta çibdad he estado aver biuido, segund dicho es, como bueno, fiel, catolico christiano, continuando cada dia las yglesias, Misas y Sacrifiçios Diuinos, fasçiendo mi capilla dentro en el monasterio de Santo Domingo, donde fuese sepultado, procurando provechos e rentas para el dicho monesterio, dando el Viernes Santo a dose pobres de comer, e fasiendo otras limosnas e obras de virtud, como ombre curial e que tal crianza touo. E asy, como onbre de honra, biviendo conmigo onbres de muchas naçiones, asi vizcaynos [30] como de otros, que me servian, syn que por mi memoria ayan pasado las çiuilidades e cosas contra mi opuestas, que aun paresçe las mas dellas, tales quales son e de que verdad, aver pasado en mi absençia, non estando yo en esta çibdad, lo qual paresçe que se prueua por todos los testigos por mi presentados en la primera e segunda e terçera e quarta preguntas, e en todas las otras preguntas de mi ynterrogatorio. E comoquiera que por la notoriedad de la verdad que por la tal provança es cabsada non era menester contradiçion a los testigos contra mi presentados, porque todos se manifiestan en sy ser confusos e de cosas de çeuilidades, segund dicho es, e todo contra mi

---

[30] This is mentioned because the Basques had such a good name as faithful Catholics.

opuesto por enbidias e enemistades contra mi e contra los otros desta çibdad, que se tienen a cabsa de çiertos robos e muertes e escandalos en esta çibdad pasados, e como yo ser onbre prinçipal, con otros entre mis parientes, me quieren mal a ver syn honra e ofiçio de regimiento que tengo en esta dicha çibdad, e por aquella cabsa, creyendo ser agora tiempo dispuesto en que me lo pudiesen quitar, echaron algunos echadisos testigos, que muy livianamente e poco trabajo en esta çiudad se farian, segund se suele façer en otras veces que a acaesçido en pleytos de que yo supe, ser treynta testigos de directos, todos contrarios vnos a otros, todo a fin e cabsa de sustentar estas honras et proseguir estas enemistades, de lo qual todo e de mi bivir a Dios pongo por testigo e a vosotros, Señores, suplico con diligençia sea todo examinado como yo de Vuestra Reverençia espero. E a mayor abondamiento, queriendo venir a satisfaçer e contradesir los dichos testigos contra mi presentados, digo quel primero dicho e deposiçion del primero testigo por el dicho fiscal contra mi presentado non me para perjuiçio, asy por ser en su dicho syngular como porque en el tienpo por el señalado, el que diçe Alonso de Herrera, su amo, non bivia en esta
14v cibdad salvo en Almagro e en Miguelturra, como por | el dicho deve ser Marquillo, fijo de Iohan Amarillo, el qual es moço de poca hedad, tal que de derecho non deve ser en cabsa tan criminal abido por testigo, e asymismo porque es moço de poco saber e pobre e de muy liviano testimonio, e de tanta liuiandad que por quienquiera e por muy poco preçio pudo ser atraydo a desir contra mi lo por el dicho en la dicha su deposiçion; por ende, contradigo su dicho e tacho su persona. Al dicho e deposiçion del segundo testigo, que dice que me bido guardar el sabado, biuiendo conmigo, e vestir ropas de fiesta en aquel, etç., digo que el dicho testigo no me enpesçe ni al dicho fiscal aprovecha, porque segund de las palabras se recolige deve ser Maria, muger de Diego, çestero, la qual Vuestra Reverençia sabra que en el año de quarenta e nueve, mediado el mes de julio, ovo ayudado a enterrar a mi muger, ya defunta, una tinaja con muchas joyas ricas de oro e de plata e otras, que valian de mas de sesenta mil maravedis, en una pila de vn xarays, el qual dicho escondimiento se fiso por temor del robo que despues acontesçio, despues del qual dicho robo fecho, vino a la dicha pyla de la dicha mi casa y con ella vn su enamorado, Martin, fijo de Nicolas, texedor, e me robaron lo que asy estava escondido e lo repartieron entre sy, e porque me quexe a la justiçia e aquella me mando tomar todo lo que avian leuado, la susodicha quedo a mi syempre enemiga.

[119]

por la qual cabsa, junto con ser mala muger e de mal trato, jamas yo la fable ny ella a mi, ni entra en mi casa, saluo que puede aver quatro meses, que ella me dixo que mi muger le avia quedado a deuer del tiempo que la syrvio çinco varas de paño, e yo le respondi que me marauillaua como en treynta e quatro años la avia dexado de demandar; la qual, asymesmo, es bibda e pobre e persona muy rahes e de asas liviano testimonio, tal que por vn jarro de vino o por mantenimiento para vn dia podria ser atraida a que dixese contra mi falso testimonio, como lo dise; por ende, por la dicha cabsa de enemistad e por las cabsas otras por mi alegadas, tacho su persona e contradigo la dicha su deposiçion. Al dicho del testigo que dise que de la dicha mi casa se enbiaba de comer a la dicha Beatris Gonçales de lo que se guisaba el viernes en la noche para que comiese el sabado, etç., digo que me non daña, asy por lo que dicho tengo en la respuesta por mi fecha a la dicha acusaçion, donde reconoçe la verdad de como pasava e la cabsa por que se le fasia la dicha limosna, como porque el dicho testigo, demas de ser solo e syngular, non da cabsa ni rason de su dicho ni aclara como vido que era manjar guisado de viernes para comer el sabado con çerimonia; e lo otro, porque non dise que era lo que asy enbiava guisado ni dise como lo sabe; lo otro, porque segund de las palabras en la dicha deposiçion contenidas se puede recolegir creo es vna de dos personas: O la fija de Ana, criada de la madre del dicho de Herrera, la qual es muger muy rahes e de fama muy dañada, seyendo como es prodiga de su persona e liviana en fechos e en dichos, tal que en negoçios de forno, donde las mugeres son admitidas por testigos, por discreto juez non deuia ser resçebida por testigo, nuevamente en negoçio de tanta importançia e peligro e ante personas tan sabias e discretas. Et sy no es la susodicha, la qual tacho por la dicha cabsa e cabsas, y si es la muger vieja de Françisco Carretero, çerrador, digo que es pobre e muger que no sabe que cosa es desyr verdad, e tal que demas de ser su deposiçion ansy ninguna, es de liviano testimonio, tal que, segund dicho, non deve ser resçibida por testigo; por ende, contradigola. Al testigo que dise que puede aver tres años moro vn año conmigo e me vido comer carne en Quaresma e guisar de comer el viernes para el sabado, etç., digo que me non empesçe nin fabla en favor del dicho fiscal, porque en la dicha mi respuesta Vuestra Reverençia fallara por mi la verdad dicha e las cabsas, sy en algunos tiempos comi la que diçe carne, por mi se comia e no por otras personas de mi casa; por ende, refiriendome a la dicha mi respuesta, sy neçesaria

es contradiçion, contradigo el dicho testigo, mayormente que otro no es que Iohan, hijo de Iohan, quemado, el qual andovo conmigo a las escuelas, e porque era grand tafur e blasfemador de Nuestro Señor yo lo castigaba mucho, e desque en el no vi el remedio yo le eche de mi casa, de cuya cabsa ha tenido e tiene enemistad conmigo e me quiere mal, e es asy por la hedad como por sus obras de muy liviano testimonio e mozo pobre e fijo de onbre muy rahes e tal, que asi como el fijo levanto a mi, es acostunbrado de levantar
15r falsos testimonios, | segund que ante Vuestra Reverençia entiendo prouar, e paso antel doctor Calderon; por ende, contradigo su dicho, si es el dicho Iohan, por las dichas cabsas e cada vna dellas, e tacho su persona. Al dicho e desposiçion que dise que vn domingo de mañana, pasando por mi puerta, vido salir enxabonaduras, etç., digo que ya Vuestra Reverençia vee non me enpesçe, lo vno, porque yo no he acostumbrado ⟨ni⟩ jamas acostumbre entender en los ofiçios de las mugeres; lo otro, porque en la dicha mi casa non se acostumbra lo tal faser; lo otro, porquel dicho testigo dice que creya e depone de varias creençias e no da rason, demas de ser solo e syngular de lo que dise, lo qual puesto fuese verdad, que no es, no me dañaria; por ende, contradigo la dicha deposiçion, mayormente que las dichas enxabonaduras pudieron ser echadas syn pecado, quedando, como suelen quedar en las casas de los christianos, las tales enxabonaduras vn dia para otro, e por no mirar en ello e por culpa de las servidoras; y desta manera sy lo tal paso, lo que non creo nin se pudo conteçer en la dicha mi casa. Al testigo que dise que conosçio a la dicha mi muger porque era su parienta e que oyo desir, etç., digo el dicho testigo non me daña ni vale de derecho contra mi, lo vno, porque dise de la dicha mi muger lo que no es çierto, e non fabla de mi; lo otro, porque la dicha mi muger non tovo padre judio, e sy entiende el dicho testigo por su padre, digo que yo asy lo creo segund lo que del siempre oy desyr, y debe ser Ferrand Falcon, contra el qual, segund es malo notorio e de mala conversaçion, non era neçesario poner contradiçion, pero digo que sy el dixo la dicha deposiçion, que non vale, porque es perjuro e ynfamis, e muchas vegadas ha seydo puesto en poder de justiçia, e algunas dellas avergonçado. El qual dicho Fernand Falcon non debia por Vuestra Reverençia en tal caso ser reçebido por testigo, pues por las calles e plazas desta çibdad ha andado disiendo aquello que con su mala conçiençia ante Vuestra Reverençia callo, y aun es sospechoso, porque a cabsa de purgar la ynfamia e por se fuyr de la pena quando fue judio en obras, dise lo suyo y ajeno; por

ende, contradigo su persona e tachola tanto quanto puedo con derecho, e a la dicha su deposiçion; demas quel dicho testigo dise que cree la dicha mi muger era judia, el qual a la dicha mi muger non enpeçe por las dichas cabsas. Al testigo que dise que puede aver dose años, poco mas o menos, moro conmigo e quel viernes en la noche vido encender vna lanparilla e que guardava el sabado e que guisaba de comer el viernes en mi casa lo que se avia de comer el sabado e que degollo vn pollo e que yo fasia desevar la carne, etç., digo, Reuerendos Señores, que la dicha deposiçion non me enpeçe ni aprovecha al dicho fiscal, lo vno, porque en el dicho su dicho dise cosas que jamas pasaron, y puesto que aquellas pasaran, lo que niego, el no estava salvo muy pocas veces en esta çibdad ni es persona capaz ni tal que supiera dar razon de lo que viera, mayormente que las tales cosas los quales cometen non las suelen ni acostumbran faser delante de los familiares, e porque segund el tiempo dise a que bivio conmigo el dicho testigo, temo es Iohan de Hermosylla,[31] vesino desta dicha çibdad, e digo que es mi enemigo e que no deve ser reçebido por testigo contra mi porque a cabsa de ser onbre de muy mal recabdo en no servir como devia, visto que se perdia mi fasienda, yo reñi con el e el conmigo, de cuya cabsa feçimos cuenta e lo eche de mi casa, et no quise ni consenti cumpliese la soldada, et non enbargante que le pague todo lo suyo el se fue de mi casa fasiendo grandes brauesas e disiendo palabras de mucha ynjuria e que se lo avia de pagar si tienpo viese, y desde el dicho tiempo aca jamas fable ni el a mi, antes siempre remanesçimos en enemistad; y aun, demas desto, es onbre de liuiano testimonio, e aunque no cabador de viñas del es señor el vyno, e es persona rahes e tal que por poca cosa que se le antoje dira contra su conçiençia lo que no es verdad; por ende, tacho su persona por la dicha enemistad e por las otras cabsas, e contradigo la dicha su deposiçion e todo lo en ella contenido. Contra el dicho e deposiçion que dise que estando en Alcala vido como el liçençiado Tomas de Cuenca le avia dicho que los ⟨que⟩ estavan alla presos desta çibdad estavan reconçiliados, e que yo oue mostrado a aquel vna carta firmada e sellada del arçobispo de la dicha reconçiliaçion, digo que non fase al caso ni se lo que dise, porque ni yo se quien fueron los reconçiliados ni vi la tal carta de reconçiliaçion; por ende, sy me neçesario es contradiçion e en algo me enpeçe, lo que non 15v creo, contradigolo. | Por ende, Reverendos Señores, pues por los

---

[31] He did not testify against Juan González Pintado.

Trial of Juan González Pintado

dichos mis testigos se prueva e paresçe clara e manifiestamente mi ynoçençia, e los testigos por el dicho promotor fiscal presentados non me dañan ni desaprovechan, yo vos pido me absolvades e dedes por libre e quito de lo contra mi yntentado por el dicho promutor fiscal, e de todo ello me absolviendo, pongades e mandades poner sylençio perpetuo al dicho acusador sobre esta dicha rason, mandandome tornar en mi libertad e en mi buena fama en aquella que estava, pues ynoçente y sin culpa de lo contra mi dicho, al tiempo que por Vuestra Reverençia fuy mandado prender, restituyendome los bienes e fasienda que por la dicha cabsa me han seydo et fueron secrestados. Lo qual todo e cada cosa e parte dello pido en la mejor via, modo e forma que puedo e de derecho deuo, en lo neçesario el ofiçio de Vuestra Merçed ynploro, e pido serme fecho sobre todo complimiento de justiçia; e sy me nesçesario es concluyr, ynovaçion çesante, concluyo. |

Confession Made During Period of Grace

16r Reverendos Señores Padres
Oct. Juan Gonsales, regidor, seyendo obidiente a los santos manda-
1483 mientos apostolicos y vuestros, asy como testigo, paresco ante Vuestra Reverençia e por non yncurrir en la sentençia descomunion digo las cosas que de yuso en ella an contenydas:
Primeramente, que puede aver veynte y vn años, poco mas o menos, que yo viniendo de corte a esta çibdad, donde continuamente solia continuar estar syrviendo a los señores Reyes Don Juan y Don Enrique, que santa gloria ayan, falle por corregidor en ella a Fernando de Sylva, con el qual yo tenya muy estrecha amystad, y fablando con el en muchas cosas me dixo como en esta çibdad avia sabido que vn judio de Caçeres, que aqui venya a conprar paños, avia çircunçidado a vnos moços, e que los non avia podido aver para faser dellos justiçia; y sacaria de vn escribano vn papel donde tome los nonbres dellos, de los quales se me acuerda que eran fijos de Gonzalo Fernandes, çapatero, e dos fijos de Alvar Alonso, baruero, que non les sabre sus nonbres, y vn Alonso, maestro, y Alonso el de Ruy Garçia, y Juan, su hermano, y Fernando Dias, fijos de Sancho Dias, y Fernando Panpan y Diego de Çalamea y Ferrando de Tolosa. Y que este testigo estovo con los dichos Gonçalo Ferrandes y Alvar Alonso y les conto el caso, maravillandose mucho dello, y se lo negaron, desyendo que nunca Dios quisyese que tal era, porque nunca ellos ny algunos dellos paresçieron en esta tierra.

Records of the Spanish Inquisition in Ciudad Real, 1483-1485

Otrosy, digo que estando en la villa de Aranda al año de LXII años el mayordomo Anton Martines de Hoçes y Diego Mexia y Sancho de Çibdad [32] e yo, todos regidores desta çibdad, que fuimos alla por el llamamiento que la Reyna Doña Juana nos fiso sobre cosas acaesçidas en esta çibdad, quel dicho Sancho non quiso estar en nuestra conpania mas de vn dia, porque no comia ni queria comer las cosas que nosotros comiamos, salvo guevos ⟨sic⟩ o frutas, y que estando apartado en vna posada donde pasava, la señora de la casa era ama de vn Pedro de Gumiel, portero de camara del Rey Don Enrique, que era mucho mi amigo, al qual la dicha su ama le dixo como el dicho Sancho resava como judio, e que yendo vn dia de Mysa con este testigo, el dicho Pedro de Gumiel lo quiso matar çerca de la yglesia de Sant Myguel de la dicha villa, saluo por mi ruego, e que dixo que no toviesemos ante el onbre en nuestra conpanya porque desonraua a los buenos, y que non enbargante que esto oymos en la dicha villa, quatro meses nunca se acompaño con nosotros, salvo quando nos fallavamos en palaçio de la dicha señora Reyna por despachar nuestro fecho.

Otrosy, digo que puede aver tres años, poco mas o menos, que vn Lope de Villarreal, escudero de Pero Vanegas, me dixo que Ferrando de Torres, que Dios aya, e yo, oviesemos desta con el dicho Sancho y le dixesemos que se escusase la resada en su torre por lo que oya a quantos pasavan por la calle, e le dixesemos que se escusase dello; y yo le roge ⟨sic⟩ al dicho Ferrando de Torres, e fuimos a su casa y le diximos quantas cosas se podian desyr por su desviar aquel camino e se metiese en camino de salvaçion, porque en esta parte estava muy mal ynfamado. E nos respondio en muy mala manera, disyendo que nos fuesemos de su casa e non curasemos de desyr semejantes cosas, que conosçido era Sancho de Çibdad, e que segund lo que nos dixo no quisyeramos aver ydo alla por sendas malas que valieran cada dies mil maravedis.

Otrosy, digo que puede aver año y medio, poco mas o menos, que vino a esta çibdad Ferrando Trugillo,[33] y que a cabo de dos o tres dias que estava aqui oy desyr publicamente por esta çibdad que amenasaua a los que avian estado en Palma vesinos de aquellos, que los avia de acusar ante los ynquisydores que aqui avian de

---

[32] For his trial, see No. 1. This testimony on Sancho de Ciudad throws much light on his Jewish way of life; see Beinart, p. 166.

[33] See the trial of María Díaz, *la cerera*, No. 2; Beinart, index; cf. Biographical Notes.

[124]

16v venir y que no se quisieran... ⟨not continued⟩ | pero que vi que cada ves que se desya que venien los dichos ynquisydores se yvan con sus mugeres y fijos dos vesinos que moravan en mi calle, que desyan los donseles, e su madre; como no venyan, luego eran bueltas fasta agora, que vino el dicho Trugillo y Juan de Segovia, notario, que vi que ellos y otros muchos se fueron desta çibdad e non estan en ella, los nonbres de los quales se puede saber por las sequestraçiones que Vuestra Reuerençia mando faser en sus bienes, por lo qual creo que sean culpados en algunas cosas tocantes a la dicha Ynquisyçion.

Otrosy, digo que muchas veses de los que venian a esta dicha çibdad de corte donde continuamente oy desyr a muchas personas a quien pesava de las cosas tocantes a este caso de eregia, en especial al bachiller Gonçalo Rodrigues de Santa Crus, que era vn vesino, que fasyan ayuntamiento para resar en las casas de Juan Falcon, el viejo, de Juan Dias y Ruy Dias y Alonso Dias y sus hermanos y en casa de Gonçalo Trujillo, pero que non sope ni vi lo que fasian en sus casas ny en otras, porque no conversava con ellos a cavsa destas cosas, syno muy poco en las plaças o en lugares publicos donde se fallavan fablando en otras cosas, y ny entrava en sus casas dellos ny de otros ny sabia lo que fasyan.

Otrosy, digo que a causa de la dicha mi absençia y poca continuaçion en mi casa, yo no se que persona ni personas algunas fisyesen cosas algunas que fuese contra nuestra Santa Fe, porque es çierto que segund mi criança y buen credito a ella yo lo reprehendiera muy mucho y trabajara con todas mis fuerças por traer a camino de salvaçion a los que lo fisyeran, porque es verdad que por la reprehensyon que fasya y desya quando algunas cosas destas oya, se guardauan de mi como del diablo, y que esto digo so cargo del juramento que sobrello fago, protestando que cada y quando alguna cosa supiere, lo manifestare a Vuestra Reverençia o a otra qualquier persona que desta causa conosca. (–) Johan Gonsales

El dicho Juan Gonçales, regidor, presento este su dicho en la casa de la Ynquisyçion ante Juan de Santa Maria, notario, e ante el señor cura de Yvenes, notario, en los XIIII° dias de octubre de LXXXIII años,[34] jurolo en forma e firmolo de su nonbre. |

17r–v *Blank folio*

---

[34] Thus he confessed in the Period of Grace and informed against the above-mentioned.

Defence (continued)

18r **En XIX de enero de LXXXIIII°**
19 Jan. Juan Gonçales, regidor
1484 Muy Reuerendos e Virtuosos Señores Jueses Inquisidores susodichos:
Yo, Alfonso Aluarez, en nonbre e como procurador que soy del dicho Iohan Gonçales, regidor, paresco ante Vuestras Reuerençias e les suplico e pido que, para en el el caso de lo obgetos e tachas por el dicho mi parte puestas contra los dichos testigos que contra el depusyeron, fagan e manden faser a los testigos que por mi en el dicho nonbre seran presentados las preguntas siguientes:
Primeramente, sy conosçen al dicho Iohan Gonçales, regidor, mi parte, e sy conosçen a Marquillos, fijo de Juan Amarillo, cardador, e a Maria, muger de Diego, çestero, e a Maria, fija de Ana, criada de la madre de Iohan de Herrera, e a la muger de Andres Carretero, fijo de Françisco Carretero, e a Juan, fijo de Iohan, quemado, e a Juan de Fermosylla, vesinos desta Çibdad Real.
Yten, sy saben o vieron o oyeron desir que el dicho Marquillos, criado que fue de Alonso de Herrera, sea vn moço de catorçe o quinse años, de poco saber e tener e de liuiano testimonio, tal que por liviana cabsa con liviano conosçimiento, por algo que le(s) fuese dado o por semejante se moueria a leuantar falso testimonio.
Yten, sy saben, etç., que la dicha Maria, muger de Diego, çestero, ella, e a su yndustria un Martin, fijo de Canisales, texedor, su namorado que fue, ouieron robado al tienpo del primero robo que en esta çibdad acaesçio al dicho Iohan Gonçales, mi parte, çiertas joyas de oro e plata e otras, las mejores de su casa, de vna tinaja que estaua soterrada, la qual dicha tinaja auian soterrado la dicha Maria e la muger del dicho Iohan Gonçales, mi parte, e que despues el dicho Iohan Gonçales, mi parte, ouo alguna parte de las dichas joyas de los susodichos por justiçia, de cuya cabsa la dicha Maria nunca mas fablo al dicho Iohan Gonçales, mi parte, e han estado en contradicçion enemiga fasta aver seys meses, que la dicha Maria le dixo que a pagalle a Maria seys varas de paño que le deuia, e gelas demando.
Yten, sy saben, etç., que la dicha Maria, fija de Ana, criada de la madre de Iohan de Herera, e la muger de Andres Carretero sean personas de muy liuiano testimonio, poca costançia e saber, e que la dicha Maria sea prodiga de su persona e fama.

Trial of Juan González Pintado

Yten, sy saben, etç., que el dicho Iohan, fijo de Juan, quemado, sea moço de poca hedad e de liuiano testimonio, de poco tener e rahes pobre.

Ytem, sy saben, etç., que el dicho Iohan de Fermosilla ser persona pobre, rahes e de poco tener e de liuiano testimonio.

E faganles e manden faser las preguntas al caso perteneçientes, para lo qual e en lo nesçesario ynploro vuestro reuerendo e noble ofiçio, e desto pido testimonio.

En dies e nueve dias de enero, ⟨año⟩ del Señor de mil quatroçientos e ochenta e quatro años, ante del reuerendo señor prouisor, el dicho Alonso Aluares, en el dicho nonbre, presento este interrogatorio, e asimismo presento por testigo a Pedro Gonçales de Murçia, el qual juro en manos de su reverençia. |

18v El dicho Pedro Gonçales de Murçia, testigo presentado, jurado en forma devida de derecho, preguntado por las preguntas de este dicho interrogatorio, preguntado por la primera pregunta del dicho interrogatorio, dixo que de los contenidos en la dicha pregunta que conosçe a Marquillos, fijo de Juan Amarillo, cardador.

Preguntado por las otras preguntas del dicho interrogatorio, dixo que lo que sabe de todas es esto: que sabe que conosçe al dicho Marquillos desde que morava con Alonso de Herrera, que puede aber quatro años que moraba con el, e que en aquel tienpo que moço e que con moçedad e niñes que no asegurava con el dicho Alonso de Herrera, e aun porque dixo que oyo desir que la madre que lograua porque non le daba nada que se quitaba por eso del dicho Alonso de Herrera, pero que agora que sabe que es moço que da buena raçon de sy, e es moço de buen seso. E que esto es lo que sabe del fecho.

Alonso de Arguello,[35] vesino en esta çibdad a la pedrera, testigo presentado por el dicho Alonso Aluares en nonbre del dicho Juan Gonçales, regidor, jurado en forma, preguntado por el reuerendo maestro por las preguntas de este interrogatorio, por la primera pregunta dixo que de todos los contenidos en la dicha primera pregunta conosçia a Juan, fijo de Juan, quemado, el qual dixo que sabe que es moço de dies e ocho años, poco mas o menos, e que es moço trabieso e tal que este testigo dixo que non confiaria en su dicho, pero que alguna persona deviese a este testigo dineros y non tubiese testigos saluo a este moço, que sin duda le presentaria por

---

[35] These are additional witnesses, whom the *procurador* did not mention above. From a procedural point of view, the file lacks their presentation.

testigo en su fabor. E que esto es lo que sabe de lo contenido en el dicho interrogatorio.

I Gonçalo de Aguilar,[36] barbero, testigo presentado por parte del dicho Juan Gonçales, regidor, jurado en forma, preguntado por las preguntas de este interrogatorio, a la primera pregunta dixo que conosçe a Marquillos, fijo de Juan Amarillo, e a Juan, fijo de Juan, quemado, e a Juan de Hermosilla, contenidos en la dicha pregunta, e que a los otros dixo que non los conosçe.

II Preguntado por la segunda pregunta dixo que cree que el dicho Marquillos es de hedad de quinçe o dies e seys años, e que es fijo de honbre pobre, e que como moço, que es travieso.

III Por la terçera pregunta dixo que cree que puede aber quinçe años, poco mas o menos, e que es fijo de honbre ⟨sic⟩, e que como sea moço es trabieso e no tiene mucho seso.

IIII° Por la cuarta pregunta dixo que el dicho Juan de Hermosilla es buen honbre, saluo que dixo que es pobre. E esto es lo que sabe para el juramento que fiço. |

19r E despues desto, en quatorçe dias del mes de enero, año del
14 Jan. Nasçimiento del Nuestro Saluador Ihesu Christo de mil e quatroçien-
1484 tos e ochenta e quatro años,[37] este dicho dia, en juysio ante los dichos reuerendos señores inquisidores, estando sentados en audiençia publica a la hora acostumbrada, paresçieron ende presentes el dicho promutor fiscal, de la vna parte, e el dicho Gonçalo Dias Albin, procurador del dicho Juan Gonçales, de la otra. E luego el dicho promutor dixo a los dichos señores que por sus reverençias vistos e examinados los dichos e deposiçiones de los dichos testigos junto con la confesion[38] por el dicho Juan Gonçales fecha, fallaran mi entinçion e acusaçion bien e conplidamente provada, e por tal la pido declarar sin enbargo de las razones por el dicho parte aduersa en contrario alegadas, que dixo que non han logar de derecho; por ende, que concluya e concluyo, e pidio la otra parte concluyr, e sentençia. Los dichos señores, visto su conclusion del fiscal, dixeron al dicho Gonçalo Dias Albin, que presente estaba, si el concluya. El qual dixo que, afirmandose en todo lo dicho e respondido e alegado por el dicho Juan Gonçales, regidor, su parte, e suya en su nonbre, que asimismo en el dicho nonbre concluya e

---

[36] His son Juan testified for the prosecution; see above, fol. 11v.
[37] The actual date may have been 24 January. See below, Synopsis of Trial, p. 132.
[38] The declaration of the accused was received as a confession.

concluyo con el dicho fiscal. E luego los dichos señores dixeron que pues amas las dichas partes concluyan, e que sus reverençias concluyan e conclyeron con ellos e ovieron el dicho pleito por concluso, e asygnaron termino para dar sentençia para la primera audiençia, e dende en adelante para cada dia que bien visto les fuese e ellos quisiesen. De lo qual son testigos Juan Gomez e Françisco de Hozes e Alonso Aluares, que fueron presentes a lo que de suso dicho es. |

19v *Blank page*

Sentence

20r Contra Juan Gonçales Pintado
23 Feb. En XXIII de febrero de LXXXIIII° años
1484 Vysto por nos, Pero Dias de la Costana, liçençiado en santa theologia, e Françisco Sanches de la Fuente, doctor en decretos, jueses inquisidores por la abtoridad apostolica, e yo, el dicho liçençiado Pero Dias, como ofiçial e vicario general en este arçobispado de Toledo por el reuerendisimo señor don Pedro Gonçales de Mendoça, cardenal de España, arçobispo de Toledo, vn proçeso de pleyto que ante nos se ha tratado e pende entre partes, de la vna el honrado Fernand Rodrigues del Barco, clerigo, capellan del Rey nuestro señor, nuestro promutor fiscal, e Juan Gonçales Pintado, regidor e vesino desta Çibdad Real, de e sobre vna acusaçion que el dicho promutor fiscal intento e propuso ante nos contra el dicho Juan Gonçales, en que dixo que estando en posesion e so nonbre de christiano se aparto de nuestra Santa Fee Catholica e siguio e guardo la Ley de Muysen, fasiendo muchas de las çerimonias della, consintiendo e permitiendo que en su casa se ençendiesen candiles linpios el viernes en las noches por onra del sabado, e le guisauan de comer del viernes para el sabado, e que el comia de las viandas ansi guisadas, e se vestian de ropas linpias el sabado, como los christianos vsan vestirse el domingo; e que comia carne muerta con solepnidad judayca, que gela purgavan e quitauan el seuo segund costunbre de judios; e que comia carne en Cuaresma, e huevos, sin thener nesçesidad; e que hiso e consintio haser otras çerimonias judaycas en su casa; por las quales cosas dixo que cometio heregia, e fue e es hereje, e por tal lo pidio declarar e pronunçiar. E visto como el dicho Juan Gonçales nego la dicha acusaçion e alego algunas rasones en su defension, e ansi el como el dicho fiscal fueron resçebidos cada vno dellos a la prueua de lo que dixo e alego; e como presentaron sus testigos, e fueron publicados sus dichos e

deposiçiones e fue dada copia a cada vna de las dichas partes; e como el dicho Juan Gonçales opuso algunas tachas contra los testigos presentados por el dicho fiscal; e como aquellas non fueron verdaderas ni atañian a las personas de los testigos que contra el depusieron. E visto como despues de aver insistido el dicho Juan Gonçales en su negativa defendiose, e non quiriendo conosçer sus herrores, estando este proçeso en la conclusion e para se çerrar, vino confesando e manifestando aver fecho e cometido todos los herrores e heregias contenidos en la dicha acusaçion e lo que los testigos del desian e deponian. E acatado como la dicha confesion fue por el fecha mas por themor de la prouança que contra el se fiso e por huyr la pena que con contriçion e arrepentimiento que tuuiese de sus pecados y por satisfaçer a Nuestro Saluador Ihesu Christo, a quien auia herrado, auiendo nuestro consejo e acuerdo con letrados e personas religiosas de çiençia e conçiençia con quien comunicamos todo este proçeso, teniendo a Nuestro Saluador e Redentor Ihesu Christo ante nuestros ojos, cuya es esta cabsa:

Fallamos el dicho promutor fiscal prouo bien y conplidamente, segund que de derecho deuia, la acusaçion que contra el dicho Juan Gonçales Pintado, regidor, intento e propuso. Por ende, que deuemos pronunçiar e pronunçiamos, e declarar e declaramos el dicho Juan Gonçales Pintado, regidor, aver seydo e ser hereje e apostota, e aver incurrido en sentençia de excomunion mayor e en todas las otras

20v penas espirituales e | (e) tenporales contra los herejes en los derechos contenidas, e en perdimiento e confiscaçion de sus bienes, e que lo devemos relaxar e relaxamos al virtuosos cauallero Juan Peres de Barradas, comendador de Çieça, corregidor en esta çibdad e su tierra por el Rey e Reyna, nuestros señores, e a sus alcaldes e justiçias, para que proçedan contra el segund e como fallaren por derecho. E por nuestra sentençia asi lo pronunçiamos e sentençiamos e declaramos en estos escriptos e por ellos.

(–) Petrus, licenciatus   (–) Franciscus, doctor

21r *Blank page*

Trial of Juan González Pintado
The Composition of the Court

Judges:	Pero Díaz de la Costana
	Francisco Sánchez de la Fuente
Prosecutor:	Fernán Rodriguez del Barco
Defence:	Gonzalo Díaz Albin — *procurador*
	Alonso Alvarez — *procurador*
	Gonzalo Hernández Gallego — *letrado*
Examiners of Witnesses for the Prosecution	Juan Ruiz de Córdoba
	Juan Martinez de Villarreal, *cura* of Yébenes
Examiners of Witnesses for the Defence	Juan de Hoces
	Juan González, *vicario* of the Archdeacon of Calatrava
Notary:	Juan de Segovia

Witnesses for the Prosecution in Order of Testification

1. Antonia, daughter of Juan de Buendía
2. Catalina Sánchez, wife of Juan Sánchez de Segovia
3. Maria Sánchez, wife of Canysales
4. Juan, son of Gonzalo de Aguilár
5. María Ruiz, wife of Pedro Martínez de Almagro
6. Fernán Falcón
7. Juan Martínez, *labrador*
8. Juan Martínez Cepudo
9. María Alfonso, wife of Diego Fernández de Piedrabuena

Witnesses for the Defence in Order of Testification

1. Juan de Ribarredonda, *jubilario*
2. Pedro de Arévalo
3. Juan de Soto, *clérigo* of Santiago
4. Alonso García, *labrador*
5. Juan de Pedrosa, son of Francisco de Pedrosa
6. Juana de Cadahalso
7. Diego de Mazariegos
8. Mateo Sánchez
9. Diego Sánchez, *clérigo*
10. Pedro González de Murcia
11. Alonso de Argüello
12. Gonzalo de Aguilár, barber

Synopsis of Trial
1483

14 Oct.   Juan González Pintado confesses before Juan de Santa María, the notary, and Juan Martínez de Villarreal, *cura* of Yébenes, and informs against many Conversos (fol. 16r–v).

27 Nov.   Gonzalo Díaz Albín is appointed *procurador*. He presents his power-of-attorney to the notary Juan de Segovia.

Records of the Spanish Inquisition in Ciudad Real, 1483–1485

Synopsis of Trial (continued)
1483

29 Nov.[39] The prosecutor declares his intention to arraign the defendant. Gonzalo Hernández Gallego is appointed *letrado*. The Court gives nine days (divided into three periods of three days each) for the presentations of the prosecution and the defence.

5 Dec. The defendant denies the indictment. The prosecutor asks for permission to present his evidence. The defence is given nine days to respond.

9 Dec. The defence presents its questionnaire and witnesses; the witnesses are sworn in and questioned.

Witnesses for the prosecution are presented. Their testimony, given during the Period of Grace, is read to them and confirmed by them.

10 Dec.
11 Dec. Witnesses for the prosecution are examined.
13 Dec.

22 Dec. The prosecutor asks for publication of testimonies. The Court consents.

1484

2 Jan. Juan González Pintado's confession, made during the Period of Grace, is presented. The defendant pleads innocent.

14 Jan. The prosecution and defence conclude their pleading. The date on which the sentence will be given is determined.

19 Jan. Alonso Alvarez appears for the defence; he presents another questionnaire of *tachas* to refute the witnesses for the prosecution. Witnesses for the defence are sworn in.[40]

Date unknown *Consulta-de-fe*

23 Feb. The defendant is sentenced to be burnt, and the sentence is carried out at the *auto-de-fe* held in the Town Square.

---

[39] Entered in the file at its opening, fol. 1v.

[40] This deed is entered in the file before the deed of 14 January. Accordingly, the pleading may have ended on 24 January; see fol. 19r.

[132]

6 Trial of Juan González Daza
1483–1484

Source: AHN IT, Legajo 154, No. 356, foll. 1r-17r; new number: Leg. 154, No. 9.

Juan González Daza was a notary, and thus a public figure in Ciudad Real. Lea suggests that he confessed only under torture;[1] it should, however, be stressed that he confessed before the opening of his trial, when he learned of the confession of Fernando de Teva, an accomplice in his Jewish practices. But his confession was considered incomplete, and he was arrested and tried. His trial, which opened on 1 December 1483, revealed that he led a Jewish life and kept the Mosaic Law, observing the Day of Antonement as well. His sentence to be burnt at the stake was carried out in the Town Square of Ciudad Real on 23 February 1484.

His own son, Luíz Daza, acted as procurador[2] in his defence; Gonzalo Muñoz was his letrado. In his file, the testimonies of the witnesses for the prosecution have not been assigned their correct chronological place: the witnesses testified on 2 December and the testimonies should thus have been entered before the testimonies of the witnesses for the defence. But, according to procedure, they were placed in the file after the latter testimonies. This is one of the methods followed by the notaries when they arranged the files.

A document in the Cathedral of Avila (*cod. 451 B = 603 mod., fol. 51, dated 26 May 1468*) refers to houses that a certain Ferrand González Daza had on the Shoemakers' Street in that town. He was probably a relative of Juan González Daza.

Bibliography: Lea, III, pp. 32, 43, 76; Delgado Merchán, pp. 251 f.; P. León Tello, *Judios de Avila*, Avila 1963, p. 142; Beinart, pp. 174 ff. and index.

---

[1] See Lea, III, pp. 32, 43, 76.
[2] For another instance where a son acted as *procurador*, see introduction to the trial of Juan González Pintado, No. 4.

1r   Proçeso contra Juan Gonsales Daça escrivano
             publico e vesino de Çibdad Real
                    con la sentençia
                        quemado

1v En primero dia del mes de diziembre, año del Nasçimiento del
1 Dec. Nuestro Saluador Ihesu Christo de mil e quatroçientos e ochenta y
1483 tres años, a la hora de la terçia, estando en juysio jusgando los
reuerendos padres el liçençiado de la Costana e el doctor Françisco
Sanches de la Fuente, inquisydores de la heretica prauedad por
las actoridades apostolica e hordinaria, en las casas e lugar donde
acostunbran faser su audiençia, paresçio el honrado Hernando
Rodrigues del Varco, clerigo, capellan del Rey nuestro señor,
promutor fiscal de la dicha Santa Inquisyçion, estando presente
Juan Gonsales Daça, escrivano, vesino desta çibdad a las espaldas
de Santo Domingo, contra el qual el dicho promutor fiscal presento
vna acusaçion, el thenor de la qual es este que se sygue: |

Arraignment

2r Juan Daça
Muy Reuerendos e Virtuosos Señores juezes Ynquisidores de la
heretyca prauedad:
Yo, Ferrand Rodrigues del Varco, capellan del Rey nuestro señor,
promutor fiscal de la Santa Ynquisiçion, paresco ante la Merçed
e Reuerençia Vuestra e acuso a Juan Gonçales Daça, vesino desta
Çibdad Real; et contando el caso digo que, beuiendo en posesyon
e so nonbre de christiano y asi se llamando e nonbrando e gosando
de la prerrogatyuas de christiano de qualquier calidad, y prospuestas
las penas que por asy judaysar e çerimoniar la Ley de Moysen
esperar deuiera, asy perpetuas como tenporales, el dicho Juan Daça
judayso e heretico segund las çerimonias de la dicha Ley de Moysen
en lo de yuso:
Primeramente, que guardo los sabados çerimonialmente.
Yten, que ençendio e consyntio ençender candiles en su casa el
viernes en la noche.
Yten, que consyntio guisar viandas en su casa del viernes para el
sabado e las comio çerimonialmente.
Yten, que fue a oyr oraçiones judaycas los viernes en las noches

[134]

con otros conversos e conversas a casas de Aluaro, lençero, que leya como rabi con vn capirote puesto en la cabeça estando asentado sobre vnas siendas.

Yten, que comia carne en Quaresma y en los dias estableçidos de ayunar por la Santa Yglesia.

Yten, que el dicho Juan Gonçales Daça heretyco, apostato e judayso en otras cosas e casos que protesto declarar en el proçeso deste sumario proçeso; por que digo, Reuerendos Señores, que el dicho Juan Gonçales Daça es e deue ser tenido por hereje e aver yncurrido en las penas çeuiles e criminales estableçidas contra los tales, agrauandose contra el tal la pena e penas por non aver querido aparesçer pertinacit ante Vuestras Reuerençias en el termino de la graçia; por que, Virtuosos Señores, vos pido por tal lo declareys e pronunçieys, declarando aver yncurrido en las dichas
2v penas çeuiles, criminales | e tenporales por ⟨sic⟩ lo qual e en lo nesçesario ynploro vuestro noble e reuerendo ofiçio, e pido suplicaçion en la vuestra permisyon, e sobre todo pido conplimiento de justiçia.

Defence

E asy presentado el dicho escripto de acusaçion contra el dicho Juan Gonçales Daça, dixo que pidia e pidio a los dichos señores inquisydores le mandasen dar el traslado de la dicha acusaçion, e dar vn procurador e letrado. Los dichos señores le dixeron que tomase a los que el quisiese e por bien touiese. El dicho Juan Gonçales Daça tomo por su letrado al bachiller Gonçalo Muños,[3] e por procurador a su hijo Luys Daça, al qual dio su poder complido por ante nos, las notarios del Ofiçio de la Santa Inquisyçion. |

3r en çinco de disienbre
5 Dec. Juan Gonçales Daça
1483 Muy Reuerendos e Muy Virtuosos Señores:

Iohan Gonçales Daça, escrivano publico en esta Çibdad Real, vesino o morador de aquella, beso vuestras manos e me encomiendo en Vuestra Merçed, ante la qual, en la mejor forma que puedo e mas abta, paresco a desir e alegar de mi justiçia contra la acusaçion propuesta por Fernand Rodrigues del Barco, capellan del Rey nuestro señor, promutor fiscal de la Santa Ynquisyçion, e contra mi yntentada, en que dixo, e menos bien alega, biuiendo yo so nonbre de christiano e en posesion de tal, e asy me llamando, e gosando de

[3] See Biographical Notes.

las prerrogatiuas de que gosan los christianos, en oprobio de la nuestra Santa Fe Catolica e en menospreçio de aquella eretique e apostate en las cosas por el dichas e aclaradas en la dicha su ninguna acusaçion, por lo qual dise asy: E yncurre en grandes e graues penas ynpuestas por los derechos contra aquellos que de la dicha fe se apartan, — las quales pide Vuestra Reverençia me ynponga, pronunçiandome por ereje e por tal me aclarando ⟨sic⟩, segund que mas largamente en el dicho su libelo acusatorio es contenido; cuya relaçion aqui por espresa auiendo, digo, Reuerendos Señores, la dicha acusaçion non deuiera ser resçebida por Vuestra Reuerençia por muchas rasones, que protesto desir e alegar, mostrando mi ynoçençia de lo contra mi opuesto, en el proçeso de esta cabsa, e por las que se sigue: Lo primero, porque yo he seydo e soy christiano e syenpre fise obras de tal, oyendo los Diuinos Ofiçios e resçebiendo los Sacros Sacramentos para los fieles ynstituydos, e en posesion de christiano he estado e estoy teniendo la Fe de Christo, en la qual, creyendo verdaderamente Su Muerte e Pasyon, protesto biuir e morir, de cuya cabsa yo puede ⟨sic⟩ gosar de las dichas perrogatiuas ⟨sic⟩ de que derecho promoverme quiso faser yndigno e ageno. Lo otro, porque yo soy, demas de ser vno de los fieles, fijo e nieto de christiano, prouiniendo de padre, como provengo, de christianos en fe, nonbre e obra, e non fasenderos de las çerimonias judaycas ni guardadores de la dicha Ley de Muysen, de la qual jamas me mostraron çerimonia alguna ni la yo aprendi, saluo las letras e dotrinas que padres fieles e catolicos muestran e enseñan a sus fijos, vno de los quales yo soy. E niego yo aver guardado los dichos sabados çerimonialmente, ni Dios lo queria, saluo en ellos e en cada vno dellos trabajar yo en mi ofiçio, mi muger e fijos e personas de en casa en sus fasiendas, syn diferençia ni distinçion alguna. E sy algunos sabados fueron guardados por mi, seran acquellos que la Yglesia manda guardar por fiestas que ⟨en⟩ aquellos vengan, pero non por judaysar ni por seguir la Ley de Muysen, de la qual para la guardar jamas oue memoria. E sy nesçesario fuere mostrar lo que aqui digo, paresçera por mis registros et por los actos de aquellos, de los quales muchos fallaran fechos en los dichos sabados. Ni ha logar lo que dise de los dichos candiles, porque en la dicha mi casa en todos los dias de la semana se

3v gasta e quema aseyte | (aseyte) en las noches, non curado del dia en que se ençendian, saluo de la nesçesydad que dellos se tyene e por nos alunbrar, segund que se fase en las casas de los christianos, dexado de faser diligençia mas los viernes en las noches que en los otros dias, ni se acordando en la dicha mi casa de los faser por çerimonia ni por seguir el ricto de los dichos judios. A lo que dise que en la dicha mi casa mande guisar manjares en los viernes en las noches çerimonialmente para los dichos sabados, etç., digo que aquello non se fallara por mi se aver mandado ni jamas lo aver consentydo, porque en los dichos sabados en la dicha mi casa se ençendia e fasia fuego como en los otros dias para guisar de comer e çenar, e para las otras cosas nesçesarias al ofiçio de las mugeres, e sy alguna persona por mal desir, en daño de su conçiençia e ynjuria mia, afirma yo aver fecho la dicha çerimonia, que non fise, podria ser que, guisando peçes, anguilas o baruos en los dichos viernes, quedase, e mandase yo guardar, como todos fasen en su casas, para los dichos sabados, pero non porque aquello se fisiese por apostatar de la Fe de Christo ni por otra çerimonia alguna. E niego yo aver ydo a oyr las que dise oraçiones judaycas los viernes en las noches ni en otros dias a casa del dicho Aluaro, lençero ni a otra parte alguna, ni plega a Dios tal jamas me ouiese pasado por pesar mio, por quales oraçiones que yo oya a la continua eran e son que la Yglesia tiene, en la qual antes que en otros lugares dispuestos me pudiesen fallar. Ni ha logar lo que el dicho promutor fiscal dise comi carne en Quaresma, porque non paso tal cosa, e sy alguna vegada la comi, seria con enfermedad non fingida e con liçençia de mi presbitero perrochial, al qual sy en algo peque tiene dicha mi culpa, e sy nesçesario es, agora la digo. Ni menos comety las otras cosas que protesta desyr e aclarar dis que en mi sumario proçeso, ni judayse ni segui otra Ley ni Fe saluo la de Christo Nuestro Señor, oyendo Su dotrina e guardando todas las otras cosas que a fiel e catholico christiano conviene guardar. Por ende, Reuerendos Señores, en la mejor via, modo, manera e forma que puedo e de derecho deuo, omilmente vos pido e suplico dedes e pronunçiedes la dicha acusaçion por ninguna, e aclarandola ⟨sic⟩ por tal, me absoluades e dedes por libre e quito della, poniendo sylençio perpetuo al dicho promutor fiscal sobre la dicha cabsa, mandandole non me molestar ni ynquietar mas sobre ella, restituyendome en mi buena fama e en los bienes que por la dicha mi cabsa me estan secrestados, aquellos me tornando e mandando tornar libres e desenbargados, librandome desta dicha carçel en que estoy. Sobre lo qual todo e en lo nesçesario el ofiçio de Vuestra Merçed ynploro, e pido serme fecho conplimiento de justicia.   (–) Juan Gallego, notario. |

4r E asy presentado el dicho escripto de respuesta por parte del dicho

Records of the Spanish Inquisition in Ciudad Real, 1483-1485

1 Dec. Juan Gonsales Daça, en primero dia del mes de diziembre del
1483 dicho año de mil e quatroçientos e ochenta e tres años, paresçio ende el dicho promutor fiscal e dixo que, pues por parte del dicho Juan Gonçales Daça le era negada la dicha su acusaçion, que pidia (e pidia) e pidio, e requeria e requirio a los dichos señores inquisydores lo resçibiesen a la prueua de su intençion, e que concluya e concluyo. Y luego los dichos señores dixeron al dicho Luys Daça, su parte, que sy concluya, el qual dixo que sy concluya. Y luego los dichos señores dixeron que pues amas las partes auian concluydo, que ellos concluyan con ellos, e asygnauan termino para luego dar sentençia, en que dixeron que reçebian a amas las partes a la prueua; para la qual prueua faser les dieron termino de nueve dias por tres terminos, saluo jure inpertinentium et non admitendorum. E de todo en como paso el dicho promutor fiscal dixo a nos, los notarios del dicho Ofiçio, gela diesemos por testimonio. |

4v En este proçeso desia el fiscal que segun la confesion fecha por el dicho Juan Gonzales Daça ha lugar la contradision de los testigos que fiso y que pues el concluyo en la dicha su contradicçion, que el concluye y pide a los dichos señores que den sentençia, etç.

Los dichos señores concluyeron con las partes, aseñalando dia para dar sentençia e tornaron e dieron para cada dia que termino esten deliberando. |

5r Juan Gonçales Daça
8 Dec. En ocho dias de disienbre
1483 Muy Reuerendos et Muy Discretos Señores Ynquisydores de la heretica prauedad, Jueses susodichos: Yo, el dicho Iohan Gonsales Daça, escriuano en esta dicha çibdad, paresco ante Vuestra Merçed en seguimiento de mi justiçia en la cabsa e acusaçion por el dicho promutor fiscal contra mi yntentada, e vos pido a los testigos que por mi e en mi nonbre ante Vuestra Reuerençia para prouar mi entinçion, seran presentados, les fagavs e mandeve faser las preguntas e ynterrogaçiones siguientes:

I Primeramente, sy conosçen a mi, el dicho Iohan Gonçales Daça, e quanto tienpo ha que me conosçen.

II Yten, sy saben, creen, vieron o oyeron desir yo, el dicho Iohan Gonçales, fuese estado, como estoy en posesion de christiano e seyendo tal, a oyr los Diuinos Ofiçios, asy aquellos que çelebrauan en la yglesia donde he seydo perrochiano e a las otras yglesias desta çibdad, en los tienpos e oras en que los van a oyr los fieles e catolicos christianos.

[138]

III Yten, sy saben, etç., seyendo tal qual dixe e confesando la verdad a la Yglesia, resçebiese los Santos Sacramentos, asy el de la Penytençia como el de la Eucaristia, en tienpo de sanidad quando la Yglesia los manda resçebir, e de enfermedad quando los auja nesçesario.

IIII° Yten, sy saben, etç., en los dias de los sabados yo trabajase en mi ofiçio e en las otras cosas que me ocurrian asy como en los otros dias de la semana, saluo sy fuese fiesta guardada por los christianos, e que lo mismo se fasia por mi muger e fijos syn faser otra çerimonia en los dichos sabados.

V Yten, sy saben, etç., en todos los dias de la semana, syn distinçion de viernes en las noches, en la dicha mi casa se ençendiese vn candil o dos de aseytes que yo e los de mi casa nos alumbrauamos.

VI Yten sy saben, etç., en los dichos dias sabados se fisiese en la dicha mi casa fuego, e se guisase(n) en el de comer e de çenar como en los otros dias, syn façer cerimonia alguna. |

5v VII Yten, sy saben, etç., teniendo la dicha Fe de Christo yo fuese a oyr Sermones e Oraçiones a las dichas yglesias e aquellas mostrase a mis fijos.

Yten, sy saben, etç., en algunos de los tienpos en que yo ouiese o aya estado enfermo, ouiese comido con liçençia carne en las dichas mis enfermedades.

Otrosy vos pido, Reuerendos Señores, a los dichos testigos, de vuestro ofiçio, el qual ynploro, les mandeys faser e sean fechas las otras preguntas al caso perteneçientes, la calidad de aquel atenta; e pido serme fecho conplimiento de justiçia.

Witnesses for the Defence

8 Dec. En Çibdad Real, a ocho dias del mes de disienbre, año del
1483 Nasçimiento del Nuestro Saluador Ihesu Christo de mil e quatroçientos e ochenta e tres años, este dicho dia, dentro en las casas donde los reverendos señores padres inquisidores residen e fasen su abitaçion e audiençia acostunbrada, estando ende los señores Juan de Hoçes, clerigo e benefiçiario en esta dicha çibdad, e Juan Gonçales, vicario por el arçediano de Calatraba, paresçio ende presente Luis de Aça, en nonbre e como procurador de Juan Gonsales de Aça, su padre, e presento este interrogatorio de preguntas, e asimismo dixo que presentaba e presento por testigos, para en prueva de la entinçion del dicho su padre, e suya en su nonbre, a Alonso Martines, clerigo a Santa Maria, e a Juan Ruis de Molina e a Juan de Lievana e a Maria Gonsales, la corthezona, e a Pascuala Martines

e a Maria Garçia, muger de Juan Barrero, e a Bartholome, aluanir e a Fernando Alonso, cura, e a Pedro Fernandes, clerigo de Sant Pedro, e a Bartholome Gonsales, caballero, escriuano, vesinos desta dicha çibdad, de los quales a de cada vno dellos los dichos Juan de Hozes e Juan Gonsales, puestos e deputados por los sobredichos señores inquisidores para resçebir e examinar testigos, resçebieron juramento en forma, en que dixeron que juraban e juraron a Dios e a Santa Maria e a las palabras de los Santos Evangelios, sobre que pusieron sus manos, e a la señal de la Crus + , que con sus manos derechas ellos y cada vno dellos corporalmente tocaron, que como fieles e buenos christianos diran la verdad de lo que supiesen que pusieron sus manos, e a la señal de la Crus +, que con sus manos derechas ellos y cada vno dellos corporalmente tocaron, que e les fuere preguntado; e que sy el contrario dixeren e juraren, que Dios gelo demande mal e caramente en este mundo a los cuerpos e en el otro a las animas, donde mas abian de durar, como a malos christianos que juran y perjuran el Santo Nonbre de Dios en bano, e respondieron a la confusion del dicho juramento e dixeron que asy lo juraban, e juraron — e: Amen. Va escripto entre renglones o dis Alonso Martines, clerigo de Santa Maria, — non le enpesçe. |

6r Prouança de Juan Gonsales de Aça

E lo que los dichos testigos e cada vno dellos dixeron, secreta e apartadamente, seiendo preguntados por los dichos señores deputados por las preguntas del dicho interrogatorio, es lo seguiente primeramente:

I Juan Ruis de Molina,[4] testigo presentado por parte del dicho Juan Daça, jurado en forma, preguntado por las preguntas del dicho interrogatorio, dixo por la primera que conosçe al dicho Juan de Aça de treynta años a esta parte, poco mas o menos.

II Preguntado por la segunda pregunta dixo que algunas vezes le vido en Misa en la yglesia de Sant Pedro como christiano.

III A la terçera pregunta dixo que non lo sabe.

IIII⁰ A la quarta pregunta dixo que le vido seruir en su ofiçio de escriuano tanbien el dia del sabado como en otro qualquier dia de entre semana.

V A la quinta pregunta dixo que este testigo fue algunas veses a su casa de noche e que vido que tenia candil ardiendo para se alunbrar, e que non se acuerda que dia e noche hera, pero que nunca le vido façer diferençia de candiles vna noche mas que otra.

VI A la sesta pregunta dixo que non lo sabe.

[4] A resident of the Moorish quarter; see Biographical Notes.

VII A la setima pregunta dixo que le vido algunas veses en los Sermones, pero que lo otro contenido en la dicha pregunta, que non lo sabe.
VIII° A la otaba pregunta dixo que non lo sabe.
Preguntado por las otras preguntas al hecho pertenesçientes dixo que desia lo que dicho abia.

Dicho de Juan de Lievana
El dicho Juan de Lievana, testigo presentado por parte del dicho Juan Gonçales Daça, jurado en forma, preguntado por las preguntas del dicho interrogatorio, por la primera pregunta dixo que conosçe al dicho Juan Gonçales de Aça de quarenta años a esta parte, que dixo que estaban en vna conpañia en el escuela.
II A la segunda pregunta dixo que desde el dicho tienpo aca que lo conosçe que sienpre le vido beuir como buen christiano e continuar la yglesia e oyr los Dibinos Ofiçios como fiel christiano.
III A la terçera dixo que non lo sabe.
IIII° A la quarta pregunta dixo que sabe e vido que tanbien trabajava en el dia del sabado como en otro qualquier dia de labor, sin façer diferençia alguna.
V A la quinta pregunta dixo que como este testigo seguia e continuava mucho en su casa del dicho Juan Daça sienpre vido dos candiles que tenia ençendidos de continuo a las noches en casa del dicho Juan Gonçales Daca en todas las noches que en su casa se fallo.
VI A la sesta pregunta dixo que lo sabe segund que en la dicha pregunta se contiene, porque dixo que entraba e salia muchas vezes en su casa e sienpre vido que se façia segund que en la dicha pregunta se contiene.
VII A la setima pregunta dixo que le vido asas veses en las yglesias façer oraçion e oyr Misas e predicaçiones que en ellas e en los monasterios se fasian.
VIII° A la otaba pregunta dixo que non lo sabe.
Preguntado por todas las otras preguntas al fecho pertenesçientes, dixo que desia lo que dicho abia.

Dicho de Maria Gonsales, la Cortezona
I La dicha Maria Gonçales, testigo presentado por parte del dicho Juan de Aça, jurada en forma, preguntada por las preguntas del dicho interrogatorio, preguntada por la primera pregunta dixo que conosçe al dicho Juan Daça de veynte años a esta parte.

II   A la segunda pregunta dixo que le vido asa veses en la yglesia de Sant Pedro y en Santo Domingo estar en Misa e oyrla como christiano. E que esto es lo que sabe desta dicha pregunta.

III   A la terçera pregunta dixo que non le vido confesar, pero que sabe que algunas veses el dicho Juan de Aça e su muger le pidieron candelas de çera, disiendo que querian comulgar, e gelas dio este testigo. |

7r IIII°   A la quarta pregunta dixo que lo sabe segund que en ellas se contiene, porque dixo que este testigo seguia entrar e salir en su casa e que sienpre le vido trabajar tanbien el dia del sabado como otro dia de labor de la semana.

V   A la quinta pregunta dixo que ençender candil e candelas, que nunca vido en su casa façer mas diferençia el dia del sabado que otro dia de entre semana en las noches.

VI   A la sesta pregunta dixo que los sabe porque dixo que lo vido asi façer e acostunbrar en casa del dicho Juan Daça, que era su vesino.

VII   A la setima pregunta dixo que sabe que los vido yr al dicho Juan Daça e a su muger a la yglesia a Misa e a las Predicaçiones como buenos christianos; e que esto es lo que sabe desta pregunta.

VIII°   A la otaba pregunta dixo que non sabe lo contenido en esta pregunta ni nunca le vido comer carne en Quaresma.

Por las otras preguntas al fecho pertenesçientes, dixo que desia lo que dicho abia.

Dicho de Pascuala Martines

I   La dicha Pascuala Martines, testigo presentada por parte del dicho Juan Daça, jurada en forma devida, preguntada por las preguntas del dicho interrogatorio, preguntada por la primera pregunta dixo que conosçe al dicho Juan de Aza puede aber vey⟨n⟩te años, poco mas o menos, morando este testigo cabo el.

II   A la segunda pregunta dixo que lo vido asas veses yr a la yglesia y estar en ella a oyr Misa como christiano.

III   A la terçera pregunta dixo que non lo sabe, porque dixo que non lo sabe.

IIII°   A la quarta pregunta dixo que este testigo seguia muchas veses en su casa, pero que nunca le vido tener candiles ençendidos ni façer çerimonia judayca, e dixo que es honbre de buenos consejos.

V   A la quinta pregunta dixo que non lo vido ni lo sabe.

VI   A la sesta pregunta dixo que non lo vido ni lo sabe.

VII   A la setima pregunta dixo que muchas veses le vido yr a las

Trial of Juan González Daza

yglesias, pero que non sabe que oraçiones enseño a sus fijos.
VIII⁰ A la otaba pregunta dixo que non lo sabe ni gela vio comer. Preguntada por las otras preguntas al fecho pertenesçientes dixo que desia lo que dicho abia.

Dicho de Maria Garçia, muger de Juan Barrero [5] |

7v I La dicha Maria Garçia, testigo presenta por parte del dicho Juan Daça, jurada en forma, preguntada por las preguntas del dicho interrogatorio, preguntada por la primera pregunta dixo que conosçe al dicho Juan Daza, que siendo moçuela dixo que estubo quatro años en su casa.
II A la segunda pregunta dixo que sabe que le vido a el ⟨e⟩ a su muger en Misa y continuar la yglesia e oyr las Predicaçiones como fiel christiano, e que lo sabe porque en el tienpo que con el estubo lo vido asy, puede aber vey⟨n⟩te años. poco mas o menos.
III A la terçera pregunta dixo que muchas veses vido dezir al dicho Juan Daza e a su muger, estando con ellos, que se iuan a confesar, pero que este testigo non lo vido pero que oyo desir como se abian confesado e comulgado en Sant Pedro esta Quaresma o la ante pasada.
IIII⁰ A la quarta pregunta dixo que sabe que aquel tienpo que con el estubo, que siempre le vido trabajar en su ofiçio e por su casa tanbien el dia del sabado como otro qualquier dia de entre semana, sin façer diferençia alguna mas del sabado que otro dia.
V A la quinta pregunta dixo que sabe que estando este testigo en su casa del dicho Juan Daza en el dicho tienpo, sienpre a las noches tenia ençendidos dos candiles de continuo para alunbrar la casa, pero que nunca vido el viernes en la noche façer diferençia alguna a las otras noches.
VI A la sesta pregunta dixo que la sabe segund que en la dicha pregunta se contiene, porque lo vido asy façer e vsar en todo el tienpo que en su casa estuvo este testigo e despues aca sienpre dixo que creya lo abian fecho.
VII A la setima pregunta dixo (que dixo) que desia lo que dicho abia en la segunda e terçera preguntas, que vido que el dicho Juan Daça amostraba a sus fijos el Pater Noster e el Abe Maria y el Credo y la Salue Regina e otra oraçion que comiença: Señor Ihesu Christo, en la parte santa tierra me fesiste, etç.

[5] A certain María García, wife of Juan de Barreto, testified for the prosecution in the trial of Juan de Fez and his wife Catalina; see trial No. 9, fol. 10r.

VIII° A la otaba pregunta dixo non lo sabe ni que lo vido comer en tienpo vedado.
Preguntada por las otras preguntas al fecho pertenesçientes, dixo que desia lo que dicho abia.

Dicho de Bartholome, aluañir
I El dicho Barthololme, aluañir, testigo presentado por parte del dicho Juan Daça, jurado en forma, preguntado por las preguntas del dicho interrogatorio, por la primera dixo que conosçe al dicho Juan Daça de treynta años a esta parte, poco mas o menos.
II A la segunda pregunta dixo que sabe que le vido muchas veses en Sant Pedro e en Santiago en Misa e en Bisperas, e aun cantar en las Oras con los clerigos del dicho tienpo aca algunas veses. |
8r III A la terçera pregunta dixo que non lo save ni lo vido.
IIII° A la quarta pregunta dixo que sabe que tanbien trabajaba en su ofiçio de escriuano el dia del sabado como en los otros dias de labor.
V A la quinta pregunta dixo que non lo sabe.
VI A la sesta pregunta dixo non lo sabe.
VII A la setima pregunta dixo que algunas veses le vido estar en la yglesia oyendo Misa y las Predicaçiones, e que lo otro contenido en la dicha pregunta que non lo sabe.
VIII° A la otaba pregunta dixo que non lo sabe.
Por las otras preguntas al fecho pertenesçientes dixo que desia lo que dicho abia.

Dicho de Fernando Alonso,[6] cura
I El dicho Fernand Alonso, cura, testigo presentado por parte del dicho Juan de Aza, jurado en forma, preguntado por las preguntas del dicho interrogatorio, por la primera dixo que le conosçe de dies años a esta parte, poco mas o menos.
II A la segunda pregunta dixo que desde el dicho ⟨tiempo⟩ aca sienpre le ha visto estar en posesion de christiano, e que le vido continuar en la yglesia de Sant Pedro, asy en las Misas como algunas veses en las pascuas, en Visperas, e aun que algunas veses cantar al atril.
III A la terçera pregunta dixo que sabe que el dicho Juan de Aza confeso la Quaresma antes de esta que agora paso con Antonio, clerigo en la dicha yglesia, e que esta Quaresma que agora paso que

[6] See Biographical Notes.

confeso con este testigo, pero que no se acordaba sy comulgo, pero que dixo que lo vido oyr las Predicaçiones.

IIII° A la quarta pregunta dixo que lo vido algunos dias que tanbien trabajava en el dia del sabado como en otros dias.

V A la quinta pregunta dixo que non lo sabe.

VI A la sesta pregunta dixo que non lo sabe.

VII A la setima pregunta dixo que non lo sabe.

Preguntado por las otras preguntas al fecho pertenesçientes, dixo que desia lo que dicho abia.

Dicho de Pedro Ferrandes, clerigo de Sant Pedro [7]

I El dicho Pedro Ferrandes, clerigo, testigo presentado por parte del dicho Juan Daça, jurado en forma, preguntado por las preguntas del interrogatorio, | (jurado en forma, preguntado) por la primera pregunta, dixo que lo conosçe al dicho Juan de Aza de veynte años a esta parte, poco mas o menos.

II Preguntado por la segunda pregunta dixo que este testigo sienpre lo tubo en posesion de christiano, porque dixo que le vido asas de veses en la yglesia oyr Misa e algunas veses en los domingos en Visperas, y esto que lo continuo mas despues que se començo la Inquisiçion que no de antes.

III A la terçera pregunta dixo que non lo sabe.

IIII° A la quarta pregunta dixo que tanbien le vido estar en la audiençia el dia del sabado escriuiendo como en los otros dias de entre semana, e que lo otro contenido en la dicha pregunta, dixo que non lo sabe.

V, VI A la quinta e a la sesta preguntas dixo que non lo sabe.

VII A la setima pregunta dixo que le vido asas veses en los Sermones e Predicaçiones oirlas como christiano, e de lo otro contenido en la dicha pregunta dixo que non lo sabe.

VIII° A la otaba pregunta dixo que non lo sabe.

Preguntado por las otras preguntas al fecho pertenesçientes, dixo que desia lo que dicho abia.

Dicho de Bartholome Gonçales, cauallero, escribano

El dicho Bartholome Gonçales, testigo presentado por parte del dicho Juan Daça, jurado en forma, preguntado por las preguntas del dicho interrogatorio, por la primera dixo que conosçe al dicho

---

[7] Mentioned in various trials as witness of the delivery of the summonses, e.g. Juan Calvillo (No. 13, fol. 3r) and Sancho de Ciudad (No. 1, fol. 4r).

Juan Daça, escribano, de quinçe años a esta parte, poco mas o menos.

A la segunda pregunta dixo que algunas veses le vido estar en la yglesia de Sant Pedro espeçialmente en los dias de los domingos en Misa, e avn que le vido cantar algunas veses el Credo con los clerigos.

III A la terçera pregunta dixo que non lo sabe.

IIII° A la quarta pregunta dixo que le vido escriuir algunas veses e vido continuo el dia del sabado escriuir en su ofiçio, pero que lo otro contenido en la dicha pregunta, que non lo sabe.

V A la quinta pregunta dixo que non lo sabe.

VI A la sesta pregunta dixo que non lo sabe.

VII A la setima pregunta dixo que algunas le vido oyr Sermones en las yglesias como christiano, pero que non sabe sy mostraba a sus fijos las oraçiones contenidas en la pregunta.

VIII° A la otaba pregunta dixo que non lo sabe.

Preguntado por las otras preguntas al fecho pertenesçientes, dixo que desia lo que dicho abia e que en ello se afirmaba. |

9r Dicho de Alonso Martines, clerigo de Santa Maria

I El dicho Alonso Martines, clerigo, testigo presentado por el dicho su procurador, jurado en forma, preguntado por las preguntas del dicho interrogatorio, por la primera dixo que le conosçe de veynte e çinco años a esta parte, poco mas o menos.

II A la segunda pregunta dixo que sabe que le vido los domingos continuamente en la yglesia de Sant Pedro oyr Misa a aun ber algunas veses en los libros de la yglesia.

III A la terçera pregunta dixo que non se acuerda ni lo sabe.

IIII° A la quarta pregunta dixo que non se acuerda de lo contenido en la dicha pregunta e que non lo sabe.

V A la quinta pregunta dixo que non lo sabe.

VI A la sesta pregunta dixo que le vido algunas veses en los Sermones como christiano oyrlos.

VII A la setima pregunta dixo que non se acuerda ni lo sabe.

VIII A la otaba dixo que non lo sabe.

Por las otras preguntas al fecho pertenesçientes, dixo que desia lo que dicho abia.

Witnesses for the Prosecution

2 Dec. E despues desto, en dos dias del mes de dizienbre, año del
1483 Nasçimiento del Nuestro Saluador y Redemptor Ihesu Christo de

Trial of Juan González Daza

mil e quatroçientos e ochenta y tres años, dentro en las casas e moradas donde los señores inquisydores fazen su abitaçion, en su lugar e abdiençia acostunbrado, el dicho Hernan Rodrigues, promotor fiscal, para en prueua de su intençion e de lo por el acusado contra el dicho Juan Gonçales Daça, paresçio y presento por testigos a Antonia Martines de Valençuela, muger de Juan Sanches de Deleytosa, de la qual los señores el maestro Juan Ruys de Cordoua, clerigo benefiçiado en Çibdad Real, e Juan Martines de Villarreal, clerigo, cura de Yeuenes, deputados por los dichos señores inquisidores para reçebir e examinar testigos, reçebieron juramento en forma de derecho, la qual juro por Dios e por Santa Maria e por la señal de la Crus, tal como esta +, en que corporalmente puso su mano derecha, que bien e fielmente, como buena e fiel e catholica christiana, dira verdad de lo que supiere e çerca de lo susodicho le sera preguntado, e que sy lo asy (lo) fiziere, Dios Nuestro Señor le ayude, el contrario faziendo, que El gelo demande mal y caramente como a mala christiana que se perjura e repite Su Santo Nonbre en vano; a la confusyon del dicho juramento dixo: Sy juro — e: Amen. |

9v
1 Dec.
1483
La dicha Antonia Martines de Valençuela, testigo presentado por el dicho fiscal, juro en forma de derecho susodicho, e preguntada secreta e apartamente por los articulos e preguntas de la dicha acusaçion, dixo que lo que deste fecho sabe es lo que dixo e depuso por su dicho e depusyçion en la sumaria informaçion e general inquisyçion, quando fue tomada por testigo por los sobredichos señores en primero dia de dizienbre de ochenta y tres; es lo syguiente:[8] Antonia Martines, muger de Juan Sanches Deleytosa, vesino en Valençuela, testigo reçebido, juro en forma, so cargo del qual dixo que avra dies y ocho años que moro con Hernando de Theba a soldada, e que sabe e vido que el dia del Ayuno Mayor venian a pedir perdon a la madre del dicho Hernando de Theba la muger de Juan Daça, escriuano, e sus hijos, e le besauan la mano, porque eran parientes, e ella les ponia la mano sobre la cabeça. E sabe que el dicho Juan Daça e su muger e hijos guardauan el sabado, e que veya que aquel dia no hazian ninguna cosa e se yuan a ver parientes; e guisauan de comer del viernes para el sabado, e ençendian los candiles lympios; e guardauan las pascuas de los judios, e comian la Pascua del Pan

---

[8] She was thus examined on the opening day of the trial; see Synopsis of Trial, p. 161.

[147]

Çençeño en Barrionuevo. E esto es lo que sabe e vido, e es verdad, e en ello se afirmo.

4 Dec. 1483 E despues desto, en quatro dias del dicho mes de diziembre de LXXXIII, en el lugar y audiençia susodichos, el dicho fiscal paresçio y presento por testigos, para en prueva de su intençion de lo por el acusado contra el dicho Juan Daça, ante los sobredichos señores, a Leonor Gonsales, muger de Martin Ferrandes del Corral, e a Paris de la Torre e a Fernando Falcon, de los quales reçibieron juramento en forma de derecho susodicho.

La dicha Leonor Gonsales, muger de Martin Hernandes del Corral, testigo presentado por el dicho fiscal, juro en forma de derecho susodicho, e preguntado secreta y apartadamente por los articulos e preguntas de la dicha acusaçion dixo que lo que deste fecho save es lo que dixo e depuso por su dicho e deposyçion en la sumaria informaçion e general inquisyçion, quando fue tomada por testigo por los sobredichos señores en quatorse dias de otubre de LXXXIII;[9] lo qual

10r seyendoles leydo de palabra a palabra por mi, el | dicho notario, dixo que aquello es lo que sabe e non mas ni allende, e a aquello se referia e refirio e en ello se afirmava e afirmo. E lo que la dicha Leonor Conçales dixo es lo syguiente: Leonor Gonçales, muger de Martin Hernandes del Corral, vesino a Santa Maria a las espaldas de Garçia Jufre, testigo reçebido, juro en forma, so cargo del qual dixo que avra vn año, poco mas o menos, vn domingo, estando este testigo en casa de Juan Daça, escriuano, que moraua en la hazera de Santo Domingo a las espaldas, este testigo esperaua al dicho Juan Daça para negoçiar con el, que no estaua en casa; otro dia lunes era dia de ayuno por la Yglesia, oyo dezir a la cosyna suegra del dicho Juan Daça: No acorde de tomar oy carne para mañana, porque mañana non la haran; morava con el de vna puerta adentro. Esto oy⟨o⟩ e non sabe mas por el juramento que fiso, e en ello se afirmo.

El dicho Paris de la Torre, testigo presentado por el dicho fiscal, fiso juramento en forma de derecho susodicha, e preguntado secreta e apartadamente por los articulos e preguntas de la dicha acusaçion, dixo que lo que deste fecho sabe es lo que dixo e depuso por su dicho y deposyçion en la sumaria informaçion e general inquisyçion, quando fue tomado por testigo por los sobredichos señores en treynta dias del mes de otubre de ochenta y tres;[10] lo qual seyendole leydo de palabra a palabra por mi, el dicho

---

[9] During the Period of Grace.
[10] During the Period of Grace.

notario, dixo que aquello es lo que sabe e non mas ni allende, e a aquello se referia e refirio e en ello se afirmaua e afirmo. E lo que el dicho Paris de la Torre dixo es lo syguiente: Paris de la Torre, vesino desta çibdad a Santa Maria, hijo de Juan de la Torre a las espaldas de Juan de Luzio, testigo reçebido, jurado en forma, so cargo del qual dixo que puede aver dies años, poco mas o menos, que teniendo su padre de este vino en casa de Juan Daça, yua muchas veses este testigo por vino los sabados, sabe e vido que guardavan los sabados e se vestian de fiesta, e que vn domingo los vido rebueltos como de entre semana. Esto es lo que sabe e vido e en ello se afirmo. |

10v El dicho Hernando Falcon,[11] vesino çerca de San Françisco, testigo presentado por el dicho fiscal, juro en forma de derecho susodicho, e preguntado secreta e apartadamente por los articulos e preguntas de la dicha acusaçion dixo que lo que deste fecho sabe es lo que dixo e depuso por su dicho e depusyçion en la sumaria informaçion e general inquisyçion, quando fue tomado por testigo por los sobredichos señores en tres dias del mes de nouienbre de ochenta y tres; lo qual seyendole leydo de palabra a palabra por mi, el dicho notario, dixo que aquello es lo que sabe e non mas ni allende, e ⟨a⟩ aquello se referia e refirio e en ello se afirmaua e afirmo. E lo que el dicho Fernando Falcon dixo es lo syguiente: Fernando Falcon, vesino a Sant Pedro çerca de San Françisco, marido de Briolangel, testigo jurado, dixo que sabe que Juan Daça e su muger han guardado hartos sabados e que su muger, que sabe que es vna gran judia e que hase çerimonias judaycas. E dixo que el no gela auia visto haser, pero que cree que son judios como los otros, e que a el ha visto los viernes afeytado para el sabado. E esto es lo que sabe en ello se afirmo.

10 Dec. 1483 Despues desto, en dies dias del mes de dizienbre del dicho año de mil e quatroçientos e ochenta e tres años, en el lugar e audiençia susodichas, el dicho fiscal paresçio y presento por testigos, para en prueua de su intençion e de lo por el acusado contra el dicho Juan Daça, ante los sobredichos señores por sus reuerençias deputados, a Pedro de Molyna e a Alonso Rodrigues, aluardero, de los quales reçebieron juramento en forma de derecho susodicho.

El dicho Pedro de Molyna, espeçiero, veçino a San Pedro junto con San Françisco, testigo presentado por el dicho fiscal, juro en forma de derecho susodicho, e preguntado secreta y apartadamente

[11] See Biographical Notes.

por los articulos e preguntas de la dicha acusaçion, dixo que lo que deste fecho sabe es lo que dixo e depuso por su dicho e deposyçion en la sumaria informaçion e general inquisyçion, quando fue tomado por testigo por los sobredichos señores en tres dias del mes de otubre de ochenta y tres;[12] lo qual seyendole leydo de palabra a palabra por mi, el dicho notario, dixo que aquello es lo 11r que sabe e non | mas ni allende e a aquello se referia e refirio e en ello se afirmaua e afirmo. E lo que dixo es lo syguiente: Pedro de Molyna, espeçiero, veçino a San Pedro junto con San Françisco, testigo presentado e jurado, dixo que avra syete o ocho años que vino a su tienda deste testigo vn hijo pequeño de Juan Daça, notario, que mora cabe Santo Domingo, e venia muchas veses ally aquel mochacho porque tenian ally junto sus hermanos tienda; esto era vispera de Pascua Florida. Pregunto este testigo al dicho mochacho que que auian comido en su casa aquel dia; dixo el mochacho: Vna asadura de cordero o de carnero. Esto sabe por el juramento que fiso e non mas. Esto es lo que sabe e es verdad e en ello se afirma.

El dicho Alonso Rodrigues, aluardero,[13] testigo presentado por el dicho fiscal, fizo juramento en forma de derecho susodicho, e preguntado secreta e apartadamente por los articulos e preguntas de la dicha acusaçion, dixo que lo que deste fecho sabe es lo que dixo e depuso por su dicho e deposyçion en la sumaria informaçion e general inquisyçion, quando fue tomado por testigo por los sobredichos señores en veynte e tres dias del mes de otubre de ochenta y tres; lo qual seyendole leydo de palabra a palabra por mi, el dicho notario, dixo que aquello es lo que sabe e non mas ni allende e a aquello se referia e refirio e en ello se afirmaua e afirmo. E lo que dixo es lo syguiente: Alonso Rodrigues, aluardero, veçino en la collaçion de Santa Maria, testigo jurado en forma, preguntado, dixo que puede aver dies y seys años, poco mas o menos, que este testigo entro vn dia en casa de Aluaro, lençero, viernes en la noche, e que vio vna mesa puesta con vnos manteles blancos en ella tendidos e vnas tortas de pan en ella puesta; e asymismo dixo que vio vna lanpara larga ençendida en vn palaçio, e que vio al dicho Aluaro, lençero, en aquel palaçio puesto encima de vnas gradas, asentado con vn capirote pusto en el ombro e en la cabeça, e que ally estaua leyendo a muchos conversos, entre los quales estaua(n) Juan Daça notario. Esto es lo que sabe e vido e en ello se ratifica.

[12] During the Period of Grace.
[13] See Biographical Notes. He, too, testified during the Period of Grace.

Trial of Juan González Daza

E despues, dentro del dicho termino, paresçio el sobredicho promotor fiscal en juysio ante los dichos señores inquisydores e dixo que, por quanto el non avia podido enteramente prouar su intençion contra el dicho Juan Daça dentro del dicho termino de nueve dias por no aver podido, asy por estar ocupado en otros negocios del |

11v Ofiçio como por estar absentes algunos de los testigos, por ende que pidia vn quarto plaço. Los señores, visto su pedimiento ser justo, gelo otorgaron dar quinse dias e reçibieron juramento en forma, e el dixo que non lo pidia por maliçia saluo por las causas ya dichas.

15 Dec. E despues desto, en quinse dias del mes de dizienbre del dicho
1483 año del Nasçimiento del Nuestro Saluador Ihesu Christo de mil e quatroçientos e ochenta y tres años, en el lugar e audiençia susodichos, el dicho fiscal paresçio y presento ante los sobredichos señores por testigo a Juan Garçia Barua de Santo, para en prueva de su intençion e de lo por el acusado contra el sobredicho Juan Daça, del qual reçibieron juramento en forma de derecho susodicha.

El dicho Juan Garçia Barua,[14] testigo presentado por el dicho fiscal, preguntado secreta e apartadamente por los articulos e preguntas de la dicha acusaçion dixo que lo que deste fecho sabe es lo que dixo e depuso por su dicho e depusyçion en la sumaria informaçion e general inquisyçion, quando fue tomado por testigo por los sobredichos señores en quinze dias del nouienbre de ochenta y tres; es lo syguiente: [15] Juan Garçia Barua de Santo, trabajador ortelano, vesino de Santa Maria en la cal çerrada de la Torre de la Merçed, juro en forma, so cargo del qual dixo que avra quinze o dies y seys años, poco mas o menos, que fue este testigo obenido e cogido por peon con Bartholome de Segouia para labrar en vna casa que tejaua de Juan Daça, escriuano, que esta preso, e metiendo vnas tejas este testigo al maestro pasaua por medio de su cozina, esto era vn viernes, sabe e vido vna olla al fuego con carne, la qual des(a)tapo este testigo e vido como tenia carne. La madre deste Juan Daça auia estando guardando la olla, saluo que al tienpo que salio a fablar a vnas conversas fue este testigo e desatapo la olla. Esto es lo que sabe e vido e en ello se afirmo.

16 Dec. E despues desto, en dies y seys dias del mes de diziembre del
1483 dicho año de mil e quatroçientos e ochenta e tres años, en el lugar

---

[14] See Biographical Notes.
[15] Testified after the Period of Grace ended. The first day of the trials was 14 November.

e audiençia susodichos, el dicho fiscal paresçio ante los sobredichos
12r señores y presento por testigo, para en prueua de su intençion | a
Eluira Gonsales, muger que fue de Gonçalo Gomes, de la qual
reçibieron juramento en forma de derecho susodicha. La dicha
Eluira Gonsales,[16] testigo presentado por el dicho fiscal, juro en
forma de derecho susodicha, y preguntada secreta e apartadamente
por los articulos e preguntas de la dicha acusaçion, dixo que lo que
deste fecho sabe es lo que dixo e depuso por su dicho e depusyçion
en la sumaria informaçion e general inquisyçion, quando fue tomado
por testigo por los sobredichos señores en XVI dias de dizienbre
de ochenta y tres, lo qual seyendole leydo de palabra a palabra
por mi, el dicho notario, dixo que aquello es lo que sabe e non
mas ni allende, e a aquello se referia e refirio, e en ello se afirmaua
e afirmo. E lo que dixo es lo syguiente: Eluira Gonçales, muger que
fue de Gonçalo Gomes, texedor, que mora en Don Benito, tierra
del conde de Medellyn, testigo reçibido, juro en forma, so cargo del
qual dixo que avra veynte años, poco mas o menos, que entro vn
dia en casa de Hernando de Theba, que moraua a Barrionuevo, a
hora de Misa Mayor, e que non se acuerda que dia era, y entro en
la cosina, la qual estaua mucho adentro de la puerta en cabo de la
casa, y entro subitamente, sabe e vido al dicho Hernando de Theba
vestido vna como alua de abad, e como este testigo entro subitamente
salio a ella la madre del dicho Hernando de Theba e paso las
manos a este testigo en los pechos e dixo: Tenehos alla. Este testigo
miro e vido ally dentro a la muger de Juan Daça e a su madre
della. Este testigo presumio que el dicho Hernando de Theba estaua
leyendo como rabi, porque oyo dezir a vn ombre que el dicho
Hernando de Theba era vn gran traydor rabi. Esto es lo que sabe
e vido e en ello se afirma por el juramento que fiso. |

12v Ynterrogatorio de Juan Gonçales Daça
17 Dec. E despues desto, en dies e syete dias de disienbre, año susodicho,
1483 este dicho dia en juysio ante los dichos señores, estando sentados en
audiençia publica a la hora acostunbrada, paresçieron ende presentes
el promutor fiscal de la vna parte, e Luis Daza en nonbre e como
fijo e procurador del dicho Juan Gonçales Daça, pidieron publicaçion
de testigos. Los dichos señores, visto su pedimiento, los dieron por
publicados e fisieron publicaçion dellos e mandaron dar copia de
los dichos testigos, callados los nonbres, a la parte que los quisiese,

---

[16] She testified here for the first time; see Biographical Notes.

con termino que los asygnaron de seys dias para que contradigan e aleguen, sy quisieren. De lo qual son testigos que fueron presentes Alonso Aluares e el bachiller Gonçalo Moños. |

Defence

13r Muy Reuerendos e Muy Virtuosos Señores:

Yo, el dicho Iohan Gonçales Daça, paresco ante Vuestra Reuerençia en la cabsa e acusaçion contra mi yntentada por el dicho promutor fiscal e digo, Reuerendos Señores, que ⟨por⟩ los testigos en la dicha cabsa por mi e en mi nonbre presentados fallaria Vuestra Reuerençia mi entençion bien e conplidamente prouada, que es yo ser ynoçente de lo contra mi por el dicho fiscal opuesto, de lo qual deuia e deuo ser dado por libre e quito, e asy ante todas cosas lo pido, pues por las deposyçiones de los dichos claramente paresçe yo ser e aver seydo fiel e catolico christiano e fasiendo obras de tal, que non me entremety a faser las que dise çerimonias segund la ley e costunbre de los judios, los quales dichos mis testigos son personas dignas de mucha fe e de buena fama, ricos, buenos e abonados e de toda sospecha caresçientes, e los mas dellos mayores de toda esçebçion, los quales son conformes e deponen de otros muy verdaderos, disiendo la verdad de lo que syenpre en mi vieron e conosçieron. A los quales e a lo por mi prouado non embarga ni menos enpeçe lo quel dicho promutor fiscal quiso prouar por los testigos contra mi presentados en esta dicha cabsa, porque aquellos son solos e syngulares y depone los mas o todos ellos de oydas e varias creençias, e avn son personas las quales por legitimas e juridicas exebçiones pueden por mi ser repelidas e fasen tan poca fe segund derecho en cabsa de tanta grauedad non deuian ser resçebidas ni deuen valer por testigos contra las personas de los quales e contra los dichos en aquellas, contradisiendo e poniendo tachas e obgectos, yn espeçie digo que el dicho del primer testigo, el qual, segund creo, es Beatris,[17] moça que fue de su madre de Fernando de Teua, la qual non enpesçe ni al dicho fiscal aprouecha, lo vno, porque la susodicha, sy es ella, en el tienpo que señala en su deposyçion deuiera ser de çinco o seys años, en la qual hedad, puesto pasara lo que dise, que non paso, non pudiera conprehender lo que dise; lo otro porque la susodicha es prodiga de su persona e esta en continuo adulteryo e muger de muy liuiano testimonio y avn es mi enemiga formada, porque a cabsa de la castigar sus errores por

---

[17] She did not testify.

el conosçimiento que della tenia e tengo, me ha quitado la fabla, teniendome syenpre por enemigo; por ende, contradigolo, demas e allende que yo entiendo prouar ser la susodicha atrayda a desir contra mi lo que non sabia. Al dicho e deposyçion que dise que entrando a negoçiar conmigo oyo desir a mi suegra que non auia tomado carne, etç., digo que me non enpesçe ni fabla de mi pero sy nesçesario es, contradigolo. Al testigo que dise que puede aver dies años entrado a mi casa por vino, que vido folgar los sabados, etç., digo que me non enpesçe, porque aquel dicho tienpo ni antes ni despues yo non toue vino en mi casa, a guardar domingo, e sy se afirma en ello pido ser repreguntado quien era el señor del dicho vino, e sy es el dicho testigo Iohan de la Torre,[18] vesino desta çibdad, o qualquier de sus hermanos o de sus fijos e parientes, digo que es e son enemigos capitales que de mucho tienpo aca nos avemos fecho obras de enemigos, quitandonos la fabla e fasiendonos malas obras, en confirmaçion e prueua de lo qual vn dia su fijo Paris,[19] estando

13v yo seguro, cometyo de me matar e me firio de feradas y llegue a punto de muerte, donde quedamos por grandes enemigos, asy por las dichas feridas como porque yo mismo le acuse criminalmente ante la justiçia, de la qual non oue conplimiento por entonçes; por ende, contradigo a ellos e a qualquier dellos e tacho sus personas por enemigos, contra los mas dellos, creyendo, como entiendo prouar, demas de lo susodicho, ser de liuiano testimonio. Contra el dicho e deposyçion que dise que sabe que yo guarde fartos sabados e que mi muger es judia e que fase çerimonias judaycas, etç., digo que consygo trae la contradiçion e que non me enpesçe, porque es asy muy contraria, sy Vuestra Reuerençia lo mandava, pues en prinçipio de su deposyçion dise que sabe lo susodicho e en fin dise que non lo ha visto pero que cree, etç., de donde se manifiesta la falsedad con que se mouio para me dañar; el qual testigo, despues de non faser fe, digo que sy es Fernando Falcon,[20] que demas de ser algunas vegadas perjuro e onbre de poca verguença e de liuiano testimonio, el es enemigo capital, asy porque en mi presençia contra el se han tratado muchos pleitos criminales, como por se aver intentado a me tomar lo mio con los otros que me robaron, como por aver dicho su dicho en vn pleito que trato Diego Moreno con otro, en que vna ves juro vno e despues juro el contrario de aquello

[18] He did not testify against Juan González Daza; see Biographical Notes.
[19] See his testimony, above, fol. 10r.
[20] See his testimony, above, fol. 10v.

por çierto dinero que le dieron, lo qual es notorio en esta çibdad e por tal lo alego; por ende, contradigolo. Al quinto testigo, que dise que vna persona le dixo que la vegilia de Pasqua Florida, puede aver syete o ocho años, auia comido de vna asadura de cordero aqui en mi casa, digo que a mi non daña ni al dicho fiscal aproueca, porque demas de ser solo e syngular, se fallara que vn año o dos antes del dicho tienpo e tres o dos años despues yo non morava en esta çibdad ni estaua en ella. E sy el dicho testigo es de aquellos de la Torre por mi tachados, contradigolo en quanto puedo de derecho. Contra el dicho e deposyçion que dise que vn viernes en la noche, puede aver quinse o dies e seys años, en casa de Aluaro, lençero, me vido estar oyendo, entre otros muchos, como el susodicho leya, etç., digo que a mi non daña, porque es solo, e porque creo que es el dicho Juan de la Torre o alguno de sus fijos, hermanos o parientes, o es su muger o alguna de las mugeres de los dichos sus hermanos, los quales todos son mis enemigos por las cabsas ya dichas en mi contradiçion; por ende, sy es ellos o qualquier dellos, contradigolos. E sy del dicho linaje no es el dicho testigo e es Iohan de Areualo,[21] jurado, vesino desta çibdad, digo que es mi enemigo, porque del e del dicho Iohan de la Torre se trato ante mi vn pleito sobre rason de la muerte de Rodrigo, criado de Rodrigo de Gusman, el que quartearon, de donde conmigo el dicho Iohan de Areualo quedo syenpre enemygo; por ende, contradigolo e tacho su persona. Contra el dicho que dise que vn viernes, fasiendo obra en mi casa, vido al fuego vna olla de carne, etç., digo que ni pasa en verdad lo que dise ni tal se fiso en mi casa ni yo oue de faser la dicha obra, e pido ser representado que obra era e donde la fiso, porque sy alguna cosa en mi casa se obro seria Bartholome Garçia, albañir,[22] o Diego de la Villa,[23] lo qual non creo diran, porque son personas de liuiana conçiençia e non afirmaron saluo lo que vieron. E sy es Iohan Garçia Barua de Santo,[24] digo que es mi enemigo por cosas feas que entre el ⟨e⟩ mi pasadas, y avn porque tyene enemistad conmigo a cabsa de algunos pleitos çeuiles e criminales que ante mi contra el han pasado; por ende, contradigolo. E sy es la de Iohan de la Calleja,[25] o alguno de sus fijos o fijas e parientes,

---

[21] He did not testify in this trial; see Biographical Notes.
[22] Bartolomé, *aluañir;* testified for the defence; see above, fol. 7v.
[23] He did not testify.
[24] See his testimony, above, fol. 11v.
[25] He did not testify.

digo que son mis enemigos porque el dicho Iohan de la Calleja
14r fue degollado por justiçia, cuyo proçeso paso ante | mi, e del dicho
tienpo aca syempre me touieron enemistad e me quitaron la fabla;
por ende, contradigolos a ellos e qualquier dellos. E sy alguno
de los dichos testigos es Fernando Bocanegra o su muger,[26] digo
que me non enpeçan, porque son mis enemigos ellos e sus parientes,
a cabsa que el dicho Fernando Bocanegra e la dicha su muger me
robaron toda mi fasyenda, con los quales trae pleito e cobre alguno
della e quedamos muy enemigos e por tales fasta oy dia avemos
estado e estamos; por ende, contradigolos tanto quanto puedo e de
derecho deuo. E sy de los dichos testigos es alguno dellos Pedro de
la Torre,[27] digo que demas de ser mi enemigo por las cabsas ya
dichas el e los dichos sus parientes, el me quiere señaladamente muy
mal por cabsa que entre el se dio vna sentençia en que le condenaron
a muerte, el vino a me buscar a mi casa para aquella quemar e me
mortar sy pudiera, e desque mas non pudo me corto vna figura;
por ende, contradigolo. Contra el dicho e deposyçion que dise
que avra veynte años, poco mas o menos, que entro en casa del
dicho Fernando de Teua e que vido la dicha mi muger e mi suegra,
etç., digo que a mi no enpeçe pues non fabla ni dise de mi, e sy vido
a la dicha mi muger yo non tengo que faser; por ende, sy me
nesçesario es, contradigolo, e tacholo por enemigo sy es alguno
de los por mi contradichos. E sy es Eluira, la Gibada,[28] digo que
sus tachas son tantas que conosçida por Vuestra Reuerençia non
le dara credito alguno, mayormente en cabsa tan criminal. Por ende,
Reuerendos Señores, pues por los dichos mis testigos se prueua la
dicha mi ynoçençia, e por los testigos contra mi presentados non
paresçe cosa que a mi dañen, pues de derecho contra mi non
deuen ser resçebidos, seyendo como son verdaderas las tachas contra
ellos puestas, a la prueua de las quales me ofresco, yo vos pido me
absoluades e dedes por libre e quito de lo contra mi opuesto e
acusado por el dicho fiscal, poniendo aquel sylençio perpetuo sobre
esta dicha rason, mandandole me non ynquieten ni molesten mas
sobre ellos, librandome de este carçel en que esto, restituyendome en
mi buena fama, tornandome mi fasienda. Lo qual vos pido segund
que mejor puedo e de derecho deuo, en lo nesçesario ynploro vuestro
ofiçio, e pido conplimiento de justiçia; e sy nesçesaria es conclusion
ynouacion çesante e lo perjudicial negando, concluyo.

[26] Did not testify.
[27] He did not testify.
[28] She did not testify.

Trial of Juan González Daza

Reply of the Prosecutor

Luego el dicho fiscal dixo que su contradiçion no ha lugar, por quales enemistades e cabsas de enemistades que pone en algunos testigos non son capitales ni tales que de derecho deuen ser reçebidos, ni menos ser aquellos los testigos contra quien su contradicçion se dirige, ni menos las otras tachas e ojetos que les pone non ha lugar, por quanto los testigos por mi presentados son conformes en sus dichos e deponen en çierta vista e sentençia e son tales personas que de derecho valen e deuen valer sus dichos, por quanto son de buena fama e conçiençia. E los testigos por el dicho parte adversa presentados non le aprouecha en cosa alguna, por parte dellos son conversos e afiçionados a el, como es notorio, y non deponen de cierta vista ni çiençia mas de lo que publicamente paresçe, lo qual en este caso non ha lugar. En tal manera, Reuerendos Señores, en mi entençion fallareys bien prouada tanto quanto de derecho basta para faser lo pedido, e ansy lo pido e para ello inploro vuestro noble ofiçio, e concluyo. |

14v E despues desto, en seys dias del mes de febrero, año del
6 Feb. Nasçimiento de Nuestro Saluador Ihesu Christo de mil e quatroçien-
1484 tos e ochenta e quatro años, este dicho dia en juysio ante los dichos reurendos señores paresçio el dicho promutor fiscal e dixo que se.[29] ⟨End of entry⟩

Confession

26 Jan. Confesion de Juan Daça
1484 En veynte e seys dias del mes de enero, año del Nasçimiento del Nuestro Saluador Ihesu Christo de mil e quatroçientos e ochenta e quatro años, este dia el dicho Juan Gonsales Daça fue traydo por el alguazil a la casa del tormento e puesto ante el, fue requerido por el señor liçençiado Jufre de Loaysa que dixese e confesase la verdad de aquello que era acusado por el promotor fiscal en el caso de la heregia.[30] El qual, aunque fue requerido por el dicho liçençiado jues comisario, en este caso non confeso cosa alguna. Fue tornado y puesto en el tormento del garrote; dixo e confeso que ayuno algunos ayunos de los judios, que non comio fasta la noche salida la estrella, e que vn dia del dicho ayuno demando perdon

---

[29] This was entered, of course, after the sentence had been carried out. This type of entry and the reason for its inclusion are unknown.
[30] He was of Converso ancestry; see Biographical Notes.

a Ferrando de Teba e Ferrando de Teba a el. E dixo que es verdad que consintio a su muger guisar de comer el uiernes en la noche; e asymismo dixo que vestio camisas linpias el sabado. Iten, dixo que estaba vn judio en su casa e que le ya el dicho judio en vn xarays, e que el dicho Juan Daça estaba en la cozina e que de alli oya lo que desia e leya el dicho judio.

Iten, dixo que quando murio su padre, que comieron el primero dia en el suelo, esquina de vna almandraquexa, pescado e huevos e que duro terçero dia, segund gelo dixeron, porque estubo mal, e dixo que esto que de suso tiene dicho que nunca lo confeso.

Iten, dixo que quando yva a la yglesia e façia oraçiones e oya la Mysa, que no creya que era venido el Mexias, e que vnia a Misa por tener nonbre de christiano. E dixo que demandaba a Dios perdon y a los padres penitençia.

Iten, dixo que rezaba en vn librillo çiertos salmos y çiertas oraçiones de Moysen con entençion de la Ley de Moysen, lo qual juro ser verdad e firmolo de su nombre. Testigos: Anton del Castillo e Pedro de la Pelegrina, criado del alguaçil.

29 Jan 1484 Et despues desto, a veynte e nueve dias del dicho mes de enero, año susodicho, fue traydo el dicho Juan Gonsales Daça en el palaçio ante los reverendos señores, e leydo todo lo sobredicho en su presençia, los dichos señores le preguntaron si aquello susodicho es verdad; e el qual dixo que es todo asy verdad como lo tiene dicho e confesado, e que se afirmava e afirmo en todo ello e lo ratifico ante sus reverençias por ante my, el notario. Testigos: el liçençiado Jufre e Juan del Pharo, a⟨l⟩guaçil, mayor, e Anton del Castillo. |

Sentence

15r
6 Feb. 1484 E despues desto, en seys dias del mes de febrero, ⟨año⟩ del Señor de myl e quatroçientos e ochenta e quatro años, este dicho dia, en juysio ante los dichos señores, paresçio el dicho promutor fiscal e dixo que, segund la confesion fecha por el dicho Juan Gonsales de Aza, que no ha logar la contradiçion de los testigos que el dicho aduerso fiço, e que pues el concluya en la dicha su contradiçion, que el dicho promutor concluya e concluyo, e pidio a los dichos señores que den sentençia. E luego los dichos señores concluyeron con las partes e asygnaron tiempo para dar sentençia para la primera audiençia, e dende en adelante para cada dia que bien visto les fuere e les plugiere. De lo qual son testigos que fueron presentes Juan de Vria, reçebtor, e el bachiller Gonsalo Moños e Juan del Pharo, a⟨l⟩guaçil mayor. |

Trial of Juan González Daza

15v *Blank page*

16r Contra Juan Gonçales Daça En XXIII de febrero de LXXXIIII años
23 Feb. Visto por nos, Pero Dias de la Costana, liçençiado en santa theologia,
1484 et Françisco Sanchez de la Fuente, doctor en decretos, jueses inquisidores dados por la abtoridad apostolica, et yo, el dicho Pero Dias de la Costana, liçençiado, como ofiçial e vicario general deste arçobispado de Toledo por el reuerendisimo señor don Pero Gonçales de Mendoça, cardenal de España, arçobispo de Toledo, vn proçeso de pleyto que ante nos se ha tratado e pende entre partes, de la vna el honrado Ferrando Rodrigues del Barco, clerigo, capellan del Rey nuestro señor, nuestro promutor fiscal, e de la otra Juan Gonçales Daça, vezino desta Çibdad Real, sobre vna denunçiaçion e acusaçion que el dicho promutor intento e propuso contra el dicho Juan Gonçales Daça, en que dixo que eretico e apostoto de nuestra Santa Fee Catholica, siguiendo la Ley de Muysen e fasiendo sus çerimonias e los otros rictos judaycos, guardando los sabados çerimonialmente, façiendo ençender candiles linpios viernes en la noche por honra del sabado, consyntiendo guisar de comer los viernes en su casa para el sabado e comerlo en su casa, vistiendose ropas linpias en el; et que fue a oyr oraçiones judaycas en casa de otros conversos e las reso e oyo, e el ansimesmo leya como rabi; e tuuo judio de señal en su casa que mostrava a otros; et el dia de Ayuno Mayor pidio perdon a Ferrando de Theba e el dicho Ferrando de Theba a el, e se perdonaron; e que comio carne en Cuaresma sin thener nesçesidad; e fiso otras çerimonias judaycas siguiendo la dicha Ley de Muysen, segund e como los judios las fasen; por lo qual pidio ser declarado por hereje e apostota e por tal ser condepnado, pidiendo serle fecho conplimiento de justiçia. E visto como el dicho Juan Daça nego la dicha su acusaçion, alegando algunas exçepçiones e rasones en su defension, afirmando aver beuido como bueno e fiel christiano el e su muger e todos los de su casa. E visto como asi el dicho promutor fiscal como el dicho Juan Daça fueron resçebidos por nos a la prueua, e de como cada vno dellos presento sus testigos de qual se entendio aprouechar, e de como se publicaron los dichos e depusiçiones dellos e se dio copia a cada vna de las partes e termino para que se dixiesen lo que quisiesen contra ellos. E vistas las tachas e objetos que Juan Daça puso contra los testigos del dicho fiscal, e como sienpre persistio e fue contumas en su negatiua fasta que supo e conosçio que Ferrando de Theba avia confesado las çerimonias e cosas de Muysen que anbos a dos auian

[159]

fecho, a cuya cabsa el dicho Juan Daça confeso aver ayunado algunos ayunos de los judios e que ayunaua fasta salida el estrella e que vn dia del Ayuno Mayor demando perdon a Fernando de Theba e Ferrando de Theba a el, e confeso asimesmo aver consentido a su muger guisar de comer del viernes para el sabado, e que el comia dello, e ençender los candiles linpios viernes en la noche, e que vistio camisones linpios en el sabado, e que tuuo a vn judio en su casa que leya metido en vn xarays; e que el dicho Juan Daça estaua en su cosina e de alli le oya lo que desia e leya el dicho judio; e ansymesmo confeso que quando murio su padre, que comio el primero dia en el suelo ençima de vna almandraqueja pescado e hueuos e que duro terçero dia en aquella çerimonia, segund que le dixieron; e confeso que quando yba a la yglesia e fasia oraçion e oya la Misa, que no creya que era venido el Mexias, e que yva a Mysa por thener nonbre de christiano; e ansimesmo confeso que resaua en vn libro çiertas oraçiones e salmos con intençion de la Ley de Muysen, e que desto nunca confeso en su vida. E visto como
16v lo disen e deponen los testigos prese|ntados por el dicho fiscal, los quales son asaz en numero e se conforma⟨n⟩ con la confesion del dicho Juan Gonsales Daça, por do pareçe muy entero prouada la acusaçion e denunçiaçion que el dicho fiscal del fiso. E visto e examinado este proçeso con letrados, asi personas religiosas como seglares, de buenas y rectas conçiençias, siguiendo su acuerdo e deliberaçion e consejo, teniendo a Dios ante nuestros ojos: [31]
Fallamos que devemos declarar e declaramos el dicho Juan Gonsales Daça ser e aver seydo hereje e apostata e por tal lo pronunçiamos, e aver caydo c incurrido cn sentençia de excomunion mayor e en todas las otras penas espirituales e tenporales en los derechos contenidas e en perdimiento e confiscaçion de sus bienes, e que lo devemos relaxar e e relaxamos al virtuoso cauallero Juan Peres de Barradas, Comendador de Çieça, Corregidor por el Rey e Reyna nuestros señores en esta çibdad e su tierra, e a sus alcaldes e justiçia, para que proçedan contra el segund e como fallaren por derecho, e asy lo pronunçiamos, sentençiamos e declaramos en estos escriptos e por ellos.
(—) Petrus, licenciatus   (—) Franciscus, doctor |

17r *Blank page*

---

[31] It was probably, carried out on 23 February 1484.

Trial of Juan González Daza

The Composition of the Court

Judges:	Francisco Sánchez de la Fuente
	Pero Díaz de la Costana
Prosecutor:	Fernán Rodriguez del Barco
Defence:	Luís Daza — *procurador*
	Bachiller Gonzalo Muñoz — *letrado*
Examiners of Witnesses for the Prosecution	Juan Ruiz de Córdoba
	Juan Martínez de Villarreal
Examiners of Witnesses for the Defense	Juan de Hoces
	Juan González
Notary:	Juan Gallego

Witnesses for the Prosecution in Order of Testification

1. Antonia Martínez de Valenzuela, wife of Juan Sánchez de Deleitosa
2. Leonor González, wife of Martín Fernández del Corral
3. París de la Torre
4. Fernán Falcón
5. Pedro de Molina
6. Alonso Rodríguez, *albardero*
7. Juan García Barba de Santo
8. Elvira González, former wife of Gonzalo Gómez

Witnesses for the Defence in Order of Testification

1. Juan Ruiz de Molina
2. Juan de Lievana
3. María González, *la cortezona*
4. Pascuala Martínez
5. María García, wife of Juan Barrero
6. Bartolomé, *albañil*
7. Fernando Alonso, *clérigo*
8. Pedro Fernández, *clérigo* of San Pedro
9. Bartolomé González, *caballero*, notary
10. Alonso Martínez, *clérigo* of Santa Maria

Synopsis of Trial

1483

1 Dec.	The trial opens. The prosecutor presents his arraignment. Counsel for the defence is appointed. Antonia Martínez de Valenzuela testifies.
2 Dec. 4 Dec.	Witnesses for the prosecution are presented.
5 Dec.	The defence persents its plea.[32] Nine days are allowed for presentation of witnesses.
8 Dec.	The questionnaire for defence witnesses is presented. Witnesses are presented and examined.

---

[32] See fol. 4r; the date of presentation is given there as 1 December.

Records of the Spanish Inquisition in Ciudad Real, 1483–1485

Synopsis of Trial (continued)

1483

10 Dec.   Witnesses for the prosecution are presented. The prosecutor asks for another term of fifteen days to gather more evidence.

15 Dec.
16 Dec.   Witnesses for the prosecution are presented.
17 Dec.   Both sides conclude pleading; they ask for the publication of the testimonies. Six days are allowed for refutation of evidence.

1484

26 Jan.   The accused confesses, under torture, before the Court.
29 Jan.   The confession is confirmed.
6 Feb.   The prosecutor asks that the trial be concluded and that sentence be passed.
[21 Feb.] *Consulta-de-fe.*
23 Feb.   The prisoner is handed over to the Secular Arm and is burnt at the *auto-de-fe* held in the Town Square.

7 Trial of Juan de Chinchilla, Tailor, alias Juan Soga 1483–1484

Source: AHN IT, Legajo 140, No. 162, foll. 1r–12r; new number: Leg. 140, No. 8.

When compared with the first trials of the Ciudad Real Conversos, the trial of Juan de Chinchilla, a poor soldier and mercenary, is of little importance. Juan de Chinchilla was born about 1444, and his father died shortly thereafter. He was brought up first at the home of his grandmother (till 1454) and later, when his mother remarried (see his genealogy on p. 179), at the home of his step-father (till 1458). He was then apprenticed to a tailor named Juan de Carmona. In all these houses he saw and became acquainted with the Converso way of life and learnt how to observe the Mosaic Law. Nevertheless, the scope of his Jewish deeds is rather unimpressive, and he seems to have been tried more for having confessed after the termination of the Period of Grace than for observing Jewish practices. He claimed in his plea that he had appeared before the Court during the Period of Grace and that the examining judges dismissed him, sent him home and told him to come again. An interesting detail of his life, mentioned by him in his own defence, is that he was a soldier in the army of the Catholic monarchs and fought against the Marquis de Villena and his followers.

His trial started on 17 December 1483 [1] *with Court-appointed counsel for the defence Juan Gómez and letrados González Fernández and Gonzalo Muñoz. Their defence seems very feeble when compared with that of the counsel for the defence of a later period.*

Juan de Chinchilla was condemned and handed over to the Secular Arm to be burnt at the stake on 23 February 1484.

His wife was a relative of García Barbas and Juan Doray, [2] *both of*

---

[1] By which time he was already in prison.
[2] In the list of those tried his name is Diego Daray.

whom were tried and condemned in absentia, *and burnt in effigy on 24 February 1484.*
See also the Biographical Notes on Gómez de Chinchilla.

Bibliography: Fita, p. 473, No. 138; Lea, II, p. 468; III, p. 190; Delgado Merchán, pp. 240, 252; Beinart, pp. 181 ff. and index.

1r

que ponetur ad torturam
declarandolo IX de febrero
de LXXXIIII °

Juan de Chinchilla sastre
 Proçeso contra Juan Soga
  con la sentençia
   quemado
 veçino de Çiudad Real
 Juan de Chinchilla sastre

En Çiudad Real

1v En Çibdad Real, en dies e syete dias del mes de diçiembre, año del
17 Dec. Nasçimiento del Nuestro Saluador Ihesu Christo de mil e quatro-
1483 çientos e ochenta e tres años, este dicho dia, dentro en las casas donde los reverendos señores inquisidores resyden e fasen su abitaçion e audiençia continua, a la hora de la terçia, estando los dichos reverendos señores sentados, en presençia de nos, los notarios e testigos infra escriptos, paresçio ende presente el honrado Fernand Rodrigues del Barco, clerigo, capellan del Rey nuestro señor, promutor fiscal de la Santa Inquisiçion, e dixo que, por quanto el entendia acusar a Juan de Chinchilla, sastre, veçino desta çibdad, que estaba preso en la carçel de la dicha Santa Inquisiçion, que pedia e pidio a los dichos señores lo mandasen sacar e paresçer ante sus reverençias a juysio con el. E luego los dichos señores, visto su pedimiento, mandaron al alguazil, que presente estaba, lo sacase e traxese ante sus reverençias; al qual el dicho alguasil

lugo saco e le presento en la dicha audiençia. E asi presentado, luego el dicho promutor fiscal, en su presençia, presento contra el vn escripto de acusaçion, thenor del qual es este que se sygue:

2r [en XVII de diçienbre]
Juan de Chinchilla
Muy Reuerendos e Muy Virtuosos Señores Juezes Ynquisidores de la heretica pravedad:
Yo, Ferrand Rodrigues del Varco, capellan del Rey nuestro señor, promutor fiscal de la Santa Ynquisiçion, paresco ante Vuestras Reuerençias e acuso a Iohan de Chinchilla, sastre, vesino desta Çibdad Real, e digo que, biuiendo el dicho Iohan de Chinchilla, sastre, en nonbre e posesyon de christiano e asy se llamando e nonbrando y gosando de las prerrogatyuas de christiano, pospuesto el temor de Nuestro Señor y en menospreçio de Su Santa Fe Catolica e de las çensuras de excomunion en que yncurria y penas otras graues çeuiles e criminales por asy guardar la Ley de Moysen e sus çerimonias, el dicho Juan de Chinchilla apostato e judayso segund de yuso:

Vno, que el dicho Iohan de Chinchilla ençendio e consyntyo ensender candiles los viernes en la noche.

Yten, que guiso e mando guisar e lo consyntyo del viernes para el sabado, e lo asy guisado comia el sabado en honra e çerimonia del, por lo non quebrantar, como fasen los judios.

Yten, que el dicho Iohan de Chinchilla guardo los sabados, çesando en ellos toda obra de serviçio e trabajo e dandose a plaçeres, como en dia de fiesta.

Yten, que vistyo en ellos ropas linpias de lino e de paño, como dias de fiesta.

Yten, que guardo la Pascua del Pan Çençeño e comia en ella el dicho pan.

Yten, que el dicho Iohan de Chinchilla fue en faser coguerços, e comio en ellos çerimonialmente las viandas e cosas que en tal caso comen los judios.

Yten, que ayuno los ayunos de los judios segund la dicha Ley de Moysen.

Yten, que el dicho Iohan de Chinchilla oyo e fue a oyr oraçiones judaycas a casas donde se leyan e resauan, asy en los sabados como en otras pasquas de judios.

Yten, que el dicho Juan de Chinchilla judayzo e heretyco, e consyntyo judaysar e heretycar e faser otras çerimonias segund la

dicha Ley de Moysen en otros casos, maneras e tienpos que protesto declarar en este negoçio e cabsa cada e quando e lo mas presto que a mi notiçia viniere; por que digo que, asy por aver cometydo las dichas heregias e apostasias el dicho Juan de Chinchilla como
2v por non aver recurrido a la | clemençia e misericordia de nuestra Santa Fe mediante el tienpo de la graçia, es y deue ser auido por hereje e persona que yncurrio en las penas çeuiles e criminales en los derechos e sacros canones constituydos. Por que, Señores, vos pido e requiero por tal hereje e apostota lo declareys, declarando aver yncurrido en las çensuras canonicas e ya dichas penas, para lo qual ynploro vuestro reuerendo e noble ofiçio, e pido conplimento de justiçia.

Defence

E asy presentado el dicho escripto de acusaçion por el dicho promutor fiscal contra el dicho Juan de Chinchilla, sastre, e leydo en la dicha audiençia por el vno de nos, los notarios, luego el dicho Juan de Chinchilla dixo que pedia e pidio treslado de la dicha acusaçion. Los dichos señores gele mandaron dar. E asimismo pidio le mandasen dar vn letrado e vn procurador. Los dichos señores le dixeron que a quien queria por su letrado e por su procurador. El qual dixo que queria por letrado al bachiller Gonçalo Fernandes, alcalde, e al bachiller Gonçalo Moños, e por su procurador a Juan Gomes, vesinos de la dicha çibdad. Los dichos señores gelos dieron, e le asygnaron termino para responda ⟨sic⟩ a la dicha acusaçion dentro de terçero dia. De lo qual son testigos, que fueron presentes a lo que dicho es, Alvaro Fernandes e Juan Martines, clerigo, cura de Yevenes, e Françisco de Hozes.[3]

19 Dec. E despues desto, en dies e nueve dias del dicho mes de diçienbre,
1483 año susodicho, ante los dichos reverendos señores, dentro en las dichas casas donde los dichos señores residen e façen su habitaçion e audiençia acostunbrada, paresçio el dicho Juan Gomes, procurador del dicho Juan de Chinchilla, e en su nonbre presento, estando ende presente el dicho promutor fiscal, vn escripto de respuesta contra la dicha acusaçion, thenor del qual es este que se sygue: |

3r en XIX de diçienbre
Virtuoso Señor Alcalde:[4]
Juan Sastre, me encomiendo en Vuestra Merced, a la qual fago

[3] He acted as *procurador* in various trials; see Biographical Notes.
[4] The word Alcalde is written separately on the next line.

[166]

Trial of Juan de Chinchilla, alias Juan Soga

saber la verdad de lo que pasa çerca desto que me es acusado, para que, Señor, con mejor conçiençia vos me podias perdonar, e yo reçebir de mi anima salvaçion.

A lo que, Señor, dise que ençendi e consenti ençender candiles, etç., digo que en mi vida, al menos despues que case, no tuve candil syno de quatro meses a esta parte, syno que aya vna candela y a las otras me acostaua a oscuras.

A lo que dise del guisar del comer del viernes para el sabado, etç., digo que todos los sabados que se podia comer, comia vna caçuela o cosa guisada del sabado.

A lo que dise de guardar los sabados, nunca tal fise si no fuese dia solenisado por la Yglesia, pero no por çerimonia.

A lo que dise del comer pan çençeño e pascua, si se fallare que en toda mi vida tome pedaço ni artesa ni tendido ni se asentase otro pan en ella jamas, que muera por ello, porque, por mis pecados, syenpre conpre pan en la panadera; y no digo no tomallo, mas avn no lo viyese que cosa es.

A lo que dise de ropas linpias, si se fallara que despues que case toue ropa de sobra ni mas de vn camison, que muera por ello, e avn mas de seys años que no alcançe vn camison, syno con vn trapo puesto en los pechos andaua.

A este del coguerço, digo que algunas veses me conteçio venir de enterrar alguno, e porque me diesen de comer quedaua a seruillos e comia alli despues, mas, asi Dios me salue, que lo fasia mas por fartarme que porque yo supiese que era cosa contra la Fe, y comia lo que me darian. |

3v A lo que dise que ayune ayunos de judios, pasa en verdad que yo estando muy pobre, que no tenia camisa ni çapatos, dos parientes de mi muger, que al vno desian Garçia Barvas, e Juan Daray, me dixeron que si guardase la Ley de Dios, que me darian mi muger que la avian quitado; e yo les dixe que si queria. Dieronme luego vn camison y vnos çapatos, e que ayunase aquel dia; yo dixe que me plasia, e fueme a las viñas aquel dia e alla comi e me farte de vid. Y quando vine a la noche, preguntaronme si avia ayu[nado]; yo dixe que si, y abraçaronme y besaronme; pero asi me salue, que lo no ayune.

A lo que dise que oy oraçiones de judios, viniendo, agora seys años, de la guerra de Portogal a Seuilla, venia mi despoça, e vine a casa de vn amigo mio que se desia Alonso, çapatero, e [   ] a el e a vn portogues, su vesino, y sus mugeres resando en vn; e quizose encobrir de mi, e de que no pudo ⟨stain⟩, dixome que era dia de

Records of the Spanish Inquisition in Ciudad Real, 1483–1485

ayuno, que ayunase e que me viniese alli a çenar e que me plasia, y fueme a vna tauerna a comer e comi, pues vine a la noche a çenar con ellos e dieronme bien a [   ].

Yo, Señor, destas cosas que aqui, digo que me seria alegado, e para desirlo vine a los reuerendos padres, e falle que ya el padre Costana se re[   ], que benia de Misa; e Pedro de Torres, su capellan, e el maestre Juan Ruys dixeron que me fuese, que por entonçes no me podian oyr, que ueniese otro dia; fue al reçebtor e roguele que por reuerençia d⟨el⟩ Señor fisyesen que me resçebieçen a la reconçiliaçion, porque el, a cau⟨sa⟩ del comendador del Corral, me avia enbiado fuera con la de la graçia, y le bese las manos por por que lo fisiese, e de[   ]me que luego lo fara. E vino a llamarme el mismo reçebtor e yo pense que me traya a los padres, o troque a la carçel.

El dicho Juan Gomes, en su nonbre, dixo que lo demas de lo susodicho conteni⟨do⟩ en la dicha acusaçion contra el puesta que lo negava e nego.

Pleading of the Prosecutor

El dicho fiscal dixo que lo que confeso que en su favor fase, que lo reçibe, ni dello non sea [   ] a la prueua, e a lo que dis que conosçe que non le aprouecha por venir en tienpo e forma, y quedose en lo por el dicho aver ansy pasado, que concluya. |

4r-v *Blank folio*

Defence (continued)

5r en çinco de enero de LXXXIIII° años
5 Jan. Juan de Chinchilla
1484 Reuerendos Señores:

Yo, el dicho Juan de Chinchilla, paresco ante Vuestra Merçed, e de quanto tienpo ha que me conosçen.
en la causa que el dicho fiscal a mi pendiente, les mandase faser las preguntas syguientes:

I Primeramente, sy conosçen a mi, el dicho Juan de Chinchilla, e de quanto tienpo ha que me conosçen.

II Yten, sy saben, creen, vieron e oyeron desyr yo syenpre ouiese estado en posesyon de christiano, e como tal oyese los Divinos Ofiçios e reçibiese los Santos Sacramentos en los tienpos determinados por la Yglesia.

III Yten, sy saben. etç., en mi casa todos los dias de la semana,

[168]

aquellos que lo podya aver, quemase aseyte en vn candil, syn faser diferençia de dya en dya ni faser çerimonia con el dicho candyl en los viernes en las noches.

IIII° Yten, sy saben, etc., en los dias de los sabados, lo que Dios me daua para comer con my pobresa, lo comia, e guisaua ençendiendo candela al tienpo del comer e del çenar, e antes sy era menester.

V Yten, sy saben, etç., en los dichos dias, asy por ser pobre como por tenerlo en costunbre, e por non se me acordar de guardar la Ley de Moysen ni en aquella touiese esperança, trabajase continuamente en los dyas de los sabados syn diferençia alguna, saluo sy fuese sabado que la Yglesia guardase por fiesta.

VI Yten, sy saben, etç., a la contina truxese la ropa que me vestia fasta en tanto que era rota, asy en los dichos dyas de los sabados como en todos los otros de la semana, syn curando faser çerimonia alguna.

VII Yten, sy saben, etç., yo guardase e en mi casa fesyese guardar las pascuas e fiestas de Nuestro Señor, aquellas que guardan e çelebran los fieles christianos, e ayune los ayunos que ayunan aquellos.

VIII° Yten, sy saben, etc., yo oyese, segund dicho es, los Divinos Ofiçios de la Yglesia, e oyese las oraçiones que ella tiene ordenadas e non otras.

Otrosy vos pido, Reuerendos Señores, a los dichos testigos les fagays de vuestro ofiçio, el qual ynploro, e mandeys faser las preguntas al caso pertenesçientes, e pido serme sobre todo fecho conplimiento de justiçia. |

5v En Çibdad Real, en çinco dias del mes de enero, año del Nasçimiento de Nuestro Saluador Ihesu Christo de mil e quatroçientos e ochenta e quatro años, este dicho dia, dentro en las casas donde los reuerendos señores padres inquisidores residen e fazen su habitaçion e audiençia continua, estando ende presentes el reverendo Juan Ruys de Cordova, maestro en santa theologia, e Juan de Hozes, clerigos e benefiçiados en esta dicha çibdad dados e deputados por los dichos reuerendos señores para reçebir e examinar testigos, paresçio ende presente Juan Gomes, en bos e en nonbre e como procurador e defensor que es del dicho Juan de Chinchilla, e en el dicho nonbre presento este interrogatorio de preguntas, e asimismo presento por testigos ante los dichos deputados, para en prueva de la intençion del dicho su parte, e suya en su nonbre, a Diego de Villacanes e a Diego Ruis, barbero, e a Juan de Medina e a Diego

Gallego e a Anton de Cordova, vesinos de la dicha çibdad, de los quales e de cada vno dellos resçebieron juramento en forma devida de derecho, en que dixeron que juravan e juraron a Dios e a Santa Maria e a las palabras de los Santos Ebagellos ⟨sic⟩, sobre que pusieron sus manos, e a la señal de la Crus +, que corporalmente con sus manos derechas tocaron (corporalmente), que ellos e cada vno dellos tocaron, que como fieles y verdaderos christianos diran la verdad de todo lo que supieren e les fuere preguntado, e que sy la verdad dixeren e juraren, que Dios les ayudase en este mundo a los cuerpos e en el otro a las animas, e sy el contrario de la verdad dixeren e declararen, que Dios Nuestro Señor gelo demande mal e caramente en este mundo a los cuerpos e en el otro a las animas, donde mas abian de durar, como a malos christianos que juran e perjuran el Santo Nonbre de Dios en bano. E respondieron a la confusion del dicho juramento e dixeron que asy lo juravan, e juraron, — e: Amen.

E lo que los dichos testigos e cada vno dellos dixeron e declararon so cargo del dicho juramento, seyendo preguntados por los dichos reçebtores secreta e apartadamente por las preguntas del dicho interrogatorio, es lo seguiente primeramente: |

6r Provança de Juan de Chinchilla
Dicho de Diego de Villacanes
I El dicho Diego de Villacanes, testigo presentado por Juan Gomes en nonbre del dicho Juan de Chinchilla, jurado en forma, preguntado por las preguntas del dicho interrogatorio, por la primera pregunta dixo que puede aber trezc años, poco mas o menos, que le cognosçe, porque dixo que tubo este testigo conpania con el vn año.
II A la segunda pregunta dixo que desde el dicho tienpo aca sienpre vido dezir que era christiano, e que este testigo por tal le tenia, e que lo otro contenido en la dicha pregunta, dixo que non lo sabe.
III, IIII° A la terçera e quarta preguntas dixo que non lo vido ni lo sabe.
V A la quinta pregunta dixo que non lo sabe.
VI, VII° A la sesta e setima preguntas dixo que non lo sabe.
VIII A la otaba pregunta dixo que muy pocas veses le vido en la yglesia.
Preguntado por las otras preguntas al fecho pertenesçientes, dixo que desia lo que dicho abia.

Dicho de Diego Ruis, barbero

I El dicho Diego Ruys, testigo presentado por el dicho Juan Gomes en el dicho nonbre, jurado en forma, preguntado por las preguntas del dicho interrogatorio, por la primera pregunta dixo que conosçe al dicho Juan de Chinchilla de veynte años a esta parte e que es conpadre de este testigo.

II A la segunda pregunta dixo que puede aber quinze años, poco mas o menos, que este testigo fue conpadre de vn bautismo de vn fijo del dicho Juan de Chinchilla, e que vido como en aquello seguio la Ley de christiano, e que lo otro contenido en la dicha pregunta, que non lo sabe.

III, IIII° A la terçera pregunta e a la quarta pregunta dixo que non lo sabe.

V A la quinta pregunta dixo que lo sabe ⟨sic⟩ es que vido los dias de los sabados folgar generalmente los conuersos por la plaça.

VI A la sesta pregunta dixo que sienpre le veya andar vestido de vna ropa, sin facer mas diferençia al sabado que otro dia de entre semana, e que lo vido porque le veya muchos ⟨sic⟩ e fablava con el.

VII, VIII° A la setima e otava preguntas dixo que non sabe mas dellas de lo que dicho tiene en la segunda pregunta.

Preguntado por las otras preguntas al fecho pertenesçientes dixo que desia lo que dicho avia. |

Dicho de Juan de Medina

I El dicho Juan de Medina, testigo presentado por parte del dicho Juan de Chinchilla, jurado en forma, preguntado por las preguntas del dicho interrogatorio, por la primera pregunta dixo que lo conosçe desde el mes de setienbre aca, que entro en su casa.

II Preguntado por la segunda pregunta dixo que en el dicho tienpo que con el abia estado, que pudo ser fasta dos meses antes que le prendieron, que este testigo lo tubo en posesion de christiano e le vido oyr Misas e algunos Sermones los domingos e fiestas de folgar en tanto que con el estubo.

III A la terçera pregunta dixo que nunca lo miro, porque dixo que no dormia esta testigo las noches en casa del dicho su amo.

IIII° A la quarta pregunta dixo que lo sabe, porque dixo que lo vido asi façer en el tienpo de los dichos dos meses que con el estubo.

V A la quinta pregunta dixo que sabe que tambien trabajaba el

dicho su amo el dia del sabado como otro qualesquier dia de entre semana, e dixo que lo sabe porque en los dichos dos meses que con el estubo le vido trabajar en su ofiçio de sastre.
VI A la sesta pregunta dixo non lo miro nin lo sabe.
VII A la setima pregunta dixo que sabe que en el dicho tienpo que con el moro e estubo, que guardaba los domingos e fiestas, e que lo sabe porque dixo que lo vido asi estando en su casa.
VIII° A la otaba pregunta dixo que desia lo que dicho abia en la segunda pregunta, e que a ello se refiere.
Preguntado por las otras preguntas al fecho pertenesçientes, dixo que desia lo que dicho abia.

Diego Gallego
I El dicho Diego Gallego, testigo presentado por el dicho Juan Gomes en el dicho nonbre, jurado en forma, preguntado por las preguntas del dicho interrogatorio, por la primera pregunta dixo que conosçe al dicho Juan de Chinchilla de quatro meses a esta parte, que dixo que fasia con el en la tienda antes que le prendiesen.
II A la segunda pregunta dixo que en el dicho tienpo que estaba en la dicha conpania, que paresçia a este testigo que era buen christiano, e que el a su ver por tal le tenia, e que lo otro, dixo que non lo sabe.
III, IIII° A la terçera pregunta dixo y por la quarta pregunta dixo que non la sabe.
V A la quinta pregunta dixo que non la sabe.
VI A la sesta pregunta dixo que sienpre le via que andava mal
7r vestido, tan | el sabado como otro dia de entre semana, sin façer deferençia alguna.
VII A la setima pregunta dixo que en el tienpo que en conpania estubieron este testigo e el dicho Juan de Chinchilla, le vido que guardaba los domingos e fiestas de la Yglesia asas veses, acompañandose en vno.
VIII° A la otaba pregunta dixo que le vido asas veses en la yglesia oyr Misas como christiano.
Por las otras preguntas al fecho pertenesçientes, dixo que desia lo que dicho abia.

Anton de Cordova
I El dicho Anton de Cordova, testigo presentado por el dicho Juan Gomes en el dicho nonbre, jurado en forma, preguntado por las preguntas del dicho interrogatorio, por la primera pregunta

Trial of Juan de Chinchilla, alias Juan Soga

dixo que conosçe al dicho Juan de Chinchilla de tres o quatro meses a esta parte, poco mas o menos, que estaba con el.

II A la segunda pregunta dixo que del dicho tienpo aca, en lo que este testigo pudo conosçer del dicho Juan de Chinchilla, que era christiano e por tal lo tenia; este testigo dixo que non le vido confesar ni comulgar ni lo sabe.

III A la terçera pregunta dixo que non lo vio ni lo sabe.

IIII° A la quarta pregunta dixo que en el dicho tienpo de los dichos tres o quatro meses que con el estubo, que sabe que guisavan en su casa de comer el dia del sabado tanbien, como los otros dias, porque dixo que lo vido e aun que este testigo ençendio algunas veses la candela para lo guisar.

V A la quinta pregunta tixo que en el dicho tienpo que con el estubo, que le vido coser tanbien al dia del sabado como otro dia de entre semana, porque dixo que este testigo cosia con el.

VI A la sesta pregunta dixo que non lo miro ni lo sabe.

VII A la setima pregunta dixo que le vido guardar los dias de los domingos, que non cosia ni fasia labor en su casa, pero de las pascuas que non lo sabe, porque dixo que nunca la tubo en su casa.

VIII° A la otaba pregunta dixo que en el dicho tienpo le vido que el dicho Juan, sastre, o Juan Soga, que presentaua e presento yva a la yglesia a oyr Misa algunas veses.

Por las otras preguntas al fecho pertenesçientes, dixo que desia lo que dicho abia. |

Witnesses for the Prosecution

7v Et despues desto, en dos dias del mes de enero, año del Nasçimiento del Nuestro Saluador Ihesu Christo de mil e quatroçientos e ochenta e quatro años, estando el reuerendo señor doctor inquisydor dentro en las casas donde se fase la Inquisiçion, en su lugar e audiençia para en prueva de su intençion y de lo por el acusado contra acostumbrado, paresçio ende el dicho promutor fiscal e dixo que por testigos a Juana Martines, muger de Juan de Funes, e a Marina de Coca, hija de Hernan Alonso de Corral, letrado, e a Hernando Falcon, de los quales el dicho señor inquisydor reçibio juramento en forma, lo qual ⟨sic⟩ juraron por Dios e por Santa Maria e por las palabras de los Santos Quatro Evangelios e por la señal de la Crus, tal como ⟨sic⟩ +, en que corporalmente cada vno dellos puso su mano derecha, de dezir verdad de todo lo que supieren en este caso; e por el dicho señor les fue dicho que sy la verdad

2 Jan.
1484

dixesen, que Dios Nuestro Señor les ayudase en este mundo al cuerpo e en el otro al anima, donde mas avian de durar, donde non, que El gelo demandase mal y caramente, como a malos christianos que juran Su Santo Nonbre en vano; e a la confusyon del dicho juramento dixeron: Si, juro, – e: Amen, cada vno dellos por sy. E lo que los dichos testigos dixeron e depusyeron, seyendo examinados e preguntados secreta e apartadamente por los honrados el maestro Juan Ruys de Cordoua, maestro en santa theologia, e por Juan de Hoçes, benefiçiados en esta dicha Çibdad Real, deputados por los dichos señores para reçebir e examinar testigos, e lo que dixeron e depusyeron en la sumaria informaçion y general inquisyçion es lo syguiente: |

8r Juana Martines, muger de Juan de Funes,[5] testigo susodicho presentado por el dicho fiscal, juro segun de suso e dixo que avra veynte años, poco mas o menos, quando el robo de San Martin, morava este testigo junto con Juan Gonçales de Santisteuan en vna calle que va a San Françisco,[6] al qual conosçio, e a su muger Sancha Gonçales, e a sus hijos Juan de Chynchylla e Gomes de Chinchylla,[7] a los quales sabe e vido que guardauan el sabado e se vestian de fiesta, e sabe que guisauan de comer del viernes para el sabado e ençendian los candiles lympios. Esto es lo que sabe e vido por el juramento que fiso, e non mas, e en ello se afirmo.

La dicha Marina de Coca, fija de Hernando Alonso, testigo susodicho presentado por el dicho fiscal, juro segun de suso e dixo que avra dies y seys años, poco mas o menos, que tuuo este testigo por vesino ocho años de pared y medio a Juan Gonçales de Santistevan e a su muger Juana, madre de Gomes de Chinchilla, en la calle de Pedraça, e mora agora en Barrionuevo, sabe e vido en aquel tienpo que guardauan el sabado ellos y sus hijos, et el vno se llama Juan de Chinchylla e el otro Gomes de Chinchilla, el que esta preso, e se vestian ropas lympias de fiesta e avian aquel dia mucho plaser; e sabe que guisauan de comer del viernes para el sabado; e sabe e vido que ençendian los candiles lympios; e sabe e vido que guardauan la Pascua del Pan Çençeño, e lo hazian e lo comian en su casa. Iten, dixo que en este dicho tienpo fallesçio el dicho Juan Gonçales de Santistevan, lo bañaron, e oyo dezir a vn moço suyo como lo raparon todo, e sabe e vido que lo

[5] A certain Juan de Funez, notary, is mentioned in the trial of Juan Ramírez, No. 109, foll. 87r, 93r, 96r.
[6] The stepfather of Juan de Chinchilla; see Biographical Notes.
[7] See Biographical Notes.

Trial of Juan de Chinchilla, alias Juan Soga

amortajaron como judio e lo endecharon sus hijos e lo enterraron por sy en el honsario de San Françisco; e dixo mas que le hizieron el coguerço, e comieron nuebe dias en el suelo pescado y huevos, y no sacaron en aquellos dias agua del poço, e pusyeron vna escudilla
8v con agua y vn candil | diziendo que se auia de vañar ally el alma del su marido. E sabe que se purgaua la carne que comian, e que non les vido señales de christianos. E esto es lo que sabe e en ello se afirmo.

El dicho Hernando Falcon,[8] testigo susodicho presentado por el dicho fiscal, juro en forma segund suso e dixo que cree que Juan Soga es judio, e que su muger cree que es judia, porque tal fama tyene, e que sabe que su padre e madre lo eran. Esto es lo que sabe e en ello se afirma. |

9r-v *Blank folio*

Confession

10r Dicho de Juan de Chinchilla, sastre
Feb. En çinco de febrero de LXXXIIII°, ante el reverendo señor
1484 liçençiado, el dicho Juan de Chinchilla dixo e confeso esto que se sygue: Primeramente, dixo que fue criado con su abuela la del rico fasta en hedad de dies años, y este paso en Almodovar del Canpo. E despues deste tienpo, luego le truxeron a esta Çibdad Real, e que estubo con su madre Sancha Gonsales e con su padrastro Juan Gonsales de Santistevan, que eran casados en vno despues de la muerte del dicho su padre del dicho Juan de Chinchilla, los quales dixo que morauan çerca de las casas donde bibe e mora Pedraça. E jurado en forma, etç., preguntado, dixo {Juan Gonsales de Santistevan} que puede aber treynta años e mas tienpo que, estando con el dicho su padrastro e con su madre, dixo que vido a Sancha Gonsales, su madre, {Sancha Gonsales su muger} que ençendia candiles linpios el biernes en la noche e guisaba el comer para el sabado e guardaba el sabado e vestia ropas linpias, e que la vido vestido vn brial blanco de fiesta vn sabado; e asymismo todos los de su casa guardaban el sabado e comian el guisado del viernes el sabado, e que este testigo comio dello. E que sabe en aquel tienpo que lo fasian por çerimonia judayca de Moysen. E dixo que sabe que el dicho su padrastro consentia todas las çerimonias que la dicha su muger, madre deste testigo, fasia, e vestia ropas

---

[8] See Biographical Notes.

[175]

linpias el sabado e comia del guisado del viernes. E dixo que sabe e vido que la dicha su madre yva a casa de Alonso Lopes Molina a oyr oraçiones judaycas,[9] espeçialmente los sabados, e que non venia de alla fasta ora de comer. E dixo que estubo con ellos quatro años, poco mas o menos, vsando de las dichas çerimonias con su madre. e que despues desto, dixo que se fue de su casa a aprender ofiçio con Juan de Carmona e con su muger Mençia Gonçales, donde dixo que estubo por espaçio de los años e que le enseñaron el ofiçio de sastre.

Iten, dixo que despues que vino a esta çibdad, que se caso con Beatris, su muger, que ayuno el ayuno que diçen Mayor de los judios, que non comio fasta la noche salida el estrella, e que aquel dia le demandaron perdon a el e el le demando a otros, abraçandose e besandose los vnos a los otros e los otros a los otros.

Iten, dixo que le dixo su madre a este testigo que ayunase aquel dia del Ayuno Mayor otra vegada, e que lo ayundo fasta salida el estrella.

Iten, dixo que veniendo de la guerra de Portugal, puede aber çinco años, vna vegada que vino en Sevilla en casa de Alonso Gomes de Mora, que mora agora en Malagon, e dixo que ayuno aquel dia con el dicho Alonso Gomes en su casa, e folgo e non comio fasta salida el estrella, e dixo que çeno pescado.

Iten, dixo que sabe que sus hermanas Maria e Leonor, Juana e Flor e Beatris e Mençia, que fasian todas las çerimonias judaycas que fasia su madre deste testigo.

Iten, dixo que algunas veses comio a los cohuerços en Almodovar, en casa de Çuçen, en el suelo, en modo judayco, e que los abades comian gallinas a su mesa y los conuersos en el suelo garuanços e huevos. Iten dixo que comio a otros cohuerços en casa de la madre de Rodrigo de los Olibos [10] e de Alonso Gonsales Recuero. E dixo que para el juramento que fecho abia, que esto que dicho ha de suso es asy la verdad . |

Iten, en siete de febrero del dicho año, traydo el dicho Juan de Chinchilla por el alguasil ante el reuerendo señor liçençiado en el palaçio de la audiençia, dixo que se afirmaba e afirmo en todo lo que dicho e confesado tenia ante su reverençia, e dixo mas, que quando estaba desposado e despues de casado, que comio muchas vezes en sabado el guisado del viernes en casa de su suegro Diego Lopes el Pinto,[10] sabiendo que era por çerimonia

---

[9] This word was struck out. See also trial of Juan de Fez, No. 9, fol. 11r.
[10] See Biographical Notes.

Trial of Juan de Chinchilla, alias Juan Soga

judayca. Iten, dixo que confeso que todo quanto del abian dicho los testigos presentados por el fiscal, que es todo asy verdad como lo dicen en sus dichos, exçepto vn dicho de vno que dixo que era Fernand Falcon, que en aquel dixo non consintia, porque dixo que era su enemigo.

6 Feb. E despues desto, en seys dias del dicho mes de febrero, año
1484 susodicho de ochenta e quatro años, este dicho dia, en juysio ante los dichos señores, estando presentes en su audiençia en el lugar acostunbrado, a la hora de la terçia, paresçieron ende presentes el dicho promutor fiscal por si de la vna parte, e de ia otra parte Juan Gomes, en nonbre del dicho Juan de Chinchilla. E lugo el dicho promutor fiscal dixo que por la confesion fecha por el dicho Juan de Chinchilla, junta con los dichos de los testigos, fallaran sus reverençias prouada su entinçion e acusaçion, e que cardenal de España, arçobispo de Toledo, vn proçeso de pleyto que Chinchilla e al dicho Juan Gomes, su procurador, en su nonbre, que concluya, e que ellos concluyan con ellos e asygnen termino para dar sentençia, la qual dixo que pedia. E lugo los dichos señores dixeron al dicho Juan Gomes, que presente estaba, que sy el sy concluya con el dicho fiscal. El qual dixo que sy, que concluya e concluyo en el dicho nonbre. E lugo los dichos señores inquisidores dixeron que pues amas las dichas partes abian concluydo, que ellos concluyan e concluyeron con ellos, e que asygnaban e asygnaron termino para dar sentençia para la primera audiençia, e dende en adelante para cada dia que por sus reverençias bien visto fuese e les pluguiese.

Testigos que fueron presentes a lo que de suso dicho es: Juan de Vria, reçebtor, e Juan de Alpharo, alguasil mayor, e el bachiller Gonçalo Moños. |

Sentence

11r en XXIII de febrero de LXXXIIII° años

*3 Feb. Juan de Chinchilla
1484 Vysto por nos, Pero Dias de la Costana, liçençiado en santa theologia, et Françisco Sanches de la Fuente, doctor en decretos, juezes inquisidores por la abtoridad apostolica, e yo, Pero Dias, liçençiado, como ofiçial e vicario general en este arçobispado de Toledo por el reuerendisimo señor don Pedro Gonçales de Mendoça, cardenal de España, arçobispo de Toledo, vn proçeso de pleyto que ante nos se ha tratado e pende entre el honrado Fernand Rodrigues

del Barco, capellan del Rey nuestro señor, nuestro promutor fiscal, e Iohan de Chinchilla, sastre, vezino desta Çibdad Real, sobre vna acusaçion que el dicho promutor fiscal intento e propuso contra el dicho Juan de Chinchilla, en que denunçio del e lo acuso, disiendo que es ereje e aposto[ta] por se aver apartado de nuestra Santa Fee Catholica e vnion de la Santa Madre Yglesia a aver seguido la Ley de Muysen, guardandola e fasiendo sus çerimonias en muchas maneras, segund que en la dicha su acusaçion se contiene, pidiendonos que lo declarasemos por ereje e apostata e aver incurrido en las penas e çensuras que contra los tales herejes en el derecho son estableçidas, pidiendo serle fecho complimiento de justiçia; et vistas las rasones e exçepçiones que el dicho Juan de Chinchilla alego contra la dicha acusaçion en defension e excusaçion suya, et en fin nego lo contenido en la dicha acusaçion; et como el dicho fiscal e el dicho Juan de Chinchilla fueron por nos conjuntamente resçebidos a la prueua; e como cada vno dellos presento los testigos de que se entendio aprouechar, e fueron por nos resçebidos e mandados examinar e preguntar, e publicados sus dichos e depusiçiones e mandado dar copia de ellos al dicho Juan de Chinchilla, e termino e tienpo para que contra ellos dixiese o alegase lo que de derecho deuiese e quisiese. Et oydo todo lo que quiso desir e alegar, et vista la confesion que el dicho Juan de Chinchilla fiso ante nos despues de la publicaçion de los testigos, por la qual e por los dichos de los testigos paresçe e se prueva que el dicho Juan de Chinchilla, sastre, asi estando con su madre Sancha Gonçales e su padrastro Juan Gonçales de Santisteuan, con los quales guardaua los sabados, comiendo de lo guisado del bierines para el sabado e vistiendose en ellos ropas linpias e fasiendo todas las otras çerimonias que se requieren en la guarda de los sabados, seyendo en hedad que sabia e conosçia que aquello se hasia por çerimonia e guarda de la Ley de Muysen, como despues que fue casado en esta çibdad, dixo e confeso que ayuno el Ayuno Mayor de los judios algunas veses, non comiendo hasta la noche salida el estrella, pidiendo el perdon a otros e otros a el, e todos perdonandose; e que comio en algunos coguerços de los conversos defuntos, comiendo en el suelo garuanços e hueuos e non carne; et asymesmo por los testigos que contra el depusieron, paresçe e se prueua que el dicho Juan de Chinchilla, sastre, guardaua los sabados, ençendiendo candiles linpios los viernes en la noche por honra del sabado, e comiendo lo guisado del viernes en el sabado, e vistiendose ropas linpias en el; e guardaua la Pascua del Pan

Trial of Juan de Chinchilla, alias Juan Soga

Çençeño, e lo comio; e hasia otras çerimonias judaycas, siguiendo la Ley de Muysen. Et visto e comunicado este proçeso con letrados e personas religiosas de buenas e sanas conçiençias, siguiendo su consejo e comun determinaçion e acuerdo, teniendo solamente a Dios ante nuestros ojos: |

11v Fallamos que devemos declarar e declaramos el dicho Juan de Chinchilla, sastre, aver seydo e ser hereje, e que por tal ereje lo devemos pronunçiar e pronunçiamos, et que por aver cometido el dicho crimen de heregia, judaysando como judayso, incurrio en sentençia de excomunion mayor e en las otras penas espirituales e tenporales en los derechos contenidas e en perdimiento e confisacçion de sus bienes, et que lo devemos relaxar e relaxamos al virtuosos cauallero Juan Peres de Barradas, comendador de Çieça, corregidor por el Rey e Reyna, nuestros señores, en esta çibdad e su tierra, e a sus alcaldes e justiçia para que proçedan contra el segund e como de derecho devan. Et asi lo pronunçiamos e sentençiamos e mandamos en estos escriptos e por ellos.

(–) Petrus, licenciatus,   (–) Franciscus, doctor |

12r *Blank page*

Genealogy of the Family of Juan de Chinchilla

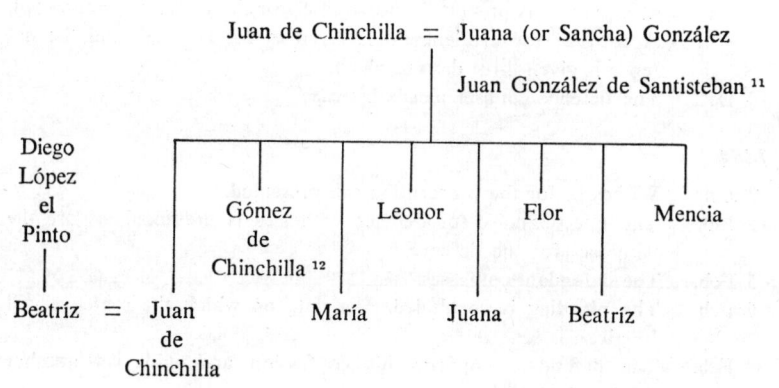

Juan de Chinchilla = Juana (or Sancha) González

Juan González de Santisteban [11]

Children: Gómez de Chinchilla [12], Leonor, Flor, Mencia

Diego López el Pinto — Beatríz = Juan de Chinchilla

Gómez de Chinchilla — María

Leonor — Juana

Flor — Beatríz

---

[11] He was her second husband.
[12] He was also tried and condemned; see No. 30.

Records of the Spanish Inquisition in Ciudad Real, 1483–1485

The Composition of the Court

Judges:	Francisco Sánchez de la Fuente
	Pero Díaz de la Costana
Prosecutor:	Fernán Rodríguez del Barco
Defence:	Juan Gómez — *procurador*
	Bachiller Gonzalo Fernández — *letrado*
	Bachiller Gonzalo Muñoz — *letrado*
Examiners of Witnesses: [13]	Juan Ruiz de Córdoba
	Juan de Hoces

Witnesses for the Prosecution in Order of Testification

1. Juana Martínez, wife of Juan de Funez
2. Marina de Coca, daughter of Hernan de Alonso de Coral, *letrado*
3. Fernán Falcón

Witnesses for the Defence in Order of Testification

1. Diego de Villacanes
2. Diego Ruiz, barber
3. Juan de Medina
4. Diego Gallego
5. Antón de Córdoba

Synopsis of Trial

1483

17 Dec. The trial opens. The accused is brought before the Court. The arraignment is presented and counsel for the defence is appointed. A copy of the arraignment is given to the accused, and the defence is given three days to plead.

19 Dec. The defence counsel pleads his case.

1484

2 Jan. Witnesses for the prosecution are presented.

5 Jan. The questionnaire for defence witnesses is presented, as are the witnesses for the defence.

5 Feb. The defendant confesses.

6 Feb. The pleading is concluded. The date on which the sentence will be given is set.

7 Feb. The defendant confirms his confession and adds yet another deed to it.

Date unknown *Consulta-de-fe.*

23 Feb. The sentence is pronounced. The accused is handed over to the Secular Arm and is burnt at the *auto-de-fe* held in the Town Square.

[13] They examined both witnesses for the prosecution and witnesses for the defence — separately.

8 The Case of Diego de la Sierra
1483–1485

Source: Legajo 184, No. 800, fol. 16r.

Diego de la Sierra was the son of Alonso González del Frexinal and Leonor González [1] and the brother of Juan de la Sierra.
The details of his trial, which opened on 17 December 1483, are found in the file of Juan de la Sierra,[2] in the testimonies of Fernán Falcón, Alonso Marcos,[3] Juan de Lucas and Juan González. These testimonies were copied from Libro Primero de Çibdad Real, *fol. XLV.[4]*
Although the testimonies give ample evidence that Diego de la Sierra actively participated in Jewish practices, he was absolved on 18 February 1485 and restored to the Church. The Court's lenient attitude toward Diego may have been influenced by the success of his brother, Juan, in bringing their run-away mother back from Portugal to stand trial. Juan de la Sierra was also restored to the Church,[5] but his property was confiscated.
See also the trial of Rodrigo de la Sierra, No. 124, held in 1525.

Bibliography: Fita, p. 479, No. 250; Delgado Merchán, p. 220; H. Beinart, *Tarbiz*, XXX (1961), pp. 46–61; idem, *Anusim*, index.

[1] See the family genealogy on p.332.
[2] See trial No. 118, fol. 16r.
[3] He testified in Seville.
[4] *Libro Primero de Çiudat* [sic] *Real*.
[5] See Biographical Notes on him.

9 Trial of Juan de Fez and Catalina Gómez, his Wife 1483–1484

Source: AHN IT, Legajo 148, No. 267, foll. 1r–16r, new number: Leg. 148, No. 6.

Juan de Fez was an important member of the Ciudad Real Converso community. As a tax-farmer of the Crown and of the Archbishop of Toledo, he had many dealings with the inhabitants of his town. Therefore, his trial no doubt made a deep impression on the neighbourhood. His wife, Catalina Gómez, a seamstress, was the niece of Juan Falcón and thereby one of the important Ciudad Real Conversas (see their genealogy on p. 209). Both husband and wife participated in the Converso gatherings held at the house of María Díaz, la cerera, and in other places of assembly. In 1474 they fled to Daimiel, where many Conversos found refuge under the protection of the Order of Calatrava.

Their trial started on 19 December 1483, although Juan de Fez was probably arrested at an earlier date, shortly after his confession during the Period of Grace. Catalina Gómez confessed on 10 October 1483, and his confession probably took place on the same day. This trial can be compared to that of Juan González Daza (No. 6) in the urgency with which it was carried out. Juan de Fez had appeared as witness for the prosecution against María Díaz, la cerera, Sancho de Ciudad and Juan González Panpan. In describing their Jewish practices he endeavoured to shift the blame for his own Judaizing to them, to Alonso González, the stammerer, and to Juan Falcón. When, during his own trial, the judge threatened to torture him, he confessed and was condemned. Both husband and wife were burnt at the stake on 23 February 1484.

There are certain discrepancies in the account of the trial, and the entries in the file are not in their proper order. For example, the confessions of Catalina Gómez and Juan de Fez were copied into the file after the sentence, when they should have been placed together with the testimonies for the prosecution.

A document found at Simancas,[1] dated 22 June 1485, deals with

---

[1] *RS*, IV, No. 1244, fol. 126.

Trial of Juan de Fez and Catalina Gómez

a petition of his partner, Juan de Haro,[2] concerning the collection of pan pontifical taxes due to the Archbishop of Toledo. Juan de Haro accused Juan de Fez of having collected 400 English bushels of wheat without his knowledge, and he asked for compensation. The Crown acceded to the request. It is to be presumed that the compensation was paid out of the confiscated property of Juan de Fez, although the document does not reveal how this amount was paid to the Archbishop of Toledo.[3]

Bibliography: Fita, pp. 139–140; Delgado Merchán, p. 218; Lea, III, p. 72; Beinart, pp. 176 ff. and index.

1r Vesinos de Çibdad Real

                            quemados Leg. 23 No. 62

     Proçeso contra Juan de Fes e su muger

              con la senteçia

      Catalina Gomez su muger Quemados

16 folios

1v En Çibdad Real, en dias ⟨sic⟩ dies e nueve dias del mes de
19 Dec. diçienbre, año del Nasçimiento del Nuestro Saluador Ihesu Christo
1483 de mil e quatroçientos e ochenta e tres años, este dicho dia, dentro en las casas donde los reuerendos señores residen e façen su abitaçion e audiençia continua, en presençia de los notarios e testigos infrascriptos, etç., estando los dichos reverendos señores sentados en audiençia a la hora de la terçia en el lugar acostunbrado, paresçio ende presente el honrado Ferrand Rodrigues del Barco, clerigo e capellan del Rey nuestro señor, promutor fiscal de la

---

[2] He was a son-in-law of Diego López, shoemaker (No. 86), who was also tried; see Biographical Notes.
[3] For this document, see Vol. IV, No. 100.

[183]

Santa Inquisiçion, e estando ende presentes en la dicha audiençia Juan de Fes e su muger, vesinos de la dicha çibdad, contra los quales el dicho promutor fiscal presento vna acusaçion, thenor de la qual es este que se sygue: |

Arraignment

2r En XIX de disiembre
19 Dec. Juan de Fes y su muger
1483 Muy Reuerendos e Virtuosos Señores Juezes Ynquisidores de la heretica prauedad:
Yo, Fernand Rodriguez del Varco, capellan del Rey nuestro señor, promutor fiscal de la Santa Ynquisiçion, paresco ante Vuestras Reuerençias e acuso a Juan de Fes e a Catalina Gomes, su muger, vesinos desta Çibdad Real; y contando el caso digo que, auiendo venido los dichos Juan de Fes e su muger en el termino a tiempo de la graçia por Vuestras Reuerençias asygnado a se presentar ante aquellas en nonbre e so color de christianos e fingiendo arrepentymiento de sus pecados y heretycos errores en que a Nuestro Señor desian auian ofendido, el dicho Juan de Fes solamente dixo en su confesyon que atrayda su madre por vn Alonso Martines, tartamudo, que la fiso guardar los sabados y comer pan çençeño e ençender candiles el viernes en la noche e guardar las fiestas judaycas, e que a cabsa de su madre el fiso aquello mismo desde dies e siete años fasta que ovo los veynte e çinco, e que el se fue a confesar, mediante la qual confesyon dise se abraço con la Madre Santa Iglesia, en Fe de la qual dise que ha estado e esta. E la dicha Catalina Gomes, su muger, asymismo dixo que atrayda por Juan Falcon, su tyo, e yndusida por el, que ayuno algunas veses ayunos de judios, e que algunas veses comio pan çençeño e que otras veses gelo traya el mismo Iohan Falcon fasta su casa, e que como fuese ella costurera, que cosyo algunos domingos fasta ora de comer e que tanbien xabonaua sus tocas e lauaua camisas a sus fijos los que criaua, e que esto la duro fasta el robo pasado desta çibdad; e que guiso algunas veses del viernes para el sabado a escusa de su marido, de que dise que peso mucho al dicho Juan de Fes, por cuya cabsa dise que algund tiempo non fisieron vida. Las quales confesyones non les aprouecharon ni justificaron por se aver fecho symuladamente y non con verdadero animo e contriçion, dexando de confesar otras cosas e casos de mayor ynportançia y mas graues, diferente de aquellos que asy por ellos fue symuladamente confesado, segund de yuso:

Vno, que los dichos Juan de Fes e Catalina Gomes, su muger, guardaron los sabados çerimonialmente como judios, çesando en ellos de obrar e trabajar por honra e solepnidad de la Ley de Moysen.

Yten, que los dichos Iohan de Fes e su muger comieron carne en Quaresma syn tener cabsa ni nesçesidad para ello, en menospreçio de nuestra Fe e obrando de las çerimonias judaycas.

Yten, que comieron carne muerta con çerimonia judayca e segund costunbre de judios.

Yten, que labraron e trabajaron e consyntyeron labrar e trabajar los domingos e fiestas e non segund como lo dixo la dicha Catalina Gomes, todo çerimoniando e solepnisando la Ley de Moysen y en menospreçio de la dicha nuestra Santa Fe.

2v Yten, que los dichos Juan de Fes e su muger heretycaron e apostataron en otras | cosas e casos que protesto, venido a mi notyçia, declarar en este proçeso e cabsa. De lo qual digo, Virtuosos Señores, que los dichos Juan de Fes e su muger fueron e son e quedaron convictos e confiesos en las dichas eregias e apostasyas, quedando las dichas sus confesiones por mayor condepnaçion suya, e por ello yncurrieron en las penas çeuiles e criminales en los derechos estableçidas. Por que, Reuerendos Señores, vos pido e requiero por tales herejes e apostotas los declareys e pronunçieys, declarando aver yncurrido en las dichas penas çeuiles e criminales, para lo qual ynploro vuestro noble e reuerendo ofiçio e pido conplimiento de justiçia.

Declaration by Juan de Fez and Catalina Gomez

E asy presentado el dicho escripto de acusaçion por el dicho promotor fiscal contra los dichos Juan de Fes e Catalyna Gomes, su muger, luego incontinenti el dicho Juan de Fes e su muger dixeron que no auian menester letrado ni abogado, saluo que luego querian responder; los quales se apartaron a vna parte de la avdiençia e respondieron por escripto a la dicha acusaçion, e lo que dixeron es lo syguiente:

Muy Reuerendos e Virtuosos Señores: Juan de Fes, con homil reuerençia beso las manos de Vuestra Merçed, y respondiendo a la acusaçion contra mi puesta digo y respondo lo syguiente: En quanto al guardar de los sabados digo que lo niego, ni lo aver guardado por çerimonia judayca, sy no fuese fiesta mandada guardar por la Yglesia. En quanto al comer carne en Quaresma, digo que la comi con neçesydad, y esto en mi dicho que dixe se fallara como lo declare. En quanto al trabajar el domingo e fiestas, esto yo lo niego, porque yo no tengo ofiçio saluo arrendador y non trabajo ninguno dia del año syno como otros fieles christianos que son arrendadores en esta çibdad. E de estas cosas que confieso segun de suso se contiene pido a Dios misericordia e a Vuestra Merçed, Señores, pido penitençia saludable, la qual e la que Vuestra Merçed me quisyere dar.

E leyda la dicha respuesta del dicho Juan de Fes, luego incontinenti respondio su muger, e lo que dixo e respondio contra la dicha acusaçion e dixo por su escripto es lo syguiente: Muy Reuerendos e Virtuosos Señores: Catalyna Gomes, muger de Juan de Fes,
3r beso las manos de Vuestra | Reuerençia, e respondiendo a la acusaçion contra mi puesta digo e respondo lo syguiente:

A lo primero, del guardar de los sabados, digo que yo fise mi declaraçion e reconçiliaçion e declare guardar los mas sabados que pude, segun en la dicha mi reconçiliaçion se contiene, y sy entonçes lo dixe, sy no, agora lo digo y pido a Dios misericordia e a vosotros, Señores, penitençia saludable.

En quanto a lo que dise de la carne que comi en Quaresma, digo que sy alguna ves la comi seria con neçesydad, estando parida o dolyente, e yo lo confese con mi cura e me dio dello penitençia, e sy neçesario es manifiestolo de la manera que lo digo, e pido a Dios misericordia e a Vuestra Merçed penitençia saludable.

Al articulo del trabajar en domingos e fiestas, digo e respondo que me refiero a lo que dixe en mi reconçiliaçion çerca dello, e niego averlo fecho por çerimonia judayca, saluo como yo era costurera e conpli con las gentes, manifiestolo segun lo dicho en la dicha mi reconçiliaçion, e pido penitençia.

E de todas las cosas susodichas por mi confesadas, segund e como de suso se contiene, pido a Dios misericordia e a Vuestra Merçed, Señores, penitençia saludable, qual a Vuestras Reuerençias fuere vista.

Contention of Prosecutor and Interim Decision of Court

E asy leydo el dicho escripto de respuesta que los dichos Juan de Fes e su muger dieron e presentaron, luego el dicho fiscal, respondiendo a ella, dixo que la confesyon por ellos fecha ante los señores, antes desto que en su respuesta confiesan, non les aprouecha ni relieua de la pena, segund dicho tyene en su acusaçion, e asymismo lo que agora confiesa, por quanto non la fiso en tienpo; enpero, que en quanto hase por el reçibe lo que confiesan, y

en todo lo al que niegan e negaron pidio ser reçibido a la prueua,
3v e que concluya. Los dichos señores | dixeron al dicho Juan de Fes
sy concluya el e su muger; los quales respondieron e dixeron que
con el concluyan, asymismo con lo que dicho e alegado tenian. Los
dichos señores reçebieron a amas las partes a la prueva e les dieron
termino de nueve dias que feriados non fuesen [Conclusion].

E luego el dicho Juan de Fes dixo que el tenia en esta çibdad enemigos que creya que auian dicho contra el. Los dichos ⟨señores⟩
dixeron que señalase las personas e las causas de la henemistad. El
dicho Juan de Fes los señalado que son estas: Juan de Leon e sus
hijos [4] Juan e Catalyna, su hija, e Anton, su yerno; la causa por
que son sus enemigos, dixo que porque el dicho Juan de Leon e
su hijo le fizieron çierto hurto e los otros le andauan por matar.

E asymismo dixo que tenia por enemigo a Fernando Falcon [5] e a
Eluira, muger de Juan del Poçuelo, porque durmio con ella, e
porque no le satisfiso, dixo que le tenia enemistad. |

Defence

4r En XII de enero de LXXXXIIII°
12 Jan. contra Juan de Fes e su muger
1484 Reuerendos Señores
Jueses susodichos: Yo, el dicho Iohan de Fes, a Catalina Gomes, mi
muger, paresçemos ante Vuestras Reuerençias en la cabsa e acusaçion contra nos por el dicho promotor fiscal propuesta, e vos
pidimos a los testigos por nos presentados e en nuestro nonbre ante
Vuestra Reuerençia, los fagays e mandeys faser, e a cada vno
dellos, las preguntas syguientes:

I Primeramente, sy conosçen a mi, el dicho Iohan de Fes, e a la
dicha Catalina Gomes, mi muger, e como e quanto tienpo ha que
nos conosçen.

II Yten, sy saben, creen, vieron o oyeron desir que nos, los susodichos, de quinse, veynte, treynta años e mas, e todos los dias de
nuestra vida, estouiesemos e ayamos estado en posesion de fieles e
catolicos christianos, et fasiendo obras de tales oyesemos los Diuinos
Ofiçios, asy en las yglesias donde eramos e aviamos sydo parrochia-
nos como en otras yglesias, a lo menos yo, el dicho Juan de Fes,
de treynta años aca, e la dicha mi muger de dies años a esta parte.

III Yten, sy saben, etç., siguiendo la Fe e Ley de Christo Nuestro

---

[4] See below, fol. 9v. They were partners in tax-farming.
[5] The well-known witness for prosecution; see **Biographical Notes**.

Señor en los dias e tienpos que la Palabra Suya se predicaua, la yuamos a oyr e oyamos como christianos.

IIII° Yten, sy saben etç., en los tienpos determinados por la Yglesia, en sanidad e enfermedad, quando aquella Dios nos daua, resçebiamos los Sacros Sacramentos de la Penintençia e Eucaristia.

V Yten, sy saben, etç., en los dias de los sabados, sy fiesta non fuese de aquellas que la Yglesia manda guardar, syn diferençia alguna trabajasemos e fisiesemos trabajar en nuestra casa e fasienda, non curando de los honrar ni guardar por seguir la Ley de Muysen.

VI Yten, sy saben etç., por nos las Quaresmas fuesen guardados como buenos christianos los guardan, e comiesemos de las cosas de que aquellos comen, e ayunasemos los dias que podiamos, e sy comimos carne en algund dia de Quaresma fue por nesçesydad e con liçençia de nuestro presbitero perrochial.

VII Yten, sy saben, etc., en la dicha nuestra casa se comia e comiese a la contina carne muerta e degollada por mano de christianos en la carneçeria publica desta dicha çibdad e trayda de aquella. |

4v VIII° Yten, sy saben, etç., los domingos e fiestas de entre semana, aquellos que la Yglesia çelebra, fuesen por nos guardados e honrados e mandados honrar e guardar en nuestra casa, segund e por la forma que los guardan los fieles e catolicos christianos, en ellas ni en alguna dellas non consyntiendo se trabajase ni fisiese obra seruil.

Yten, sy saben, etç., de todo lo susodicho sea publica bos e fama en esta dicha çibdad.

Otrosy vos pido, Reuerendos Señores, a los dichos testigos e a cada vno dellos les fagays e mandeys faser las preguntas al caso pertenesçientes, sobre lo qual ynploro vuestro ofiçio e pido serme fecho conplimiento de justiçia.

Witnesses for the Defence

12 Jan. En Çibdad Real, en dose dias del mes de enero, año del Nasçimien-
1484 to del Nuestro Saluador Ihesu Christo de mil e quatroçientos e ochenta e quatro años, este dicho dia, dentro en las casas donde los reuerendos señores inquisidores residen e fazen su habitaçion e audiençia continua, estando ende presentes los honrados Juan Ruys de Cordova, maestro en santa theologia, e Juan de Hoçes, clerigos e benefiçiados en la dicha çibdad, dados e deputados por los dichos reuerendos señores inquisidores para resçebir e examinar testigos, en presençia de mi, el notario, e testigos e otros, paresçio

Trial of Juan de Fez and Catalina Gómez

ende presente Françisco de Hoçes, procurador e defensor de los dichos Juan de Fes e su muger, e en su nonbre presento este interrogatorio de preguntas, e asymismo dixo que presentaba e presento por testigos a Cathalina Aluares, muger del mayordomo, e a Alonso de Cantalejos, e a Maria Lopes, muger de Alonso de Cantalejos, e a Maria, la ollera, e a Teresa, la calera, e a Juan Ruys, el maestro, clerigo, e a Anton Gonsales, cavallero, e a Gonçalo Lopes de la Gallina, e a Pedro Rodrigues, clerigo, lugarteniente de cura en Santa Maria, vesinos de la dicha çibdad, de los quales e de cada vno dellos los dichos señores deputados resçebieron juramento en forma devida de derecho, en que dixeron que juravan e juraron a Dios e a Santa Maria e a las palabras de los Santos Evangelios, sobre que pusieron sus manos, e a la señal de la Crus +, que corporalmente ellos y cada vno dellos con sus manos derechas tocaron, que como fieles christianos diran la verdad de lo que supieren e les fuere preguntado, e que sy la verdad dixesen o jurasen, que Dios les ayude en este mundo a los cuerpos e en el otro a las animas, e sy el contrario juraran, que Dios gelo demande mal e caramente en este mundo a los cuerpos e en el otro a las animas, como a malos christianos que juran el Santo Nonbre de Dios en bano, e respondieron a la confusion del dicho juramento e dixeron que asy lo juravan, e juraron, — e: Amen. |

5r E lo que los dichos testigos dixeron e deposieron ca⟨da⟩ vno por sy, siendo preguntados por los dichos señores deputados secreta e apartadamente por sy cada vno por las preguntas del dicho interrogatorio, es lo que se sygue primeramente:

Dicho de Catalina Aluares, muger del mayordomo
I La dicha Cathalina Aluares, testigo presentado por Françisco de Hoçes en nonbre de los dichos Juan de Fes e de la dicha Cathalina Gomes, su muger, jurada en forma, dixo, preguntada por las preguntas del dicho interrogatorio, que los conosçe de quatro o çinco años a esta parte. porque mora cerca de su casa.
II Preguntada por la segunda pregunta, dixo que sabe que de quatro o çinco años a esta parte que los ha vido yr asas veses a la yglesia como christianos, e que este testigo por tales los ha tenido e tiene, segund lo que dellos pudo conosçer; e que esto es lo que sabe de la dicha pregunta.
III A la terçera pregunta, que del dicho tienpo aca lo sabe segund que en ella se contiene. Preguntada como lo sabe, dixo que porque morava çerca deste testigo e lo veya, e aun que algunas veses la

dicha Cathalina yva a llamar a este testigo para que fuesen al Sermon.

IIII° A la quarta pregunta dixo que sabe que esta Quaresma pasada que confeso e comulgo la dicha Cathalina en la yglesia e con el cura de Santa Maria. Preguntada como lo sabe, dixo que porque lo vido este mismo testigo, pero dixo que al dicho Juan de Fes que non le vido confesar ni comulgar.

V Preguntada por la quinta pregunta, dixo que sabe que de su ofiçio de la costura tanbien trabajava el dia del sabado como otro dia qualquiera de entre semana. Preguntada como lo sabe, dixo que porque morava ende çerca e lo veya asy por sus ojos a ella e a sus fijas.

VI A la sesta pregunta dixo que en todo quanto este testigo pudo ver y sabe de los sobredichos es que en las Quaresmas nunca les vido comer carne, saluo que veya que trayan de comer de lo que este testigo e los otros buenos christianos comian, e aun que vido como la dicha Cathalina e sus fijas ayunavan la Media Quaresma, e que lo sabe porque este testigo dixo que continuava mucho en su casa del dicho Juan de Fes, e aun dixo que vido al dicho Juan de Fes que ayunaba los viernes de la Quaresma, porque continuaba en su casa e lo vido.

VII A la setima pregunta dixo que vido como continuamente enbiaban por carne a la carneçeria, e que cree que lo trayan della e non de otra parte, pero que este testigo non lo vido tomar de la carneçeria. |

5v VIII° A la otaba pregunta dixo que desdel dicho ⟨sic⟩ aca que los conosçe, que sienpre los havia visto guardar los domingos e fiestas que la Yglesia manda guardar. Preguntada como lo vido, dixo que porque eran vesinos y moravan çerca deste testigo.

Por las otras preguntas al fecho pertenesçientes dixo que desia lo que dicho abia.

Dicho de Anton Gonsales, cavallero

I El dicho Anton Gonsales, testigo presentado por parte de los dichos Juan de Fes e su muger, jurado en forma, preguntado por las preguntas del dicho interrogatorio, por la primera pregunta dixo que los conosçe desde que eran moços fasta agora.

II Por la segunda pregunta dixo que los conosçe del dicho ⟨sic⟩ aca por sien ⟨sic⟩ perrochanos en la collaçion de Santiago desta çibdad, donde este testigo dixo que era perrochano, que los vido algunas veses en la yglesia, pero que nunca los vido comulgar ni confesar; e que esto es lo que sabe de lo contenido en esta dicha pregunta.

III A la terçera pregunta dixo que muy pocas veses le vido en los Sermones en la yglesia de Santiago.

IIII° A la quarta pregunta dixo que se afirmava en lo que abia dicho en la segunda pregunta.

V A la quinta pregunta dixo que non lo sabe.

VI A la sesta pregunta dixo que algunas veses le vido levar pescado de la plaça, pero que congrio ni anguila dixo que non gelo vido llevar, e que lo otro contenido en la dicha pregunta, que non lo sabe.

VII A la setima dixo que le vido llevar fartas veses carne de la carneçeria, pero que lo otro contenido en la dicha pregunta, que non lo sabe.

VIII° A la otaba pregunta dixo que muchos dias e fiestas e domingos entro este testigo en su casa, pero que non los vidia trabajar, sino folgar como christianos.

Por las otras preguntas al fecho pertenesçientes dixo que desia lo que dicho abia.

Teresa, la calera
La dicha Teresa la | ⟨not continued here⟩

6r Alfonso de Cantalejos

I El dicho Alonso de Cantalejos, testigo presentado por parte de Juan de Fes e de su muger Catalina Gomes, jura ⟨sic⟩ en forma, preguntado por la primera pregunta del interrogatorio, dixo que lo conosçe bien ha veynte años, poco mas o menos.

II A la segunda pregunta dixo que non la sabe.

III A la terçera pregunta dixo que algunas veses le vido en la yglesia yr a algunas Predicaçiones.

IIII° A la cuarta pregunta dixo que non sabe nada della.

V A la quinta pregunta dixo que lo que este testigo vido, que nunca le vido guardar sabado, porque non se acuerda dello.

VI A la sesta pregunta dixo que nunca gela vido comer carne en Cuaresma ni menos le vido ayunar, pero que el pocas veses entraua en su casa.

VII A la setima pregunta dixo que le vido traer muchas veses carne de la carneçeria.

VIII° A la otaua pregunta dixo que como era onbre que andaua sienpre por la plaça, que era arrendador, nunca le vido trabajar domingo ni dia santo ni entre semana e a su muger e fijos, que los dias que alla entraua non sabe si holgauan ni si non, pero que sienpre este testigo andaua al canpo.

Preguntado por las otras preguntas al fecho pertenesçientes dixo que desia lo que dicho auia e que en ello se afirmaua, e que non sabe mas para el juramento que fiso.

Mari Lopes, muger de Alonso de Cantalejos

I Jurada en forma preguntada por las preguntas del dicho interrogatorio, a la primera pregunta dixo que ha veynte años, poco mas o menos, que conosçe al dicho Juan de Fes, porque eran vesinos suyos seyendo ella moça.

II A la segunda pregunto dixo que hartas veses los vido yr a la yglesia a el y a ella a oyr los Diuinos Ofiçios.

III A la terçera pregunta dixo que artas le oyo desir a ella que yva a las Predicaçiones.

IIII° A la quarta pregunta dixo que los oyo desir que yvan a confesar e comulgar a la yglesia, pero que non lo vido. |

6v V A la quinta pregunta dixo que tanbien les via coser e faser otras hasiendas el dia de sabado como otro dia.

VI A la seta pregunta dixo que algunas veses les desian que ayunavan en la Quaresma, pero nunca este testigo gelo vio ayunar e que nunca les vio comer carne en Cuaresma.

VII A la setena pregunta dixo sabe que le trayan carne de la carneçeria continua, e este testigo le via traer.

VIII° A la otaua pregunta dixo que nunca les vido quebrantar domingo ni fiesta, a lo que ella se acuerda.

Preguntada por las otras preguntas, dixo que desia lo que dicho auia, e que esto es lo que sabe para el juramento que fiso, e que era publica bos e fama en esta çibdad que todos los conversos della mas guardauan la Ley de Muysen que la de Christo.[6]

I Marina Sanches, la ollera, testigo susodicho, juro en forma, presentada por parte de los dichos Juan de Fes e su muger, preguntada por el dicho interrogatorio, dixo que ha que lo conosçe XXV años, poco mas o menos.

II A la segunda pregunta dixo que algunas veses les via yr a las yglesias a oyr los Ofiçios Diuinos, e algunas veses aconpañar el Cuerpo del Señor.

III A la terçera pregunta dixo que hartas veses les vido yr a las Predicaçiones.

[6] This addition annulled her testimony.

III° A la cuarta pregunta dixo que los vido en sanidad e enfermedad confesar e comulgar.
V A la quinta pregunta dixo que el dia del sabados los vido coser e coser en su casa, e que en guardar las fiestas, non lo sabe.
VI A la sesta pregunta dixo que sabe que comian pescado en Cuaresma e les vido ayunar a su muger e fijas los viernes.
VII A la setena dixo que les veya traer carne de la carneçeria publica.
VIII° A la otaua pregunta dixo que los domingos e fistas los vido guardar a los sobredichos.
Preguntada por las otras preguntas dixo que desia lo que dicho auia, e non sabe mas para el juramento que fiso. |

7r Dicho de Teresa, la calera
I La dicha Teresa, la calera, testigo presentado por parte de los susodichos, jurada en forma, preguntada por las preguntas del dicho interrogatorio, preguntada por la primera pregunta dixo que los conosçe de veynte años a esta parte por vesindad, a la menos los quinçe años.
II A la segunda pregunta dixo que de los quinçe años a esta parte, que los vido yr la yglesia asas veses e estar en ellas oyendo las Misas como christianos, e que este testigo dixo que por tales los ha tenido del dicho tiempo aca por lo que dixo que dellos pudo ver y conosçer, e que al hereticar, que non lo sabe.
III A la terçera pregunta dixo que non lo vido porque non andava tras ellos.
IIII° A la quarta pregunta dixo que non lo vido ni lo save ni los vido mal en este tienpo, saluo a el vna ves, pero que non le vido confesar ni comulgar.
V A la quinta pregunta dixo que algunos sabados entrava e salia este testigo en su casa, e que vio que en el ofiçio de la costura trabajaban tanbien aquel dia como en otro dia de labor de entre semana, y el dicho Juan de Fes que entendia en sus rentas por la çibdad, donde dixo que se perdio.
VI A la sesta pregunta dixo que en lo que este testigo vido, que nunca los vido comer en las Quaresmas cosa devedada, saluo pescado e las otras cosas que comian los otros fieles christianos, e esto porque dixo que continuava en su casa lo vido. E que lo otro contenido en la dicha pregunta dixo que non lo sabe.
VII A la setima pregunta dixo que muchas veses les vido que enbiavan e trayan carne de la carneçeria, e que este testigo lo vido

tomar al dicho Juan de Fes muchas veses e enbiarlo a su casa.
VIII° A la otaba pregunta dixo que despues que los conosçe, que nunca los vido trabajar ni facer labor en su casa en los dias de los domingos ni en otras fiestas que la Yglesia manda guardar, mas antes dixo que los vido folgar como christianos en lo que este testigo vido.
Preguntada por las otras preguntas al fecho pertenesçientes dixo que desia lo que dicho abia.

Dicho de Juan Ruys, maestro, religioso
I El dicho religioso, maestro, testigo presentado por parte de los dichos Juan de Fes e su muger, jurado en forma, preguntado por las preguntas del dicho interrogatorio, por la primera pregunta dixo que los conosçe, porque dis que fue arrendador de quatro años a esta parte, que este testigo et [   ] en esta çibdad.
II A la segunda pregunta dixo que de quatro años e esta parte que los conosçe, que los vido continuar la yglesia como christianos.
III A la terçera pregunta dixo que los vido algunas veses en la yglesia de Santa Maria oyr algunas Predicaçiones. |
IIII° A la quarta pregunta dixo que de dos o tres años a esta parte, dixo que sabe que sabe que los dichos Juan de Fes e su muger se han confesado e resçibido el Cuerpo de Dios, e dixo que lo sabe porque este testigo los avia oydo de penitençia, a ella tres veses e al dicho su marido dos, e que este testigo comulgo con ella tres veses, e a el vna o dos veses.
V A la quinta pregunta dixo que non lo sabe.
VI A la sesta pregunta dixo que sabe que el dicho Juan de Fes demando vna ves liçençia a este dicho testigo para comer carne en vna Quaresma, porque dixo que estava enfermo, e que este testigo le remitio al cura e que non save si gelo dio, e que lo otro contenido en la dicha pregunta, que non lo sabe.
VII A la setima pregunta dixo que non lo sabe.
VIII° A la otaba pregunta dixo que desia lo que dicho abia en la segunda, e que lo otro contenido en esta pregunta, que non lo sabe.
Preguntado por las otras preguntas al hecho pertenesçientes, dixo que desia lo que dicho abia.

Gonçalo Lopes de la Gallina
I El dicho Gonçalo Lopes, testigo presentado por Alonso Aluares en nonbre de los sobredichos, jurado en forma, preguntado por las

preguntas del dicho interrogatorio, por la primera pregunta dixo que conosçe a Juan de Fes e a su muger de vista e fabla de quinçe años a esta parte, poco mas o menos.

II A la segunda pregunta dixo que sete testigo los ha vido yr asas veses a la yglesia a Misa como christianos del dicho tienpo aca, e que lo otro contenido en la dicha pregunta dixo que non lo sabe.

III A la terçera pregunta dixo que algunas veses, algunos dias de mañana, espeçialmente en Quaresma, los vido cubiertos, e desian que yvan oyr la Predicaçion, pero que este testigo non lo vido ni lo sabe.

IIII° A la quarta pregunta dixo non lo vido ni lo sabe.

V A la quinta pregunta dixo que vido este testigo que tanbien trabajaban en su casa de los sobredichos el dia del sabado, en lo que este testigo veya, como en los otros dias de entre semana, e que lo veya porque dixo que trabajaba muchos dias en su casa.

VI A la sesta pregunta dixo que en los dias que en su casa dellos trabajava en la Quaresma, nunca los vido comer carne.

VII A la setima pregunta dixo que vido al dicho Juan de Fes llevar carne de la carneçeria, e aun este testigo dixo que gelo llevava a su casa algunas veses.

VIII° A la otaba pregunta dixo que muchos domingos entro este testigo en su casa de los sobredichos, e que sienpre los vio folgar e guardar el domingo e las pascuas de la Yglesia, que non fasian labor ninguna.

Por las otras preguntas al fecho pertenesçientes, dixo que desia lo que dicho abia. |

Testimony of Pedro Rodríguez (entered after folio 7b)

7rᵃ Para el juramento que yo fise es esta la ⟨verdad⟩:

Que ha quatorse o quinse años que yo conosco a Juan de Fes ser perrochano en la iglesia de Santa Maria.

La segunda, que yo le veya venir los domingos e pascuas, como otro qualquier christiano, a la iglesia a oir la Misa Mayor, saluo que por muchas veses, como hera arrendador, estaua descomulgado,[7] e desta causa faltaua la mas parte de año, porque para muchas veses se lo desia por que non venia a la iglesia, y el me desia que porque era su signo ser arrendador.

La terçera, las Quaresmas, que algunas a las mas dellas le veya

---

[7] Such things happened often. See the trial of Gonzalo Pérez Jarada from Trujillo, Leg. 175, No. 662.

demandar liçençia para que le asoluisen con regidençia para venirse a confesar e desirselo a Juan de Gusman, que era cura e non querello faser fasta que le amonestauan la asuluçion ⟨sic⟩.

Avra de quatro años a esta parte que soy lugarteniente de cura de averlo confesado dos o tres veses e mas; vna Cuaresma, puede aver tres años, que me llamaron que le confesase estando enfermo, e yo le fuy a oyr de penitençia, e esque lo ove oydo vino Ruy Dias, fisico, dixo que estaua muy malo, que yo le diese liçençia para comer carne porque era en la Cuaresma, y a su muger que estaua doliente con el, para que lo comiesen, e yo se la di, veyendo que lo avien menester.[8] E deste fecho non se mas.

(–) Petrus Rodericus. |

7vª Para el juramento que yo fise es esta la verdad:
Puede aver seys o siete años que conosco ⟨a⟩ Alonso Axir.[9]
A la segunda, en los domingos e pascuas algunas veses lo veya venir a la iglesia, mas no continuo.
A la terçera, es que las Quaresmas, despues que yo tengo el cargo de cura, digo que lo he confesado dos veses. E deste fecho non se mas.

(–) Petrus Rodericus. |

8r Dicho de Diego de Vadillo [10]
I El dicho Diego de Vadillo, testigo presentado por parte de los dichos Juan de Fes e su muger, jurado en forma, preguntado por las preguntas del dicho interrogatorio, por la primera dixo que los cognosçe de veynte años e mas tienpo, poco mas o menos.
II Preguntado por la segunda pregunta, dixo que este testigo los tenia por christianos, porque dixo que los vido algunas veses en la yglesia oyr Misas como christianos, e que este testigo dixo que por tales los tenia, pero que sy otra cosa avia, que este testigo non lo sabe.
III A la terçera pregunta dixo que algunas vezes vido al dicho Juan de Fes en los Sermones, e aun que alguna ves fue con este testigo.

[8] A Certain Ruy Díaz, *botánico,* was burnt in effigy on 24 February 1484; see Biographical Notes.
[9] This testimony indicates that Alonso Axir, burnt on 23 July 1486, was tried. See Fita, p. 467, Nos. 19, 27; cf. Biographical Notes.
[10] A certain Diego Vadillo, a monk, confirmed the testimony of Fernando de Villarreal in the trial of Juan de la Sierra, No. 118, fol. 22r.

Trial of Juan de Fez and Catalina Gómez

IIII° A la quarta pregunta dixo que non lo ⟨vido⟩ ni lo sabe, mas quanto le vido desir que venia confesar algunas veses.

V A la quinta pregunta dixo que nunca en ello miro.

VI A la sesta pregunta dixo que lo que sabe de la dicha pregunta es que el dicho Juan de Fes dixo a este testigo algunas veses que enfermedad que tubo en vna dolençia e en el braço, que queria demandar liçençia al cura para comer carne, porque desia que las cosas de la Quaresma le heran dañosas.

VII A la setima pregunta dixo que le vido asas veses llevar carne de la carneçeria para su casa, pero que sy de otra parte lo comia, que non lo sabe.

VIII° A la otaba pregunta dixo que entendia que sy guardaban, pero que otra cosa fasian, que este testigo non lo sabe.

Preguntado por las otras preguntas al fecho pertenesçientes, dixo que desia lo que dicho abia e que en ello se afirmava.

Preguntado sy sabe o cree que los dichos Juan de Fes e su muger sy eran mal infamados, dixo que sabe que eran conversos, e que desya lo que de suso dicho abia. |

Witnesses for the Prosecution

8v
8 Jan.
1484

E despues desto, en ocho dias del mes de henero, año del Nasçimiento del Nuestro Saluador Ihesu Christo de mil e quatroçientos e ochenta e cuatro años, estando el señor doctor Françisco Sanches de en prueua de su intinçion, presentaua e presento por testigos a abdiençia, paresçio antel el dicho promutor fiscal e dixo que, para en prueua de su intinçion, presentaua e presento por testigos a Alonso de Caçeres, corredor, e a Maria Rodrigues, muger de Lope Rodrigues de Valdepeñas, e a Elvira, criada de Juan Conçales de Las Moças, muger de Juan Peres, labrador, e a Mençia Lopes, muger de Fernando de Vallejo,[11] e a Juan de la Torre, notario, e a Alonso Fernandes, clerigo teniente cura de Sancho Rey, ⟨e a⟩ Mari Sanches, muger de Canisales, el corredor, e a Juan de Leon, arrendador, de los quales e de cada vno dellos el dicho señor inquisidor tomo e resçibio juramento en forma de derecho; los quales juraron por Dios e Santa Maria e por la señal de la Crus + e palabras de los Santos Evangelios, en que cada vno dellos puso su mano derecha corporalmente, que como buenos e catolicos christianos diran verdad de lo que supiere⟨n⟩; e por el dicho señor inquisidor les fue dicho sy bien e la verdad dixieren, Dios les ayude,

---

[11] This testimony is not in the file.

en otra manera, ⟨a⟩ ellos condepne como a malos christianos. Los quales respondieron a la confusion del dicho juramento, e dixo cada vno dellos: Si, juro, — e: Amen.

Lo que les dichos testigos e cada vno dellos dixieron, seyendo examinados e preguntados secreta e apartadamente por los honrados Juan Ruys de Cordoua e Juan de Hoçes, clerigos, es lo que se sygue: El dicho Alonso de Caçeres,[12] corredor, testigo susodicho, juro en forma, dixo que conosçio a Juan de Fes de tracto e vista puede avre veynte e çinco años, e que deste tiempo aca sabe que degollaua(n) carne en casa del dicho Juan de Fes maestre Angel,[13] el judio, e que de alli lleuauan muchos conversos carne, e que avia tres semanas que oyo desir al dicho Juan de Fes que queria venir a reconçiliarse, e que diria como mataua carne en su casa el judio maestre Angel; esto es lo que sabe para el juramento que fiso. |

9r Maria Rodrigues,[14] muger de Lopes Rodrigues de Valdepeñas, testigo susodicho, dixo que este testigo mora en la cal de Calatraua, e que sabe que todos los conversos que en aquella casa morauan, guardauan el sabado e se vestian de ropas linpias e comian el sabado el guisado del viernes e ençendian candiles linpios; en espeçial dixo que el vno destos que fasia las çerimonias susodichas eran Juan de Fes e su muger e fijos; esto es lo que sabe para el juramento que fiso.

Elvira, criada de Juan Gonçales de Las Moças,[15] testigo susodicho, dixo que avra veynte e ocho años, poco mas o menos, que morando este testigo con Juan de Las Moças, tenia por vesina en su calle donde agora mora a vna suegra de Juan de Fes, la Galana, la qual tenia en su casa vn postigo que pasaua a casa de Juan de Fes, su yerno. Y estando parida la muger del dicho Juan de Fes, entro este testigo por casa de la dicha su suegra a ver a la parida, muger del dicho Juan de Fes, por aquel postigo, la qual estaua parida de vn hijo e vna hija; e como este testigo entro auia poco que les auian traydo de baptisar, e dixo este testigo a la parida: ¿Que es de vuestra señora madre? Dixo ella: Al fuego esta. Este testigo entro a la cosina e vido a la dicha su madre, e vido vna caldera

---

[12] He, his wife Mencia, and their daughter Isabel de Santa Cruz testified for the prosecution in various trials; see Biographical Notes.
[13] See Baer, II, p. 518.
[14] He also testified against Beatríz González, aunt of Ruy Díaz; see No. 78, fol. 4v.
[15] See the trial of Sancho de Ciudad (No. 1, fol. 7v), where he also testified for the prosecution.

Trial of Juan de Fez and Catalina Gómez

de agua que quitauan de sobre el fuego, e mando traer a Beatris, su fija, hermana de la parida, el niño, e ella tomolo e desenboluiolo e mandole quitar aquellas enbolturas e que traxiesen otras, e con agua caliente lauaron toda la niña, e al niño hisieronle otro tanto; esto es lo que sabe e vido para el juramento que fiso.

Juan de la Torre,[16] notario, testigo susodicho, juro en forma, preguntado e examinado por los dichos reçeptores, dixo (dixo) este testigo que muchas veses entro en casa de Juan de Fes e su muger en el dia del sabado, e vido a su muger e a sus fijas estar bien vestidas e conpuestas e guardar, que non fasian cosa alguna el dia del sabado. Iten, dixo este testigo que el dicho Juan
9v de Fes le avia | dicho en los tienpos pasados que algunos parientes suyos le avian estornado e le avian traydo a beuir en la Ley de Muysen, e que estuuo en ella mucho tienpo, e que despues ovo conosçimiento de nuestra Santa Fee; esto es lo que sabe para el juramento que fiso.

Alfonso Fernandes, clerigo, testigo susodicho, juro en forma, dixo que avra nueue años, poco mas o menos, que estando en Daymiel huydos [17] Juan de Fes e su muger, estando este testigo en la torre de la yglesia de Daymiel vido vn domingo a su muger del dicho Juan de Fes que estaua lauando vnos trapos; esto es lo que sabe para el juramento que fiso.

Maria Sanches, muger de Canisales,[18] testigo susodicha, juro en forma, dixo que este testigo tuuo por vesina de vna puerta adentro quinse meses a vna que se llama Beatris Gonçales,[19] esto puede aver çinco a seys años, la qual dicha Beatris Gonçales avia seydo muger de Françisco Gonçales el Franco, la qual hasia e sacaua agua destilada; e save e vido que toda la semana sacaua agua destilada saluo el sabado, e que los domingos sacaua agua; e que sabe que le enbiauan el sabado de comer por amor de Dios de casa de Juan de Fes, lo qual era guisado del viernes para el sabado; este es lo que sabe para el juramento que fyso.

Juan de Leon, arrendador,[20] testigo susodicho, juro en forma, e

---

[16] See Biographical Notes.
[17] This indicates that they, too, fled during the pogroms against the Conversos. Two of their children married in Daimiel; see their genealogy on p. 209.
[18] See the trial of Juan González Pintado. No. 4, fol. 11r; cf. Biographical Notes.
[19] She was the aunt of Ruy Díaz, and so she was probably well known in Ciudad Real; see her trial, No. 78.
[20] Juan de Fez refuted his testimony; see fol. 3v.

examinado e preguntado por los dichos reçeptores dixo que avra catorse años, poco mas o menos, que estando en conpañia de las rentas desta çibdad del Rey e del arçobispo con Juan de Fes, padre de Alonso de Fes, que esta preso,[21] sabe e vido a su muger el domingo labrar de manos, e se yva a holgar a casa de sus parientes,[22] lo qual bido muchas veses; esto es lo que sabe para el juramento que fiso.

10 Jan. 1484 E despues desto, en diez dias del dicho mes de henero, año susodicho de mil e quatroçientos e ochenta e cuatro años, el dicho señor doctor e inquisidor dixo que el de su ofiçio, e para en prueua de la intinçion del dicho fiscal, que resçebia e resçebio por testigos a Maria, muger de Alonso de Merlo, fija de Juan de Fes, en la cal de Toledo, e a Maria Garçia, muger de Juan de Barreto, e a Juana Ruys,[23] la morena, muger de Pedro Ruys Moreno, de los

10r quales tomo e res|çibio juramento en forma de derecho, segund suso se contiene. Los quales dichos testigos respondieron a la confusion del dicho juramento, e dixo cada vno dellos: Sy, juro, — e: Amen.

Lo que dixieron estos dichos testigos, seyendo examinados por los dichos reçeptores secreta e apartadamente, es lo que se sigue:

Maria, muger de Alonso de Merlo,[24] hija de Juan de Fes, testigo susodicho, juro en forma; examinada e preguntada, dixo que seyendo moça este testigo, que vio comer a su señora madre Catalina, muger de Juan de Fes, comer ⟨sic⟩ dos veses pan çençeño, e que algunas veses la vio guisar del viernes para el sabado, pero que su padre non comia dello ni guardava el sabado; esto es lo que sabe para el juramento que fiso.

Maria Garçia,[25] muger de Juan Barreto, testigo susodicho, juro en forma, so cargo de lo qual dixo que estando este testigo en casa de Anton Martines, çapatero, su hermano, que moraua junto con Juan de Fes, arrendador, que vido este testigo, por entremedias de

---

[21] The Judaizing practices of this son of Juan de Fez are not known; see the family genealogy on p. 209. From the confession of Juan de Fez we learn he was tried; see fol. 11v.

[22] The scribe should have added here: 'los sabados'. This clearly indicates that this summary of the testimony was made while the witness testified and that the scribe, in his haste, omitted the words.

[23] Her testimony is not in the file.

[24] Tried in 1513; see her trial, No. 106.

[25] She testified for the defence in the trial of Juan González Daza, No. 6, fol. 7r–v; cf. Biographical Notes.

Trial of Juan de Fez and Catalina Gómez

vnas tablas que estauan puestas entre su huerto e el dicho Juan de Fes, como vn dia estaua el dicho Juan de Fes asentado a la mesa, que tenia puestos vnos manteles blancos, e que vido como vino su muger del dicho Juan de Fes e besole la mano, e despues vino Ynes, su cuñada, e besole la mano, e despues vido como sus hijas le besaron la mano; esto era a boca de noche en tienpo que avia lunas; esto es lo que sabe para el juramento que fiso. |

Publication of Testimonies

10v
26 Jan.
1484
E despues desto, en veynte e seys dias del mes de enero, año del Nasçimiento del Nuestro Saluador Ihesu Christo de mil e quatroçientos e ochenta e quatro años, este dicho dia, en juysio ante los reverendos señores, estando sentados en juysio en la dicha audiençia, paresçieron el dicho promutor fiscal de la vna parte, e de la otra Françisco de Hozes, en nonbre e como procurador de los dichos Juan de Fes su muger, e pidieron publicaçion de testigos. E lugo los dichos señores, visto su pedimiento, dieron por publicados los dichos testigos e fiçieron publicaçion dellos e mandaron dar copia dellos, syn los nonbres, a la parte que los quisiere, e asignaron termino de seys dias para la contradiçion. Testigos que fueron presentes: Juan Gomes e el bachiller Gonçalo Moños. |

Confesion de Juan de Fes

11r
27 Jan.
1484
En veynte e siete dias del mes de enero, año del Nasçimiento del Nuestro Sal ⟨sic⟩ Saluador Ihesu Christo de myl e quatroçientos e ochenta e quatro años, Juan de Fes, traydo por el alguasil a la casa del tormento a puesto antel, syn ser puesto en el dicho tormento, siendo preguntado por el señor liçençiado Jufre de Loaysa,[26] comisario puesto por los reuerendos señores para este negoçio, dixo e confeso que guardo los sabados de dies e ocho fasta veynte e seys años; e comyo pan çençeño estando en casa de su madre; e guiso del uiernes para el sabado e comio el sabado el guisado del viernes; e ayuno algunos dias el ayuno que ayunan los judios, el Dia Mayor, por setienbre, que non comio fasta salida el estrella e que çenaba huevos e carne, y que demando perdon en aquel dia el a otros e otros (e otros) a el, e que el dia del sabado vestia camisa e ropas linpias. E asymismo dixo que fasia todas las çerimonias que pudo façer e guardar segund la Ley de Muysen en el dicho tienpo. E asymismo, que en aquel tienpo, que no creya que

[26] See Biographical Notes.

[201]

abia venido el Mexias Nuestro Saluador e Redenptor Ihesu Christo; e asimismo, que no creya la virginidad de Nuestra Señora la Virgen Santa Maria. E que en casa de su madre guardo la Pascua del Pan Çençeño e comio en platos e en escudillas e vasijas todas nuevas en aquella pascua.

Iten, dixo que oyo rezar a Alonso Martines, el tartamudo,[27] que rezaba en vn libro judayco, e que yva a su casa a le oyr, e que vido que yba a oyr ende Alonso Dias, espeçiero,[28] e Alonso Lopes Molina[29] e Aluaro, calçetero,[30] e Gonsalo el Grillo, su hermano, e Ferrando de Moya, fijo de [   ] de Anton, marido de Costança, ellos e sus mugeres, saluo esta Costança, que dixo que non la vido ende.

Iten, dixo que su muger del dicho Juan de Fes guardo algunos sabados e vestio ropas linpias e ençendio candiles el uiernes en la noche, e guiso el uiernes de comer para el sabado e lo comio el sabado, e que el dicho Juan de Fes lo consentio e comia dello, e dio logar a todo ello e lo fiço el tanbien como su muger, e que sy algunos sabados dexo de guardar, que seria por non poder mas, asy el como la dicha su muger. Iten, dixo que el Criador del mundo que estaba en el çielo e que el Redenptor no era venido, e que

11v desia esta oraçion: E que el Criador esta | en el çielo e crio el çielo e la tierra e partio el mar por doze carreras e saco el pueblo de Ysrael de poderio del Rey Faraon, asi, Señor, Tu me apiada e me libra.[31] E asymismo dixo e depuso en esta su confesion de Alonso de Fes, su hijo, e lo que del dixo esta asentado en su proçeso del dicho Alonso de Fes, por dicho del dicho Juan de Fes, su padre, e por confesion del dicho Alonso de Fes.[32] Lo qual todo el dicho Juan de Fes juro que es verdad, segund que lo dixo e depuso por su dicho e deposiçion, segund que lo firmo de su nonbre. Testigos: Anton del Castillo e Pedro de la Pelegrina, criado del alguazil.

[27] His sentence may be found in the files of Juan Martínez de los Olivos (No. 81) and of Juan González Escogido (No. 80); cf. Biographical Notes.

[28] His Jewish practices were discussed at a meeting of the Town Council; see Biographical Notes.

[29] See the trial of Juan de Chinchilla, No. 7. His mother, Sancha González, went to his house for prayers; see No. 7, fol. 10r.

[30] See Biographical Notes.

[31] This formula of Jewish oath was common in Spain; see Beinart, p. 206, n. 77, and Bibliography there.

[32] See Biographical Notes.

Trial of Juan de Fez and Catalina Gómez

Confirmation of Confession

5 Feb. 1484   E despues desto, en çinco dias del mes de febrero, año susodicho, el dicho Juan de Fes, seyendo traydo por el alguasil ante los reuerendos señores inquisidores en el palaçio de la audiençia continua, al qual, por mandado de los dichos señores, por vno de los notarios fue leyda la confesion sobredicha por el fecha toda de verbo ad verbum; e lugo, por los dichos señores le fue dicho e preguntado sy aquello que por el estaba dicho e confesado en la confesion susodicha, sy era asy en la verdad como lo que era leyda e en ella se contenia; el qual dixo e confeso ante sus reverençias que en quanto a lo suyo, que era asy verdad como en la dicha su confesion se contiene, e que lo aprovaba e aprovo e se ratifico e afirmo en todo ello, e en quanto a lo que dicho abia de su fijo, que aprovava e aprovo e afirmo que mientras que con el estubo en su casa, que fiço las mismas çerimonias que el mismo façia e que ayuno el dicho Ayuno Mayor; e que esta es la verdad e que en ello se afirma. Testigo: El liçençiado Jufre de Loaysa. |

Termination of Pleading

12r
6 Feb. 1484   E despues desto, en seys dias del dicho mes de febrero, año susodicho, ante los dichos señores en juysio. Este dicho dia, estando sentados en audiençia publica a la ora acostunbrada, paresçio presente el dicho promutor fiscal ante los dichos reuerendos señores inquisidores e dixo a sus reverençias que, asy por los testigos por el presentados como por la confesion por el dicho Juan de Fes fecha, fallaran bien e conplidamente provada su entinçion e acusaçion, por ende, que concluya e concluyo, e pidio la parte aduersa concluyr, e pidio sentençia. E lugo los dichos señores dixeron al dicho Françisco de Hozes, procurador de los dichos Juan de Fes e su muger, que estaba presente, que sy el sy concluya en nonbre de los dichos sus partes; el qual dixo que, afirmandose en lo dicho e alegado por los dichos sus partes, e por el en su nonbre, que concluya e concluyo con el dicho promutor fiscal. E luego los dichos señores dixeron que pues las partes abian concluydo, que ellos concluyan con ellos, e ovieron el dicho pleyto por concluso e asynaron termino para dar sentençia para la primera audiençia, e dende en adelante para cada dia que feriado non fuese o por sus reverençias bien visto fuese e les pluguiese. De lo qual son testigos Juan de Vria, reçebtor, e el bachiller Gonçalo Moños e Anton del Castillo. |

12v Blank page

Sentence

13r Contra Juan de Fez e su muger

23 Feb. Sentençia en XXIII dias de febrero de LXXXIIII° años
1484 Vysto por nos, Pero Dias de la Costana, liçençiado en santa theologia, e Françisco Sanches de la Fuente, doctor en decretos, jueses inquisidores por la abtoridad apostolica, et yo, el dicho Pero Dias, como ofiçial e vicario general en este arçobispado de Toledo por el reuerendisimo señor don Pedro Gonçales de Mendoça, cardenal de ⟨E⟩spaña, arçobispo de Toledo, vn proçeso de pleyto que ante nos se ha tratado e pende entre el honrado Fernand Rodrigues del Barco, clerigo capellan del Rey nuestro señor, nuestro promutor fiscal, e Juan de Fez e Catalina Gomes, su muger, vesinos desta Çibdad Real, sobre quel dicho promutor fiscal denunçio dellos e los acuso, disiendo que, estando en posesion de christianos e ansi se llamando, se apartaron de nuestra Santa Fee Catholica e siguieron la Ley de Muysen, guardando los sabados e las pascuas e fiestas de los judios, comiendo pan çençeño e ayunando los ayunos dellos; e comieron carne en Cuaresma sin thener cabsa o nesçesidad para ello; e comieron carne muerta con çerimonia judayca; e que trabajaron e consintieron trabajar en su casa los dias de los domingos e fiestas de la Santa Yglesia; por lo qual ansi faser e cometer dise fueron e son herejes, e por tales los pidio pronunçiar e declarar, non obstante que los dichos Juan de Fez e su muger se vinieron a reconçiliar en el tienpo de la graçia, porque en las confesiones que fisieron non dixieron ni magnifestaron por entero las heregias que auian cometido, e asi, sus confesiones fueron simuladas e cabtelosas, dis que mas por conplir con el mundo e huyr la pena que non por satisfaçer a Dios, contra quien auian herrado, e que asi, non les avian ni devian aprouechar, pidiendo en todo serle fecho conplimiento de justiçia. E visto como los dichos Juan de Fes e su muger, respondiendo a la acusaçion, se afirmaron en sus reconçiliaçiones que tenian fechas e negaron lo que demas e allende eran acusados, e como fueron resçebidos a la prueua, asy el dicho fiscal de su acusaçion como los dichos Juan de Fez e su muger de sus excepçiones, e como fueron resçebidos e examinados los testigos que quisieron presentar, e fueron publicados sus dichos e depusiçiones e dado copia dellos. E vista la confesion que el dicho Juan de Fez fiso despues de aver notiçia de lo que los testigos contra el depusieron, e como confeso e dixo que de hedad

Trial of Juan de Fez and Catalina Gómez

de diez e ocho fasta veynte e seys años, estando en casa de su madre, e ansimesmo despues que caso con la dicha Catalina Gomes, guardo los mas sabados que pudo e los que dexo de guardar fue por non poder mas, asy el como la dicha su muger; e se ençendian candiles viernes en la noche por honra del sabado, asi en casa de su madre como en su casa despues que caso; e comia lo guisado del viernes para el sabado; e ayuno ayunos de judios, en espeçial el Ayuno Mayor por setienbre, e que non comia fasta salida el estrella, en que çenaua hueuos e carne, e que demando perdon en aquel dia a otros e otros a el; e vestia ropa linpia en el dia del sabado; e hasia todas las çerimonias que pudia en guarda de la Ley de Muysen, las quales asimesmo hasia la dicha su muger e le daua lugar a ello e hasia con ella; e que non creya aver venido el Mexias Nuestro Saluador e Redentor Ihesu Christo, ni creya a la virginidad de Nuestra Señora la Virgen Maria; e creya que el Criador del mundo estaua en el çielo, pero que el Redentor non era venido, e que rezaua çierta oraçion en forma de judios, la qual dixo e reso por su boca; e que oyo re|zar a otros conversos e yva a oyr dellos, e que guardo la Pascua del Pan Çençeño, comiendo, solepnisandola, en platos e vasijas todo nueuo. E visto como perseuero en la dicha su confesion e la ratifico e juro ser verdad ansi lo que de sy dixo como de otras personas. E acatado como asymismo se prueua por los testigos por el dicho fiscal presentados en asaz numero como los dichos Juan de Fes e su muger guardauan los sabados con todas las çerimonias; e la dicha su muger fasia algo en los domingos; e que en casa del dicho Juan de Fez mataua carne vn judio, de la qual lleuauan otros conversos; e que vn fijo e fija del dicho Juan de Fez resien baptizados los lauaron e quitaron la Crisma en casa del dicho Juan de Fes; e comian pan çençeño; e ayunauan el Ayuno Mayor, e mugeres e fijos besauan la mano al padre e se pedian perdon, e se prueuan otras asaz çerimonias que los dichos Juan de Fes e su muger fasian en guarda de la dicha Ley de Muysen. E visto e comunicado este proçeso por entero con letrado e personas religiosas de buenas e rectas conçiençias, siguiendo su consejo e comun determinaçion, teniendo a Dios ante nuestros ojos:

Fallamos que deuemos declarar e declaramos el dicho Juan de Fes e la dicha Catalina Gomes, su muger, aver seydo e ser hereges e apostotas, e que por tales los devemos pronunçiar e pronunçiamos, e aver caydo e incurrido en sentençia de excomunion mayor e en las otras penas espirituales e tenporales contra los hereges en los derechos contenidas e en confiscaçion e perdimiento de sus bienes, e que los devemos relaxar e relaxamos al virtuosos cauallero Juan Peres de Barradas, comendador de Çieça, corregidor en esta çibdad por el Rey e Reyna nuestros señores, e a sus alcaldes e justiçia para que proçeda⟨n⟩ contra ellos segund e como hallaren por derecho, e asi lo pronunçiamos e sentençiamos en estos escriptos e por ellos.

(–) Petrus, licenciatus (–) Franciscus, doctor |

Juan de Fez's Confession Made During the Period of Grace

14r Muy Devotos e Reuerendos Padres:
El todo vuestro Juan de Fes, vesino desta çibdad, morador en la collaçion de Nuestra Señora Santa Maria, paresco ante vos con muy grande arrepentimiento de mi coraçon, disiendo mis pecados e culpas dellos con gran contriçion e pidiendo penitençia dellos. E digo que mi señora madre moro, despues que mi padre fallesçio, en pecado ⟨con⟩ vn que se desia Alonso Martines, tartamudo, e que le fiso el dicho Alonso Martines herrar contra la Santa Fe Catolica; e que yo era de XVII años como la fiso herrar, e ella a mi, fasta que yo oue veynte e çinco años; el qual herror fue que mi madre guardaua los sabados, e comio el pan çençeño, e ençendia candil el viernes en la noche, e guardaua las fyestas judaycas, de guisa que yo con ella fasia lo que ella fasia fasta los veynte e çinco años, e despues yo me aparte dello, e ella, yo le hago asas que se partiese dello, e ella dello dexo que le non vi faser cosa ninguna, e sy algunas fasia, las fasia a que la yo non viese, avnque creo que non dexaua de faser lo que fiso. E yo me fue a confesar con vn frayle que se desia fray Diego [   ], e el me encamino, por donde yo me party de mi mal camino, e despues yo so abraçado con la Santa Fe Catolica. Y esto es lo que yo se de mi madre y esto pido penitençia con misericordia e pido penitençia dello, e desto sy a mas me recordare lo yo declarare. Esto digo, e mando de la otra reconçiliaçion que vos yo di lo que aqui fallescan ⟨sic⟩ que lo pongades en las otras cosas de las declaradas en ella.

(–) Juan de Fes

Muy Reuerendos e Devotos Padres:
El todo vuestro Iohan de Fes beso vuestras manos con muy humil reuerençia, a la qual, Señores, fago saber que Catalina Gomes, mi muger, fiso çerimonias judaycas, las quales fueron comer pan çençeño algunas veses e guisar de comer viernes para el sabado, e yo le defendia e reñia con ella muy muchas veses, disiendo que

Trial of Juan de Fez and Catalina Gómez

non lo fisiese que se echaua a perder, e avn sobrel caso la feri muchas veses, e ella porque de mi resçebia tan mala vida algunas veses se escusava de lo faser, e sy lo fasia yo non las veya, e sy otras fasia que yo viese por estar en [ ] en casa, prestaua consentymiento e fasialo entonçes que non lo veya. Esto digo e declaro so cargo del juramento que ago fecho.

E por consentymiento pido a Dios perdon e a vosotros, Señores y Reuerendos Padres, penitençia.

(–) Juan de Fes

Esto fue fasta el robo del año del Señor de mil e quatroçientos e setenta e quatro años.

Iten, dixo que conosçio a Fernando de Teba [33] e a Alonso Gonsales de Teba [34] e que le vio guardar el sabado a el e a su muger, e asimismo viogele que lo guardaba la de Gomes de Chinchilla.[35]

14v *A XI de otubre de LXXXIII años ante los señores padres paresçio*
11 Oct. presente el dicho Juan de Fes e fiço esta confesçion segund que la
1483 dio por escripto, juro en forma.

(–) ⟨signature⟩

Adiçion de Juan de Fes

Catalina Gomez's Confession

15r Reuerendos e Virtuosos Padres:
10 Oct. Catalina Gomes, muger de Juan de Fes, vesyna desta çibdad en
1483 la collaçion de Santa Maria, paresco ante Vuestras Reuerençias muy avergonçada, llena de dolor e arrepentimiento, como aquella que es quita de pecar, digo mi culpa que peque contra mi Señor e Redentor Ihesu Christo e contra Su Santisima Fe e Ley, que puede aver quatorse años, poco mas o menos, que de cav(u)sa que mi marido es arrendador e vynieron dos años en que ovo de perder su fasienda, e desta cav(u)sa lo leuauan cada dia en la carçel el mi tyo Juan Falcon entraua e salia en mi casa a saber de mis fatygas, e me dixo muchas veses que aunque mayores daños touiese non seria marauilla, segund que yo e los de mi casa obrauamos, aunque yo ove de convençerme de sus dichos, que me desya:

---

[33] Burnt on 23 February 1484; see Biographical Notes.
[34] Burnt on 23 February 1484; see Biographical Notes.
[35] Her name was Juana González. Both of them fled to Palma during the 1474 riots and lived in the house of Juan Díaz, *alias* Juan Dinela; see No. 85, fol. 3r. Gómez de Chinchilla was burnt on 23 February 1484; see Biographical Notes.

Ley de burla es esta en que quemes, sabiendo que no ay otra sinon esta Ley de Muysen. E yo le dixe: Yo non [ ] faser nada por mi marido, mas desydme vos las cosas que yo tengo de faser en que tyenpo, e yo las fare. Y el venia a desyrme quando avia de ayunar, e yo ayunava algunas veses, e comi el pan çençeño algunas veses, e algunas veses me lo traya el de su casa; e como yo soy costurera, cosya algunos domingos, para conplir con las gentes, fasta ora de comer, e algunas veses en estos dias xabonava mis cosas e lauava las camisytas de mis fijos los que creyava. Este tyenpo, Señores, me duro fasta el robo acaesido en esta çibdad, e que fasia esto e guisaua algunas veses del viernes para el sabado con escusa de mi marido, e desque el me lo varrunto estouimos çierto tienpo que non fesymos vida en vno; e despues del robo aca mas en cosas destas e pecado, saluo veuir como buena cre(y)stiana. Y por el presente non me acuerdo de mas que oviese pecado, protesto que cada que me acordare algo que mas ny fecho lo confesare, prometo de buena voluntad de conplir la penitençia que me fuere ynpuesta e de non boluer a los dichos pecados nin algo dellos, antes, de beuir e morir en la Santa Fe Catolica, e renunçio toda erejia e pido mysericordia ⟨e⟩ de mis pecados perdon. Esto con protestaçion algo me acordare mas lo yo dire. |

15v En dies dias de otubre de LXXXIII años, ante los dichos señores paresçio presente la dicha Cathalina Gomes e fiço su confesion segund que la dio por este escripto, juro en forma, etç.

(–) Juan [ ] |

16r *Blank page*

Trial of Juan de Fez and Catalina Gómez

Genealogy of the Family of Juan de Fez and Catalina Gómez [36]

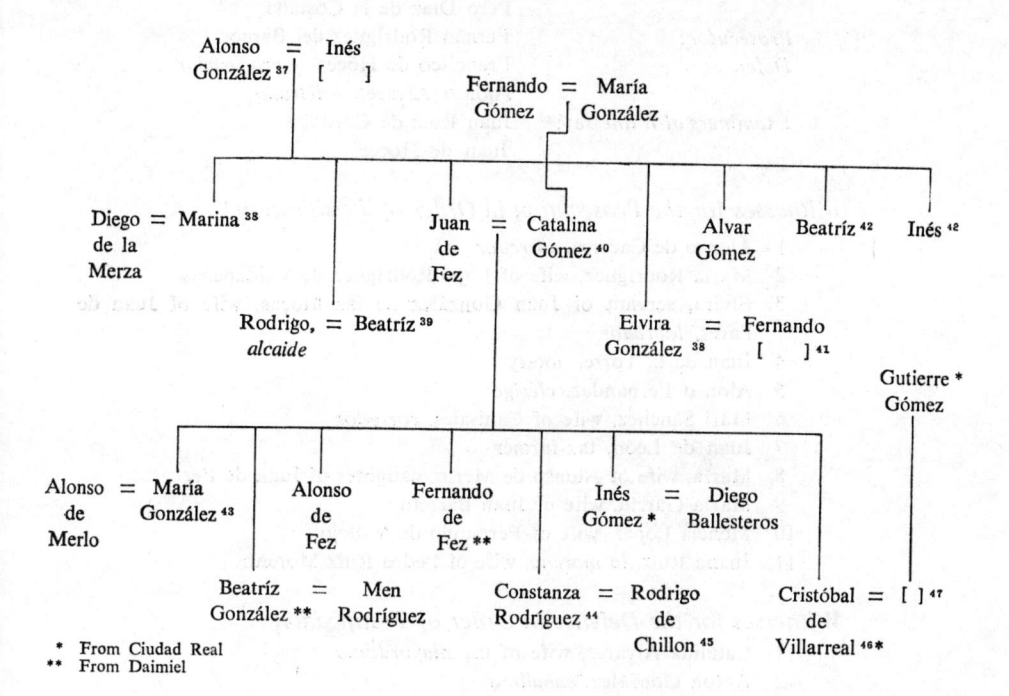

```
        Alonso    =  Inés
        González[37]  [    ]              Fernando  =  María
                                          Gómez        González

Diego = Marina[38]         Juan  =  Catalina      Alvar    Beatríz[42]   Inés[42]
de la                      de       Gómez[40]     Gómez
Merza                      Fez
          Rodrigo, = Beatríz[39]              Elvira    =  Fernando
          alcaide                             González[38]  [    ][41]
                                                                              Gutierre*
                                                                              Gómez

Alonso = María      Alonso   Fernando      Inés   =  Diego
de       González[43] de       de            Gómez*   Ballesteros
Merlo               Fez      Fez**
         Beatríz    =  Men           Constanza  =  Rodrigo      Cristóbal = [ ][47]
         González**   Rodríguez      Rodríguez[44]  de           de
                                                    Chillón[45]  Villarreal[46]*
```

* From Ciudad Real
** From Daimiel

[36] The pedigree does not necessarily indicate the order of birth, which cannot be deduced from the records. The person giving the names often erred with respect to the ages.
[37] See the trial of Sancho de Ciudad, No. 1, fol. 7v.
[38] She was tried and absolved.
[39] She was condemned; see trial No. 77 and Biographical Notes.
[40] Juan Falcón was her uncle.
[41] He was a merchant.
[42] She was not tried.
[43] See her trial (No. 106) and Biographical Notes.
[44] She died in 1497 or 1498.
[45] See Biographical Notes. His second wife, María González, was also tried; see No. 105.
[46] He was an innkeeper near Toledo.
[47] We do not know her name.

[209]

Records of the Spanish Inquisition in Ciudad Real, 1483–1485

The Composition of the Court.

Judges:	Francisco Sánchez de la Fuente
	Pero Díaz de la Costana
Prosecutor:	Fernán Rodríguez del Barco
Defence:	Francisco de Hoces — *procurador*
	Alonso Alvarez — *letrado*
Examiners of Witnesses:[48]	Juan Ruiz de Córdoba
	Juan de Hoces

Witnesses for the Prosecution in Order of Testification [49]

1. Alonso de Cáceres, *corredor*
2. Maria Rodríguez, wife of Lope Rodríguez de Valdepeñas
3. Elvira, servant of Juan González de las Moças, wife of Juan de Pares, *labrador*
4. Juan de la Torre, notary
5. Alonso Fernández, *clérigo*
6. Mari Sánchez, wife of Canisales, *corredor*
7. Juan de León, tax-farmer
8. María, wife of Alonso de Merlo, daughter of Juan de Fez
9. María García, wife of Juan Barreto
10. Mencia López, wife of Fernando de Vallejo
11. Juana Ruiz, *la morena*, wife of Pedro Ruiz Moreno

Witnesses for the Defence in Order of Testification

1. Catalina Alvarez, wife of the *mayordomo*
2. Anton González, *caballero*
3. Alfonso de Cantalejos
4. María López, wife of Alonso de Cantalejos
5. María, *la ollera* (also called Marina Sánchez)
6. Teresa, *la calera*
7. Juan Ruiz, *el maestro, clérigo*
8. Gonzalo López de la Gallina
9. Pedro Rodríguez, *clérigo*
10. Diego de Vadillo

Synopsis of Trial

1483

10 Oct. It is still the Period of Grace. Catalina Gómez confesses before the Inquisition.

11 Oct. Juan Fez confesses.

19 Dec. The trial opens in the presence of the defendants. They endeavour to waive the appointment of defending counsel and they deny the charges.

---

[48] They examined both witnesses for the defence and witnesses for the prosecution.

[49] We do not know the order in which witnesses Nos. 6 and 7 testified as they are mentioned, but their testimony is not in the file.

Trial of Juan de Fez and Catalina Gómez

Synopsis of Trial (continued)

1484

8 Jan. 10 Jan.	Witnesses for the prosecution are presented.
12 Jan.	The accused present the questionnaire for their defence. The defence counsel presents witnesses for the defence and begins the pleading.
26 Jan.	The pleading is concluded and the testimonies are published. Six days are allowed for the defence to contend.
27 Jan.	The defendant confesses after he is threatened with torture.
5 Feb.	The confession is confirmed before the Court.
6 Feb.	The pleading terminates. A date is set on which the sentence will be handed down.
Date unknown	*Consulta-de-fe.*
23 Feb.	Then sentence is pronounced, and the defendant is handed over to the Secular Arm and burnt at the *auto-de-fe* held in the Town Square.

10 Trial of Pedro de Villegas
1483–1484

Source: AHN IT, Legajo, 188, No. 852, foll. 1r–9r; new number: Leg. 188, No. 11.

Pedro de Villegas, son of Fernando de Villegas, was by his own declaration an 'Old Christian', although one witness testified that his mother was a Conversa. His wife, Catalina, was tried, condemned and burnt at an unknown date.[1] He was accused of Jewish practices by the Inquisition but he managed to clear himself of the charge, and the Court only sentenced him to do penance. He may have allowed Jewish traditions to be observed in his home[2] and been brought to trial on the basis of the gossip this evoked in a town as small as Ciudad Real.

His trial, which opened on 19 December 1483 and closed on 13 February 1484, was, as far as the extant files of tried persons indicate, the last to be opened during 1483. The defendant conducted his own defence, but it is likely that a letrado *helped him to prepare the questionnaire for the defence witnesses and to present a list of these witnesses to the Court. The manner in which he defended himself is remarkable, especially since he was a cloth-maker by calling.*

See also Biographical Notes on Fernando de Villegas.

Bibliography: Fita, p. 469, No. 67; p. 481, No. 274; Delgado Merchán, p. 217; Beinart, index.

---

[1] See Fita, p. 469, No. 67; p. 481, No. 274; cf. Delgado Merchán, pp. 217, 224.
[2] See Sentence.

1r Çiudad Real

Leg. 66 No. 39

Pedro de Villegas
Penitençiado XIII ⟨de⟩ febrero 1484

2r   Çiudad Real

Comitatur contra Pedro de Villegas
Sentençiado
fuit absolutum

[   ] con la sentençia en XIII
de febrero de LXXXIIII°

1v *Blank page*

2v En dies e nueue dias del mes de diçienbre, año del Nasçimiento
9 *Dec.* de Nuestro Saluador Ihesu Christo de mil e quatroçientos e ochenta
1483 e tres años, este dicho dia, dentro en las casas donde los reverendos
señores resyden e façen su abitaçion e audiençia continua, a la hora
de la terçia, estando los reuerendos señores sentados, en presençia
de nos, los notarios e testigos infra escriptos, paresçio ende presente
el honrado Ferrand Rodrigues del Barco, clerigo, capellan del
Rey nuestro señor, promutor fiscal de la Santa Inquisiçion, e dixo
que por quanto el entendia acusar a Pedro de Villegas, veçino de
esta çibdad, que esta preso en la carçel de la Santa Inquisiçion,
que pedia e pidio a los dichos señores le mandasen sacar e paresçer
ante sus reverençias a juysio con el. E lugo los dichos señores, visto
su pedimiento, mandaron al alguasil, que presente estaba, lo sacase
e traxese ante sus reverençias. El qual el dicho alguasil lugo saco,
e lo presento en la dicha audiençia. E asy presentado, lugo el dicho
promutor fiscal presento contra el vn escripto de acusaçion, thenor
del qual es este que sygue: |

Arraignment

3r En XIX de diçienbre
Pedro de Villegas
Muy Reuerendos e Virtuosos Señores Jueses Ynquisidores de la
heretyca prauedad:
Yo, Ferrand Rodrigues del Varco, capellan del Rey nuestro señor,

[213]

promutor fiscal de la Santa Ynquisiçion, paresco ante Vuestras Reuerençias e acuso a Pedro de Villegas, vesino desta dicha çibdad; e digo que, biuiendo el dicho Pedro de Villegas en nonbre e posesyon de christiano e asy se llamando e gosando e vsando de las preheminençias de christiano, en oprobrio de Nuestro Señor e de Su Santa Fee Catolica e de las çensuras e penas en que por heretycar e judaysar esperar deuiera, el dicho Pedro de Villegas guardo la Ley de Muysen e sus çerimonias e rictos, apostatando segund de yuso:

Vno, que el dicho Pedro de Villegas comio carne en Quaresma syn nesçesidad ni cabsa para ello, en menospreçio de Nuesrtra Santa Fe Catolica e por çerimonia judayca.

Yten, que comio pan çençeño en la pasqua de los judios.

Yten, que guardo e consyntio guardar los sabados en su casa por honra e çerimonia judayca, mandando e consyntiendo atauiar como de fiesta.

Yten, que el dicho Pedro de Villegas judayo e heretyco e guardo la dicha Ley de Moysen en otras cosas e casos que protesto, venido a mi notyçia, declarar en este breve proçeso; a cabsa de lo qual y por non se aver presentado ante Vuestras Reuerençias en el dicho termino e tienpo de la graçia a confesar con enclinada voluntad e amor sus eretycos errores, el dicho Pedro de Villegas es e deue ser auido por hereje e apostata, e por ello yncurrio en sentençia de excomunion mayor e en otras penas ceuiles e criminales en los derechos estableçidas. Por que, Virtuosos Señores, vos pido e requiero por tal hereje e apostota lo declareys, declarando aver yncurrido en las dichas penas, par lo qual e en lo nesçesario ynploro vuestro reuerendo e noble ofiçio, e pido complimiento de justiçia.

Defence

El dicho Pedro de Villegas, respondiendo a la dicha acusaçion por sy mismo en la dicha audiençia, dixo que es verdad que comio carne en (en) la Quaresma por nesçesidad e non en otra manera, e que lo otro contenido en la acusaçion susodicha que lo negaba e nego, e concluyo con esto. Testigos: Aluaro Fernandes e Ruis Daça e Françisco de Hozes. E lugo el dicho promutor fiscal dixo que pues el dicho Pedro de Villegas abia concluido con lo

3v suso conte⟨nido⟩ | por el mismo dicho e respondido contra la dicha su denunçiaçion e querella, que asymesmo dixo que el concluya e concluyo con lo por el dicho e razonado e en la

Trial of Pedro de Villegas

dicha su denunçiaçion e querella contenido. E lugo los dichos señores dixeron que pues amas las dichas partes abian concluydo e se ofresçian a la prueva, que ellos concluyan e concluyeron e ovieron el dicho pleito por concluso, e que resçebian e resçebieron amas las dichas partes a la prueva, para la qual prueva faser les dieron e asignaron el termino del derecho en terçero dia fasta nueve dias primeros seguientes que feriados non sean, saluo jure impertinentium, etç.

Testigos que fueron presentes: Juan Gomes e Juan de Hozes, clerigos.

2 Jan. 1484 E despues desto, en dos ⟨dias⟩ del mes de enero, año del Nasçimiento del Nuestro Saluador Ihesu Christo de mil e quatroçientos e ochenta e quatro años, este dicho dia, dentro en las casas donde los reuerendos señores resyden e façen su audiençia continua, estando ende los honrados Juan Ruis de Cordova, maestro, e Juan de Hozes, clerigos e benefiçiados en esta dicha çibdad, deputados por los dichos reuerendos señores para resçebir e examinar testigos, paresçio ende presente,[3] en bos e en nonbre del dicho Pedro de Villegas e como procurador e defensor, e presento vn escripto de interrogatorio de preguntas; e asymesmo dixo que presentava e presento por testigos, en el dicho nonbre, a Fernando de Hozes, regidor, e a Diego Phelipe e a Juan Bastante e a Antonio, apuntador, e a fray Juan de Ribarredondo e a fray Françisco de Trujillo por amas, conviene a saber por el e por su muger, vesinos desta dicha çibdad, de los quales e de cada vno dellos in solidad los dichos deputados resçebieron juramento en forma devida, en que dixeron que juravan e juraron a Dios e a Santa Maria e a las palabras de los Santos Evangelios, sobre que pusieron sus manos, e a la señal de la Crus +, que con sus manos derechas ellos e cada vno dellos tocaron, que diran la verdad de todo lo que supieren e les fuere preguntado, e que sy la verdad juraren e dixeren, que Dios les ayude en este mundo a los cuerpos e en el otro a las animas, e sy el contrario de la verdad dixeren e juraren, que Dios gelo demande mal e caramente en este mundo a los cuerpos en el otro a las animas, donde mas abian de durar; e respondieron a la confusion del dicho juramento, e dixeron que asy lo juravan, e juraron, – e: Amen.

---

[3] A blank space was left so the name of defending counsel and witnesses could be inserted later. This shows that a system of procedure existed at that time. In this case, the accused conducted his own defence.

[215]

E lo que los dichos testigos e cada vno dellos dixeron e deposieron, seyendo preguntados por los dichos deputados secreta e apartadamente, es lo que adelante se sygue. |

4r En dos dias de enero de LXXXIIII°
2 Jan. Pedro de Villegas
1484 Muy Reuerendos e Virtuosos Señores
Ynquisidores Jueses susodichos: Yo, el dicho Pedro de Villegas, paresco ant e Vuestras Reuerençias afirmandome en la dicha negatyua por mi fecha a la acusaçion contra mi propuesta por el dicho señor promutor fiscal, e digo que sy yo en algunas Quaresmas comi carne e en dia mandado vedar non se comia por la Yglesia, fue a cabsa de vna enfermedad que yo tengo que me sobrevino al tienpo que asy la cobria, que es que yo soy quebrado, e fuy desçocado de vna mano estando tirando vn paño en vn tirador, que ronpiose el paño por medio e soltose la vallesta e lleuome tres o quatro estados de onbre fuera del logar donde estaua e me quebro e desçoco, segund dicho es. E que sy yo algunos sabados folgue non fue por çerimonia de la Ley de Muysen, e nunca Dios tal quiera que tal entençion ouiese tenido, ende tal generaçion vengo que soy christiano viejo de padre y de mi madre,[4] e con ellos nunca converse ni me cre para que tal ynclinaçion yo touiese, e sy algunos folgue seria en tienpo de mi ofiçio de apuntador non se corria, que acaesçia estar vn mes o dos que non se fase nada en el, e esto dos e tres veses en el año o en fiestas o dias mandados guardar por la Yglesia o estando enfermo. E el pan çençeño es cosa tan estraña para mi, yo lo comi con tal entençion como Mahoma el toçino; yo soy onbre criado en palaçio e liberal, non me acuerdo averlo comido, ni pero como yo non tengo entençion de judaysar ni soy de tal generaçion, pudiera ser que sy ouiera gana de comer y mil veses me lo dieran tantas lo comiera, espeçialmente sy otro non touiera e sy es bueno, non me acuerdo averlo visto. Por que a Vuestras Reuerençias pido a los testigos que por mi seran presentados les faga e mande faser las preguntas syguientes:
I Primeramente, sy conosçen a mi, el dicho Pedro de Villegas.
II Yten, sy saben, vieron o oyeron desir o creen que yo sea e auido e tenido en esta çibdad e tierra por christiano viejo de padre

---

[4] It seems that the prosecutor did not check on this. But see the testimony of António, *apuntador*, fol. 5r.

e de madre, e onbre criado con cavalleros en palaçio fasta puede aver trese o catorse años, que me case e tome este ofiçio de apuntador de paños.

III Yten, sy saben, etç., que todo el tienpo que he estado en esta dicha çibdad e he sydo casado, cada e quando se me ofreçe se fasiendo de faser en sabado del dicho mi ofiçio o otra qualquiera, la fasia de la manera que lo fasia en los otros dias de entre semana, saluo sy no fuere fiesta o mi ofiçio estouiese vacante syn tener en el que faser.

IIII° Yten, sy saben, etç., que puede aver dies o honse años, poco mas o menos tienpo, que estando yo tirando vn paño en los tiradores de { } que so en esta dicha çibdad, tirando vn paño se ronpio por medio el paño e solto la vallesta e me lleuo tres o quatro estados de onbre de donde estaua e me quebro de vna vinça e me deçoco la mano. |

4v V Yten, sy saben, etç., que yo sea fiel e catolico christiano e auido e tenido en tal posesion, e fasiendo obras de tal aya ydo e continuado las yglesias, oyendo las Misas e Sacrifiçios Diuinos, confesandome e comulgando en los tienpos de mis dolençias e en los tiempos mandados por la Yglesia, teniendo, creyendo, confesando, todo lo que manda ⟨sic⟩ Santa Yglesia tyene e cree e manda conplir e guardar.

E fagan e manden faser Vuestras Reuerençias las preguntas al caso pertenesçientes, para lo qual en lo nesçesario ynploro su noble ofiçio, e pido serme fecho conplimiento de justiçia; e desto pido testimonio.

E por quanto, Virtuosos Señores, por mi de suso es alegado que la dicha valesta me quebro e deçoco, de cuyo cabsa yo comi la dicha carne al dicho tiempo, e agora la podria comer sy a mi justificaçion conviene, yo vos pido en la mejor forma que puedo e de derecho deuo querays dello ser ynformados por la euidençia dello, e pido segund suso e de todo testimonio.

E lo que los dichos testigos dixeron e deposieron, seyendo preguntados secreta e apartadamente, cada vno sobre sy, por las preguntas del dicho interrogatorio, es lo que se sygue primeramente:

Dicho de Diego Phelipe

I El dicho Diego Phelipe, testigo presentado por el dicho Pedro de Villegas, jurado en forma, preguntado por las preguntas del dicho interrogatorio, por la primera dixo que le conosçe de doze años a esta parte, poco mas o menos.

[217]

II Preguntado por la segunda pregunta dixo que non lo sabe, mas de quanto gelo oyo desir al dicho Pedro de Villegas.

III Por la terçera pregunta dixo que este testigo le vido en su ofiçio de apuntador que tan trabajaba en el sabado como en otro dia de entre semana, e que lo vido porque morava junto con el de vna puerta dentro.

IIII° A la quarta pregunta dixo que non lo sabe.

V A la quinta pregunta dixo que le vido algunas veses en la yglesia de Sant Pedro oyr Misa como christiano, e que lo otro contenido en la dicha pregunta, que non lo sabe.

VI Por las otras preguntas al caso pertenesçientes dixo que le oyo desir que era quebrado al mismo Pedro de Villegas, e que en todo lo otro desia lo que dicho abia. |

5r Dicho de Antonio, apuntador [5]

I El dicho Antonio, testigo presentado por parte del dicho Pedro de Villegas, jurado en forma, preguntado por las preguntas del dicho interrogatorio, por la primera pregunta dixo que conosçe al dicho Pedro de Villegas de çinco años a esta parte, que dixo que abia tratado con el de apuntar paños.

II A la segunda pregunta dixo que sabe que el dicho Pedro de Villegas dixo a este testigo que su madre era conuersa e el padre christiano viejo, e que le vido desir que abie bibido con Fernando de Villegas, e que esto es lo que sabe de lo contenido en la dicha pregunta.

III A la terçera pregunta dixo que este testigo vsaba en el ofiçio de apuntar con el dicho Villegas, e que en aquel ofiçio vido que tanbien trabajava el sabado como otro dia qualquiera.

IIII° A la quarta pregunta dixo que non lo sabe mas de quanto lo oyo desir a su muger.

V A la quinta pregunta dixo que este testigo, seyendo en conpañia con el dicho Pedro Alegre, le vido muchas veses en la yglesia oyr las Misas e Sermones; e que sabe que puede aver quatro o çinco años que el dicho Pedro de Villegas adolesçio, e que este testigo le llevo a su casa, que estaba muy trabajado, e que sabe que alli confeso con vn frayre de Santo Domingo, e que despues le dio el Cuerpo de Dios çerca de Sant Pedro; e que esto es lo que sabe de lo contenido en la dicha pregunta.

VI A la sesta pregunta dixo que vido al dicho Pedro de Villegas

[5] See also the trial of Juan Alegre (No. 15, fol. 4r), where he testified for the prosecution.

que vn dia viernes, por no se acordando que dia era, que comio carne en biernes aquel dia, e que lo dixo lugo a sus conpañeros; e en todo lo otro dixo que desia lo que dicho avia.

Fray Françisco de Trujillo
I El dicho fray Françisco, testigo presentado por parte del dicho Pedro de Villegas, jurado en forma, preguntado por las preguntas del dicho interrogatorio, por la primera pregunta dixo que le conosçe de tres años e medio a esta parte, poco mas o menos.
II Por la segunda pregunta dixo que non lo sabe.
III, IIII° A la terçera pregunta e a la quarta pregunta dixo que non lo sabe.
V A la quinta pregunta dixo que le vido algunas veses en la yglesia de Sant Françisco oyr las Misas e Ofiçios Diuinos como christiano, e que este testigo dixo que le ha confesado de tres años a esta parte dos o tres veses al dicho Pedro de Villegas. E que lo otro contenido en la dicha pregunta, que non lo vido ni lo sabe. |
5v Preguntado por las otras preguntas al fecho pertenesçientes, dixo que sabe que es el dicho Pedro de Villegas es honbre enfermo, segund (segund) gelo vido desir a personas que dixo que lo sabian de çierto, e que sy alguna carne comio que no en Quaresma, que cree seria por aquella causa e non por otra causa alguna. E en todo lo otro dixo que desia lo que dicho abia, e que en ello se afirmava.

Dicho de Fernando de Hozes,[6] regidor
I El dicho Fernando de Hozes, testigo presentado por parte del dicho Pedro de Villegas, jurado en forma, preguntado por las preguntas del dicho interrogatorio, por la primera pregunta dixo que conosçe al dicho Pedro de Villegas de veynte años a esta parte, poco mas o menos.
II Por la segunda pregunta dixo que este testigo, que le tenia en posesion de christiano viejo, pero que sy lo era de padre e de madre, que non lo sabe e que non los conosçio.
III A la terçera pregunta dixo que sabe tambien trabajava en su ofiçio de apuntar el dia del sabado como otro dia qualquiera de entre semana, e dixo que lo sabe porque lo vido muchas veses, seyendo su vesino.

[6] See Biographical Notes.

IIII° A la quarta pregunta dixo que non lo sabe.

V A la quinta pregunta dixo que la vido asas veses en las yglesias desta çibdad oyr Misas e los Diuinos Oficios como catholico christiano, pero que sy el fasa o tenia en su voluntad que non lo sabe; e que non sabe mas de lo contenido en la dicha pregunta.

Preguntado por las otras preguntas al hecho pertenesçientes, dixo que desia lo que dicho abia.

Dicho de Juan Bastante, tintorero

I El dicho Juan Bastante, testigo presentado por parte del dicho Pedro de Villegas, jurado en forma, preguntado por las preguntas del dicho interrogatorio, por la primera pregunta dixo que conosçe al dicho Pedro de Villegas de treze años a esta parte, poco mas o menos, que dixo que abia dado e tomado con el.

II A la segunda pregunta dixo que en lo que este testigo conosçido tenia del, que le tenia por buen christiano, e asymismo dixo que oyo desir que es fijo de conversa e de christiano viejo fidalgo; e dixo que en lo que este testigo conosçido tenia, que era buen christiano e de verdad.

III A la terçera pregunta dixo que lo sabe segund que en ella se contiene, porque dixo que este testigo aconpaño muchos dias con el en su ofiçio de apuntar, e que tanbien le vido trabajar en el dia del sabado como en otro dia de la semana. |

IIII° A la quarta pregunta dixo que non lo vido ni lo sabe, mas de quanto le vido este testigo doliente e desian que era quevrado de aquel achaque del tirado.

A la quinta pregunta dixo que le vido muchas veses en la yglesia oyr las Misas como buen christiano, e que este testigo por tal le tenia, pero dixo que nunca le vido confesar ni comulgar, aunque dixo que lo oyo desyr, porque dixo que lo mas deste tienpo abie tratado con el en el ofiçio de apuntar, e que oyo desir a otras personas que abia confesado e comulgado, pero que non dixeron quantas veses ni en que tienpo.

Preguntado por las otras preguntas, dixo que desia lo que dicho abia e que en ello se confirmava. |

Witnesses for the Prosecution

E despues desto, en dos dias del mes de enero de ochenta y quatro, dentro en las casas e moradas donde los señores fasen su abitaçion e en la sala baxa donde fasen su audiençia paresçio ende el honrado Hernan Rodrigues del Barco, clerigo, capellan del Rey nuestro señor, promotor fiscal susodicho del Ofiçio de la Santa Inquisyçion, antel reuerendo señor Françisco Sanches de la Fuente, inquisidor, e presento por testigos, para en prueva de su intençion e de lo por el acusado contra Pedro de Villegas, a Catalina de Azebron, hija de Juan Alonso de Zebron, e a Leonor, muger de Benito Sanches, labrador, de las quales el dicho señor inquisydor reçibio juramento en forma, las quales juraron por Dios e por Santa Maria y por las palabras de los Santos Quatro Evangelios e por la señal de la Crus, tal como esta +, en que corporalmente cada vna dellas puso su mano derecha, que dirian verdad de lo que supiesen en este caso; el señor inquisydor les dixo que sy asy lo fiziesen, Dios Nuestro Señor les ayudase en este mundo a los cuerpos e en el otro a las animas, donde mas auian de durar, donde non, que El gelo demandase mal e caramente como a aquellos que juran Su Santo Nonbre en vano; e a la confusyon del dicho juramento, cada vna delas por sy dixo: Sy, juro, – e: Amen. E lo que las dichas Cathalyna de Zebron e Leonor, muger de Benito Sanches, dixeron en la sumaria informaçion e general inquisiçion quando fueron tomados por testigos e examinados por los honrados Juan Ruys de Cordoua, maestro en Santa theologica, e por Juan Martines, cura de Yevenes, deputados por los dichos señores para resçebir e examinar testigos, e lo que los dichos testigos dixeron, vno en pos de otro, es lo que se sygue: |

7r La dicha Catalyna de Zebron, testigo susodicho presentado por el dicho fiscal, juro en forma segund de suso, y dixo que, morando e seyendo vesina de Pedro de Villegas, vido que su muger guardaua los sabados e andaua muy conpuesta e tenia aquel dia lympia e atauiada, lo qual vido porque biuia cabe ella, e muchas veses lo vido por vn agujero de su casa; en lo qual se ratifico e afirmo por el juramento que fecho auia.

La dicha Leonor, muger de Benito Sanches, testigo susodicho presentado por el dicho fiscal, juro en forma segun de suso, e dixo que avra quinse años, poco mas o menos, que moro vn año este testigo con Pedro de Villegas, apuntador, que moraua a Santiago e agora mora a la puerta de Arcos, sabe e vido en aquel tienpo que el dicho Pedro de Villegas e su muger comian carne en Quaresma, e los vido comer pan çençeño; esto es lo que ⟨sabe⟩ e non mas por el juramento que fiso, e en ello se afirmo. |

7v *Blank page*

Sentence

8r Visto por nos, Pero Dias de la Costana, liçençiado en santa theologia, e Françisco Sanches de la Fuente, doctor en decretos, jueses inquisidores de la heretica prauedad dados por la abtoridad apostolica, e yo, el dicho Pero Dias, liçençiado, como ofiçial e vicario general en este arçobispado de Toledo por el reuerendisimo señor don Pedro Gonçales de Mendoça cardenal de ⟨E⟩spaña, arçobispo de Toledo, vn proçeso de pleyto que pende ante nos, entre partes, de la vna, el honrado Ferrand Rodrigues del Barco, clerigo, capellan del Rey nuestro señor, nuestro promutor fiscal, e de la otra Pedro de Villegas, vezino desta Çibdad Real, de e sobre vna acusaçion que el dicho promutor intento e propuso contra el ante nos, en que dixo que estando en posesion e so nonbre de christiano heretico e apostato, siguiendo la Ley de Muysen e fasiendo sus çerimonias, en espeçial que comio el pan çençeño en la Pascua de los judios, e que consyntio a limpiar e atauiar su casa por honra del sabado e guardar el sabado, e que comio carne en Cuaresma sin nesçesidad que tuuiese para ello, en menospreçio de nuestra Santa Fee e por honrar e seguir la dicha Ley de Muysen, e dise que fiso otras çerimonias e rictos judaycos por honrar e seguir la dicha Ley, por lo qual pidio ser declarado por ereje e aver incurrido en las penas en los derechos contra los hereges contenidas, e serle fecho sobre todo conplimiento de justiçia. E visto como el dicho de Villegas nego la dicha acusaçion, disiendo aver seydo bueno e fiel christiano e nunca aver cometido las cosas de que es acusado; sobre lo qual, asi el dicho Pedro de Villegas de sus excençiones, como el dicho promutor fiscal de su acusaçion, fueron conjuntamente resçebidos a la prueua. E visto como cada vno dellos presento los testigos que quiso, e como se publicaron sus dichos e deposiçiones e fue dada copia a cada vna de las partes e termino para alegar lo que quisiesen en defension e prosecuçion de su derecho, e como concluyeron e este proçeso fue avido por nos por concluso. E auido nuestro acuerdo e consejo con letrados e personas religiosas de sanas e buenas conçiençias, comunicando con ellos todo este proçeso, siguiendo su consejo e comun acuerdo e deliberaçion, teniendo a Dios ante nuestros ojos:

Fallamos que el dicho promutor fiscal non prouo la acusaçion que intento contra el dicho Pedro de Villegas, segund que de derecho prouar lo deuia, e que el dicho Pedro de Villegas prouo aver beuido como bueno e fiel christiano, e si algunas çerimonias

Trial of Pedro de Villegas

de la Ley de Muysen en su casa se fisieron, que las contradixo e non consyntio ni permitio quando vinieron a su notiçia o fue sabidor dellas. Por ende, absoluemos e damos por libre e quito al dicho Pedro de Villegas de la dicha acusaçion, e mandamos que aya e reçiba en penitençia al tienpo que ha estado preso en nuestra carçel, porque con mayor diligençia non supo e inquirio las cosas que en su casa se fasian contra nuestra Santa Fee, para que fuesen pugnidas e castigadas segund e como e por quien de derecho deuian, reseruando en nos e a nuestro albendrio e deliberaçion la penitençia o penitençias que el dicho Pedro de Villegas, allende de la que en esta sentençia por nos le es inpuesta, para que las faga e cunpla quando por nos le fuere mandado e en satisfacçion e henmienda de su negligençia e remision. E por esta nuestra sentençia asi lo pronunçiamos, declaramos e sentençiamos en estos escriptos e por ellos.

(—) Petrus, licenciatus   (—) Franciscus, doctor |

8v En Çibdad Real, trese[7] dias del mes de febrero, año del Nasçi-
13 Feb. miento del Nuestro Salvador Ihesu Christo de mil e quatroçientos
1484 e ochenta e quatro años ante nos, Juan Sanches de Tablada e Juan de Segobia, clerigo, capellan de la Reyna nuestra señora, notarios publicos apostolicos del Ofiçio de esta Santa Inquisyçion, e ante los testigos yuso escriptos, los reuerendos señores inquisydores Pero Dias de la Costana y Françisco Sanches de la Fuente, estando en la sala baxa donde suelen faser su audiençia e sedendo pro tribunali, dieron esta sentençia desta otra parte contenyda en presençia del dicho Pedro de Villegas. La qual leyda e pronunçiada por vno de nos, los dichos notarios, mandaron a Juan de Alfaro, su alguasil mayor del dicho Ofiçio de la Inquisyçion, que lo soltase de las prisyones e grillos que a los pies e lo enbiasen en pas e su casa.[8] Testigos que estauan prese ntes e vieron e oyeron leer la dicha sentençia: El lyçençiado Jufre de Loaysa e el bachiller Gonçalo Muños, su hermano, e el prior de Santo Domingo e el bachiller que se dize Camargo. |

9r *Blank page*

---

[7] Delgado Merchán (p. 217) gives 3 February 1484 as the date of release.
[8] This is the way the prisoners of the Inquisition were often kept.

Records of the Spanish Inquisition in Ciudad Real, 1483–1485

The Composition of the Court

Judges:	Francisco Sánchez de la Fuente
	Pero Díaz de la Costana
Prosecutor:	Fernán Rodríguez del Barco
Examiners of Witnesses:	Juan Ruiz de Córdoba
	Juan Martínez, *cura* of Yébenes
Notary:	Juan Sánchez Tablada

Witnesses for the Prosecution in Order of Testification

1. Catalina de Azebrón, daughter of Alonso de Zebrón
2. Leonor, wife of Benito Sánchez

Witnesses for the Defence in Order of Testification

1. Diego Felipe
2. Antonio, *apuntador*
3. Fray Francisco de Trujillo
4. Fernando de Hoces, *regidor*
5. Juan Bastante
6. Fray Juan de Rivarredonda [9]

Synopsis of Trial

1483

19 Dec.   The trial opens, and the prosecutor presents his arraignment. The defendant contends; he is given nine days to answer the arraignment.

1484

2 Jan.   Counsel for the defence is appointed; however, Pedro de Villegas conducts his own defence. The questionnaire and witnesses for the defence are presented.
Witnesses for the prosecution are presented.

Date unknown   *Consulta-de-fe*.

13 Feb.   The sentence is handed down. The time already spent in prison is accepted as penance, and the defendant is to be restored to the Church after additional penances.

---

[9] We do not know the order in which he testified, as he is mentioned as a witness, but his testimony is not in the file.

[224]

11 Trial of María Alonso, Wife of Alonso the Notary 1484–1485

Source: AHN IT, Legajo 133, No. 45, foll. 1r–9r; new number: Leg. 133, No. 5.

María Alonso, a cloth weaver (tejedora), was the wife of Alonso the Notary (escribano). Her trial in absentia opened on 5 January 1484, as she had fled Ciudad Real a short time before the arrival of the Inquisition. She and her sister, Inés Alonso, belonged to a very famous Converso family (see their genealogy on p. 235). Both sisters probably fled the town together. A third sister, Catalina de Zamora, who was later tried and sentenced to be lashed and expelled from town,[1] was one of the chief witnesses for the prosecution[2] and gave an account of her sisters' Jewish practices. Both María and Inés frequented the house of Sancho de Ciudad to say prayers and both had good knowledge of these prayers. Sancho de Ciudad also came to the house of María Alonso, as did a certain Jewess from Córdoba and another Jew, thus indicating that it was considered a trustworthy Jewish home.

María Alonso was condemned to be burnt in effigy, and the sentence was carried out on 24 February 1484.

A comparison of the trial of María Alonso with other trials conducted in absentia[3] shows that it lacked many procedural steps, for example, the issue of summonses and the declaration of the accused as a rebel.[4]

Later on María Alonso was caught, brought before the Court in person and condemned again. We lack information about her second

---

[1] See her trial (No. 74) and Biographical Notes.
[2] Trial No. 74, foll. 2r, 14v. Her testimony was not entered in the records of the trial of María Alonso. This should be considered a serious omission, though it should be borne in mind that the Court knew the real value of each testimony.
[3] For instance, Sancho de Ciudad (No. 1) and María Díaz, la cerera (No. 2).
[4] Reference to this having been done is to be found in the sentence (fol. 8r), which refers to the general summons during the Period of Grace. The sentence also states that she was personally summoned, but perhaps this was merely a formula used in sentences at that time.

trial, but we know that she was burnt at the stake on 15 March 1485 along with her sister Inés, both of whom were probably caught at the same time and perhaps in the same circumstances. The witnesses' testimonies and the sentence are our only sources of information on María and Inés Alonso.

Bibliography: Fita, p. 477, No. 199; Delgado Merchán, p. 220; Beinart, index.

1r absente

Leg. 35, No. 20

Proçeso contra Maria Alonso muger de Alonso escrivano con la sentençia

{puestos los testigos}

visto en concordia a XXI de febrero Çiudad Real

1v *Blank page*

2r {En çinco de enero de LXXXIIII°}

5 Jan. Contra Maria Alonso, muger de Alonso, escrivano asente

1484 Muy Reuerendos e Virtuosos Señores Juezes Inquisidores de la heretyca praueded:
Yo, Ferrand Rodrigues del Varco, clerigo, capellan del Rey nuestro señor, promotor fiscal de la Santa Ynquisiçion, paresco ante Vuestras Reuerençias e acuso a Maria Alonso, muger de Alonso, escriuano, defunto, vesina desta Çibdad Real, absente que agora es della, como rebelde e contumas a los mandamientos apostolicos e a vuestros llamamientos e emplasamientos y en su absençia, que deue ser auida por presençia, digo que, biuiendo la dicha Maria Alonso en posesyon e so nonbre de christiana e vsando e gosando de las preheminençias de cristiana, en ofensa de Nuestro Señor e de Su Santa e Gloriosa Fe e syn temor de las penas e çensuras que por judaysar e apostatar esperar deuiera, la dicha Maria Alonso judayso e heretyco e guardo la dicha Ley de Moysen en las cosas seguientes:

Trial of María Alonso

Vno, que guiso e fiso guisar viandas los viernes para los sabados, e lo tal asi guisado comia ella e los de su casa frio en los tales sabados a cabsa de no los quebrantar, como propiamente judia.

Yten, que la dicha Maria Alonso guardo los sabados, çesando en ellos toda obra por honra de la dicha Ley de Moysen.

Yten, que ençendio e fiso ençender candiles linpios los viernes en las noches tenprano por honra del sabado e çeremonia de la dicha Ley de Moysen.

Yten, que solepniso e festiuo los dichos sabados, vistiendo en ellos ropas linpias de lino e de paño de fiesta por honrar la dicha Ley de Moysen.

Yten, que reso oraçiones judaycas muchas veses en forma de judia, e las oyo e fue a las oyr a otras partes, todo en oprobrio de la dicha Santa Fe Catolica.

Yten, que comio carne e huevos en Quaresma e en otros dias vedados por la Santa Madre Yglesia syn neçesidad ni cabsa para ello, en menospreçio de nuestra Santa Fe e siguiendo la dicha Ley de Moysen.

Yten, que quebranto los domingos e fiestas mandadas guardar por la Santa Madre Yglesia, trabajando en los tales dias en cosas seruiles e como en los otros dias de entre semana, todo en grande ofensa de Nuestro Señor e de Su Santa Fe Catolica.

Yten, que la dicha Maria Alonso judayso, heretyco e apostato en otras cosas e casos que, seyendo neçesario, protesto declarar en el presente proçeso. Por que, Virtuosos Señores, digo que, asy por la dicha Maria Alonso aver heretycado e apostatado en las

2v cosas | ya dichas como por ser rebelde a los dichos vuestros mandamientos e non aver paresçido ante Vuestras Reuerençias a se redusir a la Santa Madre Yglesia, a quien tanto auia ofendido, que la dicha Maria Alonso es e deue ser auida por hereje e apostota e persona que guardo la dicha Ley de Moysen en sus çerimonias e rictos, e por ello yncurrio en las çensuras eclesiasticas e en las otras penas çeuiles e criminales en los derechos e santos canones constituydos. Por que, Reuerendos Señores, vos pido e requiero que por tal hereje e apostota la declareys e pronunçieys, declarando aver yncurrido en las dichas penas, para lo qual ynploro el reuerendo e noble ofiçio de Vuestras Reuerençias, e pido conplimiento de justiçia.

La qual acusaçion juro a los sacros ordenes que resçeby que sy la dicha Maria Alonso presente fuera esta misma le pusiera; por que, Señores, vos pido e requiero que, aviendola por presente, proçedays contra ella segund la calidad del negoçio e rebeldia e contempto de la dicha Maria Alonso, e segund que en tal caso el derecho permite fasta la sentençia definitiua ynclusiue; e yo soy presto de justificar esta dicha mi acusaçion sy e en quanto nesçesario fuere, e pido segund suso. |

3r-v *Blank folio*

Witnesses for the Prosecution [5]

4r E lo que los dichos testigos e cada vno dellos dixeron e depusyeron, seyendo examinados y preguntados cada vno particular e apartadamente por los honrados Juan Ruys de Cordoua, maestro en santa theologia, e Juan de Hoçes, clerigos, benefiçiados en esta dicha Çibdad Real, a los quales por los dichos señores inquisydores fue cometida la examinaçion e reçebçion de los testigos juntos conmigo, el dicho notario, preguntadolos e examinandolos por el libelo de la denunçiaçion que contra la dicha Maria Alonso, muger de Alonso, escriuano, en este proçeso es presentado; e lo que los dichos testigos dixeron es lo syguiente :

El dicho Anton Gonsales,[6] fijo de Fernan Gonsales, sastre, testigo susodicho presentado por el dicho fiscal, juro segund de suso e dixo que Garrida, muger de Hernando Tremar,[7] enbio vn dia a preguntar a Maria Alonso, muger de Alonso, escriuano, que mora çerca de Rodrigo de Santa Crus,[8] que sy ayunaria aquel dia, e que respondio que non, syno otro dia. Esto es lo que sabe e en ello se afirmo.

La dicha Catalyna Martines,[9] muger de Anton Gonçales, vesina en esta çibdad en la collaçion de Sant Pedro, testigo susodicho presentado por el dicho fiscal, juro segun de suso, e dixo que morando cabe Maria Alonso, muger de Alonso, escriuano, que le vio vn domingo en la tarde como ponia vna tela en vn telar, que era texedora. E que sabe e vido que guardauan el sabado el dicho

---

[5] The file lacks the procedure of presentation of witnesses, the summons and the record of her being charged and declared a rebel. Cf. the trial of María Díaz, *la cerera*, No. 2.
[6] He also testified for the prosecution at the trials of Juan Calvillo (No. 13, fol. 4v) and Juan González Escogido (No. 80, fol. 4v); see also Biographical Notes.
[7] This name should be read 'Tremal'.
[8] See Biographical Notes.
[9] She, too, was a Conversa; cf. the trial of Juan González Panpan, No. 14, fol. 3r.

Alonso, escriuano, e ella, e comian del guisado del viernes el sabado. Iten, dixo que vio mas este testigo puede aver dos años, poco mas o menos, que entrando este testigo en casa de la dicha Maria Alonso vn dia, fallo en su casa vna judia que estaua fablando con ella; e preguntole este testigo sy aquella muger que fablaua con ella sy era judia, e la dicha Maria Alonso

4v dixo que no era syno vna buena | muger de Cordoua. E que vio entrar en aquella casa del dicho Alonso, escriuano, muchas veses a Shancho de Çibdad, e allende hereticaron. E que despues fallo este testigo aquella misma muger judia en casa de vna sobrina deste testigo, e la pregunto por se bien çertificar sy era judia, e que ella le respondio que sy, que judia era. Iten, dixo que estando otra ves en casa de la dicha Maria Alonso, que avia ydo a ordenar vnos toquexos, que llego a su puerta vno como judio; e dixo la dicha Maria Alonso: Señor ¿De donde venis aca? E respondio el judio: Señora, vengos a ver. Iten, dixo que en este dicho tienpo, sabe e vido que Garrida, muger de Hernando de Tremal,[10] enbio vn dia a vna su hija a Maria Alonso, muger de Alonso, escriuano, a le preguntar sy ese dia era de ayuno o el otro que venia; respondio ella e dixo: No es oy dia de ayunar, saluo mañana. Esto es lo que sabe e vido por el juramento que fiso, e en ello se afirmo.

La dicha Theresa Alonso, testigo susodicha presentada por el dicho fiscal, juro segund de suso e dixo que conosçio a Maria Alonso, muger de Alonso, escriuano, e que sabe que guardaua el sabado e se vestia de fiesta ropas limpias, en espeçial camisa, e sabe que ençendia los candiles lympios los viernes en la tarde temprano e que guisaua de comer del viernes para el sabado; e que sabe que la dicha Maria Alonso rezaua oraçiones judaycas. Esto es lo que sabe e vido por el juramento que fiso, e en ello se afirmo.

El dicho Alonso de Caçeres,[11] corredor, testigo susodicho presentado por el dicho fiscal, juro segund de suso, e dixo que avra tres años, poco mas o menos, morando este testigo de vna puerta adentro con Maria Alonso, muger de Alonso, escriuano, en la calle de Rodrigo de Santa Crus, sabe e vido que guardaua los sabados e se vestia ropas limpias en ellos e guisaua de comer del viernes para

5r el sabado e ençendia | los candiles lympios los viernes lympios ⟨sic⟩ e sabe que rezaua oraçiones judaycas e ebraycas, e muchas

---

[10] See Biographical Notes.
[11] He testified in various trials; see Biographical Notes.

conversas venian ally a reçebir dellas dotrina e enseñança, e no comia carne ninguna sy no fuese degollada por mano de judio o de persona supuesta que tenia lyçençia para ello. Iten, sabe e vido que entraua en su casa muchas veses Sancho de Çibdad, porque sabia que era muy judia e sabia mucho de la Ley de Muysen; e que sabe e vido resar al dicho Sancho de Çibdad e a ella teniendo la puerta de su palaçio y de la calle çerrada. Esto es lo que sabe e vido por el juramento que fizo, e en ello se afirmo.

La dicha Mençia Gonsales,[12] muger de Alonso de Caçeres, corredor sobredicho, testigo susodicho presentado por el dicho fiscal, dixo que puede aver tres años, poco mas o menos, que moro de vna puerta adentro con Maria Alonso, muger de Alonso, escriuano, e que morando con ella vio entrar a Sancho de Çibdad e se entro en vn palaçio donde ella texia e çerro la puerta, e syntio como resauan; e que sabe que la dicha Maria Alonso guardaua el sabado. Iten, dixo que vn dia fue con la dicha Maria Alonso a casa del dicho Sancho de Çibdad e que ella se entro donde el dicho Sancho de Çibdad estaua e que enbiaron a este testigo a que çerrase la puerta, e que desque torno, que los vio estar resando en fiestas, de cara la pared. Esto es lo que sabe e vido por el juramento que fiso, e en ello se afirmo.

El dicho Rodrigo de Santa Crus,[13] testigo susodicho presentado por el dicho fiscal, juro segun de suso, e dixo que vna vegada vino a casa de este testigo Maria Alonso, muger de Alonso, escriuano, e dixo a su muger sy queria leer vna escriptura muy santa;[14] e que este testigo dixo que enbiasen por ella, e enbio por ella a casa de la dicha Maria Alonso e truxeronsela, e que vio como dezia en aquella escriptura, en el comienço della: Yo, Fulano, frayre, fidalgo de quatro costados. E que como este testigo vio que eran cosas 5v de juderias, que gelo torno enbiar a su casa. E dixo que a lo que cree de la dicha Maria Alonso, dis que es judia, porque muchas veses en sus obras e fablas gelo vido. Iten, dixo que vido entrar muchas veses en su casa a Sancho de Çibdad e al del Herrera,[15] e que cree que entrauan a resar con ella sus oraçiones judaycas. Esto es lo que sabe e vido por el juramento que fiso, e en ello se afirmo.

---

[12] She also testified in the trial of Sancho de Ciudad, No. 1, fol. 7r.
[13] See Biographical Notes.
[14] She, too, was a Conversa.
[15] Alonso de Herrera; see Biographical Notes.

Trial of María Alonso

La dicha Ysabel de Santa Crus, hija de Alonso de Caçeres,[16] testigo susodicho presentado por el dicho fiscal, juro en forma segund de suso, e dixo que sabe e vido, morando de vna puerta adentro con Maria Alonso, muger de Alonso, escriuano, guardaua el sabado e vestian sus ropas lympias ella y sus hijas Florençia e Beatris; e que sabe que ençendian los candiles lympios los viernes en las noches e comian del guisado del viernes para el sabado. Iten, dixo que este testigo vio vn viernes en la noche, estando en la dicha su casa de la dicha Maria Alonso, como vn su hijo, Juan, estaua en vn palaçio, vnas hazalejas cubiertas sobre los ombros e vn libro en las manos, e que le vio resar en aquel libro en cara la pared, e que le estauan oyendo lo que resaua la dicha su madre e sus hermanas, que rezauan todas hazia la pared. Esto es lo que sabe e vido por el juramento que fiso, e en ello se afirmo.

La dicha Maria, muger de Juan Çarco, apuntador, vesino a Sant Pedro, testigo susodicho (dicho) presentado por el dicho fiscal, juro segund de suso, e dixo que avra quatorze o quinse años que moro este testigo a soldada çinco años con Alonso, escriuano, que morauan delante las casas de Rodrigo de Santa Crus, con el qual y con su muger moro el dicho tienpo, sabe e vido que guardauan el sabado e se vestian camisas lympias, e sabe e vido como ella se entraua en vna bodega a rezar e alli rezaua, e sabe que guisauan de comer del viernes para el sabado e ençendian los candiles lympios los viernes, e e comian carne e huevos en Quaresma algunas veses. Esto es lo que sabe, e en ello se afirmo.

La dicha Catalyna Gonçales, muger de Ramiro, calderero, testigo susodicho, juro segund suso seyendo presentado por el dicho fiscal, e dixo que ha dies y ocho años, poco mas o menos, que tyene por vesina a le de Alonso, escriuano, e a el mientra fue biuo, hasta el robo,[17] e moraua en la calle de Rodrigo de Santa Crus, sabe e vido en todo este tienpo que todos ellos guardauan el sabado e se vestian de fiesta ropas lympias e de fiesta, e guisauan de comer del viernes para el sabado e ençendian los candiles lympios el viernes; e sabe e vido a la dicha Maria Alonso ⟨que⟩ resaua buelta hazia la calle Iten, dixo que desde los dichos dies e ocho años hasta el robo vido entrar a vn judio en su casa vnas tres

---

[16] This witness was of Converso descent. On her father, see Biographical Notes. He testified in various trials, where he gave a detailed description of Converso life.

[17] He died about then.

veses, e vido que leya dentro en su casa donde ella tenia vn telar, e ella oya al dicho judio e le repondia puesto vn braço sobre otro; el judio dixo que no sabe como se llamaua, saluo que traya señal en los pechos. Iten, dixo que por vn agujero le vido vn dia de San Sebastian haser lexia e vn dia de Todos Santos le vido todo el dia texer, e la noche hasta la vna despues de la media noche. Iten, dixo que vido traher a su casa carne algunas Quaresmas. Esto es lo que sabe e vido e lo juro e en ello se ratifico. Iten dixo, so cargo del dicho juramento, que sabe que la dicha Maria Alonso, quando fallesçio su marido, estaua vn año que non comio carne, e que llego a morir de aquella abstinençia.

Maria Sanches, hija de Juan de Soria,[18] sastre, testigo susodicho presentado por el dicho fiscal, juro segun de suso, e dixo que avra tres años que salio de casa de Aluaro de Madrid,[19] con el qual moro tres años, e que en este tienpo morio el dicho Aluaro de 6v Madrid, su amo, sabe e vido que lo vinieron a | lo vañar e amortajar como judio Maria Alonso, muger de Alonso, escriuano, e otra su hermana, y le endecharon la dicha Maria Alonso e la dicha su hermana Catalyna de Çamora. Esto es lo que sabe e vido por el juramento que fiso, e en ello se ratifico.

7r-v *Blank folio*

8r en XXIIII° de febrero de LXXXIIII°
24 Feb. Maria Alonso, muger de Alonso, escriuano
1484 Vysto por nos, Pero Dias de la Costana, liçenciado en santa theologia, e Françisco Sanches de la Fuente, doctor en decretos, jueses inquisidores dados por la abtoridad apostolica, e yo, el dicho Pero Dias liçençiado, como ofiçial e vicario general en este arçobispado de Toledo por el reuerendisimo señor don Pedro Gonsales de Mendoça cardenal de ⟨E⟩spaña, arçobispo de Toledo, vn proçeso de pleyto que ante nos se ha tratado e presentado sobre vna denunçiaçion que nuestro promutor fiscal ante nos intento contra Maria Alfonso, muger de Alfonso, escriuano, ya defunto, vesina desta çibdad, por la qual dixo que, biuiendo la dicha Maria Alfonso en nonbre e posesion de cristiana, en ofensa de Nuestro Señor e en menospreçio de Su Santa Fee Catholica heretico e apostato

[18] See the trial of Catalina de Zamora (No. 74, fol. 14v) and Biographical Notes.
[19] His bones were exhumed and burnt on 15 March 1485; see Biographical Notes.

siguiendo e guardando e honrando la Le de Muysen, ençendiendo candiles limpios viernes en la noche por honra e solenidad del sabado; e guisando de comer del viernes para sabado e el tal guisado comiendolo el sabado frio; e guardando los sabados, çesando en ellos todo trato e obra segund los judios lo guardan; e que en los tales sabados se vestia de ropas limpias e de fiesta, asy de lino como de paño; e que leya e resaua e oya leer e resar oraçiones judaycas en casa de algunos conversos desta çibdad, los pies juntos, de cara a la pared; e que non solo esto hasia, pero traya a su casa judio de señal para que mas por entero le enseñase la dicha Ley de Muysen, e venian asimesmo otras conversas a su casa a oyr al dicho judio; e que comio huevos e carne en Cuaresma e en otros dias vedados por la Santa Madre Yglesia sin tener neçesidad para ello, como verdadera judia; e que quebranto los domingos e fiestas mandadas guardar por la Santa Madre Yglesia, fasiendo en ellos cosa de trabajo como en otro dia de entre semana, en oprobio e menospreçio de Su Santa Fee Catholica; e que fiso e consyntio faser en su casa otros muchos rictos e çerimonias de la Ley de Muysen; por lo qual pidio ser declarada por ereje e apostata, e aver incurrido en las penas en los derechos estableçidas contra los tales herejes, non obstante su absençia, pues auia seydo amonestada e despues llamada e siempre fue pertinas e rebelde e permanesçia en su rebeldia e contumaçia, pidiendo sobre todo serle fecho conplimiento de justiçia. E visto como la dicha Maria Alfonso se absento desta çibdad e sus terminos por themor de la Inquisiçion, segund nos consto por la informaçion que nos reçebimos, e avnque fueron generalmente todos los que auian incurrido e caydo en este crimen de la heregia por nos llamados e exortados que veniesen a manifestar sus pecados e nos avriamos con ellos misericordia e piadosamente, e dimos sobre ello nuestra carta çitatoria de hedicto con termino de treynta dias e avn despues les esperamos otros treynta e mas, e la dicha Maria Alfonso non paresçio ni se quiso venir a reconçiliar; e como el dicho fiscal, veyendo su rebeldia e que queria permanesçer en su dapnado herror e que no se esperaua della reconçiliaçion de su pecado e obidiençia a nuestra Santa Madre Yglesia, saulo permanesçer en su damnado opinion e que podria infiçionar a otros fieles christianos, atrayendolos a su falsa creençia, por obiar el daño que podria haser nos denunçio e requerio que proçediesemos contra ella, pues que estaua grauemente infamada de aver judaysado e hereticado, e que estaua presto de denunçiar della;

8v e como a su | pedimiento e requesiçion, constandonos de su absençia, dimos nuestra carta de çitaçion e llamamiento contra ella por via de hedicto, con termino de treynta dias, por la qual espeçialmente la llamamos que viniese e conparesçiese ante nos a se defender e responder sobre el crimen de la heregia e apostasia e de aver judaysado, el qual dicho fiscal desia ella aver incurrido e de que la entendia de denunçiar, aperçebiendole que si no paresçiese proçederiamos en su absencia segund que de derecho deuiesemos. E visto como la dicha nuestra carta çitatoria fue leyda e notificada ante las puertas de las casas de la dicha Maria Alfonso e pregonada en la plaça desta çibdad publicamente e leyda en la yglesia de Sant Pedro en dia de fiesta, estando el pueblo junto a oyr los Diuinos Ofiçios, e puesta e afixa en la puerta de la dicha iglesia, donde estouo todo el termino de los dichos treynta dias, e como por el dicho fiscal fueron acusadas las rebeldias de la dicha carta en los terminos e tienpos que deuia,[20] e como non paresçio e fue por nos auida por rebelde, e como el dicho fiscal presento su denunçiaçion contra ella, sobre la qual le resçebimos a la prueua, e como presento sus testigos e fiso su prouança muy entera por asas numero de testigos, por los quales se prouo la dicha Maria Alfonso aver fecho e cometido todo lo contenido en la dicha denunçiaçion e aver guardado e honrado la Ley de Muysen e se aver absentado, huyendo desta çibdad al tienpo que vino notiçia de la Inquisiçion, desanparando sus bienes e casa e fijos, acogiendose a lugares donde non pudiese ser auida por nos ni por nuestro mandado. E visto e comunicado todo este proçeso con letrados e personas religiosas de çiençia e buenas conçiençias,[21] teniendo a Dios ante nuestros ojos, fallamos que deuemos declarar e declaramos la dicha Maria Alonso aver seydo e ser ereje e apostota, e que por tal la deuemos pronunçiar e pronunçiamos, e aver incurrido en sentençia de excomunion mayor e en las otras penas espirituales e temporales contra los tales herejes en los derechos estableçidas e en perdimiento e confiscaçion de sus bienes, e que la devemos relaxar e relaxamos al virtuoso(s) cauallero Juan Peres de Barradas, comendador de Çieça, corregidor en esta çibdad e su tierra por el Rey e Reyna nuestros señores, e a sus alcaldes e justiçia e a qualesquier otras justiçias de qualesquier çibdades, villas e lugares destos reynos e fuera dellos, do qualesquier sobredicho pudiere ser auido, para que faga del lo que hallasen que pueden e deuen faser segund derecho.

[20] This procedure is not mentioned in the file.
[21] This procedure is also not recorded in the file.

Trial of María Alonso

E por esta nuestra sentençia asy lo pronunçiamos, sentençiamos e declaramos en estos escriptos e por ellos.

(–) Petrus, licenciatus   (–) Franciscus, doctor

15 March 1485 En XV de março de LXXXV se pronuncio esta sentençia por el señor liçençiado dela Costana, ynquisidor, estando en el cadaalso, con acuerdo del señor liçençiado Baltanas, su asesor, en presençia de la dicha Maria Alonso.[22] E otrosy se notifico por esta otra semejante sentençia a Ynes Alonso, su hermana, en su presençia; la qual estaua declarada por otra sentençia, entre otros muchos, que fue dada en VI de abril de años de LXXXIIII°.[23] Testigos que presentes fueron: Aluaro Gaytan e Sasedo e Fernando de Torres e Fernando de Çepollada e Juan Mexia, regidores,[24] e el cura Fernando de Calatrava, el honrado Juan del Canpo [25] e el liçençiado Jufre e el bachiller Gonçalo Moños,[26] desta dicha çibdad. |

9r Blank page

Genealogy of the Family of Alonso the Notary and María Alonso

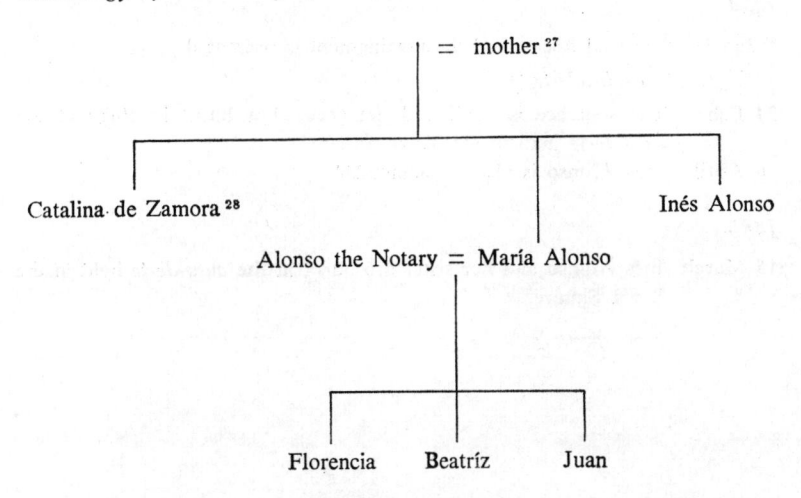

```
                    = mother [27]
        ┌───────────────┼───────────────┐
Catalina de Zamora [28]                Inés Alonso
              Alonso the Notary = María Alonso
                    ┌───────────┼───────────┐
                 Florencia   Beatríz       Juan
```

[22] His full name wwas Juan Gutiérrez de Baltanás. This indicates that María Alonso was caught.
[23] The sentence was pronounced on that day.
[24] See Biographical Notes.
[25] He had supported the Marquis of Villena; see Vol. IV, No. 52, 20 February 1477; cf. Biographical Notes.
[26] On both of them, see Biographical Notes.
[27] A Conversa who kept Jewish customs.
[28] See the genealogy of her family with Juan de Zamora on p. 423.

Records of the Spanish Inquisition in Ciudad Real, 1483–1485

The Composition of the Court

Judges:	Francisco Sánchez de la Fuente
	Pero Díaz de la Costana
Prosecutor:	Fernán Rodríguez del Barco
Examiners of Witnesses:	Juan Ruiz de Córdoba
	Juan de Hoces
Adviser:	Juan Gutiérrez de Baltanás [29]

Witnesses for the Prosecution in Order of Testification

1. Antón González, son of Fernán González, tailor
2. Catalina Martínez, wife of Antón González
3. Teresa Alonso
4. Alonso de Cáceres
5. Mencia González, wife of Alonso de Cáceres
6. Rodrigo de Santa Cruz
7. Isabel de Santa Cruz, daughter of Alonso de Cáceres
8. María, wife of Juan Zarco
9. Catalina González, wife of Ramiro, *calderero*
10. María Sánchez, daughter of Juan Soria, tailor

Synopsis of Trial

1484

5 Jan.	The trial opens, and the arraignment is presented.
Date unknown	*Consulta-de-fe*.[30]
24 Feb.	The sentence is read, and the accused is burnt in effigy at the *auto-de-fe* held in the Town Square.
6 April	Inés Alonso is also condemned.[31]

1485

15 March Inés Alonso and her sister are burnt at the *auto-de-fe* held in the Town Square.

---

[29] After María Alonso was caught, he participated in the consultation regarding the sentence that condemned her to be burnt at the stake in person; the second sentence was carried out on 15 March 1485; see fol. 8v.

[30] Mentioned in the sentence.

[31] On execution of the sentence see fol. 8v.

12 Trial of Juan de Ciudad and Isabel de Teva, his Wife 1484

Source: AHN IT, Legajo 139, No. 144, foll. 1r–6r; new number: Leg. 139, No. 10.

Juan de Ciudad, the son of Sancho de Ciudad and María Díaz, and his wife Isabel de Teva, the daughter of Pero González de Teva, were tried in absentia in a trial that opened on 14 January 1484. The couple, together with their parents and other members of their families, had fled Ciudad Real shortly before the Inquisitors arrived in the town.

Their parents were Conversos who ardently observed Jewish traditions and who made all efforts to lead a Jewish life. Juan de Ciudad, a money changer (cambiador), *and Isabel de Teva took after their parents in this respect.*

Their trial was very short and their sentence to be burnt in effigy was carried out on 24 February 1484. Such speed was possible because the earlier trial of Sancho de Ciudad and María Díaz brought to light all the incriminating information that was necessary to prepare the file for the accused. In addition, many tried Conversos were awaiting execution of their sentences at that time, and it was quite usual to conclude trials with haste when an auto-de-fe *was pending and the Inquisition was in the process of deciding on the date it would be held.*

The couple were subsequently captured in Valencia and brought to trial again in Toledo, where they were condemned and burnt in person in 1486.[1]

Bibliography: Fita, p. 475. Nos. 170–171; Delgado Merchán, p. 219; Beinart, index.

---

[1] See the trial of Sancho de Ciudad and María Díaz, No. 1.

¹ʳ Leg. 24 No. 5					Çiudad Real
[tiene los testimonios]

Proçeso contra Juan de Çibdad e su muger con la sentençia

Visto en concordia XXI de febrero

absentes condenados

Primera quema de

absentes en Çibdad

Real

Absentes, primeros quemados

sus estatuas en XXIIII°

de febrero de LXXXIIII° en Çibdad

Real

1v *Blank page*

Arraignment

2r en XIIII° de enero
14 Jan. Juan de Çibdad, fijo de Sancho de Çibdad, e su muger
1484 Muy Reuerendos e Virtuosos Señores Juezes ynquisidores de la heretyca prauedad:
Yo, Ferrand Rodrigues del Varco, clerigo, capellan del Rey nuestro señor, promutor fiscal de la Santa Ynquisiçion, paresco ante Vuestras Reuerençias ⟨e⟩ denunçio de Iohan de Çibdad, fijo de Sancho de Çibdad, et a Ysabel de Teba, su muger, veçinos desta Çibdad Real, absentes que agora della son, como rebeldes e contumaçes a los mandamientos apostolicos e a vuestros llamamientos e enplasamientos, e en absençia, que deue ser auida por presençia, digo que, biuiendo los dichos Iohan de Çibdad e Ysabel de Teba, su muger, en nonbre e posesyon de christianos e asy se nonbrando e llamando e vsando e gosando de las preheminençias de christianos, en ofensa de Nuestro Señor e de Su Santa e Catolica Fe e menospreçio della e de las çensuras eclesiasticas y penas çeuiles e criminales que por asy judaysar y heretycar esperar deuieran guardando la dicha Ley de Moysen con las speçias ynclusas debaxo

[238]

de aquella, los dichos Juan de Çibdad e su muger judaysaron e heretycaron en las cosas segund de yuso:

Vno, que los dichos Iohan de Çibdad e Ysabel de Teba, su muger, ençendieron candiles los viernes en las noches para los sabados e por honra dellos; et guisaron de comer los dichos viernes para los sabados e lo asy guisado comian frio en los dichos sabados; et guardaron los dichos sabados, çesando en ellos toda obra et vistiendose en ellos ropas linpias, asy de lino como de paño; et guardaron las pascuas de los judios segund e por la forma que ellos los festiuan e guardan; et comieron pan çençeño en la Pascua del Cordero, que guardan e solepnisan los judios; et bendixeron la mesa en la forma que los judios fasen; ayunaron los ayunos de los judios fasta salida la estrella; et comieron carne muerta con çerimonia judayca; et la dicha Ysabel Gonsales fiso la tibila como fasen las judias [2]; leyeron e oyeron leer oraçiones e libros judaycos, asy ellos mismos leyendolo e resandolo como oyendolo leer a otras personas; fadaron a sus fijos en sus nasçimientos [3] como fasen los judios; comieron carne en Quaresma e en otros dias vedados por la Santa Madre Yglesia syn tener neçesidad ni cabsa para ello y en menospreçio de nuestra Fe; e continuando su obstinaçion e çeguedad, quebrantaron los domingos e fiestas constituydos por la Santa Madre Yglesia, segund e al fin que dicho tengo. Y demas desto los dichos Juan de Çibdad e Ysabel de Teba, su muger, judaysaron, hereticaron e apostataron en otras cosas e casos, maneras e tienpos que guardando los susodichos estan de suyo guardar ⟨sic⟩ aquellos e todo como dixe, solepnisando la dicha Ley de Moysen e los rictos e cosas debaxo de aquella. Por que digo que, asy por lo susodicho como por non aver venido a se redusir a la Santa Madre Yglesia ni paresçer en el termino de la graçia a confesar las dichas sus eregias e apostasyas, todavia permanesçiendo e entendiendo permanesçer, segund tan notoriamente paresçe, en aquellas, los dichos Juan de Çibdad e su muger son e deuen ser auidos por herejes e apostotas e personas judaycas, y por ello yncurrieron en las dichas çensuras e penas çeuiles e criminales en los derechos estableçidos. Por que, Reuerendos Señores, vos pido e requiero por tal herejes e apostatas los declareys e pronunçieys, declarando aver yncurrido en las dichas çensuras e penas, para lo

[2] טבילה; ritual immersion. This clearly indicates that a *miqveh* was at her disposal.
[3] On the *fadas* or *hadas,* see Beinart, pp. 222, 299.

qual e en lo nesçesario ynploro vuestro reuerendos e noble ofiçio, e pido conplimiento de justiçia. |

2v Et juro por los ordenes que resçebi que sy los dichos Iohan de Çibdad e Ysabel de Teba presentes fueren, que esta misma denunçiaçion les pusiera. Por que, Reuerendos Señores, vos pido e requiero que, auiendolos por presentes, proçedays contra ellos segund la calidad del negoçio e contento e rebeldia suya, e segund que en tal caso los derechos permiten, fasta la sentençia definitiua ynclusiue; yo soy presto de justificar la dicha mi acusaçion sy e en quanto nesçesario fuere, e pido segund suso. |

3r *Blank page*

Witnesses for the Prosecution [4]

3v Et lo que los dichos testigos dixeron e depusieron por sus dichos e depusiçiones, syendo cada vno dellos tomados e resçebidos por sy secreta e apartadamente, aviendo primeramente jurado en forma deuida, es lo siguiente:

El dicho Juan de Herrera, el tresquelado, escudero, veçino desta çibdad a Santa Maria, a la calle de Calatraua, testigo resçebido, fiso juramento en forma, so cargo del qual dixo que avra dies e syete o dies e ocho años que viniendo este testigo vn dia sabado de Misa de Santo Domingo entro en casa de Sancho de Çibdad, e vido al dicho Sancho como leya vn libro ebrayco despues de Misa; estauan alli oyendolo Alonso de Theua,[5] mercader, que mora en la cal de la Calatraua, e Juan de Çibdad, fijo del dicho Sancho de Çibdad; otros estauan alli pero non se acuerda.

La dicha Beatris, fija de Eluira Gonsales muger de Gonsalo Garçia Martines, el çiego, en la cal de Calatraua a Santiago, testigo presentado e juro en forma deuida, e dixo que sabe que Juan de Çibdad, fijo de Sancho de Çibdad, que guardaua los sabados e se vestia ropas linpias e de fiesta e guisauan de comer en su casa del viernes para el sabado; e sabe e les vido guardar las pascuas de los judios, e en su casa vido faser pan çençeño; e comian carne e hueuos en Quaresma; e sabe que se yuan a vañar en sus tienpos a vna cuenca de Juan de Herrera,[6] yjo de Alonso Gonsales Franco ; [7]

---

[4] The file lacks any record of their presentation and swearing-in.
[5] *Alias* Alonso González de Teva; see Biographical Notes.
[6] See Biographical Notes.
[7] His son, Lorenzo Franco, was received back into the Church by the Inquisition; see Fita, p. 480, No. 265.

Trial of Juan de Ciudad and Isabel de Teva

y les vido bendesir la mesa en palabras que este testigo non entendia; e que sabe que ayunauan algunos ayunos fasta salida el estrella; e la carne que comia la enbiaua degollar fuera; e que sabe que en su casa, quando le nasçia algund fijo, lo fadauan de la manera y forma que se acostumbra entre ellos faser, vestiendo la criatura de ropas blancas e linpias, e venian muchas donçellas e otras mugeres a tañer e baylar a las siete noches. Esto vido e sabe desde çinco ⟨años⟩, e en esto los fallo e en esto los dexo; e que no se acuerda de mas el juramento que fiso.

La dicha Eluira de Seuilla, muger de Anton Tocado, que biue en la plaça e vende puerco e otras cosas, tiene a su frontero el meson de las mugeres, testigo resçebido, juro en forma, etç., dixo que avra catorse años que dixo a vn amigo confeso que tenia, que se llamaua Juan, lençero, e era canbiador, el qual touo tres años e estaua con el en casa de su padre, que se llamaua Aluaro, lençero, e moraua en Barrionueuo, cerca de Sancho de Çibdad, e que este dicho Sancho moro frontero de Juan de Çibdad, e desde vna ventana suya veya toda su casa. E sabe e vido en su casa guardauan los sabados e las pascuas de los judios, e se vestian de fiesta ropas linpias, e que guisauan de comer del viernes para el sabado e ençendian candiles linpios; e sabe que estauan en su casa todos quantos confesos e confesas avia en esta çibdad, e alli se juntauan a leer e ayunar e a guardar, e veya faser alli tantas juderias que era marauilla, e que aquel era como su rabi mayor. E que esta es la uerdad para el juramento que fiso.

La dicha Eluira, fija de la de Juan Aluares, veçino de Carrion, esposa de Fernando Dias, testigo jurado en forma, preguntada, dixo que puede aver dies años, poco mas o menos, que este testigo moro con Juan de Çibdad e con Ysabel de Teba su muger, dixo que vido como el viernes en la tarde barrian e alinpiaua⟨n⟩ su
4r casa e alinpiauan candiles e los | ençendian a la noche tenprano; et asimismo que guisauan el viernes lo que avian de comer el sabado, e que comian el sabado el guisado del viernes; e que sabe que guardauan el dia del sabado e que vestian ropas linpias e que non dauan ni tomauan en aquel dia cosa alguna; e dixo que sabe que comian hueuos y queso y leche en la Quaresma por pascua de judios, que comian el pan çençeño; e que sabe e vido que ayunauan por el mes de setienbre, que non comian fasta la noche salida el estrella, e que aquel dia enbiauan fuera a este testigo para que non lo supiese; e dixo que vio resar syn libro al dicho Juan de Çibdad e a ladicha su muger el viernes y los sabados a

[241]

las mañanas e a las noches en vn palaçio tras vn paramento, en fiestas, de cara la pared, sabadeando como judios; e que sabe que comian carne degollada de mano de judio con çerimonia judayca continuamente, e que desque non lo podian aver, que algunas veces que lo trayan de la carneçeria y que lo retajauan y deseuauan todo y lo lauauan mucho con sal e con agua; e que vio como los dichos sus amos bendesian el vino en la mesa, puro, syn agua alguna, desiendo palabras e aspirando con el se[ ]ldoençima del vaso, e que tomavan sendos por los dello. E que esta es la verdad para el juramento que fiso.

Eluira Gonsales, fija de Eluira Gonsales, veçina de Çibdad a la col⟨l⟩açion de Santiago en la esparteria, testigo jurada en forma, presentada, dixo que este testigo moro con Alonso Gonsales de Teba siete años, e que en este tienpo [8] sabe e vido como en vna Fiesta de las Cabañuelas de los judios, que el dicho Alonso Gonsales de Teba leya de noche y de dia en vn libro toda la noche, e que nunca se desnudaron aquella noche fasta otro dia,[9] e que estauan alli Catalina Martines, su muger, e Isabel de Teba, muger de Juan de Çibdad, fijo de Sancho de Çibdad, a bueltas de otros que ende estauan, E que esto es la verdad por el juramento que fiso. |

4v *Blank page*

Sentence

5r en XXIIII° de febrero de LXXXIIII° años

24 Feb. Juan de Çibdad — Ysabel de Theba, su muger

1484 Vysto por nos, Pero Dias de la Costana, liçençiado en santa theologia, et Françisco Sanches de la Fuente, doctor en decretos, jueses inquisidores dados por la abtoridad apostolica, et yo, el dicho Pero Dias, liçençiado, como ofiçial e vicario general en este arçobispado de Toledo por el reuerendisimo señor don Pero Gonsales de Mendoça, cardenal de España, arçobispo de Toledo, vn proçeso de pleyto que ante nos se ha tratado e pende sobre vna denunçiaçion que el honrado Fernand Rodrigues del Barco, clerigo, capellan del Rey nuestro señor, nuestro promutor fiscal, intento e propuso contra Juan de Çibdad, fijo de Sancho de Çibdad, et Ysabel de Theba su muger, en que dixo que estando los dichos Juan de Çibdad e Ysabel de Theba, su muger, en posesion e

[8] Renowned for his Jewish way of life; see Biographical Notes.
[9] Probably on the night of *Hosha'na Rabba*.

Trial of Juan de Ciudad and Isabel de Teva

nonbre de christianos, en menospreçio de nuestra Santa Fee e en ofensa de Nuestro Redentor Ihesu Christio, hereticaron e apostataron siguiendo la Ley de Muysen e fasiendo sus çerimonias segund que judios las fasen e acostunbran faser, linpiando e mandando linpiar e aderecar su casa los viernes en la tarde, ençendiendo candiles linpios en la noche por honra del sabado, e guisando e mandando guisar viandas los viernes en la tarde para comer el sabado; e guardando los sabados, çesando en ellos de toda obra e vistiendose en el camisas linpias, asi de lino como de paño; e guardando las pascuas de los judios con las çerimonias e solepnidades que ellos las guardan; e que comieron pan çençeño en la Pascua del Cordero; e bendesian la mesa segund costunbre e forma de judios; e que ayunaron los ayunos de los judios fasta el estrella salida; e comian carne muerta con çerimonia judayca; et la dicha Ysabel de Theba fasia la tibila, bañandose como lo fasen las judias; e que leyeron e oyeron leer en libros judaycos, asi ellos mismos leyendo e resando como oyendo leer a otras personas, et que el dicho Juan de Çibdad leya como rabi; e que fadaron a sus fijos en sus nasçimientos como fasen los judios; e que comieron carne en Cuaresma e en otros dias vedados por la Santa Madre Yglesia, syn tener nesçesidad o cabsa para ello; et que quebrantaron los domingos e fiestas de la Yglesia, e que fisieron trabajar a los suyos en ellos; et fysieron otras çerimonias judaycas en onra e guarda de la Ley de Muysen; por lo qual pidio ser declarados por herejes e por tales condepnados, non obstante sus absençias, pues auian seydo e son rebeldes e contumaçes asy en no venirse a reconçiliar con la Yglesia en el tienpo de la graçia e se aver absentado e fuydo desta çibdad por temor de la Inquisiçion despues, seyendo llamados para responder e se defender en esta denunçiaçion, pidiendo serle fecho conplimiento de justiçia sobre todo. Et visto como ouimos dado nuestra carta çitatoria e de llamamiento contra el dicho Juan de Çibdad e Ysabel de Theba su muger, con termino de treynta dias, para que paresçiesen a responder a la dicha denunçiaçion sobre el crimen de la heregia e de aver judaysado de que el dicho fiscal los denunçiava, et como la carta fue leyda ante las puertas de las casas de sus moradas desta çibdad et pregonada publicamente en la plaça e leyda en la yglesia de Sant Pedro en dia de fiesta, estando el pueblo junto a oyr los Diuinos Ofiçios,

5v e puesta | e afixa en la puerta de la dicha yglesia, donde estuuo todo el dicho tienpo de los dichos treynta dias, et como el dicho promutor fiscal acuso las rebeldias de los dichos Juan de Çibdad e Ysabel de Teba, su muger, en los terminos que deuia,[10] et como en su rebeldia fue resçebido a la prueua de la denunçiaçion que contra ellos fiso, et como prouo bien e enteramente los dichos Juan de Çibdad e Ysabel de Theba, su muger, aver fecho e cometido e perpetrado todas las heregias de judaysar en la dicha denunçiaçion contenidas, e como se absentaron e fueron desta çibdad por cabsa de las dichas heregias e themor de nuestra Inquisiçion, desanparando su casa e bienes et retrayendose a lugares donde non pudiesen por nos o por nuestro mandado ser avidos. Et visto este proçeso e comunicando con letrados e religiosos, personas reuerendas de çiençia et conçiençia,[11] siguiendo su consejo et comun determinaçion, teniendo a Dios ante nuestros ojos:

Fallamos que deuemos declarar e declaramos los dichos Juan de Çibdad e Ysabel de Theba, su muger, aver seydo e ser erejes e apostotas, e por tales los denunçiamos, e aver incurrido en sentençia de excomunion mayor e en las otras penas espirituales e temporales en los derechos contra los herejes estableçidas e en perdimiento e confiscaçion de sus bienes, e que los devemos relaxar e relaxamos al virtuoso cauallero Juan Peres de Barradas, comendador de Çieça e corregidor en esta çibdad e su tierra por el Rey e Reyna nuestros señores, e a sus alcaldes e justiçias, para que proçedan contra ellos segund hallaren por derecho, e asimismo a qualesquier otros justiçias de qualesquier çibdades, villas e lugares destos reynos e fuera dellos. Et por esta nuestra sentençia asy lo pronunçiamos e declaramos en estos escriptos e por ellos.

(–) Petrus, licenciatus   (–) Franciscus, doctor

6r *Blank page*

The Composition of the Court

Judges:	Francisco Sánchez de la Fuente
	Pero Díaz de la Costana
Prosecutor:	Fernán Rodríguez del Barco
Examiners of Witnesses:[12]	Juan Ruiz de Córdoba
	Juan Martínez de Villarreal

[10] These are not found in the file.
[11] There is no record of a *consulta-de-fe* in the file.
[12] Presumably; their names are not actually mentioned in the file.

Trial of Juan de Ciudad and Isabel de Teva

Witnesses for the Prosecution in Order of Testification
1. Juan de Herrera (nicknamed *el tresquelado*)
2. Beatríz, daughter of Elvira González wife of Gonzalo García Martínez, the blind.
3. Elvira de Sevilla, wife of Antón Tocado
4. Elvira, daughter of Juan Alvarez of Carrión, wife of Fernando Díaz
5. Elvira González, daughter of Elvira González

Synopsis of Trial

1484

14 Jan.	The trial opens, and the defendants are charged with rebellion. The arraignment is presented.
Date unknown	Witnesses for the prosecution are presented.[13]
Date unknown	*Consulta-de-fe.*
24 Feb.	The sentence of burning in effigy is carried out at the *auto-de-fe* held in the Town Square.

---

[13] The sentence mentions the summons during the Period of Grace and their personal summons. It also states that the accused were charged with rebellion. Thirty days were allowed them in which to appear before the Court.

13 Trial of Juan Calvillo
1484

Source: AHN IT, Legajo 138, No. 124, foll. 1r–9r; new number: Leg. 138, No. 6.

Juan Calvillo was a tanner and shoemaker, and a Converso who had deep roots in the life of the Jewish community. He was the son of Gonzalo Fernández Calvillo,[1] the brother of Fernando Calvillo and a member of the group that frequented the house of Sancho de Ciudad for prayers and the observance of Jewish traditions. At the age of twenty-five he openly identified himself with Judaism by consenting to be circumcised along with his children. He was tried in absentia in a trial that opened on 16 January 1484, and was burnt in effigy in the Town Square of Ciudad Real on 24 February 1484.

The testimonies in his file are copied a second time with certain additions. Of particular interest is the declaration of the prosecutor, made on 28 November and cited in this file, concerning the suicide of Juana González, wife of Juan de Merlo, while she was a prisoner of the Inquisition. The reason why this case was incorporated in Juan Calvillo's file is not known. For a detailed account of the facts at our disposal, see No. 4. See also the trials of Sancho de Ciudad (No. 1) and Rodrigo Marín (No. 83).

Bibliography: Fita, p. 474, No. 168; Delgado Merchán, p. 219; Beinart, pp. 84 ff. and index.

---

[1] His children were summoned to defend his memory on 6 September 1484; see the genealogy of the family (p. 260) and Biographical Notes.

1r absente quemado   vesino de Çibdad Real
Proçeso de Juan Calbillo cortidor
con la sentençia

Leg. 23 No. 51

tiene los testimonios

1v En la Çibdad Real, en dies e seys dias del mes de enero, año del
16 Jan. Nasçimiento de Nuestro Saluador Ihesu Christo de mil e quatro-
1484 çientos e ochenta e quatro años, este dicho dia, dentro en las casas donde los señores inquisidores resyden e façen su audiençia continua, en presençia de nos, los notarios e testigos infra escriptos, estando los dichos señores sentados en la audiençia publica en el lugar acostumbrado, a la hora de la terçia, oyendo a los que ante sus reverençias venia⟨n⟩, paresçio ende presente el honrado Ferrand Rodrigues del Barco, clerigo, capellan del Rey nuestro señor, promotor fiscal en la Santa Inquisiçion, e dixo que por quanto Juan Calbillo, cortidor, veçino desta dicha çibdad, se abia absentado desta çibdad por temor de la dicha Inquisiçion, e non sabia donde estaba, el qual, a bueltas de otros, fue çitado e llamado por vna carta çitatoria e de llamamiento que sus reverençias mandaron dar e dieron a su pedimiento del dicho fiscal, en que le mandaron paresçer dentro de çiertos terminos e plaços en la dicha carta contenidos, en los quales ni en alguno dellos el dicho Juan Calbillo non paresçio e abia seydo rebelde e contumas, e que por el dicho promutor le fueron acusadas las rebeldias e por sus reverençias fue abido por rebelde e contumas; por ende, que en su absençia e rebeldia presentaba e presento en la dicha audiençia, ante los dichos señores inquisidores, contra el dicho Juan Calbillo, cortidor, vn escripto de denunçiaçion y querella, thenor del qual es este que se sygue: |

Arraignment

2r En XVI de enero de LXXXIIII°
16 Jan. Contra Juan Calbillo, cortidor
1484 Muy Reuerendos e Virtuosos Señores Juezes Inquisidores de la heretica prauedad:
Yo, Ferrand Rodrigues del Varco, capellan del Rey nuestro señor, promutor fiscal de la Santa Ynquisiçion, paresco ante Vuestras

[247]

Reuerençias e acuso a Iohan Caluillo, cortidor, vesino desta Çibdad Real, absente que agora es della, como rebelde e ynobediente a los mandamientos apostolicos e a vuestros llamamientos e enplasamientos, e en su absençia, que deue ser auida por presençia, digo que, biuiendo el dicho Iohan Caluillo en nonbre e posesyon de christiano e asy se nonbrando e llamando e gosando de las preheminençias de christiano, en ofensa de Nuestro Señor e de Su Santa e Catolica Fe e syn temor de las çensuras eclesiasticas e penas çeuiles e criminales en que por asy judaysar, heretycar e apostatar esperar deuiera, el dicho Juan Caluillo fue y es hereje e guardo la Ley de Moysen, e fiso e obro las çerimonias e rictos e cosas de aquella en la forma siguiente:

Vno, que el dicho Iohan Caluillo ençendio e consynto ençender candiles linpios los viernes en las noches por honra de ser vigilia e bispera del sabado e porque en la dicha Ley Musayca aquello se permitya, e segund e por la forma que lo fasen los judios; que guiso e fiso guisar viandas los viernes para los sabados, por non las guisar en ellos, creyendo que los quebrantaua e que por ello, si lo fisiera, pecaria, e asy lo tal guisado comia en los dicho sabados frio; solepniso e honro los dichos sabados e pascuas judaycas, vistiendose en ellos y en ellas ropas linpias e de fiesta, asy de paño como de lino, e auiendo plaseres en los tales dias mas señaladamente que en otros, folgo e çeso de faser toda obra de trabajo e de trato en los tales dias de sabados e pascuas, non entendiendo saluo en cosas de folguera e plaseres con sus parientes e amigos, y ellos con el, como persona que a sabiendas se aparto de la creençia e amor de la nuestra Santa Fe Catolica; ayuno asymesmo los dias que los judios suelen e acostunbran ayunar, estando en conçebto que en los tales dias de ayunos auia de oyr los dias lo que le podia en sus vanas plegarias, e a las noches en los tales dias çenava carne, bendisiendola como fasen los judios; comia e acostunbraua comer carne degollada con çerimonia judayca, creyendo e pensando que aquella era la buena, e que la otra que asy non era degollada que era enconada e mala; comio asymesmo carne en Quaresma e en otros dias vedados por la Santa Madre Yglesia, en quebrantamiento e ofensa de nuestra Santa Fe; leyo e oyo leer libros de oraçiones e
2v cosas judaycas, poniendo su fe e creençia entera en ello, | boluiendo su damnado e mal proposyto contra Nuestro Redentor e Saluador Ihesu Christo o contra Su Diuina Majestad. Y no solo esto fiso en ofensa e menospreçio, sino mas avn, continuando en ello, se çircunçido e consyntio çircunçidar quando avia hedad de veynte

Trial of Juan Calvillo

e çinco años, poco mas o menos. Y allende deso y de suso es dicho, el dicho Iohan Caluillo judayso, eretyco e apostato, en otras cosas e casos que, seyendo neçesario, protesto declarar, venido a mi notiçia, en el progreso deste sumario proçeso. Por que digo que asy por lo susodicho como por aver fuido e se absentado en contempto e menospreçio de la Santa Madre Yglesia e permanesçido en esta contumaçia e rebeldia, non venido a la obediençia della ni de los dichos nuestros mandamientos, el dicho Juan Caluillo es e deue ser auido por hereje e apostota e persona que guardo la dicha Ley de Moysen, como dicho es, e por ello yncurrio en las çensuras eclesiasticas e penas çeuiles e criminales en los derechos constituidas. Por que, Reuerendos Señores, vos pido e requiero por tal hereje e apostota lo declareys e pronunçieys, declarando aver yncurrido en las dichas çensuras e a perdimiento de todos sus bienes, e otrosy en las penas criminales en los derechos constituydas, para lo qual ynploro vuestro reuerendo e noble ofiçio e pido conplimento de justiçia. La qual acusaçion, juro por los sacros ordenes que resçibi que sy el dicho Juan Caluillo presente fuera, que esta misma acusaçion le pusiera. Por que, Reuerendos Señores, vos pido e requiero que, aviendolo por presente, proçedays contra el segund la calidad del negoçio e contempto e rebeldia suya, segund que en tal caso los derechos ya dichos permitan, fasta la sentençia difinitiua concluyente. E yo soy presto de justificar esta mi acusaçion sy e en quanto nesçesario fuere, e pido segund suso.

Summons and Procedure

E asy presentado el dicho escripto de denunçiaçion e querella por el dicho promutor fiscal contra el dicho Juan Calbillo, e leydo por vno de nos, los dichos notarios, los dichos señores dixeron que lo
3r resçebian e que mandavan e mandaron | al dicho Juan Calbillo que dentro de terçero dia primero seguiente venga personal ante sus reverençias, respondiendo e desiendo de su derecho contra el dicho escripto de denunçiaçion y querella. Para lo qual mandaron a mi, Juan Sanchez Tablada, notario de la dicha Santa Inquisiçion, que le çitase en esta dicha audiençia e a la puerta de las casas donde solia mora. E luego yo, el dicho notario, incontinenti, por virtud del dicho mandamiento en la dicha audiençia alta voçe le çite, en presençia de los que ende estaban. De lo qual son testigos que fueron presentes el bachiller de Manargo e Antonio de Coca e Juan Gomes, vesinos desta çibdad.

E despues desto, lugo este dicho dia e mes e año, yo, el dicho

[249]

notario, por virtud del dicho mandamiento de los dichos señores inquisidores e a pedimiento del dicho fiscal, fue a las casas del dicho Juan Calbillo, donde solia morar, e le cite delante las puertas de las dichas casas que paresçiese dentro de terçero dia personalmente ante los dichos señores a responder a la dicha denunçiaçion e querella que sobrel dicho crimen dela heregia contra el era puesta. De lo qual son testigos que fueron presentes Gonçalo, çapatero e Pero Fernandes, clerigo, vesinos de la dicha çibdad.

19 Jan. 1484 E despues desto, en dies e nueve dias del dicho mes de enero del dicho año de LXXXIIII° años, ante los dichos señores inquisidores, en la dicha audiençia paresçio el dicho promutor fiscal e dixo que por quanto el dicho Juan Calbillo, cortidor, a su pedimiento e por mandamiento de sus reuerençias abia seydo çitado que paresçiese personalmente a esta audiençia a responder a vna denunçiaçion e querella por el antellos puesta contra el dicho Juan Calbillo, e non paresçia e oy se cunplia el termino, que le acusava e acuso la rebeldia. E los dichos señores dixeron que la resçibian e resçibieron. De lo qual son testigos que fueron presentes el bachiller Gonsalo Moños e Juan Gomes, vesinos desta dicha çibdad.

E luego, incontinenti, en la dicha audiençia, el dicho promutor fiscal dixo a los dichos señores que pues el dicho Juan Calbillo, cortidor, abia seydo e hera rebelde e non paresçia, que el concluya e concluyo con la denunçiaçion que contra el dicho Juan Calbillo abia presentado, e que les pedia e pidio que asymismo sus reverençias concluyesen e lo resçibiesen a la prueva. E luego los dichos señores inquisidores respondieron e dixeron que en absençia e rebeldia del dicho Juan Calbillo, cortidor, concluyan e concluyeron con el dicho promutor fiscal, que presente estaba, e que aseñalavan termino para dar sentençia para luego, la qual dieron e pronunçiaron en vnos escriptos que en sus manos tenian en la forma seguiente:

Fallamos que devemos resçebir e resçebimos al dicho nuestro promutor fiscal a la prueva de lo por el denunçiado e querellado contra *3v* el dicho Juan Calbillo, saluo jure inpertinentium | et non admitendorum; para la qual prueva haser le damos e asygnamos termino de nueve dias primeros seguientes, dandole tres dias por cada termino e plaço, e todos nueve dias por termino perentorio. E asi lo pronunçiamosen estos escriptos e por ellos. De lo qual son testigos que fueron presentes los sobredichos Gonçalo Moños, bachiller, e Juan Gomes e don Françisco de Hozes, vesinos desta çibdad.

Trial of Juan Calvillo

Witnesses for the Prosecution

0 Jan. E despues desto, en veynte dias del dicho mes de enero, año suso-
1484 dicho, dentro en las dichas casas donde los dichos señores inquisidores residen e façen su audiençia continua, a la hora acostunbrada de la terçia, estando los dichos señores presentes sentados oyendo las personas que ante sus reverençias venian, paresçio ende presente el dicho promutor fiscal, e para en prueva de su entençion e denunçiaçion e querella que contra el dicho Juan Calbillo, propuso e presento por testigos a Lope Franco e a Anton Gonsales, sastre, e a Alonso del Retamal, çapatero, e a Juana Gonsales, hija de Juan Martines, çapatero, e a Christoual, sastre, vesino de la dicha Çibdad Real, de los quales e de cada vno dellos los dichos señores inquisidores resçibieron juramento en forma devida, en que dixeron que juravan e juraron ellos e cada vno dellos a Dios e a Santa Maria e a las palabras de los Santos Evangelios, sobre que pusieron sus manos, e a la señal de la Crus +, que con sus manos derechas corporalmente tocaron, de desir la verdad de lo que supiesen en esta causa sobre que son presentados por testigos, e que sy asy lo fiçiesen e dixeren, que Dios les ayudase en este mundo a los cuerpos e en el otro a las animas, e sy al contrario fiçiesen e dixesen, que Dios gelo demandase mal e caramente en este mundo a los cuerpos e en el otro a las animas, donde mas abian de durar, como a malos christianos que juran el Santo Nonbre de Dios en bano. E respondieron a la confusion del dicho juramento e dixeron que asy lo juraban, e juraron, –e : Amen. Testigos: Juan Gomes, fiscal, e el cura de Yevenes.[2]

Feb. E despues desto, en quatro dias del mes de febrero, año susodicho,
1484 estando los dichos señores inquisidores en la sala donde acostunbran librar e facer su abdiençia publica, paresçio el dicho fiscal e dixo que presentaba e presento por testigo en la dicha causa, para en prueva de su entençion e denunçiaçion contra el dicho Juan Calbillo, por el propuesta, a Juan Viscayno, cortidor, vesino de la dicha çibdad, del qual los dichos señores resçibieron luego juramento en forma sobre la señal de la Crus e sobre los Santos Evangelios, e juro segund de suso. E fecho el dicho juramento, los señores remitieron la reçebçion de los dichos e deposiçiones
4r de los | dichos testigos a los honrados Juan Ruys de Cordova, maestre en santa theologya, e a Juan de Hozes, clerigos desta

---

[2] Juan Martínez de Villarreal; see Biographical Notes.

çibdad, puestos e deputados por sus reverençias para la reçebçion de los testigos con vno de nos, los notarios. Testigos: Françisco de Hozes e Alonso Aluares,[3] vesinos desta dicha çibdad.

E lo que los dichos testigos e cada vno dellos dixeron e deposieron, seyendo preguntados cada vno sobre sy secreta e apartadamente por los dichos Juan Ruis, maestro, e Juan de Hozes, clerigos, por ante mi, el dicho notario, seyendo preguntados por los artyculos de la denunçiaçion puesta contra el dicho Juan Calbillo es lo siguiente: [4] |

4v E lo que los dichos testigos dixeron e depusieron por sus dichos e depusiçiones, cada vno por si, secreta e apartadamente e aviendo particularmente cada vno dellos jurado en forma, es lo que se sigue:

El dicho Christoual, sastre, vesino desta dicha Çibdad Real a Santa Maria, en la cal de Toledo en las casas de Godines, testigo suso presentado e jurado en forma deuida, etç., dixo que conosçe a Juan Caluillo, çapatero, e a su muger avra honse o dose años, que moraua çerca de Alonso de Mora en la cal de Toledo, frontero a Juan Ruis, al qual conosçe porque entro algunas veçes en su casa. Sabe e vido vn domingo que el dicho Juan Caluillo cosya çapatos e su muger e yjas trabajauan como entre semana, la puerta enparejada. Esto es lo que sabe para el juramento que fiso.

El dicho Lope Franco,[5] a Sant Pedro, testigo suso jurado e tomado en forma deuida, etç., dixo que puede aver dies e ocho años, poco mas o menos, que vn dia de Ayuno Mayor estava en las casas de la de Diego de Villarreal,[6] que Dios aya, estando çerrada la casa, que non avia vesinos en ella, e dixo que le llamaron ende e que se acuerda que estaua ende Ferrando Dias,[7] tintorero, el qual dixo que tenia vn paño blanco de lienço encima de la cabeça e reçaua en vn libro encubierto, e que leyo aquel dia en vna Bliuia en romançe, e que se acuerda que a bueltas de otros muchos que ay estauan, que estaua ay Juan Caluillo, fijo de Gonçalo

---

[3] See Biographical Notes.
[4] These testimonies are repeated, with slight changes, in fol. 6r.
[5] He, too, was a Converso; see fol. 6v and Biographical Notes.
[6] See Biographical Notes.
[7] He was tried and condemned; see Biographical Notes and the trial of Juan Falcón, the Elder, No. 84.

Trial of Juan Calvillo

Fernandes Caluillo; e que esta es la verdad para el juramento que fiso.[8]

El dicho Anton Gonçales, fijo de Ferrand Gonsales, sastre,[9] vesino desta Çibdad Real en la collaçion de Sant Pedro en la calle de Conejero, dixo que sabe que Juan Caluillo es retajado e sus fijos, porque dixo que lo vido el mismo. E asymesmo que sabe que su muger y el han beuido sienpre como judios. E que esta es la verdad para el juramento que fiso.

El dicho Alfonso del Retamal, çapatero, vesino a Sant Pedro en la cal Alarcos, testigo presentado e jurado en forma deuida, etç., dixo que conosçio a Juan Caluillo, fijo de Gonçalo Ferrandes Caluillo, que eran çapateros, e entrando muchas veçes e saliendo en su casa, porque era çapatero e caso con vna su criada, muger deste testigo, que se llama Mari Graçia, sabado ⟨sic⟩ e vido que guardauan el sabado ⟨el⟩ e su muger, e se vestian de fiesta ropas linpias e ençendian los candiles linpios, e guisauan de comer del viernes para el sabado. E que esta es la verdad para el juramento que fiso.

La dicha Juana Gonsales, fija de Juan Martines, çapatero, vesino en la collaçion a Sant Pedro, testigo presentado e jurado en forma deuida, etc., dixo que este testigo vio como Juan Caluillo e todos los de su casa ençendian candiles linpios el viernes en la noche, e que guardaua el sabado e se vestia vestiduras linpias e que 5r comia el sabado el guisado de viernes, e que sabe este testigo que esta es la verdad para el juramento que fiso.

El dicho Juan Viscayno, cortidor, veçino desta Çibdad Real a Santa Maria, cabe Rodrigo el regidor, en la cal de Larcos, testigo reçebido, jurado en forma deuida, etç., so cargo del qual juramento dixo que el dicho Juan Caluillo comia carne de la que mataua muchas veçes Fernando Caluillo en su casa, e sabe que guardaua los sabados el e su muger, e guisauan de comer del viernes para el sabado e ençendia candiles linpios. E sabe e vido que el e su muger (que el e su muger) yuan a casa de Gonçalo Fernandes Caluillo, su padre, a holgar, e holgauan alli e comian con el muchas veçes, e el dicho Gonçalo Ferrandes leya en vna Briuia e ellos lo oyan. E dixo que avra quatro años esta Quaresma que verna que fue este testigo desta çibdad en conpanya con el dicho Juan Caluillo, çapatero, sobre dinero a casa de su madre a Almagro

---

[8] See, in addition, fol. 6r.
[9] He served as a witness at various trials; see Biographical Notes.

[253]

vn domingo de Quaresma de la Semana Santa, e vido en casa de la dicha su madre a dos fijas que tenia, hermanas del dicho Juan Caluillo, que no sabe como se llamauan, que la vna lauaua trapos y la otra comia carne; esto, mientras estaua en la Predicaçion. E que esta es la verdad para el juramento que fiso. |

The Suicide of Juana Gonzales [10]

5v Muy Reuerendos Señores:

28 Nov. 1483 Yo, Fernando Rodrigues, clerigo, promutor fiscal de la Santa Inquisiçion, paresco ante Vuestras Reuerençias, a las quales notifico que, seyendo y estando presa Juana Gonsales, muger que fue de Juan de Merlo,[11] por mandado de Vuestras Reuerençias en vnas que eran suyas en esta Çibdad Real, porque segund su hedad e enfermedades el carçel publico vuestro le era dañoso, a cabsa que era persona judayca y que avia guardado las çerimonias e Ley de Moysen, segund consta de la prouança e informaçion que de sus hereticos errores es avida; e ansy estando en las dichas casas esta noche pasada, podia ser a las quatro despues de medianoche, permanesçiendo en su damnado error y çeguedad e queriendo morir en la dicha Ley de Moysen antes que se reduçir a nuestra Santa Fe Catolica, segund que por la obra paresçe, como apartada de la esperança y clemençia de la dar honra a Santa Fe e desesperada della, se echo en vn poso de las dichas casas en que avia mucha agua, donde se ahogo e fenesçio sus dias e cunplio su maldad e coraçon endureçido. Por que, Virtuosos Señores, digo que, considerando la dicha Juana Gonçales ser persona infamada de la heregia e la tal fama asentada por testigos e sobre aquello ser presa, y ansy presa desperadamente se ahogar, que deue por Vuestras Reuerençias ser reputada por ereje e persona judayca y tal, que quiso morir antes en la dicha Ley de Moysen que beuiendo ser reconçiliada con la Santa Madre Yglesia, y que por tal reputada e como convicta e confiesa por la obra y fecho que manyfesto, que por tal, Virtuosos Señores, la deveys declarar, declarando por el tal fecho aver incurrido en las penas en los derechos constituydas, remitiendo la esecuçion de su persona e cuerpo al jues seglar, para que el tal jues conformandose con los derechos, faga aquello que mediante

[10] She may have been a close relative. We do not know why this description of her suicide was included in the file. The declaration was probably written by Fernando Rodríguez himself.

[11] Juan de Merlo was a witness for the prosecution in the trial of María Díaz, *la cerera;* see No. 1, fol. 9v. He was the son of Alonso de Merlo.

Trial of Juan Calvillo

justiçia sea obligado donde ella fenesca e su mal con ella. Para lo qual inploro el reuerendo ofiçio de Vuestras Reuerençias, e pido conplimento de justiçia.

En XXVIII° de novienbre de LXXXIII, ante los reverendos padres inquisidores en juysio, el dicho promotor fiscal presento esta acusaçion, e que presentado, los dichos señores dixeron que daban e dieron por defensor de la dicha Juana Gonsales a Juan Ruis Cavallero, que estava presente. El qual lo açebto, e dixo que su respuesta que los dichos señores oviesen su informaçion e supiesen la verdad del fecho e librasen lo que con derecho devian façer, e que concluya e concluyo con lo que dicho abia. E el dicho fiscal concluyo e los señores concluyeron e asinaron termino para dar lugo sentençia, la qual pronunçiaron luego. Testigos: Pedro de Torres, capellan, e el cura de Yevenes e Anton Moreno.[12]

Witness for the Prosecution — Beginning of Sentence
E luego los dichos señores resçibieron juramento para se informar de Maria Gonsales, criada de la dicha Juana Gonsales, en forma, etç. Fue preguntada por los dichos señores, dixo, allende de lo que dicho tenia, que vido a la dicha Juana Gonsales los dias de los sabados que se yva a casa de sus sobrinos e que estaba alla aquel dia, y que creya que se yva alla a rezar o façer alguna çerimonia judayca. Los dichos señores, tribunali sedendo, visto los dichos deposiçiones ⟨not continued⟩

6r *Blank page*

Continuation of the Trial of Juan Calvillo

Witnesses for the Prosecution

6v E lo que los dichos testigos y cada vno dellos dixeron e depusyeron, seyendo examinados e preguntados cada vno particular e separadamente por los honrados Juan Ruys de Cordoua, maestro en santa theologia, e Juan de Hoçes, clerigos benefiçiados en esta dicha Çibdad Real, a los quales por los dichos señores inquisydores fue cometida la examinaçion e reçebçion de los testigos, junto conmigo, el dicho notario, preguntandolos examinandolos por el libelo de la denunçiaçion que contra el dicho Juan Caluillo en este proçeso es presentada. E lo que los dichos testigos dixeron, vno en pos de otro, es lo que sygue:

[12] See Biographical Notes.

[255]

El dicho Lope Franco,[13] testigo susodicho presentado por el dicho fiscal, juro en forma segund suso e dixo que puede aver dies y ocho años, poco mas o menos. que vn dia de Ayuno Mayor estaua en las casas de la de Diego de Villarreal, estando çerrada la casa, que non avia vesinos en ella, e dixo que le llamaron ende e que se acuerda que estaua ende Hernando Dias, tintorero, el qual dixo que tenia vn paño grande blanco de lienço ençima de la cabeça e resava en vn libro ebrayco, e que leyo aquel dia en vna Blibia en romançe; e estauan ally muchos oyendolo, entre los quales estaua Juan Caluillo. Iten, dixo que se acuerda de otro Ayuno Mayor, que puede aver dies o honze años, en casa de la de Rodrigo Marin,[14] y estauan ally asymismo muchos, entre los quales estaua Juan Caluillo sobredicho e su hermano Hernando Caluillo. Esto es lo que sabe e vido por el juramento que fiso, e en ello se afirmo.

El dicho Anton Gonçales, sastre, yerno de Conejero, testigo susodicho, presentado por el dicho fiscal, juro segund de suso, e dixo que sabe que Juan Caluillo e su hermano Hernando Caluillo eran retajados, ellos y sus hijos, porque dixo que lo vido el mismo, e que sabe que sus mugeres han biuido como judias. Esto es lo que sabe por el juramento que fiso, e en ello se afirmo. |

7r La dicha Juana Gonzalez, hija de Juan Martines, çapatero, testigo susodicho presentado por el dicho fiscal, juro en forma segund suso e dixo que morando por vesino junto con Gonçalo Hernandes Caluillo, al qual conosçen a su muger Constança Hernandes e a sus hijos Juan Caluillo e Hernando Caluillo a todos los de su casa, sabe e vido que guardauan los sabados e se vestian de ropas lympias e guisauan de comer del viernes para el sabado, e ençendian el viernes las candiles lympios, e que sabe e vido que el dicho su padre tenia vna Blibia en que leyan los dichos sus hijos Juan e Hernando susodichos, la qual Bribia al tienpo del robo desta çibdad escondieron en casa de su padre deste testigo. Esto es lo que sabe e vido, porque morava pared y medio, e en ello se afirmo.

El dicho Alonso del Retamal, çapatero, veçino a San Pedro, testigo susodicho presentado por el dicho fiscal, juro segund de suso e dixo que avra treynta años que moro, por aprender, con Pero Hernandes Caluillo, con el qual moro nueve años, e en aquel tienpo conosçio

---

[13] See fol. 4v.
[14] Her name was Catalina López. Both of them were tried; see trial No. 83 and Biographical Notes.

Trial of Juan Calvillo

a Juan Caluillo, que era asymismo çapatero, e entrando muchas veses y saliendo en su casa del dicho Juan Caluillo, sabe e vido que guardauan el sabado ⟨e⟩ e su muger, e se vestian de fiesta ropas lympias e ençendian los candiles lympios e guisauan de comer del viernes para el sabado. Esto es lo que sabe e vido por el juramento que fizo e en ello se afirmo.

[El dicho Christoual, sastre, vesino a Santa Maria en la cal de Toledo, testigo susodicho presentado por el dicho fiscal, juro segund de suso, e dixo que conosçe a Juan Caluillo, çapatero, e a su muger, avra honze o doze años, que morana çerca de Alonso de Mora en la cal de las Bestias, e agora mora en la cal de Toledo, frontero a Juan Ruys al qual, porque dixo que entro algunas veses en casa, sabe

7v e vido un domingo que el dicho Juan Caluillo cosia | çapatero y su muger e hijos trabajauan como entre semana, la puerta en parejada. Esto es lo que sabe e vido por el juramento que fiso, e en ello se afirmo.]

El dicho Juan Vizcayno,[15] testigo susodicho presentado por el dicho fiscal, juro segund de suso e dixo que avra quatorze años que moro este testigo dos años con Hernando Caluillo, e sabe e vido que el dicho Hernando Caluillo mataua carne muchas veses en su casa en viernes y en otros dias, de la qual carne lleuava Juan Caluillo su hermano. E sabe e vido que en casa del dicho Juan Caluillo guardauan los sabados el y su muger, e se vestian de fiesta ropas lympias, e guisauan de comer del viernes para el sabado e ençendian los candiles lympios los viernes en la noche. Iten, dixo que lo vido yr a el e a su muger a casa de Gonçalo Hernandes Caluillo a holgar e a le oyr leer en vna Biblia. Iten, dixo que avra quatro años esta Quaresma que verna que fue este testigo desta çibdad en conpañia con Juan Caluillo, çapatero sobredicho, a casa de su madre a Almagro vn domingo de Quaresma, çerca de la Semana Santa, e vido en casa de la dicha su madre a dos hermanas suyas, que la vna lauaua trapos y la otra comia carne. Esto era mientras estaua en casa. Esto es lo que sabe e vido, e en ello se afirmo, por el juramento que fisa. |

8r *Blank page*

---

[15] He also testified against Juan Alegre, No. 15, fol. 4v. There is a great similarity between the two testimonies. Perhaps he testified only once, and the same testimony was cited in both trials.

Sentence

8v
24 Feb.
1484

En XXIIII° de febrero de LXXXIIII° años
Juan Caluillo, cortidor
Visto por nos, Pero Dias de la Costana, liçençiado en santa theologia, e Françisco Sanches de la Fuente, doctor en decretos, jueses inquisidores dados por la abtoridad apostolica, e yo, el dicho Pero Dias, como ofiçial e vicario general en este arçobispado de Toledo por el reuerendisimo señor don Pedro Gonçales de Mendoça, cardenal de España, arçobispo de Toledo, vn proçeso de pleyto que ante nos se ha tractado e pende sobre vna denunçiaçion que nuestro promutor fiscal ante nos intento contra Juan Caluillo, cortidor, por la qual dixo que estando el dicho Juan Caluillo en nonbre e posesion de christiano, en ofensa de Nuestro Señor e en menospreçio de Su Santa Fee Catholica heretico apostato siguiendo e guardando e honrando la Ley de Muysen, ençendiendo candiles lympios viernes en la noche por honra e solepnidad del sabado e guisando de comer del viernes para el sabado, comiendo el tal guisado en el sabado; e que guardo el sabado, çesando en el todo trato e obra, como judio, vistiendose en los tales sabados ropas linpias e de fiesta, asy de lino como de paño; e que ayunaua los ayunos de los judios en la forma que ellos ayunan, non comiendo fasta la noche, e a la noche çenando carne como verdadero judio; y bendesia la mesa a su comer e çenar, disiendo oraçiones de judios, e resando en libro de oraçiones hebraycas e yendo a oyr resar a otras casas de conversos, donde se leya e publicaua e enseñaua la Ley de Muysen; e que non comia otra carne saluo degollada con la çerimonia que los judios la deguellan; e que comia carne en Cuaresma sin tener neçesidad ni cabsa para ello; e que el dicho Juan Caluillo, mas enteramente guardar la Ley de Muysen, se çircunçido e consintio çircunçidar como verdadero e puro judio; e que fiso e consyntio faser en su casa otras muchas çerimonias de la Ley de Muysen, por lo qual pidio ser declarado por ereje e apostata e aver incurrido en las penas en los derechos estableçidos contra los tales herejes, non obstante su absençia, pues auia seydo amonestado e despues llamado e sienpre fue pertinas e rebelde e permanesçia en su rebeldia e contumaçia, pidiendo sobre todo serle fecho conplimiento de justiçia. E visto como el dicho Juan Caluillo se absento desta çibdad e sus terminos por temor de la Inquisiçion, segund nos consta por la informaçion que nos resçebimos, e avnque fueron generalmente todos los que

Trial of Juan Calvillo

auian incurrido e caydo en este crimen de la heregia por nos llamados e exortados que viniesen a manifestar sus pecados e nos avriamos con ellos misericordia a piadosamete, e dimos sobre ello nuestra carta de hedicto con termino de treynta dias, e avn despues los esperamos otros treynta e mas, el dicho Juan Caluillo non paresçio ni se quiso venir a reconçiliar, e como el dicho fiscal, veyendo su rebeldia e persistençia en su damnado herror e que no se esperaua del reconoçimiento de su pecado e obidiençia a nuestra Santa Madre Yglesia, saluo infiçionar e damnar a otros fieles christianos procurando de los atraer a su damnada opinion, por ouiar a su mal proposito nos denunçio e requirio que proçediesemos contra el, pues que estaua grauemente infamado de aver judayzado e hereticado, que el estaua presto de denunçiar del,

9r e como | a su pedimiento e requisiçion, constandonos de su absençia, dimos nuestra carta çitatoria e llamamiento contra el por via de hedicto con termino de treynta dias, por la qual espeçialmente le llamamos que viniese e conpareçiese ante nos a se defender e responder sobre el crimen de la heregia e apostasia e de aver judaysado, en que el dicho fiscal desia el aver incurrido e de que lo entendia de denunçiar, aperçebiendole que si no paresçiese proçederiamos en su absençia segund que de derecho deuiesemos. E visto como la dicha nuestra carta çitatoria fue leyda e notificada ante las puertas de las casas del dicho Juan Caluillo, e pregonada en la plaça desta çibdad publicamente e leyda en la yglesia de Sant Pedro en dia de fiesta, estando el pueblo junto a oyr los Diuinos Ofiçios, e puesta e afixada en la puerta de la dicha yglesia, donde estuuo todo el termino de los dichos treynta dias; e como por el dicho fiscal fueron acusadas las rebeldias de la dicha carta en los terminos e tienpos que deuia; e como non paresçio e fue por nos auido por rebelde; e como el dicho fiscal presento su denunçiaçion contra el, sobre la qual le reçebimos a la prueua; e como presento sus testigos e fiso su prouança muy entera, por gran numero de testigos, por los quales se prouo el dicho Juan Caluillo, cortidor, aver fecho e cometido todo lo contenido en la dicha denunçiaçion e aver guardado e seguido e honrado la Ley de Muysen e se aver absentado, huyendo desta çibdad despues que venimos a ella, por themor de nuestra Inquisiçion, sintiendose culpado, desanparando sus casas e bienes e fasienda e yendose adonde non pudiese por nos ser auido ni por nuestro mandado. E visto e comunicado todo este proçeso con letrados e personas reuerendas religiosas de çiençia e buenas conçiençias, teniendo a Dios ante nuestros ojos:

Records of the Spanish Inquisition in Ciudad Real, 1483–1485

Fallamos que deuemos declarar e declaramos el dicho Juan Caluillo, cortidor, aver seydo e ser ereje e apostota e que por tal lo deuemos pronunçiar e pronunçiamos, e aver incurrido en sentençia dexcomunion mayor e en las otras penas espirituales e tenporales contra los tales herejes en los derechos estableçidas e en perdimiento e confiscaçion de sus bienes, e que le deuemos relaxar e relaxamos al virtuoso cavallero Juan Peres de Barradas, comendador de Çieça, corregidor en esta Çibdad Real e su tierra por el Rey e Reyna nuestros señores, e a sus alcaldes e justiçias e qualesquier otras justiçias de qualesquier çibdades, villas e lugares destos reynos e fuera dellos, a doquier que el sobredicho fuere e pudiere ser auido, para que hagan del lo que fallaren que pueden e deven faser segund derecho. E por esta nuestra sentençia asy lo pronunçiamos e declaramos en estos escriptos e por ellos.

(—) Petrus, licenciatus   (—) Franciscus, doctor

Genealogy of the Family of Juan Calvillo

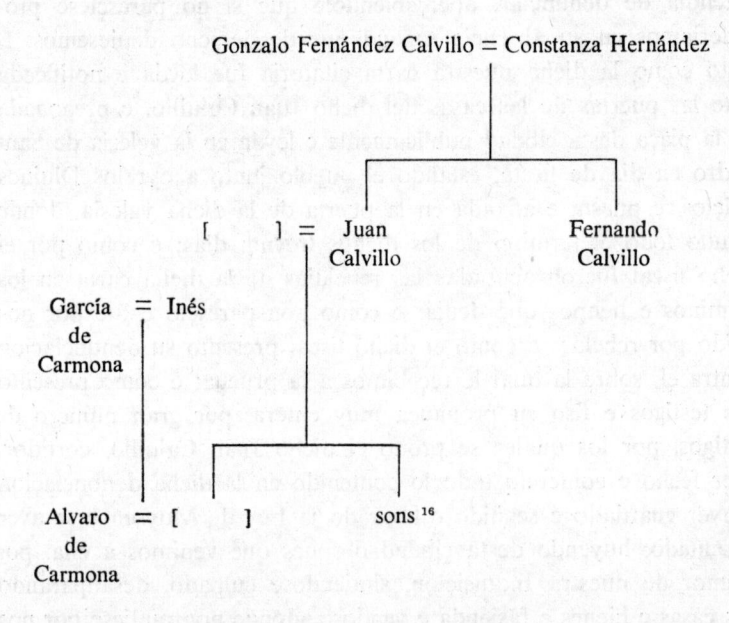

```
              Gonzalo Fernández Calvillo = Constanza Hernández
                              |
              ┌───────────────┴───────────────┐
         [   ] =  Juan                    Fernando
                 Calvillo                  Calvillo
   García = Inés
   de
   Carmona
              ┌───────────┬───────────┐
         Alvaro = [   ]         sons [16]
         de
         Carmona
```

[16] We know from testimonies that Juan Calvillo had sons, but we do not know how many, or what their names were.

[260]

Trial of Juan Calvillo

The Composition of the Court.

Judges:	Francisco Sánchez de la Fuente
	Pero Díaz de la Costana
Prosecutor:	Fernán Rodríguez del Barco
Examiners of Witnesses:	Juan Ruiz de Córdoba
	Juan de Hoces
Notary:	Juan Sánchez Tablada

Witnesses for the Prosecution in Order of Testification

1 Cristobal, tailor
2 Lope Franco
3 Antón González, son of Ferrand González, tailor
4 Alfonso del Retamal, shoemaker
5 Juana González, daughter of Juan Martínez, shoemaker
6 Juan Viscayno, tanner

Synopsis of Trial

1484

16 Jan.	The trial opens. The prosecutor requests that the trial procedure begin immediately since Juan Calvillo has been summoned once before but did not appear. The arraignment is presented and the accused is summoned.
19 Jan.	A second summons is issued in front of Juan Calvillo's house and in his parochial church. The defendant is charged with rebellion. The Court decides to accept the prosecutor's statement and an interim decision is handed down.
20 Jan. 4 Feb.	Witnesses for the prosecution are presented.
Date unknown	*Consulta de-fe.*
24 Feb.	The sentence is pronounced and is carried out at the *auto-de-fe* held in the Town Square.

14 Trial of Juan González Panpan
1484

Source: AHN IT, Legajo 154, No. 358, foll. 1r–5v; new number: Leg. 154, No. 11.

Juan González Panpan was an outstanding figure in the Converso community of Ciudad Real. He led an exemplary Jewish life there, one marked by great religious zeal. He earned his livelihood as a merchant, but also acted as shoḥet *to the Converso community, and his home was a centre for Conversos who gathered to worship and to observe Jewish traditions. A relative of his, possibly his father, was circumcised in 1462 by a Jewish merchant who came to Ciudad Real from Cáceres. Juan González Panpan left Ciudad Real shortly before the riots of 1474 after having sold part of his property. While in exile he no doubt joined a Jewish community. A few years later he returned to Ciudad Real and tried to exert pressure on his wife, María González,* la panpana, *to sell their remaining property and to join him in his new abode.*[1]
Juan González Panpan was tried in absentia, *and his trial lasted only a month. It began on 24 January 1484, and the sentence was pronounced on 24 February 1484. He was burnt in effigy at the stake in the Town Square.*[2]
The trial of his wife, María González, la panpana *(No. 3), should be read along with this trial for a complete description of his Jewish practices. See also the trial of Sancho de Ciudad, No. 1.*

Bibliography: Fita, p. 474, No. 169; Delgado Merchán, pp. 219, 233; Y. Baer, *A History of the Jews in Christian Spain*, II, Philadelphia 1966, p. 336; Beinart, pp. 173 ff. and index.

---

[1] See her trial, No. 3.
[2] For the genealogy of his family, see the introduction to the trial of María González, *la panpana*, No. 3.

1r fecho
tiene la sentençia

Leg. 23 No. 41
Çiudad Real
absente quemado
Proçeso contra Juan Gonsales Panpan
con la sentençia
Este es vesino de Çiudad Real como pareçe por el
abeçedario de proçesos relaxados y condepnados a
carçel perpetua y penitençiados

4 folios

1v *Blank page*

Arraignment

2r En XXIIII de enero LXXXIIII°
24 Jan. Contra Juan Gonsales Panpan
1484 Muy Reuerendos et Virtuosos Señores Ju⟨e⟩ses Ynquisidores de la heretica prauedad:
Yo, Ferrand Rodrigues del Varco, clerigo, capellan del Rey nuestro señor, promutor fiscal de la Santa Ynquisiçion, paresco ante Vuestras Reverençias e denunçio e querello de Juan Gonsales Panpan, vesino desta çibdad, absente que agora es della, como rebelle e contumas a los mandamientos apostolicos e a vuestros llamamientos e emplasamientos, e en su absençia e rebeldia, que es e deve ser avida por presençia, digo, Reverendos Señores, que biviendo el dicho Juan Gonsales Panpan en nonbre e posesyon de christiano e asy se llamando e nonbrando e gosando de las preheminençias de christiano, en ofensa de Nuestro Señor e oprobio de nuestra Santa e Catolica Fe y menospreçio suyo e de las çensuras eclesiasticas e penas çeviles e criminales que por asy judaysar, hereticar e apostatar esperar deviera, el dicho Juan Gonsales Panpan guardo la Ley de Moysen entera e conplidamente, con las çirimonias, ritos y espeçies della en la forma e segund de yuso:
Vno, que el dicho Juan Gonsales ençendio e consyntio ençender candiles linpios los viernes en las noches, y mas señaladamente

[263]

aquellas noches que otras, por honrar fiesta de ser vegilia del sabado e porque en la dicha Ley de Moysen aquello se permite faser e lo asy fasen e acostunbran faser los judios; guiso e fiso guisar viandas los viernes para los sabados por çesar que se non guisase en ellos, creyendo que los quebrantava e que en ello ofendia e fasia ofensa a la dicha Ley de Moysen, e asy lo tal guisado comia en los tales sabados; vistio asimismo en los tales sabados e pascuas judaycas ropas linpias e de fiesta, asy de lino como de paño, honrando los tales dias quanto podya mas señalada e esmeradamente que otros dias de entre semana, y con este junto folgo e çeso toda obra de trabajo e todo trato de dar e tomar en los tales dias e sabados e pascuas, non entendiendo salvo en cosas de folgura e plaseres con sus parientes e amigos, y ellos con el, como persona puramente judayca e que a sabiendas se aparto de la fe, creençia e amor de nuestra Santa Fe Catolica; ayuno asymismo los dias que los judios suelen e acostumbran ayunar, pensando e creyendo que por los tales ayunos salvava su anima e avia Dios de oyr sus varias plegarias, e en fin de tal ayuno, a la noche çenava carne; comia e acostumbraba otrosi comer carne muerta e degollada con çirimonia de judio, creyendo e pensando que aquella era la buena, e la otra que asy non era degollada que era enconada e mala, y non solo esto fiso syguiendo su dañada e mala opinion e obra, mas avn degollava e matava carne para sy e para otros conversos con las çirimonias de carniçero rabi, judaycamente e segund e como la matan los judios; mando amasar e coser pan çençeño en la Pascua de los judios, que ellos llaman del Cordero, e en toda la dicha pascua comia segund e de la la manera e con las çirimonias que lo fasen los judios e segund que ellos; leyo e oyo leer e resar libros ebraycos e oraçiones judaycas a manera de judios, de continuo a cada dia, asy en su casa como en otras partes para sy e para otros conversos e conversas, resçibien-
2v dolos todavia a que oyesen lo que | el resava e leya e atrayendolos a ellos como rabi; e partyco ⟨sic⟩ muncho en este leer e resar, guardando la dicha Ley Mosayca e fasiendo ayuntamientos en ello con sus çirimonias con judios de señal que par a ello traya a su casa, e fasiendo e obrando todas las cosas que ellos en esta parte fasian, todo en grande ofensa de nuestra Santa Fe Catolica; comio otrosi carne en Cuaresma e en otros dias vedados y exçebtados por la Santa Madre Yglesia, en quebrantamiento de nuestra Fe Catolica e con animo deliberado de la ofender, y no contento desto, aviendo voluntad e deseo de faser mayor ultraje a Nuestro

Trial of Juan González Panpan

Salvador e Redentor Ihesu Christo e a su Sacratysima Pasyon, comio en el Santo Viernes vna gallina, en vituperio e oprobrio de Su Divina Majestad.

Et iten, el dicho Juan Gonsales Panpan judayso, heretico e apostato en otras cosas e casos, maneras e tienpos que, seyendo nesçesario, protesto desir e declarar en el progreso deste sumario proçeso; por que, Reverendos Señores, digo que asy por lo susodicho como por aver fuydo e se aver absentado, en contenpto e menospreçio de la Santa Madre Yglesia, permanesçiendo en su contumaçia, non venido a la obidiençia de vuestros mandamientos e enplasamientos,[3] el dicho Juan Gonsales Panpan es e deve ser avido por hereje e apostota, e persona que guarda la dicha Ley de Moysen, como dicho es, epor ello yncurrio en las dichas çensuras eclesiasticas e penas çeviles e criminales en los derechos y sacros canones estableçidas. Por que, Reverendos Señores, vos pido e requiero por tal hereje e apostota lo declareys e pronunsieys, declarando aver yncurrido en las dichas çensuras e a perdimiento de todos sus bienes e en las otras dichas penas criminales, para lo qual ynploro vuestro reverendo e noble ofiçio, e pido conplimiento de justiçia.

E juro por las sacras ordenes que resçebi que sy el dicho Juan Gonsales Panpan presente fuera, que esta misma denunçiaçion e querella lo pusiera. Por que, Reverendos Señores, vos pido e requiero que, aviendolo por presente, proçedays e mandeys proçeder contra el como e segund que en tal caso, atenta la calidad del negoçio e cabsa ya dicha, los dichos derechos permiten, fasta la sentençia definitiva ynclusive. E yo soy presto de justificar esta mi acusaçion sy y en quanto nesçesario fuere, e pido segund suso. |

Witnesses for the Prosecution

3r E ⟨lo⟩ que los dichos testigos y cada vno dellos dixeron y depusyeron, seyendo examinados y preguntados cada uno particular y partada mente por los honrados Juan Ruys de Cordova, maestro en santa theologia, y Juan de Hoçes, clerigos benefiçiados en esta dicha Çibdad Real, a los quales por los dichos señores ynquisydores fue cometida la examinaçion y reçebçion de los testigos, juntos conmigo, el dicho notario, preguntandolos y examinandolos por el

---

[3] He probably was speaking about the Period of Grace. There was most probably an interim court order for a summons to be read before his house and at the parochial church.

libelo de la denunçiaçion que contra el dicho Juan Gonçales Panpan es presentado, es lo syguiente:

El dicho Rodrigo Alvares, lençero, testigo susodicho presentado por el dicho fiscal, juro segund de suso y dixo que quando matava algun carnero, que lo degollava Juan Gonçales Panpan, lo qual dixo que es verdad segun que juro, y en ello se ratifico.

La dicha Theresa Martines,[4] testigo de susodicho presentado por el dicho fiscal, juro en forma segun de suso y dixo que estando un dia con la muger de Ferrando Dias,[5] tintorero, en casa de Sancho de Çibdad,[6] que estavan asen|tados a vna mesa, estavan leyendo, y estavan ende oyendole muchos conversos, y estava ally Juan Gonçales Panpan. Esto es lo que sabe y vido, y es verdad, por el juramento que fiso, y en ello se afirmo.

La dicha Maria Lopes, muger de Anton Castellano, testigo suso presentado por el dicho fiscal, juro segun de suso y dixo que este testigo ovo morado enfrente de las casas donde moraua Juan Gonçales Panpan, y dixo que sabe que el dicho Juan Gonçales Panpan y su muger Costança,[7] y Ynes y Constança, sus hijas, y Aldonça, guardavan los sabados y vestian camisas linpias y comian el sabado del guisado del viernes. Esto sabe y vido entrando muchas veses en su casa, y que esto es verdad, y en ello se afirmo.

El dicho Alonso de Herrera,[8] testigo susodicho presentado por el dicho fiscal, juro en forma segun de suso y dixo que puede aver diez y syete años, poco mas o menos, que vn dia del Ayuno Mayor vido resar y leer a Juan Gonçales Panpan en casa de Fernando Dias, tintorero. Y esto es lo que sabe por el juramento que fiso, y en ello se ratifico.

El dicho Gonçalo de Villa Nueva, jabonero, testigo presentado por el dicho fiscal, juro segun de suso y dixo que puede aver tres años que este testigo caso, poco mas o menos, e que en aquel tienpo oyo dezir a su muger de Juan Gonçales Panpan y a sus hijas que no fazian vida con el, porque era judio. Y que esto sabe y vido por el juramento que fizo, y es verdad, y en ello se afirmo.

El dicho Pascual, borseguiero,[9] testigo susodicho, juro segun de

---

[4] A certain Teresa Martínez, wife of Sánchez, testified for the defence at the trial of Diego López, No. 86, fol. 15v.
[5] See the trial of Juan Falcón (No. 17) and Biographical Notes.
[6] See his trial, No. 1.
[7] This is obviously an error; her name was María.
[8] He was tried and condemned; see Biographical Notes.
[9] See Biographical Notes.

Trial of Juan González Panpan

suso y dixo que puede aver dies años, poco mas o menos, que este testigo moro con Juan Dias y con Ruy Dias su hijo, y que sabe que la carne que comian era de casa de Juan Gonçales Panpan y de casa de otros conuersos que la matavan en esta çibdad con çerimonia judayca, en lo qual se afirmo. |

4r La dicha Theresa Rodrigues, muger que fue de Garçia Malara,[10] testigo susodicho presentado por el dicho fiscal, juro segun de suso y dixo {falit} ⟨not continued⟩

El dicho Juan de Fes,[11] testigo susodicho presentado por el dicho fiscal, juro en forma segun de suso y dixo que sabe que Juan Gonçales Panpan es retajado y es puro judio, como judio de señal. Esto es lo que sabe y en ello se afirmo.

La dicha Catalyna Martines,[12] hija de Anton de los Moços, testigo susodicho, juro en forma segun de suso, y presentado por el dicho fiscal dixo que avra veynte y çinco años, seyendo este testigo moça por casar, estava con su padre en una posada de colmenas, que se dize de la Gibada, que era de Panpan, sabe y vido algunas veses que alla yva, el dicho Juan Gonçales Panpan estava alla algunos sabados, en los quales le vido camisas linpias y le vido holgar, y aquel dia le vido resar en un libro judayco. Y el se matava la carne que avia de comer. Y el tenia aparte olla en que guisava de comer, y el se lo guisava y no queria que ninguno llegase ⟨a⟩ su olla, y el llevava una calderuela de çofar pequeña con que bevia. Esto es lo que sabe y vido, y en ello se ratifico.

El dicho Juan de las Higueras,[13] testigo susodicho presentado por el dicho fiscal, juro segun de suso y dixo que avra veynte y uno o veynte y dos años, poco mas o menos, que moro a soldada para que le enseñase a leer con su padre de Alonso de Herrera, que se llamava Juan Martinez,[13] escrivano, el qual morava con el dicho Alonso de Herrera, su hijo, de vna puerta adentro; y leya ally el dicho Juan Martinez, escrivano, en vna Bribia y en otros libros grandes, y venian ally a le oyr muchos conversos, entre los quales vido a Juan Gonçales Panpan. Esto es lo que sabe y vido y es verdad por el juramento que fiso, y en ello se afirmo. |

4v El dicho Lope Franco,[13] testigo susodicho presentado por el dicho

---

[10] See Fita, p. 516, n. 2.
[11] See his trial (No. 9) and Biographical Notes.
[12] A certain Catalina Martínez, wife of Antón González, testified against María Alonso; see No. 11, fol. 4r.
[13] See Biographical Notes.

fiscal, juro en forma segun de suso y dixo que en casa deste testigo mataron carne algunos confesos, de los quales era el vno Juan Gonçales Panpan. Esto es lo que sabe y vido por el juramento que fiso, y en ello se afirmo. |

Sentence

5r En XXIIII° febrero LXXXIIII°
24 Feb. Juan Gonçales Panpan
1484 Visto por nos, Pero Dias de la Costana, liçençiado en santa theologia, e Françisco Sanches de la Fuente, doctor en decretos, jueses inquisidores dados por la abtoridad apostolica, e yo, el dicho Pero Dias, liçençiado, como ofiçial e vicario general en este arçobispado de Toledo por el reverendisimo señor don Pero Gonçales de Mendoça, cardenal de España, arçobispo de Toledo, un proçeso de pleyto que ante nos se ha tratado e pende sobre una denunçiaçion que Gonsales Panpan en posesion e en no⟨n⟩bre de christiano, en Panpan, por la qual dixo que biviendo e estando el dicho Juan Gonsales Panpan en posesion e en no⟨n⟩bre de christiano, en ofensa de Nuestro Señor y en menospreçio de Su Santa Fee Catholica heretico e apostato, syguiendo e guardando e honrando la Ley de Muysen, ençendiendo candiles linpios el viernes en la tarde por honra del sabado; e guisando de comer del viernes para el sabado et comiendo el tal guisado el sabado; e que guardo los sabados enteramente como judio, vistiendose en ellos ropas linpias e de fiesta, asy de lino como de paño, en honra de la Ley de Muysen; e ayunava los ayunos de los judios; et que degollava carne con çerimonia judayca para algunos de los conversos desta çibdad, de la qual asimismo el comia, que no de otra; e que comio pan çençeño en la Pascua del Cordero, e en toda la dicha pascua lo comia con aquellas çirimonias que los judios lo comen; e que leo e reso e oyo leer e resar oraçiones judaycas, leyendo el en su casa como rabi a algunos conversos e conversas, llamandolos para ello en su casa, los quales le oyan sabadeando, como los judios; e que comio carne en Cuaresma e en otros dias vedados por la Santa Madre Yglesia, syn tener neçesidad para ello; e que comio en el Viernes Santo una gallina; e que hiso e consintio haser en su casa otras çerimonias e rictos judaycos en onra e guarda de la Ley de Muysen; por lo qual pidio ser declarado por hereje e apostata, e aver incurrido en las penas en los derechos estableçidas contra los tales herejes, non obstante su absençia, pues auia seydo amonestado e despues llamado, e syenpre fue pertinas y rebelde, e permaneçia

Trial of Juan González Panpan

en su rebeldia e contumaçia, pidiendo sobre todo serle hecho conplimiento de justiçia. E visto como el dicho Juan Gonsales Panpan se absento desta çibdad e sus terminos por themor de la Inquisyçion, segund nos consta por la informaçion que nos reçibimos, avnque fueron generalmente todos los que avian incurrido e caydo en este crimen de la heregia por nos llamados e exortados que viniesen a manifestar sus pecados e nos avriamos con ellos e con cada vno dellos misericordiosa e piadosamente, e dimos sobrello nuestra carta de hedicto con termino de treynta dias, e aun despues los esperamos otros treynta e mas, e el dicho Juan Gonsales non paresço nin se quiso venir a reconçiliar; e como el dicho fiscal, veyendo su rebeldia e persistençia en su damnado herror e que non se esperaua del reconoçimiento de su pecado e obidiençia a nuestra Santa Madre Yglesia, saluo infiçionar e damnar a otros fieles christianos procurando de los atraer a su dapnada opinion e proposito, nos denunçio e requirio que proçediesemos contra el, pues que estaua gravemente infamado de aver judaysado e hereticado, quel estava presto de denunçiar del; e como a este pedimiento e requisiçion, constandonos de su absençia, dimos nuestra carta de hedicto e llamamiento por via de hedicto, con termino de treynta dias, por la qual espeçialmente le llamamos que veniese e con-
5v paresçiese ante nos a se defender e responder sobre | el crimen de la heregia e apostasia e de aver judaysado, en quel dicho fiscal desia el aver incurrido e de que lo entendia de denunçiar, aperçibiendole que si no paresçiese proçederiamos en su absençia segund que de derecho deviesemos. E visto como la dicha carta fue leyda e notificada ante las puertas de las casas del dicho Juan Gonsales Panpan, e pregonada en la plaça desta çibdad publicamente e leyda en la yglesia de Sant Pedro en dia de fiesta, estando el pueblo junto a oyr los Divinos Ofiçios, e puesta e afixa en las puertas de la dicha yglesia, donde estuvo todo el termino de los dichos treynta dias; [14] e como por el dicho fiscal fueron acusadas las rebeldias de la dicha carta en los terminos e tienpos que devia; e como non paresçio e fue por nos avido por rebelde; e como el dicho fiscal presento su denunçiaçion, sobre la qual fue resçebido a la prueva; e como presento sus testigos e fiso su provança muy entera, con asas numeros de testigos, por los quales se prueua el dicho Juan Gonsales Panpan

---

[14] This was probably a mere formality, since this summons should have been issued after the trial began. Perhaps this refers to the second month of the Period of Grace.

aver hecho e cometido todo lo contenido en la dicha denunçiaçion e aver guardado e honrado la Ley de Muysen, e se aber absentado e huydo e ydo desta çibdad, dexando sus bienes e hasienda, por temor de la dicha heregia en que incurrio, e auido sobre todo nuestro acuerdo e deliberaçion con letrados e personas de çiençia e buenas conçiençias, teniendo a Dios ante nuestros ojos:

Fallamos que devemos declarar e declaramos el dicho Juan Gonsales Panpan ser e aver sydo ereje, e por tal lo pronunçiamos, e aver incurrido en sentençia descomunion mayor e en las otras penas espirituales e temporales en los derechos contra los tales erejes estableçidas e en perdimiento e confiscaçion de sus bienes, e que lo devemos relaxar e relaxamos, y a la estatua que en su nonbre hasemos ante nos traer en donaçion ⟨sic⟩ e detestaçion del dicho delito, al virtuoso cavallero Juan Peres de Barradas, comendador de Çieça, corregidor en esta Çibdad Real por ⟨el Rey e⟩ Reyna nuestros señores, e a sus alcaldes e justiçia, e a otras qualesquier justiçias de qualesquier çibdades e villas e lugares destos reynos, doquier quel sobredicho fuere e pudiere ser avido, para que hagan del lo que hallaren que pueden e deven faser segund derecho. E por esta nuestra sentençia asy lo pronunçiamos, declaramos, en estos escriptos e por ellos.

(–) Petrus, licenciatus   (–) Franciscus, doctor |

The Composition of the Court

Judges:	Francisco Sánchez de la Fuente
	Pero Díaz de la Costana
Prosecutor:	Fernán Rodríguez del Barco
Examiners of Witnesses:	Juan Ruiz de Córdoba
	Juan de Hoces

Witnesses for the Prosecution in Order of Testification

1. Rodrigo Alvarez
2. Teresa Martínez
3. María López
4. Alonso de Herrera
5. Gonzalo de Villanueva
6. Pascual, the buskin maker
7. Teresa Rodríguez, wife of García Malara

Trial of Juan González Panpan

Witnesses for the Prosecution (continued)

    8 Juan de Fez
    9 Catalina Martínez
  10 Juan de las Higueras
  11 Lope Franco

Synopsis of Trial

1484

24 Jan.	The trial opens. The prosecutor presents the arraignment. Witnesses for the prosecution are presented.
Date unknown	*Consulta-de-fe.*
24 Feb.	The sentence is pronounced and is carried out at the *auto-de-fe* held in the Town Square.

15 Trial of Juan Alegre
1484

Source: AHN IT, Legajo 132, No. 24, foll. 1r–7r; new number: Leg. 132, No. 3.

Juan Alegre (sometimes called Juan Galan) was a shoemaker. He was a member of the group that frequented the house of Juan Calvillo and a zealous adherent of the Jewish faith.
He fled Ciudad Real a short time before the Court of the Inquisition was established there and was tried in absentia. His trial lasted one month, from 24 January to 24 February 1484. He was condemned to be burnt in effigy, and the sentence was carried out the same day.
The procedure of his trial lacks the record of the presentation of witnesses (although the testimony itself could be considered as a presentation) and of the swearing-in of witnesses. These omissions may be explained by the pressure of work confronting the Court at that time.
See also the trial of Juan Calvillo, No. 13.

Bibliography: Fita, p. 475, No. 175; Delgado Merchán, p. 220; Beinart, index.

1r   absente quemado
Proçeso contra Juan Alegre çapatero veçino
de Çiudad Real   Con la sentençia
Visto en concordia a XVII de febrero e declarado

1v *Blank page*

2r [En XXIIII° de enero de LXXXIIII°]

24 Jan. Contra Juan Alegre, çapatero

1484 Muy Reuerendos e Virtuosos Señores Juezes Ynquisidores de la praua heregia:
Yo, Ferrand Rodrigues del Varco, capellan del Rey nuestro señor, promutor fiscal de la Santa Ynquisiçion, paresco ante Vuestras Reuerençias e denunçio e querello de Iohan Alegre, çapatero, vesino desta Çibdad Real, absente que es della, como rebelde e contumas a los mandamientos apostolicos e ⟨a⟩ vuestros llamamientos e enplasamientos, e en su absençia e rebeldia, que es e deue ser auida por presençia, digo que, biuiendo el dicho Iohan Alegre en nonbre e posesyon de christiano e asy se nonbrando e llamando e gosando de las preheminençias de christianos, en ofensa e oprobrio de Nuestro Señor e de Su Santa e Gloriosa Fe, en menospreçio Suyo e de las çensuras eclesiasticas e penas çeuiles e criminales en que por asy judaysar, apostatar e hereticar esperar deuiera, el dicho Juan Alegre guardo la Ley de Moysen e sus çerimonias e rictos en la forma de yuso:
Vno, quel dicho Iohan Alegre ençendio e consyntio ençender candiles linpios e atauiados los viernes en las noches por honra del sabado e çerimonia de la Ley de Moysen. Yten, guiso e fiso guisar viandas los viernes para los sabados por non los quebrantar en trabajo de lo guisar e porque los judios lo acostunbran faser asy, y con esto junto folgo e çeso toda obra de trabajo e todo trato de dar e tomar en los tales dias de sabados e tanbien en las pascuas judaycas, non entendiendo saluo en cosas de folgura e plaseres con sus parientes e amigos y ellos con el, como persona judaica; comia e acostunbraua otrosy comer carne muerta e degollada con çerimonia de judios creyendo y pensando que en la comer de otra manera percaua mortalmente; leyo e oyo leer e resar libros e oraçiones judaycas, e fue a las oyr a otras partes e casas de conversos, poniendo su fe e creençia en ello e apartandose entera-

mente de Nuestra Santa Fe Catolica. E demas de lo que dicho es, el dicho Juan Alegre judayso, heretyco en otras cosas e casos, maneras e tienpos que protesto desir e declarar, seyendo nesçesario, venido a mi notiçia, en el progreso desta cabsa. Por que, Reuerendos Señores, digo que asy por lo susodicho como por aver fuydo e se absentado, en menospreçio de la Santa Madre Yglesia e de vuestros mandamientos, permanesçiendo en su contumaçia, non veniendo a la obidiençia de los dichos vuestros llamamientos e enplasamientos, el dicho Iohan Alegre es e deue ser auido por hereje e apostota e persona que guardo la dicha Ley de Moysen e sus çerimonias, e por ello yncurrio en las dichas çensuras e penas e criminales. Por que, Reuerendos Señores, vos pido requiero que por tal hereje e apostota lo declareys e pronunçieys, declarando aver yncurrido en las dichas çensuras e perdimiento de todos sus bienes, e otrosy en la dichas penas criminales en los dichos derechos estableçidas, para lo qual e en lo nesçesario ynploro vuestro reuerendo e noble ofiçio, e pido conplimiento de justiçia.

Et juro por los sacros ordenes que resçebi que sy el dicho Juan
2v Alegre presente fuera, que esta [1] | misma denunçiaçion e querella le pusiera. Por que, Reuerendos Señores, vos pido e requiero que, auiendolo por presente, proçedays contra el atenta la calidad del negoçio como e segund que los derechos ya dichos quieren, fasta la sentençia definitiua ynclusyue. E yo soy presto de justificar esta mi denunçiaçion e querella sy e en quanto nesçesario fuere, e pido segun suso. |

3r-v *Blank folio*

Witnesses for the Prosecution [2]

4r E lo que los dichos testigos e cada vno dellos dixeron e depusyeron, seyendo examinados e preguntados cada vno particular e apatadamente por los honrados Juan Ruys de Cordoua, maestro en santa theologia, e Juan de Hoçes, clerigos, benefiçiados en esta dicha Çibdad Real, a los quales por los dichos señores inquisydores fue cometida la examinaçion e reçebçion de los testigos, juntos conmigo,

---

[1] At the end of the folio: 'Testigo⟨s⟩ el maestro Juana Ruys e Juan Ruis, caballero, e Martin de Almodovar e Fernando de Trujillo.' They acted as witnesses for this procedure; see Biographical Notes.

[2] The act of their presentation and swearing-in and the date of these procedures are not recorded in the file. These may, however, have taken place on the day the trial opened.

Trial of Juan Alegre

el dicho notario, preguntandolos e examinandolos por el libelo de la denunçiaçion contra el dicho Juan Alegre, çapatero, presentada; e lo que los dichos testigos dixeron es lo syguiente:

El dicho Antonio, puntador,[3] hijo de Anton Martines, odrero, testigo susodicho presentado por el dicho fiscal juro segund de suso e dixo que al tienpo del robo, que avra nueve años, entro este testigo en casa de Juan Alegre, çapatero, a sacar y poner en recabdo çiertas arcas e otras cosas, porque no se lo robasen, e fallo en vna espuerta de palma vna nomina en ebrayco enforrada en çebty con vna cuerda atada. Este Juan Alegre moraua frontero a Diego de Porras. Esto es lo que sabe e vido por el juramento que fiso e en ello se afirmo.

La dicha Ynes Lopes, muger de Juan de Morales, escudero,[4] veçino a San Pedro, testigo susodicho presentado por el dicho fiscal juro en forma segun de suso e dixo que avra veynte años, poco mas o menos, morando este testigo donde agora mora, tuvo por vesinos a Juan Alegre e a su muger, a las veses le llamauan Juan Galan, a los quales tuvo por vesinos dies años, sabe e vido que guardauan los sabados e se vestian de fiesta ropas lynpias, e sabe que guisauan de comer de viernes para el sabado e sabe que ençendian candiles lympios los viernes ya tarde. Esto es lo que sabe e vido por el juramento que fiso, ⟨e⟩ en ello se afirmo.

El dicho Christino de Escalona,[5] testigo susodicho presentado por el dicho fiscal juro segund de suso e dixo que avra nueve o dies años que Juan Alegre solia ser çapatero e moraua en Barrionuevo, frontero o çerca del lyçençiado Jufre,[6] yva muchas veses a su terneria deste testigo a cortir cueros e toda su mercaduria | en que tractaua. Pero

4v dixo que quando yva algunas veses en sabado yva mejor atauiado que otros ⟨dias⟩ e entraua aquel dia rezando y andaua paseandose, pero dixo que pocas veses yba alla sabado, y aquel dia sy yua, yua tarde, e aquel dia non fablaua en mercaduria ni fasia ninguna cosa. Y que este testigo tenia mala sospecha del y por esta sospecha entro este testigo vn dia sabado en su casa y vido como estaua rezando en vn libro, e como este testigo entro escondio el libro. E

---

[3] He was a witness for the defence in the trial of Pedro de Villegas; see No. 10, fol. 5r.
[4] He was the son of Gutierre Goméz de Morales. He testified for the prosecution in the trial of Juan Díaz, No. 85, fol. 4r. See also the trial of Sancho de Ciudad (No. 1, fol. 12v) and Biographical Notes.
[5] He testified for the prosecution in various trials; see Biographical Notes.
[6] Jufre de Loaysa; see Biographical Notes.

que sabe que guardauan el sabado, el e su muger, e se vestian de fiesta. Esto es lo que sabe e vido por el juramento que fiso, ⟨e⟩ en ello se afirmo.

El dicho Juan Viscayno,[7] testigo susodicho presentado por el dicho fiscal juro en forma segund de suso e dixo que avra quatorze años que moro este testigo dos años con Hernando Caluillo e con su muger, que moraua cabe Pedro de Gamboa, frontero a Sancho de Luuia, sabe e vido que mataua muchas veses carne en su casa en viernes y en otros dias, de la qual lleuaua Juan Alegre, el qual moraua cabe la mançebia. E sabe que guardauan el sabado, el e su muger, e guisauan de comer del viernes para el sabado e ençendian los candiles lympios los viernes en la noche. E sabe e vido que el dicho Juan Alegre y su muger e otros conversos e conversas yuan a casa de Gonçalo Hernandes Caluillo, padre del dicho su amo, a holgar, e folgaua⟨n⟩ ally e comian con el muchas veses, e el dicho Gonçalo Hernandes leya en vna Biblia e todos le oyan. Esto es lo que sabe e vido e es verdad por el juramento que fiso, e en ello se afirmo. |

5r-v *Blank folio*

Sentence

6r en XXIIII° de febrero de LXXXIIII° años
24 Feb. Juan Alegre, çapatero
1484 Vysto por nos, Pero Dias de la Costana, liçençiado en santa theologia, e Françisco Sanches de la Fuente, doctor en decretos, jueses inquisidores dados por la abtoridad apostolica, e yo, el dicho Pero Dias, liçençiado, como ofiçial e vicario general en este arçobispado de Toledo por el reuerendisimo señor don Pero Gonsales de Mendoça, cardenal de España, arçobispo de Toledo, vn proçeso de pleyto que ante nos se ha tratado e pende sobre vna denunçiaçion que nuestro promutor fiscal ante intento e propuso contra Juan Alegre, çapatero, vesino de esta Çibdad Real, por la qual dixo que biuiendo e estando el dicho Juan Alegre en nonbre e posesion de christianos, en ofensa de Nuestro Señor e en menospreçio de Su Santa Fee Catholica, heretico, apostato, siguiendo e guardando

---

[7] He testified for prosecution in the trial of Juan Calvillo; see No. 13, foll. 3v, 5r. There is a great similarity between the two testifications. It is possible that the witness testified only once, and that this testimony was cited in both these trials.

Trial of Juan Alegre

e honrando la Ley de Muysen, ençendiendo candiles el viernes en la noche por honra e solenidad del sabado, e guisando de comer del viernes para el sabado, e el tal guisado comia el sabado; e guardo los sabados enteramente como judio, non fasiendo aquel dia ninguna cosa, e vistiendo en los tales sabados ropas limpias e de fiesta, asy de lino como de paño; e que non comia carne saluo degollada con çerimonia judayca e a modo e forma de judio; e que reso e fue a otras casas a resar e oyr resar oraçiones judaycas, segund e como judio; e teniendo nominas escriptas de letra de ebrayco, las quales traya consigo como puro judio; e que fiso e consyntio faser en su casa otros ritos e çerimonias de la dicha Ley de Muysen; por lo qual pidio ser declarado por ereje e apostota e aver incurrido en las penas en los derechos estableçidas contra los tales herejes, non obstante su absençia, pues auia seydo amonestado e despues llamado e sienpre fue pertinaz e rebelde, e permaneçia en su rebeldia e contumaçia, pidiendo sobre todo serle fecho conplimiento de justiçia. E visto como el dicho Juan Alegre, çapatero, se absento desta çibdad e sus terminos por themor de la Inquisiçion, segund nos consto por la informaçion que nos reçebimos, e avnque fueron generalmente todos los que auian incurrido e caydo en este crimen de la heregia por nos llamados e exortados que veniesen a manifestar sus pecados e nos aviamos con ellos misericordia e piadosamente, e dimos sobre ello nuestra carta de hedicto con termino de treynta dias, e aun despues los esperamos otros treynta e mas,[8] el dicho Juan Alegre non paresçio ni se quiso venir a reconçiliar, e como el dicho fiscal, veyendo su rebeldia e persistençia en su dapnado herror e que non esperaua del reconosçimiento de su pecado e obidiençia a nuestra Santa Madre Yglesia, saluo infiçionar e dapnar a otros fieles christianos, procurando de los atraer a su dapnada opinion, por ouiar a su dapnado proposito nos denunçio e requerio que proçediesemos contra el, pues estaua grauemente infamado de aver judaysado e hereticado, que el estaua presto de denunçiar del; e como a su pedimiento e requisiçion, constandonos de su absençia, dimos nuestra carta de çitaçion e llamamiento contra el por via de hedicto, con termino de treynta dias, por la qual espeçialmente le llamamos[9] que viniese e conparesçiese ante nos a se defender e responder sobre el crimen de la heregia e apostasia e de aver judaysado en que el dicho fiscal desia el aver incurrido e de que lo

---

[8] See n. 14 in the trial of Juan González Panpan, No. 14, fol. 5v.
[9] This summons is not in the file.

entendia de denunçiar, aperçebiendole que si no paresçiese proçederiamos en su absençia segund que de drecho deuiesemos. E visto como la dicha nuestra carta çitatoria fue leyda e notificada ante las puertas de las casas del dicho Juan Alegre, çapatero,[10] | e pregonada en la plaça desta çibdad publicamente e leyda en la yglesia de Sant Pedro en dia de fiesta, estando el pueblo junto a oyr los Diuinos Ofiçios, e puesta e afixa en la puerta de la dicha yglesia, donde estuuo todo el termino de los dichos treynta dias, e como por el dicho fiscal fueron acusadas las rebeldias de la dicha carta en los terminos e tienpos que deuia, e como non pareçio e fue por nos auido por rebelde, e como el dicho fiscal presento su denunçiaçion contra el, sobre lo qual le reçebimos a la prueua, e como presento sus testigos e fiso su prouança muy entera, con asas numero de testigos, por los quales se prouo el dicho Juan Alegre, çapatero, aver fecho e cometido todo lo contenido en la dicha denunçiaçion e aver guardado e honrado la Ley de Muysen. E auido nuestro acuerdo e deliberacion con letrados e personas de çiençia e buenas conçiençias,[11] teniendo a Dios ante nuestro ojos:

Fallamos que deuemos declarar e declaramos el dicho Juan Alegre, çapatero, aver seydo e ser ereje, e por tal lo pronunçiamos, e aver incurrido en sentençia de excomunion mayor e en las otras penas espirituales e temporales en los derechos contra los tales herejes estableçidas e en perdimiento e confiscaçion de sus bienes, e que lo devemos relaxar, e relaxamos a la estatua que en su nonbre fasemos ante nos traer en dapnaçion e detestaçion del dicho delito, al virtuoso cauallero Juan Peres de Barradas, comendador de Çiesa, corregidor en esta çibdad e su tierra por el Rey e Reyna nuestros señores, e a sus alcaldes e justiçias, e a qualesquier otras justiçias de qualesquier çibdades, villas e lugares destos reynos e fuera dellos, do qualesquier sobredicho fuese o pudiese ser auido, que haga⟨n⟩ de lo que hallasen que pueden e deven faser segund derecho, e por esta nuestra sentençia asy lo pronunçiamos e declaramos en estos escriptos e por ellos.

(–) Petrus, licenciatus   Franciscus, doctor. |

7r *Blank page*

---

[10] Summons is not in the file.
[11] This *consulta-de-fe* was held on 17 February 1484.

Trial of Juan Alegre

The Composition of the Court

Judges:	Francisco Sánchez de la Fuente
	Pero Díaz de la Costana
Prosecutor:	Fernán Rodríguez del Barco
Examiners of Witnesses:	Juan Ruiz de Córdoba
	Juan de Hoces

Witnesses for the Prosecution in Order of Testification

1. Antonio, son of Anton Martínez, leather-bottle maker
2. Inés López, wife of Juan de Morales, *escudero*
3. Cristino de Escalona
4. Juan Viscayno

Synopsis of Trial

1484

24 Jan.	The trial opens. The defendant is charged with rebellion. The arraignment is presented, and the trial procedure begins.
Date unknown	Witnesses for the prosecution are presented.[12]
17 Feb.	*Consulta-de-fe*.[13]
24 Feb.	The sentence of burning in effigy is pronounced and is carried out at the *auto-de-fe* held in the Town Square.

---

[12] Presentation of witnesses may have taken place on the day the trial opened.

[13] See above, fol. 1r.

16 Trial of Juan Díaz Doncel and Catalina González, his Wife
1484

Source: AHN IT, Legajo 143, No. 190, 1r–9r; new number: Leg. 143, No. 5.

This trial is of special importance because the detailed description it gives of the life of many Conversos reveals their devotion to the Law of Moses and their observance of Jewish customs.
Juan Díaz, nicknamed 'Doncel', son of Ruy Díaz, was one of the group of Conversos that gathered round his namesake the draper. The trial was conducted in the absence of the accused, since they had fled to Portugal. It started on 24 January 1484 and terminated on 24 February 1484 with the pronouncement of the sentence of burning in effigy and its execution. Catalina was later caught and she was burnt alive on 14 June 1484.
The names of two of Catalina's sisters are also known: Isabel González, wife of Rodrigo de Villarrubia;[1] and Constanza Díaz, wife of Ruy Díaz Doncel. They were the daughters of Fernando González Fixinix, also burnt in effigy on 24 February 1484.[2]
The entries in the file have many ink stains.
See also the trials of Juan Falcón, the Elder (No. 84), and Juan Díaz, alias Juan Dinela, Draper (No. 85).

Bibliography: Fita, p. 474, Nos. 158–159; Delgado Merchán, pp. 220, 241 (copy of opening of trial); Beinart, index.

---

[1] She testified for the prosecution; see below, fol. 5v.
[2] See Biographical Notes.

1r acabado

Proçedo contra Juan Dias, donzel, e Cathalina su muger, absentes, con la sentençia. Despues fue quemada en persona la dicha Catalina en persona, a XIIII° de junio de LXXXIIII°. Visto en concordia a XXI de febrero tiene los testigos   Çibdad Real

1v
24 Jan.
1484

En la Çibdad Real,[3] en veynte e quatro dias del mes de enero, año del Nasçimiento del Nuestro Saluador Ihesu Christo de mil e quatroçientos e ochenta e quatro años, este dicho dia, dentro en las casas donde los reuerendos señores inquisydores residen e façen su habitaçion e audiençia continua, en presençia de los notarios e testigos infrascriptos, estando los dichos señores sentados en su audiençia publica en el logar acostunbrado, a la hora de la terçia, oyendo a los que ante sus reuerençias venian, paresçio presente el honrado Fernand Rodrigues del Barco, clerigo, capellan del Rey nuestro señor, promutor fiscal de la Santa Inquisiçion, e dixo que por quanto Juan Dias, donzel, e Cathalina, su muger, vesino⟨s⟩ desta çibdad, se abian absentado della por themor de la dicha Inquisiçion e non sabia donde estaban, los quales a bueltas de otras personas fueron çitados e llamados por vna carta çitatoria e de llamamiento que sus reuerençias mandaron dar e mandaron paresçer personalmente dentro de çiertos jlaços e dieron a su pedimiento del dicho promutor fiscal, en que les mandaron paresçer personalmente dentro de çiertos placos e terminos ante sus reuerençias a juysio con el dicho promutor sobre el crimen de heregia e apostasya que les entendia acusar e querellar, en los quales dichos terminos ni en alguno dellos los dichos Juan Dias, donzel, e la dicha Cathalina, su muger, ni en alguno dellos en la dicha carta contenidos non abian paresçido, e que por el dicho promutor le abian seydo acusadas las rebeldias en los terminos e plaços e dias en la dicha carta contenidos, e que abian seydo rebeldes e contumaçes e que non abian paresçido, e que por tales abian seydo dados e pronunçiados por sus reuerençias. Por ende, que en su absençia e rebeldia presentaba e presento ante

---

[3] This opening shows clearly that certain procedures had been carried out before the trial began officially. In this way the entire trial was shortened.

[281]

los dichos señores inquisidores contra los dichos Juan Dias, donzel, e Cathalina, su muger, vn escripto de denunçiaçion e querella, thenor del qual es este que se sygue: |

Arraignment

2r en XXIIII° ⟨de⟩ enero
24 Jan. Contra Juan Dias, donzel
1484 Muy Reuerendos e Virtuosos Señores Juezes Inquisidores de la heretyca prauedad:
Yo, Fernand Rodrigues del Varco, capellan del Rey nuestro señor, promutor fiscal de la Santa Ynquisiçion, paresco ante Vuestras Reuerençias e denunçio e querello de Iohan Dias, donsel, fijo de Ruy Dias, trapero, e de Catalina, su muger vesinos desta Çibdad Real, absentes que agora son della, como rebeldes e ynobedientes a los mandamientos apostolicos e a vuestros llamamientos e enplasamientos, e en su absençia e rebeldia, que es e deue ser auida por presençia, digo que auiendo los dichos Juan Dias, donsel, e su muger en nonbre e posesyon de christianos e asy se llamando e nonbrando e gosando de las preheminençias de christianos, en oprobio e ofensa de nuestra Santa Fe Catolica e menospreçio suyo e poco temor de las çensuras eclesiasticas e penas çeuiles e criminales en que por heretycar, judaysar e apostatar yncurrir e esperar deuian, los dichos Juan Dias e Cathalina, su muger, guardauan la Ley de Moysen e sus rictos e çerimonias en la forma e segund de yuso:
Vno, que los dichos Iohan Dias, donsel, e su muger ençendieron e consyntieron ençender candiles linpios los viernes en las noches de tenprano por honra e fiesta de los sabados e como çiertos judios, segund lo permite la dicha Ley de Moysen; e guisaron e fisieron guisar viandas los viernes para los sabados por çesar de los guisar en ellos, creyendo que los quebrantauan, e asy, lo tal guisado como judios comian en los tales sabados. Folgaron asymesmo e çesaron toda obra seruil e de trabajo e todo trato de dar y tomar en los sabados e pascuas judaycas, auiendo folguras e plaseres con sus parientes e amigos y ellos con ellos, yendo los vnos a casa de los otros, e los otros a casas de los otros, como enteramente judios [   ] e permaneçieron en ellos. Vistieron otrosy en los tales dias de sabados e pascuas judaycas ropas linpias e de fiesta, asy de paño como de lino, todo çerimonialmente e por honra e guarda de la dicha ley, como dicho es; ayunaron los dias que los judios suelen e acostunbran ayunar, non comiendo fasta la

noche la estrella salida, resando en los tales dias oraçiones judaycas e fasiendo plegarias vanas, e todo esto como lo fasen los judios, e a la noche çenando carne degollada çerimonialmente e comian ⟨stain⟩ e fasian comer carne muerta e degollada con çerimonia judayca, syn faser al tienpo de la muerte e degollar señal de christianos ni santiguando, saluo todo muy ereticamente e al fin judayco e segund judios. E mandaron en su casa amasar e coser pan çençeño en las Pascuas de los judios que llaman ellos del Cordero, y en toda la dicha Pascua lo comieron segund e de la manera e con las çerimonias que lo fasen e comen los judios. E leyeron e oyeron leer oraçiones e libros judaycos y ebraycos e fueron a las oyr a otras personas e casas de conversos, poniendo su fe e creençia en ello e atrayendo a otras personas a lo tal oyr e resar, asy en los dichos sabados e pascuas como en otros dias de entre semana, todo en vituperio e ofension de nuestra Santa Fe Catolica; bendesian la mesa sobre que comian e senauan con bendiçiones e oraçiones judaycas e con las solepnidades que los judios la bendisen, teniendo en la mano taça o vaso de vino, e dicha la tal bendiçion beuian cada vno dellos vn poco del tal vino; comian carne en Quaresma e en otros dias vedados por la Santa Madre Yglesia en quebrantamiento de nuestra Santa Fe

2v Catolica e con | animo deliberado de la ofender vañauan los finados despues de fallesçidos a modo e forma judayca, mediante çerimonia de judios.

E allende de lo que dicho es, los dichos Juan Dias e Catalina, su muger, judaysaron, heretycaron e apostataron en otras cosas e casos, maneras e tienpos que protesto desir e alegar en la prosecuçion desta cabsa, venido a mi notiçia. Por que, Reuerendos Señores, digo que asy por lo susodicho como por aver fuydo e se absentado, en contemto e menospreçio de la Santa Madre Yglesia, permanesçiendo en su contumaçia non venidos a la obediençia de vuestros mandamientos, los dichos Juan Dias e Catalina, su muger, son e deven ser avidos por herejes e personas que guardaron la Ley de Moysen e sus çerimonias, como dicho es, e por ello yncurrieron en las dichas çensuras eclesiasticas e penas çeuiles e criminales en los derechos estableçidos. Por que, Reuerendos Señores, vos pido e requiero por tales herejes e apostotas los declareys e pronunçieys, declarando aver yncurrido en las dichas çensuras e perdimiento de todos sus bienes e en las dichas penas criminales, para lo qual todo ynploro vuestro reverendo e noble ofiçio, e pido conplimiento de justiçia. E juro por las ordenes que resçibi que sy los dichos Juan Dias, donsel, e

Catalina, su muger, presentes fueran, que esta misma denunçiaçion e querella les pusiera. Por que, Reuerendos Señores, vos pido e requiero que, aviendolos por presentes, proçedays e mandeys proçeder contra ellos segund la calidad del caso e los en derechos lo permiten, ⟨sic⟩ atenta la calidad dello, fasta la sentençia definitiua ynclusiue. E yo soy presto de justificar esta mi denunçiaçion e querella sy e en quanto nesçesario fuere, e pido segund suso.

E asy presentado el dicho escripto de denunçiaçion e querella por el dicho promutor fiscal contra los dichos Juan Dias, donzel, e contra la dicha Cathalina Dias, su muger, e leydo por vno de nos, los notarios, los dichos señores inquisidores dixeron que lo resçebian e que mandaban e mandaron a los dichos Juan Dias su muger ⟨sic⟩ e Cathalina, su muger, que dentro de terçero dia primero seguiente vengan ante sus reverençias personalmente, respondiendo e disiendo de su derecho contra el dicho escripto de denunçiaçion e querella, para lo qual mandaron a mi, Juan Gonçales Tablada, notarío que los çitase lugo en esta audiençia e ante las puertas de las casas de su morada. E luego yo, el dicho notario, los çite en la audiençia alta et inteligibili voce en presençia de los que ende estavan para que paresçiesen dentro de terçero dia primero seguiente personalmente a responder a la dicha denunçiaçion e querella. Testigos: Juan Ruys, trapero,[4] e Martin de Almodouar, vesino⟨s⟩ desta dicha çibdad. |

Summons and Procedure

3r E despues desto, este dicho dia yo, el dicho notario, por virtud del dicho mandamiento de los dichos señores inquisidores e a pedimiento del dicho fiscal fuy a las casas donde los dichos Juan Dias, donzel, e la dicha su muger solian morar, e los çite delante las puertas de las dichas casas que paresçiesen ante los dichos señores inquisidores dentro de terçero dia personalmente a responder a la dicha (dicha) denunçiaçion e querella que contra ellos por el dicho promutor fiscal era puesta. Testigos: Diego de Vallesteros[5] e Anton de Abila, vesinos desta çibdad.

26 Jan. 1484 E despues desto, en veynte e seys dias del mes de enero, año susodicho de ochenta e quatro años, este dicho dia, ante los dichos señores inquisidores en la dicha audiençia, estando sentados en el

---

[4] See the trial of Sancho de Ciudad (No. 1, fol. 2r.), where he testified that they had fled from Ciudad in fear of the Inquisition.

[5] See Biographical Notes.

Trial of Juan Díaz Doncel and Catalina González

logar acostunbrado oyendo las personas que ante sus reverençias venian, paresçio ende presente el dicho promutor fiscal e dixo que por quanto los dichos Juan Dias, donçel, e Cathalina, su muger, a su pedimiento e por mandamiento de sus reverençias abian seydo çitados que paresçiesen personalmente en esta audiençia a responder a vna denunçiaçion e querella por el dicho fiscal ante ellos puesta contra los dichos Juan Dias, donzel, e contra la dicha Cathalina, su muger, e non paresçian, e se conplia oy el termino, que les acusaua e acuso las rebeldias, e en su contumaçia e rebeldia pedia e pedio a los dichos señores que los oviesen por contumaçes e rebeldes, e que concluya e concluyo con la denunçiaçion e querella que contra los dichos Juan Dias, donzel, e su muger ha presentado, e que les pedia e pidio que asymismo sus reverençias concluyesen con el e oviesen el dicho pleito por concluso e le resçibiesen a la prueva. E luego los dichos señores inquisidores respondieron e dixeron que ellos abian e ovieron a los dichos Juan Dias, donçel, e a la dicha su muger por contumaçes e rebeldes, e que en su contumaçia e rebeldia concluyan e concluyeron con el dicho promutor fiscal, que presente estava, e ovieron el dicho pleyto por concluso, e que asygnaban e asygnaron termino para dar sentençia en el para luego, la qual dieron e pronunçiaron en vnos escriptos que en sus manos tenian en la forma seguiente: Fallamos que devemos resçebir e resçebimos al dicho nuestro promutor fiscal a la prueva de lo por el denunçiado e querellado contra los dichos

3v Juan Dias, donçel, e Ca|thalina, su muger, saluo jure inpertinentium et non admitendorum, para la qual prueva faser los damos e asynamos termino de nueve dias primeros seguientes, dandoles tres dias por cada termino e plaço e todos nueve dias por perentorio termino, e asy lo pronunçiamos (e asy lo pronunçiamos) en estos escriptos e por ellos. De lo qual son testigos que fueron presentes Juan de Hozes, clerigo, e el bachiller Gonçalo Moños,[6] vesinos desta çibdad.

Witnesses for the Prosecution

29 Jan. E despues desto, en veynte e nueve dias de enero del dicho año
1484 de ochenta e quatro años, estando los dichos señores inquisidores en la sala e lugar donde acostunbran librar e façer su audiençia continua, paresçio ende presente ante sus reverençias el dicho promotor fiscal e dixo que para en prueva de su entençion e

---

[6] See Biographical Notes.

denunçiaçion e querella contra los dichos Juan Dias, donzel, e Cathalina, su muger, por el propuesta, que presentaba e presento por testigos a Miguel Hidalgo, guantero, e a Antonio de Torres [7] e a Leonor Rodrigues, muger de Alonso Catalan, vesinos de la dicha çibdad, de los quales e de cada vno dellos los dichos señores resçebieron juramento en forma devida de derecho sobre la señal de la Crus e las palabras de los Santos Evangelios, que con sus manos derechas corporalmente tocaron, que diran la verdad de todo lo que supieren en esta causa sobre que son presentados por testigos, e que sy lo asy feçiesen e dixesen que Dios les ayudase en este mundo a los cuerpos e en el otro a las animas, e sy el contrario dixesen e jurasen, que Dios gelo demandase mal e caramente como a malos christianos que juran y perjuran el Santo Nonbre de Dios en bano. Los quales e cada vno dellos respondieron a la confusion del dicho juramento e dixeron que asy lo juravan, e juraron,— e: Amen. Testigos que fueron presentes: El bachiller Gonçalo Moños e Françisco de Hozes, vesinos de la dicha çibdad.

3 Feb. 1484 E despues desto, en tres dias del mes de febrero, año de ochenta e quatro años, ante los dichos señores inquisidores paresçio el dicho promutor fiscal e dixo que para en prueva de la dicha su entinçion, que presentaba e presento por testigos a Gonçalo de Herrera e a Juan Gonçales de Piedrabuena e a Marina Gonçales, hija de Juan Gonçales Calçado e muger de Martin de la Torre, e a Marina, muger de Fernand Martines, espartero,[8] e a Ysabel Gonçales, muger de Pedro de Villarruya, e a Diego de Çespedes, criado que fue de Alvaro Daça, e a Anton Falcon, veçinos desta dicha çibdad, de los quales e de cada vno dellos los dichos señores inquisidores tomaron e resçibieron juramento sobre la señal de la Crus e palabras de los Santos Evangelios, que con sus manos derechas corporalmente tocaron, segund suso se contiene. Los quales fiçieron el dicho juramento e respondieron a la confusion del dicho juramento, ellos e cada vno dellos dixo: Sy, juro, — e: Amen. Testigos: Juan Gomes, fiscal, e Alonso Aluares, uesinos desta çibdad.[9] |

4r 9 Feb. 1484 E despues desto, en nueve dias del mes de febrero del dicho año, ante los dichos señores inquisidores en juysio paresçio el dicho promutor fiscal e dixo que para en prueva de su entinçion presenta-

---

[7] The name of this witness should be Alonso de Torres; see fol. 6r.
[8] Cf. fol. 5v: 'espeçiero'.
[9] They served as defence counsellors in the Court; see Biographical Notes on both of them.

ba e presento por testigo a Pascual, borçeguilero, veçino desta dicha çibdad, del qual resçebieron juramento sobre la señal de la Crus e las palabras de los Santos Evangelios, sobre que puso su mano derecha e tanxo ⟨sic⟩ corporalmente en forma devida de derecho, segund suso se contiene; el qual fiço el dicho juramento e respondio a la confusion ⟨del⟩ dicho juramento e dixo que asy lo juraba, e juro, — e Amen.

E lo que los dichos testigos e cada vno dellos dixeron e deposieron, seyendo preguntados e examinados por los articulos de la dicha denunçiaçion, seyendo presentes los honrados Juan Ruis de Cordoua, maestro en santa theologia e Juan de Hozes, clerigos, benefiçiados en esta dicha çibdad, deputados por los dichos señores inquisidores para tomar, resçebir e examinar los dichos testigos, dio a la confusion ⟨del⟩ dicho juramento e dixo que asy lo juraba, e apartadamente, e lo que ellos dixeron e deposieron es lo seguiente: |

4v *Blank page*

5r E lo que los dichos testigos dixeron e depusieron por sus dichos e deposyçiones, seyendo tomados e resçibidos cada vno dellos por sy secreta e apartadamente, aviendo primeramente jurado en forma de derecho es lo siguiente:

El dicho Gonçalo de Herrera,[10] vesino desta Çibdad Real en la collaçion de Sant Pedro, testigo jurado en forma deuida, so cargo del dicho juramento dixo que lo que sabe es que puede aver fasta veynte años e mas tienpo que este testigo entro en vnas casas donde moraua Fernand Garçia de la Hyguera[11] e Alonso de Herrera[12] y era dia que ayunauan, y que vio estar reçando en vna Briuia y tanbien en otros libros a Juan Dias, trapero, e a su muger, e a Rui Dias, su fijo, e a Juan Dias, su sobrino, e al dicho Ferrand Garçia e a su muger e al dicho Alonso de Herrera e a su muger e a otro onbre moço que dixo que no conosçia. E dixo mas que despues de lo susodicho, que vio algunas veçes a los dichos Juan Dias, trapero, e a su fijo e sobrino reçar en libros judaycos; e que al presente non se le acordaua mas, pero que protestaua que sy mas se le acordase de lo venir desir, so cargo del dicho juramento que fecho avia.

[10] He, too, was condemned and burnt on 23 February 1484; see No. 36 and Biographical Notes.
[11] The sentence is found in the files of Juan Martínez de los Olivos (No. 81) and Juan González Escogido (No. 80); cf. Biographical Notes.
[12] The dates of his trial are not known; see Biographical Notes.

La dicha Constança Alonso, muger que fue de Fernando, notario, vesina desta Çibdad Real en la collaçion de Santiago, testigo jurada em forma deuida, dixo que vio a la muger de Luys Gato comer vna ves pan çençeño, e ençender candiles los viernes en las noches; e que les fiso comer aquel pan Juan Dias, fijo de Ruy Dias, e dixo que era aquel el dia que lo avian de comer. E que es la verdad para el juramento que fiso.

El dicho Anton Falcon,[13] testigo jurado en forma deuida e preguntado dixo que sabe que los donçeles Juan Dias e Ruy Dias, que eran mas avidos e tenidos por judios que por christianos, que nunca comian carne de la carneçeria e que por tales les touo sienpre este testigo. E dixo que asi era publico e notorio en esta çibdad.

El dicho Juan Gonsales de Piedrabuena, vesino desta çibdad en la col⟨l⟩açion de Santa Maria en el barrio junto a la calle de la Moreria, testigo jurado en forma deuida e preguntado, etç., dixo, so cargo del dicho juramento, que puede aver veynte años, poco mas o menos, que pasando vnas ⟨veçes⟩ este testigo e Francisco de Malas Tajadas, veçino desta çibdad, en casa de Juan Dias, cauallero, trapero, vesino desta çibdad, que acabando de pasar la vna por la mañana çierta ora de Misa, yendose este testigo a lauar las piernas en vnas pilas, que oyo vn murmullo dentro de vn palaçio e que este testigo miro por la puerta del palaçio e que vio a su muger del dicho Juan Dias e a vn su fijo, que se dise el donçel, e Juan Dias, el fijo de Ruy Dias, e que vio estar a la dicha muger que estaua cobijada la cabeça, e que vio al dicho Juan Dias façer oraçion sabadeando, y que desde a poco rato salio el dicho Juan Dias e su muger y despues los dichos su fijo e sobrino; e que dende a pocos dias este testigo vio al dicho Juan Dias en Sant Pedro cogendo vnos onbres para trabajar e que a la suso alçaua el dicho sobre el altar a Nuestro Señor, e que el dicho Juan Dias se puso tras vna pila, e que dixeron algunos que estauan en la dicha yglesia que le vieron estar tras el dicho pila: Mirad, mirad qual esta Juan Dias tras el pila. E que entonçes le vio este testigo estar asentado tras el dicho pila al dicho Juan Dias. |

5v La dicha Ysabel Gonsales,[14] muger de Rodrigo de Villarruuia,

---

[13] He was condemned and burnt; see Biographical Notes.
[14] She was tried in 1513. See also the trial of Rodrigo Marín (No. 83, fol. 7r), where she was restored to the Church; cf. Biographical Notes.

vesino desta çibdad a la collaçion de Santiago, testigo jurado en forma deuida, dixo que dos hermanas suyas, que se llama la vna Catalina Gonsales, muger de Juan Dias, donçel, y la otra Costança Dias, muger de Ruy Dias, donçel, que fasian las cosas e çerimonias que esta misma Ysabel Gonsales fasia e ella tiene dicho e declarado por su confesion que fasia, e que se absentaron desta cibdad al tiempo que los señores ynquisidores aqui vinieron.

La dicha Marina Gonçales, fija de Juan Gonsales Calçado, muger de Martin de la Torre, vesina desta çibdad en la cal de Calatraua a Santiago, testigo resçebido, fiso juramento en forma, etç., e dixo que biuiendo con Juan donçel, seyendo moça, este era yerno de Fernan Gonçales Fixinix e fijo de Ruy Dias, el que quemaron, y disen agora que es ydo a Portugal, sabe e vido en aquel tiempo que guisauan de comer del viernes para el sabado. E sabe e vido que guardauan en toda su casa el sabado e se vestian ropas linpias e de fiesta e ençendian los candiles linpios; e vido mas que los viernes ponian vnos manteles linpios e vido traer a la mesa libros judaycos para bendesir la mesa. E vido y sabe que nunca comian carne de la carneçeria de los christianos; sabe que guardauan las pascuas de los judios y los vido comer pan çençeño y coçerlo en su casa; e les vido ayunar algunos ayunos fasta salida el estrella; y sabe que comian carne en Quaresma y hueuos e sabe que vañaron a vnos fijos que se les murieron. E que esta es la verdad por el juramento que fiso.

La dicha Marina, muger de Fernando Martines, espeçiero,[15] vesino desta çibdad a Santiago en la calle de Calatraua, testigo reçebido e jurado en forma deuida, etç., dixo que avra dose años, poco mas o menos, que moro con Juan Dias, donçel, yjo de Ruy Dias, e con su muger Catalina, yja de Fernand Gonçales Fixinix, que moraua en la cal de Toledo en las casas de Fernando Dias, cauallero, sabe e vido que guardauan el sabado y se vestian ropas linpias. E sabe que el dicho Juan Dias leya el viernes en la noche y el sabado, estando su muger oyendole sabadeando, desian (desian) en el libro: Dios de Abraan, Dios de Ysaque, Dios de Jacob,[16] — e desia que avian de apartar a Egipto donde atauan los onbres con cuernos y era tamaños como gruas, e aquel dia se

---

[15] *Sic;* cf. fol. 3v: 'espartero'.
[16] These words are from the opening of the prayer of the Eighteen Benedictions; see Beinart, pp. 205 ff.

leuantauan tarde. E que les vido bendesir en vna taça vino sabadeando encima de la taça e beuia cada vno vn poco de aquel vino.[17] E que sabe que guisauan de comer del viernes para el sabado e ençendian los candiles linpios los viernes en la noche; e que los vido algunos domingos coser; e que sabe que quando avian de comer alguna carne la purgavan e la alinpiauan con sal; e sabe que el dicho Juan Dias mataua las aves que avian de comer, e porque vn dia mato este testigo vna gallina non comieron della e riñieron mucho con esta testigo; e que sabe que la Quaresma comian carne e los viernes e los sabados; e que traeron vn dia vnos palominos e muriose el vno e para que biuiese echaronle çiertas gotas de çera, e nunca biuio, e enbiaronlos a la plaça a vender a ambos dos; e que non comian puerco ni otra carne vedada. E que esta es la verdad para el juramento que fiso.

El dicho Diego de Çespedes, criado que fue de Aluaro de Daça y es agora de mosen Lope Atudia,[18] testigo resçebido e jurado en forma deuida, etç., dixo que avra çinco años, poco mas o menos, que estando este testigo enfermo en casa de Ruy Dias, donçel, que mora en la cal de los Caualleros, por amistad que con ellos tenia y porque les tenia prestados vn pariente deste testigo dineros con 6r que el | e su hermano Juan Dias, que moraua frontero [   ]; e estouo alli doliente dos o tres meses, e despues de sano otros dos meses, sabe e vido, porque con amos hermanos tenia conosçimiento e salia e entraua en sus casas, que guardauan el sabado ellos e sus mugeres, e se vestian de fiesta ropas linpias, e guysauan de comer del viernes para el sabado, e ençendian candiles linpios los viernes en la noche; e que sabe e vido que en todos sus fechos eran judios. Esto es lo que sabe e vido pa el juramento que fiso.

El dicho Alonso de Torres, el moço,[19] vesino desta çibdad en la collaçion de Santiago, testigo jurado en forma etç., dixo que puede aver quinse años, poco mas o menos, que este testigo dixo que vio en casa de Juan Falcon, el viejo,[20] que mora en las espaldas de las casas en que agora este testigo mora, a Rodrigo Verengena, que estaua en vn corral del mismo Juan Falcon, que estaua

[17] Her expert knowledge could perhaps indicate that she was a Conversa.
[18] See the trial of Sancho de Ciudad, No. 1, fol. 3v.
[19] See his testimony against Juan Falcón, the Elder, No. 84, fol. 5r. See also fol. 3v, above, where he is called Antonio de Torres. He also testified in the trial of Juan González Escogido, No. 80, fol. 5v.
[20] See his trial (No. 84) and Biographical Notes.

Trial of Juan Díaz Doncel and Catalina González

degollando dos carneros pequeños, e que vio que los degollo, y los degollo e adobo como carneçero con su avantal de lienço puesto delante. E que al tienpo del quartear los carneros que entro el dicho Juan Falcon, el viejo, e Juan Dias, trapero, e Ruy Dias, padre de los donçeles, y los mismos donçeles sus fijos; y el Rodrigo Verengena los quarto e dio a cada vno su quarto en la mano, y ellos tomaron sus quartos e metieronlos baxo de las capas y fueron vno a vno cada vno camino de su casa. E que este testigo los vio yr asi. E que esta es la verdad para el juramento que fiso.

La dicha Leonor Rodrigues,[21] muger de Alonso Catalan, vesina desta çibdad en la collaçion de Santa Maria en la calle de Diego Muñoz, testigo jurado en forma, preguntada, dixo que sabe e vio este testigo que Ruy Dias, padre de los donçeles, e su muger e en[   ] e sus fijos Juan e Mayor Dias guardauan el sabado e vestian ropas linpias e comian el guisado del viernes, e que ençendian candiles el viernes en la noche tenprano. E que este testigo los vio comer carne en Quaresma. E que tanbien ayunavan por setienbre, e que non comian fasta la noche salida el estrella. E dixo que este testigo, entrando vna ves en casa del dicho Ruy Dias, que vio a Juan Dias, su hermano, que estaua resando y sabadeando de cara la pared. E que sabe e vio como el dicho Juan Dias, trapero, hermano del dicho Ruy Dias, e su muger, que guardauan el sabado e vestian ropas linpias, e comian el sabado el guisado del viernes, e que alinpiauan los candiles e los ençendian el viernes en la noche, e comian carne en Quaresma. E dixo que nunca los vio al dicho Juan Dias ni a su muger yr a la yglesia a Misa. E que esto es lo que sabe e vio para el juramento que fecho avia.

El dicho Pascual, borçeguilero,[22] veçino desta çibdad en la collaçion de Santiago en la calle del Pintado, testigo jurado en forma, preguntado, dixo puede aver dies años, poco mas o menos, que este testigo moro con Juan Dias e Ruy Dias, su fijo, e con Juan Dias, su sobrino, que se desian los donseles, bien seys años e mas tienpo que estuuo ellos, dixo que sabe que ellos y sus mugeres que tienpo que estuuo con ellos, dixo que sabe que ellos y sus mugeres que guardauan el sabado vestien ropas linpias, e que ençendian de comer para el sabado, e que el sabado comian el guisado del

---

[21] She also testified against Juan Díaz, No. 85, fol. 3r.
[22] See Pascual, buskin maker (*borceguinero*) in Biographical Notes.

viernes, e que non ençendian candela ni fasian cosa alguna el dia del sabado. E que sabe e vio que comian carne en Quaresma. E que sabe que guardauan las pascuas de los judios: la Pascua de las Cabañuelas e la Pascua del Pan Çençeño, e que los vido comer en pan çençeño. E que sabe que levan e reçauan en la Briuia e en otros libros judaycos. E asymismo que los vido faser oraçion contra la pared e a la muger del dicho Juan Dias el viejo tanbien, sabadeando. E que sabe que non comian carne de la carneçeria saluo de lo que era degollado de mano de converso con çerimonia judayca, | e que este testigo lo leuo muchas veçes de casa de Aluaro Carrillo e de casa de Juan ⟨Gonçales⟩ Escogido e de casa de Lope Franco e de casa de ⟨Juan Gonzalez⟩ Panpan y de casa de Garçia Baruas, sastre, y de casa de Rodrigo Atrachon [23] y de otras casas que non se acuerda. Y asimismo dixo que tanbien matauan ellos carne algunas veçes y que si alguna carnera fallaua trefe,[24] que non comian de aquella carne. E que sabe que quando murio vna su sobrina dellos que la vido vañar ençima de vna tabla a las dichas sus mugeres; e que sabe que non comieron carne los nueve dias, e que le fiçieron el cohuerço. E que muy pocas veçes los vido yr a la yglesia a Misa o Predicaçion. E que nunca los vido santiguar la mesa ni a ellos mismos ni fincar las rodillas quando tañian la canpana a la oraçion.

E dixo que fasian mas las çerimonias de los judios que non de christiano, e que sabe que son mas judios verdaderamente que christianos. E que esta es la verdad para el juramento que fecho avia.

El dicho Miguel Hidalgo, guantero, vesino desta Çibdad Real a Sant Pedro cabe el Alcaçar, testigo resçebido e jurado en forma, etç., so cargo del qual dixo que avra dies años, poco mas o menos, seyendo este testigo fiel e andando a ver quien mataua carne, porque era fama que çiertos conversos matauan en esta ciudad carne, que entro en casa de Fernando Atrachon, que moraua en Barrionueuo frontero a Hernando el çedero, sabe e vido que vn domingo, que aquel dia domingo, ⟨sic⟩ tenia en su casa dos carneros muertos de aquel dia e tenian los pellejos catrinisados a manera de judio, la qual carne mataua el dicho Fernando Atrachon para [   ] e estauan alli muchos que avian ydo por de aquella carne, y como este testigo entro esconderonse tras vna sega. Este testigo

[23] Burnt in effigy on 24 February 1484 (No. 48); on the others, see Biographical Notes.
[24] טריפה; forbidden meat from a beast that suffered a fatal organic disease.

presumio, porque avia ⟨visto⟩ entar a algunos que estauan escondidos, e also la sega e vido que estauan muchos escondidos, entre los quales se acuerda que conosçio a los donçeles, a Juan Dias, donçel, e a Rodrigo, donçel, los quales rogaron a este testigo que non lleuase los cuerpos, e dieronle vna prenda, la qual prueva le rogo Juan Gonçales Pintado y se la dio que non los leuo pena ninguna por amor del.[25] E que esta es la verdad para el juramento que fiso. |

7r E despues desto, en dies e siete dias del dicho mes de febrero,
17 Feb. año susodicho de ochenta e quatro años, este dicho dia, ante los
1484 dichos señores inquisidores dentro en la sala donde residen e façen su audiençia continua, estando los dichos señores entados en su auditorio acostunbrado, paresçio ende presente el dicho promutor fiscal e dixo que pedia e pedio a los dichos señores fesiesen publicaçion de testigos de los que por el abian seydo e son presentado en esta causa contra los dichos Juan Dias, donzel, e Catalina, su muger. E luego los dichos señores, visto su pedimiento, dixeron que fasian e fesieron publicaçion de los dichos e deposiçiones de los dichos testigos e que los daban e dieron por publicados, e que mandaban e mandaron dar treslado dellos a los dichos Juan Dias, donzel, e a la dicha su muger, callados los nonbres de los dichos testigos, e que les mandavan e mandaron que dentro de terçero dia primero seguiente paresçiesen personalmente ante sus reverençias a la hora de la audiençia a desir e alegar de su derecho en todo lo que entendieren que les cunple çerca del crimen de que contra ellos es querellado e denunçiado. E mandaron a mi, el dicho notario, que lo notificase asy a las puertas de las casas donde los dichos Juan Dias e su muger solian morar. E yo, el dicho notario, luego, este dicho dia, por virtud del dicho mandamiento e a pedimiento del dicho fiscal, lo notifique a las dichas puertas de las dichas casas de los susodichos Juan Dias e su muger, do solian morar. Testigos: Juan de Segouia, notario, e Fernando de Trusillo.[26]

Summons and Procedure

19 Feb. E despues desto, en dies e nueve dias del dicho mes de febrero del
1484 dicho año, ante los dichos señores inquisidores, dentro en la sala

[25] Juan González Pintado probably asked for this in his capacity as *regidor*. See his trial (No. 5) and Biographical Notes; see also Beinart, p. 210.
[26] See Biographical Notes on both of them.

donde acostunbran librar e façer su audiençia publica, estando los dichos señores sentados en su audiençia, paresçio ende presente el dicho promutor fiscal e dixo que por quanto al tienpo que sus reverençias fesieron la publicaçion de testigos, mandaron dar copia e treslado dellos a los dichos Juan Dias, donzel, e a la dicha Cathalina su muger, e les dieron e asygnaron termino de terçero dia para que paresçiesen personalmente a desir e alegar de su derecho contra los dichos e deposiçiones de los dichos testigos, el qual dicho termino que asy les abia seydo e fue asygnado se conplia oy, dicho dia, e non paresçian, que los acusaba e acuso las rebeldias e pidio

7v a los dichos señores | inquisidores que los oviesen por rebeldes e contumaçes, e que concluya e concluyo con lo por el denunçiado, querellado e prouado contra los dichos Juan Dias, donçel, e contra la dicha su muger, e que pedia e pidio a los dichos señores concluyesen con el, sobre todo le fesiesen conplimiento de justiçia. E luego los dichos señores inquisydores dixeron que vista su rebeldia e contumaçia, e su absencia abida por presençia, que concluyan e concluyeron con el dicho promutor fiscal e obieron el dicho pleito por concluso, e que asygnavan e asynaron termino para dar en el sentençia para la primera audiençia e dende en adelante para cada dia que feriado non fuese, e que mandavan e mandaron a mi, el dicho notario, que los çitase a las puertas de las casas donde solian morar los dichos Juan Dias e su muger que veniesen a oyr sentençia. E yo, el dicho notario, los cite lugo este dicho dia por virtud del dicho mandamiento, e a pedimiento del dicho promutor fiscal los çite lugo este dicho dia a la puerta de las casas donde solian morar los dichos Juan Dias, donzel, e su muger, que paresçiesen personalmente ante sus reverençies a oyr sentençia para la primera audiençia. Testigos: Juan de Segovia, notario, e Fernando de Trusyllo e Gonçalo çapatero, vesino⟨s⟩ desta çibdad. |

Sentence

8r en XXIIII° de febrero de LXXXIIII°
24 Feb. Juan Dias, donsel, e Catalina su muger
1484 Vysto por nos, Pero Dias de la Costana, liçençiado en santa theologia, e Françisco Sanches de la Fuente, doctor en decretos, jueses inquisidores dados por la abtoridad apostolica, e yo, el dicho Pero Dias, como ofiçial e vicario general en este arçobispado de Toledo por el reuerendisimo señor Don Pero Gonçales de Mendoça, cardenal de España, arçobispo de Toledo, vn proçeso de pleyto que ante nos se ha tratado sobre vna denunçiaçion que el honrado

Trial of Juan Díaz Doncel and Catalina González

Ferrand Rodrigues de Barco, nuestro promutor fiscal, intento e propuso contra Juan Dias, donsel, hijo de Ruy Dias, trapero, e Cathalina, su muger, vesinos desta çibdad, en que dixo que estando en posesion e so nonbre de christianos en ofensa de Nuestro Señor Ihesu Christo e en menospreçio de Su Santa Fe, judaysaron, hereticaron, siguiendo la Ley de Muysen e fasiendo sus crimenes, fasiendo ençender candiles limpios en su casa viernes en la noche por honra del sabado, e guisando viandas del viernes para el sabado e comiendolas el sabado, e holgando los sabados e las pascuas dellos, çesando en ellos de toda obra, vistiendose ropas linpias asy de lino como de paño, yendo a vesitar parientes e amigos en los tales dias e resçibiendo otros en su casa que se venian con ellos a folgar; e que ayunaron los dias que los judios suelen a acostunbran ayunar, non comiendo fasta la noche salida el estrella; e que en los tales dias de ayunos resauan oraçiones hebraycas fasiendo plegarias como los judios fasen, e que a la noche çenauan carne; e que non comian otra carne saluo degollada con çerimonia judayca; e que en su casa se amasaua e coçia el pan çençeño e lo comieron por la Pascua del Cordero, comiendolo con sus çerimonias como los judios lo fasen; e que oyeron leer e leyan libros judaycos e los fueron a oyr a otras casas de conversos, asy en los sabados e pascuas que folgauan como en otro dia de entre semana; e bendeçian la mesa con oraçiones judaycas e en fin della, fasiendo la baraha con baso o taça de vino, beuiendo a soruitos e disiendo palabras e dando a beuer dello a todos los que estavan a la mesa; e que comieron carne en Cuaresma e en otros dias vedados por la Santa Yglesia, syn tener cabsa pa ello; e bañaron los defuntos a forma e manera de judios; e fisieron otras muchas çerimonias en onra e guarda de la dicha Ley de Muysen. Por lo qual pidio ser declarados por erejes e apostotas non obstante sus absençias, pues se abian absentado por miedo de la Inquisiçion desta çibdad e auian seydo rebeldes, asy en no venir a conformar e reconçiliar con la Santa Madre Yglesia en el tienpo de la graçia, seyendo para ello llamados e exortados. como despues, para que viniesen a responder e se defender en esta denunçiaçion, pidiendo sobre todo serle fecha conplimiento de justiçia. E visto como los dichos Juan Dias, donsel, e Catalina, su muger, fueron por nos llamados e çitados que viniesen a responder e se defender de la querella e denunçiaçion que el dicho fiscal sobre el dicho crimen de heregia e judaysar contra ellos intentaua, dando sobre ello nuestra carta con termino de treynta dias; e como por ser absentes se intimo ante las puertas de las casas de su morada e se apregono en la plaça publicamente de esta çibdad e se leo en la yglesia de Sant Pedro en dia de | fiesta, estando el pueblo junto a oyr los Ofiçios Diuinos, e se puso e afixo en la puerta de la dicha yglesia do estuuo todo el termino de los dichos treynta dias; e como el dicho fiscal acuso las rebeldias de la dicha carta, en los terminos e tienpos que deuia, a los dichos Juan Dias, donsel, e a su muger; e como non paresçieron e fueron contumaçes e rebeldes, e en su contumaçion fue el dicho fiscal resçebido a la prueua; e como prouo todo lo contenido de su denunçiaçion por asaz numero de testigos, parientes e personas afiçionados de los dichos Juan Dias e su muger. Asymesmo se prouo averse absentado e fuydo desta çibdad por themor de nuestra Inquisiçion. E auido sobre todo nuestro acuerdo e deliberaçion, viendo e comunicando este proçeso con letrados e personas religiosas de sanas e buenas conçiençias, syguiendo su consejo e determinaçion, teniendo a Dios ante nuestros ojos: Fallamos que deuemos declarar e declaramos los dichos Juan Dias, donsel, e Catalina, su muger, aver seydo e ser herejes e apostotas e que por tales les deuemos pronunçiar e pronunçiamos, e aver caydo e incurrido en sentençia de escomunion mayor e en las otras penas espirituales e tenporales en los derechos contra los herejes estableçidas e en perdimiento e confiscaçion de sus bienes, e que los deuemos relaxar e relaxamos al virtuoso cauallero Juan Pedro de Barradas, comendador de Çieça, corregidor en esta çibdad e su tierra por el Rey e Reyna nuestros señores, que presente estaua, e a sus alcaldes e justiçias, e a otras qualesquier justiçias de qualesquier çibdades e villas e lugares destos reynos e fuera dellos para que proçedan contra ellos segund fallaren por derecho; e por esta nuestra sentençia asy lo declaramos e pronunçiamos en estos escriptos e por ellos.

(–) Petrus, licenciatus   (–) Franciscus, doctor |

9r *Blank page*

Trial of Juan Díaz Doncel and Catalina González

The Composition of the Court

Judges:	Francisco Sánchez de la Fuente
	Pero Díaz de la Costana
Prosecutor:	Fernán Rodríguez del Barco
Examiners of Witnesses:	Juan Ruiz de Córdoba
	Juan de Hoces
Notaries:	Juan González Tablada
	Juan de Segovia

Witnesses for the Prosecution in Order of Testification

1. Gonzalo de Herrera
2. Constanza Alonso, wife of Fernando the notary
3. Antón Falcón
4. Juan González de Piedrabuena
5. Isabel González, wife of Rodrigo de Villarrubia
6. Marina González, daughter of Juan González Calçado, wife of Martín de la Torre
7. Marina, wife of Fernando Martínez
8. Diego de Cespedes
9. Alonso de Torres, the Younger
10. Leonor Rodríguez, wife of Alonso Catalan
11. Pascual the buskin maker
12. Miguel Hidalgo

Synopsis of Trial

1484

24 Jan.   The trial opens. The arraignment is presnted. Three days are allowed for the defendants to appear and to plead their case.

26 Jan.   The prosecutor asks that the defendants be charged with rebellion. An interim decision is handed down, and nine days are granted in which to present evidence.

29 Jan.
3 Feb.   Witnesses for the prosecution are presented.
9 Feb.

17 Feb.   The prosecutor asks for publication of the testimonies. The order is given for these to be prepared and published within three days.

19 Feb.   The end of the three-day term. Summons to appear before the Court to hear the sentence is issued in front of the defendants' dwelling-place.

21 Feb.[27]   *Consulta-de-fe.*

24 Feb.   The sentence of burning in effigy is pronounced and is carried out at the *auto-de-fe* held in the Town Square.

---

[27] See fol. 1r.

17 Trial of Juan Falcón, Spice Merchant
1484

Source: AHN IT, Legajo 146, No. 235, foll. 1r–5r; new number: Leg. 146, No. 1.

Juan Falcón was a rich spice merchant, who owned two shops and other property. He nevertheless left everything behind and fled Ciudad Real when it became known that the Inquisition was to begin operations in that town. Juan Falcón played an important role in the Converso community of Ciudad Real. He and his wife, María, daughter of Juan Davila, behaved in all respects like practising Jews. He had received a Jewish education and was a recognized reader of Hebrew prayers and books at Converso gatherings.

He was tried in absentia, *his trial having begun on 24 January 1484, and he was condemned and burnt in effigy in the* auto-de-fe *held on 24 February 1484.*

Bibliography: Fita, p. 474, No. 167; Delgado Merchán, p. 219; Beinart, index.

5r   absente quemado veçino de Çibdad Real
    Leg. 23 No. 63
        Proçeso contra Juan Falcon, espeçiero
              con la sentençia
          Visto en concordia e determinado
    tiene los testimonios

Arraignment

1r En XXVI de enero
26 Jan. de LXXXIIII°
1484 Contra Juan Falcon, espeçiero
    Muy Reuerendos e Virtuosos Señores Juezes Ynquisidores de la heretyca prauedad: Yo, Ferrand Rodrigues del Varco, clerigo, capellan del Rey nuestro señor, promutor fiscal de la Santa Ynquisiçion, paresco ante Vuestras Reuerençias e denunçio e querello de Juan Falcon, espeçiero, el de las dos tiendas, vesino desta Çibdad Real, Real, ausente que agora es della, como rebelde e contumas a los mandamientos apostolicos e a vuestros llamamientos e enplasamientos, e en su rebeldia e absençia, que es e deue ser auida por presençia, digo, Reuerendos Señores, que biuiendo el dicho Juan Falcon, espeçiero, en nonbre e posesyon de christiano e asy se llamando e nonbrando e gosando de las preheminençias de christiano, en ofensa de Nuestro Señor e de Su Sagrada e Catolica Fe, en menospreçio suyo e de las çensuras e penas en que por asy judaysar, heretycar e apostatar esperar deuiera, el dicho Juan Falcon guardo la Ley de Moysen e sus rictos, çerimonias e espeçies della e ynclusas debaxo della en la forma siguiente:
Vno, que el dicho Juan Falcon ençendio e consyntyo ençender candiles linpios los viernes en las noches por honra e señalada fiesta del sabado e çerimonia judayca de la dicha Ley de Moysen. Guiso otrosy e fiso guisar viandas los viernes para los sabados como e segund lo fasen los judios por onra de la dicha Ley, e lo asy guisado comian en los dichos sabados. Y non solo esto fiso, ni con ello fue contento, mas avn guardo e honro los dichos sabados çesando de trabajar en ellos obras serviles e de trato, juntandose en folguras e plaseres con sus parientes y ellos con el, como judios

herejes, vistiendose asimesmo en los tales dias ropas linpias e festivales por mayor solepnidad e honra de los dichos sabados. Tenia asimismo libros judaycos e oraçiones judaycas en que leya e acostumbraua leer e resar como entero judio, e con aquellas mismas çerimonias e de entençion que los judios resan e leen. Comio otrosy huevos e cosas vedadas e defendidas por la Santa Madre Yglesia en dias de ayunos por ella constituydos e mandados, mediante su poca deuoçion e menos amor que tenia a nuestra Santa Fe Catolica. Purgaua e alimpiaua e fasia alinpiar e purgar el sevo de la carne que comia, como judio e por obseruar e guardar la dicha Ley de Muysen. Fiso e consyntyo faser hadas al nasçimiento de vn fijo que le nasçio, al setimo dia, mediante çerimonias judaycas e segund que lo fasen los judios, apartandose en todo de la creençia y fe de la dicha nuestra Santa Fe Catolica.

Y demas de lo que dicho es, el dicho Juan Falcon, espeçiero, judayso, heretyco e apostato en otras cosas de heregias e apostasyas que protesto declarar en el progreso deste sumario proçeso. Por que, digo que asy por lo que dicho es como por aver fuydo e se absentado, non venido a la obidiençia de la Santa Madre Yglesia, permanesçiendo en su contumaçia, todo en contenpto e menospreçio de nuestra Santa Fe Catolica, el dicho Juan Falcon es e deue ser auido por hereje e apostota e persona que guardo la dicha Ley de Muysen, como dicho es, e por ello yncurrio en las dichas çensuras e penas çeuiles e criminales. Por que, Reuerendos Señores, vos pido e requiero por tal hereje e apostota lo declareys e pronunçieys, declarando aver yncurrido en las dichas çensuras e perdimiento de todos sus bienes e en las otras penas criminales en derecho estableçidas; para lo qual ynploro vuestro reverendo e noble ofiçio e pido conplimiento de justiçia. |

1v E por los sacros ordenes que resçebi juro que sy el dicho Juan Falcon presente fuere, que esta misma denunçiaçion e querella le pusiera. Por que, Reuerendos Señores, vos pido e requiero que, auiendolo por presente, proçedays e mandeys proçeder contra el como e segund que en tal caso, atenta la calidad del caso, los derechos permiten, fasta la sentençia difinitiua ynclusiue; e yo soy presto de justificar esta mi denunçiaçion e querella sy e en quanto nesçesario fuera, e pido segund suso. |

Trial of Juan Falcón

Witnesses for the Prosecution

2r en XXIIII° de febrero de LXXXIIII° [1]
24 Feb. E lo que los dichos testigos e cada vno dellos dixeron e depusyeron,
1484 seyendo examinados e preguntados cada vna particular e apartadamente por los honrados Juan Ruys de Cordoua, maestro en santa theologia, e Juan de Hoçes, clerigos, benefiçiados en esta dicha Çibdad Real, a los quales por los dichos señores inquisydores fue e es cometida la examinaçion e recebçion de los testigos, juntos conmigo, el dicho notario, preguntandolos e examinandolos por el libelo de la denunçiaçion que contra el dicho Juan Falcon en este proçeso es presentada, es lo syguiente:
Catalyna, hija de Thoribio Martinez, albañil, testigo susodicho presentado por el dicho fiscal, juro segun de suso e dixo que abra tres años, poco mas o menos, que morando este testigo con Juan Falcon, espeçiero, con el qual ⟨e⟩ con su muger Maria, hija de Juan Dauila, moro ocho meses, que moraua tras Santo Domingo a la puerta de abaxo, sabe e vido que guardauan el sabado e se vestian de fiesta ropas lympias e guisauan de comer del viernes para el sabado e algunas veses comian carne en sabado. E sabe e vido que ençendian los candiles lympios. E sabe e vido que purgauan la carne como judios, e que nunca les vido señales ni [   ] de christianos. E sabe e vido que comian huevos en Quaresma. E sabe e vido que hizieron las hadas a vn hijo. Esto es lo que sabe e vido, e en ello se afirmo.
La dicha Mençia, muger de Alonso de Caçeres [2], testigo susodicho presentado por el dicho fiscal, juro en forma segun de suso e dixo que yendo este testigo vn biernes en la noche a casa de Juan Falcon, el de las dos tiendas, que entro en su casa en anocheçiendo e que los fallo a el e a su muger, la casa barrida e regada e su mesa puesta con manteles blancos, y ellos asentados

---

[1] Many tried Conversos were burnt at the stake on that day. Juan Falcón was burnt in effigy, thus his sentence had already been pronounced by a *consulta-de-fe*. There could, however, have been an error in the date of the examination of the witnesses.

[2] He was a Converso who acted as witness for the prosecution in the trials of Leonor González, wife of Alonso González del Frexinal (No. 19, fol. 5v); of María Alonso (No. 11, foll. 4v–5v); and of Juan de Fez and his wife (No. 9, fol. 8v). His daughter was Isabel de Santa Cruz; see Biographical Notes.

a ella, e que desque la vieron que encubrieron lo que çenauan, que non lo vio este testigo, e que cree que çenuan cosa vedada. Esto es lo que sabe, e en ello se afirmo. |

2v El dicho Anton Garçia, fijo de Juan Garçia, harnerero, testigo susodicho presentado por el dicho fiscal, juro segun de suso e dixo que puede aver vn año, poco mas o menos, que este testigo entro en la tienda de Juan Falcon, espeçiero, a comprar çiertas cosas, y que fallo un libro escripto en çiertas fojas de papel de oraçiones judaycas, en que dezia en el comienço: 'Aqui comiença la oraçion del viernes en la noche,' el qual librillo esta en el arca de los notarios. Esto es lo que sabe, e en ello se afirmo.

Fernand Falcon, testigo suso, jurado en forma, dixo so cargo del juramento ⟨not continued⟩ [3] |

3r-v *Blank folio*

Sentence

4r En XXIIII° de febrero de LXXXIIII°
Juan Falcon [4]

24 Feb. Visto por nos, Pero Dias de la Costana, liçençiado en santa theolo-
1484 gia, e Françisco Sanches de la Fuente, doctor en decretos, jueses inquisidores dados por la abtoridad apostolica, e yo, el dicho Pero Dias, liçençiado, como ofiçial e vicario general en este arçobispado de Toledo por el reuerendo señor don Pedro Gonçales de Mendoça, cardenal de España, arçobispo de Toledo, vn proçeso de pleyto que ante nos se ha tratado e pende sobre vna denunçiaçion que nuestro promutor fiscal ante nos intento contra Juan Falcon, espeçiero, veçino desta çibdad, por la qual dixo que biuiendo e estando el dicho Juan Falcon en nonbre e posesion de christiano, en ofensa de Nuestro Señor e en menospreçio de Su Santa Fee Catholica, heretico e apostato seguiendo e guardando e honrando la Ley de Muysen, ençendiendo candiles limpios los viernes en la noche por honra del sabado, e guisando de comer del viernes para el sabado, e lo ansi guisado comia en el sabado; e que guardaua el sabado çesando en el toda obra, segund que lo fasen los judios, vistiendose en los tales sabados ropas linpias e de fiesta, asy de lino como de paño. E ansimesmo tenia libros judaycos e horaciones judaycas, en que leya e acostumbraua leer e resar como entero judio. E que

[3] See Biographical Notes.
[4] This shows that the sentence was prepared separately and added to the file later.

Trial of Juan Falcón

comio hueuos e otras cosas defendidas por la Santa Madre Yglesia en los dias de ayunos por ella constituydos, e que purgaua e alinpiaua, e fasia purgar e alinpiar el seuo de la carne que auia de comer, como entero judio. E que fiso e consintio faser hadas al nasçimiento de vn su hijo que le nasçio el seteno dia, como lo fasen los judios. E que fiso e consintio faser en su casa otros rictos e çerimonias de la dicha Ley de Muysen; por lo qual pidio ser declarado por ereje e apostota e aver caydo e incurrido en las penas en los derechos estableçidas contra los tales herejes, non obstante su absençia, pues auia seydo amonestado e despues llamado, e syenpre fue pertinas e rebelde e permanesçia en su rebeldia e contumaçia, pidiendo sobre todo serle hecho conplimiento de justiçia. E visto como el dicho Juan Falcon, espeçiero, se absento desta çibdad e sus terminos por themor de la Inquisiçion segund nos consto por la informaçion que nos reçebimos, e aunque fueron generalmente todos los que auian incurrido e caydo en este crimen de la heregia por nos llamados e exortados que veniesen a manifestar sus pecados e nos avriamos con ellos misericordiosa e piadosamente, e dimos sobre ellos nuestra carta de hedicto con termino de treynta dias, e avn despues los esperamos otros treynta e mas, el dicho Juan Falcon non paresçio ni se quiso venir a reconçiliar; e como el dicho fiscal, veyendo su rebeldia e persistençia en su dapnado error e que non se esperaua del reconosçimiento de su pecado e obediençia a Nuestra Santa Madre Yglesia, saluo infiçionar e damnar a otros fieles christianos procurando de los atraer a su dapnada opinion, por ouiar a su dapnado proposito nos denunçio e requerio que proçediesemos contra el, pues estaua grauemente infamado de aver judaysado e hereticado, e que el estaua presto de denunçiar del; e como a su pedimento e requisiçion, constandonos de su absençia, dimos nuestra carta de çitaçion e llamamiento contra el por via de hedicto, con termino de treynta
4v dias, por la qual espeçial|mente lo llamamos que veniese e conparesçiese ante nos a se defender e responder sobre el crimen de la heregia e apostasia e de aver judaysado [5] en que el dicho fiscal desia el aver incurrido e de que lo entendia de denunçiar aperçebiendole que si non paresçiese proçederiamos en su absençia segund que de derecho deuiesemos. E visto como la dicha nuestra carta çitatoria fue leyda e notificada ante las puertas de las casas del dicho

---

[5] This refers to the Period of Grace. In addition, the sentence mentions the summons in front of his house and his parochial church.

Juan Falcon, e pregonada en la plaça desta çibdad publicamente e leyda en la yglesia de Sant Pedro en dia de fiesta, estando el pueblo junto a oyr los Diuinos Ofiçios, e puesta e afixa en la puerta de la dicha yglesia, donde estuuo todo el termino de los dichos treynta dias, e como por el dicho fiscal fueron acusadas las rebeldias de la dicha carta en los terminos e tienpos que deuia, e como non paresçio e fue por nos auido por rebelde, e como el dicho fiscal presento su denunçiaçion contra el e sobrella le resçebimos a la prueua, e como presento sus testigos e fiso su prouança muy entera, por asas numero de testigos, por los quales se prouo el dicho Juan Falcon aver fecho e cometido todo lo contenido en la dicha denunçiaçion e aver guardado e honrado la Ley de Muysen. E auido sobre todo nuestro acuerdo e deliberaçion con letrados e personas de çiençia e buenas conçiençias, teniendo a Dios ante nuestros ojos:

Fallamos que devemos declarar e declaramos el dicho Juan Falcon, espeçiero, aver seydo e ser ereje, e por tal lo pronunçiamos, e aver incurrido en sentençia de excomunion mayor e en las otras penas espirituales e temporales en los derechos contra los tales erejes estableçidas e en perdimiento e confiscaçion de sus bienes, e que lo devemos relaxar e relaxamos, e a la estatua que en su nonbre fasemos ante nos traer en dapnaçion e detestaçion del dicho delito, al virtuoso cauallero Juan Peres de Barradas, comendador de Çieça, corregidor en esta çibdad e su tierra por el Rey e Reyna nuestros señores, e a sus alcaldes e justiçia, e ⟨a⟩ qualesquier otros justiçias de qualesquier çibdades, villas e lugares destos reynos e fuera delos, doquier que el sobredicho fuere o pudiere ser auido, para que fagan del lo que fallaren que pueden e deuen faser segund derecho. E por esta nuestra sentençia asy lo pronunçiamos e decclaramos en estos escriptos e por ellos.

(—) Petrus, licenciatus   (—) Franciscus, doctor

5r *See above, title page.*

Trial of Juan Falcón

The Composition of the Court

Judges: Francisco Sánchez de la Fuente
Pero Díaz de la Costana [6]
Prosecutor: Fernán Rodríguez del Barco
Examiners of Witnesses: Juan Ruiz de Córdoba
Juan de Hoces

Witnesses for the Prosecution in Order of Testification

1. Catalina, daughter of Toribio Martínez
2. Mencia, wife of Alonso de Cáceres
3. Antón Garcia, son of Juan García
4. Fernán Falcón [7]

Synopsis of Trial

1484

26 Jan. The trial opens, and the prosecutor presents his arraignment.
24 Feb.[8] The witnesses testify. Their swearing-in is not mentioned.
Date unknown *Consulta-de-fe.*
24 Feb. Sentence of burning in effigy is pronounced and is carried out at the *auto-de-fe* held in the Town Square.

---

[6] Their names are not mentioned in the opening of the trial (fol. 1r), but see the sentence in fol. 4r. The file lacks a detailed list of names of the other officials present, who took part in the trial.

[7] Only the beginning of his testimony is given; see fol. 2v. This could indicate that the contents of his testimony were well known, and that the scribe found no need to cite the evidence in full.

[8] This is the date of the *auto-de-fe*; the scribe may have erred here.

18 Trial of Marina González, Wife of Bachiller Abudarme 1484

Source: AHN IT, Legajo 152, No. 323, foll. 1r–5v; new number: Leg. 152, No. 14.

Not much can be learnt from this trial about Marina González or about her husband and family. Her Jewish practices included the observance of burial customs: she cleaned the bodies of the deceased. She also invited her fellow Jews to eat at her house and to join in saying the grace. Her trial in absentia, *which started on 26 January 1484, ended on 24 February 1484 with her being burnt in effigy.*

Her husband, whose adherence to Jewish traditions was mentioned at this trial, was Diego Rodríguez Abudarme.[1] He may be identical to a certain Diego Gutiérrez, who participated in the rebellion of the Marquis of Villena and thereby had his property confiscated,[2] although full proof has not yet been found. Diego Rodríguez Abudarme was tried posthumously by the Inquisition and was convicted. His bones were exhumed and were burnt on 15 March 1485 in the Town Square of Ciudad Real.

One daughter, Isabel, is mentioned. She was the wife of Alonso Falcón, son of Juan Falcón, the Elder.[3] The file also mentions that there were sons, but their names are not specified.

Bibliography: Fita, p. 471, No. 91; p. 476, No. 198; Delgado Merchán, pp. 220, 233; Beinart, pp. 175, 182, 185, 194, 224 ff. and index.

---

[1] He was sometimes called Gutiérrez Abudarme. His sentence is included in the files of Juan Martínez de los Olivos (No. 81) and of Juan González Escogido (No. 80).

[2] See Vol. IV, No. 41.

[3] See the testimony of Juana García, No. 18, fol. 3r; cf. Biographical Notes.

¹ʳ Absente

Leg. 35 No. 24

puestos los testigos

Proçeso contra Marina Gonsales
muger del bachiller Abudarme
con la sentençia
Visto a XVI de febrero en concordia e declarado

Çiudad Real

1v *Blank page*

Arraignment

2r En XXVI de enero de LXXXIIII°
26 Jan. Contra Marina Gonsales, muger del bachiller Abudarme
1484 Muy Reverendos et Virtuosos Señores Juezes Inquisydores de la heretica prauedad:
Yo, Ferrand Rodrigues del Varco, clerigo, capellan del Rey nuestro señor, promutor fiscal de la Santa Ynquisiçion, paresco ante Vuestras Reuerençias e denunçio e querello de Marina Gonsales, muger del bachiller Abudarme, vesina desta Çibdad Real, absente que agora della es, como ynobediente e rebelde a los mandamientos apostolicos e a vuestros llamamientos e emplasamientos, e en su absençia e rebeldia, que es e deue ser avida por presençia, digo que biuiendo la dicha Marina Gonsales en nonbre e posesyon de christiana e asy se nonbrando e gosando de las preheminençias de christiana, en ofensa de Nuestro Señor e de Su Santa e Gloriosa Fe e menospreçio Suyo e de las çensuras eclesiasticas e penas çeuiles e criminales en que por asy judaysar, hereticar e apostatar esperar deuiera, la dicha Marina Gonsales guardo la dicha Ley de Muysen e sus rictos e çerimonias, fechas e cosas e espeçies della en la forma siguiente:
Vno, que la dicha Marina Gonsales ençendio e consyntyo e mando, en su casa e donde ella estava, ençender candiles linpios con me(n)chas nueuas, atauiadamente, los viernes en las noches desde ora de sol puesto, por honra e solepnidad de la dicha Ley Mosayca; guiso e fiso guisar en los tales viernes viandas e manjares para comer en los sabados, a fin de non quebrantarlos en el

[307]

guisar dellas, pensando e creyendo que honraua e seguia en ello a la dicha ley; vistio asimismo vestiduras de lino e de paño en los tales sabados por solepnidad e honra dellos, segund horden e forma judayca; guardo e honro los dichos sabados como pura judia, non entendiendo en cosas de fasienda ni del trabajo, saluo en plaseres, como en dia de señalada fiesta, resçibiendo en su casa a sus parientes e yendo ella a las casas dellos, todo en forma de judia, como dicho es, e con aquel mismo proposyto y entençion y por çerimonia de la dicha Ley, y aquella syguiendo, fiso coguerços en las muertes de sus parientes, espeçial en la de su marido, comiendo siete o nueue dias en el suelo pescado e huevos e otras semejantes cosas, enterrando al dicho su marido de la forma e manera que se entierran e se mandan enterrar los judios e con aquellas mismas çerimonias, segund la dicha Ley de Moysen.

Y continuando sobre todo sus heregias e graves apostasias, resçibio judios de señal en su casa e comia con ellos a vna mesa de las viandas çerimoniales que ellos comian, e quando ellos sobre la tal mesa resavan sus judaycas oraçiones, resava tambien ella con ellos; fiso e consyntio asymesmo faser hadas en forma judayca a los nasçimientos de sus fijos, çerimonialmente, como e de la manera que los judios e judias las suelen faser.

Y allende de lo que dicho es, la dicha Marina Gonsales judayço, heretico e apostato en otras cosas e casos, maneras e tienpos que protesto declarar, veniendo a mi notiçia. Por que, Reuerendos Señores, digo que asy por lo susodicho como por aver fuydo e se absentado, en contepto e menospreçio de la Santa Madre Yglesia, permanesçiendo en su contumaçia, non venida a la obidiençia de vuestros mandamientos, la dicha Marina Gonsales es e deue ser

2v auida por hereje e apostota | y persona que guardo la dicha Ley de Moysen e sus çerimonias, como dicho es, y por ello yncurrio en las dichas çensuras e a perdimiento de todos sus bienes e en que, Reuerendos Señores, vos pido e requiero por tal hereje e apostota la declareys e pronunçieys, declarando aver yncurrido en las dichas çensuras e a perdimiento de tdos sus bienes e en las otras penas çeuiles ⟨e⟩ criminales en los derechos e sacros canones constituydas, para lo qual e en lo nesçesario ynploro vuestro reverendo e noble ofiçio e pido conplimiento de justiçia.

E juro por los sacros ordenes que resçebi que sy la dicha Marina Gonsales presente fuera, que esta misma denunçiaçion e querella le pusiera. Por que, Reuerendos Señores, vos pido e requiero que, auiendola por presente, proçedays e mandeys proçeder contra ella segund que en tal caso, atenta la calidad del, los derechos permiten, fasta la sentençia definitiua ynclusiue e [   ] en lo que nesçesario fuera, e pido segund suso. |

Witnesses for the Prosecution [4]

3r E lo que dichos testigos dixeron, e cada vno dellos dixo y depuso, seyendo examinados y preguntados cada vno particular e apartadamente por los honrados Juan Ruys de Cordoua, maestro en santa theologia, e Juan de Hoçes, clerigos, benefiçiados en esta Çibdad Real, a los quales por los dichos señores inquisydores les fue cometida la examinaçion y recebçion de los testigos, juntos conmigo, el dicho notario, preguntandolos y examinandolos por el libelo de la denunçiaçion que contra la dicha Marina Gonsales, muger del dicho bachiller Abundarme, es presentada; e lo que los dichos testigos dixeron e depusyeron, vno en pos de otro, es lo syguiente:

La dicha Juana Garçia, muger de Pero Sanches de Quintana, labrador, testigo susodicho presentada por el dicho fiscal, juro segund suso e dixo que avra doze años, poco mas o menos, que biuio con Ysabel, hija del bachiller Abudarme, muger de Alonso Falcon, hijo de Juan Falcon el viejo, y entrando y saliendo muchas veses en casa de su padre el bachiller Abudarme, veya su madre de la dicha su ama, que estaua un dia a la sazon, que guardaua el sabado y guisaua de comer de viernes para el sabado e ençendia los candiles lympios el viernes en la noche y ayunava los ayunos de los judios. Iten, dixo que quando murio el dicho bachiller, que auia poco que este testigo biuia con su amo, fue alla la dicha su ama, e sabe que lo vañaron, e mandaron a este testigo fenchir vna almohada de tierra para la poner a la cabeçera, e sabe que

3v le fisieron ally el cohuerço e comieron en el | suelo nueve dias pescado y huevos, padre e hijos e otros parientes suyos que no se le acuerda. Iten, dixo que este testigo puso en la cozina donde el dicho bachiller murio, por mandado de su muger, vna escudilla con agua y vn candil ençendido que estuuo ally nueue dias, para en que se vañase el alma. Iten, dixo que la dicha muger del bachiller hazia lexia algunos domingos para garvanços. Esto es lo que sabe y vido por el juramento que fiso, y en ello se afirma.

La dicha Mari Sanches,[5] biuda, muger que fue de Anton el

---

[4] There is no note in the file regarding the acceptance of the prosecution's proofs, nor is there one regarding the fixing of the period during which the defendant had to appear.

[5] This testimony indicates that she was probably of Converso descent.

Reyno, testigo susodicho, juro en forma e dixo, seyendo presentado por el dicho fiscal, que avra veynte e çinco años, poco mas o menos, biuiendo este testigo por el bachiller Abudarme, que moraua çerca de Sancho de Çibdad, con el qual biuio e con su muger Marina Abudarme, sabe e vido, por espaçio de quatro años que con ellos moro, que guardauan el sabado ellos e sus hijos y hijas, e se vestian de fiesta ropas lympias y se leuantauan tarde aquel dia y se yvan a ver parientes y guisavan de comer del viernes para el sabado, e ençendian candiles lympios los viernes en la tarde. E vido venir a su casa en aquel tienpo dos judios de señal, primos de la dicha Marina su muger, e comian con ellos a la mesa. Iten, sabe e vido que los domingos barrian e desollaynauan la casa e que fazian lexia. Iten, dixo que al tanto fazian vna madre della, que se llamaua de Abudarme la vieja; e sabe e vido que ayunavan ayunos de judios fasta la noche, e alguna ves ayunava este testigo con ellos pensando que era buen ayuno, e aquellas noches que ayunauan pasavanse a cenar a casa de una hermana della que se llamaua Leonor, muger de Rodrigo, arrendador, que era de Alcaçar de Consuegra. Iten, sabe e vido que algunos dias folgauan por quatro o çinco dias, pero que non sabe que dias eran. Iten, dixo que vn dia entro este testigo a un xarays donde dormia la dicha madre de la muger del dicho bachiller, e fallo a los pies de la cama, en vna talega de lenço, pan çençeño, pero que no se acuerda

4r por | que tienpo era. Iten, sabe e vido que non comian puerco ni liebre ni conejo ni anguila ni trucha, e quando tenyan algun conbidado guisavanle aparte de comer, que no comian ellas dello. E que nunca les vido yr a Misa. E que les oyo dezir muchas veçes: Alabado sea Adonay. Y que nunca les vido entrar a Santa Maria.

Iten, sabe e vido que en casa del bachiller sobredicho, en vn patio de su casa, estava vna higuera, debaxo de la qual estuuo el dicho bachiller e su muger e la madre della e otros conversos e conversas, e asymismo estauan ally los hijos del dicho bachiller, e estando ally, debaxo de aquella higuera, enbiaron a este testigo fuera de casa por agua, e asecho por vna puerta desde el portal e vido que estauan todos bueltos hazia donde sale el sol e rezauan sabadeando con las cabeças a manera de judios; esto era por março. Iten, dixo que en aquel tiempo fallesçio la vieja madre de la muger del dicho bachiller, sabe e vido que le hizieron cohuerço e comieron en el suelo sobre vnas almadraquexas por çiertos dias, e comian ally los parientes. Iten, dixo que al [   ] cohuerço

Trial of Marina González

hizieron al tienpo que fallesçieron ciertos hijos del dicho bachiller, e que sabe que se enterrauan en tyerra virgen. Esto es lo que sabe e vido por el juramento que fiso, e en ello se afirmo.

El dicho Garçia,[6] cuchillero, testigo susodicho, presentado por el dicho fiscal, juro segun de suso e dixo que seyendo este testigo mochacho, avra quinçe años, biuio con el bachiller Abudarme, que moraua cabe las casas de Sancho de Çibdad, sabe e vido que su muger e hijos guardauan el sabado e guisauan de comer del viernes para el sabado. E sabe e vido que ençendian los candiles lympios los viernes en la tarde. E sabe e vido a su muger e hijos comer carne en Quaresma, de la que el comia porque estaua enfermo, e su muger e hijos sanos. Esto es lo que sabe e vido, e es verdad, por el juramento que fizo. |

Sentence

4v En XXIIII° de febrero de LXXXIIII°
24 Feb. Marina Gonsales, muger del bachiller Abudarme
1484 Vysto por nos, Pero Dias de la Costana, liçençiado en santa theologia, e Francisco Sanches de la Fuente, doctor en decretos, jueses inquisidores dados por la abtoridad apostolica, e yo, el dicho Pero Dias, como ofiçial e vicario general en este arçobispado de Toledo por el reuerendisimo señor don Pedro Gonçales de Mendoça, cardenal de España, arçobispo de Toledo, un proçeso de pleyto que ante nos se ha tratado e pende sobre vna denunçiaçion que el honrado Ferrand Rodrigues del Barco, clerigo, capellan del Rey nuestro señor, nuestro promutor fiscal, intento e propuso contra Marina Gonsales, muger del bachiller Abudarme, vesina que fue desta Çibdad Real, en que dixo que estando la dicha Marina Gonsales en posesion e so nonbre de christiana, en menospreçio e ofensa de nuestra Santa Fe Catholica, heretico e apostato judaysando, syguiendo e honrando la Ley de Muysen, guardando los sabados, non fasiendo en ellos obra de trabajo, vistiendose en ellos ropas linpias, fasiendo ençender candiles linpios los viernes en la noche por honra del sabado e fasiendo guisar de comer del viernes para el sabado, e en el dicho sabado se yva a ver parientas e a folgar con ellas, e que fasia las obras de trabajo en el domingo, fasiendo trabajar a los de su casa; e que ayunaua

---

[6] His wife, Juana Rodríguez, testified for the defence in the trial of Juana Núñez, wife of Juan de Teva (No. 107, fol. 32r), and in the trial of Leonor Alvarez, wife of Fernando Alvarez (No. 101, foll. 20v, 21v, 25r).

los ayunos de los judios, e comia el pan çençeño, e resaua oraçiones de judios con el dicho bachiller, su marido, segund e en la forma que los judios resan, sabadeando contra oriente. E que tuuo judios en su casa, de señal, con los quales comia a vna mesa de sus viandas e manjares, e resaua con ellos segund que ellos resauan; e que al tienpo que murio el dicho bachiller, su marido, lo baño a modo de judio e le fiso poner vna almohada con tierra a la cabeça e puso vna escudilla con vn candil, la escudilla llena de agua e el candil ençendido cabe ella en la cosina de su casa, la qual tuuo nueve dias, donde se viniese a bañar el anima del dicho bachiller su marido, y lo fiso enterrar en tierra virgen a modo de judio, e fiso coguerço a su muerte e a la muerte de su suegra, madre del dicho bachiller, e de sus fijos, comiendo nueue dias en tierra pescado e hueuos, segund costunbre de los judios, e que non comia las viandas vedadas en la Ley Vieja, asy como liebre e conejo e anguila e pescado sin escama; e que comia carne en Cuaresma sin tener neçesidad e cabsa para ello; e que non se santiguava ni sinaua ni fasia ningun señal de christiana; e que fasia otras çerimonias e rictos judaycos, por lo qual pidio ser pronunçiada e declarada por ereja, non obstante su absençia, pues a cabsa de las dichas sus heregias se avia absentado desta çibdad, auiendolas cometido en ella, e por que mejor e mas a su voluntad las pudiese vsar en otra parte, pues aviase ydo e era contumas e rebelde a nuestras amonestaçiones e llamamientos, pidiendo sobre todo serle fecho conplimiento de justiçia. E visto como la dicha Marina Gonsales se absento desta dicha çibdad e sus terminos a cabsa de su heregia, segund nos consta por la informaçion que reçebimos, e aunque

5r fueron ge|neralmente todos los que avian yncurrido e caydo en este crimen de la heregia por nos llamados e exortados que viniesen a manifestar sus pecados, e que nos aviamos con ellos misericordiosa e piadosamente, e dimos sobre ello nuestra carta de hedicto con termino de treynta dias, e despues los esperamos por mas de otros treynta,[7] e en todo el dicho tienpo la dicha Marina Gonsales non pareçio ni quiso venir a reconçiliarse e rendirse a la Santa Madre Yglesia; e como el dicho fiscal, veyendo su rebeldia e persistençia en su dapnado herror e que non se esperaua della reconosçimiento de su pecado, antes se tenia que infiçionaria e damnaria a otros fieles christianos procurando de los atraer a su

---

[7] She was, thus, summoned in the general summons issued during the Period of Grace.

damnada opinion, por obuiar al daño que de alli se pudia seguir, nos denunçio e requerio que proçediesemos contra ella, pues que estaua grauemente infamada de aver judaysado e hereticado, e que estaua presto de denunçiar de ella; e como a su pedimento e requisiçion, constandonos de su absençia, dimos nuestra carta çitatoria [8] e de llamamiento contra ella, por via de hedicto, con termino de treynta dias, por la qual espeçialmente la llamamos que viniese e comparesçiese ante nos a se defender e responder sobre el crimen de la heregia e apostasia de aver judaysado en que el dicho fiscal desia ella aver incurrido e de que la entendia de denunçiar, aperçebiendole que sy non paresçiese proçederiamos en su absençia segund que de derecho deuiesemos. E visto como la dicha nuestra carta çitatoria fue leyda y notificada ante las puertas de las casas de la dicha Marina Gonsales e pregonada en la plaça desta çibdad publicamente e leyda en la yglesia de Sant Pedro en dia de fiesta, estando el pueblo junto a oyr los Diuinos Ofiçios, e puesta e afixa en la puerta de la dicha yglesia, donde estuuo todo el termino de los dichos treynta dias; e como por el dicho fiscal fueron acusadas las rebeldias de la dicha carta en los terminos e tienpos que deuia; e como non paresçio la dicha Marina Gonsales e fue por nos avida por rebelde; e como el dicho fiscal presento su denunçiaçion contra ella, sobre la qual le reçebimos a la prueua; e como presento sus testigos e fiso su prouança muy entera, por la qual prouo la dicha Marina Gonsales aver fecho e cometido todo lo contenido en la dicha denunçiaçion e aver guardado e seguido e honrado, en quanto en ella fue, la dicha Ley de Muysen, e fecho los otros rictos e çerimonias judaycas que pudo, e que en ella non avia señal de christiana, e que fuyo e se absento desta çibdad por faser e seguir mas por entero e a su voluntad las dichas eregias e de judaysar, dexando su naturalesa e tierra e bienes. E visto e comunicado este proçeso con letrados

5v e personas reuerendas de sanas e buenas conçiençias, siguiendo su consejo e comun determinaçion,[9] teniendo a Dios ante nuestros ojos:

Fallamos que deuemos declarar e declaramos la dicha Marina Gonsales aver seydo a ser ereje e apostota, e por tal la pronunçiamos, e aver caydo e incurrido en sentençia de excomunion e en las otras penas espirituales e temporales por los derechos

---

[8] This is the only mention of her summons.
[9] There was a *consulta-de-fe* in her case.

[313]

contra los tales herejes estableçidas e en perdimento e confiscaçion de sus bienes, e que la devemos relaxar e relaxamos al virtuoso cauallero Juan Peres de Barradas, comendador de Çieça, corregidor en esta Çibdad Real e su tierra por el Rey e Reyna nuestros señores, e a sus alcaldes e justiçia, e a otros qualesquier justiçias de qualesquier çibdades, villas e lugares destos reynos de Castilla, e doquiera que la sobredicha fuere a pudiere ser auida, para que fagan della lo que hallaren que pueden e deven faser de derecho. E por esta nuestra sentençia asi lo pronunçiamos e sentençiamos e declaramos en estos escriptos e por ellos.

(—) Petrus, licenciatus   (—) Franciscus, doctor |

The Composition of the Court

Judges: Francisco Sánchez de la Fuente
Pero Díaz de la Costana
Prosecutor: Fernán Rodríguez del Barco
Examiners of Witnesses: Juan Ruiz de Córdoba
Juan de Hoces

Witnesses for the Prosecution in Order of Testification

1 Juana García, wife of Pero Sánchez de Quintana
2 Mari Sánchez, widow of Antón el Reyno
3 García, *cuchillero*

Synopsis of Trial

1484

26 Jan. — The trial opens, and the arraignment is presented.
Date unknown — Witnesses are presented and examined.[10]
16 Feb. — *Consulta-de-fe*.[11]
24 Feb. — The sentence is pronounced and is carried out at the *auto-de-fe* held in the Town Square.

---

[10] Perhaps they were presented on the same day as the arraignment.
[11] Recorded in fol. 1r.

19 Trial of Leonor González, Wife of Alonso González del Frexinal
1484-1492

Source: AHN IT, Legajo 154, No. 369, foll. 1r–10r; new number: Leg. 154, No. 22.

Leonor González, the sister of María Díaz, la cerera,[1] was tried twice by the Inquisition. During the riots of 1474 the families of both sisters fled to Palma (near Córdoba), where they practiced Judaism openly. After the riots Leonor Gonzáles and her family did not return to their home town, but went instead to the village of the husband of Leonor Frexinal (near Badajóz), where the family continued to observe Jewish customs. After the death of Alonso, the head of the family, around 1483, they went back to Ciudad Real, where they lived in the San Pedro quarter, near the square. Leonor González was not fated to stay there very long; about a week before the arrival of Fernando de Trujillo[2] she fled again, without her family this time, to Portugal, where it may safely be presumed that she joined her sister María Díaz, la cerera.

Her first trial started on 30 January 1484, while she was absent, and terminated on 24 February 1484, when she was sentenced to be burnt in effigy. The sentence was carried out on the same day.

Not long afterward, on 17 April 1486, her son Juan de la Sierra, with a safe-conduct issued by the Court of the Inquisition of Seville, went to Portugal[3] and convinced his mother to return with him to stand trial in Spain. We do not know how Juan de la Sierra found her or how he convinced her to return. It goes without saying that both knew the fate that awaited her, and yet son and mother became involved in a deep personal tragedy; the son convincing his mother to go to the scaffold,[4] and the mother agreeing to go. Her trial was re-opened in Toledo on 13 September 1492. She was condemned and burnt in person on 15 October of that year.

[1] See her trial, No. 2; cf. the genealogy of her family on p. 332.
[2] See Biographical Notes.
[3] See below fol. 10r.
[4] For his fate, see his trial, No. 118.

[315]

Records of the Spanish Inquisition in Ciudad Real, 1483–1485

This trial shows how devastating the work of the Inquisition was. Sons testified against their parents; brothers and sisters indicted each other; wives charged husbands; husbands betrayed wives. The trial was also the beginning of a tragedy for this family, which continued to be prosecuted intermittently by the Inquisition for almost forty-four years (1483–1527).

The witnesses testified that the members of the family were ardent Judaizers and that they lived according to the Mosaic Law and Jewish tradition. This family should be considered one of the foremost in the Converso community of Ciudad Real.

See also the trials of María Díaz, la cerera (No. 2), Beatríz González (No. 98) and Juan de la Sierra (No. 118).

Bibliography: Fita, p. 475, No. 185; Delgado Merchán, p. 223; H. Beinart, *Tarbiz*, XXX (1961), pp. 46–61; idem, *Anusim*, index.

1r Leg. 30 No. 18   quemada   Absentes   Çiudad Real
Proçeso contra Leonor Gonzales muger
de Alonso Gonsales del Frexinal
con la sentençia
Visto en concordia a 21 de febrero
tiene los testigos sacados

1v En Çibdad Real, en treynta dias del mes de enero, año del
30 Jan. Nasçimiento del Nuestro Saluador Ihesu Christo de mil e quatro-
1484 çientos e ochenta e quatro años, este dicho dia, dentro en las casas donde los reuerendos señores inquisidores resyden e façen su abitaçion e audiençia continua, en presençia de nos, los notarios e testigos infrascriptos, estando los dichos señores inquisidores sentados en la audiençia publica en el logar acostunbrado, a la hora de la terçia, oyendo a los que ante sus reuerençias venian, paresçio ende presente el honrado Fernand Rodrigues del Barco, clerigo, capellan del Rey nuestro señor, promutor fiscal de la

Trial of Leonor González

Santa Inquisiçion, e dixo que por quanto Leonor Gonsales, muger de Alonso de Frexinal, vesino desta dicha çibdad, se abia absentado della por themor de la dicha Inquisiçion, e non sabia donde estaba, la qual, a bueltas de otros absentes,[5] fue çitada e llamada por vna carta çitatoria e de llamamiento que sus reverençias mandaron dar e dieron a su pedimiento del dicho promutor fiscal, en que la mandaron paresçer dentro de çiertos terminos e plaços en la dicha carta contenidos, en los quales ni en alguno dellos la dicha Leonor Gonsales non paresçio e abya seydo rebelde e contumas, e que por el dicho promutor la fueron acusadas las rebeldias, e por sus reverençias fue abida por rebelde e contumas. Por ende, que en su absençia rebeldia presentaba e presento en la dicha audiençia, ante los dichos señores inquisidores, contra la dicha Leonor Gonçales, vn escripto de denunçiaçion e querella, thenor del qual es este que se sygue: |

Arraignment

2r en XXX de enero

30 Jan. Leonor Gonsales, muger de Alonso Gonsales de Frexinal

1484 Muy Reuerendos e Virtuosos Señores Juezes Ynquisidores de la heretyca prauedad:
Yo, Fernand Rodrigues del Varco, clerigo, capellan del Rey nuestro señor, promutor fiscal de la Santa Ynquisiçion, paresco ante Vuestras Reuerençias e denunçio e querello de Leonor Gonsales, muger de Alonso Gonsales de Frexinal, vesina desta Çibdad Real, absente que agora es della, como rebelde e contumas a los mandamientos apostolicos e a vuestros llamamientos e enplaçamientos, et en su absençia e rebeldia, que es e deue ser avida por presençia, digo, Reuerendos Señores, que biuiendo la dicha Leonor Gonsales en nonbre e posesyon de christiana e asy se llamando e nonbrando e gosando de las preheminençias de christiana, en ofensa de Nuestro Señor e de Su Santa Fe Catolica e menospreçio Suyo e de las çensuras eclesiasticas e penas çeuiles e criminales en que por asy heretycar e apostatar esperar deuiera, la dicha Leonor Gonsales guardo la Ley de Moysen e sus çirimonias e rictos, segund de yuso:
Vno, que la dicha Leonor Gonsales guardo, ençendio e fiso ençender candiles linpios los viernes en las noches por honra de la dicha ley; comio en los sabados viandas guisadas del viernes por no los quebrantar guisandolo; vistio ropas linpias, asy de paño como de lino, en

---

[5] It is therefore evident that some fugitives did return.

los tales sabados, como judia e por çerimonia judayca; guardo otrosy los dichos sabados e pascuas de los judios, çesando todo trabajo de lauor e fasienda en los tales dias, adornando su persona de ropas festiuales, como dicho es; e comio pan çençeño en los tienpos de pascuas e dias que los judios lo comen e con las mesmas çerimonias dellos; ayuno el ayuno que disen ellos Mayor muchas veses, non comiendo todo el dia fasta la noche; y comia carne muerta con çerimonia judayca; guardo otrosy la dicha Ley de Moysen resando e oyendo resar oraçiones judaycas como judia. Iten, la dicha Leonor Gonsales judayso, heretyco e apostato en otras cosas e casos que protesto declarar, benido a mi notiçia, en el progreso desta cabsa. Por que, Reuerendos Señores, digo que asy por lo que dicho es como por aver fuydo e se absentado, en contenpto e menospreçio de la Santa Madre Yglesia, permanesçiendo en su contumaçia, non venida a la obidienia de vuestros mandamientos, la dicha Leonor Gonsales es e deue ser auida por hereje e apostota e persona que guardo la dicha Ley de Moysen e sus çerimonias, y por ello yncurrio en las dichas çensuras seculares e penas çeuiles e criminales en los derechos e sacros canones contenidas. Por que, Reuerendos Señores, vos pido e requiero por tal hereje e apostota la declareys e pronunçieys, declarando aver yncurrido en las dichas çensuras e a perdimiento de todos sus bienes e en las otras penas criminales en los dichos derechos estableçidas; para lo qual ynploro vuestro reuerendo e noble ofiçio, e pydo cunplimiento de justiçia.

Et juro por los sacros ordenes que resçebi que sy la dicha Leonor Gonsales presente fuera esta misma denunçiaçion e querella le pusiera. Por que, Reuerendos Señores, vos pydo e requiero que, auiendola por presente, proçedays contra ella como e segund que, atenta la calidad del caso, los ya dichos derechos permiten, fasta la sentençia dyfinitiua ynclusiue. Et yo soy presto de justificar esta mi acusaçion sy y en quanto nesçesario fuere, e pido segund suso. |

Summons and Procedure

2v E asy presentado el dicho escripto de la dicha denunçiaçion e querella por el dicho promutor fiscal contra la dicha Leonor Gonsales, e leydo por vno de nos, los notarios, ante los dichos señores inquisidores en la dicha audiençia, lugo los dichos señores dixeron que mandaban e mandaron a la dicha Leonor Gonsales, absente, que dentro de terçero dia primero seguiente

Trial of Leonor González

paresçiese personalmente ante sus reverençias en la audiençia, a la hora de la terçia, ha responder a la dicha denunçiaçion e querella, e desir e alegar contra ella todo lo que desir e alegar quisiese, y que sobre todo estaban prestos de façer lo que deuian de derecho. E lugo en la dicha audiençia fue çitada por el dicho fiscal por ante nos, los notarios, que paresca personalmente dentro de terçero dia ante los dichos señores inquisidores en la audiençia a responder a la dicha denunçiaçion e querella que contra el ⟨sic⟩ puso, e pidiolo por testimonio. Testigos: Juan de Hozes, clerigo, e Aluaro Herrero e el bachiller Gonsalo Moños e Juan Gomes, vesinos desta dicha çibdad.

Et despues desto, este dicho e mes e año susodichos, por ante mi, Juan Gonsales Tablada, ante las puertas de las casas e morada donde la dicha Leonor Gonsales solia morar, el dicho promutor fiscal la çito que paresçiese dentro de terçero dia personalmente ante los dichos señores inquisidores en la audiençia a responder a la dicha denunçiaçion e querella que contra ella dio el dicho fiscal. De lo qual son testigos que fueron presentes Antonio del Oliba e Garçia de Molina, vesino⟨s⟩ de la dicha çibdad.

3 Feb. 1484 E despues desto, en tres dias del mes de febrero, año susodicho del Señor de ml ei quatroçientos e ochenta e quatro años, este dicho dia, dentro en las casas donde los dichos señores inquisidores residen e façen su habitaçion e audiençia continua, a la hora de la terçia, segund que es costunbre, estando sentados oyendo a los que ante sus reverençias venian, paresçio ende presente el dicho promutor fiscal e dixo que por quanto sus reverençias abian mandado e asygnado termino a la dicha Leonor Gonsales, que dentro de terçero dia paresçiese personalmente ante ellos en la audiençia a responder a la dicha denunçiaçion e querella que contra ella tiene puesta, e aunque por el abia seydo çitada a mayor abondamiento en la audiençia e a las puertas de las casas e morada donde ella solia morar, ⟨que⟩ paresçiese dentro de tienpo del dicho termino, la qual non paresçia nin paresçio en la dicha audiençia dentro del dicho termino, dixo que la acusaba e acuso la rebeldia, e pidio a los dichos señores que la oviesen por rebelde. E lugo los dichos señores, visto como la dicha Leonor Gonsales non paresçio e abia seydo e fue rebelde, ⟨dixeron⟩ que daban e dieron la dicha rebeldia por acusada, e la ovieron por rebelde. E lugo el dicho fiscal dixo que concluya e concluyo con lo en su denunçiaçion e querella contenido, e pidio a los dichos señores que le resçibiesen a la prueva. E lugo los dichos señores, visto su pedimiento del dicho fiscal, dixeron que pues la dicha Leonor Gonsales abia seydo rebelde e contumas e non abia paresçido dentro del dicho termino, que en su absençia e rebeldia, abida por presençia, concluyan e concluyeron con el dicho promutor fiscal en la dicha causa, e ovieron el dicho pleito por concluso, e que asygnaban e asygnaron termino para dar lugo sentençia, la qual lugo dieron e pronunçiaron, en que dixeron que resçebian e resçebieron al dicho promutor a la prueva, para la qual facer le dieron e asygnaron este termino del derecho de terçero en terçero dias fasta IX dias primeros seguientes que fiesta |

3r non sean, saluo jure impertinentium et non admitendorum, etç. Testigos que fueron presentes: Juan Ruys de Cordova, clerigo, e Anton del Castillo, vesino de Toledo.

Witnesses for the Prosecution

10 Feb. 1484 E despues desto, en dies dias del mes de febrero, año susodicho, dentro en las dichas casas donde los dichos señores inquisidores residen e façen su audiençia continua a la hora acostunbrada, a la hora de la terçia, estando ende presentes los dichos señores inquisidores, paresçio ende presente el dicho promutor fiscal e dixo que, para en prueva de su entençion e denunçiaçion e querella que contra la dicha Leonor Gonsales propuso, presentaba e presento por ⟨testigos⟩ a Vrraca Nuñes, muger de Juan Garçia Pimienta, e a Juan Gonsales, texedor, e a Ysabel de Monteagudo, muger de Fernand Beltran, e a Juan Lucas, cardador e peynador, e a Alonso de Caçeres, corredor, e a Rodrigo Alonso, cuchillero, e a Rodrigo de Torres, hijo de Ferrando de Torres, regidor, e a Ferrando Falcon e a Marina Alonso Melona e a Alonso de Mora, vesinos desta dicha Çibdad Real, de los quales e de cada vno dellos los dichos señores resçebieron juramento en forma devida de derecho, en que dixeron ellos e cada vno dellos que juravan e juraron a Dios e a Santa Maria e a las palabras de los Santos Evangelios, sobre que pusieron sus manos, e a la señal de la Crus +, que con sus manos derechas corporalmente ellos y cada vno dellos tocaron, que como fieles y verdaderos christianos diran la verdad de todo lo que supieren en esta causa sobre que son presentados por testigos, e que sy asi lo dixeren e juraren, que Dios los ayude en este mundo a los cuerpos e en el otro a las animas, e sy el contrario dixeren e juraren, que Dios gelo demande mal e caramente en este mundo a los cuerpos e en otro a las animas, donde mas abian de durar, como a malos christianos que juran e perjuran el Santo

Trial of Leonor González

Nombre de Dios en vano. E respondieron a la confusion del dicho juramento e dixeron que asy lo juraban, e juraron, – e: Amen.

12 Feb. 1484 E despues desto, en doçe dias del dicho mes de febrero, año susodicho, estando los dichos reverendos señores inquisidores presentes en la sala de las dichas casas de su habitaçion, donde residen e façen su audiençia continua, paresçio ende presente el dicho promutor fiscal e presento por testigos en esta cabsa e proçeso contra la dicha Leonor Gonsales a Juan de la Sierra e ha Lope |

3v Malara, escudero, e a Pascual, carpintero, e a Elvira Nuñes, muger de Gonçalo Gomes, veçinos desta dicha çibdad, de los quales e de cada vno dellos los dichos señores inquisidores resçibieron juramento en forma, poniendo la mano sobre la Crus + e sobre el libro de los Santos Evangelios, por los quales cada vno dellos juro desir verdad, e respondio a la confusion del dicho juramento, e dixo: Si, juro, – e: Amen. Testigos: Juan de Segouia, notario, e Pedro de Torres, capellan del señor liçençiado inquisidor.

E lo que los dichos testigos dixeron, e cada vno dellos por sy, secreta e apartadamente, seyendo preguntados por los honrados Juan Ruys de Cordova, maestro en santa theologia, e Juan de Hozes, clerigos e benefiçiados desta çibdad, comisarios dados para la dicha reçebçion, por ante mi, el dicho notario, seyendo preguntados por los articulos de la denunçiaçion e querella puesta contra la dicha Leonor Gonsales es lo seguiente: |

4r *Blank page*

4v Et[6] lo que los dichos testigos dixeron e depusyeron por sus dichos e depusiçiones seyendo cada vno dellos tomados e preguntados por si, secreta e apartadamente, aviendo primeramente cada vno dellos jurado e fecho juramento en publica forma etç., es lo siguiente:

La dicha Ysabel de Monteagudo, muger de Ferrando Beltran, regidor, ⟨veçina⟩ desta çibdad en la collaçion de Santa Maria, testigo jurado en forma deuida, etç., dixo que conosçio a Alonso Gonsales de Frexinal e a su muger, que morauan en vna casa de su cuñado, e que quando andovo el robo por esta çibdad contra los conversos, que Alonso vn criado del dicho Ferrando Beltran, fallo tres libros ebraycos en casa del dicho Alonso Gonsales, que los fallaron en vn poço, e que vn su fijo deste testigo los alinpio e los enpuso, e que los dos libros lleuo vn liçençiado del arçobispo

---

[6] This was written by another scribe.

e el otro dio Ferrand Beltran a Pero Carrillo; e dixo que oyo desir a vna moça, criada del dicho Alonso Gonsales, muchas oraçiones judiegas, e que desia que las avian aprendido de sus amos estando escuchando quando sus amos las desian; e que oyo desir a la dicha moça del dicho Alonso Gonsales que avian vido a la çerera en casa del dicho su amo, que la ponian a la cabeçera de la mesa e que aquella bendesia el pan çençeño y el vino, e que de aquello comian e beuian todos los que a la mesa estauan; e dixo este testigo que creya que los dichos Alonso Gonsales e su muger eran mas judios que christianos, e que asi era publica bos e fama en esta çibdad en aquel tienpo, e que esta es la verdad para el juramento que fiso.

El dicho Juan de la Syerra,[7] vesino desta çibdad en la collaçion de Sant Pedro, testigo jurado en forma deuida, etç., dixo que sa⟨b⟩e que ocho dias, poco mas o menos, antes que Fernando de Trugillo agora viniese a esta çibdad,[8] que Leonor Gonsales, madre deste testigo e muger que fue de Alonso Gonsales del Frexinal, se fue e absento por temor de la Santa Ynquisyçion fuera desta çibdad. Et asymismo dixo, so cargo del dicho juramento, que la dicha su madre deste testigo vsaua por la via e forma que el dixo e manifesto por su confesion en todo el dicho tienpo, e que lo el vio asimismo; e que esta es la verdad para el juramento que fiso, el qual es lo que se sygue {aqui en testimonio la confesion e dicho}

La dicha Vrraca Nuñes, muger de Juan Garçia Pimyenta, vesina a Sant Pedro en la casa de Turralbo [9] en ⟨sic⟩ la casa de Carrillo, testigo presentado e jurado en forma deuida, etç., dixo que avra nueue años poco mas o menos, que moro con este testigo de vna puerta adentro Catalina de Frexinal,[10] que avia sydo criada del padre de Juan de la Syerra, que se llamaua de los del Frexinal y era consuegro de Ferrand Gonsales Fixinis,[11] a la qual Catalina oyo este testigo muchas cosas: que el dicho su amo, padre del dicho Juan de la Syerra, y su muger, que morauan yunto de Sant Pedro fasia la plaça, que guardauan los sabados e se vestian de fiesta, e guisauan caçuelas el viernes para el sabado, vna de pescado e otra de carne: la del pescado fasian para si algunos entrasen y la

[7] He was the son of Leonor González, see his trial, No. 118.
[8] See Biographical Notes.
[9] These four words are struck out in the text.
[10] She was brought from the village where he was born and had lived.
[11] He was burnt in effigy on 24 February 1484; see No. 64 and Biographical Notes.

Trial of Leonor González

de carne para comer; y que cosian pan çençeño y lo comian y lo tenian debaxo de vna sementera, en vn costal entre gavillas; y que guardavan las pascuas de los judios y los domingos trabajauan; y que alli en su casa del dicho su amo decretauan y enseñauan a 5r sus | criados lo siguiente: Que Santa Maria era judia, que avia casado con vn carbonero judio, y que madrugo a faser carbon y que vino vn christiano a uilla [12] y se echara con ella, y se enpreñara del y pario a Ihesu Christo; y que lo tomaron como nasçio y lo metieron en vn aluañar de vna aluerca, y que alli se fisiera aquella corona que tiene; y que en aquel tienpo, en la aquella aluerca avian vnas colas grandes que paresçia en siryllas, y que de alli lo colgaron, y que aquella era la Pasion que Ihesu Christo avia pasado. Y que sus amos entrauan el sabado en la noche y el viernes ⟨sic⟩ en vn palaçio a resar, e que alli venian muchos a resar, e que alli se llegauan otros dias para faser limosnas a los judios y conversos; y que tenian vn judio carniçero que les mataua carne, y que la que salia trefe non la comian.[13] Y que otras muchas cosas le oyo que non se acuerda. Esto oyo este dicho testigo a la dicha Catalina del Frexinal, criada que fue de la conpadre de Juan de la Sierra, la qual dixo este testigo que cree que esta en Frexinal.

El dicho Juan Gonsales,[14] texedor, vesino a Santa Maria a Los Dos Ornos, testigo preguntado e jurado en forma deuida, etç., dixo, so cargo del dicho juramento, que conosçio ⟨a⟩ Alonso Gonsales del Frexinal, padre de Juan de la Syerra, mas ha de veynte a siete años, de conversaçion e trato que avia e tenia, e que avra quinçe años, entrando este testigo en su casa a le demandar vnos dineros que le deuia, fallolo que querian comer; aquel dia era sabado, e sabe e vido como el dicho Alonso Gonsales, despues que ovo comido, tomo vn vaso con vino con amas manos e començo de reçar e sabadear sobre el, e començolo de leuar sobre la cabeça como calis, quando alçan, y torno luego a lo abaxar y torno a reçar e sabadear sobre el; [15] su muger e sus fijos estauan tales presentes en rededor de la mesa, beuio el vn poco e dio a su muger e a sus fijos. E despues desto besaronle sus yjos la mano

---

[12] The witness no doubt was describing a Gentile who entered the house, but she did not know how to express herself properly.
[13] טריפה; forbidden meat from a beast that suffered a fatal organic disease.
[14] He also testified against Juan de la Sierra, No. 118, fol. 18v; cf. Biographical Notes.
[15] See Beinart, pp. 299–300, and index.

e asymismo a su madre, e el pusoles la mano sobre la cabeça.
Este testigo vido todo esto estando tras vnas tenajas donde non
lo veyan.

El dicho Juan Lucas,[16] cardador y peynador, vesino de Çibdad
Real a Santa Maria en la calle de Cavalleros, testigo presentado
e jurado en forma deuida, etç., dixo que podra aver dies años e
despues en casa de Alonso Gonsales del Frexinal, que moraua
çerca de la espeçeria, en cuya casa labro dos dias, viernes y
sabado; y en estos dos dias vido como el viernes guysaron de
comer para el sabado, e el sabado guardaron e se vistieron de
fiesta desde el viernes tenprano, e el sabado, como se leuantaron,
metieronse todos, el y su muger e yjos, en vn palaçio e estouieron
alli çerca de vna ora, que ninguno dellos paresçio de mañana, que
presumio este testigo que entraran a reçar, e non les oyo reçar
porque estaua lexos el palaçio de donde el labraua. De los candiles
dixo que no los vido ençender, pero a ella el viernes tarde, puesto
el sol, como dixo, a vna moça que se llamaua Catalina ençender
esos candiles la moça, cree que asi se llamaua avnque non se
acuerda bien. E que sabe e vido aquel sabado que se vinieron alli
a folgar muchos de sus parientes confesos e otras mugeres, que
non se acuerda quien eran, e sabe e oyo estando aquellas confesas
que con ellas estauan. Preguntado lo de vn bateo que avian echo
de vn pariente suyo, que avia avido segund fama vn yjo suyo en
vna criada suya, entre otras palabras que dixo a las quales
preguntaua, dixo el dia de guay batheo, de otras palabras non se
acuerda. E que esto es la verdad para el juramento que fiso. |

5v El dicho Alonso de Caçeres,[17] corredor, vesino a Santa Maria
pared y medio de Montesino en la calle de Monbeltran, testigo
resçebido, fiso juramento en forma deuida, etç., dixo que sabe
e conosçio a Alonso Gonsales del Frexinal, padre de Juan de la
Syerra, al qual conosçio mas de dose años por trato e conversaçion
que con el tovo, sabe e vido que el e su muger, hermana de la
de Fernand Alonso, çerero,[18] e sus yjos Juan de la Syerra e otros
yjos que tenian, guardauan los sabados e se vestian de fiesta e yuan
a visytar a sus parientes e otros a ellos, e guisavan del viernes
para el sabado e ençendian los candiles linpios; e sabe que no
comian otra carne saluo degollada por mano de judio e con

[16] His testimony is also cited in the file of Juan de la Sierra, No. 118, fol. 18r; cf. Biographical Notes.
[17] He testified in other trials as well; see Biographical Notes.
[18] María Díaz, *la cerera*; see her trial (No. 2) and Biographical Notes.

çerimonia de judio; y que sabe que aquel dia se escusauan de dar y tomar quanto podian, e que no sabe mas para el juramento que fiso, e esta es la verdad.

El dicho Rodrigo Alonso de Frexinal, cuchillero, vesino a Sant Pedro frontero de vnas casas derredadas de Juan Falcon el viejo, testigo resçebido, juro en forma, etç., dixo que avra que conosçio ⟨a⟩ Alonso Gonsales de Frexinal mas ha de çinquenta años, porque eran amos de vna tierra, e conosçio a sus parientes e a su padre e madre; e que avra seys años, poco mas o menos, que entrando este testigo en su casa vn dia, non sabe que dia era, sabe e vido como estaua a la mesa e acabaua de çenar, tenia vna taça en la mano con vino e estaua resando sobre ella e sabadeando con la cabeça, e despues que ovo bendesido dio a su muger e yjos, que estauan en derredor de la mesa, dando a vno vn poco; desto dixo que non sabe mas.

El dicho Lope Malara, escudero,[19] vesino a Santiago a Barrionuevo, pared y medio de Juan de Madrid, testigo resçebido, juro en forma e dixo que avra veynte años, poco mas o menos, que entrando vn dia este testigo en casa de Alonso Gonsales del Frexinal, trapero, padre de Juan de la Syerra, estaua a la mesa, que acabaua de comer, sabe e vido que bendesian vna taça de plata con vino, sabadeando sobre ella; dixo çiertas palabras, luego beuio vn poco e dio a su muger e yjos sendos pocos; e que esta es la verdad para el juramento que fizo.

El dicho Rodrigo de Torres,[20] yjo de Fernando de Torres, regidor desta çibdad, vesino a Sant Pedro junto con Villaseñor, testigo jurado en forma, so cargo del qual juramento dixo que estando este testigo fuydo por miedo de su padre, porque avia reñido con el en casa de Alonso Gonsales del Frexinal sobre dineros, fallo debaxo de vna cama vna çesta enbueltas en vnas tobajas syete o ocho tartas de pan çençeño; era Quaresma e asi lo presumio este testigo. Iten, dixo que teniendo este testigo mucha amistad con vn yjo suyo del dicho Alonso Gonsales, que se llamaua Rodrigo,[21] le vido muchas veces leuar so la capa algunas aves, e

---

[19] He testified for the defence in the trial of María González, *la panpana*, No. 3, fol. 4r.

[20] He was the son-in-law of Catalina de Zamora, No. 74, fol. 14r; see the Biographical Notes on his father.

[21] Rodrigo de la Sierra. For his trial, see the trial of Juan de la Sierra (No. 118, fol. 13r) and Biographical Notes; see also No. 124, for summary of his trial.

le preguntaua algunas veses que donde ⟨stain⟩ aquellas aves; dixo el: A casa de Rodrigo Carestia. E que esto es la verdad para el juramento que fiso.[22] |

6r-v *Blank folio*

Sentence

7r En XXIIII° de febrero de LXXXIIII° años
24 Feb. Leonor Gonsales, muger de Alonso Gonsales
1484 Visto por nos, Pero Dias de la Costana, liçençiado en santa theologia, et Françisco Sanches de la Fuente, doctor en decretos, jueçes inquisidores dados por la abtoridad apostolica, et yo, el dicho Pero Dias, como ofiçial e vicario general en este arçobispado de Toledo por el reuerendisimo señor don Pero Gonçales de Mendoça. cardenal de España, arçobispo de Toledo, vn proçeso de pleyto que ante nos se ha tratado e pendido sobre vna denunçiaçion que el honrado Fernand Rodrigues del Barco, clerigo, nuestro promutor fiscal, intento e propuso contra Leonor Gonsales, muger de Alfonso Gonsales de Frexinal, en que dixo que estando la dicha Leonor Gonsales en nonbre e posesion de christiana e tal se llamando e nonbrando, en ofensa de Nuestro Señor e en menospreçio de Su Santa Fee Catholica heretico, judayso, siguiendo e guardando la Ley de Muysen e fasiendo sus rictos e çerimonias, ençendiendo candiles linpios los viernes en la noche por honra del sabado, guisando de comer las viandas para el sabado, vistiendo ropas limpias el sabado e guardandolo, çesando en el toda obra de trabajo; et asymesmo guardando las pascuas de los judios, que comio pan çençeño en la Pascua del Cordero con las çerimonias que los judios lo comen; et que ayuno el Ayuno Mayor muchas veses, e otros ayunos de los judios, non comiendo fasta la noche el estrella salida; e que comia carne muerta con çerimonia judayca; e que resaua e oya resar oraçiones judaycas como judia; et que fiso otras çerimonias de la dicha Ley de Muysen; por lo qual pidio ser declarada por ereje e por tal condepnada, non obstante su absençia, pues a cabsa de las dichas heregias et por miedo a la

---

[22] The following are listed as witnesses, but their testimonies are not in the file: Fernán Falcon, Marina Alonso Melona, Alonso de Mora, Pascual, carpenter, and Elvira Núñez, wife of Gonzalo Gómez; see Biographical Notes.

Trial of Leonor González

dicha Inquisyçion se abia absentado desta çibdad e auia seydo rebelde e contumas, asy e non se querer reconçiliar en el tienpo de la graçia, como despues, en non querer venir a responder a su denunçiaçion, seyendo espeçialmente sobre ello llamada. Et visto como por ser absente la dicha Leonor Gonsales dimos nuestra carta de çitaçion contra ella, con termino de treynta dias, para que paresçiese a responder a la dicha denunçiaçion que el dicho fiscal contra ella intento, et como se leo e notifico ante las puertas de las casas do solia morar e se pregono en la plaça publica desta çibdad e se leo en la yglesia de Sant Pedro en dia de fiesta, estando todo o la mas parte del pueblo junto a oyr los Diuinos Ofiçios, e se puso e afixo en la puerta de la dicha yglesia, donde estaua todo el termino de los dichos treynta dias; et como el dicho fiscal acuso las rebeldias e la dicha contumaçia contra la dicha Leonor Gonsales en los terminos e tienpos que deuia, e en su absençia e rebeldia fue reçebida a la prueua de su denunçiaçion; et como prouo mucho por entero todo lo contenido en la dicha denunçiaçion e se aver ausentado por miedo desta Inquisiçion. Et vistos todos los otros actos que se requieren a la sustançia del proçeso, et comunicado e avido este proçeso con letrados e personas religiosas de sanas e buenas conçiençias, syguiendo su consejo e acuerdo, teniendo a Dios ante nuestros ojos: |

7v Fallamos que devemos declarar e declaramos la dicha Leonor Gonsales, muger del dicho Alonso de Frexenal, aver seydo e ser hereje e apostota, e por tal la sentençiamos, et aver caydo e incurrido en sentençia de excomunion mayor e en las otras penas en los derechos contra los herejes establesçidas e en confiscaçion e perdimiento de todos sus bienes, e que la devemos relaxar e relaxamos e remitemos al virtuoso cauallero Juan Peres de Barradas, comendador de Çieça, corregidor en esta çibdad por el Rey e Reyna nuestros señores, que presente esta, e a sus alcaldes e justiçias e a qualesquier otras justiçias de qualesquier çibdades, villas e lugares destos reynos e fuera dellos, doquier pudiere ser auido, para que proçedan contra ella segun declaren por derecho, et por esta nuestra sentençia asy lo pronunçiamos en estos escriptos e por ellos.

(–) Petrus, licenciatus   (–) Franciscus, doctor |

Second Trial of Leonor González

8r
13 Sept.
1492

En Toledo, XIII dias del mes de setienbre de noventa e dos años en la carçel de la Santa Inquisyçion. El reuerendo señor Fernand Rodrigues del Varco, ynquisidor, mando traer ante sy a Leonor Gonsales, muger que fue de Alonso Gonsales de Frexinal, e paresçida fue por su reuerençia pregunta que por que cabsa se fue e ausento de Çibdad Real. La qual dixo que por consejo de los Valverdes,[23] vesinos de la dicha çibdad. Preguntada por que el tienpo que fue çitada e llamada por que no vino, dixo que porque enfermo. Preguntada sy ella sy cometyo algund pecado o crimen de heregia, dixo que nunca hizo ni dixo cosa que fuese heregia, ni se fue de la dicha çibdad saluo por consejo de los susodichos. Preguntada pues que es lo que sabe de otras personas que aya⟨n⟩ fecho algund pecado de heregia, dixo que non sabe persona ninguna que aya fecho algund pecado de heregia. Preguntada quando boluio de Portogal a Castilla, a que vino o sy venia a se reconçiliar, dixo que no, saluo porque el señor dean mando que boluiese a Castilla, porque ella ni hiso ni cometio pecado de heregia que oviese de confesar.

Fue preguntada particular por todas las çerimonias de la Ley de Moysen. Dixo que nunca fiso cosa de la Ley de Moysen, etç.

24 Sept.
1492

Et despues de lo susodicho, en XXIIII° de setienbre del dicho año, estando en la carçel de la dicha Ynquisyçion, el dicho señor inquisydor mando traer ante sy en su abdiençia a la dicha Leonor Gonsales, lo qual fue por ser reconçiliada, e requerida que diga si ella hiso alguna çerimonia de la Ley de Moysen. La qual dixo que quiça por ventura fixo alguna cosa de la Ley de Moysen. Preguntada que fiso, dixo que ençendio candiles en el viernes en la noche. Preguntada por que los ençendia, dixo que por mala ventura, como los ençendia las otras noches. Preguntada sy los guardo los sabados, dixo que no. Preguntada sy guardo las pascuas de los judios, dixo que no. Preguntada sy ayuno al Ayuno Mayor, dixo que nunca ayuno. Preguntada sy dio dinero o azeite para la sinagoga, dixo que nunca lo dio ni avia synogoga ni judio en Çibdad Real. ¿Pues por que se fue, huyendo de Çibdad Real? Dixo que porque gelo aconsejaron los Valverdes, pero non porque avia fecho cosa contra la Fe de Ihesu Christo. Preguntada sy hago la mesa, dixo que non, ni nunca dexo de comer toçino. Fue

---

[23]   On the Valverdes, who may have advised her, see Biographical Notes.

Trial of Leonor González

mandada por su reuerençia deçir el Credo, y no lo supo deçir ni lo sabia. Preguntada sy sabe o vido alguna persona faser alguna çerimonia de la Ley de Moysen, dixo que no sabe de ninguna persona que algo fiziese, fijo ni marido ni otra persona. Preguntada sy viese a su hijo Juan de la Syerra e la ⟨a⟩consejase que se reconçiliase, sy lo haria, dixo que sy reconçiliaria. Preguntada de que, dixo que delio que supiese. |

Witnesses for the Prosecution

8v En XII de otubre de XCII años

12 Oct. Ynes Ramires,[24] muger de Pedro Ramires, testigo jurado, etç.,
1492 dixo que despues que esta presa Leonor Gonsales, muger de Alonso Gonsales de Frexinal, la ha mirado mucho de aviso, e quando este testigo algunas veses la conbida ⟨a⟩ almorzar, sy es sardina o pescado, luego come; e otras veses que la ha rogado que almuerze con ella e le da toçino, o esto lo come, non queria comer, e dize que le que nuncá le comio; e asymismo vn dia la conbidaria a vn perdis, non quiso comer della, ni menos de palominos que le dauan. E asymismo el sabado pasado no fiso nada, e desia que estaua mal; y por estas cosas e porque non le paresçian sus cosas de muger que tenga deuoçion a la Fe, non la tiene por buena christiana, antes sospecha que es ruin christiana.

13 Oct. En XIII de otubre del dicho año
1492 Alonso de la Figueroa, mercader, vesino de Toledo en la collaçion de Sant Viçente, ⟨testigo⟩ jurado, etç., fue preguntado por el señor Fernand Rodrigues del Varco, inquisydor, que desde que en casa ha tenido e tiene a Leonor Gonsales, muger que fue de Alonso Gonsales de Frexinal, que es lo que della ha sentydo e conosçido çerca de las cosas de nuestra Santa ⟨Fe⟩ Catolica. Dixo que al tienpo que vino a esta çibdad e que la posyeron en su casa, este testigo la pregunto e quiso saber de su conçiençia e Fe, e a todo lo que este testigo conosçio e pudo sentir dello e tiene buen conçebto ⟨stain⟩ çerca de la Fe, porque le preguntaua por las cosas de nuestra Santa Fe Catolica e non la fallaua bien yndoctrinada en las cosas de la Iglesia ni de la Fe, pero que despues que alli la touo la ynponia en las cosas de nuestra Santa Fe Catolica, y agora quando la prendieron algo estaua enseñada

---

[24] The defendant probably stayed at her house.

en la Santa Fe Catolica. Preguntado sy lo oyo desir que sabe que ella se queria confesar, dixo que todavia la oya desir que se queria reconçiliar.

Françisca Aluares, muger de Alonso de la Figueroa, vesino de Toledo, testigo jurado, etç., dixo que quando le traxeron a su casa a Leonor Gonsales, muger de Alonso Gonsales del Frexinal, que agora esta presa, que esta testigo la mirava e non le paresçia buena christiana, e sospechaua della que non es christiana, porque quando alli vino non sabe el Ave Maria ni el Pater Noster ni el Credo, que antes alli gelo mostrauan sus hijos deste testigo. Preguntada sy agora, sy la tiene por buena christiana, dixo que non la tiene por buena christiana. Preguntada por que, dixo que ni esta testigo ni sus hijos nunca podieronla saber el Credo. |

9r En XV de otubre de XCII años

15 Oct. 1492 Pero Gonsales, el romo,[25] ofiçial de la Santa Inquisyçion, testigo jurado, etç., dixo que despues que por mandado de su reuerençia el prendio a Leonor Gonsales, muger que fue de Alonso Gonsales de Frexinal, vesino de Çibdad ⟨Real⟩, este testigo la amonestaua que se confesase sy avia fecho algund crimen de heregia, e ella le respondia: Verna mi hijo Juan de la Syerra y vere, y como el e vos mandades. E que este testigo nunca pudo otra cosa sacar de ella saluo inferir que nunca avia fecho cosa ninguna de heregia.

Consulta-de-fe

15 Oct. 1492 Et despues de lo susodicho, en XV dias del dicho mes del dicho año, el señor inquisydor susodicho se junto con los reuerendos señores letrados de yuso escriptos para ver e dar sentençia en un proçeso, e lo que dixeron e votaron es lo syguiente:

El bachiller Juan Aluares Guerrero,[26] alcalde mayor de Toledo, voto que se de⟨be⟩ relaxar a la justiçia seglar, e este es su voto, e que se sentente la sentençia.

El reuerendo señor don Juan de la Çerda de Quintanapalla, arçediano de Cuellar, canonigo de Toledo, dixo que se deve sentençiar la sentençia dada.

El reuerendo señor maestre Fernando de Espina, custodia de la Orden de San Françisco, dixo que porquel delito esta prouado e sentençia dada, que su voto es que se sentente la sentençia.

---

[25] See Biographical Notes.
[26] On this list of members of the *consulta-de-fe,* see Biographical Notes.

Trial of Leonor González

El reuerendo señor maestre Juan del Puerto, ministro de la Santa Trenidad, dixo que su paresçer es que la sentençia sea dada, e que sea entregada a la justiçia.

Luego, yncontinenti, el bachiller Ortega,[27] promotor fiscal del dicho Ofiçio, pidio al dicho señor ynquisydor que la mande relaxar a la dicha Leonor Gonsales a la justiçia seglar. Luego el dicho señor juez dixo que la relaxavan e relaxo, e mando entregar al dicho bachiller Guerrero, alcalde mayor, que presente estaua, e mando a Pero Gonsales, el romo, alguasil de la dicha Ynquisyçion, que gela calgue etç. La qual fue entregada e el se dio por entregado della. Testigos: Los dichos señores letrados susodichos. |

9v *Blank page*

Safe-Conduct from the Inquisition in Seville

10r Nos, los inquisidores de la heretica prauedad residentes en esta
17 April çibdad de Seuilla: Por quanto nos es fecho saber que vos, Leonor
1486 Gonçales, muger de Alfonso Gonçales de Frexenal, vesina que fuestes de Çibdad Real, por themor de la Santa Inquisiçion que en aquella Çibdad Real se hiso vos os fuistes e acogistes el reyno de Portogal, donde agora estays, et que es vuestra intinçion e voluntad desir e manifestar ante nos vuestros yerros e culpas et non osays, temiendo vos que saliendo del dicho reyno, a cabsa de la condepnaçion que en la dicha çibdad de vuestra persona se hiso, vos temeys de ser presa o detenida por alguna persona. Por ende, nos, por la presente, vos damos facultad e liçençia para que podades salir del dicho reyno de Portogal e vos vengays a Frexenal, villa deste dicho obispado de Badajos, donde aueys biuido, e alli esperar algunos dias hasta que nos vamos a aquella comarca a haser la inquisiçion o nos enbiemos por vos; et mandamos a qualesquier justiçias o otras qualesquier personas singulares e particulares de qualesquier çibdades, villas e lugares destos reynos de Castilla o de fuera dellos, e a los guardas que estan por nos en los puertos, que non vos prendan ni enbarguen ni detengan por manera alguna por rason deste Santo Negoçio de la Inquisiçion, so pena de excomunion mayor, en la qual dende agora es nuestra voluntad que incurra la persona o personas que lo contrario fisiesen; et mandamos al vicario de la dicha villa de Frexenal que la anpare e defienda, so pena de excomunion. Et asimesmo damos

---

[27] Juan Ortega; see Biographical Notes.

liçençia a vos, Juan de la Sierra, hijo de la dicha Leonor Gonsales, vesino de la dicha Çibdad Real, e a otra qualquier persona, para que podays pasar al dicho reyno de Portugal a traer a la dicha Leonor Gonsales sin que por ello incurrays en pena alguna. Fecho en Seuilla, XVII dias del mes de abril, año del Nasçimiento del Nuestro Saluador Ihesu Christo de mil e quatrosientos e ochenta e seys años. Va sobre raydo, do dis: "Obispado de Badajos, donde aveys biuido", vala e non le enpesca.

(–) Franciscus, inquisidor [   ] inquisidor (–) Franciscus, doctor

Por mandado de los muy reuerendos señores ynquisidores:
Anton Martines, en cargo, notario apostolico |

Genealogy of the Family of Leonor González and Alonso González del Frexinal [28]

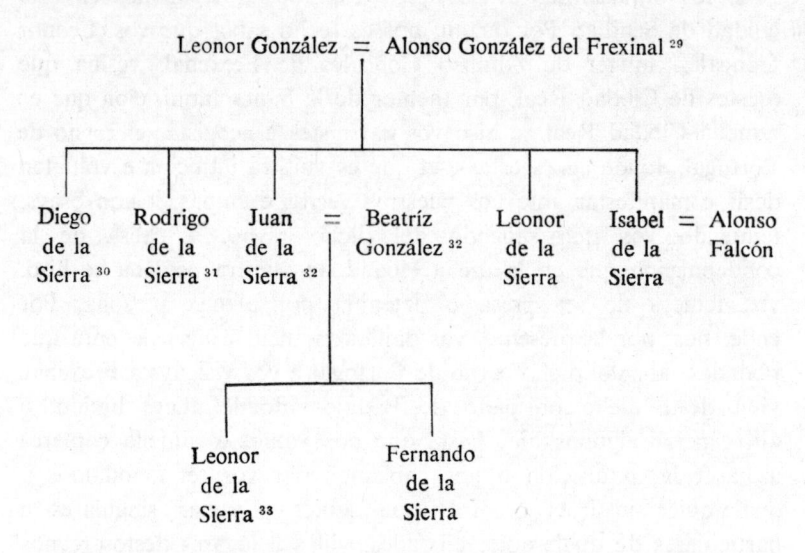

```
              Leonor González = Alonso González del Frexinal [29]
    ┌──────┬──────┬──────┼──────┬──────┐
  Diego  Rodrigo Juan  = Beatríz  Leonor  Isabel = Alonso
  de la  de la   de la   González  de la   de la   Falcón
  Sierra Sierra  Sierra  [32]      Sierra  Sierra
  [30]   [31]    [32]
              ┌──────┴──────┐
            Leonor        Fernando
            de la         de la
            Sierra [33]   Sierra
```

[28] See also the genealogy of the family of María Díaz, *la cerera*, No. 2, cf. H. Beinart, *Tarbiz*, XXX (1961), p. 52.
[29] He was tried posthumously, condemned and burnt in effigy on 15 March 1485. His brother, Gómez González del Frexinal, married Elvira González, sister of Leonor González and María Díaz, *la cerera*.
[30] He, too, was tried; see above, No. 8, and Biographical Notes.
[31] He was born in 1461; see No. 124 and Biographical Notes.
[32] Both of them were tried. Beatríz González was burnt in effigy on 7 September 1513; see Biographical Notes. For the genealogy of her family see her trial, No. 98.
[33] She was born in 1496.

Trial of Leonor González

First Trial (1484)

The Composition of the Court

Judges:	Francisco Sánchez de la Fuente
	Pero Díaz de la Costana
Prosecutor:	Fernán Rodríguez del Barco
Examiners of Witnesses:	Juan Ruiz de Córdoba
	Juan de Hoces
Notaries:	Juan de Segovia
	Juan González Tablada

Witnesses for the Prosecution in Order of Testification [34]

1. Isabel de Monteagudo, wife of Fernando Beltran, *regidor*
2. Juan de la Sierra
3. Urraca Núñez, wife of Juan García Pimienta
4. Juan González, weaver
5. Juan Lucas
6. Alonso de Cáceres
7. Rodrigo Alonso del Frexinal
8. Lope de Malara, *escudero*
9. Rodrigo de Torres, son of Fernando de Torres, *regidor*
10. Fernán Falcón
11. Marina Alonso Melona
12. Alonso de Mora
13. Pascual, the carpenter
14. Elvira Núñez, wife of Gonzalo Gómez

Synopsis of Trial

1484

30 Jan.	The trial opens. The prosecutor charges the accused with rebellion and presents the arraignment. Leonor González is given three days to appear before the Court.
3 Feb.	The prosecutor continues his claim that the accused is a rebel. He asks permission to adduce proof. A period of ten days is allowed.
10 Feb. 12 Feb.	Witnesses for the prosecution are presented and sworn in.
21 Feb.	*Consulta-de-fe*
24 Feb.	The sentence of burning in effigy is pronounced and is carried out at the *auto-de-fe* held in the Town Square.

---

[34] We do not know the order in which witnesses Nos. 10–14 testified, as their names are mentioned but their testimony is not in the file.

Second Trial (1492; in Toledo)

The Composition of the Court
    Judge: Fernán Rodríguez del Barco
    Prosecutor: Juan Ortega

Witnesses for the Prosecution in Order of Testification
1. Inés Ramírez, wife of Pedro Ramírez
2. Alonso de Figueroa, merchant
3. Francisca Alvares, wife of Alonso de la Figueroa
4. Pero González, *el Romo*

Consulta-de-fe
    Fernán Rodríguez del Barco
    Bachiller Juan Alvarez Guerrero
    Juan de la Cerda de Quintanapalla
    Maestre Fernando de Espina
    Maestre Juan del Puerto

Synopsis of Trial
1492

13 Sept.	The trial opens and the defendant is examined.
24 Sept.	The examination of the defendant continues.
12 Oct.	Witnesses for the prosecution are presented.
13 Oct.	The examination of witnesses for the prosecution continues.
15 Oct.	Witnesses for the prosecution are presented for third day. *Consulta-de-fe*. Sentence in pronounced and the defendant is burnt in person at the Plaza de Zocodover in Toledo.

20 The Case of Pero Alegre and Mari González, his Wife 1484

Source: RS, I, No. 782, fol. 134.

Pero Alegre, a tax-farmer, and his wife, Mari González, were burnt at the stake at an auto-de-fe *held in Ciudad Real on 6 February 1484.[1] We do not know the date on which the trial opened as the file is not extant. However, as the accused were tried in person, it must have been sometime before the* auto-de-fe.

The trial was probably a short one, with much strong evidence that both husband and wife were ardent Judaizers who frequented Converso gatherings, and that they held such gatherings in their home.

Pero Alegre was most likely a man of means. In 1469 he collected 12,000 maravedi *due to the church in Toledo. In 1485 the Toledo Chapter of the church appealed to the Crown for compensation from his confiscated property,[2] and their request was granted on 16 April 1485.[3]*

Bibliography: Fita, p. 477, Nos. 205–206; Delgado Merchán, p. 218; Beinart, p. 275.

---

[1] One may presume that they were not the only ones burnt; it is unlikely that a stake would be erected and an *auto-de-fe* held in public for only two people.

[2] This property was in the hands of Juan de Uria, the receiver of goods and properties of the Inquisition in Ciudad Real.

[3] For the document, see Vol. IV, No. 98. Although the document is dated 15 April 1485, the date listed in the document is 16 April.

21 The Case of Cecilia González
1484

Source: Legajo 262, No. 3.

Cecilia González is mentioned among those condemned in the list published by Fita.
The only available information on her is found in the testimony of Juana, wife of Antón Cotillo, at the trial of Sancho de Ciudad.[1] Cecilia prayed at Sancho's house with Isabel de Teva, wife of Juan de Ciudad, and María Díaz, la cerera.
She appeared at the auto-de-fe *held on 6 February 1484, and it is to be presumed that she was burnt, since the group that gathered at Sancho de Ciudad's house was considered to consist of ardent Judaizers.[2]*

Bibliography: Fita, p. 469, No. 65; Delgado Merchán, p. 218.

---

[1] See his trial, No. 1, fol. 12v.
[2] See also Biographical Notes on Sancho de Ciudad.

22 Trial of Inés de Belmonte, alias González, Wife of Fernando de Belmonte
1484

Source: AHN IT, Legajo 137, No. 107, foll. 1r–5r; new number: Leg. 137, No. 12.

Inés de Belmonte, wife of Fernando de Belmonte, tax-farmer, fled Ciudad Real Shortly before the Inquisition began its operations there. For some time she and her husband lived in Almagro. He collected dues from the Moorish population there and perhaps from those in Ciudad Real and its vicinity as well. Inés returned to Ciudad Real, confessed to keeping Jewish traditions and was brought to trial.

Her file contains only her confession, which was accepted in full, the arraignment presented by the prosecutor and the sentence.[1] This indicates that her confession alone, without the presentation of additional evidence, was considered sufficient basis for the arraignment. Her Jewish practices included no exceptional observances. This was borne out by the fact that no evidence was brought against her by witnesses who testified at other trials. Her lenient sentence, to be incarcerated till further consideration by the Inquisitors, may be explained by the lack of evidence against her and by the Court's desire to encourage the return of other runaway Conversos.[2]

Burning in effigy was only a substitute penalty, and the Court did its utmost to bring back those tried in absentia *to condemn them in person.[3] But it is possible that, for reasons unknown to us, Inés*

---

[1] See Synopsis of Trial, p. 343. As the arraignment was presented before the confession, the confession may have been made out of Court, before the trial.

[2] This accords with the sentence; see below, fol. 4r. Fita (p. 479, No. 239) erred when he included her name in the list of those condemned. His index also mentions that her property was probably not confiscated ('paresce no se le haber confiscado sus bienes'; loc. cit.).

[3] See, for instance, the trial of Sancho de Ciudad (No. 1) and of Leonor González, wife of Alonso del Frexinal (No. 19).

de Belmonte might have been handed over to the Secular Arm on the day of the auto-de-fe *held on 15 March 1485.*

Bibliography: Fita, p. 179, No. 239; Delgado Merchán, p. 221; Beinart, pp. 265, 275.

1r Leg. 23 No. 77

Carçel Perpetua

Proçeso contra Ynes de Belmonte

Çibdad Real

Visto en concordia carçel perpetuo en tanto que

por su voluntad fuere del señor ynquisidor

Diose la sentençia en el cadahalso en la plaça publica

en XV de março de LXXXV

Carçel

Pedro alcalde liçençiado Sanches inquisidor

1v *Blank page*

Arraignment

2r En XI de febrero de LXXXIIII°
11 Feb. Muy Reuerendos e Virtuosos Señores Jueses Inquisidores de la
1484 heretyca prauedad:
Yo, Ferrand Rodrigues del Varco, capellan del Rey nuestro señor, promutor fiscal en la Santa Ynquisiçion, paresco ante Vuestras Reuerençias e denunçio e querello de Ynes Belmonte, muger de Ferrando de Belmonte, vesina desta Çibdad Real, e contando el caso digo que biuiendo la dicha Ynes Belmonte en nonbre e posesyon de christiana e vsando e gosando de las preheminençias e prerrogatyuas de christiana, en ofensa de Nuestro Señor e de Su Santa Fe Catolica e en menospreçio de las çensuras eclesiasticas e de las otras penas çeuiles e criminales que en cometyendo heregias e

[338]

apostasyas esperar deuiera, la dicha Ynes de Belmonte guardo e
çerimonio la Ley de Moysen e cosas ynclusas debaxo della, segund
de yuso:
Vno, que la dicha Ynes de Belmonte, por honra e çerimonia de
la dicha Ley, ençendio candiles el viernes tarde de tenprano por
honra del sabado; e guiso del viernes para el sabado e lo asi guisado
el dicho viernes comio el sabado; y guardo los sabados çesando en
ello toda obra, ⟨e⟩ vistio en ellos ropas linpias; e amaso pan
çençeño e lo cosio e comio en la pasqua que los judios lo comen,
e guardo la Pascua del Pan Çençeño, todo por honra e solepnidad
e obseruaçion de la dicha Ley. E la dicha Ynes de Belmonte judayso
e heretico en otras cosas e casos, maneras etienpos, que guardando
lo susodicho esta de s[   ] guardar las otras, y en que como en
las susodichas deue ser auida por rea e culpada en ellas, y que
protesto desir en el progreso desta cabsa, seyendo nesçesario. Por
que digo que la dicha Ynes de Belmonte de derecho es e deue ser
auida por hereje e apostata e persona que guardo e çerimonio
la dicha Ley, posponiendo la nuestra e en ynjuria della, quanto
mas non se aver venido a se redusir a la Madre Santa Yglesia
confesando los dichos sus heretycos errores. Por que, Reuerendos
Señores, vos pido e requiero por tal hereje e apostata la declareys
e pronunçieys, declarando aver yncurrido en las dichas çensuras e
aver perdido sus bienes, e en las otras penas criminales, para lo
qual e en lo nesçesario ynploro vuestro reuerendo e noble ofiçio
e pido conplimiento de justiçia.

3 Feb. En treze dias del mes de febrero de ochenta y quatro, la dicha
1484 Ynes de Belmonte paresçio en juysio ante los señores inquisydores
e, respondiendo a la acusaçion contra ella puesta por el dicho
fiscal, dixo que confesaua todo lo contenido en ella, e asymismo,
a mayor abondamiento, dio vna confesyon por ella fecha, la
qual es esta que se sygue: |

2v *Blank page*

Confession [4]

3r Muy Reuerendos y Vyrtuosos Señores:
Yo, Ynes Gonçales, muger de Fernando de Velmonte, uesino desta
Çibdad Real en la collaçion de Sant Pedro en la calle de los
Herreros, con muy gran verguença vengo ante Vuestras Reuerençias

---

[4] This was written by another scribe.

a desir e confesar todos mis pecados que he cometido en ofensa de Mi Señor Ihesu Christo y de Su Santa Fe Catholica.

Primeramente, dygo mi culpa que guarde los sabados por çerimonya, vystiendo camisas limpias e ropas de paño festibales.

Iten, que los vyernes en las noches ençendy candyles linpios, en lo qual me puso Catalina Flores, muger de Diego Flores, vesino de Almagro.

Iten, que guyse de comer el byernes para el sabado.

Iten, que comi pan çençeño algunas veses, lo qual me dyo vna ves la dicha Catalina Flores, e despues lo comi otra ves porque lo hesimos yo e vna mi hermana que se llama Constança Dyas, vesina de Malagon.

Iten, que ayune algunos dyas, non me desayunando fasta la noche.

Iten, que quando trayan la carne de la carneçeria, que la deseuaua e la purgaba.

Iten, que comi carne degollada por mano de judyo estando preñada de vn niño.

Iten, que me presentaron vna ves vn pedaço de carne los moros de Almagro, e que la comy, teniendo mi marido la pecha de los moros.[5]

Iten, que estando paryda, que comi carne e huebos en Quaresma, e que estube quatro semanas que non me lebante de la cama.

Iten, que holgue algunas pascuas de los judyos.

De las cosas por mi confesadas pydo a Nuestro Maestro e Redenptor Ihesu Christo perdon e a Vuestras Reuerençias penitençia, e protesto sy alguna cosa de aqui adelante a mi memoria veniere lo verne a desir ante Vuestras Reuerençias. |

3v *Blank page*

Sentence

4r Ynes de Belmonte, carçel

Vista por nos, Pero Dias de la Costana, liçençiado en santa theologia, canonigo en la yglesia de Burgos, jues ynquisydor de la heretica prauedad dado por la actoridad apostolica en esta Çibdad Real e su tierra e en todo el canpo de Calatraua e arçobispado de Toledo, ofiçial e vicario general en todo el arçobispado de Toledo por el reuerendisimo yn Christo padre e señor don Pedro Gonsales

---

[5] The meat could have been from a cow that was slaughtered without the sign of the cross having been made over it.

de Mendoça, cardenal de España, arçobispo de Toledo, primado de las Españas, chançiller mayor de Castilla, obispo de Siguença, con acuerdo e consejo del honrado e sabio varon el liçençiado Juan Gutierres de Baltanas, asesor e deputado a esta Santa Ynquisiçion, vna acusaçion que el honrado Fernand Rodrigues del Varco, capellan del Rey nuestro señor, promutor fiscal de la dicha Santa Ynquisiçion yntento e propuso contra Ynes de Belmonte, muger de Fernando de Belmonte, vesina desta Çibdad Real, en que dixo que ella, biuiendo e estando en nonbre e posesion de christiana, en ofensa de Nuestro Señor e de Su Santa Fe Catholica e en menospreçio de las çensuras eclesiasticas e de las otras penas çeuiles e criminales que en cometiendo heregias e apostasias esperar deuiera, la dicha Ynes de Belmonte guardo e çerimonio la Ley de Moysen e cosas ynclusas debaxo della segund de yuso: Vno, que la dicha Ynes de Belmonte, por honra e çerimonia de la dicha Ley, ençendio candiles el viernes tarde de tenprano por honra del sabado; e guiso del viernes para el sabado, e lo asy guisado el viernes comio el sabado; y guardo los sabados çesando en ellos toda obra, ⟨e⟩ vistio en ellos ropas linpias. E amaso pan çençeño e lo cosio e comio en la pascua que los judios lo comen, e guardo la Pascua del Pan Çençeño todo por honra e solepnidad e obseruançia de la dicha Ley; por lo qual pidio ser declarada por apostota e hereje, e aver yncurrido en las penas en los derechos contra los tales estableçidas, e en confiscaçion e perdimiento de sus bienes, e serle fecho conplimiento de justiçia. E visto como la dicha Ynes de Belmonte de su propia voluntad confeso todo lo contenido en la dicha acusaçion ser verdad e lo aver fecho e cometido e avn allende, aviendo fecho e cometido otras cosas, las quales ante nos manifesto, segund paresçe por vna confesion que presento,[6] en que dixo que guardo los sabados por çerimonia, vestiendose camisas linpias e ropas de paño festiuales; e que los viernes en las noches ençendio candiles; e que guyso de comer el viernes para el sabado; e comio pan çençeño e lo yço; e que ayuno algunos dias, non se desayunando fasta la noche; e quando trayan carne de la carneçeria la deseuaua e la purgaua; e que comio carne degollada por mano de judio, estando preñada; e que holgo algunas pascuas de

4v los judios; e como nos pidio por muchas de veçes | que la resçebiesemos a reconçiliaçion. E visto como por la dicha su confesion espontanea se prouo contra ella la dicha acusaçion e

---

[6] The only evidence in the file is her confession.

allende de aquella por asas testigos que disen e deponen todo lo contenido en la dicha acusaçion, e se prueua asimismo que por el themor de la Ynquisiçion e despues que nos aqui venimos, a causa de la heregia por ella cometida se fue e absento desta çibdad e su tierra e anduuo e estuvo asas tienpo, y fasta que por nuestro mandado e contra su voluntad fue presa e trayda a nuestra carçel, aqui, a esta çibdad, donde ha estado e esta presa fasta agora. Et visto e examinado todo su proçeso con letrados e personas religiosas, onbres de buenas conçiençias e çiençias syguiendo su acuerdo e consejo, teniendo a Dias ante nuestros ojos:

Fallamos, segund lo confesado por la dicha Ynes de Belmonte e lo que los testigos disen e deponen contra ella, aver seydo e ser hereje e apostota, e por tal la pronunçiamos e declaramos, e aver yncurrido en sentençia de excomunion mayor e en las otras penas en los derechos contra los tales herejes estableçidas e en confiscaçion e perdimiento de sus bienes. Pero porque de su propia voluntad, sin negar la acusaçion ni se oponer contra ella, confeso la heregia que avia fecho e cometido, e queriendo vsar de mejor e mas sano consejo que fasta aqui, con puro coraçon e fee e non fingida, segund ella dise, se quiere tornar a la viña e ayuntamiento de Nuestra Santa Madre Yglesia y en ella estar e beuir e permanesçer. Por ende, sy asi es como dise que de puro coraçon e con buena contriçion e non fingida o symulada fe se torna a Nuestra Santa Madre Yglesia, abjurando primeramente en forma de derecho toda espeçia de heregia, e en especial esta de judayçar e guardar e solepnisar la Ley de Moysen, sy la penitençia que por nos le fuere ynpuesta cunpliere, mandamosla absoluer e absoluemos de la sentençia de excomunion en que yncurrio syue abhorryue syuo ajure por aver fecho e cometido la dicha heregia de judaysar. E por asy aver herrado contra Nuestro Señor e Saluador Ihesu Christo e contra Su Santa Yglesia, segund e en la manera que por la dicha Ynes de Belmonte es confesado, mandamosla poner e ponemosla en carçel, donde mandamos que este ençerrada e dende non salga fasta que sean nuestra voluntad, por que alli aga con digna penitençia de su pecado. E asy lo pronunçiamos e declaramos e mandamos en estos escriptos e por ellos. Escripto entre ringlones o dis mejor o dis: e dende non salga fasta que sea nuestra voluntad. Vale.

(–) Petrus, licenciatus

5r *Blank page*

Trial of Inés de Belmonte
The Composition of the Court
Judges: Pero Díaz de la Costana
Juan Guitiérrez de Baltanás [7]
Prosecutor: Fernán Rodríguez del Barco

Synopsis of Trial
1484
11 Feb.   The trial opens, and the arraignment is presented.
13 Feb.   The defendant pleads guilty. The notary presents her confession to the Court.
Date unknown   *Consulta-de-fe.* [8]
15 March   The sentence is passed, and Inés de Belmonte is incarcerated.

---

[7] He was assessor as well as deputy judge in this trial.
[8] See the sentence in fol. 4v.

23 The Case of Constanza, Wife of Pero Franco
1484

Source: Legajo 262, No. 3.

According to Fita's list of condemned Conversos, Constanza, whose full name was Constanza de Bonilla, was burnt in effigy on 14 February 1484.

Although her file is not extant, some information on her is included in the files of others. In 1474 she was a refugee in Palma; she and María Díaz, la cerera, *participated in the purifying ceremony of a maiden on her wedding day.*[1]

Her husband, Pero Franco, who served as witness for the prosecution in several trials, was absolved by the Inquisition.[2]

Bibliography: Fita, p. 469, No. 71; Delgado Merchán, p. 218.

---

[1] See the testimoney of Catalina de Zamora in the trial of María Díaz, *la cerera*, No. 2, fol. 8r.

[2] See Biographical Notes on him.

24 The Case of Constanza Díaz, Daughter of María Díaz, la cerera
1484

Source: Legajo 262, No. 3.

Fita's list of those condemned by the Inquisition in Ciudad Real includes Constanza Díaz, wife of Juan de Torres.[1]
Witnesses for the prosecution at her mother's trial[2] *mention Constanza as an active participant in the Jewish practices of María Díaz, la cerera. Constanza was burnt in effigy ten days before her mother at the* auto-de-fe *held on 14 February 1484.*

Bibliography: Fita, p. 469, No. 70; Delgado Merchán, p. 218.

---

[1] See on him, Leg. 262, No. 3. His brother, Juan de Merlo, testified for the prosecution against María Díaz, *la cerera; ibid.*, fol. 9r.
[2] See the trial of María Díaz, *la cerera*, No. 2.

25 The Case of Diego de los Olivos and his Wife
1484

Source: Legajo 262, No. 3.

Nothing is known of the religious practices of Diego de los Olivos and his wife, both of whom were burnt at the stake on 14 February 1484. It is interesting to note that on 6 September 1484 their sons, Rodrigo de los Olivos, the younger, Antón de los Olivos and Fernando de los Olivos, were summoned to defend the memory of their father,[1] thus showing that the Court did not close their file, even after the sentence was passed and carried out.

Bibliography: Fita, p. 470, Nos. 85–86; Delgado Merchán, p. 218.

---

[1] See the trial of Juan Martínez de los Olivos, No. 81, fol. 2v; cf. the trial of Juan González Escogido, No. 80, fol. 2v.

PERSONS BURNT AT THE STAKE
ON 23 AND 24 FEBRUARY 1484

23 February was the first day of the great auto-de-fe *held in Ciudad Real. On that day, and on 24 February 1484, many people were burnt at the stake in person or in effigy. For many of them we have no files, and we cannot reconstruct information on their lives and Jewish practices. We will only mention such people here. Their trials, of course, would have taken place before 23 February, starting on 14 November and closing, at the latest, on 22 February 1484. For those Conversos whose files are extant, see the names listed in order of the date on which their trials opened. For a full list of all those Conversos tried, see the Proceedings of the Court of Ciudad Real at the end of this volume.*

23 FEBRUARY 1484

26 Rodrigo the Alcaide

Source: Legajo 262, No. 3.

Rodrigo was the husband of Beatríz, who was the sister of Catalina Gómez, wife of Juan de Fez. According to the testimony of Miguel Díaz, tailor, at the trial of Beatríz (No. 77), Rodrigo participated in the Jewish observances of his wife.

Bibliography: Fita, p. 468, n. 2; Delgado Merchán, p. 218; Beinart, pp. 216, 222.

27 Alonso Alegre and Elvira, his Wife

Source: Legajo 262, No. 3.

No information is available on either of them.

Bibliography: Fita, p. 467; Delgado Merchán, p. 218.

28 Rodrigo Alvarez

Source: Legajo 262, No. 3.

No information is available on him. His son's testimony as witness for the defence in the trial of Juan Ramírez (No. 109, fol. 119) was disallowed because he was the son of a condemned man.

Bibliography: Fita, p. 477, No. 223; Delgado Merchán, p. 218.

29 Alvaro de Belmonte

Source: Legajo 262, No. 3.

No information is available on him.

Bibliography: Fita, p. 467, No. 32; Delgado Merchán, p. 218.

30 Gómez de Chinchilla

Source: Legajo 262, No. 3.

Gómez was the son of Juan de Chinchilla and Sancha González, and the brother of Juan de Chinchilla. He served as witness for the prosecution at the trials of Juan Díaz, alias Juan Dinela (No. 85, fol. 3r) and María Díaz, la cerera (No. 2, fol. 9v). For further details on him, see Biographical Notes.

Bibliography: Fita, p. 472, No. 121; Delgado Merchán, p. 218; Beinart, pp. 62, 209, 210, 292.

31 Gonzalo Díaz, Cloth Dyer

Source: Legajo 262, No. 3.

No information is available on him.

Bibliography: Fita, p. 473, No. 130; Delgado Merchán, p. 218.

32 Fernando Díaz, Maestre, *alias* Licenciado of Córdoba

Source: Legajo 262, No. 3.

Very little is known about Fernando. At the trial of Catalina de Zamora (No. 74, fol. 14v) Fernán Falcón testified that Fernando helped prepare an amulet for Catalina's daughter, Gracia de Grado. See also the trial of Juan González Pintado (No. 5, fol. 16r) and Biographical Notes.

Bibliography: Fita, p. 472, No. 113; Delgado Merchán, p. 218; Beinart, pp. 70, 222, 292, 298.

33 Catalina López de Salazar

Source: Legajo 262, No. 3.

There was a Catalina López in Ciudad Real who was the wife of

Persons Burnt at the Stake

Rodrigo Marín. *If she and Catalina López de Salazar were the same, there is a discrepancy in the date on which the burning took place; Catalina López and Rodrigo Marín were tried on 10 September 1484 and were burnt on 15 March 1485.*

Bibliography: Fita, p. 469, No. 62; Delgado Merchán, p. 218; Beinart, pp. 174, 285.

34 Fernando del Oliva

Source: Legajo 262, No. 3.

A certain Fernando del Oliva, the Elder, whose bones were exhumed and burnt on 15 March 1485, is mentioned in the sentence handed down in the file of Juan Martínez de los Olivos (No. 81, fol. 8r). See Biographical Notes.

Bibliography: Fita, p. 471, No. 103.

35 Fernando de Teva

Source: Legajo 262, No. 3.

Fernando de Teva was the son of Alonso Martínez, the stammerer. Testimonies against him, e.g. at the trial of Juan González Daza (No. 6, foll. 9v, 12r) and in the confession of Juan de Fez (No. 9, fol. 14r), assert that he acted as Rabbi for the Conversos. The file of Juan Martínez de los Olivos (No. 81, fol. 2v) mentions that his heirs were summoned to defend his memory on 6 September 1484. His property was returned to the heirs by an edict of 23 January 1503. For further details, see Biographical Notes.

Bibliography: Fita, p. 472, No. 108; Delgado Merchán, p. 218; Beinart, *Sefarad*, XVII (1957), pp. 281 ff.; idem, *Anusim*, index.

36 Gonzalo de Herrera

Source: Legajo 262, No. 3.

Although he testified against Juan Díaz, Alonso de Herrera, Fernando García de Higuera (see No. 85, fol. 2v) and Juan Díaz Doncel

Records of the Spanish Inquisition in Ciudad Real, 1483–1485

(No. 16, fol. 5r), Gonzalo may have participated in their Jewish observances.

Bibliography: Fita, p. 472, No. 120; Delgado Merchán, p. 218; Beinart, pp. 285, 292, 294.

37 Juan Galán, Spice Merchant, and Elvira González, his Wife

Source: Legajo 262, No. 3.

No information is available on them.

Bibliography: Fita, p. 473, Nos. 143–144; Delgado Merchán, p. 218.

38 *La Perana*

Source: Legajo 262, No. 3.

No information is available on her.

Bibliography: Fita, p. 475, No. 179; Delgado Merchán, p. 218.

39 Pero Díaz de Villarrubia

Source: Legajo 262, No. 3.

Pero was the husband of María González, who was tried in 1511 and was condemned and burnt in 1516. From her trial we learn that Pero was the brother of Alvar Díaz, linen merchant (see No. 99, fol. 16r), and that Fernán Falcón testified that Pero kept his shop closed on the Sabbath (No. 99, fol. 15r). See also Biographical Notes.

Bibliography: Fita, p. 476, No. 186; Delgado Merchán, p. 218; Beinart, index.

40 Gonzalo Gutiérrez and Catalina Gutiérrez, his Wife

Source: Legajo 262, No. 3.

Both husband and wife were tried posthumously, and their bones were burnt. Gonzalo was the father of Men Gutiérrez (Leg. 156, No. 414), and he lived in Almagro. His property was released from sequestration on 23 January 1503 by edict of the Catholic monarchs. No further details are available on them.

Persons Burnt at the Stake

Bibliography: Fita, p. 472, Nos. 122–123; Delgado Merchán, p. 218; Beinart, *Sefarad* XVII (1957), pp. 281 ff; cf. idem, *Y. Baer Jubilee Volume*, Jerusalem 1961, p. 261.

41 Pero Zarza

Source: Legajo 262, No. 3.

No information is available on him.

Bibliography: Fita, p. 477, No. 204; Delgado Merchán, p. 218.

24 FEBRUARY 1484

42 García de Alcalá

Source: Legajo 262, No. 3.

García de Alcalá was a shoemaker, who most likely belonged to the group that gathered around Juan Alegre and Juan Calvillo for the observance of Jewish traditions. This does not exclude the possibility that he also joined other Converso groups for prayers and reunions.

A document dated 4 February 1477, found in Simancas, describes García's complaint against Juan Mexia and his accomplices and orders that he should be protected from harm. García may have taken part in the rebellion of the Marquis of Villena. He fled Ciudad Real, probably when he heard that the Inquisition was going to be established there. He was tried in absentia, condemned and burnt in effigy. His confiscated property was released from sequestration by an edict of the Catholic monarchs dated 23 January 1503 (Vol. IV, No. 137).

Bibliography: Fita, p. 473, No. 136; Delgado Merchán, p. 219; Beinart, p. 73; idem *Sefarad*, XVII (1957), pp. 281 ff.

3–45 Constanza González, Wife of Alonso González Fixinix; Mari Díaz, Wife of Juan Díaz, Physician and Apothecary; Teresa Díaz, Wife of Fernando Díaz Calvillo.

Source: Legajo 262, No. 3.

These three women are mentioned together in Fita's list. Although one may presume that the three were sisters, who observed Jewish customs together, nothing is known about their practices except that they came from prominent Converso families. All three were tried in absentia, *condemned and burnt in effigy.*

Bibliography: Fita, p. 470, Nos. 72–74; Delgado Merchán, p. 219.

46 Constanza Alonso, Wife of Alonso González Abenaxón

Source: Legajo 262, No. 3.

Constanza was tried in absentia, *condemned and burnt in effigy. No further details are available on her.*

Bibliography: Fita, p. 469, No. 69; Delgado Merchán, p. 219.

47 Gonzalo Alonso Podrido

Source: Legajo 262, No. 3.

Gonzalo Alonso Podrido was labelled as a father-confessor to the Conversos, as was Juan González Escogido; see the testimonies of Antón González and Alonso de Herrera in trial No. 80, fol. 4v. This accusation, relating to the years 1459 and 1469, was made by Alfonso de la Serna, a witness for the prosecution at the trial of María González, la panpana *(No. 3). It is difficult to determine whether the appellation was meant to imply that Gonzalo's standing in the Converso community was to be compared to that of a Church dignitary, or that he was a priest who received the Conversos for confession. Although there were Converso priests, the comparison with Juan González Escogido leads us to assume that Gonzalo was classified as a 'confesor de los confesos' because he was a highly-esteemed spiritual leader in the Converso community.*

Bibliography: Fita, p. 473, No. 134; p. 498, n. 2; Delgado Merchán, p. 219; H. Beinart, 'The Records of the Inquisition — A Source of Jewish and Converso History', *Proceedings of the Israel Academy of Sciences and Humanities,* II, Jerusalem 1967, pp. 216–220.

Persons Burnt at the Stake

48 Hernando Atrachón

Source: Legajo 262, No. 3.

Hernando Atrachón was tried in absentia, *condemned and burnt in effigy. At the trial of Juan Díaz Doncel (No. 16, fol. 6v) Pascual the buskin maker testified that Hernando's house was a meeting place for prayers. At the same trial (fol. 6v), Miguel Hidalgo testified that Atrachón lived in the Barrionuevo quarter of Ciudad Real and that his courtyard served as an* abattoir *for Converso needs.*

Bibliography: Fita, p. 472, No. 118; Delgado Merchán, p. 219; Beinart, pp. 210–211, 291.

49 Fernando García Axir and his Wife

Source: Legajo 262, No. 3.

Both were tried in absentia, *condemned and burnt. No details of their Jewish practices are available; however, Fernando's property was confiscated because he participated in the rebellion of the Marquis of Villena. Don Rodrigo Manrique awarded the property to Juan de Cornaga,* corregidor *of Ciudad Real, and this gift was confirmed by an edict of the Catholic monarchs on 3 April 1476 (Vol. IV, No. 32).*

Bibliography: Fita, p. 472, Nos. 115–116; Delgado Merchán. p. 219.

50 Fernando Calvillo

Source: Legajo 262, No. 3.

Fernando Calvillo was tried in absentia, *condemned and burnt in effigy. He was the brother of Juan Calvillo (No. 13). He frequented the house of Sancho de Ciudad for prayers and Bible readings (No. 1, fol. 10r) and also the house of Rodrigo Marín (No. 13, fol. 6v). Fernando was circumcised and he kept the Sabbath and other commandments of the Mosaic Law (No. 13, fol. 7r–v).*

Bibliography: Fita, p. 472, No. 114; Delgado Merchán, p. 219; Beinart, pp. 181, 277, 293.

51 Diego de Ciudad

Source: Legajo 262, No. 3.

Diego, the son of Sancho de Ciudad and María Díaz, was tried in absentia, *condemned and burnt in effigy. Catalina de Ciudad testified that he and his parents took part in prayers and in the observance of Jewish traditions (see No. 1, fol. 8v).*

Bibliography: Fita, p. 470, No. 87; Delgado Merchán, p. 219; Beinart, pp. 202, 292.

52 Juan de Madrid

Source: Legajo 262, No. 3.

Juan de Madrid, a draper, was the brother of Isabel González, wife of Luis Franco (the parents of Mayor González; see No. 116). His confiscated property was released from sequestration by the edict of 23 January 1503. Two of his sons, Alonso Sánchez de Madrid and Diego Sánchez, were imprisoned by the Inquisition in Toledo in 1514 (see No. 116, fol. 27r).

Bibliography: Fita, p. 474, No. 63; Delgado Merchán, p. 219; Beinart, pp. 160, 166 f., 222, 293, 300; idem, *Sefarad,* XVII (1957), pp. 281 ff.

53 Diego de Madrid

Source: Legajo 262, No. 3.

Diego de Madrid was also a draper. He was tried in absentia, *condemned and burnt in effigy. No further details are available on him.*

Bibliography: Fita, p. 470, No. 82; Delgado Merchán, p. 219.

54 Diego Daray and María, his Wife

Source: Legajo 262, No. 3.

Both husband and wife were tried in absentia, *condemned and burnt in effigy. Beatríz González, wife of Rodrigo Alvarez, stated at the trial of Juan Falcón, the Elder (No. 84, fol. 4r), that Diego, Juan*

Persons Burnt at the Stake

Falcón and Alonso Díaz taught her Jewish traditions and persuaded her to keep them.

Bibliography: Fita, p. 471, Nos. 88–89; Delgado Merchán, p. 219; Beinart pp. 212, 293.

55 Juan Debi and Beatriz, his Wife

Source: Legajo 262, No. 3.

Both husband and wife were tried in absentia, condemned and burnt in effigy. No further details are available on them.

Bibliography: Fita, p. 474, Nos. 165–166; Delgado Merchán, p. 219.

56 Ruy Díaz, son of Juan Díaz Doncel

Source: Legajo 262, No. 3.

Ruy Díaz was tried in absentia, condemned and burnt in effigy. He, his brother, Juan Díaz, draper (No. 85, fol. 3r), and their father (No. 16) observed Jewish traditions. Gonzalo Muñoz (see Biographical Notes) found many prayer-books among Ruy's books (No. 85, fol. 3r). In his confession Juan González Pintado (No. 4, fol. 16v) mentioned that Ruy's heretical ways were discussed by the Town Council.

Bibliography: Fita, p. 478, No. 225; Delgado Merchán, p. 220.

57 Arias Franco

Source: Legajo 262, No. 3.

Arias was tried in absentia, condemned and burnt io effigy. No further details are available on him.

Bibliography: Fita, p. 468, No. 38; Delgado Merchán, p. 219.

58 García Franco

Source: Legajo 262, No. 3.

García was tried in absentia, condemned and burnt in effigy. He had four brothers and two sisters: Luís Franco, father of Mayor Gonzá-

lez (No. 116, fol. 27r), who was condemned; Fernando Franco, Lope Franco and Teresa González, wife of Alonso González of Almodóvar del Campo, who were reconciled; Pedro Franco, who was condemned and burnt; and María Franco, wife of Gonzalo Díaz, of Orgaz, whose fate is not known. None of their files are extant.

García Franco was married to María González. Her property was released from sequestration by an edict of the Catholic monarchs issued on 23 January 1503.

There is a document in Simancas dated 10 May 1490 (Vol. IV, No. 107) that deals with the sequestrated property of a certain García Franco. The property mentioned is money and jewellery that he had hidden. His wife is also mentioned there as a reconciled Conversa.

Bibliography: Fita, p. 473, No. 135; Delgado Merchán, p. 219; Beinart, p. 293; idem, *Sefarad*, XVII (1957) pp. 381 ff.

59 Bernardo del Oliva

Source: Legajo 262, No. 3.

Bernardo del Oliva, a merchant, was the son of Juan Martínez de los Olivos and his second wife, Beatríz González (No. 81), and the husband of Leonor de Pulgar. As he fled to Portugal, he was tried in absentia *and was condemned and burnt in effigy. Before he left Ciudad Real, his younger sister, Leonor de la Oliva (No. 123, fol. 4v), lived in his house until she became reconciled to the church in 1483.*

Bibliography: Fita, p. 469, No. 58; Delgado Merchán, p. 219; Beinart, pp. 81, 268.

60 Inés González, Wife of Antonio de Herrera

Source: Legajo 262, No. 3.

Inés was tried in absentia, *condemned and burnt in effigy. She was later caught and was burnt in person on 14 June 1484.* Fita states that her husband's name was Alonso, but available data indicates that it was Antonio. No further details are available.

Bibliography: Fita, p. 478, No. 33; Delgado Merchán, p. 219.

Persons Burnt at the Stake

61 Antón Toledano

Source: Legajo 262, No. 3.

Antón was tried in absentia, *condemned and burnt in effigy. No further details are available on him.*

Bibliography: Fita, p. 468, No. 37; Delgado Merchán, p. 219.

62 Antón the Tanner, and Aldonza Rodríguez, his Wife

Source: Legajo 262, No. 3.

Antón and Aldonza, his second wife, were tried in absentia, *condemned and burnt in effigy. His daughter, Teresa Rodríguez, wife of Antón Rodríguez, weaver, testified for the prosecution at the trial of Sancho de Ciudad (No. 1, fol. 11v). No further details are available.*

Bibliography: Fita, p. 468, Nos. 39–40; Delgado Merchán, p. 219.

63 Beatríz de Teva, Wife of Antón de los Olivos

Source: Legajo 262, No. 3.

Beatríz was tried in absentia, *condemned and burnt in effigy. Anton's bones were exhumed and burnt on 15 March 1485 (see Biographical Notes). No further details are available.*

Bibliography: Fita, p. 469, No. 57; Delgado Merchán, p. 219.

64 Fernán González Fixinix

Source: Legajo 262, No. 3.

Fernán, the father of Beatríz González, wife of Juan de la Sierra, and of Isabel González, wife of Rodrigo de Villarrubia, was tried in absentia, *condemned and burnt in effigy. On 9 September 1513 Beatríz was burnt in effigy after having been tried* in absentia *(see No. 98), and Isabel was burnt in person. Gonzalo de Piedrabuena stated at the trial of Juan de la Sierra (No. 118, fol. 14r–v) that Fernán González Fixinix fled to Barba in Portugal.*
A document at Simancas (Vol. IV, No. 22) dated 3 April 1476,

states that Fernán's property was confiscated because he participated in the rebellion of the Marquis of Villena.

Bibliography: Fita, p. 468, Nos. 48–50; p. 472, No. 117; Delgado Merchán, p. 219; Beinart, pp. 68, 179.

65 Juan Gascón

Source: Legajo 262, No. 3.

Juan was tried in absentia, *condemned and burnt in effigy. No further details are available on him.*

Bibliography: Fita, p. 474, No. 164; Delgado Merchán, p. 219.

66 Pedro Lorenzo

Source: Legajo 262, No. 3.

Rodrigo was tried in absentia, *condemned and burnt in effigy. No further details are available on him.*

Bibliography: Fita, p. 477, No. 212; Delgado Merchán, p. 220.

67 Rodrigo de Guadalupe

Source: Legajo 262, No. 3.

Rodrigo was tried in absentia, *condemned and burnt in effigy. No further details are available on him.*

Bibliography: Fita, p. 478, No. 227; Delgado Merchán, p. 220.

68 Pero González de Teva and his Wife

Source: Legajo 262, No. 3.

Both husband and wife were tried in absentia, *condemned and burnt. Pero was related to Sancho de Ciudad through the marriage of his daughter Isabel to Sancho's son Juan. Pero and Sancho fled Ciudad Real together, were caught together off the coast of Valencia, and Pero was then burnt in person in Toledo in 1486. On the Jewish practices of this family, see the trials of Sancho de Ciudad (No. 1) and Juan de Ciudad (No. 12).*

Bibliography: Fita, p. 520; Delgado Merchán, p. 220; Beinart, pp. 75, 170, 293.

69 Trial of Isabel, Wife of Bachiller Lope de la Higuera
1484

Source: AHN IT, Legajo 158, No. 433, foll. 1r–2r; new number: Leg. 158, No. 4.

Isabel resided in the San Pedro quarter and lived fully according to the Mosaic Law. She was tried in absentia, condemned and burnt in effigy on 24 February 1484. Her sentence, given in her file, shows that a full trial was conducted. Her husband, Lope de la Higuera, and his sister, the wife of Fernando de Villa, were the heirs of the Bachiller de la Plaza and his wife, Juana García. On 6 September 1484 Lope and his sister were summoned to defend the memory of their parents.[1]

Bibliography: Fita, p. 479, No. 240; Delgado Merchán, pp. 220; Beinart, pp. 265, 276.

---

[1] See the trial of Juan Martínez de los Olivos, No. 81, fol. 2v.

[359]

1r Çiudad Real
Leg. 23 No. 69

En XXIIII de febrero de
LXXXIIII años
Ysabel muger del bachiller Lope de la Higuera

Sentence

24 Feb. Vysto por nos, Pero Dias de la Costana, liçençiado en santa
1484 theologia, e Françisco Sanches de la Fuente, doctor en decretos, jueses inquisidores dados por la abtoridad apostolica, e yo, el dicho Pero Dias, liçençiado, como ofiçial e vicario general por el reuerendisimo señor don Pedro Gonsales de Mendoça, cardenal de España, arçobispo de Toledo, un proçeso de pleyto que ante nos se ha tratado sobre vna denunçiaçion que el honrado Ferrand Rodrigues del Barco, capellan del Rey nuestro señor, intento e propuso contra Ysabel, muger del bachiller de la Higuera, en que dixo que seyendo la dicha Ysabel vesina en esta Çibdad Real, estando en posesion e so nonbre de christiana, en ofensa de Nuestro Señor e en menospreçio de Su Santa Fee heretico e apostato siguiendo la Ley de Muysen e fasiendo sus çerimonias, ençendiendo candiles limpios viernes en las noches tenprano por çerimonia e honra del sabado, e guisando de comer los viernes para el sabado e comiendo el sabado lo asy guisado del viernes, e vistiendose camisa e ropa linpia en el sabado, e guardando el sabado, non fasiendo en el cosa alguna de trabajo, afeytandose e conponiendose en ellos; e que en los dichos sabados se apartaua a resar, a las veses sola e otras veses con otras, en vn palaçio ençerradas, leyendo e resando por libros judaycos; e que guardaua las pascuas de los judios con las solepnidades e çerimonias que ellos las guardan, en espeçial la del Cordero, e amasaua e comia el pan çençeño e comya en platos e vasyjas e escudillas nueuas en las dichas pascuas; e que ayunaua los ayunos que los judios suelen ayunar, non comiendo fasta la noche, e se desayunaua comiendo carne, e la carne que comia avia de ser muerta con çerimonia judayca, e que la fasia purgar, quitandole el seuo; e que non comia cosa vedada en la Ley de Muysen; e que non se santiguaua ni fasia señales de christiana ni yva a Misa ni a oyr otros Ofiçios Divinos; e que al tienpo del jurar desia palabras ebraycas; e fasia todas sus cosas a modo de judia e segund que los judios las fasen; por lo qual, e por aver

Trial of Isabel, Wife of Bachiller Lope de la Higuera

cometido las dichas cosas biuiendo en esta çibdad, e despues se aver absentado dellas ⟨sic⟩ por las poder faser mejor a su voluntad e permanesçer en su damnada opinion, pidio ser declarada por ereje e por tal condenpnada. E visto como ovimos dada nuestra carta çitatoria en forma de hedicto contra la dicha Ysabel, con termino de treynta dias, para que viniese a responder e se defender sobre esta cabsa de aver judaysado e hereticado; e como la carta fue leyda e intimada ante las puertas de las casas donde la dicha Ysabel solia morar e publicada e pregonada en la plaça desta çibdad e leyda en la yglesia de San Pedro[2] en dia de fiesta, estando el pueblo junto a oyr los Diuinos Ofiçios, e puesta e afixa en la puerta de la dicha yglesia, do estuvo todo el dicho termino de los treynta dias; e como por el dicho fiscal fueron acusadas las rebeldias della, en sus terminos e segund deuia; e como fue auida por rebelde e el dicho promutor fiscal fue resçebido a la prueua

1v de lo contenido en la dicha su | denunçiaçion; e como prouo por asaz numero de testigos todo lo contenido en su denunçiaçion e fiso todos los actos que se requerian a la sustançia del proçeso; e como fue por nos visto e comunicado con letrados e personas religiosas de çiençia e buenas conçiençias, siguiendo su acuerdo e consejo e teniendo a Dios ante nuestros ojos:

Fallamos que deuemos declarar e declaramos la dicha Ysabel, muger del dicho bachiller Lope de la Higuera, aver seydo e ser hereje e apostota, e por tal la pronunçiamos, e aver incurrido en sentençia de excomunion mayor e en todas las otras penas espirituales e tenporales en los derechos contra los herejes contenidas e en perdimiento e confiscacion de sus bienes, e que la devemos relaxar e relaxamos al virtuoso cauallero Juan Peres de Barradas, comendador de Çieça, corregidor por el Rey e Reyna nuestros señores en esta çibdad e su tierra, e a sus alcaldes e justiçias, e a qualesquier otros jueses de qualesquier çibdades, villas e lugares destos reynos e fuera dellas, doquiera que la sobredicha pudiere ser auida, para que faga⟨n⟩ della lo que fallaren que pueden e deuen faser de derecho. E por esta nuestra sentençia asi lo pronunçiamos e declaramos en estos escriptos e por ellos.[3]

(–) Petrus, licenciatus   (–) Franiscus, doctor |

2r *Blank page*

[2] This is the quarter where she lived.
[3] There was a full trial procedure; however, this sentence is all that remains of the file.

Records of the Spanish Inquisition in Ciudad Real, 1483–1485

The Composition of the Court

Judges: Francisco Sánchez de la Fuente
Pero Díaz de la Costana
Prosecutor: Fernán Rodríguez del Barco

Synopsis of Trial

1484

Date unknown — *Consulta-de-fe.*

24 Feb. The sentence is pronounced and the defendant is burnt in effigy at the *auto-de-fe* held in the Town Square.

70 The Case of Inés Alonso
1484

Source: Legajo 262, No. 3.

Inés Alonso was the sister of María Alonso, wife of Alonso the Notary (No. 11), who was tried in absentia, *condemned and burnt in effigy on 24 February 1484.*
At the trial of her second sister, Catalina de Zamora, Fernando de Torres testified that he and Inés had a dispute on religion and on the atonement of sins (No. 74, fol. 13v). Inés also quarrelled with Catalina about the observance of Jewish traditions (No. 74, fol. 11v). Inés was tried a second time in person, and was condemned on 6 April 1484. She was burnt on 15 March 1485, along with her sister María, who had been captured and retried.

Bibliography: Beinart, p. 276.

71 The Case of Fernando del Tremal
1484

Source: Legajo 262, No. 3.

Very little is known about Fernando del Tremal. A document in Simancas relates that he was a participant in the Marquis of Villena's rebellion against the Catholic monarchs.[1] *His property was confiscated and given to Fernando de Mora. He was absolved on 2 June 1484.*
Some witnesses testified that his wife frequented the house of Juan González Pintado[2] *and that she followed Jewish precepts.*[3]

Bibliography: Fita, p. 479, No. 251; Delgado Merchán, p. 220; Beinart, pp. 68, 293.

[1] See Vol. IV, No. 42.
[2] See the testimony of Pedro de la Higuera, given on 5 January 1490 at the trial of Leonor de la Oliva, No. 123, fol. 27.
[3] See the trial of María Alonso, No. 11, fol. 4r–v.

72 The Case of Fernando Zarza
1484

Source: Legajo 262, No. 3.

Fernando Zarza was tried posthumously and condemned. His bones were exhumed and burnt on 24 June 1484. Delgado Merchán gives 14 June as the date of burning. No further details are available on him.

Bibliography: Fita, p. 471, No. 105; Delgado Merchán, p. 220.

73 The Case of Constanza Díaz, Wife of Ruy Díaz Doncel
1484

Source: Legajo 262, No. 3.

Constanza was tried posthumously and condemned. Her bones were exhumed and burnt on 24 June 1484. Delgado Merchán gives 14 June as the date of burning. No further details are available on her.

Bibliography: Fita, p. 469, No. 64; Delgado Merchán, p. 220.

74 Trial of Catalina de Zamora
1484

Source: AHN IT, Legajo 188, No. 863, foll. 1r–32r; new number: Leg. 188, No. 12.

The trial of Catalina de Zamora opened on 28 July 1484, and by 26 October 1484 her sentence had been carried out. The Court at Ciudad Real rushed through a summary hearing on her Jewish practices during the hot summer and autumn months. Many witnesses testified for the prosecution and defence. From their accounts, as well as from Catalina de Zamora's own confession (see fol. 2r), a picture of her life emerges that sheds much light on the relations and activities of the Conversos over a period of many years.

In 1474 Catalina de Zamora (see her genealogy below, p. 423) was a refugee in Palma, where she no doubt conformed to the way of life followed by the other refugees there, i.e. she completely identified herself with the tenets and traditions of Judaism. Witnesses for the prosecution accused her of observing Jewish practices in Ciudad Real, of preparing a Jewish amulet for her daughter, of using derisive and vile expressions about the Virgin, of strongly criticizing the Inquisition and of highly praising Jews and the Jewish faith. She was also often a keener (endechera) *at Converso funerals.*

A completely different picture of her was drawn by the witnesses for the defence, some of whom were Conversos. She was credited by them with many Christian acts and with having fought against Conversos who reverted to Judaism. Her defending counsel, Francisco de Hoces, particularly stressed this aspect.

She was condemned to receive 100 lashes publicly and was expelled from the archbishopric of Toledo for life.

Bibliography: Fita, p. 479, No. 246; Delgado Merchán, pp. 220, 231 ff.; Beinart, index.

1r Çiudad Real

Proçeso de Cathalina
de Çamora
desterrada del arçobispado
por su vida
Penitençiado en XXVI de otubre de 1484

1v *Blank page*

Confession

2r Reuerendos Señores e Deuotos Padres:
Catalina de Çamora, vesina a la col⟨l⟩açion de San Pedro, besando vuestras manos paresco ante Vuestras Reuerençias, e con gran arrepentimiento digo mi culpa que peque: En algunos mortuorios yo dixe endichas, esto, no pensando que era caso contra la Fe; e asimismo, quando mi madre murio yo le laue con vna sabana mojada, esto, porque murio de vn sangre e estava toda susia e fediendo; asimesmo, comiendo algunos sabados en casa de mi hermana Maria Alonso, e la falle comiendo guisado de uiernes e me asente e comi con ella. De los quales dichos pecados e de todos los otros que yo fise e cometido, los quales si se me acordase confesaria, pido a Dios misericordia e a Vuestras Reuerençias penitençia, renunçiando, como renunçie, toda afision. |

2v Presento esta reconçiliaçion vn criado del señor corregidor en
15 Nov. nonbre de Catalyna de Çamora, en quinse dias de nouiembre de
1483 LXXXIIII° [1] |

Arraignment

3r Muy Reuerendos e Virtuosos Señores:
Yo, Ferrando Rodrigues del Barco, capellan del Rey nuestro señor, promotor fiscal de la Santa Ynquisyçion, paresco ante Vuestras Reuerençias e acuso a Catalina de Çamora, veçina de Çibdad Real, reconçiliada que fue, e recontando el fecho de la verdad digo que asy es: Estando la dicha Catalina de Çamora

---

[1] This may be an error, and the year should be 1483; cf. foll. 3r, 4r. Both prosecutor and defence counsel said that Catalina de Zamora was reconciled; this could have been possible only during, or just after, the Period of Grace; cf. n. 53. 15 November 1483 was the second day of the trials held by the Court. See the trial of Sancho de Ciudad, No. 1.

Trial of Catalina de Zamora

en nonbre e posysyon de christiana e gosando de los preuilegios, esençiones e ynmunydades por nuestra Santa Fe a las tales personas conçedidos, judayso, heretico y apostato, guardando la Ley de Muysen a sus ritos e çerimonias en muchos casos mas y allende de los contenidos en su reconçiliaçion, los quales son estos: Que judayso, heretico e apostato yendo contra los articulos de nuestra Santa Fe en grande desonra e menospreçio della, espeçialmente, disiendo e negando la virginidad de Nuestra Señora la Virgen Maria, e disiendo della aver seydo ensangrentada; yten, llamandola e disiendola que era vna puta; yten, quando pasaua por las yglesias hedificadas en honra e veneraçion de Nuestra Señora la Gloriosa Virgen Maria, daua pugeres e higas contra ellas por se llamar e ser hedificadas en Su Nonbre. Yten, que endechaua los finados a modo judayco e por çerimonia de la Ley de Moysen, e non como ella dise en su reconçiliaçion, conviene a saber, que non lo fasia por la tal çerimonia. Yten, que comio en sabado de lo guisado del viernes, lo qual yso hesomismo por honra de dicha de Moysen e con su çerimonia, e non como dise en su reconçiliaçion. Yten, que guardo e honro el sabado por honra de la dicha Ley. Yten, que consyntio e permitio a su fija traher nomyna escripta en hebraico, por la perverter e atraher e dotrinar a la Ley de Moysen. Yten, que judayso e heretico en otros casos e maneras e modos diuersos, allende de su reconçiliaçion, los quales protesto de declarar en el proçeso deste presente negoçio en su tienpo e logares. Por que os pydo, Reuerendos Señores, que pronunçiando lo por mi asy dicho ser juridico e verdadero e la dicha Catalina de Çamora aver cometido los casos e crimines hereticos por mi relatados despues de su reconçiliaçion, por lo qual paresçe e ella venir fingidamente e non con verdadera contriçion ni con puro coraçon e arrepentimiento a confesar sus herrores e abraçarse con nuestra Santa Fe, y por el consyguiente su reconçiliaçion non vale nada, e ser ella relasa, que por tal heretica guardadora de la Ley de Moysen e de sus ritos e çerimonias e relasa la condeneys e declareys, e aver yncurrido en sentençia descomunion

3v mayor e en confiscaçion e per|dimiento de todos sus bienes, e en todas las otras penas e çensuras por las leyes e sacros canones contra las tales personas puestas. Lo qual pydo en la mejor manera, via e forma e modo que puedo e de derecho devo, y en esa misma manera e forma a Vuestras Reuerençias lo requiero, con protestaçion que hago de añadir e corregir esta dicha mi acusaçion cad e quando nesçesario me sea e a mi bien visto me fuere; para en

lo qual y en todo lo nesçesario ynploro vuestro noble y reuerendo
ofiçio, y sobre todo pydo serme fecho conplimiento de justiçia.

E juro por las hordenes que reçebi que esta acusaçion que pongo
contra la dicha Catalina de Çamora, que non la pongo maliçiosamente ni por otra cabtela nin conclusyon alguna, saluo porque
este es fecho de la verdad. Por que os pydo segund pedido tengo,
e sy a alguna otra justificaçion desta dicha mi acusaçion, o
solepnidad, el derecho me obliga, digo que estoy presto e aparejado
de la faser sy y en quanto nesçesario me sea y non mas. |

Defence

4r En XXVIIIº de julio de LXXXIIIIº
28 July Reuerendos Señores e Deuotos Padres
1484 Jueses Inquisidores de la heretica prauedad: Yo, Françisco de
Hoçes, en bos e como procurador de Catalina de Çamora, vesina de
esta Çibdad Real, presa en la carçel de la Santa Ynquisiçion, beso
las manos de Vuestra Reuerençia e a aquella me encomiendo, e respondiendo a vna acusaçion ante Vuestra Merçed contra la dicha Catalina de Çamora puesta por el honrado Ferrand Rodrigues del Varco, promutor fiscal, por la qual dise que estando la dicha Catalina
de Çamora so nonbre de christiana, gosando de las prehemineñçias
de tal, judayso, heretico ⟨e⟩ apostato ⟨de⟩ nuestra Santa Fe
Catolica, viniendo contra los articulos della, guardando la Ley
de Moysen e sus rictos e çerimonias en mas casos de heregia de los
por ella confesados y que manifiesto por su confisyon e reconçiliaçion que ante Vuestra Reuerençia fiso, contenidos e espresados
en la dicha acusaçion, sobre lo qual fiso su injusto pedimiento, segund que mas largamente en ella se contiene; y todo avido aqui por repetido, di(e)go, Reuerendos Señores, la dicha
acusaçion e todo lo en ella contenido non ovo nin ha logar
contra mi, ni Vuestra Merçed deuio, ni son tenidos a faser cosa
de lo por el dicho fiscal acusado e pedido, asy porque la dicha
Catalina de Çamora se reconçilio bien e verdaderamente, e dixo
e confeso syn otro fingimiento los errores e eçesos de que fallo
e syntia culpada, como porque la dicha mi parte fue syenpre y
es fiel e verdadera christiana, ⟨e⟩ avnque pecadora a Dios, touo
e tiene la Fe de Nuestro Redentor Ihesu Christo segund que la
tiene e guarda e enseña la Santa Yglesia de Roma, madre de todos
4v los christianos e maestra | con la qual la dicha mi parte se
abraça e en aquella protesta de beuir e morir. E asymesmo, todos
los dias de su vida guardaua e guardo lo que manda nuestra Santa

Trial of Catalina de Zamora

Madre Yglesia en quanto pudo, cunpliendo sus mandamientos en sus tienpos deuidos, y por el contrario de esto, e inprouo quanto vino a su notiçia de la Ley de Moysen, trabajando los sabados sin otra diferençia como los otros dias de la semana que son de trabajo, y fasya en ellos todas las cosas neçesarias de la sustentaçion vmana, y con esto retraya e retrayo ⟨a⟩ algunas personas a quien conosçio que syn escandalo podia reprehender quando veya que asy erraua⟨n⟩ contra nuestra Fe, disiendoles que por aquella ley arrugada avian de ser punidos e castigados, que Dios dolerse tiene de sy. Y non solo esto, mas avn trabajaua e trabajo de convertir e convirtio a otros a nuestra Santa Fe Catolica, los quales, syendo bautisados, estauan demersos e caydos en la Ley de Moysen por falta de dotrina, por do la dicha Catalina de Çamora, mi parte, hera aborreçido y puesta en odio y enemiga deste linaje, a lo qual non inpide los crimines y errores que en contrario, con menos verdad, contra la dicha mi parte se acusa.

El primero articulo non obsta, do dise que la dicha mi parte niegaua la virgenidad de Nuestra Señora la Virgen Maria y disiendo ser ensangrentada y que era vna puta, e es porque aquello non paso ansy en verdad, y en el dicho nonbre niegolo, y caso que pasara asy, lo qual niego, como negado he, non deuio la dicha Catalina de Çamora ser acusada por ereje, por tanto que nunca el fecho, syn error del entendimiento, fase al onbre hereje, que quier que la dicha mi parte fisiera e cometiera contra la verdad que dise nasçido de la Virgen Maria, etç., por esto non deue ser avida por ereje sin que crea e opine y defienda pertinasmente aquello que dise e fase por error ser verdadero e liçido, que para que la dicha mi parte sea dicha ereje de neçesario se requiere sea error en el entendimiento, porque ningund fecho absolute, sin error en el entendimiento, fase alguno hereje, y quier que la dicha mi parte dixese esto o otro semejante e orrendo e graue pecado, sy non es fecho con error del entendimiento non deuia ser acusada, y es la razon por que la dicha mi parte non syntio mal de la virginidad de Nuestra Señora la Virgen Maria e del articulo de la fe, que aunque mala sacrilegamente asy disiendolo vsara dello, que non es inposyble que alguno diga las cosas susodichas e otras semejantes sin que mal siente o tenga peruersidad de la Fe, porque lo pudo faser sabiendo que pecaua, e cree firmemente la verginidad de Nuestra Señora, e sy lo dixese, pudo|lo faser por faser plaser al diablo e por delesnamiento de la lengua, a la qual non obsta desyr que todo malo yerra, mas non por error del entendimiento, saluo, como dicho he, sy pertinaçiter lo defendiese, conuiene a saber sy mucho y muy prudentemente lo touiese e afirmase. Yten, en el dicho nonbre niego la dicha Catalina de Çamora diese pugeres e figas contra las yglesias hedificadas en honra e veneraçion de Nuestra Señora la Virgen Maria, por se llamar e ser hedificadas en Su Nonbre, a lo qual con la dicha negaçion respondo, segund que en el primero articulo. Yten, niego que la dicha mi parte endechaua los muertos; e niego que comia el sabado de lo guisado del viernes por çerimonia e honra de la Ley de Moysen e en otra manera de como lo confesa en la dicha mi reconçiliaçion. E asymesmo niego la dicha mi parte guardase e onrase el sabado por la Ley de Moysen, saluo trabajar en el, segund dicho tienpo ⟨sic⟩. E demas, niego que, sabiendolo la dicha mi parte, permitiese la dicha su fija traer nomina escripta en ebrayco por la peruertir a la Ley de Moysen, e, caso negado que ella lo sopiera, pues non la dio nin mando que la troxese non deue ser culpada; con lo qual asymesmo niego en el dicho nonbre que despues que la dicha mi parte se reconçilio aya cometido algund crimen o eçeso por el qual deva ser acusada por relabsa. E niego aver fecho los otros crimines e çerimonias que el dicho fiscal protesta de acusar en este su sumario proçeso so mas de las contenidas en la dicha su reconçiliaçion.

Por ende, Reuerendos Señores, suplico a Vuestra Merçed e pido dedes la dicha acusaçion por ninguna, ⟨e⟩ pronunçiandolo por vuestra sentençia difinitiua, me asoluays en el dicho nonbre de vuestro juisio e me dedes por libre e quita a la dicha mi parte, e a mi en su nonbre, de la incitaçion e demanda del dicho fiscal, sobre lo qual le mandeys poner perpetuo sylençio, e declareys la dicha mi parte ser fiel y verdadera christiana, e asy pronunçiandolo, la mandeys librar de la carçel en que esta encarçelada e le tornen sus bienes que por Vuestra Merçed estan secrestados, restituyendola en su buena fama e repuniendola en ella; para lo qual e en lo nesçesario inploro vuestro reuerendo ofiçio e niego la dicha su acusaçion e todo lo en ella contenido, e pido e protesto las costas.

E asy presentado el dicho escripto de respuesta por el dicho Francisco de Hozes, en el dicho nonbre, e leydo por vno de nos, los notarios, luego el dicho promutor fiscal dixo que resçibia todo lo confesado por la dicha Cathalina de Çamora en la dicha su respuesta, en quanto por el façia o fazer puede para en prueva de su entinçion, e que concluya e concluyo con todo lo por el dicho e acusado contra la dicha Cathalina de Çamora, e pidio la otra

Trial of Catalina de Zamora

parte concluyr, e que le resçebiesen a la prueva de lo por el acusado. E lugo el dicho Françisco de Hozes dixo que concluya e concluyo en nonbre de la dicha su parte. Los dichos señores concluyeron con ellos e ovieron el dicho pleito por concluso, e dieron en el lugo sentençia, en que resçibieron las partes amas a la prueva, para la qual façer les dieron e asygnaron termino de IX dias judiçiales primeros seguientes, etç. |

5v *Blank page*

6r Presentado en XXX de julio en juysio
30 July Reuerendos Señores e Deuotos Padres
1484 Jueses Ynquisidores: Yo, el dicho Françisco de Hoçes, procurador de la dicha Cathalina de Çamora, en su nonbre pido a Vuestra Merçed que en el pleito de acusaçion de la dicha mi parte que he e trato con el dicho promutor fiscal, a los testigos que por mi en el dicho nonbre son e seran presentados Vuestra Reuerençia les faga o mande faser las preguntas syguientes:

I Primeramente, sy conosçen a la dicha Catalina de Çamora, mi parte.

II Iten, sy saben o creen, vieron o oyeron desir que la dicha Catalina de Çamora aya seydo y es fiel y verdadera christiana, y por tal avida e tenida, y en esta posiçion toda su vida ha estado, teniendo la Fe Catolica de Ihesu Christo, publicando aquella por sus obras y palabras.

III Iten, sy saben, etç., que la dicha mi parte, tiniendo asy la Fe Catolica que la Santa Madre Iglesia tiene y enseña, cunplio los mandamientos della, guardando e solepnisando los domingos e fiestas suyas, yendo en ellos a oyr la Misa Mayor e los otros Ofiçios Diuinos como los otros catolicos christianos, reçibiendo los Santos Sacramentos que la Yglesia tiene constituydos para saluaçion nuestra, asy el Sacramento de la Penitençia como el Sacramento de la Eucaristia e Cuerpo de Ihesu Christo, en sus tienpos deuidos, e ayunando los ayunos que de preçebto somos tenidos los christianos e otros de deuoçiones, segun e por la forma dada por la Iglesia.

IIII° Iten, sy saben, etç., que la dicha mi parte continuase yr a las iglesias y ende encomendarse a los ministros della, asy frayles como abades, e le dixesen Misas en alabança de Nuestro Redentor Ihesu Christo e de Nuestra Señora la Virgen Maria e de sus Santos, e fisiese otras oraçiones e obras pias.

[373]

V Iten, sy saben, etç., que la dicha Catalina de Çamora, su conversaçion fuese y es de buenos christianos, fiso con ellos muchas romerias, visitando las ermitas en que mas deuoçion tienen los christianos desta çibdad, y para ellas diese sus limosnas.

VI Iten, sy saben, etç., que la dicha Catalina de Çamora trabajase
6v los sabados | syn otra diferençia como los otros dias de la semana que son de trabajo, asy filando como cosiendo e guisando de comer e lauando e fasiendo otras fasiendas e cosas neçesarias a la sustentaçion vmana e serviçio corporal.

VII Iten, sy saben, etç., que la dicha mi parte guisase los sabados lo que avia de comer en aquel dia.

VIII° Iten, sy saben, etç., que la dicha Catalina de Çamora retratase e yncrepase a su hermana, Maria Alonso, e a otros, quando la veya faser algunas çerimonias de la Ley de Moysen contra nuestra Santa Fe.

IX Iten, sy saben, etç., que la dicha mi parte abisçese e ynstruyese en nuestra Santa Fe Catolica e Santa Dotrina a vn esclavo christiano de la çerera, que estaua judio e fasia çerymonias de la Ley de Moysen, y esto manifestase al dotor de Buytrago.

X Iten, sy saben, etç., que la dicha Catalina de Çamora, por ser buena christiana e faser obras de tal, e porque su conversaçion era de christianos e maltraua lo que fasian los conversos, era aborreçida dellos.

XI Iten, sy saben, etç., que la dicha mi parte honrase e acatase los tenplos de Nuestra Señora al Virgen Maria e alabase e ensalçase la bondad y eçelençia de Su santidad.

XII Iten, sy saben, etç., que de todo lo susodicho e de cada cosa e parte dello en esta çibdad sea publica bos e fama.

Otrosy, Señores, suplico a Vuestra Reuerençia de su ofiçio, el qual ynploro, fagan o manden faser las otras preguntas al caso perteneşçientes segund que la natura del negoçio requiere. |

7r-v *Blank folio*

Witnesses for the Defence

8r Catalina de Çamora
Françisca de ⟨E⟩scobar desta çibdad

I A la dicha Françisca de ⟨E⟩scobar, testigo presentada por Françisco de Hozes en nonbre e como procurador de la dicha Catalina de Çamora, jurada en forma, preguntada por las preguntas del interrogatorio, por la primera pregunta dixo que conosçe a la dicha Cathalina de Çamora de veynte años a esta parte, poco mas, asy por vesindad como por conuersaçion.

II A la segunda pregunta dixo que del dicho aca que la conosçe, que sienpre la ⟨vido⟩ façer obras de buena christiana, e que en tal posesion la tenia este testigo.

III A la terçera pregunta dixo que este testigo la vido que continuaba yr a la yglesia a oyr las Misas e Oras de la Yglesia, asy en los domingos e fiestas de guardar como en otros dias de entre semana Repreguntada como lo vido e sabe, dixo que porque continuava yr con este testigo a Misa e a las yglesias e monasterios desta çibdad, guardando los domingos e fiestas como catholica christiana, e dixo que nunca della otra cosa conosçia. E dixo que sabe que se confesava en Sant Françisco e aun en Santo Domingo, asy en las Quaresmas como en otros tienpos, estando enferma, e que resçibia el Cuerpo de Dios. Repreguntada como lo sabe, dixo que porque lo vido asy asas veses de faser e comulgar.

IIII° A la quarta pregunta dixo que sabe que algunas veses encomendava e rogava, asy a frayles como a algunos clerigos, que la dixesen algunas Misas de Devoçion a honor de Nuestra Señora, e dixo que lo sabe porque yendo ella con este testigo a la yglesia e monasterio lo vido asy por sus ojos, que lo encomendava mucho le dixesen Misas.

V A la quinta pregunta dixo que desia lo que dicho abia en la segunda pregunta.

VI A la sesta pregunta dixo que lo sabe segund que en la dicha pregunta se contiene. Repreguntada como lo sabe, dixo que porque este testigo continuaba mucho en su casa, e que tanbien la vido trabajar en su ofiçio el dia del sabado como en otro qualquier dia de entre semana, sin façer diferençia alguna mas aquel dia que otro alguno de labor.

VII A la setima pregunta que lo sabe. Repreguntada como, dixo que lo vido asy façer e guisar tanbien aquel dia como otro dia qualquiera.

VIII° A la otaba dixo que non lo sabe.

IX A la novena pregunta dixo que ni lo vido ni lo sabe.

X A la deçena pregunta dixo que lo non vido ni lo sabe.

XI A la XI pregunta dixo que syenpre la vido honrar e loar a Nuestra Señora e acatar los tenplos e casas suyas como buena e catolica christiana.

XII A la XII pregunta dixo que sabe que de todo lo que dicho abia es publica bos e fama en esta çibdad, e que esto es lo que sabe del fecho para el juramento que fiso. |

8v Cathalina de ⟨E⟩scobar, muger de Juan de Cornago
I La dicha Cathalina, testigo presentada, jurada en forma, preguntada por las preguntas del interrogatorio, preguntada por la primera pregunta dixo que conosçe a la dicha Cathalina de Çamora de XXV Años a esta parte poco(s) mas o menos, porque dixo que moro en vna casa deste testigo cerca de la casa deste testigo seyendo casada con Juan de Çamora.
II A la segunda pregunta dixo que lo sabe. Repreguntada como, dixo que porque despues que la conosçe, sienpre la ha vido e conosçido por buena christiana, e que tales obras de christiana la vido haçer e que por tal era avida e tenida en esta çibdad, espeçialmente en el barrio donde ha morado e mora.
III A la terçera pregunta dixo que lo que sabe de la dicha pregunta es que sabe que como buena christiana yva a la yglesia e a los monasterios, asy a oyr las Misas como los Ofiçios Divinos, e dixo que lo sabe porque lo vido. E de lo otro contenido en la dicha pregunta, que lo non sabe.
IIII° A la quarta pregunta dixo que sabe que la dicha Cathalina de Çamora yva muchos dias a Sant Françisco e aun este testigo con ella, e que la vido encomendar a algunos frayres la dixesen algunas Misas a honor de Nuestra Señora y de otros santos.
V A la quinta pregunta dixo que sabe que continuava las yglesias e yva a las hermitas desta çibdad, andando sus romerias e estaçiones como buena e catholica christiana.
VI [2] A la sesta pregunta dixo que sabe que tanbien trabajaua el dia del sabado como otro qualquier dia de entre semana, fasiendo sus lauores en el como en otro qualquier dia.
VII A la setima pregunta dixo que sabe que tanbien guisaua de comer el sabado como otro dia, e que lo vido entrando en su casa.
VIII° A la otaua pregunta dixo que lo oyo desir a la dicha Catalina de Çamora que lo retrataua a algunos conversos.
IX A la nouena pregunta dixo que non lo sabe.
X A la desena pregunta dixo que sabe que era enemiga de los conversos. |
9r XI A la onsena pregunta dixo que lo sabe porque syenpre le oyo loar a Nuestra Señora la Virgen Maria e ayunar sus vegilias.

[2] From here till the end of the testimony the protocol was written by another scribe.

XII   A la dosena pregunta dixo que de todo lo que dicho ha es publica bos e fama en esta çibdad.

A las otras preguntas al fecho pertenesçientes dixo que era verdad lo que dicho avia e que en esto se afirmava.[3]

Juana de Cadahalso,[4] muger de Françisco de Aviles

I   La dicha Juana de Cadahalso, testigo presentada e jurada, etç., preguntada por las preguntas del interrogatorio, por la primera pregunta dixo que la conosçe a la dicha Cathalina de Çamora de XXV años a esta parte, poco mas o menos, por conuersaçion e vesindad que con ella dixo que abia tenido.

II   A la segunda pregunta dixo que despues que la conosçe sienpre la ha visto e conosçido por buena e fiel christiana, e que en tal posesion ha estado en esta çibdad.

III   A la terçera pregunta dixo que sabe que como buena christiana guardaba los domingos e fiestas de la Yglesia, e que continuava en ellos yr a las yglesias e monesterios desta çibdad a oyr las Misas ⟨e⟩ Ofiçios que en ellas se desian; e dixo que lo sabe porque muchas ⟨veçes⟩ yva en conpañia deste testigo, e otras veses la vidia que estava ella al⟨l⟩a quando este testigo yva a Mysa o a Visperas. E que lo otro contenido en la dicha pregunta, que lo non sabe.

IIII°   A la quarta pregunta dixo que algunas veses, estando en el monesterio de Santo Domingo, este testigo vido a la dicha Cathalina de Çamora rogar ⟨a⟩ algunos frayres que la dixesen algunas Misas a honor de Nuestra Señora.

V   A la quinta pregunta dixo que la vido conuersar en casas ⟨de⟩ buenos christianos, fidalgos e christianos viejos, e cree que andaba sus romerias como otras personas christianas.

VI   A la sesta dixo que lo sabe porque dixo que tanbien la vido trabajar en aquel dia como en otro dia de entre semana.

VII   A la setima dixo que tanbien la vido guisar de comer en el dia del sabado como en otro dia qualqeera, porque dixo que morava cabe este testigo e lo vido muchas veses. |

9v   VIII°   A la otaba pregunta dixo que non lo vido ni lo sabe, pero que la cree verdaderamente.

IX   A la novena dixo que lo non sabe.

---

[3]   The second scribe's writing ends here.
[4]   She testified for the defence in the trial of Juan González Pintado, No. 5, fol. 8v.

X   A la deçena pregunta dixo que sabe que era malquesta de los conuersos e que fue caçada con christiano viejo hijodalgo.

XI   A la XI pregunta dixo que desde que la conosçe sienpre la ha vido loar e alabar mucho a Nuestra Señora e al Su Santo Nonbre con grand devoçion.

XII   A la XII pregunta dixo que sabe de todo lo que dicho ha es publica bos y fama en esta çibdad.

Por las otras preguntas al fecho pertenesçientes dixo que desia lo que dicho abia, que era lo que sabia desta fecho para el juramento que avia fecho.

Beatris, hija de Maria Alonso, escriuano,[5] sobrina de Cathalina de Çamora

I   La dicha Beatris, testigo jurada, presentada por parte de la dicha Cathalina de Çamora, preguntada por las preguntas del interrogatorio, por la primera dixo que la conosçe, porque dixo que es su tia la dicha Catalina de Çamora.

II   A la segunda pregunta dixo que sabe que despues que se acuerda este testigo, que sienpre la conosçio por buena e catholica christiana e que por tal es abida en esta çibdad, e dixo que muchas veses la visto reniendo con algunas conuersas, desiendoles que se apartasen de seguir aquella Ley de Moysen, que era mala, e que ella renegava della.

III   A la terçera pregunta dixo que como a catholica christiana la vido yr a las yglesias e monesterios desta çibdad, asy los domingos e fiestas como en otros dias, a oyr las Misas e las Horas que en ellas se desian e oyr los Sermones, guardando los domingos e fiestas que la Santa Madre Yglesia mandaba guardar, pero que este testigo non la vido confesar ni comulgar, saluo que gelo desia la dicha su tia a este testigo.

IIII°   A la quarta pregunta dixo que non lo sabe, soluo que algunas veses la vido dar limosnas para açeyte a la lanpara de Nuestra Señora, e que algunas veses a la dicha Cathalina de Çamora, su tia, estando fablando con vn fijo que tiene frayre en Sant Françisco desta çibdad, que le desia e rogava desiendo que cada ves que tornase a Ihesu Christo Verdadero Crusificado, en sus manos la encomendase oviese merçed della; e dixo que la vido yr asas veses en romeria, descalça, a la Señora de Alarcos, e non fablar en el camino, yendo este testigo con ella.

[5]   This notary was the husband of María Alonso; see her trial, No. 11.

Trial of Catalina de Zamora

V A la quinta pregunta dixo que syenpre vido que la dicha Cathalina de Çamora conversaba sienpre con christianos viejos e buenos christianos, e en lo otro dixo que desia lo ⟨que⟩ dicho abia en la quarta pregunta. |

10r VI A la sesta pregunta dixo que lo sabe segund que en ella se contiene. Repreguntada como lo sabe, dixo que porque este testigo fue criada con ella en su casa, e que tanbien la vidia hilar e haer lexia e guisar decomer el dia del sabado como otro qualquier dia de entre semana.

VII A la setima pregunta dixo que desia lo que dicho avia en la segunda pregunta.

VIII° A la otaba pregunta dixo desia lo que dicho abia en la segunda pregunta.

IX A la novena pregunta dixo que sabe que la dicha Cathalina de Çamora fasia venir a su casa e vn esclavo que tenia la çerera, e que le enseñava el Pater e el Ave Maria. Repreguntada como lo sabe, dixo que porque lo vido, e aun dixo que reñia la çerera con la dicha Cathalina de Çamora por ello.

X A la desena pregunta dixo que lo sabe. Repreguntada, dixo que porque lo vido asy por sus ojos.

XI A la honsena pregunta dixo que lo sabe como en ella se contiene. Repreguntada como lo sabe, dixo que lo vido asy haçer a la dicha Cathalina de Çamora estando este testigo con ella.

XII Por la doçena pregunta dixo que desia lo que dicho abia, e que de todo ello es publica bos e fama en esta dicha çibdad.

Gonçalo de Villarreal, criado que fue de la çerera [6]

I El dicho Gonçalo, testigo presentado por parte de la dicha Cathalina de Çamora, jurado en forma, preguntado por las preguntas del interrogatorio, por la primera pregunta dixo que conosçe a la dicha Cathalina de Çamora puede aber siete o ocho años, poco mas o menos.

II A la segunda pregunta dixo que despues que la conosçe, que syenpre la ha conosçido por buena christiana, porque dixo que

---

[6] María Díaz, *la cerera;* see her trial, No. 2.

la veya façer obras de tal, e aun que en tal posesion estaba de buena christiana.

III A la terçera pregunta dixo que en este dicho tienpo, que la veya yr a la yglesia e guardar los domingos e fiestas como los otros buenos christianos façen, pero que dixo que non la vido confesar ni resçebir el Cuerpo de Dios.

IIII° A la quarta pregunta dixo que la vido yr asas veses a las yglesias e monesterios desta çibdad, e resar e oyr Misas e las Oras ⟨e⟩ los Sermones, encomendandose a Dios como catholica christiana.

V A la quinta pregunta dixo que sienpre veya a la dicha Cathalina de Çamora aconpañarse con christianos viejos, e yr algunas veses con ellos a la Señora de Alarcos, a pies descalços, en romeria.

VI A la sesta pregunta dixo que como este testigo seguia en casa de la dicha Catalina de Çamora, que tanbien la vidia trabajar e filar e façer colada el dia del sabado como otro dia qualquiera de entre semana, e asymismo guisar de comer tanbien en sabado como en otro dia. |

10v VII A la setima dixo que desia lo que dicho en la sesta pregunta.

VIII° A la otaba pergunta dixo que entrando este testigo vn dia en casa de la dicha Cathalina de Çamora, que estaba ende otra su hermana, que se llama Maria Alonso, e que este testigo vido como la dicha Cathalina de Çamora estaba reñiendo con la dicha su hermana, desiendo que por que creye en aquella Ley puta arrugada.

IX A la novena pregunta dixo que la sabe segund que en ella se contiene, porque dixo que este mismo testigo era el esclauo a quien enseñava, y que es asy verdad que le enseño e le fiço confesar con el doctor Buytrago.

X A la deçena pregunta dixo que la sabe. Preguntado como, porque dixo que su ama, la çerera, queria mucho mal a la dicha Cathalina de Çamora, porque enseñava e dotrinava a este testigo, e que sabe que la querian mal los conuersos porque no façia lo que ellos querian.

XI A la honçena pregunta dixo que sienpre la vido honrar e acatar las yglesias, en espeçial las de Nuestra Señora, yendo en romeria a ellas.

XII A la doçena pregunta dixo que desia lo que dicho abia, e que de todo ello es publica bos e fama, e que en ello se afirma para el juramento que fiço.

Juana de Belmonte, muger de Miguel Gonsales de Belmonte, vesina desta çibdad

I La dicha Juana de Belmonte, testigo presentada por parte de la dicha Catalina de Çamora, jurada en forma, preguntada por las preguntas del dicho interrogatorio, por la primera dixo que conosçe a Cathalina de Çamora de tres años a esta parte, poco mas o menos.

II A la segunda pregunta dixo que en quanto este testigo vido e della pudo conoçer en estos dichos tres años, que sienpre la vido façer obras de christiana e beuir como christiana, e que en tal posesion estaba e la tenia este testigo.

III A la terçera pregunta dixo que sabe que guardaba los domingos e fiestas de la Yglesia en lo que este testigo vido, e algunas veses la vido yr a Misa los dichos dias de domingo e fiestas e aun otras veses entre semana, e que este testigo, morando de vna puerta adentro con ella, lo vido asy, e aun fue algunas ⟨veces⟩ este testigo con ella a Misa e aun a oyr algunas predicaçiones; e dixo que la vido en vna Quaresma, puede aber dos años e medio, poco mas o menos, confesar con fray Françisco, frayre en Sant Françisco, pero que nunca la vido resçebir el Cuerpo de Dios.

IIII° A la quarta pregunta dixo que disia lo que dicho avia de suso en la terçera pregunta.

V A la quinta pregunta dixo que lo non sabe.

11r VI A la sesta pregunta dixo que algunas veses, morando este testigo de vna puerta adentro, la vido coser e façer otras cosas de por casa pero non la vido filar en sabado, saluo que la vido algunas veses guisar de comer e asar morçillas en sabado.

VII A la setima dixo que desia lo que de suso dicho abia en la sesta pregunta.

VIII° A la otaba pregunta dixo que non lo sabe.

IX A la novena pregunta dixo que non lo sabe.

X A la desena pregunta dixo que non lo sabe.

XI A la honçena pregunta dixo que en el dicho tienpo que con la dicha Cathalina de Çamora estubo, que desque abia comido, que la vido muchas veses dar graçias Dios y loar mucho a Nuestra Señora la Virgen Santa Maria, e que gela vido alabar e loar muchas veses.

XII A la doçena pregunta dixo que desia lo que dicho abia, e que en ello se afirmaba. E que esto es lo que sabe del fecho para el juramento que fiço.

Juana de Murçia, muger de Pedro de Murçia

I La dicha Juana de Murçia, testigo presentada, jurada en forma, preguntada por las preguntas del interrogatorio, por la primera pregunta dixo que conosçe a la dicha Cathalina de Çamora de dos años a esta parte, que dixo que avia morado enfrente de su casa de la dicha Cathalina.

II A la segunda pregunta dixo que en quanto este testigo vido e puso conosçer della en los dichos dos años que moro cabella, la vido façer obras de christiana e que este testigo por tal la tenia.

III A la terçera pregunta dixo que la vido yr muchas veses a la yglesia e al monesterio de Sant Françisco a oyr Misa y los otros Diuinos Ofiçios, asy en algunos domingos como en otros dias de entre semana, e que la vido folgar los domingos e guardar las fiestas como christiana, pero dixo que este testigo non la vido confesar ni comulgar.

IIII° A la quarta pregunta dixo que desia lo que de suso dicho abia en la terçera pregunta.

V A la quinta pregunta dixo que la vido reñir algunas veses con Ynes Alonso, su hermana, fasta llegar a los cabellos,[7] e que desia la dicha Cathalina de Çamora que era aquello porque la retrataba las çerimonias que façe. E que la vido que conuersaba con todos.

VI A la sesta pregunta dixo que como este testigo moraba çerca de la dicha Cathalina de Çamora, que seguia mucho en su casa e que tanbien la veya coser e labar trapos e guisar de comer en el dia del sabado como en otro qualquier dia de la semana. |

11v VII A la setima pregunta dixo que desia lo que dicho abia en la quinta pregunta.

VIII° A la otaba pregunta dixo que desia lo que dicho abia en la quinta pregunta.

IX A la novena pregunta dixo que este testigo vido muchas veses al dicho esclavo de la çerera, que se llamava Gonçalo, en casa de la dicha Cathalina de Çamora, y que desia su fija que enseñava el Pater Noster e la Ave Maria.

X A la desena pregunta dixo que lo non sabe.

XI A la honzena pregunta dixo que este testigo, en el dicho tienpo, la vido muchas veses encomendarse a Nuestra Señora e loarla mucho como buena christiana.

---

[7] See Biographical Notes.

A la XII pregunta dixo que desia lo que dicho abia e que en ello se afirmaua. E que esto es lo que sabe de⟨l⟩ fecho para el juramento que fiço.

El [8] dicho Fray Juan de Toledo, frayle de Santo Domingo desta çibdad, testigo presentado e jurado en forma deuida e preguntado por las preguntas del dicho ynterrogatorio:
A la primera pregunta dixo que conosçe a la dicha Catalina de Çamora de mas de veynte e çinco años a esta parte por conversaçion e fabla que algunas veçes con ella ovo.
A la segunda pregunta dixo que sabe lo contenido en la dicha pregunta ser asy, segund que en ella se contiene, e que desde que la conosçe sienpre la vido estar por fiel e catolica christiana, e la vido faser tales obras e desir e manyfestar por su boca la Fe Verdadera de Ihesu Christo.
A la terçera pregunta dixo que sabe que desde que la conosçe sienpre la vido yr a oyr Misa los domingos e fiestas, noches e entre cutiano ⟨sic⟩, asas veçes, en el monesterio de Santo Domingo e de Sant Françisco e en la yglesia de Sant Pedro, e la vido faser deuoçiones artas, e avn a este testigo le encomendo dixese algunas Misas por algunas nesçesidades e angustias que tenia, las quales este testigo dixo por su prego della. E que de dose años a esta parte este testigo la confeso e oyo de penitençia tres o quatro veces, e ella se confeso con el sacramentalmente, como buena christiana. E la vido vna ves que estaua enferma resçibir el Cuerpo de Nuestro Señor, que se lo truxo el cura de Sant Pedro, Juan Ortis de Angulo, que Dios aya. E que agora puede aver vn año e medio que la dicha Catalina de Çamora siguio a este testigo, que la oyese de penitençia generalmente e que demandase liçençia para la dar el Corpus Christi, e este testigo le respondio que fasta que vna ves ella oviese negoçiado su pleito, para estar su spiritu mas sosegado, que no lo podia faser e a esta un suçeso, e sobre ello muchas devoçiones requirio a este testigo; e que confesando con este testigo, las veçes que confeso, le dixo que ayunaua algunos dias de la Quaresma.
A la quara pregunta dixo que sabe lo contenido en la dicha pregunta segund en ella se contiene por lo que dicho ha en la pregunta antes desta. E asymismo, que la vido yr al monesterios

---

[8] From here till the testimony of Fernando de Torres in fol. 13v the writing is that of another scribe.

⟨sic⟩ en romeria por dos veses, de pie e descalça, e algunos sabados de la Quaresma asimismo la vido yr en ella, asiendose algunas veses con otras deuoçiones, e la veya, quando alla estaua, reçar con atençion e deuoçion muchas veçes. |

12r A la quinta pregunta dixo que dise lo que dicho tiene.

A la sesta pregunta dixo que lo non sabe.

A la setena e otaua e nouena e desena preguntas del dicho ynterrogatorio dixo que lo non sabe.

A la honçena pregunta dixo que sabe lo contenido en la dicha pregunta ser asi segund que en ella se contiene, porque este testigo le vido muchas veçes a la dicha Catalina de Çamora honrar e acatar los tenplos de Nuestra Señora la Virgen Maria, e ynuocando el Nonbre de Nuestro Señor Ihesu Christo e de Su Gloriosa Madre muy muchas veçes.

A la dosena pregunta dixo que sabe que todo lo susodicho son e es publica bos e fama en esta çibdad; e que esta es la verdad de lo que deste fecho sabe para el juramento que fiso.

(–) Iohanes Canonicus, presbitero [9]

El dicho fray Garçia, frayle del monesterio de Sant Françisco, testigo presentado e jurado en forma deuida, e preguntado por las preguntas del dicho ynterrogatorio:

A la primera pregunta dixo que conosçe a la dicha Catalina de Çamora de dies e syete años a esta parte, poco mas o menos, por conversaçion e fabla que algunas veces con ella ovo.

A la segunda pregunta dixo que desde que la conosçe, sienpre, fasta oy, la ha tenido por buena e fiel christiana, e por tal la conosçe segund las obras que fasçia e lo que paresçe, e por tal la oya desir que la tenian los que la conosçian.

A la terçera pregunta dixo que sabe e vido muchas veses a la dicha Catalina de Çamora, que desde el tienpo que la conosçe fasta oy la vido que los domingos e fiestas de guardar de la Madre Santa Yglesia e otros dias algunos de entre semana, que yua a oyr Misa e los otros Ofiçios Diuinos al dicho monesterio de Sant Françisco e por las otras yglesias desta çibdad, que algunas veses este testigo, yendo alli a Ofiçios, la veya estar en los Ofiçios e Misas; e que la vido encomendar en el dicho monesterio Misas e faserlas desir por sus neçesydades e angustias, e avn este testigo la dixo asas veses Misa por su ruego por sus defuntos e por otras

---

[9] The signature of this witness is confirmation of his testimony.

neseçidades que le ella encomendaua. E que en este tienpo de dies e siete años a esta parte este testigo la confeso e oyo de penitençia por dies veçes, poco mas o menos, e que ella estaua en el abto de la penitençia con deuoçion e contriçion e con lagrimas, e que despues que avia confesado con este testigo leuava fe del para el cura de como avia confesado para resçebir el Sacramento del Corpus Christi; e que le desian que ayunaua çiertos dias de la Quaresma e de otros vigilias. |

12v A la quarta pregunta dixo que dise lo que dicho tiene en la pregunta antes desta.

A la quinta pregunta dixo que la vido conversar con buenos christians, e lo al, que lo non sabe.

A la sesta pregunta dixo que sabe e vido que la dicha Catalina de Çamora trabajase en los sabados en ylar e coser e lauar e faser otras fasiendas, porque este testigo lo vido asas veçes.

A la setena e othaua e nouena e desena preguntas dixo que lo non sabe.

A la honçena pregunta dixo que lo sabe ser asi verdad segund que en la dicha pregunta se contiene, porque este testigo se lo vido loar e alabar muchas veçes el Nonbre de Nuestra Señora la Virgen Maria e de Nuestro Señor Ihesu Christo Su Fijo, e honrar e acatar los tenplos suyos.

A la dosena pregunta dixo que sabe que todo lo susodicho sea e es publica bos e fama en esta çibdad, e que esta es la verdad de lo que deste fecho sabe para el juramento que fiso.

(–) Fray Garsyas

El dicho fray Françisco, frayle de Sant Françisco desta çibdad, testigo presentado e jurado en forma deuida, e preguntado por las preguntas del dicho ynterrogatorio:

A la primera pregunta dixo que la conosçe a la dicha Catalina de Çamora de çinco años a esta parte, poco mas o menos, porque desde este tienpo aca ha confesado con este testigo cada vn año.

A la segunda pregunta dixo que segun lo que della conosçe por las dichas confesiones, que la conosçe por buena e fiel cristiana.

A la terçera pregunta dixo que los dias de domingos e de otras fiestas, e avn entre semana, artas veses la veya en Misa e en los otros Ofiçios Diuinos en el dicho monesterio de Sant Françisco, e que el, segun dicho ha, la oya e oyo de penitençia en cada vn año despues que este testigo la conosçe, en el dicho monesterio, e este año asimismo la confeso e dio el Corpus Christi e los otros causantes; como la el confesaua leuaua fe deste testigo como era confesada e reçebia el Corpus Christi en Sant Pedro de nuevo del cura, e que lo sabe çierto porque el mismo cura se lo desia a este testigo, como le avia dado el Corpus Christi, e que al tienpo que confesaua, confesaua con grande contriçion e lagrimas, teniendose mucho por pecadora, e lo al, que lo non sabe.

A la quarta pregunta dixo que desia lo que dicho tiene.

A la quinta pregunta dixo que sabe que es muger deuota, e oya desir que yua algunas veçes a romerias, en espeçial a Santa Maria de Alarcos, que yua de pie e descalça.

A la sesta e setena e ochaua e nouena e desena preguntas dixo que lo oyo desir, pero que lo non sabe.

A la honsena pregunta dixo que sabe que la dicha Catalina de Çamora onrase e acatase los tenplos de Nuestra Señora, e loase e ensalçase su bondad e eçelençia e santidad, esto, que lo vido.

A la dosena pregunta dixo que sabe que todo lo susodicho son publica bos e fama, e que esta es la verdad.

(–) Frater Françiscus

13r XIX de agosto

19 Aug. 1484 La dicha Mari Nuñes, muger de Fernando de la Serna, testigo jurado en forma deuida, etç.

A la primera pregunta dixo que conosçe a la dicha Catalina de Çamora de mas de dose años, en espeçial de quatro años aca que ha mas conversado con ella, entrando e saliendo en su casa deste testigo.

A la segunda pregunta dixo que la sabe segund que en ella se contiene, porque este testigo, despues que la conosçe, sienpre la vido faser obras de christiana catolica, e por tal era avida e tenida, e en tal posesion la vido estar e faser ⟨e⟩ obrar dello e fablar.

A la terçera pregunta dixo que sabe que la veya e vio muchas veses en dias de domingo e fiestas e otros dias de entre semana yr a Misa a la dicha Catalina de Çamora en San Françisco e en Sant Pedro, e oyo desir al doctor de Buytrago que avia confesado vna ves a Catalina de Çamora, que le oyo desir a ella misma que ayunaua algunos dias de Quaresma e otros ayunos de la Yglesia, e lo al, que lo non sabe.

A la quarta pregunta dixo que lo oyo desir a la misma Catalina de Çamora, que por algunas angustias e nesçesidades, que fasian desir Misas, e que lugo se le fasian las cosas bien.

Trial of Catalina de Zamora

A la quinta pregunta dixo que algunas veses la vido yr ⟨a⟩ Alarcos, al Estrella, en romeria, e lo al que lo non sabe.

A la sesta pregunta dixo que sabe e vido que trabajaua los sabados en filar e lauar e otras fasiendas que eran neçesarias.

A la setima pregunta dixo que sabe que en los sabados guisaua de comer e lo comia; esto, porque lo vido.

A la othaua pregunta dixo que lo non sabe.

A la nouena pregunta dixo que lo sabe porque este testigo la vido ynstroyr en la Real a dicho Gonçalo.

A la desena pregunta dixo que lo non sabe mas de quando que a su hermana Ynes reprehendia Sancho de Çibdad en su casa.

A la honçena pregunta dixo que la vido muchas veses honrar e acatar los tenplos de las yglesias e loar e ensalçar de Nuestra Señora la Virgen Maria, e la eçelençia de Su santidad.

A la dosena pregunta dixo que sabe que todo lo susodicho sea e es publica bos e fama en esta çibdad, e que mas non sabe de lo que dicho ha para el juramento que fiço. |

13v La dicha Catalina de Valuerde, muger de Lope de Mora, que Dios aya, testigo jurado en forma deuida, etç.

A la primera pregunta dixo que la conosçe a la dicha Catalina de Çamora de vista a dos años, poco mas o menos, porque algunas veçes entraua e salia en casa deste testigo.

A la segunda pregunta dixo que a lo que della conosçe, la conosçia por christiana fiel e por tal auida e tenida, e en tal posesion la tenia e vido tener segund lo que publicaua.

A la terçera pregunta dixo que lo non sabe ni miraua en ello.

A la quarta pregunta dixo que lo non sabe.

A la quinta e sesta e setena e othaua e nouena e desena preguntas dixo que lo non sabe.

A la honçena pregunta dixo que la vido honrar e acatar los tenplos de las yglesias e loar e ensalçar el Nonbre de Nuestra Señora la Virgen Maria e Su eçelençia e santidad.

A la dosena pregunta dixo que sabe que todo lo que dicho ha es publica bos e fama en esta çibdad, pero que esta es la verdad para el juramento que fiso.

Witnesses for the Prosecution

[Presentado por el fiscal]

Ferrando de Torres,[10] alcalde en la Hermandad en esta Çibdad

---

[10] A witness at the pronouncement of the sentence against María Alonso and Inés Alonso, No. 11, foll. 8r–v.

Real, jurado en forma, dixo que morando Cathalina de Çamora en vnas casas en la calle que diçen de Las Bestias,[11] e que morava en las dichas casas con ella Ynes Alonso, su hermana, e que estando este testigo e la dicha Ynes Alonso fablando en cosas de nuestra Santa Fe, e la dicha Ynes Alonso reprouando e contradiçiendo las cosas que el dicho Ferrando de Torres la desia en fabor de nuestra Santa Fe Catholica, que allego ende a la saçon la dicha Cathalina de Çamora, hermana de la dicha Ynes Alonso, la qual faboresçia las raçones que la dicha su hermana desia, contradesiendo lo que este testigo desia, e que desque esto vido el dicho Ferrando de Torres, que dixo, tornandose contra la dicha Cathalina de Çamora: ¡Pues pese a Dios con vos! Sy tal erades, ¿por que tornastes a vuestro hijo frayre? E que estonçes respondio la dicha Cathalina de Çamora e dixo: Por darle al diablo, porque era hijo del diablo, e sy entro en la yglesia es por renegar de quanto veo. Aunque esto diçe que dudo vn poco este testigo, porque dixo que non estava muy acordado dello, pero que cree que lo mas çierto es asy en la verdad. E que esto es lo que sabe e vido para el juramento que fiço. |

14r Provança del fiscal contra Cathalina de Çamora
La dicha Maria, yja de Catalina, vesina desta Çibdad Real en la collaçion de Sant Pedro en la calle de Çelliruela, çerca de Alonso de Santolalla, testigo jurado en forma deuida, etç., dixo que al tiempo que quemaron aqui en esta çibdad a vna muger, que yendo este testigo a casa de vna muger que se llama Catalina de Çamora, que mora al esquina de Sant Françisco a la puerta mayor, e es suegra de vn Rodrigo de Torres, que vio como estauan fablando la dicha Catalina e Graçia de Grado, su fija, desiendo que quemauan aquella muger a sin justiçia. E que en esto llego este testigo e dixo que la quemauan porque avia(n) dicho que Nuestra Señora la Virgen Santa Maria era vna muger comun. E que estonçes respondio la dicha Catalina: ¡Que marauilla! ¿Nunca oyestes vos desir que era vna ensangrentada? E que este testigo dixo: ¡Ihesus! ¡Nunca tal oy fasta la ora en que esto!
La dicha Juana de Orosco, muger de Juan Beltran de Guiuara, vesina a Santa Maria en la cal de Rodrigo Regidor, testigo presentado e resçebido e jurado en forma deuida, dixo que vido endechar

[11] In the San Pedro quarter.

Trial of Catalina de Zamora

a Catalina de Çamora, que mora a Sant Françisco, a la muger de Rodrigo, regidor, estando fallesçida [12] ⟨not continued⟩

El dicho Fernand Falcon,[13] testigo presentado e jurado en forma deuida, dixo que la de Juan de Çamora, suegra de Rodrigo de Torres, su sobrino deste testigo, que sabe que ha seydo judia antes de agora, e el por que lo sabe, es porque su madre lo hera e sus hermanos lo son, e han huydo de aqui despues del pregon.[14] E que esta misma Catalina de Çamora tenia por ofiçio de endechar los muertos e desir las endechas, e el por que lo sabe, es porque oyo desir a su sobrina, Mari Dias, fija de Fernando de Torres, que estando ellas juntas en vna camara de casa de su padre, de donde se paresçe desde vna ventana la casa de Nuestra Señora Santa Maria de Alarcos, e le vido dar higas a Nuestra Señora la Virgen Maria; e le dixo la moça por que lo haçia; e le dixo que duelos la diese Dios, que era Nuestra Señora vna puta judihuela. E que pocos dias ha se lo torno a preguntar, e le dixo que como Dios era verdad (era verdad), e se lo torno a contar desta misma manera avia pasado. Et que sabe que la dicha Catalina de Çamora e su fija Graçia de Grado, muger de Rodrigo de Torres, estauan vn viernes en la noche çenando vna caçuela, e que Fernando de Torres, fijo de Fernando de Torres,[15] dio a la puerta, e que la dicha Catalina de Çamora e su fija escondieron la dicha caçuela debaxo de vn arca e que fueron a ver quien era, e que le

14v conosçieron e le abrieron e çerraron la puerta e se | entraron en casa. E que dixo la dicha Catalina de Çamora: Pensando que era otro escondimos esta caçuela que çenauamos, e nos aveys dado turbaçion. E que saco la caçuela e dixo al dicho Fernando de Torres: Pues que asi es, çenemos todos della. E dixo que sabe e vido yr a la dicha Catalina de Çamora e a la dicha su fija Graçia de Grado a casa de Maria Alonso, hermana de la dicha Catalina de Çamora, a holgar el sabado con ella, e le guardaua e holgaua los sabados, e con Ynes Alonso su hermana; esto, asas veses. E que sabe e vido que Graçia de Grado, (e que sabe e vido que Graçia de Grado) susodicha traya vna nomina en ebrayco çeñida al cuerpo, la qual le dio el liçençiado maestre

---

[12] This testimony is repeated in full below; see fol. 15v.
[13] This testimony was rejected; see fol. 16r. See also Biographical Notes.
[14] It seems, therefore, that they fled after the promulgation of the Edict of Grace.
[15] On this family, see Biographical Notes.

[389]

Fernando,[16] porque le diese Dios amor con su marido, la qual perdio en casa deste testigo, morando dentro de las puertas de casa deste dicho testigo. E que la dicha Catalina de Çamora e otras sus hermanas e la dicha Graçia de Grado, desque se fallo la dicha nomina perdida, fisieron tan grandes vuscas e sentimiento por ella fasta que por buena diligençia e busqueda la fallaron en el trascorral. E que sabe que el segundo dia despues de la deçeplina de la reconçiliaçion, que dixo la dicha Catalina de Çamora: Avergonzado nos han las caras e martirizado las carnes, mas el coraçon nunca se mudara de con el Señor. E esto es lo que sabe.

La dicha Mari Gonçales,[17] yja de Juan de Soria, sastre, veçina a Sant Pedro en casa de su padre çerca del Adarue de la puerta de Alarcos, testigo presentado e jurado e resçebido en forma deuida, dixo que en el tienpo que murio Aluaro de Madrid, su amo,[18] que sabe e vido que en el tienpo que murio Aluaro de Madrid, su amo ⟨sic⟩, que sabe e vido que lo vañaron en vn palaçio Catalina de Çamora e su hermana Maria Alfonso, e vido la mortaja, que leuaua mucho lienço, e le tocaron vna toca tomaça,[19] e le endecharon la dicha Cathalina de Çamora e otros. E que esta es la verdad para el juramento que fiso.

La dicha Mari Dias de Torres,[20] esposa de Alonso de Prado, mayordomo del arçobispo, yja de Fernando de Torres, testigo presentado e jurado en forma deuida, dixo que conosçe a Catalina de Çamora, que mora cabe Sant Françisco, hermana de la de Alonso escriuano, e que avra quatro años, poco mas o menos, que fue la dicha Catalina de Çamora a casa de su padre deste testigo, Fernando de Torres, a pedir vn colgujo de vuas; e dixo su señora deste testigo: Mari Dias, sube a la camara e alcançe vn ylo de vuas para Catalina de Çamora. E en la camara donde estauan las vuas estaua vna ventana que salia a la calle, donde se paresçia Nuestra Señora la de ⟨A⟩larcos; e como la dicha Catalina

---

[16] See Biographical Notes.
[17] She testified on 28 October 1483; the testimony was entered in *Libro Primero Çibdad Real*, fol. CCXVI. It was later copied into Leonor de la Oliva's file, No. 123, fol. 23r. On Juan de Soria, see Biographical Notes.
[18] See Biographical Notes.
[19] In the copy cited in the file of Leonor del Oliva (No. 123, fol. 231r) this reads 'Taneça'.
[20] Her testimony was rejected by the defence; see fol. 16r.

Trial of Catalina de Zamora

de Çamora vido a la Señora de ⟨A⟩larcos, diole vna yga e dixo: ¡O, puta vieja, santera e amamuxera! Este testigo, como lo oyo, espantose e dixo: ¿Que es esto que desis? Dixo ella entonçes: Calla, christianilla, yja del christiano. Tornole a desir este testigo: ¿Y desis a Nuestra Señora? Dixo ella: ¡Calla y anda! ¿Que se te da e ti? Esto es lo que sabe e vido e oyo por el juramento que fiso, e non sabe mas. |

15r La dicha Ysabel de Prado, muger de Juan de Cota, escrivano, fijo de Diego de Cota, que Dios aya, que mora en la cal de Çihiruela[21] baxo de Sant Françisco desta çibdad, testigo presentado e jurado en forma deuida e preguntada, dixo que se le acuerda que puede aver quatro años, poco mas o menos, que vn dia, estando este testigo a la puerta de Juan de Gusman, su primo,[22] pasaron vnas conversas que yuan fasia Sant Pedro bien atauiadas. Costança de Gusman, yja del dicho Juan de Gusman, dixo: ¿Vistes estos diablos de conversas, que luçidas y que galanas que van? Estonçes boluio a ella Catalina de Çamora, madre de la dicha Graçia de Grado, e la dio con la mano en el onbro a la dicha Costança de Gusman e la dixo: Callad, que bendita es esta simiente de Muysen. E reyeronse e non ovo mas; e non sabe otra cosa mas de lo que dicho ha para el juramento que fiso.

La dicha Maria de Gusman, donçella, yja de Juan de Gusman, fijo de Clauero Viejo, veçino desta çibdad al esquina de Sant Françisco, testigo presentado e jurado en forma deuida, e preguntado que es lo que saue, dixo que puede aver vn mes, poco mas o menos, que este testigo vn dia fablava con Catalina de Çamora, muger de Juan de Çamora, presa que agora esta en la carçel de la Ynquisyçion, dixo a este testigo: Esta Ynquisyçion que se fase por estos padres tanto se fase por tomar las fasiendas a los conversos como por ensalçar la Fe. E asymismo, que despues de quemado Juan Pintado[23] dixo la dicha Catalina de Çamora a este testigo, Maria de Gusman: Esta es la heregia que fallaron a Juan Pintado: dies e seys savanas e las prestas de su casa, que por esto murio que non porque era ereje. E dixo mas, que vn dia, antes que los señores ynquisidores aqui viniesen, vido como la dicha Catalina de Çamora e su yjo el frayle reñian en casa

---

[21] In the San Pedro quarter. Her testimony was rejected by the defence; see fol. 16r.
[22] She testified for the prosecution against Juan González Escogido, No. 80, fol. 5r.
[23] She meant Juan González Pintado; see his trial, No. 5.

deste testigo, e dixo el frayle a la dicha Catalina de Çamora: Doña puta vieja: si los ynquisidores a aqui vienen, yo vos fare quemar a vos e a vuestras hermanas por judias, e a vuestra madre yo fare sacar los huesos e quemallos, que era judia. E que esta es la verdad de lo que deste fecho sabe.

La dicha Catalina Fernandes,[24] muger de Juan Garçia, fiel, veçino desta Çibdad Real al esquina de Sant Françisco, testigo presentado e jurado en forma deuida, e preguntado que es lo que sabe, dixo que despues que quemaron a Juan Gonçales Pintado, vn dia, este testigo en su casa, vino a ella Catalina de Çamora, muger de Juan de Çamora, defunto, presa que agora esta en la carçel de la Ynquisiçion, e dixo a este testigo: Catalina Fernandes, que viesedes quanta ropa e quantas sauanas sacan de casa de Pintado agora, por aquello vinieron aca estos que non por ensalçar la Fe Catolica, que los bienes son los ereges, que non porque el lo meresçe. E que vn dia, antes que los señores ynquisidores aqui viniesen, vido como reñian Catalina de Çamora e su fijo el frayle, e dixo el frayle a la dicha Catalina de Çamora, su madre: Doña puta vieja: si los ynquisidores aqui vienen yo vos fare quemar a vos e a vuestras hermanas por judias, e a vuestra madre yo fare sacar los huesos e quemarlos, que era judia. E esta es la verdad de lo que sabe.

La dicha Catalina de Pedraça, vesina desta Çibdad Real en la collaçion de Sant Pedro çerca de Pedraça, su hermano, testigo presentado e jurado e reçebido en forma deuida, dixo que despues de pasada la primera penitençia que Catalina de Çamora, que agora esta presa, pasaua por su casa deste testigo, llegando este testigo a la puerta de la calle de su casa, vido venir a la dicha Catalina de Çamora, e alli çerca e en par de su puerta deste testigo, yua disiendo la dicha Catalina de Çamora a vnas mugres de la cal de Çihiruela, que la vna es muger de vno que se desia Garçia Gallo, e esta biuda, e otras dos sus hermanas, que non sabe sus nonbres; dixeron ellas: Dios les de graçia que cunplan su penitençia. Estonçes respondio la Catalina de Çamora: Penitençia por fuerça. E asy se fueron.

La dicha Briolangel de Padilla,[25] muger de Fernand Falcon, testigo presentado e jurado en forma deuida, dixo que lo que sabe es que muchas veses, fablando este testigo con Fernando de Torres,

---

[24] Her testimony was rejected by the defence; see fol. 16r.
[25] Also called Briolán González. This testimony was rejected by the defence; see fol. 16r.

alcalde que agora es de la Hermandad, le dixo a este testigo que el veya faser a Catalina de Çamora, e en sus juros jurar con la
15v Ley de Moysen e cosas de judios, | e aun, que vn viernes en la noche el dicho Fernando de Torres la avia fallado a la dicha Catalina de Çamora fecha vna caçuela para la comer el sabado fria, e que el dicho Fernando de Torres le dixera a la dicha Catalina de Çamora, viendola faser las cosas que fasia e juramentos como de judia: ¡Diablo de muger! Pues que tenedes esto en el coraçon, ¿para que metiedes vuestro fijo frayle? E ella le respondio: Si le meti frayle, fiçelo porque renegase de aquel Dios en quien ellos creen e de todos aquellas cosas que alli fasen. E dixo mas este testigo, que la vido a la dicha Catalina de Çamora endechar a vna muger de Pedro del Poso, conversa, quando murio. E mas, que vido que quando su fija Graçia de Grado caso, que esa noche, desnudandose la dicha Graçia de Grado, vido este testigo como se quexo, desiendo que se le avian caydo vna nomina; e que la buscaron Catalina de Çamora, su madre, e Maria Alonso, su hermana, muger de Alonso, escriuano, e fallaronla; e este testigo fiso mucho por la ver, e viola que era escripta en pergamino de cuero por las espaldas, e non vido de que letra era, saluo que Rodrigo de Torres, su marido de la dicha Graçia ⟨de⟩ Grado, le dixo a este testigo como la dicha nomina era ebrayca, e que el liçençiado maestre Fernando, que quemaron, se la avia dado. E que el domingo adelante, despues de la penitençia, este testigo fablaua con la dicha Catalina de Çamora e le dixo, desiendole: Catalina de Çamora, dad graçias a Dios por esto, que avnque no tengas cargo deste negoçio de la heregia tienes otros cargos a Dios, por donde os viene esto. Ella respondio: Señora, estas carnes pueden avergonçar e atormentar, mas nunca el coraçon se mudara de con el Señor Biuo que lo crio. E que esto es la verdad de lo que deste fecho sabe.

La dicha Juana de Orosco,[26] muger de Juan Beltran, a la collaçion de Santa Maria, testigo jurado en forma deuida, dixo que sabe que quando la muger de Rodrigo, regidor, fallesçio vido como Catalina de Çamora endecho a la dicha muger de Rodrigo, regidor,[27] que se desia Maria de la Torre. E que non sabe mas deste fecho para el juramento que fiso.

---

[26] See fol. 14r.
[27] See Vol. IV, No. 43; cf. Biographical Notes. On Juan Beltrán, see *ibid.*, Nos. 28–29.

La dicha Mari Sanches,[28] ama de Briolangel de Padilla, muger de Fernand Falcon, testigo presentado e jurado en forma deuida, e preguntada, dixo que quando la penitençia ovieron andado en esta çibdad este año pasado los penitentes, el domingo primero despues vido como Briolangel de Padilla dixo a Catalina de Çamora: Pesame, Catalina de Çamora, porque endouistes en la penitençia, que non pensaua yo que tal fisieredes. E la dicha Catalina de Çamora respondio e dixo: Estas carnes y el cuerpo bien puede ser que padescan marterisado, mas el coraçon esta con el Señor que lo crio. E que vido que tanto que la dicha Catalina de Çamora moraua en casa de Juan Garçia de Palençia a Barrionuevo, çerca de Rodrigo de Santa Crus,[29] que en los sabados nunca la veya en su casa asosegada ni faser cosa alguna. E que vio que Alonso, escriuano, marido de Mari Alfonso, hermana de Catalina de Çamora, que llamaua muchas veçes judia a la dicha Catalina de Çamora e a otra hermana suya que se llamaua la malcasada. E que non sabe mas deste fecho para el juramento que fiso. |

The Defence

⟨Second questionnaire of the defence to reject witnesses for the prosecution⟩.

16r Cathalina de Zamora.

Reverendos y Muy Virtuosos Señores:

Yo, Françisco de Hoçes, como procurador de Catalina de Çamora susodicha, paresco ante Vuestra Merçed, e vos pydo e soplico que, en el pleito que trate con el dicho promutor fyscal en el dicho nonbre de la dicha Catalina de Çamora, en el caso y articulo de tachas e ojebtos puestos contra los testigos del dicho fyscal, a los testigos que por mi son e seran presentados para prevadirlas, Vuestra Reverençia les faga o mande faser las preguntass syguientes:

I Primeramente, sy conosçen a la dicha Catalina de Çamora, mi parte, e a Fernando Falcon, e ⟨a⟩ Maria Dias, fija de Fernando de Torres, regidor, e ⟨a⟩ Maria Sanches, muger de Pedro de Palençia, e ⟨a⟩ Briolanje ⟨sic⟩, muger del dicho Fernand Falcon, e ⟨a⟩ Ysable de Prado, muger de Juan de Coca,[30] e a Juan Gusman,[31]

---

[28] Her testimony was rejected by the defence; see fol. 16r.
[29] See Biographical Notes.
[30] All of these testified for the prosecution; see foll. 14r–15v.
[31] He did not testify, but his daughter María did; see Biographical Notes.

e a Juana Lopes, muger de Garçia, texedor, cryada de Fernand Falcon, e a la Cordovesa, cosynera de Sant Françisco que fue, e a la Tarrancona, muger de Nyculas, maderero, e a Maria Lopes e ⟨a⟩ Teresa, su hermana, fijas de la Tarrancona, e a Mayor Gusman, vesynas de la del Fiel, e a Catalina Fernandes, muger del Fiel.[32]

II Iten, sy saben o creen o vyeron o oyeron desyr que el dicho Fernand Falcon sea enemigo capytal de la dicha Catalina de Çamora, y la aguardase y aguardo para la ferir e matar, e arremetyese e arremetyo con ella a la puerta de Alonso Catalan, e le diese e dyo con vn puñal dos golpes, e le diera mas, saluo por buenas personas que entrevinyeron e lo estorvaron.

III Yten, sy saben, etç., que sobre lo susodicho fuese dada quexa a la justiçia desta çibdad del dicho Ferrand Falcon, e entreviniesen e entrevinieron muchas personas, rogando a la dicha Catalina de Çamora perdiese la quexa.

IIII° Yten, sy saben, etç., que el dicho Fernand Falcon dixese e dixo en muchos lugares que avnque supiese dar tres bueltas en el ynfierno avya de haser quemar a la dicha Catalina de Çamora.

V Yten, sy saben, etç., que el dicho Fernand Falcon yndosya e yndusyo y atraxo testigos para que testificase⟨n⟩ contra la dicha Catalina de Çamora, y demas sea y aya seydo perjuro e falsario.

VI Yten, sy saben, etç., que la dicha Maria Dias, fija de Fernando de Torres, aya seydo y es enemyga de la dicha Catalyna de Çamora, porque caso a Rodrigo de Torres, su hermano, con su fija Graçia de Grado, y asymismo que desya e dixo que la dicha Catalina de Çamora era su enemyga, porque ella avia seydo cavsa que matasen a Fernando de Torres, su padre. |

VII Yten, sy saben, etç., que por estas dichas cavsas todos los fijos de Fernando de Torres e la dicha Maria Dias, çebto Rodrigo de Torres, sean e son enemygos de la dicha Cathalina de Çamora, e a plaser e consentymyento dellos Myguel de Torres, su hermano, la aguardase y aguardo para la apalear vna ves, y otra para la acuchillar, e mar otra ves, y lo puso en obra, saluo por buenas personas que entrevynyeron e la avysaron.

VIII° Yten, sy saben, etç., quella dicha Maria Dias fuese y es atrayda e yndusyda e amenasada, por que testificase contra la dicha my parte, por el dicho Fernando Falcon.

IX Yten, sy saben, etç., que la dicha Maria Sanches, muger de

---

[32] She testified for the prosecution; see fol. 15r.

Pedro de Palençia, cryada del dicho Fernand Falcon, aya seydo y es mançeba de vn frayle y muger mala de su cuerpo, y que acostunbra andar por las tavernas y beue demasyado fasta fartar, y ser muger que toma lo que halla en cada casa, y sea muger raes e muy ligera de pervertyr.

X Yten, sy saben, etç., que la dicha Briolangel, muger del dicho Fernand Falcon, harya qualquyer cosa por haser plaser a su marido, y por su amor sea y es enemiga de la dicha my parte.

XI Yten, sy saben, etç., que la dicha Ysabel de Prado sea y es enemyga de la dicha Catalina de Çamora, porque entre la dicha Graçia de Grado y la dicha my parte e la dicha Ysabel de Prado ovieron muchas palabras feas, y sobre ello rynieron sus marydos y entrevino la justiçia, entro e los puso en tregua, y oy dia non se ablan sobre ello.

XII Yten, sy saben, etç., que la dicha Ysabel de Prado sobornase e soborno e atraxo testigos para que dixesen contra la dicha Catalina de Çamora.

XIII Yten, sy saben, etç., que el dicho Juan de Gusman sea y es onbre de muy mala lengua y afyrma graves cosas de falsos testimonios, syn las saber y ser.

XIIII° Yten, sy saben, etç., que el dicho Juan de Gusman sea y es enemygo de la dicha Catalina de Çamora, porque la dicha Graçia de Grado, su fija, y la dicha mi parte, tenyan y tyenen a su fija del dicho Juan de Gusman en su casa.

XV Yten, sy saben, etç., que la dicha Juana Lopes, muger del dicho Garçia, texedor, sea y es cryada del dicho Fernando Falcon, e muger que tyene fijos de muchos onbres, e es muger muy libiana e de raes condiçion. |

17r XVI Yten, sy saben, etç., que la dicha Cordovesa, cosynera de Sant Françisco, que fue e es famyliar del dicho Fernand Falcon, e por suya le dyo vna saya, e sea e es muger libiana y errada y alcahueta, y por tal trae vna cuchillada por la cara, y sea y es atrayda del dicho Fernand Falcon para testificar contra la dicha mi parte.

XVII Yten, sy saben, etç., que la dicha Tarancona, muger del dicho Nyculas, maderero, sea y es muger raez y alcahueta, e uiviendo su marydo fuese mançeba de Alonso Garçia de la Çarça.

XVIII° Yten, sy saben, etç., que la dicha Tarancona sea y es enemiga de la dicha Catalina de Çamora, e desya e dixo en muchos logares que antes que se gastasen las tocas de su cabeça la avia de haser quemar porque le [ ] [ ] [ ] dado en quyen se vengase.

XIX   Yten, sy saben, etç., que la dicha Maria Lopes e Teresa, su hermana, fijas de la dicha Tarancona, fuesen e son yndusydas e atraydas a que testificasen contra la dicha mi parte por la dicha Tarancona, su madre.

XX   Yten, sy saben, etç., que la dicha Maria de Gusman e la de Aguilera, vesinas de la del Fiel, sean e son mugeres livianas e muy raeses e de poco saber e entender e pobres e mendigas en arto grado, que non lo tornen sy non lo pyden por Dyos.

XXI   Yten, sy saben, etç., que de todo lo susodicho y cada cosa dello en esta dicha çibdad sea publica bos y fama.

Otrosy, Reberendos Señores, en el dicho nonbre vos pydo e suplico que de vuestro ofiçio, el qual ynploro, les fagays e mandeys faser las otras preguntas al caso pertenesçientes, segund que la natura del negoçio requyere. E pido e protesto las costas. |

17v   *Blank page*

18r   Muy Reuerendos e Virtuosos Señores
Jueses Ynquisidores susodichos: Yo, el dicho Françisco de Hoçes, procurador de la dicha Catalina de Çamora, en su nonbre, digo que por Vuestra Merçed visto⟨s⟩ y examinados los dichos y depusiçiones que los testigos por mi en el dicho nonbre presentados en el dicho pleito ⟨que⟩ con el dicho promutor fiscal ante Vuestra Reuerençia trato, fallarades que yo prove conplidamente la entençion de la dicha mi parte, conviene a saber, la dicha Catalina de Çamora aya seydo y es fiel e verdadera christiana y por tal avido, teniendo e guardando todo lo que la Santa Madre Yglesia tiene y guarda, y su conversaçion ser de catolicos christianos, segun que todo mas larga y claramente se prueua por la dicha su prouança. E asymesmo, la dicha mi parte trauajase e trabajo todos los sabados, syn otra diferençia como los otros dias de la semana que son de trabajo, asy filando como hasiendo otras obras seruiles, e que en los sabados guisase e guiso lo que avia de comer en ellos; y que en quanto pudo ovo honrado e honro los tenplos de Nuestra Señora la Virgen Maria y ensalço la bondad de Su santidad, asy en fecho como en dicho, e yncrepase e yncrepo los que seguian la Ley de Moysen; e que ynstruyo y enseño a los que careçian de la Fe Catolica y de su dotrina, y por esto ser aborreçida dellos. Y que de todo lo susodicho y

de cada cosa dello avia seydo y es publica bos e fama en esta dicha çibdad.

E vistos los testigos presentados por el dicho fiscal, y como por ellos non prueua cosa alguna de su yntençion, por que pido a Vuestra Merçed que pronunçiades la yntencion del dicho promutor por non prouada en mas que lo contenido en la dicha mi reconçiliaçion, e la yntinçion de la dicha mi parte por bien prouada, fagades en todo segund que de suso por mi en el dicho nonbre vos esta pedido y suplicado, lo qual deue Vuestra Reuerençia asy faser, syn enbargo los dichos e deposiçiones de los dichos testigos del dicho fiscal, los quales non hasen fe ni prueua alguna, nin el dicho fiscal aprouechar ni a mi enpeçer por lo syguiente: Lo vno, porque los dichos testigos deponen de oydas e de creençia, e non çierta sabiduria, segun se requiere; lo otro, porque los dichos testigos son solos e singulares en sus dichos e depusiçiones; lo otro, porque todos los dichos testigos presentados por el dicho fiscal son enemigos de enemiga grande y capital de la dicha Catalina de Çamora, mi parte, e son falsos, e sobornados para que viniesen a testiguar contra ella, e son raheses e de muy leve abtoridad, tales que dirien, como dixeron, el contrario de la verdad. E oponiendo contra los dichos destos ⟨stain⟩ e los testigos mas en espeçial, digo que el primer dicho, que dise contra la dicha mi parte ⟨que⟩ desia que la Virgen Maria era vna ensangrentada, etç., al dicho fiscal non ayuda nin a mi enpeçe, porque es syngular, y demas por lo que dicho tengo | e alegado en la dicha mi respuesta en el primer artyculo. El segundo dicho o deposiçion non daña a la dicha mi parte porque dello se ovo reconçiliado e fiso penitençia, por el qual dicho pareçe que ella non endechase por çerimonia judayca, pues se hasia en llantos de tan catolica christiana como era la muger de Rodrigo, regidor. El dicho terçero, que dise que la dicha mi parte ha seydo judia, non aprouechan al dicho fiscal, porque non es concluyente, que non se sygue que porque su madre e sus hermanas fuesen judias, de neçesario lo fuese la dicha mi parte, y pues non entiende lo que dise, e asymesmo es syngular, su dicho non es baledero; en quanto al endechar digo lo que en el segundo. E do disen que la dicha mi parte dixese que Nuestra Señora era vna puta judiguela, etç., es dicho syngular e depone de oydas y non de çertenidad, por que non vale nin fase prueua; y en quanto dise que vn viernes en la noche comiese de vna caçuela, e es syngular, y mas, que non dise que la comiese por

Trial of Catalina de Zamora

honra del sabado ni por otra çelimonia ⟨sic⟩ judia; e do dise que la dicha mi parte guardava los sabados, etç., es syngular, por lo qual tal depusiçion non vale. El quarto dicho, que dise la dicha Catalina de Çamora vaño al dicho Aluaro de Madrid e lo endecharon, etç.[33] en parte es syngular e en parte digo lo que en el segundo artyculo, e demas, que al tienpo que el dicho Aluaro de Madrid murio non entro en su casa ni fue a su enterramiento. El quinto testigo e deposiçion, que dise que la dicha mi parte dio vna figa a la Señora de Alarcos e le dixese puta vieja santera, etç., es depusiçion syngular, por lo qual non fasen fe ni prueua. El sesto dicho e deposiçion al dicho fiscal non aprouechan, porque es syngular e non dixo cosa de eregia. E el setimo dicho e deposiçion e el otauo al dicho fiscal non aproueucha⟨n⟩ ni a la dicha mi parte enpeçen, porque son, como son, de caso estraño de eregia. El noveno dicho al dicho fiscal non aprouecha por ser, como es, syngular, y que non se deprehende eregia. El deseno dicho e deposiçion, que dise que oyo a vn onbre desir que la dicha mi parte juraua en sus juramentos por la Ley de Muysen, etç., al dicho fiscal non aprouecha porque es syngular y depone de oydas e non de çertenidad; y en quanto dixo que la dicha mi parte endechaua, digo lo que en el segundo, e por tanto, contradigolo. El onseno dicho e | deposiçion non aprouechan al dicho fiscal por lo que dixe en el segundo dicho. El doseno dicho e deposiçion a la dicha mi parte non enpeçe, por quanto non dise que la dicha mi parte guardase el sabado, saluo dise que nunca coçenaua los sabados, y de sus palabras, quien bien lo quisiere mirar, se colige de ser mentira, porque fabla titubando. Et contradisiendo e tachando a las personas de los dichos testigos del dicho fiscal, despues de sus depusiçiones tachadas, digo que el dicho Fernando Falcon non aprouecha al promutor fiscal por ser, como es, enemigo grande de enemiga capital de la dicha Catalina de Çamora, mi parte, asy por le haser obras de enemigo, arremetiendo ella con vn puñal por la matar, como porque por otros lugares dise e publica y la ha de haser e mas, avnque sepa dar tres bueltas en el infierno; e asymesmo, yndusiendo testigos que que veniesen a testificar contra la dicha mi parte; y demas, que es perjuro e falsario e por tal condenado; y mas, que tiene grande enemiga con la dicha mi parte, porque saco a su fija, Graçia de Grado, de su casa, porque se quexo su fija, y la alcagueteaua

---

[33] See Biographical Notes.

el e su muger para vn escudero desta çibdad, por lo qual dixo que la avia de faser quemar. Iten, el dicho de Mari Dias, fija de Fernando de Torres, non enpeçe a la dicha mi parte por quanto ella e todos sus hermanos son enemigos della, a causa que caso la dicha mi parte su fija con Rodrigo de Torres, su hermano, por lo qual ovo entrebos grandes enemistades e duran fasta el dia de oy, y trabajaron todos de la desonrar, aguardandola para la acuchillar e matar e faser otras desonras, e desto eran todos en dicho e consejo; y demas, que la dicha Maria Dias fue atrayda e amenasada porque esto fiçiese contra la dicha mi parte por el dicho Ferrando Falcon. Iten, el dicho de Mari Sanches, muger de Pedro de Palençia, criada del dicho Fernand Falcon, non aprovecha al dicho fiscal, por quanto es puta e borracha e mançeba de vn frayle e ladrona y de ocho dias es syete borracha, de lo qual se colige vien claro ser muger rahes e de leue abtoridad;

19v por tanto, contradigola, | asy por esto como por ser criada de Ferrand Falcon e endusida por el. Iten, el dicho de Briolanjel de Padilla non enpeçe a la dicha mi parte, por ser muger de Ferrand Falcon, enemigo de la dicha mi parte, et asymesmo que le tiene enemiga por contentar a su marido, e por lo que cometia contra la dicha Graçia de Grado, su fija. Iten, el dicho de Ysabel de Prado, muger de Juan de Coca, non aprouecha al dicho fiscal porque es enemiga de la dicha mi parte e pasaron palabras entre ellas de grand enemiga, por do fasta el dia de oy non se fablan e sobrello han enredado las justiçias, la qual rogaua e sobornaua a otros que viniesen a desir contra ella. Iten, el dicho Juan de Gusman non enpeçe, que es onbre de mala lengua e afirma graues cosas contra qualesquier personas por poco que le toque y es enemigo de la dicha mi parte, porque fue causa que su fija del dicho Juan de Gusman que la resçebiese en su casa el dicho Rodrigo de Torres, su yerno. Iten, el dicho de Juana Lopes, criada del dicho Ferrando Falcon, non aprovecha, y es muger rahes e de leue abtoridad, muy pobre e muger errada por su liuiandad. Iten, el dicho de la Cordouesa, cosinera que fue de San Françisco, non enpeçe, que es familiar del dicho Ferrando Falcon e muger de leue abtoridad e muger muy errada, e por tal trae cuchillada en la cara, y es alcahueta y atrayda y endusida por el dicho Ferrando Falcon. Iten, el dicho de la Tarancona, muger de Nycolas, maderero, non enpeçe, por quanto es muger rahes e de muy leue abtoridad, y es fechisera e alcahueta, e seyendo biuo su marido era mançeba de Alonso Garçia de la Çarça, y es enemiga capital

Trial of Catalina de Zamora

de la dicha mi parte, asy por faserle tales obras como porque andaua disiendo publicamente que avia de façer quemar a Catalina de Çamora. Iten, el dicho de Mari Lopes e de Teresa, su hermana, fijas de la dicha Tarancona e de Nicolas, maderero, non aprouechan al dicho fiscal, por quanto por la dicha enemiga endusio a sus fijas que testyficasen contra la dicha mi parte. Iten, el dicho de Maria de Gusman non enpeçe ni | ⟨here the page ends; The defence argument is continued on fol. 29r and is therefore added here⟩

29r el dicho de la Aguilera, vesina de la del Fiel, e ⟨de⟩ la dicha Catalina Fernandes del Fiel, porque son mugeres de leue abtoridad, e la dicha Maria de Gusman es de liuiano seso en tanto grado que diria el contrario de la verdad por presumir que saben e los tengan por christianos. Y por tanto, contradigo e tacho los dichos testigos e sus deposiçiones e dellos e cada vno dellos, asy en dicho como en personas. Por ende, Reuerendos Señores, pues el numero de los dichos mis testigos es en tanto grado que eçede en mas de las dos partes de los testigos del dicho fiscal, y su gran bondad y mayoridad de toda cabçion mayores, y como deponen de tan antiguo tienpo e de tanta parte e paçion e vesindad, yo vos pido e suplico, en el dicho nonbre, dedes por libre e quita a la dicha mi parte, segund y de suso pedido tengo, e negando lo perjudiçial, saluo pertinençia neçesario, non obligandome a mas, concluyo, e pido e protesto las costas.

(–) Françisco de Hoçes |

29v En III de setienbre de LXXXIIII años, por Françisco de Hoçes,
3 Sept. a nonbre de Catalina de Çamora, contra el promutor fiscal
1484 el terçero dia.

19 Sept. En XIX de setienbre de LXXXIIII el fiscal dixo las rasones que
1484 estan asentadas e se concluyo. E Françisco de Oçes concluyo, ⟨e⟩ los señores con ellos segund a terçero dia. |

30r-v *Blank folio*

Reply of the Prosecutor

31r E luego el dicho fiscal dixo que su merçed fallaran su intençion bien prouada, tanto quanto de derecho basta, para faser lo por el pedido, pero non obstante lo ex adverso alegado e dicho contra los testigos e deposiçiones por el presentados, que lo que non ha, por quanto ellos son personas de honra e rectos e de buena fiança e conçiençia, e deponen de çierta vista e çiençia, e son conformes en sus dichos e deposiçiones e non concurrieron en ellos aquellas tachas que segund derecho en el tal caso se requiere, e asy, pide lo que pedido tiene. Esomismo fallaran sus merçedes la justiçia de la dicha parte adversa non prouada, en manera que a el non dapna ni a ella aprouecha, lo vno, porque los testigos por ella presentados son personas uiles e de leue testimonio e contrarios en sus dichos e deposiçiones, e los mas dellos reconçiliados e infames, e otros, parientes e apaniguados de la dicha Catalina de Çamora, e otros, furiosos, e fueron sobornados, e deponen de oydas e vanas creençias e non de çierta çiençia, e concluyo. |

Witnesses for the Defence

20r En XVIII° de setienbre
18 Sept. Prouança de Catalina de Çamora
1484 La dicha Costança de Gusman,[34] testigo presentado e jurado en forma deuida e preguntado por las preguntas del dicho ynterrogatorio:

A la primera pregunta dixo que conosçe a la dicha Catalina de Çamora de seys a syete años aca, poco mas o menos, por conversaçion e amistad asas que con ella ha tenido, e a Fernand Falcon e ⟨a⟩ Briolangel, su muger, de quatro años a esta parte, e a la dicha Maria Sanches, muger de Pedro de Palençia, desde el dicho tienpo, e a Ysabel de Prado, muger de Juan de Coca, de seys años a esta parte, porque es su tia, e al dicho Juan de Gusman, que es su padre deste testigo, e a Juana Lopes, criada de Fernand Falcon, de quatro años a esta parte, e a la Cordouesa, cosinera de Sant Françisco, de quatro años a esta parte, e a Maria de Gusman que la conosçe desde que se acuerda, porque es su tia, e a Catalina Fernandes, muger del Fiel, que la conosçe de quatro o çinco años por vista e conversaçion a fabla que con ella ha avida ⟨sic⟩; e a los otros, que los non conosçe.

A la segunda pregunta dixo que lo vido, porque ⟨sic⟩ lo oyo desir a muchas personas al tienpo que acaesçio, que fue puede aver quatro años.

A la terçera pregunta dixo que lo non sabe ni vido, pero que lo oyo desir en el dicho tienpo a muchas personas.

A la quarta pregunta dixo que lo non sabe, pero que lo ha oydo desir lo contenido en la dicha pregunta a muchas personas, pero que se non acuerda en que caso.

[34] Daughter of Juan de Guzmán.

Trial of Catalina de Zamora

A la quinta pregunta dixo que lo ha oydo desir a muchas personas, pero que lo non sabe de çierto.

A la sesta pregunta dixo que lo oyo desir a muchas personas lo contenido en la dicha pregunta, e que esta delante deste testigo vna ves el dicho Miguel de Torres rinio con la dicha Catalina de Çamora e la amenaço, llamandola puta vieja e amenaçandola que ella se lo pagaria.

A la setima pregunta dixo que lo non sabe, pero que lo oyo desir a algunas personas que se non acuerda.

A la othaua pregunta dixo que lo non sabe, pero que lo oyo desir.

A la nouena pregunta dixo que lo non sabe.

A la deçena pregunta dixo que lo sabe segund en la dicha pregunta se contiene, porque este testigo vido como la dicha Ysabel de Prado rinio con Rodrigo de Torres e con Graçia de Grado e ovieron feas palabras, e lugo sobre esto rinieron Juan de Coca, marido de la dicha Ysabel de Prado, e el dicho Rodrigo de Torres, de la qual causa ovo ende de venir el alcalde e pusolos en treguas, e que despues aca nunca se ha⟨n⟩ fablado la dicha Ysabel de Prado e Graçia de Grado, cree que la plaçeria de todo e qualquier daño e mengua que le viniese a la dicha Catalina de Çamora e a Graçia de Grado, su fija, e avn,[35] {porque vn dia dixo a este testigo la dicha Ysabel de Prado: Sobrina, ¿acuerdaseos un dia que estuuimos vos e yo e dixistes vos a vnas conversas que pasauan: "que los vna estos diablos conversos", e dixo Catalina de Çamora: "Callad, que bendita esta Ley de Moysen"? Por eso, oyendolo a desir, e dixo este testigo: Nunca tal oy. E por esto conosçe que la quiere mal.}

A la honçena pregunta dixo que lo non sabe.

A la dosena pregunta dixo que sabe que el dicho Juan de Gusman, su padre, es buen ydalgo, e non es onbre que dixese lo que no diuiese, saluo la verdad.

A la treçena pregunta dixo que sabe que el dicho Juan de Gusman es enemigo de la dicha Catalina de Çamora, a causa porque esta este testigo, que es su fija, en su casa, e a el non le plase, e puesto sabe tanto que la quiere mal. |

A la catorçena pregunta dixo que lo non sabe.

A la quinçena pregunta dixo que lo non sabe, pero que lo na oydo desir a muchas personas, que non se acuerda quien son.

---

[35] On this appreciation of the Conversos, see Beinart, pp. 235-236.

A las dies e seys preguntas dixo que lo ha oydo desir, pero que lo non sabe ni vido.

A las dies e siete preguntas dixo que lo non sabe, pero que lo ha oydo desir a Rodrigo de Torres e a otros muchos, que non se acuerda quien son.

A las dies e ocho preguntas dixo que lo oyo desir a Rodrigo de Torres e a otras muchas personas, que se non acuerda quien son, pero que lo non sabe ni vido.

A las dies e nueue preguntas dixo que sabe ser verdad lo contenido en la dicha pregunta, porque este testigo las conosçe bien, en espeçial a la dicha Maria de Gusman, e que sabe que son mugeres liuianas e raeçes e de poco saber e entender e pobres mendigas, e que son pobres, que non lo comen saluo sy no se lo dan por Dios.

A la veyntena pregunta dixo que sabe que todo lo que dicho ha sea e es publica bos a fama en esta çibdad entre las personas que este testigo conosçe que la conosçen, e que non sabe mas deste fecho por el juramento que fiso.

Maria de la Torre, muger de Collaços

I La dicha Maria de la Torre, testigo presentado por parte de la dicha Cathalina de Çamora, jurada en forma, preguntada por las preguntas del interrogatorio, por la primera dixo que conosçe a Fernand Falcon e que conosçe a la dicha Cathalina de Çamora e a Briolangel, muger de Fernand Falcon, e a Ysabel de Prado, muger de Juan de Coca, e a Juan de Gusman, e a Juana Lopes, muger de Juan Garçia, texedor, criada de Fernand Falcon, e a la Cordovesa, e a la Tarancona, muger de Nicolas, e a Maria Lopes e a Teresa, su hermana, hija de la Tarancona, e a Maria de Gusman.

II A la segunda pregunta dixo que non lo sabe, pero que lo oyo desir.

III A la terçera pregunta dixo que lo non sabe.

IIII° A la quarta pregunta dixo que lo sabe segund que en la dicha pregunta se contiene. Preguntada como, dixo que porque este testigo gelo vido desir al dicho Fernand Falcon dentro en el monesterio de Sant Françisco.

V A la quinta pregunta dixo que lo avia oydo desir en esta çibdad.

VI A la sesta pregunta dixo que lo non sabe, pero que lo oyo desir a Catalina de Çamora, e aun que la abian aguardado para

Trial of Catalina de Zamora

la matar porque caso a su fija con Rodrigo de Torres, e que la tenian por enemiga por ello.

VII   A la sesta[36] pregunta dixo que lo oyo desir a la dicha Cathalina de Çamora que la desonravan e amenguavan a causa del dicho casamiento.

VIII°   A la otaba pregunta dixo que lo oyo desir a Rodrigo de Torres o a su muger.

IX   A la IX pregunta dixo que en lo della ha conosçido y conosçe, que es muger liuiana e rahes, e que cree lo otro contenido en la dicha pregunta es verdad. |

21r X   A la desena pregunta dixo que lo cree segund que en la dicha pregunta se contiene.

XI   A la honçena dixo que lo oyo desir a la dicha Ysabel de Prado e a Juan de Coca lo contenido en la dicha pregunta, e aun que por ello dieron al dicho Juan de Coca su casa por carçel, segund que el lo dixo a este testigo.

XII   A la dozena pregunta dixo que lo non sabe.

XIII   A la XIII pregunta dixo que lo avia oydo desir a muchas personas desta çibdad.

XIIII°   A la XIIII° pregunta dixo que sabe que la dicha Cathalina de Çamora e la dicha Graçia, su fija, tienen en su casa a Costança de Gusman, fija de Juan de Gusman, e dixo que cree verdaderamente que pues el quiere mal de muerte a la dicha su fija, que tanbien quiere mal de muere a la dicha Cathalina de Çamora e a la dicha Graçia, su fija, porque la tienen en su casa.

XV   A la XV pregunta dixo que sabe que tiene hijos, mas que non sabe de quantos padres. E que non sabe de que condiçion es.

XVI   A la XVI pregunta dixo que oyo desir todo lo contenido en la dicha pregunta; e que sabe que tiene vna cuchillada por la cara, y que entra y sale en casa de Fernando Falcon.

XVII   A la XVII pregunta dixo que lo oyo desir que era mançeba del dicho Alonso Garçia de la Çarca, y que en lo que della conosçe sabe que es muger rahes e liuiana.

XVIII°   A la XVIII° pregunta dixo que lo oyo desir, pero que non lo sabe.

XIX   A la XIX pregunta dixo que non lo sabe.

XX   A la XX pregunta dixo que sabe que la dicha Maria de Gusman es muger libiana y de poco seso y pobre, y que la

---

[36] This should be 'setima'.

otra non sabe, saluo que diçe que anda por las aldeas a vender capillas.

XXI A la XXI pregunta dixo que de lo que dicho ha sabe que es publica bos e fama en esta çibdad. E que esto es lo que sabe del fecho por el juramento que fiço.

Juan de la Torre, veçino desta çibdad

I El dicho Juan de la Torre, testigo presentado por parte de la dicha Cathalina de Çamora, jurado en forma, preguntado por las preguntas del interrogatorio, por la primera pregunta dixo que conosçe a todos los contenidos en la dicha primera pregunta, exçepto a la Cordovesa.

II A la segunda pregunta dixo que sabe que seyendo escriuano este testigo publico ⟨sic⟩ en esta çibdad, e alcalde el bachiller Juan Dias de la Cruz, que el dicho Fernand Falcon quiso matar a la dicha Cathalina de Çamora con vn puñal, e que sabe que sobrello fue preso el dicho Ferrand Falcon, e que sienpre ha vido desir al dicho Fernand Falcon mal de la dicha Cathalina de Çamora, llamandola puta vieja vella, e desiendo que la ha de cortar las nariçes. |

21v III A la terçera pregunta dixo que desia lo que dicho abia en la segunda pregunta.

IIII°, V A la quarta pregunta dixo que non lo sabe, e a la quinta pregunta dixo que non lo sabe.

VI A la sesta pregunta dixo que sabe que la dicha Maria Dias ha tenido e tiene grande enemistad con la dicha Cathalina de Çamora, a causa del casamiento de Rodrigo de Torres que fiço con su hija Graçia de Grado, e que asymismo la han tenido e tienen los hermanos del dicho Rodrigo de Torres contra la dicha Cathalina de Çamora, a causa del dicho casamiento, y que sabe que ninguno dellos non la habla por ello.

VII A la setima pregunta dixo que desia lo que dicho abia en la sesta pregunta.

VIII° A la otaba pregunta dixo que lo que sabe es que sabe que es su enemiga de la dicha Cathalina de Çamora, e la ⟨ha⟩ oydo desir grandes males della.

IX A la IX pregunta dixo que sabe que es muger de mala fama, mançeba de vn frayre e muger de malas manos y rahes e leviana e muger muy ligera de peruertir.

X A la X pregunta dixo que cree verdaderamente que la dicha Briolangel fara lo que su marido la mandare por lo façer plaçer, e que cree que por amor suyo queria mal a la dicha Cathalina de Çamora.

XI, XII A la XI pregunta dixo que non lo sabe; a la XII pregunta dixo que non lo sabe.

XIII A la XIII pregunta dixo que sabe que el dicho Juan de Gusman es soberuio y de mala lengua y que quiere mal a la dicha Cathalina de Çamora e a su fija Graçia de Grado, a causa de vna su hija que se le fue y esta en casa de la dicha Cathalina de Çamora.

XIIII° A la XIIII° dixo que desia lo que dicho abia en la XIII pregunta.

XV A la XV pregunta dixo que sabe que la dicha Juana Lopes es muger rahes e mala muger de su cuerpo e de mala lengua.

XVI A la XVI que non la conosçe.

XVII A la XVII dixo que lo sabe segund que en ella se contiene, esçepto de la hechiçerias, que non sabe.

XVIII A la XVIII dixo que fablando vn dia este testigo con la dicha Tarancona, que le dixo que la dicha Cathalina de Çamora e las hijas de Çarça avian muerto a vna su fija con yeruas y que ella las faria quemar.

XIX A la XIX pregunta dixo que sabe que las contenidas en la dicha pregunta son hijas de la Tarancona, e que cree que jurarian lo que su madre les mandase, como mugeres libianas e de mal saber.

XX A la XX pregunta dixo que sabe que las mugeres en ella contenidos, que son mugeres pobres. Y que esto es lo que sabe deste fecho para el juramento que fiço.

(–) Juan de la Torre |

22r El bachiller de Molina,[37] bachiller de la gramatica

I El dicho bachiller, testigo presentado por parte de la dicha Cathalina de Çamora, jurado en forma, preguntado por las preguntas del interrogatorio, por la primera pregunta dixo que conosçe a las contenidas en la dicha pregunta, exçepto a la Tarancona e a sus fijas, que dixo que no conosçe.

II A la segunda pregunta dixo que sabe que el dicho Fernand

---

[37] His full name was Juan de Molina. He testified for the defence at the trial of Diego López, shoemaker, No. 86, fol. 9r. In addition, he taught his daughter Jewish traditions. See the trial of Mayor González, No. 116, fol. 4v.

Falcon quiere mal a la dicha Cathalina de Çamora, e que oyo desir que la quiso matar vna ves.

III A la terçera pregunta dixo que non lo sabe de çierto.

IIII° A la quarta pregunta dixo que non lo sabe.

V A la quinta pregunta dixo que non lo sabe.

VI A la sesta pregunta dixo que sabe que la dicha Maria Dias e Fernando de Torres, su hermano, son enemigos e quieren muy mal a la dicha Cathalina de Çamora, porque caso a su hija con Rodrigo de Torres.

VII A la setima pregunta dixo lo oyo desir a personas çiertas.

VIII° A la otaba, que non lo sabe.

IX A la novena pregunta dixo que la conosçe por mançeba de vn frayre, y que esto sabe de la dicha pregunta.

X A la desena pregunta dixo que sabe que la dicha Briolangel quiere mal a la dicha Cathalina de Çamora, e que cree que fara lo que su marido la mandare.

XI A la XI pregunta dixo que lo sabe porque gelo dixo la muger de Juan de Coca, Ysabel de Prado.

XII A la XII pregunta dixo que non lo sabe.

XIII A la XIII pregunta dixo que sabe que el dicho Juan de Gusman es onbre soberuio e de mala lengua.

XIIII° A la XIIII° pregunta dixo que sabe que el dicho Juan de Gusman quiere mucho mal a la dicha Cathalina de Çamora a causa de vna su hija que le tiene en su casa.

XV A la XV pregunta dixo que sabe que la dicha Juana Lopes, criada del dicho Fernand Falcon, tiene fijos de dos onbres, y que es muger liuiana.

XVI A la XVI pregunta dixo que sabe que es muger liuiana.

XVII, XVIII°, XIX A la XVII e XVIII° e XIX pregunta dixo que non se acordava conoçerlas, e que non lo sabe.

XX A la XX pregunta dixo que sabe que Maria de Gusman es muger muy pobre, e que quanto a las otras, que non lo sabe.

Por las otras preguntas al fecho pertenesçientes, dixo que desia lo que dicho abia; e que esto es lo que sabe para el juramento que fiço.

(–) Iohanes de Molina |

22v El dicho Juan de la Sierra,[38] vesino de Çibdad Real, testigo

[38] He, too, was a Converso; see his trial (No. 118) and Biographical Notes. This testimony has been written in the file by another scribe. The usual marginal numbers given to replies are lacking here.

presentado e jurado en forma deuida, preguntado por las preguntas del dicho ynterrogatorio:

A la primera pregunta dixo que conosçe a la dicha Catalina de Çamora de mas de quinse años a esta parte por vesina e fabla que con ella algunas veses ha tenido, e al dicho Fernando Falcon de desde el dicho tienpo aca e antes, e a la dicha Mari Dias, fija de Fernando de Torres, que la conosçe de quatro años aca, poco mas o menos, e a la dicha Briolangel de Padilla, muger de Fernand Falcon, de mas de dose años, e al dicho Juan de Gusman de dose o trese años, e a los otros contenidos en la dicha pregunta que los non conosçe.

A la segunda pregunta dixo que lo que desta pregunta sabe es que vn dia, antes de la reconçiliaçion primera desta çibdad, estando fablando este testigo a Fernand Falcon, dixo el dicho Ferrand Falcon a este testigo: ¿Reconçiliose Catalina de Çamora? Dixo este testigo: Non lo se. Estonçes dixo el dicho Fernand Falcon: Sy reconçilio, que el corregidor la fiso reconçiliar, ¡pues Dios, creo de Dios, si avnque mas se reconçilie non la fago quemar! Estonçes dixo este testigo: ¿Que diablo tienes con ella, por que la quieres mal? Si algo sabes della, desildo con verdad, y si non, no le leuantes falso testimonio. Entonçes torno a desir e dixo el dicho Fernand Falcon: ¡Pues avnque sepa de treynta bueltos en el ynfierno yo la fare quemar! E avn despues, dende algunos dias, este testigo, fablando con Çepu el del señor prouisor, se lo dixo este testigo lo susodicho, segund que lo ha dicho; e de lo al, que lo non sabe.

A la terçera pregunta dixo que lo non sabe.

A la quarta pregunta dixo que dise lo que dicho ha en la segunda pregunta, e que non sabe mas de lo en esta pregunta contenido.

A la quinta pregunta dixo que lo non sabe, pero que lo ha oydo desir muchas veçes como el dicho Fernand Falcon fue perjuro, e que lo oyo desir a Juan de la Torre e a Pedro de la Torre que se avia perjurado en vn negoçio de vn contrabto.

A la sesta pregunta dixo que sabe que la dicha Cathalina de Çamora non estaua en casa de Fernand de Torres, porque la queria mal a causa del casamiento de su fija; de lo al, que lo non sabe.

A la setena pregunta dixo que este testigo ha oydo desir a los fijos de Fernando de Torres, çebto al Rodrigo de Torres, a la donçella Mari Dias, su hermana, ⟨e⟩ a los otros, cada vno por si, los ha oydo desir mal de la dicha Catalina de Çamora; lo al, que non lo sabe.

A la othaua pregunta dixo que lo que sabe desta pregunta es que vn Gonçalo, esclauo que fue de la çerera, le dixo a este testigo muchas veçes que muchos | dias estaua en question Fernando Falcon con Fernando de Torres, su sobrino, e con Mari Dias su hermana, porque la dicha Mari Dias fuese a desir vn dicho contra esta Cathalina de Çamora, y esta donçella respondio que non sabian nada, y que si algo dixese⟨n⟩, que se perjurarian, y que lo desian por fiança; e de lo al, que lo non sabe.

A la nouena pregunta dixo que lo non sabe.

A la desena pregunta dixo que cree que la dicha Briolangel faria e fase por faser plaser a su marido qualquier cosa, como otra qualquier muger faria por su marido.

A la honçena pregunta dixo que lo non sabe.

A la dosena e tresçena e catorsena e quinçena e dies e seys e dies e siete e dies e ocho e dies e nueue e veyntena preguntas del dicho interrogatorio, dixo que la non sabe cosa alguna dello.

A la veynte e vna pregunta dixo que sabe que lo que este testigo ha dicho, aquello es verdad, e que non sabe si es asi publica bos e fama, e que non sabe mas deste fecho para el juramento que fiso.

(–) Iohanes de la Sierra

Maria Lopes, muger de Bartolome de Segovia, veçino desta çibdad

I La dicha Maria Lopes, testigo presentada por parte de la dicha Cathalina de Çamora, jurada en forma, preguntada por las preguntas contenidas en el interrogatorio, por la primera pregunta dixo que conosçe a todas las contenidas en la primera pregunta e a cada vna dellas.

II A la segunda pregunta dixo que sabe que Ferrand Falcon quiere mucho mal a la dicha Cathalina de Çamora, e dixo que este testigo oyo desir a Diego de Torres e a Ferrando de Torres como el dicho Fernand Falcon avia sacado vn puñal para dar con el a la dicha Cathalina de Çamora, e que este testigo la vido dar gritos a la saçon pero que non la vido.

III A la terçera pregunta dixo que non lo sabe.

IIII° A la quarta pregunta dixo que non lo sabe, pero que lo oyo desir a su fijo, el frayre, e a su fija, Graçia de Grado, que lo abian oydo desir al dicho Fernand Falcon lo contenido en la dicha pregunta.

V   A la quinta pregunta dixo que lo oyo desir a çiertas personas, e que oyo desir a Maria Dias de Torres, su sobrina de Fernand Falcon, que mal testigo tenia en ella, e que si alguna cosa en algund tienpo abia dicho contra la dicha Cathalina de Çamora, que lo abia dicho con odio e malquerençia. |

23v VI   A la sesta pregunta dixo que sabe que la dicha Maria Dias queria mal e tiene enimistad con la dicha Cathalina de Çamora por el casamiento de Rodrigo de Torres con su fija, Graçia de Grado.

VII   A la setima pregunta dixo que sabe que la dicha Maria Dias e todos los fijos de Fernando de Torres, saluo el Rodrigo, quieren mal de muerte a la dicha Cathalina de Çamora, porque caso a la dicha su fija con el dicho Rodrigo de Torres, y que sabe que por este caso Miguel de Torres la aguardo algunas veses para la ferir e façer otro mal en su persona, e que sabe que vna ves la quiso apalear en la calle de Morillas, saluo porque se acugio la dicha Cathalina de Çamora, fuyendo, a casa de Bermudes.

VIII°   A la VIII° pregunta dixo que vido desir a la Maria Dias que avia ydo a desir su dicho contra Cathalina de Çamora por mandado de Fernand Falcon.

IX   A la IX pregunta dixo que sabe que la dicha Maria Sanches, criada de Fernand Falcon, sea y es mançeba de vn frayre, y que es mala de su cuerpo, y que el dicho frayre ⟨tiene⟩ vna hija en ella, y que agora esta preñada, y que lo vido desir al frayre mismo.[39]

X   A la X pregunta dixo que verdaderamente que la dicha Briolangel, muger del dicho Fernand Falcon, hara cualquier cosa que la mandare el dicho su marido por le haçer plaçer, y que cree que es enemiga de la dicha Cathalina de Çamora por amor del dicho su marido, que es enemigo de la dicha Cathalina de Çamora.

XI   A la XI pregunta dixo que sabe que la dicha Ysabel de Prado y la dicha Cathalina de Çamora e su fija tenian enemiga en vno sobre çiertas palabras que ovieron, en tal manera que Juan de Coca, escrivano, e Rodrigo de Torres, sus maridos de la dicha

---

[39]   The Court did not act against the monk when it received this information. It was only at a later date that such offences came under the jurisdiction of the Inquisition.

Ysabel de Prado e de Graçia de Grado, ovieron boçes e grandes rençillas sobre ello el vno con el otro, por tal manera que vino la justiçia a entender entre ellos e los puso en tregua, e que por esta causa dixo que sabe que tienen la dicha enemiga.

XII A la XII pregunta dixo que non lo sabe.

XIIII° A la XIIII° pregunta dixo que sabe que el dicho Juan de Gusman es honbre muy desmedido e de mala lengua e maldesiente mucho.

XIIII A la XIIII pregunta dixo que sabe que el dicho Juan de Gusman quiere mucho mal de muerte a la dicha Cathalina de Çamora e a su fija por vna fija suya, de Gusman, que se salio de su casa e la tienen la dicha Cathalina de Çamora e su fija en su casa.

XV A la XV pregunta dixo que sabe que Juana Lopes, muger de Garçia, texedor, es criada de Fernand Falcon, y que ha sido muger disoluta de su cuerpo, y que tiene fijos e fijas de tres senares, y que era muger libiana en aquel tienpo e muy fuerte de coraçon antes que casase con este marido que agora tiene. |

24r XVI A la XVI pregunta dixo que sabe que la dicha Cordovesa, cosinera de Sant Françisco, sigue mucho en casa de Fernand Falcon, e que sabe que es mala de su cuerpo e libiana de seso e raes muger de malos tratos, e que sabe que trae vna cuchillada por la cara por sus obras e tratos.

XVII A la XVII pregunta dixo que sabe que la Tarancona sea y es muger de fuerte lengua e que quiere mal de muerte a Catalina de Çamora, e que en vida de su marido oyo desir que tiene fama con Alonso Garçia de la Çarça.

XVIII° A la dicha pregunta dixo que sabe que la dicha y es muger de fuerte lengua e que quiere mal de muerte a Catalina de Çamora. E que lo otro contenido en la dicha pregunta, que non lo sabe.

XIX A la XIX pregunta dixo que non lo sabe.

XX A la XX dixo que sabe que son mugeres pobres de façienda y aun del juysio.

Por las otras preguntas al fecho pertenesçientes, dixo que desia lo que dicho abia, e que asi es publica bos e fama, y que esta es la verdad de lo que sabe para el juramento que fiço.

La dicha Ynes Gonçales,[40] muger de Martin del Corral, que

[40] This part has been entered by another scribe.

[412]

Trial of Catalina de Zamora

Dios aya, vesina desta Çibdad Real, testigo presentado e jurado en forma deuida e preguntada por las preguntas del dicho ynterrogatorio:

A la primera pregunta [41] dixo que conosçe a Cathalina de Çamora e a Ferrand Falcon e a Briolangel, su muger, e a Maria Dias, fija de Fernando de Torres, de dies o dose años a esta parte por conversaçion e fabla que con ellos algunas veses ha tenido, e ⟨a⟩ Ysabel de Prado, muger de Juan de Coca, de tres años aca por fabla, e a Juan de Gusman de mas de treynta años a esta parte por vesindad e conversaçion de fabla, e a la Cordouesa, cosinera de Sant Françisco, e a la Tarancona, muger de Nyculas, maderero, e a Maria Lopes e a Teresa, sus hermanas, fijas de la Tarancona, e a Maria de Gusman e a Catalina Fernandes, muger del Fiel, de dies años a esta parte, por conversaçion e fabla que con ellos ha avido, e a los otros que lo⟨s⟩ non conosçe.

A la segunda e terçera e quarta preguntas dixo que lo non sabe.
A la quinta pregunta dixo que lo que sabe es que puede aver tres se(l)manas, poco mas o menos, que el dicho Fernand Falcon fue a este testigo a su casa e le dixo: Señora, los padres me enbiaron aca a desiros que es a desir vuestro dicho. que le⟨s⟩ dixeron que oyestes desir a Cathalina de Çamora mal de Nuestra Señora la Virgen Maria, e con algunas ocupaçiones que os vinieron non le abres podido yr a desir; que viniedes a lo desir lo que sabes. E este testigo le dixo que non avian oydo deste tal cosa. El dicho Fernand Falcon le dixo: Yd alla, y sy lo oyestes, desildo, y sin non, no lo digaes.[42] E de lo al, que lo non sabe.

A la sesta pregunta dixo que lo no sabe, pero que lo ⟨ha⟩ oydo a muchas personas que se non acuerda. |

24v A la setena pregunta dixo que lo que sabe es que puede aver dos años, poco mas o menos tienpo, que vn dia de domingo que salia de Misa este testigo, estava a su puerta, que es en la plaça frontero de Sant Françisco, e vido como el dicho Miguel de Torres, hermano de Rodrigo de Torres, estava con su puñal aguardando a la dicha Catalina de Çamora, de fuera de la

---

[41] The answers to these questions have not been numbered in the margin.
[42] The indirect method of inducing a probable witness to testify was also used in other trials; see, for instance, the testimony of Juana González at the trial of Mayor González, No. 116, fol. 7v.

[413]

plaçuela, para cuando saliese la dicha Catalina de Çamora. E lugo, saliendo de Misa, ella salio, y como la vido el dicho Miguel de Torres, arrindo el puñal y fuese para ella para la dar con el. Estonçes llego ende el fijo de Rodrigo, regidor, y otros, y detuuieronlo, non le dexaron llegar a ella, y asi se fueron. E lo al, que lo ha oydo desir, pero que lo non sabe.

A la othaua pregunta dixo que lo non sabe, como quiera que lo ha oydo desir a muchas personas, que se non acuerda.

Preguntada por todas las otras preguntas contenidas en el dicho ynterrogatorio e las otras al fecho pertenesçiente⟨s⟩, dixo que non sabe mas de lo que dicho ha, e que aquello es la verdad para el juramento que fiço.

Maria Lopes, muger de Juan de Ortega,[43] el odrero

I La dicha Maria Lopes, testigo presentado por parte de la dicha Cathalina de Çamora, jurada en forma, preguntada por las preguntas del interrogatorio, por la primera pregunta dixo que conosçe a Catalina de Çamora e a Fernand Falcon e a Maria Dias, hija de Fernando de Torres, regidor, e a la dicha Maria Sanches, criada de Fernand Falcon, e a Briolangel, su muger, e al dicho Juan de Gusman e a la dicha Juana Lopes, muger de Garçia, texedor, e a la Tarancona, e a Maria Lopes su fija, defunta, e a Mayor de Gusman, e que conosçe a Cathalina Fernandes, muger del Fiel, contenidas en la dicha primera pregunta.

II A la segunda pregunta dixo que non lo vido, pero que saue que ovieron grandes questiones e renieron mucho el dicho Fernand Falcon e la dicha Cathalina de Çamora abra tres años, poco mas o menos.

III A la terçera pregunta dixo que sy se dio sobre ello quexo o non a la justiçia, que non lo sabe.

IIII° A la quarta pregunta dixo que non lo sabe si lo dixo o non.

V A la quinta pregunta dixo que nunca tal vido nin lo sabe.

VI A la sesta pregunta dixo sabe ⟨que⟩ porque caso la dicha Cathalina de Çamora su fija Graçia de Grado con Rodrigo de Torres, la dicha Maria Dias de Torres quiere mal a la dicha Cathalina de Çamora.

---

[43] He testified for the prosecution against Juan González Escogido, No. 80, fol. 5v. He lived in the San Pedro quarter, on the street of Fernando de Treviño.

VII A la setima pregunta dixo que sabe que la dicha Maria Dias de Torres e sus hermanos los de Torres, exçebto el Rodrigo, querian mucho mal a la dicha Cathalina de Çamora, a causa del dicho casamiento del dicho Rodrigo de Torres, e que lo otro contenido en la dicha pregunta non lo sabe. |

25r VIII° A la VIII° pregunta dixo que non lo sabe.

IX A la IX pregunta dixo que este testigo oyo desir que la dicha Maria Gonçales, muger de Pedro de Palençia, que era de malas manos, e aun, que era mançeba de vn frayre.

X A la X pregunta dixo que non lo sabe.

XI A la XI pregunta dixo que non conoçe a la dicha Ysabel de Prado.

XII A la XII pregunta dixo que desia lo que de suso dicho abia en la XI pregunta.

XIII A la XIII pregunta dixo que conosçe al dicho Juan de Gusman, que es honbre muy hablador.

XIIII° A la XIIII° pregunta dixo que non lo sabe.

XV A la dicha XV pregunta dixo que sabe que la dicha Juana Lopes es criada del dicho Fernand Falcon ⟨e⟩ que es muger que tiene hijos de mas de vn padre.

XVI A la XVI pregunta dixo que no conosçe a la dicha Cordovesa contenida en la dicha pregunta.

XVII A la XVII pregunta dixo que non sabe sy la dicha Tarancona es fechiçera nin sy es alcahueta, pero que oyo desir que ovo fama con Alonso Garçia de la Çarça.

XVIII° A la XVIII° pregunta dixo que non lo sabe.

XIX A la XIX pregunta dixo que non lo sabe.

XX A la XX pregunta dixo que oyo desir que la de Aguilera es muger de mala lengua, e que lo otro contenido en la dicha pregunta que non lo sabia.

Preguntada por las otras preguntas al fecho pertenesçientes, dixo que desia lo que dicho abia, e que esta es la verdad de lo que sabe para el juramento que fecho auia.

Aldonça Lopes de la Quadra, muger de Bertran Gonsales, cardador

I La dicha Aldonça, testigo presentado por parte de la dicha Cathalina de Çamora, jurada en forma, preguntada por las preguntas del interrogatorio, por la primera pregunta dixo que conosçe a la dicha Cathalina de Çamora e a Fernando Falcon e a Maria Dias, fija de Fernando de Torres, regidor, e a Briolangel, (mugel) muger de Fernand Falcon, e a Juan de Gusman, e que conosçe a la Tarancona, contenidas en la dicha pregunta.

II   A la segunda pregunta dixo que non lo sabe.

III   A la terçera pregunta dixo que non lo sabe, que no estava este testigo en esta çibdad.

IIII°   A la quarta pregunta dixo que non lo sabe.

V   A la quinta dixo que non lo sabe.

VI   A la sesta pregunta dixo que non lo sabe, pero que lo oyo desir despues que en esta çibdad esta.

VII   A la setima pregunta dixo que sabe çiertamente que la dicha Maria Dias de Torres e todos sus hermanos quieren mucho mal a la dicha Cathalina de Çamora, a causa que caso a su fija Graçia de Grado con Rodrigo de Torres, su hermano dellos, a su pesar, e que lo otro contenido en la dicha pregunta, que le oyo desir despues que bibe en esta çibdad. |

VIII°   A la VIII° pregunta dixo que non lo sabe.

IX   A la IX pregunta dixo non la conosçe ni lo sabe.

X   A la X pregunta dixo que non lo sabe.

XI   A la XI pregunta dixo non la conosçe a la dicha Ysabel ni lo sabe.

XII   A la XII pregunta dixo que non lo saue.

XIII   A la XIII pregunta dixo que sabe que el dicho Juan de Gusman es persona de mala lengua e que quiere mucho mal a la dicha Cathalina de Çamora.

XIIII°   A la XIIII° pregunta dixo que desia lo que de suso dicho abia en la XIII pregunta.

XV   A la XV pregunta dixo que no conosçe a la dicha Juana Lopes e que non lo sabe.

XVI   A la XVI pregunta dixo que no conosçe a la Cordovesa nin lo sabe.

XVII   A la XVII pregunta dixo que non lo sabe.

XVIII°   A la XVIII° pregunta dixo que sabe que la dicha Tarancona es enemiga de la dicha Cathalina de Çamora, que la quiere mucho mal porque dixo que vido desir a la dicha Tarancona que ella nunca muriese de muerte fasta que ella fesiese llegar a la dicha Cathalina de Çamora al pie de la hoguera.

XIX   A la XIX pregunta dixo que no las conosçe nin lo sabe.

XX   A la XX pregunta dixo que non las conosçe nin lo sabe.

Preguntada por las otras preguntas al fecho pertenesçientes, dixo que desia lo que dicho abia, e que esta es la verdad de lo que sabe e vido para el juramento que fiço.

El dicho Fernando de Coronado, veçino desta Çibdad Real, testigo presentado e jurado en forma deuida, e preguntado por las preguntas del dicho ynterrogatorio:

I A la primera pregunta dixo que conosçe a la dicha Cathalina de Çamora e ⟨a⟩ Fernando Falcon e ⟨a⟩ Briolangel de Padilla la [   ], su muger, de mas de veynte años a esta parte de fabla e conversaçion que con ella ha avido, e a la dicha Maria Dias, que la conosçe por vista de çinco o seys años a esta parte, e a Ysabel de Prado de ocho a nueve años a esta parte, porque su marido es pariente deste testigo, e a Juan de Gusman desde que se acuerda, que ha mas de veynte e çinco años, e a la dicha Juana Lopes de veynte años aca por conversaçion e fabla que con ellos ha avido, e a la Cordouesa, cosinera de Sant Françisco, de seys años aca, e a Maria de Gusman de dose años, e a Catalina Fernandes, muger del Fiel, de dies años, por conversaçion e fabla que con ellos ha avido, e a los otros, que los non conosçe.

A la segunda e terçera e quarta e quinta preguntas del dicho ynterrogatorio, dixo que lo non sabe pero que lo oyo desir ⟨a⟩ muchas personas, que se non acuerda sus nonbres.

A la sesta pregunta dixo que lo non sabe, pero que lo oyo desir a Rodrigo de Torres lo contenido en la dicha pregunta. |

A la setena e octhaua preguntas dixo que lo oyo desir, pero que lo non sabe ni se acuerda nin lo oyo.

A la novena pregunta dixo que lo no sabe.

A la desena pregunta dixo que cree que la dicha Briolangel faria cualquier cosa por faser plaser al dicho su marido, e que ha oydo que quiere mal a la dicha Cathalina de Çamora.

A la honçena dixo que lo non sabe, pero que lo oyo desir, e que non se acuerda nin ⟨end of line; not continued⟩

A la dozena pregunta dixo que lo non sabe.

A la tresena pregunta dixo que cognosçe que Juan de Gusman es bueno, pero que quando esta en enojo disen lo que quiere, e que dise mal de sus propios yjos, quanto mas de otros; e lo al que lo non sabe.

A la quinçena pregunta dixo que lo non sabe, mas que lo ha oydo desir.

A la quinçena pregunta dixo que lo non sabe, mas que lo ha oydo desir, e non se acuerda a quien lo oyo.

A la dies e seys e dies e syete e dies e ocho e XIX e XX preguntas dixo que lo non sabe.

A la veynte e vna pregunta dixo que sabe que lo que dicho ha es verdad, segund ⟨e⟩ de la forma que lo ha dicho, e que esta es la verdad para el juramento que fiso, e non sabe mas.

El dicho Alonso de Villarreal,[44] testigo jurado en forma deuida, e preguntado por todas las preguntas del dicho ynterrogatorio:
A la primera pregunta dixo que conosçe a la dicha Catalina de Çamora e ⟨a⟩ Fernando Falcon e ⟨a⟩ Briolangel de Padilla, su muger, e a Mari Dias, fija de Fernando de Torres, de quinse años a esta parte, poco mas o menos, porque eçebto a Catalina de Çamora e Briolangel, los otros son primos deste testigo, e a los otros, que los non conosçe.
A la segunda e terçera pregunta⟨s⟩ dixo que el non vido la question, mas que lo oyo desir, e que vido a la Catalina de Çamora quexarse del dicho Ferrando Falcon al corregidor que aqui estaua de suso; e lo al, que lo non sabe.
A la quarta pregunta dixo que lo non sabe, pero que oyo desir a Juan de la Sierra.
A la quinta pregunta dixo que lo non sabe.
A la sesta dixo que sabe que la dicha Mari Dias desia mal de la dicha Catalina de Çamora, e que cree que la querian mal a causa del casamiento de Rodrigo de Torres, su hermano, con Graçia de Grado, fija de la dicha Catalina de Çamora; lo al, que lo non sabe.
A la setena pregunta dixo que sabe que todos los fijos de Fernando de Torres, eçebto Rodrigo de Torres, quieren mal a la dicha Catalina de Çamora por causa del dicho casamiento de Rodrigo de Torres con su fija; e lo al, que lo oyo desir al mismo Miguel de Torres como la avian aguardado a la dicha Catalina de Çamora e la avian apaleado, e asimismo lo oyo desir a sus hermanos del.
A la othaua pregunta dixo que Alonso de Prado, esposo de la dicha Mari Dias, e Fernando de Torres su hermano, la dixeron a este testigo como Fernando Falcon la avia atemoriçado a la dicha Mari Dias tanto que la fiso venir a desir contra Catalina de Çamora. E avn, que este testigo fallo vn dia a la dicha Mari Dias llorando porque la avian fecho venir por fuerça a desir contra Catalina de Çamora. |

---

[44] A certain Alonso de Villarreal and his brother Antón de Villarreal, sons and heirs of Diego de Villarreal, were summoned to defend their father on 6 September 1484; see trial No. 80, fol. 2v, and Biographical Notes.

Trial of Catalina de Zamora

26v Iten, preguntado por las otras preguntas del dicho ynterrogatorio, dixo que non sabe cosa alguna mas de lo que dicho ha, e que esta es la verdad por el juramento que fiso.

El dicho Bernaldino de Mena, vesino desta çibdad, testigo presentado e jurado en forma deuida e preguntado por las preguntas del dicho ynterrogatorio:
A la primera pregunta dixo que conosçe a Catalina de Çamora e a Fernand Falcon e a su muger Briolangel e ⟨a⟩ Mari Dias, fija de Fernando de Torres, e a Juan de Gusman, por conversaçion que con ellos ha avido, de ocho o nueue años a esta parte, poco mas o menos, e a la Cordouesa, cosinera, que la conosçe por vista e alguna ves que la ha fablado de dos meses a esta parte, e a los otros que los non conosçe.
A la segunda e terçera e quarta e quinta pregunta del dicho ynterrogatorio, dixo que lo non sabe, avnque algo dello oyo desir a personas que se non acuerda.
A la sesta pregunta dixo que lo sabe lo contenido en la dicha pregunta ser asi verdad, segund que en ella se contiene, porque este testigo se lo oyo desir muchas veses a la dicha Mari Dias como la dicha Catalina de Çamora era su enemiga, e que a su causa avia muerto a su padre Fernando de Torres, e que esto le oyo desir e dixo muchas veçes la dicha Mari Dias a este testigo, e sabe çierto la queria mal.
A la setena pregunta dixo que sabe todo lo contenido en la dicha pregunta ser asi como en ella se contiene, porque este testigo se lo oyo desir a los muchos yjos de Fernando de Torres, al Fernando e Miguel de Torres, como la querian mal e era su enemiga a la causa susodicha del casamiento e de la muerte del dicho Fernando de Torres, e sabe e vido como el dicho Miguel de Torres, vn dia, saliendo la dicha Catalina de Çamora de Misa de Sant Françisco, la aguardo a la plaçuela e la acometio por dar con vn puñal, e luego sobrevino ende Gaston de la Torre, fijo de Rodrigo, regidor, e non le dexo conplir su proposito e apartolo, e asi ella se fue; e avn a esto que ella saliese, este testigo vido como el dicho Miguel de Torres la estaua aguardando, e entro este testigo a la yglesia e no este [   ] e se lo dixo que se guardase, que la aguardaua Miguel de Torres para le faser alguna mengua.
A la otaua e nouena preguntas dixo que lo non sabe, avnque algo dello ha oydo desir ⟨a⟩ algunas personas que se non acuerda.
A la desena pregunta dixo que cree que la dicha Briolangel fara

qualquier cosa por faser plaser al dicho Fernando Falcon, su marido, como qualquier muger faria por su marido.

A la honsena e dosena e tresena e catorçena preguntas dixo que lo non sabe.

A la quinsena pregunta dixo que sabe que la dicha Juana Lopes, muger de Garçia, texedor, que era criada de Fernand Falcon, e sabe que es muger a su paresçer liuiana, raes e que dise non como muger de buen seso alguna cosa, porque lo ha visto.

Preguntado por todas las otras preguntas contenidas en el dicho ynterrogatorio, dixo que non lo sabe nin sabe mas de lo que dicho ha. E que esta es la verdad por el juramento que fiso. |

Sentence

27r Sentençia de Catalina de Çamora

Vysto por nos, Pero Dias de la Costana, liçençiado en santa theologia, e Françisco Sanches de la Fuente, doctor en decretos, jueses inquisidores de la heretica prauedad dados por la abtoridad apostolica, e yo, el dicho liçençiado Pero Dias, como ofiçial e vicario general en este arçobispado de Toledo por el reuerendisimo señor don Pedro Gonçales de Mendoça, cardenal de España, arçobispo de Toledo, vn proçeso de pleyto que se ha tratado e pende ante nos entre el honrado Fernan Rodrigues del Barco, capellan del Rey nuestro señor, nuestro promutor fiscal, e Catalina de Çamora, vesina desta çibdad, sobre vna acusaçion que contra ella intento, en que dixo que, estando en nonbre e en posesion de christiana, apostato de nuestra Santa Fe Catolica, guardando la Ley de Muysen, hasiendo e siguiendo sus rictos e çerimonias judaycas, las quales en su confesion, a tienpo de su reconçiliaçion, non declaro ni dixo, confesandose fingida e simuladamente, en que dixo que encubrio e dexo de desir como avia negado la virginidad de Nuestra Señora la Virgen Maria, desiendo aver seydo vna ensangrentada e que avia seydo vna muger comun; e como auia dado higas contra su casa e yglesia de Nuestra Señora, disiendo palabras hereticas e deshonestas contra ella; e que endechaua los finados a modo judayco e por çerimonia de la Ley de Muysen; e que comia lo guisado el viernes en el sabado por solepnizar la dicha Ley, e guardo el sabado por la dicha solepnidad; e que consintio e permitio a su hija traer vna nomina hebrayca por la atraer e doctrinar en la dicha Ley; e que judayso e heretico en los susodichos casos e otros, allende de los contenidos en su reconçiliaçion; por lo qual pidio ser declarada por hereje e por tal condepnada, e aver incurrido en las otras penas e çensuras contra los tales hereges en los derechos establesçidos, pidiendo serle hecho en todo conplimiento de justiçia. Et visto como por la dicha Catalina de Çamora la dicha acusaçion fue negada, alegando contra ella asaz rasones en su defension e disiendo e afirmando ser buena e verdadera christiana e deuota de Nuestra Señora, e que firmemente creo su virginidad, e si otra cosa dixiese, que seria por su asion del diablo o deleznamiento de su lengua, mas non por lo tener asy en su coraçon o voluntad, ni lo querer, por lo qual pidio ser absuelta de la dicha acusaçion, declarandola ser buena, fiel e verdadera christiana. Et visto como asy el dicho fiscal de su acusaçion como la dicha Catalina de Çamora de sus exçepçiones fueron juntamente resçebidos a la prueua, e como cada vno dellos presento los testigos de que se entendia aprouechar e fiso su prouança en quanto pudo, et como fueron publicados los dichos e deposiçiones de los testigos e dado copia e termino a cada vna de 27v las partes para que dixiesen e opusy|esen lo que quysiesen contra ellos, e como por parte de la dicha Catalina de Çamora fueron contradichos los dichos de los testigos presentados por el fiscal e opuestas tachas contra las personas ⟨l⟩ellos, e como sobre ellas la dicha Catalina de Çamora fue resçebida a prueua e fiso la prouança que quiso. E visto todo lo otro que fue dicho e alegado en este proçeso por cada vna de las dichas partes en prosecuçion deste proçeso, hasta que concluyeron, e como fue visto e platicado con letrados ⟨e⟩ personas de çiençia e buenas conçiençias, syguiendo su acuerdo e comun determinacion, teniendo a Dios ante nuestros ojos:

Fallamos que la prouança hecha por el dicho promutor fiscal quanto a la guarda del sabado e de las otras çerimonias judaycas que en la dicha su acusaçion se contiene, atentas las tachas que contra sus testigos se prouaron, non es sufiçiente segund derecho para declarar e condepnar a la dicha Catalina de Çamora por hereje, e quanto a esto, absoluemosla de la dicha acusaçion. Et en quanto se prueua la dicha Catalina de Çamora aver dicho en diuersas veses çiertas palabras en ofensa de Nuestra Señora la Virgen Santa Maria que en alguna manera suenan contra la pura linpieza de Su virginidad, e otras palabras muy feas e horribles que dixo en ofensa e ynjuria de nuestra Santa Fe Catolica, e otrosy se prueua aver dicho e detraydo desta Santa Inquisiçion, en infamia della, disiendo que se hasia mas por robar e aver los bienes de los que condepnauan que por reduzirlos a la Santa Fe Catolica; por ende, et porque la injuria de Nuestra Señora e de nuestra Santa Fe Catolica non quede sin vengança, ni asymesmo ninguno se atreua a disfamar e contradezir la Santa Inquisiçion, mandamos que en pena e penitençia de lo susodicho a la dicha Catalina de Çamora sea puesta vna mordaza en la lengua e vna corota en la cabeça e le den çient açotes publicamente, trayendola cauallera en vn asno por las calles y plaça publicas desta çibdad, de la qual e de todo el arçobispado de Toledo la desterramos perpetuamente, e mandamos que salga del dentro de nueue dias primeros siguientes e a el non torne ni entre en el toda su vida. Et sy contra ello viniere, dende agora por estonçes la condepnamos a carçel perpetua. Et por esta nuestra sentençia asy lo pronunçiamos e sentençiamos en estos escriptos e por ellos.

    (–) Petrus, licenciatus   (–) Franciscus, doctor |

28v
26 Oct.
1484

Dada e reçebida fue esta dicha sentençia por los dichos señores ynquisidores en el dicho dia, XXVI del dicho mes de otubre del dicho año de LXXXIIII°, presente la dicha Catalina de Çamora. Testigos: El bachiller Tristan de Medina e el bachiller Diego Fernandes de Çamora e Fernando Falcon,[45] vesinos de la dicha Çibdad Real, e Fernando de Trugillo,[46] e otros muchos.

Lo qual se conplio segund que en la dicha sentençia se contiene, el dicho dia, ante testigos, XXVI de otubre.

28v *Blank page*

29r-v *See above, after fol. 19v*

30r-v *Blank folio*

31r *See above, after fol. 19v*

31v *Blank page*

32r *End of file; blank page*

---

[45] He was present in spite of all that was said about him and his relations with Catalina de Zamora.
[46] See Biographical Notes.

Trial of Catalina de Zamora

Genealogy of the Family of Catalina de Zamora [47]

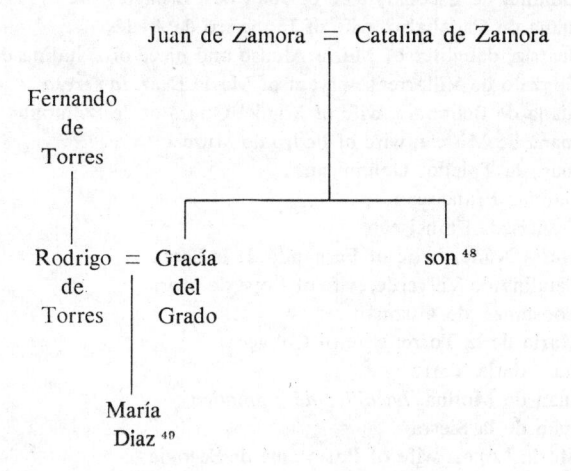

```
                    Juan de Zamora  =  Catalina de Zamora
                                |
      Fernando                  |
         de                     |
       Torres                   |
          |                     |
          |            ┌────────┴────────┐
          |            |                 |
     Rodrigo  =  Gracía                son [48]
        de        del
      Torres     Grado
          |
        María
        Díaz [49]
```

The Composition of the Court
Judges: Francisco Sánchez de la Fuente
Pero Díaz de la Costana
Prosecutor: Fernán Rodríguez del Barco
Defence: [50] Francisco de Hoces — *procurador*

Witnesses for the Prosecution in Order of Testification
1 Fernando de Torres, *alcalde de la Hermandad*
2 María, daughter of Catalina
3 Juana de Orozco, wife of Juan Beltrán de Guevara
4 Fernán Falcón
5 María González, daughter of Juan de Soria, tailor
6 María Díaz de Torres, wife of Alonso de Prado [51]
7 Isabel de Prado, wife of Juan de Cota [51]
8 María de Guzmán, daughter of Juan de Guzmán
9 Catalina Fernández, wife of Juan García [51]
10 Catalina de Pedraza
11 Briolangel de Padilla, wife of Fernán Falcón [51]
12 María Sánchez [51]

---

[47] See also the genealogy of María Alonso, her sister, No. 11.
[48] He was a monk.
[49] She testified against her grandmother; see above, fol. 14v.
[50] No *letrado* is mentioned in the file; the *procurador* may have acted alone in this trial.
[51] Her testimony was rejected by the defence.

Records of the Spanish Inquisition in Ciudad Real, 1483–1485

Witnesses for the Defence in Order of Testification

1. Francisca de Escobar
2. Catalina de Escobar, wife of Juan de Cornago
3. Juana de Cadahalso, wife of Francisco de Avilés
4. Beatríz, daughter of María Alonso and niece of Catalina de Zamora
5. Gonzalo de Villarreal, servant of María Díaz, *la cerera*
6. Juana de Belmonte, wife of Miguel González de Belmonte
7. Juana de Murcia, wife of Pedro de Murcia
8. Juan de Toledo, Dominican
9. García, Franciscan
10. Francisco, Franciscan
11. María Núñez, wife of Fernando de la Serna
12. Catalina de Valverde, wife of Lope de Mora
13. Constanza de Guzmán
14. María de la Torre, wife of Collaços
15. Juan de la Torre
16. Juan de Molina, *bachiller de gramatica*
17. Juan de la Sierra
18. María López, wife of Bartolomé de Segovia
19. Inés González, wife of Martín del Corral
20. María López, wife of Juan de Ortega
21. Aldonza López de la Quadra, wife of Bertrán González
22. Fernando de Coronado
23. Alonso de Villarreal
24. Bernaldino de Mena

Synopsis of Trial

1484

Date unknown	The prosecutor presents the arraignment.
28 July [52]	The trial opens, and the defence presents its case.
30 July	The questionnaire for defence witnesses is presented. Nine days are allowed for the presentation of witnesses for the defence.
19 Aug.	Witnesses for the defence are presented.
3 Sept.	The defence enters its plea.
18 Sept.	Witnesses for the defence are presented for *tachas*.
19 Sept.	The defence rests its case.
Date unknown	*Consulta-de-fe*.
15 Nov.	Catalina de Zamora's confession is presented to the Court ⟨*sic*⟩.[53]
26 Oct.	The defendant is sentenced, and the sentence to receive one hundred lashes is carried out.

[52] There must have been a certain court procedure before that date, e.g. the appointment of the defence counsel and the presentation of the prosecuting counsel.

[53] If there is an error in the year, it should be corrected to 1483, in which case she confessed immediately after the Period of Grace that ended on 14 November 1483. The prosecutor said that she was reconciled, which strengthens the above presumption; see fol. 3r.

75 Trial of Juan Caldes
1484–1485

Source: AHN IT, Legajo 138, No. 123, foll. 1r–6r; new number: Leg. 138, No. 5.

The trial of Juan Caldes was the first of many trials of deceased Conversos held in Ciudad Real. It seems that after having completed the main task of trying accused Conversos first in person and then in absentia, the Court was now ready to complete its entire Inquisitorial mission in Ciudad Real. The cases of those tried posthumously do not seem to have been as urgent as those dealt with earlier; the sentences of those burnt in person were carried out on 23 and 24 February 1484.

Juan Caldes was accused of having frequented Converso gatherings at the house of Juan González Panpan and of participating in Jewish observances. His trial began on 8 August 1484 and ended on 15 March 1485 with the execution of his sentence, when his bones were exhumed and burnt publicly.

His heirs were summoned to defend the memory of their father, but no one appeared, and they were proclaimed rebels.[1] This does not necessarily mean that they fled Ciudad Real. Perhaps they only forfeited their right to inherit their father's estate, and suffered excommunication for a certain period.

The sentence against Juan Caldes is to be found in the file of Juan Martínez de los Olivos (No. 81).

Bibliography: Leg. 262, No. 3, foll. 4v, 5r; Fita, p. 474, No. 150; Delgado Merchán, p. 222; Beinart, index.

---

[1] See the trials of Juan Martínez de los Olivos (No. 81) and of Juan González Escogido (No. 80).

Juan Caldes muerto quemado veçino de Toledo
Este es veçino de Çiudad Real como pareçe por el libro que tiene titulo Abeçedario de las personas presas e relaxados y reconçiliados fol. 82
Esta su sentençia en el proçeso de Juan Martines de los Oliuos quemado veçino de Çiudad Real Leg. 23 No. 48
Esta en el proçeso de Juan Martines de los Oliuos

1v
8 Aug.
1484

En la Çibdad Real, ocho dias del mes de agosto, año del Nasçimiento del Nuestro Saluador Ihesu Christo de mil e quatroçientos e ochenta e quatro años, ante los reverendos señores inquisidores Pero Dias de la Costana, liçençiado en santa theologia, canonigo en la yglesia de Burgos, e Françisco Sanches de la Fuente, doctor en decretos, canonigo en la yglesia de Çamora, jueses inquisidores de la heretica prauedad dados e deputados por la actoridad apostolica en esta Çibdad Real e su tierra e en todo el Canpo de la Orden de Calatraba e arçobispado de Toledo, e el dicho liçençiado Pero Dias de la Costana como ofiçial e vicario general en todo el arçobispado de Toledo por el muy reuerendisimo in Christo padre e señor don Pedro Gonçales de Mendoça, cardenal de España, arçobispo de Toledo, primado de las Españos, chançiller mayor de Castilla, estando los dicho señores inquisidores dentro en las casas donde façen su continua audiençia en el su audictorio acostunbrado sentados pro tribunali, en presençia de nos, los notarios, e de los testigos de yuso escriptos, paresçio ende presente el honrado Ferrand Rodrigues del Barco, clerigo, capellan del Rey nuestro señor, promutor fiscal en el Ofiçio de la Santa Inquisiçion, e dixo que por quanto çiertos omes e mugeres, vesinos e moradores que fueron desta dicha çibdad, ya defuntos, que el nonbrara e declarara por escripto, y entre ellos Juan Caldes, defunto, en tanto que ellos bibieron en este mundo abian hereticado ⟨e⟩ judaysado syguiendo la Ley de Moysen, fasiendo sus rictos e çerimonias, e que en esta opinion e seta abian fallesçido, e que el los entendia acusar ante sus reverençias de la dicha heregia. Por ende, que los pedia e pidio que mandasen llamar e dar su carta de llamamiento, çitaçion e de hedicto para los fijos e herederos

Trial of Juan Caldes

e parientes del dicho Juan Caldes, defunto, e los otros defuntos, los nonbres de los quales que a su notiçia venieren el dira e declarara, e para otras qualesquier personas sy entendieren de los defender, para que paresçiesen e parescan ante ellos a los defender asy quanto a sus cuerpos e huesos como a su fama e bienes. E luego los dichos señores dixeron que oyan lo que desia e que estaban prestos de façer lo que con derecho devian façer, e en fasiendolo, luego mandaron dar e dieron su carta de llamamiento e çitatoria de hedicto, en forma, contra los fijos e herederos e parientes de los dichos defuntos, los quales defuntos e herederos e
2r fijos | van nonbrados e declarados en la dicha carta, e contra otras qualesquier personas que los entendieren defender, segund dicho es, firmada de sus nonbres e sellada e refrendada de vno de nos, los dichos notarios, en la forma que adelante paresçera e sera puesta en su lugar. Testigos que fueron presentes: El bachiller Tristan de Medina e Juan de Vria, reçebtor, e Pedro de Torres e Juan Gonsales de Valdeuieso, capellanes del dicho señor liçençiado inquisidor.

Summons and Procedure

17 Aug. E despues desto, en la dicha Çibdad Real, en dies e siete dias
1484 del dicho mes de agosto del dicho año del Señor de mil e quatroçientos e ochenta e quatro años, ante el reuerendo señor Françisco Sanches de la Fuente, doctor, inquisidor susodicho, estando dentro en las casas donde tiene el dicho su auditorio teniendo audiençia a la hora acostunbrada de la terçia sentado pro tribunali, en presençia de vno de nos, los dichos notarios, e de los testigos de yuso escriptos, paresçio ende presente el dicho Ferrand Rodrigues, promutor fiscal de la dicha Inquisiçion, e dixo que por quanto los dichos señores inquisidores, a su pedimiento, abian dado vna su carta çitatoria de llamamiento e de hedicto en publica forma contra los fijos e herederos e parientes del dicho Juan Caldes, defunto, e de otros defuntos, e contra otras qualesquier personas que los quisieren defender, para que fasta treynta dias primeros seguientes despues que fuese la dicha carta leyda e publicada e pregonada e afixada en vna puerta de la yglesia de Sant Pedro desta dicha çibdad paresçiesen ante ellos a los defender, asy quanto a sus cuerpos e huesos como a su fama e bienes, que el le entendia demandar e acusar sobre rason de lo contenido en la dicha carta; el qual dicho termino de treynta dias les abia⟨n⟩ dado e asygnado por tres terminos de dies en dies dias

por cada vno termino desde el dicho dia que asy fuese leyda e publicada e pregonda e afixada. La qual carta fue leyda e pregonada e afixada e el termino de los dies dias primeros, es oy, dicho dia; por ende, que el acusaba e acuso la primera rebeldia de los dichos fijos, herederos e parientes del dicho Juan Caldes, defunto, e de todas las otras personas, fijos e herederos e parientes de los otros dichos defuntos contenidos en la dicha carta. Lugo el dicho reuerendo señor inquisidor dixo que el oya lo que desia, e que resçebia e resçebio la dicha rebeldia. Testigos que fueron presentes: Juan de Vria, reçebtor, e el bachiller Tristan de Medina, para esto llamados, e Christoual, criado del señor prouisor.

27 Aug. 1484 Et despues de lo susodicho, en la dicha Çibdad Real, en veynte e syete dias del dicho mes de agosto del dicho año del Señor de mil e quatroçientos e ochenta e quatro años, ante los dichos reueren- | dos señores inquisidores, estando dentro de las dichas casas donde tienen su auditorio acostunbrado teniendo su audiençia a la hora acostunbrada de la terçia sentados pro tribunali, en presençia de nos, los dichos notarios, e de los testigos de yuso escriptos, paresçio ende presente el dicho promutor fiscal e dixo que acusaba e acuso la segunda rebeldia a todas las personas, fijos e herederos e parientes, del dicho Juan Caldes, defunto, e de los otros dichos defuntos contenidos en la dicha carta. E luego los dichos señores inquisidores dixeron que ellos oyan lo que desia. Testigos que fueron presentes: los dichos Juan de Vria, reçebtor, e el bachiller Tristan de Medina e Christoual, criado del señor prouisor, para esto llamados.

6 Sept. 1484 Et despues desto, en la dicha Çibdad Real, en seys dias del mes de setienbre del dicho año del Señor de mil e quatroçientos e ochenta e quatro años, ante los dichos señores inquisidores, teniendo su audiençia en el dicho logar acostunbrado a la dicha ora estando sentados pro tribunali, en presençia de vno de nos, los dichos notarios, e de los testigos de yuso escriptos, paresçio ende presente el dicho Fernand Rodrigues, promutor fiscal, e en absençia e rebeldia de los fijos e herederos e parientes del dicho Juan Caldes, defunto, que por vno de nos, los dichos notarios, fueron çitados, ellos e sus mugeres en las casas donde solian bevir, de los quales e de cada vno dellos dixo que acusaba e acuso su rebeldia; e en su absençia e rebeldia lugo el dicho promutor fiscal presento ante los dichos señores su carta de çitaçion, de llamamiento e de hedicto, e vn escripto de acusaçion contra el dicho Juan Caldes, defunto, e por vno de nos, los dichos notarios, les fiço vn escripto de

Trial of Juan Caldes

acusaçion escripto en papel, el tenor de la qual es este que se sygue:
el treslado de la carta original va escripto en el proçeso de Juan Martines de los Olibos, defunto e asimesmo en el proçeso de Juan Gonsales Escogido, defunto. |

Arraignment

3r
6 Sept. 1484

Muy Reuerendos e Virtuoso Señores:
Yo, Ferrand Rodrigues del Barco, capellan del Rey nuestro señor, promutor fiscal de la Santa Ynquisiçion, acusa ante Vuestras Reuerençias a Juan Caldes, defunto, el qual syn themor de Dios e en oprobrio e ynjuria e menospreçio Del e de nuestra Santa Fe Catolica, byuiendo en posesion e en nonbre de christiano e asy se llamando e gosando de los preuillejos e exençiones e ynmunidades a las tales personas conçedidos, judayso, heretico e apostato, guardando la Ley de Moysen e sus ritos e çerimonias en los casos e cosas siguientes, conviene a saber: ençendiendo los candiles el viernes tenprano linpios por honra del sabado e guarda de la dicha Ley; e guardando los sabados e solenpnisandolos con ropas linpias e de fiesta; e leyendo e oyendo leher oraçiones judaycas, segund el preçebto de la dicha Ley. Yten, judayso, heretico e apostato en otras cosas e casos, los quales protesto de desyr e alegar en el proçeso desta mi acusaçion en su tienpo e lugar, sy neçesario me fuere. Por que vos pido e requiero, Reuerendos Señores, que pues el dicho Juan Caldes notoriamente judayso, heretico e apostato en las cosas e casos por mi susodichas, y por tal notorio lo alego, por lo qual yncurrio en confiscaçion e perdimiento de todos sus bienes e en sentençia de excomunion mayor e en todas las otras penas e çensuras por los sacros canones y leyes contra las tales personas ynpuestas, que lo declareys e pronunçieys por hereje, mandandole desenterrar adondequiera que estuuiere su cuerpo e quemar a el e sus huesos, e aver yncurrido en la dicha confiscaçion y perdimiento de sus bienes desde el dia que cometio la tal heregia e delito y ser aplicados a la camara e fisco de los Reyes nuestros señores. La qual dicha acusaçion propongo en la mejor manera, via e forma que puedo e de derecho devo, con protestaçion que hago de añadir e amenguar e corregir en ella cada e quando bien visto me fuere; para en lo qual y en todo lo neçesario ynploro vuestro noble y reuerendo ofiçio y las costas pido e protesto, e sobre todo pido serme fecho conplimiento de justiçia.
E juro a los hordenes que resçibi que esta acusaçion que pongo

contra el dicho Juan Caldes, que non la pongo maliçiosamente, saluo porque en fecho de verdad paso asy, segund e como e en la manera e forma por mi susodicha, e protesto, segund protestado tengo, que sy a otra justificaçion o solepnidad o declaraçion el derecho me obliga, que estoy presto y aparejado de la faser sy y en quanto nesçesario me sea y non mas.

En VI de setienbre de LXXXIIII° por el promutor fiscal, en absençia que non paresçio persona alguna, treslado e plaso a XV dias.

20 Sept. 1484 En XX de setienbre el promutor fiscal acuso las contumaçias e rebeldias,[2] pidio segund de suso e concluyo. Los señores resçebieron las contumaçias e rebeldias e concluyeron e resçebieron al fiscal a la prueba a XXX dias. |

3v E asi presentada la dicha carta e acusaçion ante los dichos señores inquisidores, luego el dicho promutor fiscal fiço el juramento aqui contenido. E asy fecho, dixo que acusava e acuso las rebeldias a todos los fijos, herederos e parientes del dicho Juan Caldes, defunto, e pidio a los dichos señores que los oviesen por rebeldes, e en su rebeldia dixo que ponia e puso esta dicha acusaçion. Luego los dichos señores inquisidores dixeron que resçebian e resçibieron la dicha rebeldia e acusaçion puesta por el dicho promutor, e que en su absençia los mandaban dar treslado dello e termino de quinçe dias primeros para que vengan desiendo e respondiendo de su derecho a la dicha acusaçion e concluyendo. Testigos que fueron presentes: El liçençiado Jufre de Loaysa e el bachiller Gonçalo Moños e el bachiller Diego Fernandes de Çamora, vesinos de la dicha çibdad.

20 Sept. 1484 E despues desto, en la dicha Çibdad Real, en beynte dias del mes de setienbre del dicho año del Señor de mil e quatroçientos e ochenta e quatro años, ante los dichos señores inquisidores, estando en el dicho su auditorio sentados pro tribunali, en presençia de vno de nos, los dichos notarios, e de los testigos de yuso escriptos, paresçio ende presente el dicho promutor fiscal e dixo que acusava e acuso la rebeldia a los fijos e herederos e parientes del dicho Juan Caldes pues non paresçian ni repondian, e que pedia e pidio segund que pedido tenia, e concluyo. E luego los dichos señores inquisidores dixeron que resçebian e resçebieron la dicha rebeldia e los ovieron por rebeldes, e en su rebeldia, concluyeron con el dicho promutor

---

[2] Many heirs were charged and declared rebels on this date; see the trial of Juan Martínez de los Olivos, No. 81, fol. 4v.

Trial of Juan Caldes

fiscal e ovieron el dicho pleito por concluso e las razones del por ençerradas, e que asignavan e asygnaron termino para dar en el sentençia para luego, la qual dieron e pronunçiaron en la manera siguiente:

Fallamos que devemos resçebir e resçebimos al dicho promutor fiscal a la prueva de todo lo por el dicho e acusado e de todo aquello que provar le convenga, e provado le aprouechara, saluo jure inpertinentium et non admitendorum; para la qual prueva fazer le damos e asygnamos termino de treynta dias primeros siguientes, cada dia por [   ] e interloquando, asy lo pronunçiamos e sentençiamos en estos escriptos e por ellos. Testigos que fueron presentes: el bachiller Gonçalo Moños e el liçençiado Jufre e el bachiller Diego Fernandes, vesinos de la dicha Çibdad Real.

Witnesses for the Prosecution

E despues desto susodicho, en la dicha Çibdad Real, primero dia del mes de otubre del dicho año del | Nasçimiento del Nuestro Saluador Ihsu ⟨sic⟩ de mil e quatroçientos e ochenta e quatro años, ante los dichos señores inquisidores, estando en la dicha abdiençia sentados pro tribunali, en presençia de nos, los dichos notarios, e de los testigos de yuso escriptos, paresçio ende presente el dicho promutor fiscal e dixo que acusaba las rebeldias de los fijos e herederos e parientes del dicho Juan Caldes, defunto, ⟨e⟩ en su rebeldia, presentaba e presento por testigos a Mari Nuñes, muger de Ferrand Gonsales, texedor, e a Maria Gonsales, muger de Alonso Garçia, herrador, e a Cathalina de Torres, muger que fue de Geronimo de Vargas, vesinos de la dicha Çibdad Real, de los quales e de cada vno dellos los dichos señores inquisidores resçebieron juramento en forma devida, en que juraron a Dios e a Santa Maria e a las palabras de los Santos Evangelios, doquiera que son escriptas, e a le señal de la Crus +, que ellos y cada vno dellos tocaron con sus manos derechas corporalmente, que dirian la verdad de lo que supiesen e por los dichos señores inquisidores les fuese preguntado sobre rason de lo que eran presentados por testigos. E seyendoles echada la confusion del dicho juramento, dixeron que asy lo juravan e juraron,–e: Amen: testigos que fueron presentes: Pedro de villaçis, criado del señor prouisor, e Juan Gonsales e Pedro de Torres, capellanes del dicho señor liçençiado, para esto llamados.

E despues desto, en la dicha Çibdad Real, en treze dias del dicho mes de otubre del dicho año del Señor de mil e quatroçientos e ochenta e quatro años, ante los dichos señores inquisidores, estando en la dicha audiençia, en presençia de nos, los dichos notarios, e de los testigos de yuso escriptos, paresçio ende presente el dicho promutor fiscal e dixo que para en prueva de su entinçion, que presentaba e presento por testigos a Rodrigo de la Obra, veçino de Daymiel, e a Cathalina Rodrigues, muger de Pero Ximenes, molinero, e a Rodrigo de la Obra ⟨sic⟩, veçino de Daymiel, e a Fernando Falcon, veçino de la dicha Çibdad ⟨Real⟩, a otros dos testigos, que estan en los libros de Almagro,[3] de los quales e de cada vno dellos resçebieron juramento en forma deuida. E seyendolos echada la confusion del dicho juramento respondieron, e cada vno dellos respondio por sy, e dixeron que asy lo juravan e juraron, - e: Amen. De lo qual son testigos que fueron presentes Juan Gonsales de Valdevieso e Pedro de Torres, capellanes del dicho señor liçençiado, para esto llamados.

E lo que los dichos testigos e cada vno dellos por sy dixeron e deposieron, seyendo preguntados por los señores inquisidores secreta e apartadamente, es lo siguiente: |

4v Contra Juan Caldes

Mari Nuñes, muger de Fernand Gonsales, texedor, vesina a Santa Maria, testigo presentado por el promutor fiscal, jurada en forma, preguntada por los articulos de la acusaçion dixo que abra çinco años, poco mas o menos, sabe e vido a Juan Caldes e a su muger, que moravan vna casa entremedias deste testigo, que guardaban los sabados y se vestian ropas linpias y de fiesta y se conponian. Y sabe que ençendian los candiles linpios los viernes en la tarde. E que esto es lo que sabe e vido para el juramento que fiço.

Mari Gonsales, muger de Alonso Garçia,[4] herrador, veçino en la cal de Toledo a la puerta de Toledo, pared y medio de Juan, quemado,[5] testigo presentado por el dicho promutor fiscal, jurado en forma, preguntada por los articulos de la acusaçion dixo que abra treinta años, poco mas e menos, que moro este testigo con Juan Gonsales Panpan, y sabe e vido que quantos dias amanesçia, rezaba el dicho Juan Gonsales en libros judaycos, en espeçial el

[3] Their testimonies are not found in the file.
[4] He testified for the prosecution at the trial of Juan González Panpan, No. 14, fol. 8v; see Biographical Notes.
[5] He is mentioned in various trials and was probably a known Converso. See, for instance, the trial of Juan González Pintado, No. 5, fol. 18v.

Trial of Juan Caldes

sabado leya hasta hora de comer, e que venian alli muchas vezes judios de señal a leer con el, e asymismo venia alli Juan Caldes e otros conuersos a leer con el. E que esto es lo que sabe e vido por el juramento que fiço.

Cathalina Fernandes, muger de Pedro Ximenes, el molinero, veçino de Daymiel, testigo presentado por el dicho promutor, jurada en forma, preguntada por los articulos de la acusaçion dixo que ha quatro años, poco mas e menos, que este testigo tovo por vesino a Juan Caldes e a su muger, a los quales este testigo dixo que vido holgar el sabado a amos y dos, y vestir camisa limpia. Y que esto es lo que sabe para el juramento que fiço.

Rodrigo de la Obra, veçino de Daymiel, testigo presentado por el dicho promutor fiscal, jurado en forma, preguntado por los articulos de la acusaçion dixo que ha sevs años, poco mas o menos, que vido este testigo a Juan Caldes, veçino de Çibdad Real, que a la sazon biuia en Daymiel, leer en vn libro judayco, y escuchavanle otros dos o tres, que non sabe quien eran. E que esto es lo que sabe e vido para el juramento que fiço.

Fernando Falcon, veçino desta çibdad en la collaçion de Sant Pedro cabe Sant Françisco, testigo presentado por el dicho promutor fiscal, jurado en forma, preguntado por los articulos de la acusaçion[6] |

Termination of Prosecution and Summons

5r E despues desto, en la dicha Çibdad Real, en dies e ocho dias
18 Jan. el mes de enero, año del Nasçimiento del Nuestro Saluador
1485 Ihesu Christo de mil e quatroçientos e ochenta e çinco años, ante el dicho reuerendo señor Pero Dias de la Costana, lyçençiado en santa theologia, jues inquisidor susodicho, estando ende presente el honrado Juan Gutierres de Valtanas, liçençiado, asesor en el Ofiçio de la dicha Inquisiçion, estando dentro en las dichas casas donde tienen el dicho su audictorio en la dicha abdiençia a la dicha ora acostunbrada sentados pro tribunali, en presençia de nos, los dichos notarios, e los testigos de yuso escriptos, paresçio ende presente el dicho promutor fiscal e dixo que acusaba e acuso las rebeldias de los dichos fijos e herederos e parientes del dicho Juan Caldes, defunto, e pidio que fiçiesen publicaçion de los testigos e prouanças por el presentados. E luego los dichos señores inquisidor e asesor dixeron que façian e fiçieron publicaçion

---

[6] The rest of this passage has not been entered in the file.

de los testigos e prouanças por el dicho promutor fiscal presentados, e que mandaban dar treslado de los dichos e deposiçiones dellos al dicho promutor fiscal e a los fijos e herederos e parientes del dicho Juan Caldes, defunto, sy paresçieren e lo quisieren, e termino de seys dias primeros seguientes para que vengan desiendo e concluyendo. Testigos que fueron presentes: El reçebtor Juan de Vria e Juan Gonsales e Pedro de Torres, capellanes del dicho señor liçençiado, e Fernando de Poblete, regidor, e Juan de Arevalo,[7] jurado de la dicha çibdad.

24 Jan. 1485 E despues desto, en la dicha Çibdad Real, en veynte e quatro dias del dicho mes de enero del dicho año del Señor de mil e quatroçientos e ochenta e çinco años, ante el dicho señor liçençiado inquisidor, estando presente el dicho asesor, estando en la dicha audiençia en el dicho logar a la hora acostunbrada sentados pro tribunali, en presençia de nos, los dichos notarios, e de los testigos de yuso escriptos, pareçio ende presente el dicho promutor fiscal e dixo que acusava e acuso la rebeldia a los fijos, herederos y parientes del dicho Juan Caldes, defunto, pues non paresçen ni vienen desiendo e concluyendo, e pidio que los ayan por rebeldes, e en su rebeldia, dixo que fallaran su entinçion ser bien prouada e que deuen segund que por el los esta pedido, e que concluya e concluyo. E luego los dichos señores inquisidor e asesor dixeron que resçebian la dicha (dicha) rebeldia e los abian e ovieron por rebeldes, e en su rebeldia de los dichos fijos e parientes e herederos del dicho Juan Caldes, defunto, concluyan e concluyeron con el dicho promutor fiscal e ovieron este dicho pleito por concluso e las rasones del por ençerradas, e que asygnavan e asygnaron termino para pronunçiar e dar en el sentençia para terçero dia primero seguiente, e dende en adelante para cada dia que feriado non fuese, fasta que la diese⟨n⟩. Testigos que fueron presentes: Ferrando de Poblete, regidor, e Juan de Arevalo, jurado, ⟨e⟩ el liçençiado Jufre e Ferrando Falcon,[8] veçinos de la dicha Çibdad Real, para esto llamados. |

Sentence [9]

5v 15 March 1485 E despues desto, en la dicha Çibdad Real, en quinze dias del mes de março del dicho año del Señor de mil e qutroçientos e ochenta e çinco años, esta dicho dia, en la plaça publica de la dicha

[7] See Biographical Notes.
[8] He was a witness for the prosecution; see above, fol. 4v.
[9] This certifies the execution of the sentence.

Trial of Juan Caldes

Çibdad Real, estando el dicho reuerendo señor liçençiado Pero Dias de la Costana, jues inquisidor, e el dicho Juan Gutierres de Valtanas, liçençiado, asesor, susodichos, en la dicha plaça ençima de vn cadahalso de madera que estaba fecho en la dicha plaça, lugo el dicho señor liçençiado inquisydor, sedendo pro tribunali, dio e pronunçio por ante nos, los dichos notarios, e leer fiço por vno de nos alta voce vna sentençia contra el dicho Juan Caldes, difunto, el thenor de la qual dicha sentençia esta asentado a bueltas con otros en el proçeso de Juan Martines de los Olibos, defunto. Testigos que fueron presentes quando el dicho señor inquisidor dio e pronunçio la dicha sentençia: El arçipreste de Calatrava, raçionero en la santa yglesia de Toledo, e Aluaro Gaytan e Gonçalo de Salçedo e Fernando de Hoçes e Françisco de Poblete, regidores de la dicha Çibdad Real, e el liçençiado Jufre de Loaysa e el liçençiado Juan del Canpo e el bachiller Gonçalo Moños, vesinos de la dicha çibdad, e otros muchos de los vesinos e moradores della e de las villas e lugares de su comarca.

Esta la sentençia en el proçeso de Juan Martines de los Olivos, defunto, con otros declarados.[10]

6r *Blank page*

The Composition of the Court

Judges: Francisco Sánchez de la Fuente
Pero Díaz de la Costana
Assessor: Juan Gutiérrez de Baltanás
Prosecutor: Fernán Rodríguez del Barco

Witnesses for the Prosecution in Order of Testification [11]

1 María Núñez, wife of Fernand González, weaver
2 María González, wife of Alonso García
3 Catalina Fernández, wife of Pedro Jimenez, miller, of Daimiel
4 Rodrigo de la Obra, of Daimiel
5 Fernán Falcón
6 Catalina de Torres,[12] wife of Geronimo de Vargas

---

[10] For the sentence, see No. 81, foll. 1v, 10r.
[11] The prosecutor also mentioned (fol. 4r) that there were two other witnesses, whose testimony may be found in the books of Almagro.
[12] We do not know the order in which she testified, as her testimony is not in the file; a certain Catalina de Torres testified for the prosecution at the trial of María González, wife of Pero Díaz de Villarrubia, No. 99, fol. 17r.

[435]

Records of the Spanish Inquisition in Ciudad Real, 1483–1485

Synopsis of Trial

1484

8 Aug.   The posthumous trial of Juan Caldes opens, and the arraignment is presented.

17 Aug.   The heirs of Juan Caldes are charged with rebellion. They are summoned to appear before the Court within thirty days.

27 Aug.   The heirs are again charged with rebellion.

6 Sept.   The posthumous trial of Juan Caldes opens, and the arraignment arraignment is presented, and they are given fifteen days to appear before the Court.

20 Sept.   The prosecutor declares that he has concluded his case. An interim decision is handed down, and the heirs of Juan Caldes are pronounced rebels.

1 Oct.   The prosecutor again charges the heirs with rebellion. The first witnesses for the prosecution are presented and sworn in.

13 Oct.   The presentation of witnesses continues. They are sworn in and they testify.

1485

18 Jan.   The prosecutor declares that his case is concluded. The heirs are charged anew with rebellion.

24 Jan.   The arraignment for rebellion continues.

Date unknown   *Consulta-de-fe.*

15 March   The sentence is pronounced against Juan Caldes, and his bones are exhumed and burnt at the *auto-de-fe* held in the Town Square.

76 Trial of Juan González and Beatríz, his Wife
1484–1485

Source: AHN IT, Legajo 154, No. 359, foll. 1r–5r; new number: Leg. 154, No. 12.

Juan González and his wife, Beatríz González,[1] were both tried posthumously. He was a silversmith, as was their son Luis González. Their trial started on 8 August 1484. The son, who lived in Daimiel, was summoned to defend the memory of his parents, but he did not answer the summons.[2]

Fernán Falcón, who testified against them, described their Jewish practices in a very concise and summarized form, thus giving them emphasis. Juan González lived for a time in Medellín, where he bought meat from the Jewish butcher. It is also to be presumed that he was in the inner circle of the Jewish community there.

Sentence was pronounced on 15 March 1485, and the bones of both husband and wife were exhumed and burnt in the **auto-de-fe** held on that day in the Town Square.

The sentence is found in the records of the trial of Juan Martínez de los Olivos (No. 81).

Bibliography: Leg. 262, No. 3, fol. 4v; Fita, p. 474, Nos. 148–149; Delgado Merchán, pp. 221, 243–244; Beinart, index.

---

[1] Pascual López called her by this name in his testimony; see below, fol. 4r.
[2] At the end of the file (fol. 5r) there is a marginal note stating that he was present at the *auto-de-fe* held in the Town Square on 5 March 1485.

1r Leg. 23 No. 49

Juan Gonsales platero

muertos quemados
Beatris su muger
Çiudad Real

⟨later hand⟩

Esta la sentencia de este proceso en el proceso de Juan Martinez de los Oliuos vecino de Ciudad Real Leg. 23 No. 48

⟨former hand⟩

Esta la sentençia en el proçeso de Juan Martines de los Oliuos

1v *Blank page*

2r En la Çibdad Real, ocho dias del mes de agosto, año del
8 Aug. Nasçimiento del Nuestro Saluador Ihesu Christo de mil e quatro-
1484 çientos e ochenta e quatro años, ante los reuerendos señores Pero Dias de la Costana, liçençiado en santa theologia, canonigo en la yglesia de Burgos, e Françisco Sanches de la Fuente, doctor en decretos, canonigo en la yglesia de Çamora, jueses ynquisydores de la heretica pravedad dados e diputados por la abtoridad apostolica en esta Çibdad Real e su tierra e en todo el Canpo de Calatrava e arçobispado de Toledo, e el dicho liçençiado Pero Dias de la Costana como ofiçial e vicario general en todo el arçobispado de Toledo por el muy reuerendisimo yn Christo padre e señor don Pedro Gonçales de Mendoça, cardenal de España, arçobispo de Toledo, primado de las Españas, chançiller mayor de Castilla, estando los dichos señores ynquisydores dentro en las casas do fasen su continua abdiençia en el su audictorio acostunbrado asentados pro tribunali, en presençia de nos, los notarios, e de los testigos de yuso escriptos, paresçio ende presente el honrado Ferrand Rodrigues del Varco, clerigo, capellan del Rey nuestro señor, promutor fiscal en el Ofiçio de la Santa Ynquisyçion, e dixo que por quanto çiertos onbres e mugeres, vesinos e moradores que fueron desta dicha çibdad, ya defuntos, que el nonbrara e declarara por escripto, e entre ellos Juan Gonsales,

[438]

Trial of Juan González and Beatríz, his Wife

platero, e Beatris, su muger, defuntos, en tanto que ellos bivieron en este mundo avian hereticado ⟨e⟩ judaysado syguiendo la Ley de Muysen, fisiendo sus rictos e çerimonais, e que en esta opinion e seta avian fallesçido, e que el los entendia acusar ante ellos de la dicha heregia. Por ende, que los pedia e pidio que mandasen llamar e dar su carta de llamamiento e de hedicto para los fijos e herederos e parientes de los dichos Juan Gonsales, platero, e Beatris, su muger, defuntos, e de los otros defuntos, los nonbres de los quales ⟨que⟩ a su notiçia viniesen el dira e declarara, e para otras qualesquier personas, sy entendieren de los defender, para que paresçiesen e parescan ante ellos a lo⟨s⟩ defender asy quanto a sus cuerpos e guesos como a su fama e bienes. E luego los dichos señores dixeron que oyan lo que desia, e que estan prestos de faser lo que de derecho deviesen, e fasiendolo, luego mandaron dar e dieron su carta de llamamiento e çitatoria de hedicto, en publica forma, contra los fijos e herederos e parientes de los dichos defuntos, los quales defuntos e fijos e herederos van nonbrados e declarados en la dicha carta, e contra otras qualesquier personas que los entendieren defender, segund dicho es, firmada de sus nonbres e sellada e refrendada de vno de nos, los dichos notarios, en la forma que adelante paresçera e sera puesta en su lugar. Testigos que fueron presentes: El bachiller Tristan de Medina e Juan de Vria, reçebtor, e Pedro de Torres e Juan Sanches de Valdeviese, capellanes del dicho liçençiado e ynquisydor, para esto llamados.

Summons and Procedure

17 Aug. 1484 E despues desto susodicho, en la dicha Çibdad Real, en dies e syete dias del dicho mes de agosto del dicho año del Señor de mil e quatroçientos e ochenta e quatro años, ante el reverendo señor Françisco Sanches de la Fuente, doctor, ynquisydor susodicho, estando dentro en las casas do tienen el dicho su auditorio teniendo abdiençia a la ora de la terçia asentado pro tribunali, en presençia de vno de nos, los dichos notarios, e de los testigos de yuso escriptos, paresçio ende presente el dicho Fernand Rodrigues, promutor fiscal de la dicha Ynquisyçion e dixo que por quanto los dichos señores ynquisydores, a su pedimiento, avian dado vna su carta çitatoria de llamamiento e hedicto en publica forma contra los fijos e herederos e parientes de los dichos Juan Gonsales,
2v platero, e Beatris, su muger, defuntos, | e de otros defuntos, e contra otras qualesquier personas que los quisyeren defender, para

fasta treynta ⟨dias⟩ prmeros syguientes despues que fuese la dicha carta leyda e publicada e pregonada e af(l)ixada en vna puerta de Sant Pedro desta dicha çibdad paresçiesen ante ellos a los defender, asy quanto a sus cuerpos e guesos como a su fama e bienes, que le entendia demandar e acusar sobre rason de lo contenido en la dicha carta; el qual dicho termino de treynta dias les avia⟨n⟩ dado e asygnado por tres terminos de dies en dies dias por cada vn termino desde el dicho dia que ansy fuese leyda e publicada e pregonada e aflixada. La qual carta fue leyda e pregonada e aflixada, ⟨e⟩ el termino de los dies dias primeros es oy, dicho dia; por ende, quel acusaua e acuso la primera rebeldia de los dichos fijos e herederos e parientes de los Juan Gonsales, platero e Beatris, su muger, defuntos, e de todas las otras personas, fijos e herederos e parientes de los otros dichos defuntos contenidos en la dicha carta. Luego el dicho señor doctor ynquisydor dixo que el oya lo que desia, e que resçebia e resçebio la dicha rebeldia. Testigos que fueron presentes: El reçebtor Juan de Vria e el bachiller Tristan de Medina, para esto llamados.

27 Aug. 1484 E despues de lo sobredicho, en la dicha Çibdad Real, en veynte e syete dias del dicho mes de agosto, año del Señor de mil e quatroçientos e ochenta e quatro años, ante los dichos reverendos señores ynquisydores, estando dentro en las dichas casas do tienen su audictorio teniendo su abdiençia a la ora acostunbrada de la terçia asentado⟨s⟩ pro tribunali, en presençia de nos, los dichos notarios e testigos de yuso escritos, paresçio ende presente el dicho promutor fiscal e dixo que acusava e acuso la segunda rebeldia a todas las personas, fijos e herederos e parientes de los dichos Juan Gonsales, platero, e Beatris, su muger, defuntos, e de los otros dichos defuntos contenidos en la dicha carta. E luego los dichos señores ynquisydores dixeron que ellos lo oyan lo que desia. Testigos que fueron presentes: Los dichos Juan de Vria, reçebtor, e el bachiller Tristan de Medina, e Cristoval, criad del señor provisor, para esto llamados.

Arraignment

6 Sept. 1484 E despues desto, en la dicha Çibdad Real, en seys dias del mes de setienbre del dicho año del Señor de mil e quatroçientos e ochenta e quatro años, ante los dichos señores ynquisydores, teniendo su abdiençia en el dicho lugar acostunbrado sentados pro tribunali a la ora de la terçia, en presençia de vno de nos, los dichos notarios, e de los testigos de yuso escriptos, paresçio ende

presente el dicho Ferrand Rodrigues del Varco, promutor fiscal, en absençia e rebeldia de los fijos e herederos e parientes de los dichos Juan Gonsales, platero, e Beatris, su muger, defuntos, que por vno de nos, los dichos notarios, fueron çitados, ellos e sus mugeres, en las casas de solian bivir, de los quales e de cada vno dellos dixo que acusava e acuso su rebeldia en su absençia e rebeldia. Luego el dicho promutor fiscal presento ante los dichos señores su carta (de) çitatoria e llamamiento e hedicto, e vn escrito de acusaçion contra los dichos Juan Gonsales, platero, e Beatris, su muger, defuntos, e por vno de nos, los dichos notarios, leer fiso vn escrito de acusaçion escrito en papel, el thenor de la qual dicha carta e escrito de acusaçion, vno en pos de otro, es este que se sygue:

El treslado de la carta va en los proçesos de Juan Martines de los Olivos, defunto, e de Juan Gonsales Escogido,[3] defunto. La acusaçion se sygue: |

3r Muy Reuerendos e Virtuosos Señores [4]

6 Sept. Yo, Ferrand Rodrigues del Barco, capellan del Rey nuestro señor,
1484 promutor fiscal de la Santa Ynquisiçion, acuso ante Vuestras Reuerençias a Juan Gonsales, platero, e a Beatris, su muger, defuntos, los quales, syn temor de Dios e en Su oprobrio e injuria e menospreçio Del e de nuestra Santa Fe Catolica biuiendo en posesion e en nonbre de christianos e asy se llamando e gosando de los preuillejos, exençiones e ynmunydades a las tales personas conçedidos, judaysaron, hereticaron e apostataron, guardando la Ley de Moysen e sus ritos e çerimonias en las cosas e casos syguientes, conviene a saber: ençendiendo candiles linpios el viernes tenprano por honra del sabado e guarda de la dicha ley; e guisando e consintiendo guisar el viernes lo que avian de comer el sabado, por no lo guisar el sabado e disiendo quebrantarse la dicha ley; e guardando los sabados e pascuas en la dicha ley cotenidos e solepnisandolos con ropas linpias e de fiesta; e comiendo pan çençeño en los tienpos determinados por la dicha ley; e quebrantando las fiestas que la Madre Santa Yglesia manda guardar. Yten, judaysaron, hereticaron e apostataron en otros casos e cosas, los quales protesto de desyr e alegar en el proçeso desta mi acusaçion, sy nesçesario me fuere, en su tienpo e lugar. Por que os pido e

[3] See below, Nos. 80 and 81.
[4] The arraignment was written by another scribe.

requiero, Reuerendos Señores, que pues los dichos Juan Gonsales, platero, e Beatris, su muger, notoriamente hereticaron, judaysaron, apostataron en las cosas e casos por mi ya susodichas, y por tal notorio lo alego por lo qual yncurrieron en confiscaçion e perdimento de todos sus bienes y en sentençia de excomunion mayor e en todas las otras penas e çensuras por los sacros canones y leyes contra las tales personas ynpuestas, que los declareys e pronunçieys por hereges, mandandolos desenterrar adondequiera que estuuieren sus cuerpos e quemar a el e a sus huesos, e aver yncurrido en la dicha confiscaçion e perdimiento de sus bienes desde el dia que cometieron la tal heregia e delito y ser aplicados a la camara e fisco de los Reyes nuestros señores. La qual dicha acusaçion propongo en la mejor manera, via e forma e modo que puedo e de derecho devo, con protestaçion que hago de añadir e amenguar e corregir en ella cada e quando bien visto me fuere; para en lo qual y en todo lo nesçesario ynploro vuestro noble y reuerendo ofiçio, y las costas pido e protesto, e sobre todo pido serme fecho conplimento de justiçia.

E juro a las hordenes que resçebi que esta acusaçion que pongo contra los dichos Juan Gonsales, platero, e Beatris, su muger, que non la pongo maliçiosamente, saluo porque en fecho de verdad paso asy, segund e como e en la manera e forma por mi susodicha, e protesto, segund protestado tengo, que sy a otra justificaçion o solepnidad o declaraçion desta dicha mi acusaçion el derecho me obliga, que estoy presto y aparejado de faser sy y en quanto nesçesario me sea y non mas.

En VI de setiembre de LXXXIIII° por el promutor fiscal presento Luis Gonsales, su fijo vesino de Daymiel, treslado e plaso a XV dias.

Charging of Heirs with Rebellion

20 Sept. 1484 En XX de setienbre el promutor fiscal acuso las contumasias e rebeldias, pidio segund de suso e concluyo. Los señores resçebieron las contumaçias e rebeldias e concluyeron, e resçebieron al fiscal a la prueva ⟨a⟩ XXX dias. |

3v [5] E asy presentada la dicha carta e acusaçion ante los dichos ynquisydores, luego el dicho promutor fiscal fiso el juramento aqui contenido, ⟨e⟩ asy fecho, dixo que acusava e acuso de todos los

---

[5] The charge of rebellion was written by the same scribe who recorded the opening of the trial.

Trial of Juan González and Beatríz, his wife

parientes e fijos e herederos del dicho Juan Gonsales, platero, e de la dicha Beatris, su muger, defuntos, sus rebeldias e contumaçias, e pidio a los dichos señores que los oviesen por rebeldes, e en su rebeldia, dixo que ponia e puso esta dicha acusaçion. Luego los dichos señores ynquisydores dixeron que resçebian e resçebieron la dicha rebeldia e acusaçion puesta por el dicho promutor fiscal, e que ensu absençia les mandava⟨n⟩ dar treslado dello e termino en que de quinse dias para que vengan disiendo e respondiendo de su derecho a la dicha acusaçion e concluyendo ⟨sic⟩. Testigos que fueron presentes: El liçençiado Jufre de Loaysa e el bachiller Gonçalo Muños e el bachiller Diego Fernandes de Çamora, para esto llamados.

20 Sept. 1484 E despues desto, en la dicha Çibdad Real, en veynte dias del dicho mes de setienbre del dicho año del Señor de mil e quatroçientos e ochenta e quatro años, ante los dichos señores ynquisydores, estando en el dicho su auditorio sentados pro tribunali, en presençia de nos, los dichos notarios, e de los testigos de yuso escritos, paresçio y presente el dicho promutor fiscal e dixo que acusava e acuso la rebeldia a los fijos e herederos e parientes de los dichos Juan Gonsales, platero, e Beatris, su muger, defunto, pues non paresçian ni respondian, e que pedia e pid⟨i⟩o segund pedido tenia, e concluyo e pidio sentençia. E luego los dichos señores ynquisydores dixeron que reçebian e reçebieron la dicha rebeldia e los ovieron por rebeldes, e en su rebeldia, concluyan e concluyeron con el dicho promutor fiscal ⟨e⟩ ovieron el dicho pleyto por concluso e las rasones del por ençerradas, e que asygnavan e asygnaron termino para dar sentençia en el para luego, la qual dieron e pronunçiaron en la manera syguiente:

Fallamos que devemos resçebir e resçebimos al dicho promutor fiscal a la prueva de todo lo por el pedido e acusado e de todo aquello que provar le conviene e provado le aprovechara, saluo jure ynpertinentium et non admitendorum, para la qual prueva faser le damos e asygnamos termino de treynta dias syguientes, cada dia por pronunçiaçion, e ynterloquando, asy lo mandamos e sentençiamos en estos escriptos e por ellos. Testigos que fueron presentes: El bachiller Gonçalo Muños e el liçençiado Jufre e el bachiller Diego Fernandes de Çamora, para esto llamados.

15 Oct. 1484 E despues desto, en la dicha Çibdad Real, en quinçe dias del mes de otubre del dicho año del Señor de mil e quatroçientos e ochenta e quatro años, ante los dichos señores ynquisydores, estando en la dicha abdiençia asentados pro tribunali, en presençia de nos, los

[443]

notarios, e de los testigos de yuso escritos, paresçio ende el dicho promutor fiscal e dixo que acusava la rebeldia de los fijos e herederos e parientes de los dichos Juan Gonsales, platero, e Beatris, su muger, defuntos, e en su rebeldia, presentava e presento por testigos, para en prueva de su yntençion, a Pasqual Gomez ⟨sic⟩, platero, e a Fernand Falcon, vesinos de la dicha çibdad, e ⟨a⟩ Anton Caravaca, de parte de los quales e de cada vno dellos los dichos señores ynquisydores resçebieron juramento en forma devida, en que juraron a Dios e a Santa Maria y a la señal de la Crus + e a las palabras de los Santos Evangelios, sobre que cada vno dellos puso su mano derecha corporalmente, que ellos e cada vno dellos diria la verdad de lo que supiese e por los dichos señores les fuese preguntado en rason de lo que eran presentados, e seyendoles echada la confusyon del dicho juramento, ellos e cada vno dellos respondieron e dixeron que asy lo juravan, e juraron, e dixeron: Amen. Testigos que fueron presentes: Juan Sanches de Valdivieso e Juan Gonsales, capellanes del dicho señor liçençiado, para esto llamados.

Witnesses for the Prosecution

E lo que dixeron e dipusyeron cada vno dellos por sy, secreta e apartadamente, es lo syguiente: |

4r Contra Juan Gonsales, platero [6]

Pascual Lopes ⟨sic⟩, platero, veçino a Santiago cabe la torre de Juan Panpan, testigo presentado por el dicho promutor, jurado en forma, preguntado por los articulos de la acusaçion dixo que abra treynta años, poco mas o menos, que morando este testigo por aprentis con Juan Gonsales, platero, con el qual y con su muger Beatris Gonçales moro dies e seys años, poco menos ⟨sic⟩, y que abra que son muertos quinze años, poco mas o menos,[7] sabe e vido que guardaban el sabado ellos y sus hijos, y que guardavan el sabado ⟨sic⟩ se vestian de fiesta; y que sabe que guisavan de comer del viernes para el sabado, y ençendian los candiles linpios los viernes, y les vido comer pan çençeño; las pascuas non gelas vido guardar porque estaba continuamente en la tienda. Y que esto es lo que sabe e vido para el juramento que fiço.

---

[6] This testimony was written by another scribe; this shows that someone, perhaps Juan Ruíz de Córdoba or Juan de Hoces, examined him outside of Court before the trial began.

[7] He died about 1469.

Trial of Juan González and Beatríiz, his Wife

Anton Caravaca, veçino de Picon, testigo presentado por el dicho promutor fiscal, jurado en forma, preguntado por los articulos de la acusaçion dixo que abra quinçe años y mas que morava donde mora agora el liçençiado de Vera, tenia por veçino a Juan Gonsales, platero, y entrando y saliendo este testigo muchas veses en su casa, sabe e vido que guardaban el sabado, y se vestian de fiesta ropas linpias y se ponian a la puerta conpuestas ella y sus hijas; y vido vn domingo a vna moça suya sacar vna canasta de trapos para labar en vna pila de su casa; este testigo riño con la moça y dixo que su ama gelo avia mandado. E que esto es lo que sabe e vido para el juramento que fiço.

Ferrand Falcon, veçino desta çibdad en la collaçion de Sant Pedro a Sant Françisco, testigo presentado por el promutor fiscal, jurado en forma, dixo, seyendo preguntado por los articulos de la acusaçion, que sabe que el dicho Juan Gonsales e su muger e sus fijos e fijas, que façian çerimonias judaycas y que eran judios, ⟨e⟩ que guardavan el sabado, e ayunavan los ayunos de los judios, e que el sabado vestian ropas linpias, asy de lienço como de paño, e comian el sabado el guisado del uiernes; e que sabe que estando en Medellin platero grand tienpo, comia carne de la carneçeria de los judios. E que esto es lo que sabe para el juramento que fiço.

Publication of Testimonies

18 Jan. 1485 E despues desto,[8] en la dicha Çibdad Real, dies e ocho dies del mes de enero, año del Nasçimiento de Nuestro Saluador Ihesu Christo del Señor ⟨sic⟩ de mil e quatroçientos e ochenta e çinco años, ante el dicho reverendo señor Pero Dias de la Costana, liçençiado y ynquisydor susodicho, estando ende presente el liçençiado Juan Gutierres de Valtanas, asesor en el dicho Ofiçio de la Santa Ynquisyçion, estando dentro de las dichas casas do tiene el dicho su auditorio en la dicha audiençia a la dicha ora de la terçia asentados pro tribunali, en presençia de nos, los dichos notarios, e de los testigos de yuso escritos, paresçio ende presente el dicho promutor fiscal e dixo que acusava e acuso la rebeldia de los dichos fijos e herederos e parientes de los dichos Juan Gonsales, platero, e Beatris, su muger, defuntos, e pidio que fisiesen

4v publicaçion de los testigos e provanças por el presentadas. E luego los dichos señores ynquisydores dixeron que fasian e fisieron

---

[8] The handwriting of the scribe that opened the trial is resumed here.

publicaçion de los testigos e provanças, e que mandavan e mandaron dar treslado dello al dicho promutor fiscal e a los fijos e herederos e parientes de los dichos Juan Gonsales, platero, e Beatris, su muger, defuntos, sy paresçieren e lo quisiesen, e termino de seys dias primeros syguientes para que vengan disiendo e concluyendo. Testigos que fueron presentes: El reçebtor Juan de Vria e Juan Gonsales e Pedro de Torres, capellanes del dicho señor liçençiado e ynquisydor, para esto llamados.

24 Jan. 1485 E despues desto en la dicha Çibdad Real, veynte e quatro dias del dicho mes de enero del dicho año del Señor de mil e quatroçientos e ochenta e çinco años, ante el dicho señor liçençiado e ynquisydor, estando presente el dicho asesor, estando en la dicha audiençia a la ora de la terçia sentados pro tribunali, en presençia de nos, los notarios, e de los testigos de yuso escritos, paresçio ya presente el dicho promutor fiscal e dixo que acusava e acuso la rebeldia a los fijos e herederos e parientes de los dichos Juan Gonsales, platero, e Beatris, su muger, defuntos, pues non pareçen ni vienen disiendo e concluyendo, e pidio que los ayan por rebeldes, e en su rebeldia, dixo que fallaran su yntençion ser bien provada, e ⟨stain⟩ ser lo por el pedido, e que concluya e concluyo. E luego los dichos señores ynquisydores e asesor dixeron que resçebian la dicha rebeldia e los avian e ovieron por rebeldes, e en su rebeldia de los dichos fijos e herederos e parientes de los sobredichos Juan Gonsales, platero, e Beatris, su muger, defuntos, e que concluyan e concluyeron con el dicho promutor fiscal e ovieron este dicho pleyto por concluso e las rasones del por ençerradas, e que asynavan e asynaron termino para dar e pronunçiar en el sentençia para terçero dia primero syguiente, e dende en adelante para cada dia que feriado non fuese, fasta que la diesen. Testigos que fueron presentes: Fernando de Poblete, regidor, e Juan de Arevalo, e el liçençiado Jufre e Fernando Falcon veçinos de la dicha Çibdad Real, para esto llamados.

Sentence Pronounced and Carried Out

15 March 1485 E despues desto, en la dicha Çibdad Real, en quinse dias del mes de março del dicho año del Señor de mil e quatroçientos e ochenta e çinco años, este dicho dia, en la plaça publica desta dicha çibdad, estando los dichos señores Pero Dias de la Costana, liçençiado, jues e ynquisydor susodicho, e Juan Gutierres de Valtanas, liçençiado, asesor en el Ofiçio de la dicha Ynquisyçion, en la dicha plaça publica ençima de vn cadahalso de madera que esta fecho en la

Trial of Juan González and Beatríz, his Wife

dicha plaça, luego el dicho señor liçençiado enquisydor ⟨sic⟩,⁹ |
5r sedendo pro tribunali, dio e pronunçio por ante no los dichos notarios, e leer fiso a vno de nos, los dichos notarios, alta bose, vna sentençia contra los dichos Juan Gonsales, platero, e Beatris, su muger, defuntos, el thenor de la qual dicha sentençia esta asentado a bueltas con otros proçesos ⟨en el proçeso⟩ de Juan Martines de los Olivos, defunto. Son testigos, que fueron presentes quando el dicho señor liçençiado e ynquisydor dio e pronunçio la dicha sentençia, el arçipreste de Calatrava, raçionero en la santa yglesia de Toledo, e Alvaro Gaytan e Gonçalo de Salsedo e Fernando de Hoçes e Fernando de Poblete, regidores de la dicha çibdad, e el liçençiado Jufre de Loaysa e el liçençiado Juan del Canpo e el bachiller Gonçalo Muños, veçinos de la dicha Çibdad Real, e otros muchos de los vesinos e moradores della e de las villas e logares de su comarca.¹⁰

The Composition of the Court

Judges: Francisco Sánchez de la Fuente
          Pero Díaz de la Costana
Assessor: Juan Gutiérrez de Baltanás
Prosecutor: Fernán Rodríguez del Barco

Witnesses for the Prosecution in Order of Testification
1 Pascual López, silversmith
2 Antón Caravaca
3 Fernán Falcón

Synopsis of Trial

1484

8 Aug.   The trial opens. The defendants' heirs are summoned to defend their memory. They are given ten days to appear before the Court.
17 Aug. The first summons is issued; the heirs are charged with rebellion.
27 Aug. The second summons is issued, and the second charge of rebellion is made.

---

[9] At the end of folio: 'Juan Gonsales, platero. Paresçio Luis Gonçales, su fijo, veçino de Daymiel.'
[10] This list gives us the order of succession of the various officals who participated in the *auto-de-fe* to verify its proceedings.

Records of the Spanish Inquisition in Ciudad Real, 1483–1485

Synopsis of Trial (continued)

1484

6 Sept.   The third summons is issued, and the prosecutor presents his arraignment. The defendants' son, Luis González, is given fifteen days in which to appear and receive a copy of the arraignment.

20 Sept.   The prosecutor again charges the heirs with rebellion; he is given thirty days to prove his charges.

15 Oct.   The heirs are once more charged with rebellion. The presentation of witnesses for the prosecution begins.

1485

18 Jan.   The prosecutor requests the publication of testimonies. Witnesses for the defence are given fifteen days to appear before the Court.

24 Jan.   The prosecutor closes his case as he again charges the heirs with rebellion.

Date unknown   *Consulta-de-fe.*

15 March   Sentence is passed down and is carried out at the *auto-de-fe* held in the Town Square.

77 Trial of Beatríz, Wife of Rodrigo the Alcaide
1484–1485

Source: AHN IT, Legajo 137, No. 99, foll. 1r–6r; new number: Leg. 137, No. 4.

Beatríz was the first wife of Rodrigo the Alcaide, who was tried in person and burnt on 23 February 1484.[1] Her posthumous trial opened on 8 August 1484. In addition to the summonses that are mentioned in her file, a summons was issued by the Court on 6 September 1484 for her heirs to appear and defend her memory.[2] No heir or relative responded. She was condemned, and her bones were exhumed and burnt on 15 March 1485.

Beatríz was the daughter of María González and Fernando Gómez, and the sister of Catalina Gómez, wife of Juan de Fez.[3] She had a brother, Alvar Gómez, and three other sisters: Elvira González, wife of Fernando, merchant; Marina González, wife of Diego de la Merza (she was reconciled to the Church); Inés, wife of García de Carmona. Beatríz was also the aunt of María González, wife of Alonso de Merlo.[4] It is to be presumed that her surname was either Gómez or González, in accordance with the Converso practice of adopting the surname of a maternal or paternal grandfather or grandmother.

The witnesses who testified against her described the allegedly Jewish ceremony, connected with the new-born, hadas.[5] She was also said to have read Hebrew books, although she did not understand the meaning of what she read. The testimonies in her file are valuable for the light they shed on Jewish life during the reign of Enrique IV.

Bibliography: Leg. 262, No. 3, fol. 2r; Fita, p. 468, No. 52; p. 469, No. 52 bis, Delgado Merchán, p. 221; Lea, III, pp. 82 f.; Beinart, index.

[1] See above, No. 26, and Biographical Notes. Rodrigo was employed by Pedro Vanegas.
[2] See the general summons issued in connection with the trials of Juan González Escogido (No. 80) and of Juan Martínez de los Olivos (No. 81).
[3] See the trial of the latter two, No. 9.
[4] See her trial, No. 106, fol. 3r.
[5] See Beinart, p. 222.

1r   Beatris muger de Rodrigo el Alcaide
muerta Çibdad Real Esta la sentençia en el
proçeso de Juan Martinez de los Olivos

1v En la Çibdad Real, ocho dias del mes de agosto, año del Nasçimiento
8 Aug. de Nuestro Saluador Ihesus Christo de mil e quatroçientos e
1484 ochenta e quatro años, ante los reuerendos señores inquisydores
Pero Dias de la Costana, liçençiado en santa theologia, canonigo en
la yglesia de Burgos, e Françisco Sanches de la Fuente, doctor
en decretos, canonigo en la yglesia de Çamora, jueses inquisydores
de la heretica pravedad dados por la abtoridad apostolica en esta
Çibdad Real e su tierra e en todo el Campo de Calatrava e arçobispado de Toledo, e el dicho Pero Dias de la Costana, liçençiado,
como ofiçial e vicario general en todo el arçobispado de Toledo
por el muy reuerendisimo yn Christo padre e señor don Pedro
Gonsales de Mendoça, cardenal de España, arçobispo de Toledo,
primado de las Españas, chançiller mayor de Castilla, estando
los dichos señores inquisydores dentro en las casas do fasen su
abdiençia continua en el su auditorio acostunbrado a la hora
de la terçia sentados pro tribunali, en presençia de nos, los dichos
notarios, e de los testigos de yuso escritos, paresçio ende presente
el honrado Fernand Rodrigues del Varco, clerigo, capellan del Rey
nuestro señor, promutor fiscal en el Ofiçio de la Santa Inquisyçion,
e dixo que por cuanto personas, çiertas, ⟨hombres⟩ e mugeres,
vesinos e moradores que fueron desta dicha Çibdad Real, ya
defuntos, que el nonbrara e declarara por escrito, e entre ellos
Beatris, muger de Rodrigo el alcaide, defunto, en tanto que ellos
biuieron en este mundo avian judaysado, syguiendo la Ley de
Muysen, fasiendo sus ritos e çerimonias, e que en esta opinion e
seta avian fallesçido, e que el los entendia acusar ante ellos de la
dicha heregia. Por ende, que les pedia e pidio que mandasen
llamar e dar su carta de llamamiento e de çitaçion e de hedicto
para los fijos, herederos e parientes de la dicha Beatris, muger
de Rodrigo el alcayde, defunta, e de los otros defuntos, los
nonbres de los quales que a su notiçia vinieren el dira e declarara,
2r e para otros per|sonas qualesquier que los entendieren defender,
e para que paresçiesen e parescan ante ellos a los defender, asy
quanto a sus cuerpos e huesos como a su fama e bienes. E luego
los dichos señores inquisydores dixeron que oyan lo que desia, e

[450]

que estavan prestos de faser lo que con derecho devian, e en fasiendolo, luego mandaron dar e dieron su carta de llamamiento, çitatoria e de hedicto en forma devida contra los fijos, herederos e parientes de los dichos defuntos, los quales defuntos, fijos herederos e parientes van nonbrados e declarados en la dicha carta, e contra otras qualesquier personas que los entendieren defender, segund dicho es, firmada de sus nonbres, sellada e refrendada de vno de nos, los dichos notarios, en la forma que adelante paresçera e sera puesta en su lugar. Testigos que fueron presentes: El bachiller Tristan de Medina e Juan de Vria, reçebtor, e Pedro de Torres e Juan Gonsales, capellanes del dicho señor liçençiado inquisydor.

Summons and Procedure

17 Aug. 1484 E despues desto, en la dicha Çibdad Real, en dies e syete dias del dicho mes de agosto del dicho año del Señor de mil e quatroçientos e ochenta e quatro años, ante el reuerendo señor Françisco Sanches de la Fuente, doctor, inquisydor susodicho, estando dentro de las dichas casas do tienen el dicho su auditorio teniendo abdiençia a la hora acostunbrada de la terçia sentado pro tribunali, en presçençia del vno de nos, los dichos notarios, e de los testigos de yuso escritos, paresçio ende presente el dicho Ferrand Rodrigues, promutor fiscal susodicho, e dixo que por quanto los dichos señores inquisydores, a su pedimiento, avian dado vna carta de llamamiento, çitatoria e de hedicto, en publica forma, contra los fijos, herederos e parientes de la dicha Beatris, muger de Rodrigo el alcaide, defunto, e de otros defuntos, e contra otras qualesquier personas que los quisyesen defender, para que fasta treynta dias primeros syguientes despues que la dicha carta fuese leyda e publica⟨da⟩ e pregonada e afixada en vna puerta de la yglesia de Sant Pedro desta dicha çibdad paresçiesen ante ellos a los defender, asy quanto a sus cuerpos e huesos como a su fama e bienes, que el entendia denunçiar e acusar sobre rason de lo que en la dicha carta, el qual dicho termino de treynta dias les avian dado e asynado por tres terminos de dies en dies dias por cada vn termino desde el dicho dia que asy fuese leyda e publica⟨da⟩ e pregonada e afixada. La qual carta fue leyda e publica⟨da⟩ e pregonada e afixada, e el termino de los 2v dies | dias primeros es oy, dicho dia; por ende, que acusava e acuso la primera rebeldia de los fijos, herederos e parientes de la dicha Beatris, muger de Rodrigo el alcayde, defunta, e de todas las otras personas, fijos herederos e parientes de los otros dichos

Records of the Spanish Inquisition in Ciudad Real, 1483-1485

defuntos en la dicha carta contenidos. E luego el dicho reuerendo señor dotor inquisydor dixo que oya lo que desia, e que resçebia la dicha rebeldia. Testigos que fueron presentes: Juan de Vria, reçebtor, e el bachiller Tristan de Medina e Christoval, criado del señor dotor, para esto llamados.

27 Aug. 1484 E despues desto, en la dicha Çibdad Real, en veynte e syete dias del dicho mes de agosto, año del Señor de mil e quatroçientos e ochenta e quatro años, ante los reuerendos señores inquisydores, estando dentro de las dichas casas do tienen su auditorio acostunbrado teniendo su audiençia continua a la hora acostunbrada sentados pro tribunali, en presençia de nos, los dichos notarios, e de los testigos de yuso escritos, paresçio ende presente el dicho promutor fiscal e dixo que acusava e acuso la segunda rebeldia a todas las personas, fijos, herederos e parientes de la dicha Beatris, muger de Rodrigo el alcayde, defunto, e de los otros dichos defuntos contenidos en la dicha carta. E luego los dichos señores inquisydores dixeron que oyan lo que desian. Testigos que fueron presentes: Juan de Vria, reçebtor, e el bachiller Tristan de Medina e Juan Redondo, portero de la Inquisyçion.

6 Sept. 1484 E despues desto, en la dicha Çibdad Real, en seys dias del mes de setienbre del dicho año del Señor de mil e quatroçientos e ochenta e quatro años, ante los dichos señores inquisydores, teniendo su audiençia en el dicho lugar acostunbrado a la hora de la terçia estando asentados pro tribunali, en presençia de vno de nos, los dichos notarios, e de los testigos de yuso escritos, paresçio ende presente el dicho promutor fiscal, e en absençia de los fijos, herederos e parientes de la dicha Beatris, defunta, que por vno de nos, los dichos notarios, fueron çitados, ellos e sus mugeres, en las casas do solian bivir, de los quales e de cada vno dellos dixo que acusava e acuso su rebeldia, e en su rebeldia, luego el dicho promutor fiscal presento ante los dichos señores la dicha carta de llamamiento e çitatoria de hedicto e vn escrito de acusaçion contra la dicha Beatris, defunta, el qual por vno de nos, los dichos notarios, fue leydo en la dicha abdiençia; el thenor del qual escrito de acusaçion es este que se sygue:

El treslado de la carta de hedicto original va escrito en los proçesos de Juan Martines de los Olivos e de Juan Gonsales Escogido, defuntos.

Trial of Beatríz, Wife of Rodrigo the Alcaide

Arraignment

[Beatris, muger de Rodrigo el alcayde]

3r Muy Reuerendos e Virtuosos Señores:
Yo, Fernand Rodrigues del Barco, capellan del Rey nuestro señor, promutor fiscal de la Santa Ynquisiçion, acuso ante Vuestras Reuerençias a Beatris, muger de Rodrigo, el alcayde de Pero Vanegas, defunta, la qual, syn themor de Dios e en oprobio e ynjuria e menospreçio Del e de nuestra Santa Fe Catolica, biuiendo en posysyon e en nonbre de christiana e asy se llamando y gosando de los preuillejos, exençiones e ynmunidades a las tales personas conçedidas, judayso, heretico e apostato, guardando la Ley de Moysen e sus ritos e çerimonias en las cosas e casos siguientes, conviene a saber: ençendiendo los candiles linpios el viernes en la tarde por honra del sabado e guarda de la dicha ley; e guiso de comer el viernes para el sabado e lo comio el sabado; e holgo los sabados çesando en ellos toda obra, e los soleniso vistiendo ropas linpias e de fiesta en ellos; e quebranto las fiestas que la Madre Santa Yglesia manda guardar; e guardo las pascuas de la dicha ley; e comio pan çençeño en los tienpos que lo comen los judios; e comio carne muerta con çerimonia judayca; e leyo e oyo leher oraçiones judaycas. Yten, judayso, heretico e apostato en otras cosas e casos, los quales protesto de desyr e alegar en el proçeso desta mi acusaçion en su tienpo e lugar, sy nesçesario me fuere. Por que os pido e requiero, Reuerendos Señores, que pues la dicha Beatris notoriamente heretico e judayso e apostato en las cosas e casos por mi ya susodichas, y por tal notorio lo alego, por lo qual yncurrio en confiscaçion e perdymiento de todos sus bienes e en sentençia de excomunion mayor e en todas las otras penas e çensuras por los sacros canones y leyes contra las tales personas ynpuestas, que la declareys e pronunçieys por hereje, mandandola desenterrar adondequeera que estuuiere su cuerpo e quemar a el e a sus huesos, e aver yncurrido en la dicha confiscaçion y perdimiento de sus bienes desde el dia que cometio la tal heregia y delito, y ser aplicados a la camara e fisco de los Reyes nuestros señores. E la qual dicha acusaçion propongo en la mejor manera, via e forma e modo que puedo e de derecho devo, con protestaçion que hago de añadir e amenguar e corregir en ella cada e quando nesçesario e bien visto me fuere; para en lo qual y en todo lo nesçesario ynploro vuestro noble y reuerendo ofiçio, y las costas pido e protesto, e sobre todo pido serme fecho complimento de justiçia.

[453]

E juro a los hordenes que resçebi que esta acusaçion que pongo contra la dicha Beatris, que non la pongo maliçiosamente saluo porque en fecho de verdad paso asy, segund e como e en la manera e forma por mi susodicha, e protesto, segund protestado tengo, que sy a otra justificaçion o solepnidad o declaraçion desta dicha mi acusaçion el derecho me obliga, que estoy presto y aparejado de lo faser sy y en quanto nesçesario me sea y non mas.

6 Sept. 1484 En VI de setienbre de LXXXIIII° por el promutor fiscal en absençia non paresçia persona alguna, acuso las contumaçias e rebeldias. Los señores resçebieron e mandaron dar termino de IX dias que vengan disiendo e concluyendo.

14 Sept. 1484 En XIIII° de setienbre el promutor acuso las contumaçias e rebeldias e pidio ser resçebido a prueva e concluyo. Los señores concluyeron con el e resçibieronlo a prueua a XXX dias. |

3v E asy presentada la dicha carta e acusaçion ante los dichos señores inquisydores, luego el dicho promutor fiscal fiso el juramento aqui contenido, e fecho, dixo que acusava e acuso las rebeldias a todos los fijos, herederos e parientes de la dicha Beatris, defunta, e pidio a los dichos señores que los oviesen por rebeldes, e en su rebeldia, dixo que ponia e puso esta dicha acusaçion. Luego los dichos señores inquisydores dixeron que resçebian e resçebieron la dicha rebeldia e acusaçion puesta por el dicho promutor fiscal, e que en su absençia les mandavan dar treslado dello e termino de nueve dias primeros syguientes para que vengan disiendo e respondiendo de su derecho a la dicha acusaçion e concluyendo. Testigos que fueron presentes: El liçençiado Jufre de Loaysa e el bachiller Gonsalo Muños e el bachiller Diego Fernandes, vesinos de la dicha çibdad, para esto llamados.

14 Sept. 1484 E despues desto, en la dicha Çibdad Real, en quatorçe dias del mes de setienbre del dicho año de ochenta e quatro años, ante los dichos señores inquisydores, estando en el dicho su auditorio acostunbrado pro tribunali sedendo a la hora acostunbrada, en presençia de vno de nos, los dichos notarios, e de los testigos de yuso escritos, paresçio ende el dicho promutor fiscal e dixo que acusava e acuso las rebeldias a los fijos, herederos e parientes de la dicha Beatris, defunta, pues non paresçian ni respondian, e que pedia e pidio segund que pedido tenia, e concluyo. E luego los dichos señores inquisydores dixeron que resçebian e resçebieron la dicha rebeldia e los ovieron por rebeldes, e en su rebeldia, concluyeron con el dicho promutor fiscal e ovieron el dicho pleyto por concluso e las rasones del por ençerradas, e que asynavan e asynaron termino para dar en el sentençia para luego, la qual dieron e pronunçiaron luego en la forma syguiente:

Fallamos que devemos resçebir e resçebimos al dicho promutor fiscal a la prueva de todo lo por el dicho e acusado, e de todo aquello que provar le convenga e provado le aprovechara, saluo jure inpertinentium et non admitendorum, para la qual prueva faser le damos e asygnamos termino de treynta dias primeros syguientes, cada dia por produçion, e asy lo pronunçiamos e sentençiamos, interloquando en estos escritos e por ellos. Testigos: El bachiller Gonsalo Muños e el liçençiado Jufre e el bachiller Diego Fernandes de Çamora, vesinos de la dicha çibdad. |

Witnesses for the Prosecution

4r E despues desto, en la dicha Çibdad Real, en dose dias del
12 Oct. mes de otubre del dicho año del Señor de mil e quatroçientos e
1484 ochenta e quatro años, ante los dichos señores inquisydores, estando en el dicho su auditorio acostunbrado teniendo abdiençia a la dicha hora acostunbrada sentados pro tribunali, en presençia de nos, los dichos notario e de los testigos de yuso escritos, paresçio ende presente el dicho promutor fiscal e dixo que acusava e acuso las rebeldias de los fijos, herederos e parientes de la dicha Beatris, muger de Rodrigo el alcayde, defunta, e en su rebeldia presentava e presento por testigos a Miguel Dias, sastre, vesino de Santiago, e a Catalina de Carrion, muger de Juan de Anton Sanches, e ⟨a⟩ Anton Dias, sastre, fijo de Miguel Dias, sastre, e a Mari Gonsales, muger de Diego de Medina, escudero, e a Fernand Falcon, vesinos de la dicha Çibdad Real, de los quales e de cada vno dellos los dichos señores inquisydores resçebieron juramento en forma, en que juraron a Dios e a Santa Maria e a las palabras de los Santos Evangelios, doquiera que son escritas, e a la señal de la Crus +, que ellos e cada vno dellos con sus manos derechas tocaron corporalmente, que diran la verdad de lo que supiesen e por los dichos señores inquisydores les fuese preguntado çerca de lo que son presentados por testigos; e seyendoles echada la confusyon del dicho juramento, dixeron, e cada vno dellos dixo que asy lo juravan, e juraron,– e: Amen. Testigos que fueron presentes a lo que dicho es: Juan Sanches de Valdivieso e Pedro de Torres, capellanes del dicho señor liçençiado inquisydor, e Juan Redondo, portero de la Inquisyçion.

E lo que los dichos testigos dixeron e depusyeron, e cada vno dellos dixo e depuso, seyendo preguntados por los dichos señores secreta e apartadamente, es lo syguiente:

4v Testigos contra Beatris, muger de Rodrigo el alcayde [6]

Miguel Dias, sastre, vesino a Santiago cabe el monasterio de las monjas, testigo presentado por el promutor fiscal, jurado en forma, preguntado por los articulos de la acusaçion, dixo que abra dies e seys o dies ⟨e⟩ siete años que tiene por vesinos a Rodrigo, el alcayde de Pero Vanegas, y conosçio a su muger la primera, que se llamava Beatris, que abra syete o ocho años que fallesçio, y conosçe la muger que agora tiene, que abra que es casado con ella çinco o seys años, sabe e vido en tienpo de la muger primera que guardavan el sabado el y ella, y se vestian ropas linpias y de fiesta y se levantavan aquel dia muy tarde, y todos los otros madrugavan; y sabe e vido que guisavan todos los viernes de comer para el sabado; y sabe e vido que ençendian los candiles linpios el uiernes en la noche. Iten, dixo que al tienpo de la Pascua del Pan Çençeño, que cahe por la Semana Santa, sabe e vido que guardavan y andavan en añazeas como dia de fiesta e mercavan barro nuevo para aquella fiesta; e que oyo dezir este testigo muchas vezes a vna su moça, Marina, que era de Miguelturra, que comian carne en Quaresma, e asymismo a su hijo ha oydo, que le fallaron carne concha en su casa en Quaresma. Iten, dixo que los sabados le oya leer muchas vezes y los viernes en la noche, pero que non le entendia lo que leya, pero segund el son que tenia en el leer, cree que eran libros judaycos. Iten, dixo que muchas vezes partia el domingo a Carrion por librar las cosas de su amo Pero Vanegas, lo que non fazia el sabado. Iten, dixo que quando fallesçio su muger vido este testigo en su casa, entrando alla dende a poco que fallesçio, fallo la casa llena de agua como la avian vañado, e sabe e vido como venieron alli muchos parientes a comer el cohuerço, pero non los vido comer en el suelo, pero vido que trayan para comer pescado, aunque eran dias de carne. Iten, dixo que al tienpo que paria, seyendo biba, veya que haçia las hadas, y venian alli donzellas e otras sus parientas e tañian alli panderos e comian muchas frutas y alla hasian las hadas. Iten, dixo que sabe e vido que las criaturas que se han fallesçido los vañavan. E asymesmo despues que caso

[6] These testimonies were written by another scribe.

Trial of Beatríz, Wife of Rodrigo the Alcaide

con esta, sabe e vido que guardavan el sabado. E que esto es lo que sabe e vido para el juramento que fiço.

Catalina de Carrion, muger de Juan de Anton Sanches, veçina del dicho logar Carrion, testigo presentado por el dicho promutor fiscal, jurada en forma, preguntada por los articulos de la acusaçion, dixo que puede aber quinçe años, poco mas o menos, que este testigo moro con Beatris, muger del alcayde, hija de la Galana vieja, e dixo que vio a la dicha Beatris, su ama, que alinpiaba su casa e la adereçava el uiernes en la tarde, e que alinpiava el candil e le ençendia el uiernes en la noche, e que guisavan de comer el viernes para el sabado. e que guardava el sabado e vestia ropas linpias, e comian el guisado del viernes el sabado; e que el domingo fasia fregar la espectera a este testigo. E que sabe que la dicha su ama comia pan çençeño. e otras dos sus hermanas. E que esto es lo que sabe e vido para el juramento que fiço. |

5r Anton Dias, sastre, fijo de Miguel Dias, sastre, vesino cabe el monasterio de las monjas, testigo presentado por el dicho promutor fiscal, jurado en forma, preguntado por los articulos de la acusaçion dixo que abra dies o doze años, que en este dicho tienpo sabe e vido a vno que se llamava Rodrigo el alcayde, en tienpo que tenia la otra muger, Beatris Gonsales, hija de Eluira la Galana, que guardaban los sabados y se vestian de fiesta; y sabe que guisavan de comer del viernes para el sabado; y sabe e vido vn dia en Quaresma, entrando este testigo en su casa, hallo vna olla al fuego de carne. Iten, dixo que otro dia en Quaresma, entrando este testigo en su casa vido a vna criada suya con vna escodilla de carne para adobado o para caçuela; e dixo la moça a este testigo: Mirad, Anton. Dixo este testigo entonzes: ¿Y eso para quien es? Dixo la moça: Para mi amo. E la moça se llamava Marina y era de Miguelturra. Iten, dixo que vn Viernes Santo entro este testigo a jugar e burlar con sus fijos del dicho Rodrigo, el alcayde de Pero Vanegas, e que abrieron vna arca para sacar pan y fallo este testigo e vido en vn plato de peltre vna tajada de carne. E que esto es lo que sabe e vido para el juramento que fiço.

Marina Gonsales, muger de Diego de Mena,[7] escudero, vesino a Santa Maria a la Lantejuela, testigo presentado por el dicho

---

[7] Above (fol. 4r) he is called 'Medina'. On Diego de Medina, Bachiller, assistant to Pedro de Maldonado, *corregidor,* see the trials of Juan de Teva (No. 113, fol. 4v) and Ines Lopez (No. 93, fol. 3v); cf. Biographical Notes.

promutor fiscal, jurado en forma, preguntada por los articulos de la acusaçion dixo que abra veynte años, poco mas o menos, seyendo este testigo donzella, que al nasçimiento de un fijo de Rodrigo de los Olibos conbidaron a este testigo que fuese a la hadas, y se fue a casa y cantaron aquella noche: Hadas, hadas, hadas buenas que te vengan. E que estaban alli muchos conuersos y conuersas, entre los quales conosçio a Rodrigo el alcayde, porque era la parida su hermana, e estaba alli su muger la primera, con la qual estava a la saçon desposado. E que esto es lo que sabe e vido para el juramento que fiço.

Fernand Falcon, vesino desta çibdad en la collaçion de Sant Pedro cabe Sant Françisco, testigo presentado por el dicho promutor fiscal, preguntado por los articulos de la acusaçion dixo ... |

Publication of Testimonies

5v E despues desto, en la dicha Çibdad Real, en dies e ocho dias
18 Jan. del mes de enero, año del Señor de mil e quatroçientos e ochenta
1485 e çinco años, ante el dicho señor Pero Dias de la Costana, liçençiado, inquisydor susodicho, estando ende presente el honrado Juan Gutierres de Valtanas, liçençiado, asesor en el Ofiçio de la Santa Inquisyçion, estando dentro de las dichas casas donde tienen el dicho su auditorio teniendo abdiençia a la hora acostunbrada sentados pro tribunali, en presençia de nos, los dichos notarios, e de los testigos de yuso escritos, paresçio ende presente el dicho promutor fiscal e dixo que acusava e acuso las rebeldias a los fijos ⟨e⟩ herederos de la dicha Beatris, refunta, e pidio que fisiesen sentençia de los testimonios e provanças por el presentados. E luego el dicho señor liçençiado inquisydor, con acuerdo del dicho asesor, dixo que fasia e fiso publicaçion de los testimonios e provanças por el dicho promutor fiscal presentados, e que mandava dar treslado de los derechos ⟨sic⟩ e depusiçiones dellos al dicho promutor fiscal e a los fijos, herederos e parientes de la dicha Beatris, defunta, sy paresçieren e lo quisyeren, e termino de seys dias primeros syguientes para que vengan disiendo e concluyendo. Testigos: El reçebtor Juan de Vria e Juan de Arevalo, vesinos de la dicha çibdad, e Pero de Torres e Juan Gonsales, capellanes del dicho señor liçençiado inquisidor.

Termination of Pleading by Prosecutor

24 Jan. E despues desto, en la dicha Çibdad Real, en veynte e quatro
1485 dias del dicho mes de enero del dicho año del Señor de mil e

Trial of Beatríz, Wife of Rodrigo the Alcaide

quatroçientos e ochenta e çinco años, ante el reuerendo señor liçençiado inquisydor susodicho, estando ende presente el dicho asesor, en el dicho su auditorio, acostunbrado teniendo audiençia a la hora acostunbrada sentados pro tribunali, en presençia de vno de nos, los dichos notarios, e de los testigos de yuso escritos, paresçio ende el dicho promutor fiscal e dixo que acusava e acuso las rebeldias a los fijos, herederos e parientes de la dicha Beatris, defunta, pues no paresçien ni vienen disiendo e concluyendo, e pidio que los oviesen por rebeldes, e en su rebeldia, dixo que fallara⟨n⟩ su intençion bien provada, e que pedia segund pedido tiene e que deven faser segund por el esta pedido, e que concluya e concluyo. E luego el dicho señor liçençiado inquisydor, con acuerdo del dicho asesor, dixo que resçebia la dicha rebeldia, e los avia e ovo por rebeldes, e en su rebldia dellos dixo que concluya e concluyo
6r con el dicho promutor fiscal e ovo este dicho | pleyto por concluso e las rasones del por ençerradas, e que asynava e asyno termino para dar en el sentençia para terçero dia primero syguiente, e dende en adelante para cada dia que no fuese fiesta ⟨hasta⟩ que la diese. Testigos que fueron presentes: Fernando de Poblete, regidor, e Juan de Arevalo, jurado, e el liçençiado Jufre e Ferrand Falcon, vesinos de la dicha çibdad, para esto llamados.

Sentence Pronounced and Carried Out

March E despues desto, en la dicha Çibdad Real, en quinse dias del
1485 mes de março del dicho año del Señor de mil e quatroçientos e ochenta e çinco años, este dicho dia, en la plaça de la dicha çibdad, estando el dicho señor Pero Dias de la Costana, inquisydor susodicho, e el dicho Juan Gutierres de Valtanas, liçençiado, asesor susodicho, en la dicha plaça ençima de vn cadahalso de madera que estava fecho en la dicha plaça, luego el dicho señor liçençiado inquisydor, con acuerdo del dicho asesor, sedendo pro tribunali, en presençia de nos, los dichos notarios, e de los testigos de yuso escritos, dio e pronunçio e leer fiso por vno de nos, los dichos notarios, alta boçe, vna sentençia contra la dicha Beatris, muger de Rodrigo el alcayde, defunta, el thenor de la qual dicha sentençia esta asentado, a bueltas con otros, en el proçeso de Juan Martines de los Olivos, defunto. Testigos que fueron presentes quando el dicho señor liçençiado inquisydor dio e pronunçio la dicha sentençia: El honrado arçipreste de Calatrava, raçionero en la yglesia de Toledo, e Alvaro Gaytan e Gonsalo de Sasedo e Fernando de Hoçes e Fernando de Poblete, regidores de la dicha Çibdad Real,

e el liçençiado Jufre de Loaysa e el bachiller Gonsalo Muños e otros muchos de los vesinos e moradores della e de las villas e logares de su comarca.

Esta la sentençia en el proçeso de Juan Marines de los Olivos, defunto, a bueltas con otros declarados.

The Composition of the Court

Judges: Francisco Sánchez de la Fuente
           Pero Díaz de la Costana
Assessor: Juan Gutiérrez de Baltanás
Prosecutor: Fernán Rodríguez del Barco

Witnesses for the Prosecution in Order of Testification

1. Miguel Díaz, tailor
2. Catalina de Carrión, wife of Antón Sánchez
3. Antón Díaz, tailor, son of Miguel Díaz, tailor
4. Marina González, wife of Diego de Mena [Medina]
5. Fernán Falcón [8]

Synopsis of Trial

1484

8 Aug   The trial opens. The prosecutor asks that the heirs be summoned to defend the memory of the accused. Thirty days, divided into three ten-day periods, are allowed for them to appear.

17 Aug.   The first summons is issued against the heirs, and they are charged with rebellion.

27 Aug.   The second summons is issued, and the heirs are again charged with rebellion.

6 Sept.   The third summons is issued, and the prosecutor presents his arraignment.

14 Sept. The prosecutor is given thirty days to prove his charges. The heirs are pronounced rebels. Nevertheless, nine days are allowed in which to present the defence.

12 Oct.   Witnesses for the prosecution are presented.

---

[8] Only the beginning of his testimony is recorded.

Trial of Beatríz, Wife of Rodrigo the Alcaide

Synopsis of Trial (continued)
1485

18 Jan.   The prosecutor declares that his case is closed. Witnesses for the defence are summoned to appear within fifteen days.

24 Jan.   The heirs are once more charged with rebellion. The prosecutor finishes pleading his case.

Date unknown   *Consulta-de-fe.*

15 March   The sentence is pronounced and is carried out at the *auto-de-fe* held in the Town Square.

78 Trial of Beatríz, Aunt of Ruy Díaz, Apothecary 1484–1485

Source: AHN IT, Legajo 137, No. 98, foll. 1r–6r; new number: Leg. 137, No. 3.

Beatríz surnamed González, the wife of Francisco González, el Franco, was a poor woman who earned her daily bread by carrying water to various households in Ciudad Real. She worked for six days of the week and rested on the Sabbath. She also received kasher *food from the house of Juan de Fez or the house of Juan González Pintado. Despite her poverty she tried to lead a Jewish life.*

She was tried posthumously (the trial started on 8 August 1484), was condemned, and her bones were exhumed and burnt on 15 March 1485. Her heirs and relatives were summoned to appear and defend her memory, but nobody came forward.

Bibliography: Leg. 262, No. 3, fol. 2r; Fita, p. 469, No. 59; cf. p. 468, No. 23; Delgado Merchán, pp. 221, 223;[1] Lea, III, pp. 82–83; Beinart, index.

---

[1] He erroneously cited another Beatríz, servant of Ruy Díaz, apothecary; but he meant the same person.

1r   Acabado
                    Beatris tia de
                Ruy Diaz boticario muerta
                    Çibdad Real
              Esta la sentençia en el proçeso de
                 Juan Martines de los Oliuos

1v En la Çibdad Real, en ocho dias del mes de agosto, año del
8 Aug. Nasçimiento de Nuestro Saluador Iehsu Christo de mil e quatro-
1484 çientos o ochenta e quatro años, ante los reverendos señores
inquisydores Pero Dias de la Costana, liçençiado en santa theologia,
canonigo en la yglesia de Burgos, e Françisco Sanches de la
Fuente, doctor en decretos, canonigo en la yglesia de Çamora, jueses
inquisydores de la heretica pravedad dados por la abtoridad apostolica en esta Çibdad Real e su tierra e en todo el Canpo de
Calatrava e arçobispado de Toledo, e el dicho Pero Dias de la
Costana, liçençiado, como ofiçial e vicario general en todo el
arçobispado de Toledo por el muy reuerendisimo yn Christo padre
e señor don Pero Gonçales de Mendoça, cardenal de España,
arçobispo de Toledo, primado de las Españas, chançiller mayor
de Castilla, e estando los dichos señores inquisydores dentro en
las casas do fasen en el su auditorio acostunbrado a la hora de la
terçia sentados pro tribunali, en presençia de nos, los dichos
notarios, e de los testigos de yuso escritos, paresçio ende presente
el honrado Fernand Rodrigues del Varco, clerigo, capellan del Rey
nuestro señor, promutor fiscal en el Ofiçio de la Santa Inquisyçion,
e dixo que por quanto çiertos omes e mugeres, vesinos e moradores
que fueron desta dicha çibdad, ya defuntos, que el nonbrara e
declarara por escrito, e entre ellos Beatris, criada [2] de Ruy Dias,
boticario, defunto, en tanto que ellos bivieron en este mundo
avian judaysado, syguiendo la Ley de Muysen, fasiendo sus ritos
e çerimonias, e que en esta opinion e seta avian fallesçido, e que el
los entendia acusar ante ellos de la dicha heregia. Por ende,
que los pidia e pidio que mandasen llamar e dar su carta de
llamamiento, çitaçion e de hedicto para los fijos, herederos e
parientes de la dicha Beatris, defunta, e de los otros defuntos, los

[2] She is called 'tia' (aunt) on the cover page.

[463]

nonbres de los quales que a su notiçia vinieren el dira e declarara,
2r e | para otras personas qualesquier que los entendieren defender,
e para que paresçiesen e parescan ante ellos a los defender asy
quanto a sus cuerpos e huesos como a su fama e bienes. E luego
los dichos señores inquisydores dixeron que oyan lo que desia,
e que estavan prestos de faser lo que con derecho devian, e en
fasiendolo, luego mandaron dar e dieron su carta de llamamiento,
çitatoria e de hedicto, en forma devida, para los fijos, herederos e
parientes de los dichos defuntos, los quales defuntos, hijos, herederos
parientes dellos van nonbrados e declarados en la dicha carta, e
contra otras qualesquier personas que los entendieren defender,
segund dicho es, firmada de sus nonbres, sellada e refrendada de
vno de nos los dichos notarios, en la forma que adelante paresçera e sera puesta en su lugar. Testigos que fueron presentes:
El bachiller Tristan de Medina e Juan de Vria, reçebtor, e Pedro
de Torres e Juan Sanches, capellanes del dicho señor liçençiado
inquisydor.

Summons and Procedure

17 Aug. E despues desto, en la dicha Çibdad Real, en dies e syete dias del
1484 dicho mes de agosto del dicho año del Señor de mil e quatroçientos
e ochenta e quatro años, ante el reuerendo señor Françisco Sanches
de la Fuente, dotor, ⟨sic⟩, inquisydor susodicho, estando dentro
de las dichas casas do tiene el dicho su audictorio teniendo abdiençia
a la hora acostunbrada de la terçia sentado pro tribunali, en
presençia de vno de nos, los dichos notarios, e de los testigos
yuso escritos, paresçio ende el dicho promutor fiscal e dixo que
por quanto los dichos señores inquisydores, a su pedimento, avian
dado vna carta de llamamiento, çitatoria e de hedicto, en publica
forma, contra los fijos, herederos e parientes de la dicha Beatris,
defunta, e de otros defuntos, e contra otras qualesquier personas
que los entendieren defender, para que fasta treynta dias primeros
syguientes despues que la dicha carta fuese leyda e publicada e
pregonada e afixada en vna puerta de la yglesia de Sant Pedro desta
dicha çibdad, paresçiesen ante ellos a los defender, asy quanto a sus
cuerpos e huesos como a su fama e bienes, que el entendia demandar
e acusar sobre rason de lo que en la dicha carta; el qual dicho
termino de treynta dias les avian dado e asynado por tres terminos
de dies en dies ⟨dias⟩ por cada vn termino, desde el dicho dia
que asy fuese leyda e publicada e pregonada e afixada. La qual
carta fue leyda e publicada e pregonada e afixada, e el termino de

2v los dies dias | primeros es oy, dicho dia; por ende, que acusava e acuso la primera rebeldia de los fijos, herederos e parientes de la dicha Beatris, defunta, e de todas las otras personas, fijos, herederos e parientes de los otros dichos defuntos en la dicha carta contenidos. E luego el dicho reuerendo señor dotor inquisydor dixo que oya lo que desia, e que resçebia la dicha rebeldia. Testigos que fueron presentes: Juan de Vria, reçebtor, e el bachiller Tristan de Medina e Christoval, criado del dicho señor dotor, para esto llamados.

27 Aug. 1484 E despues desto, en la dicha Çibdad Real, en veynte e syete dias del dicho mes de agosto del dicho año del Señor de mil e quatroçientos e ochenta e quatro años, ante los reverendos señores inquisydores, estando dentro de las dichas casas do tienen su auditorio acostunbrado teniendo su audiençia continua a la hora acostunbrada sentados pro tribunali, en presçençia de nos, los dichos notarios, e de los testigos de yuso escritos, paresçio ende el dicho promutor fiscal e dixo que acusava e acuso la segunda rebeldia a todas las personas, fijos, herederos e parientes de la dicha Beatris, defunta, e de los otros dichos defuntos contenidos en la dicha carta. E luego los dichos señores inquisydores dixeron que oyan lo que desia. Testigos que fueron presentes. Juan de Vria reçebtor e el bachiller Tristan de Medina e Juan Redondo, portero de la Inquisyçion.

6 Sept. 1484 E despues desto, en la dicha Çibdad Real, en seys dias del mes de setienbre del dicho año del Señor de mil e quatroçientos e ochenta e quatro años, ante los dichos señores inquisydores, teniendo su audiençia en el dicho lugar acostunbrado a la dicha ora de la terçia sentados pro tribunali, en presencia de nos, los dichos notarios, e de los testigos de yuso escritos, paresçio ende presente el dicho promutor fiscal, e en absençia e rebeldia de los fijos, herederos e parientes de la dicha Beatris, defunta, que por vno de nos, los dichos notarios, fueron çitados, ellos e sus mugeres, en las casas do solian bivir, de los quales e de cada vno dellos dicho que acusava e acuso su rebeldia; e en su absençia e rebeldia, luego el dicho promutor fiscal presento ante los dichos señores su carta de llamamiento, çitatoria e de hedicto, e vn escripto de acusaçion contra la dicha Beatris, defunta, el qual por vno de nos, los dichos notarios, fue leydo en la dicha audiençia, el thenor del qual escrito de acusaçion es este que se sygue:

El treslado de la carta de hedito original va escrito en los proçesos de Juan Martines de los Olivos e de Juan Gonsales Escogido, defuntos. |

Arraignment [3]

3r Beatris, tia de Ruy Dias
Muy Reuerendos e Virtuosos Señores:
Yo, Fernand Rodrigues del Barco, capellan del Rey nuestro señor, promutor fiscal de la Santa Ynquisiçion, acuso ante Vuestras Reuerençias a Beatris, tya de Ruy Dias, defunta, la qual, syn themor de Dios e en oprobrio e ynjuria e menospreçio Del e de nuestra Santa Fe Catolica, biuiendo en posyçion e en nonbre de christiana e asy se llamando e gosando de los preuillejos, exençiones e ynmunidades a las tales personas conçedidas, judayso, heretico e apostato, guardando la Ley de Moysen e sus ritos e çerimonias en las cosas e casos sigientes, conuiene a saber: ençendiendo candiles el viernes tenprano por honra del sabado; e guisando de comer el viernes para el sabado e comiendolo el sabado; e guardando los sabados e honrandolos con ropas linpias e de fiesta; e comiendo carne muerta con çerimonia judayca. Iten, judayso, heretico e apostato en otras cosas e casos, los quales protesto de desyr e alegar en el proçeso desta mi acusaçion en su tienpo e lugar, sy nesçesario me fuere. Por que vos pido e requiero, Reuerendos Señores, que pues la dicha Beatris notoriamente heretico, judayso e apostato en las cosas e casos por mi ya susodichas, y por tal notorio lo alego, por lo qual yncurrio en confiscaçion e perdimiento de todos sus bienes e en sentençia de excomunion mayor e en todas las otras penas e çensuras por los sacros canones y leyes contra las tales personas ynpuestas, que la declareys e pronunçieys por hereje, mandandola desenterrar adondequeera ⟨sic⟩ que estuuiere su cuerpo. e quemar a ella e a sus huesos, e aver yncurrido en la dicha confiscaçion e perdimiento de sus bienes desde el dia que cometio la tal heregia e delito, y ser aplicados a la camara e fisco de los Reyes nuestros señores. La qual dicha acusaçion propongo en la mejor manera, via e forma e modo que puedo e de derecho devo, con protestaçion que hago de añadir e amenguar e corregir en ella cada e quando bien bisto me fuere, para en lo qual y en todo lo nesçesario ynploro vuestro noble y reuerendo ofiçio, y las costas pido e protesto, e sobre todo pido serme fecho conplymiento de justiçia.
E juro a las hordenes que reçebi que a esta acusaçion que pongo contra la dicha Beatris, que no la pongo maliçiosamente, saluo

---
[3] The arraignment was written by another scribe.

Trial of Beatríz, Aunt of Ruy Díaz

porque en fecho de verdad paso asy, segund e como e en la manera e forma por mi susodicha, e protesto, segund protestado tengo, que sy a otra justificaçion o solepnidad o declaraçion desta dicha mi acusaçion el derecho me obliga, que estoy presto y aparejado de las faser sy y en quanto nesçesario me sea y no mas.

6 Sept. 1484 En VI de setienbre de LXXXIIII° por el promutor fiscal, en absençia, non paresçio persona alguna, acuso las contumaçias e rebeldias. Los señores las reçebieron ⟨e⟩ mandaron dar termino de IX dias, que venga disiendo e concluyendo.

Summons for the Defence

14 Sept. 1484 En XIIII° de setienbre, el promutor fiscal acuso las contumaçias e rebeldias, e pidio ser resçibido a prueva, e concluyo. Los señores concluyeron con el, ⟨e⟩ resçibieronlo a prueua a XXX dias. |

3v E asy presentada la dicha carta e acusaçion ante los dichos señores inquisydores, luego el dicho promutor fiscal fiso el juramento aqui contenido, e fecho, dixo que acusava e acuso las rebeldias a todos los fijos, herederos e parientes de la dicha Beatris, defunta, e pidio a los dichos señores que los oviesen por rebeldes, e en su rebeldia, dixo que ponia e puso esta dicha acusaçion. Luego los dichos señores inquisydores dixeron que resçebian e resçebieron la dicha rebeldia e la acusaçion puesta por el dicho promutor fiscal, e que en su absençia, les mandavan dar treslado dello e termino de nueve dias primeros syguientes para que vengan disiendo e respondiendo de su derecho a la dicha acusaçion e concluyendo. Testigos que fueron presentes: El liçençiado Jufre de Loaysa e el bachiller Gonsalo Muños e el bachiller Diego Fernandes, vesinos de la dicha çibdad, para esto llamados.

E despues desto, quatorse [4] dias del mes de setienbre del dicho año del Señor de mil e quatroçientos e ochenta e quatro años, ante los dichos señores inquisydores, estando en el dicho su auditorio acostunbrado, pro tribunali sedendo a la hora acostunbrada, en presençia de vno de nos, los dichos notarios, e de los testigos de yuso escritos, paresçio ende el dicho promutor fiscal e dixo que acusava e acuso la rebeldia a los fijos e herederos e parientes de la dicha Beatris, defunta, pues non paresçian ni respondian, e que pedia e pidio segund que pedido tenia, e concluyo. E luego los dichos señores inquisydores dixeron que resçebian e resçebieron la dicha rebeldia e los ovieron por

---

[4] The date was added by another scribe.

rebeldes, e en su rebeldia, concluyeron con el dicho promutor fiscal e ovieron el dicho pleyto por concluso e las rasones del por ençerradas, e que asygnauan e asygnaron termino para dar en el sentençia para luego, la qual dieron e pronunçiaron en la forma syguiente:

Fallamos que devemos resçebir e resçebimos al dicho promutor fiscal a la prueva de todo lo por el dicho e acusado, e de todo aquello que provar le convenga e provado le aprovechare, salvo jure inpertinentium et non amitendorum; para la qual prueva faser le damos e asygnamos termino de treynta dias primeros syguientes, cada dia por produçion, e asy lo pronunçiamos e sentençiamos, interloquando, en estos escritos e por ellos. Testigos: El bachiller Gonsalo Muños e el liçençiado Jufre e el bachiller Diego Fernandes de Çamora, vesinos de la dicha çibdad. |

Witnesses for the Prosecution

4r
20 Oct.
1484

E despues desto, en la dicha Çibdad Real, en veynte dias del mes de otubre del dicho año del Señor de mil e quatroçientos e ochenta e quatro años, ante los dichos señores inquisydores, estando en el dicho su auditorio acostunbrado, teniendo abdiençia a la dicha hora acostunbrada sentados pro tribunali, en presençia de nos, los dichos notarios, e de los testigos de yuso escritos, paresçio ende presente el dicho promutor fiscal e dixo que acusava e acuso las rebeldias a los fijos, herederos e parientes de la dicha Beatris, defunta, e en su absençia e rebeldia presentava e presento por testigos a Marina Rodrigues, muger de Lope Rodrigues de Valdepeñas, que Dios aya, e a Ximon Cañisares e a Mari Sanches, muger de Cañiçales ⟨sic⟩, el corredor, e a Fernand Falcon, vesinos de la dicha Çibdad Real, de los quales e de cada vno dellos los dichos señores inquisydores resçebieron juramento en forma, en que juraron a Dios e a Santa Maria e a las palabras de los Santos Evangelios, doquiera que estan escritas, e a la señal de la Crus +, que ellos e cada vno dellos con sus manos derechas tocaron corporalmente, que dirian la verdad de lo que supiesen e por los dichos señores inquisydores les fuese preguntado çerca de lo que son presentados por testigos; e seyendoles echada la confusyon del dicho juramento, dixeron, e cada vno dellos dixo, que asy lo juravan, e juraron, ⟨ – e: ⟩ Amen. Testigos que fueron presentes a lo que dicho es: Juan Sanches de Valdivieso e Pedro de Torres, capellanes del dicho señor liçençiado inquisydor, e Juan Redondo, portero de la Inquisyçion.

Trial of Beatríz, Aunt of Ruy Díaz

E lo que los dichos testigos dixeron e dipusyeron, e cada vno dellos dixo e depuso, seyendo preguntados por los dichos señores secreta e apartadamente, es lo syguiente:

4v Testigos contra Beatris, tia de Ruy Dias
Marina Rodrigues,[5] muger de Lope Rodrigues de Valdepeñas, que Dios aya, vesino a Santa Maria en la cal de Calatraba, testigo presentado por el dicho promutor fiscal, jurado en forma, preguntado por los articulos de la acusaçion, dixo que de veynte e çinco años, poco mas o menos, sabe e vido a Beatris Gonçales, tia de Ruy Dias, boticario, defunta, guardar el sabado, e se vestian de fiesta ropas linpias, e guisavan del viernes para el sabado, y ençendian sus candiles linpios. Iten, dixo que sabe e vido a la dicha Beatris Gonsales, que es ya defunta, seyendo biba muchas veses llevar en la falda vna gallina o pollo, y preguntabale este testigo que para que traya en la falda aquel pollo o gallina, desia ella: Vo a buscar quien me la mate. Desia este testigo: ¿Vos non la podeys matar? Desia ella: ¡Guardeme el Señor que tal fiçiese! Iten, dixo que estando doliente esta misma fue a la ver a su casa y fallo que eran ydos a que le truxesen el Corpus Christi, y dixola este testigo: ¿Quanto ha que vos confesastes? Y dixo ella que abia tres semanas, poco mas o menos, que abia pasado por su puerta vn Lope Martines, clerigo de Santa Maria, al qual llamaba ella conpadre, y que lo llamo y lo metio a su palaçio y le abia dado vn quarto e que la abia confesado. A esto respondio este testigo y dixo: ¿Como, señora? ¿No es razon que de tanto tienpo aca, para resçebir a Nuestro Señor bos tornasedes a confesar? Dixo ella entonçes: ¿Que, señora? ¿De que en que tengo pecado al Señor? Que robos e muertes y quemas, todo lo tengo perdonado [6] E que esto es lo que sabe e vido para el juramento que fiço.
Ximon Cañiçares,[7] veçino en la collaçion de Sant Pedro en la calle de Çigueruela, testigo presentado por el dicho promutor fiscal, jurado en forma, preguntado por los articulos de la acusaçion, dixo que puede aber seys años, poco mas o menos tienpo, que este testigo se vino a beuir a esta çibdad, çerca de vnas casas

---

[5] She testified for the prosecution at the trial of Juan de Fez and Catalina Gómez, No. 9, foll. 8v, 9r.
[6] This alludes to the riots, instigated by the 'Old Christians' against the Conversos, in which many 'New Christians' were killed.
[7] He is probably the husband or the son of María Sanchez, who also testified at this trial. For her testimony, see below, fol. 4v.

donde moraba Beatris Gonzales, muger del Franco, tia de Ruy Dias, boticario, e dixo que la veya guardar el sabado e vestir camisa labada e ençender el candil linpio el uiernes en la noche. E que esto es lo que sabe e vido para el juramento que fiço.

Mari Sanches, muger de Cañizales, el corredor, veçina a Sant Pedro en la cal de Çihiruela, testigo presentado por el dicho promutor fiscal, jurada en forma, preguntada por los articulos de la acusaçion dixo que abra çinco años y anda en seys, poco mas o menos, que morando este testigo en las casas de Juan de Herrera,[8] el Franco, que son en la cal de Calatrava, pared y medio de Rodrigo de Valdepeñas,[9] tubo por besina de vna puerta adentro, quinze meses, a vna que se llamaba Beatris Gonsales, muger que avia seydo de Françisco Gonsales el Franco, ella fasia e sacava agua destilada, sabe e vido que toda la semana sacaba agua saluo el sabado, que guardaba, e algunas veses hasia que aspaba, e que los domingos sacaba agua; y sabe que le trayan guisado del viernes para el sabado por Dios de casa de Juan de Fes o de casa de Juan Gonsales Pintado; e sabe e vido que los viernes tenprano ençendia vn candil linpio. E que esto es lo que sabe e vido para el juramento que fiço. |

5r Fernand Falcon, vesino desta çibdad a la collaçion de Sant Pedro cabe Sant Françisco, testigo presentado por el dicho promutor fiscal, jurado en forma, preguntado por los articulos de la acusaçion dixo [10] ⟨not continued⟩

Summons and Procedure

18 Jan. 1485 E despues desto, en la dicha Çibdad Real, en dies e ocho dias del dicho mes de enero, año del Nasçimiento de Nuestro Saluado Ihesu Christo de mil e quatroçientos e ochenta e çinco años, ante el dicho señor Pero Dias de la Costana, liçençiado, inquisydor susodicho, estando ende presente el honrado Juan Gutierres de Valtanas, liçençiado, asesor en el Ofiçio de la Santa Inquisyçion, estando dentro de las dichas casas do tienen el dicho su auditorio teniendo abdiençia a la hora acostunbrada sentados pro tribunali, en presençia de nos, los dichos notarios, e de los testigos de yuso escritos, paresçio ende presente el dicho promutor fiscal e dixo que acusava e acuso la rebeldia a los fijos, herederos e parientes de

---

[8] See Biographical Notes.
[9] Perhaps the witness meant Lope Rodriguez de Valdepeñas.
[10] The rest of his testimony was not recorded, but the contents of his evidence were well known to the Court.

Trial of Beatríz, Aunt of Ruy Díaz

la dicha Beatris, criada de Ruy Dias, boticario, defunta, e pıdio que fisiesen publicaçion de los testimonios e provanças por el presentadas. E luego el dicho señor liçençiado inquisydor, con acuerdo del dicho asesor, dixo que fasia e fiso publicaçion de los testimonios e provanças por el dicho promutor fiscal presentados, e que mandava dar treslado de los dichos e dipusyçiones al dicho promutor fiscal e a los fijos, herederos e parientes de la dicha Beatris, defunta, sy paresçieren e lo quisyeren, e termino de seys dias primeros syguientes para que vengan disiendo e concluyendo. Testigos: El reçebtor Juan de Vria e Juan de Arevalo, vesinos de la dicha çibdad, e Pedro de Torres e Juan Sanches, capellanes del dicho señor liçençiado inquisydor. |

5v E despues desto, en la dicha Çibdad Real, en veynte e quatro dias
24 Jan. del dicho mes de enero del dicho año del Señor de mil e
1485 quatroçientos e ochenta e çinco años, ante el reverendo señor liçençiado inquisydor susodicho, estando ende presente el dicho asesor, en el dicho su avditorio acostunbrado teniendo abdiençia a la hora acostunbrada sentado pro tribunali, en presençia de nos, los dichos notario, e de los testigos de yuso escritos, paresçio ende el dicho promutor fiscal e dixo que acusava e acuso las rebeldias a los fijos, herederos e parientes de la dicha Beatris, defunta, pues non paresçen ni vienen disiendo e concluyendo, e pidio que los oviesen por rebeldes, e en su rebeldia, dixo que fallaran su intinçion ser bien provada, e que pedia segund pedido tiene, e que deven faser segund por el esta pedido, e que concluya e concluyo. E luego el dicho señor liçençiado inquisydor, con acuerdo del dicho asesor, dixo que resçebia la dicha rebeldia, e los avia e ovo por rebeldes, e en su rebeldia dellos dixo que concluya e concluyo con el dicho promutor fiscal, e ovo este dicho pleyto por concluso e las rasones del por ençerradas, e que asynava e asyno termino para dar en el sentençia para terçero dia primero syguiente, e dende en adelante para cada dia que fiesta non fuese, fasta que la diese. Testigos que fueron presentes: Fernando de Poblete, regidor, e Juan de Arevalo, jurado, e el liçençiado Jufre e Fernand Falcon,[11] veçinos de la dicha çibdad, para esto llamados. |

Sentence Pronounced and Carried Out

6r E despues desto, en la dicha Çibdad Real, en quinse dias del mes de março del dicho año del Señor de mil e quatroçientos e

---

[11] See above (fol. 5r), where he is named as a witness for the prosecution.

[471]

Records of the Spanish Inquisition in Ciudad Real, 1483–1485

15 March 1485 ochenta e çinco años,[12] este dicho dia, en la plaça publica de la dicha çibdad, estando el dicho señor liçençiado Pero Dias de la Costana, inquisydor susodicho, e el dicho Juan Gutierres de Valtanas, liçençiado, asesor susodicho, en la dicha plaça ençima de vn cadahalso de madera que estava fecho en la dicha plaça, luego el dicho señor liçençiado inquisydor, con acuerdo del dicho asesor, sedendo pro tribunali, en presençia de nos, los dichos notarios, e de los testigos de yuso escritos, dio e pronunçio e leer fiço por vno de nos, los dichos notarios, alta boçe, vna sentençia contra la dicha Beatris, criada de Ruy Dias, boticario, defunta, el thenor de la qual dicha sentençia esta asentado a bueltas con otros declarados en vna sentençia que esta en el proçeso de Juan Martines de los Olivos, defunto. Testigos que fueron presentes quando el dicho señor liçençiado inquisydor dio e pronunçio la dicha sentençia: El honrado arçipreste de Calatrava, raçionero de la santa yglesia de Toledo, e Alvaro Gaytan e Gonsalo de Sasedo e Fernando de Hoçes e Fernando de Poblete, regidores de la dicha Çibdad Real, e el liçençiado Jufre de Loaysa e el liçençiado Juan del Canpo e el bachiller Gonsalo Muños e otros muchos de los vesinos e moradores della e de las villas e logares de su comarca. Esta la sentençia en el proçeso de Juan Martines de los Olivos, defunto, a bueltas con otros declarados.

The Composition of the Court

Judges: Francisco Sánchez de la Fuente
                  Pero Díaz de la Costana
Assessor: Juan Gutiérrez de Baltanás
Prosecutor: Fernán Rodríguez del Barco

Witnesses for the Prosecution in Order of Testification

1. Marina Rodríguez, widow of Lope Rodríguez de Valdepeñas
2. Ximon Cañiçares ⟨*sic*⟩
3. María Sánchez, wife of Ximon Cañisales (witness No. 2)
4. Fernán Falcón [13]

---

[12] In the file: 'quatro años'.
[13] Only the beginning of his testimony is recorded in the file; see fol. 5r.

[472]

Trial of Beatríz, Aunt of Ruy Díaz

Synopsis of Trial

1484

8 Aug.	The trial opens. The prosecutor declares his intention to arraign the defendant and asks that the heirs be summoned.
17 Aug.	The heirs are summoned, and they are charged with rebellion.
27 Aug.	The second summons is issued to the heirs, and they are charged with rebellion.
6 Sept.	The third summons is issued, and the heirs are again charged with rebellion.
14 Sept.	The prosecutor asks to be received by the Court in order to present his evidence. The Court allows him thirty days to accomplish this. The heirs are allowed nine days to present their defence.
20 Oct.	Witnesses for the prosecution are presented.

1485

18 Jan.	The prosecutor declares, that he has concluded his case. Witnesses for the defence are summoned to appear within six days.
24 Jan.	The trial is closed as the heirs are again charged with rebellion.
Date unknown	*Consulta-de-fe.*
15 March	The sentence is pronounced and carried out at the *auto-de-fe* held in the Town Square.

[473]

79 Trial of María González, Wife of Juan González Pintado
1484–1485

Source: AHN IT, Legajo 154, No. 376, foll. 1r–5r; new number: Leg. 154, No. 29.

María González, whose posthumous trial opened on 8 August 1484, led a more active Jewish life than her husband (see his trial, No. 5). He was merely a silent or passive partner to her Jewish observances. Their son, Gonzalo Díaz Albín, appeared in defence of his father, but he abstained from defending his mother although he was present when the impeachment was presented. Thus, he openly admitted her guilt as a Judaizer; but the Court accepted the pleading of the prosecutor concerning his father, too.

The earliest Judaizing practices of María González go back to 1444, and she probably had, inter alia, *a knowledge of Jewish prayers. She was mentioned in the testimony given by María González, daughter of Juan de Soria,[1] and cited in the file of Leonor de la Oliva.[2] It was also said that the accused publicly acted as a keener at the death of Alvaro de Madrid,[3] although this testimony is not found in her file.*

She was condemned, and her bones were exhumed and burnt at the auto-de-fe *held in the Town Square on 15 March 1485.*

Her sentence is cited in the files of Juan Martínez de los Olivos (No. 81) and Juan González Escogido (No. 80). See also the trial of Juan González Pintado, No. 5.

Bibliography: Leg. 262, No. 3, fol. 5v; Fita, p. 476, No. 196; p. 477, No. 201; Delgado Merchán, p. 222; Beinart, index.

---

[1] See Biographical Notes.
[2] No. 123, fol. 23r. Her testimony was given on 28 October 1483, during the Period of Grace, and was entered in *Libro Primero de Çibdad Real*, fol. CCXVI.
[3] His bones were exhumed and burnt on 15 March 1485; see Biographical Notes.

visto

acabado

Mari Gonsales muger de Juan Gonsales regidor
Mari Gonsales muger de Juan Gonsales
Pintado muerto
Çiudad Real

⟨later hand⟩
Esta la su sentencia en el proceso de Juan Martinez de los Olibos vecino de Ciudad Real   Leg. 23 No. 48

⟨former hand⟩
Esta la sentençia en el proçeso de Juan Martines de los Oliuos

1v En la Çibdad Real, ocho dias del mes de agosto, año del Nasçimien-
8 Aug. to del Nuestro Salvador Ihesu Christo de mil e quatroçientos e
1484 ochenta e quatro años, ante los reuerendos señores Pero Dias de la Costana, liçençiado en santa theologia, canonigo en la yglesia de Burgos, e Françisco Sanches de la Fuente, doctor en decretos, canonigo en la yglesia de Zamora, jueses inquisidores de la heretica prauedad por la actoridad apostolica en esta Çibdad Real e su tierra e en todo el Canpo de la Orden de Calatrava e arçobispado de Toledo, e el dicho Pero Dias de la Costana como ofiçial e vicario general en todo el arçobispado de Toledo por el reuerendisimo in Christo padre e seor don Pedro Gonsales de Mendoça, cardenal de ⟨E⟩spaña, arçobispo de Toledo, primado de las Españas, estando los dichos reuerendos señores inquisidores dentro en las casas donde resyden e fasen su audiençia continua en el su auditorio acostunbrado sentados pro tribunali, en presençia de nos, los notarios e testigos de yuso escriptos, paresçio ende presente el honrado Juan[4] Rodrigues del Barco, clerigo, capellan del Rey nuestro señor, promutor fiscal en el Ofiçio de la Santa Inquisiçion, e dixo que por quanto çiertos honbres e mugeres, vesinos e moradores que fueron desta çibdad, ya defuntos, los quales el entendia

[4]   This should be Ferrand, or Fernán.

[475]

nombrar e declarar por escripto ante sus reverençias, entre los quales dixo que entendia nombrar e declarar a Maria Gonsales, muger de Juan Gonsales Pintado, defunta, que en tanto que biuieron en este mundo abian hereticado, judaysado, syguiendo la Ley de Moysen e fasiendo sus ritos e çerimonias, e que en esta opinion e seta abian fallesçido, ⟨e⟩ que el dicho promutor los entendia acusar de la heregia ante sus reuerençias. Por ende, que les pedia e pidio que mandasen llamar e dar su carta de llamamiento e de hedicto, çitatoria, para los fijos e herederos e parientes de todas las personas defuntas que por el seran nonbradas, e en espeçial para los fijos e herederos e parientes de la dicha Maria Gonsales, muger del dicho Juan Gonsales Pintado, defunta, e para otras qualesquier personas, sy entendieren de los defender, para que paresçiesen ante ellos a los defender asy quanto a sus cuerpos e huesos como a su fama e bienes. E luego los dichos señores dixeron que oyan lo que desia, e que estavan prestos de façer lo que con derecho devian façer e en fasiendolo luego, visto su pedimiento, mandaron dar e dieron su carta de llamamiento e çitatoria e de hedicto en publica forma contra los fijos e herederos e parientes de la dicha Maria Gonsales, muger del dicho Juan Gonsales Pintado, defunta, e de los otros defuntos, los quales van nombrados e declarados en la dicha carta, e aparte van nombrados los fijos e herederos dellos; la qual dieron con termino de treynta dias, firmada de sus nonbres, e sellada e refrendada de vno de nos, los notarios, en la forma que adelante dira e segund paresçera la dicha carta en el proçeso de Juan Martines de los Olibos, defunto. De lo qual son testigos, que fueron presentes a lo que dicho es, el bachiller Françisco Tristan de Medina e Juan de Vria, reçebtor, e Pedro de Torres e Juan Gonsales, capellanes del dicho señor liçençiado inquisidor, para esto llamados. |

Summons and Procedure

2r E despues desto, en la dicha Çibdad Real, en dies e siete dias del
17 Aug. dicho mes de agosto del dicho año del Señor de mil e quatroçientos
1484 e ochenta e quatro años, ante el reuerendo señor señor el señor ⟨sic⟩ Françisco Sanches de la Fuente, doctor en decretos, inquisidor susodicho, estando dentro de las casas donde tienen el dicho su auditorio teniendo audiençia a la hora de la terçia asentado pro tribunali, en presençia de vno de nos, los notarios e testigos de yuso escriptos, paresçio ende presente el dicho Fernand Rodrigues del Barco, capellan del Rey nuestro señor, promutor fiscal

Trial of María González, Wife of Juan González Pintado

susodicho en el dicho Ofiçio de la Santa Inquisiçion, e dixo que acusaba e acuso la primera rebeldia a los fijos e herederos e parientes [5] de la dicha Maria Gonsales, muger del dicho Juan Gonsales Pintado, defunta, e a todos los otros fijos e parientes de los otros defuntos contenidos en la dicha carta. E luego el dicho señor doctor inquisidor dixo que oya lo que desia, e que resçebia e resçibio la dicha debeldia. Testigos que fueron presentes: El reçebtor Juan de Vria e el bachiller Tristan de Medina, para esto llamados.

27 Aug. 1484   E despues desto, en la dicha Çibdad Real, oy, veynte e siete dias del dicho mes de agosto del dicho año del Señor de mil e quatroçientos e ochenta e quatro años, ante los reuerendos señores inquisidores, en las dichas casas, estando en el palaçio do tienen su auditorio teniendo audiençia a la ora acostumbrada, sedendo pro tribunali, en presençia de nos, los dichos notarios, e de los testigos de yuso escriptos, paresçio ende presente el dicho promutor fiscal e dixo que acusaba e acuso la rebeldia segunda a todas las personas, fijos e herederos e parientes de la dicha Maria Gonsales, muger del dicho Juan Gonsales Pintado, defunta, e de los otros dichos defuntos contenidos en la dicha carta. E luego los dichos señores inquisidores dixeron que ellos oyan lo que desia. De lo qual son testigos que fueron presentes el reçebtor Juan de Vria e el bachiller Tristan de Medina e Christoual, criado del dicho Françisco Sanches, doctor, inquisidor, para esto llamados.

6 Sept. 1484   E despues desto, en la dicha Çibdad Real, en seys dias del mes de setiembre del dicho año del Señor de mil e quatroçientos e ochenta e quatro años, ante los dichos señores inquisidores, estando dentro en las dichas casas donde façen su audiençia continua en su auditorio acostumbrado, sentados pro tribunali, a la hora de la terçia, en presençia de vno de nos, los dichos notarios, e de los testigos de yuso escripto⟨s⟩, paresçio ende presente el dicho Ferrand Rodrigues del Barco, promutor fiscal susodicho, en absençia e rebeldia de los fijos e herederos e parientes de la dicha Maria Gonçales, defunta, que por el vno de nos, los dichos notarios, fueron çitados, ⟨e⟩ dixo que les acusaba e acuso la rebeldia de todos los otros fijos e herederos e parientes de los otros todos en la dicha carta contenidos e de cada vno dellos, e en su absençia e rebeldia, el dicho promutor fiscal presento luego ante los dichos señores la

---

[5] Her son was Gonzalo Díaz Albín, counsel for the defence in the trial of his father, Juan González Pintado (No. 5); see Biographical Notes.

dicha carta de hedicto e vn escripto de acusaçion contra la dicha Maria Gonsales. E los dichos señores resçibieron la rebeldia, e ovieron por presentada la dicha acusaçion, la qual por vno de nos, 2v los notarios, ante sus reuerençias fue leyda, el thenor de la | qual dicha carta de hedicto e de la dicha acusaçion, vno en pos de otro, es este que se sygue: El treslado de la dicha carta va incorporado en el proçeso de Juan Martines de los Olibos, defunto, e el de la acusaçion es este que se sygue: |

Arraignment

3r Maria Gonsales, muger de Juan Gonsales, regidor

Muy Reuerendos e Virtuosos Señores:

Yo, Fernan Rodrigues del Barco, capellan del Rey nuestro señor, promutor fiscal de la Santa Ynquisiçion, acuso ante Vuestras Reuerençias a Maria Gonsales, muger de Juan Gonsales regidor Pintado ⟨sic⟩, defunta, la qual, syn themor de Dios e en oprobio e ynjuria e menospreçio Del y de nuestra Santa Fe Catholica, biuiendo en posesion e en nombre de christiana e asy se llamando e gosando de los preuillejos, exençiones e ynmunidades a las tales personas concedidos judayso, heretico e apostato en las cosas e casos syguientes, guardando la Ley de Moysen e sus ritos e çerimonias: guisando el viernes lo que avian de comer el sabado e lo comian en el sabado; ençendiendo los candiles el viernes tenprano por honra del sabado en guarda de la dicha Ley, e guardando los sabados; e comiendo carne en Quaresma e en otros dias defendidos por la Madre Santa Yglesia; e purgando la carne que avia de comer, a modo judayco; e quebrantando las fiestas que la Madre Santa Yglesia manda guardar; e comiendo pan çençeño. E de lo susodicho non contenta tenia en su casa, por mayor guarda de la dicha Ley, vna oraçion judayca publicamente escripta, las quales tienen los judios por mas prinçipal, que comiença: Oye, Ysrael. Yten, judayso, heretico e apostato en otras cosas e casos, los quales protesto de desyr e alegar en el proçeso desta mi acusaçion, en su tiempo e lugar, sy neçesario me fuere. Por que os pido e requiero, Reuerendos Señores, que pues la dicha Maria Gonsales notoriamente judayso e heretico y apostato en las cosas e casos por my ya susodichos, y por tal notorio lo alego, por lo qual yncurrio en confiscaçion e perdimiento de todos sus bienes e en sentençia de excomunion mayor e en todas las otras penas e çensuras por los sacros canones y leyes contra las tales personas ynpuestas, que la declareys e pronunçieys por hereje, mandandola desenterrar adondequeera

Trial of María González, Wife of Juan González Pintado

⟨sic⟩ que estuuiere su cuerpo, e quemar a el e a sus huesos, e aver yncurrido en la dicha confisaçion e perdimiento de sus bienes desde el dia que cometio la tal heregia e delito y ser aplicados a la camara y fisco de los Reyes nuestros señores. La qual dicha acusaçion propongo en la mejor manera, via e forma e modo que puedo e de derecho devo, con protestaçion que hago de sñadir e ameguar e corregir en ella cada e quando bien visto me fuere; para lo qual y en todo lo nesçesario ynploro vuestro noble y reuerendo ofiçio, y las costas pido y protesto, e sobre todo pido serme fecho complimento de justiçia.

E juro a las hordenes que resçebi que esta acusaçion que pongo contra la dicha Maria Gonsales, que non la pongo maliçiosamente, saluo porque en fecho de verdad paso asy, segund e como e en la manera e forma por mi susodicha, e protesto, segund protestado tengo, que sy a otra justificaçion o solepnidad e declaraçion desta dicha mi acusaçion el derecho me obliga, que estoy presto y aparejado de la faser sy y en quanto neçesario me sea e non mas.

Refusal of Defence

6 Sept. 1484   En VI de setiembre de LXXXIIII° por el promutor fiscal, estando presente Gonsalo, liçençiado,[6] su hijo de la dicha Maria Gonsales, el qual dixo que non queria responder. Los señores mandaron dar treslado e plaso a otros parientes o herederos, sy los ay, en su absençia, e que a XV dias vengan a desir todo de su derecho.

Arraignment

20 Sept. 1484   En XX de setiembre, el promutor fiscal acuso las contumaçias e rebeldias e pidio segund de suso, e concluyo. Los señores resçibieron las rebeldias e concluyeron, e resçebieron a la prueba al fiscal a XXX dias. |

3v E asy presentada la dicha carta e el dicho escripto de acusaçion por el dicho promutor fiscal contra la dicha Maria Gonsales ante los dichos señores inquisidores, luego el dicho promutor fiscal fiço el juramento en la dicha acusaçion contenido, e fecho, dixo que acusava e acuso las rebeldias e contumaçias a todos los fijos e herederos e parientes de la dicha Maria Gonsales, muger del dicho Juan Gonsales Pintado, defunta, e pidio a los dichos señores que los oviesen por rebeldes e contumaçes, e dixo que en su rebeldia

---

[6] Gonzalo Díaz Albín; see the trial of Juan González Pintado (No. 5) and Biographical Notes.

ponia e puso esta dicha acusaçion. E luego los dichos señores dixeron que resçebian e resçibieron la dicha rebeldia e acusaçion puesta, e que en su absençia, les mandavan dar treslado della e termino de quinçe dias para que vengan respondiendo e desiendo de su derecho contra la dicha acusaçion, e concluyeron. Testigos que fueron presentes: El liçençiado Jufre de Loaysa e el bachiller Gonçalo Moños e el bachiller Diego Fernandes, vesinos de la dicha çibdad.

20 Sept. 1484 E despues desto, en la dicha Çibdad Real, en veynte dias del dicho mes de setienbre del dicho año de ochenta e quatro años, ante los dichos señores inquisidores, estando en el dicho su auditorio teniendo audiençia a la hora acostunbrada, tribunali sedendo, en presençia del vno de nos, los dichos notarios, e de los testigos de yuso escriptos, paresçio ende presente el dicho promutor fiscal e dixo que acusava e acuso la rebeldia de los fijos e parientes e herederos de la dicha Maria Gonsales, e pues non paresçian ni respondian, que pydia e pidio segund que de suso pedido tenia, e que concluya e concluyo. E luego los dichos señores inquisidores dixeron que resçebian e resbeçieron la dicha rabeldia e los abian e ovieron por rebeldes, e que en su rebeldia concluyan e concluyeron con el dicho promutor fiscal e ovieron el dicho pleyto por concluso e las razones del por ençerradas, e que asignavan e asignaron termino para dar sentençia en el para lugo, la qual dieron e pronunçiaron en la forma seguiente:

Fallamos que devemos resçebir e resçebimos al dicho promutor fiscal a la prueva de todo lo por el acusado e razonado de todo aquello que prouar le convenga e prouado le aprouechara, saluo jure inpertinentium et non admitendorum, para la qual prueva façer le damos e asygnamos termino de treinta dias primeros siguientes, cada dia por produçion, etç., e interloquando, asy lo damos e pronunçiamos por ⟨esta⟩ nuestra sentençia en estos escriptos e por ellos.

Testigos que fueron presentes: El liçençiado Jufre e el bachiller Diego Fernandes de Çamora, vesinos de la dicha çibdad.

Witnesses for the Prosecution

25 Oct. 1484 E [7] despues desto, en la dicha Çibdad Real, en veynte e çinco dias del dicho mes de otubre del dicho año del Señor de mil e quatro-

---

[7] The handwriting of another scribe, the one who acted in the trial of Juan González, silversmith, begins here.

Trial of María González, Wife of Juan González Pintado

çientos e ochenta e quatro años, ante los dichos señores ynquisidores, estando en la dicha abdiençia asentados pro tribunali, en presençia de nos, los dichos notarios, e de los testigos de yuso escritos, paresçio ya presente el dicho promutor fiscal e dixo que acusava e acuso la rebeldia de los dichos fijos, herederos e parientes de la dicha Mari Gonsales, muger del dicho Juan Gonsales Pintado, defunta, e que en su rebeldia presentava e presento por testigos, para en prueva de su yntinçion, a Catalina Sanches, muger ⟨de⟩ Juan Sanches de Segovia, e a Juan Martinez, labrador, veçino de Las Casas, e a Maria Alfonso, muger de Diego Fernandes de Piedrabuena, e a Mari Ruys, muger de Pedro Martines de Almagro, e a Ysabel Rodrigues, muger del bachiller Gonçalo Rodriques de Santa Crus, vesina de Almagro, e a Fernand Falcon, vesino de la dicha Çibdad Real, de los quales e de cada vno dellos los dichos señores ynquisydores resçebieron juramento en forma devida, sobre la señal de la Crus, en que juraron a Dios e a Santa Maria e a las palabras de los Santos Evangelios, dondequiera que estan escritos, e a esta señal de la Crus +, que cada vno dellos toco e puso su

4r mano derecha, que ellos e cada vno dellos diran la verdad | de todo lo que supiesen e por los dichos señores les fuese preguntado sobre rason de lo que eran presentados por testigos; seyendoles a ellos e ⟨a⟩ cada vno dellos echada la confusyon del dicho juramento, e cada vno dellos repondio e respondieron e dixeron que asy lo juravan, e juraron,– e: Amen. A lo qual fueron testigos presentes Juan Sanches de Valdivieso e Pedro de Torres, capellanes del señor liçençiado e inquisydor, para esto llamados.

E lo que los dichos testigos dixeron e depusyeron, e cada vno dellos dixo por su dicho e dipusyçion, seyendo preguntados por los dichos señores ynquisydores secreta e apartadamente, es lo que se sygue: [8]

Catalina Sanches,[9] muger de Juan Sanches de Segovia, veçina en la collaçion de Santa Maria en la pedrera, testigo presentado por el promutor fiscal, jurado en forma, preguntado por los articulos de la acusaçion, dixo que abra quarenta años, poco mas o menos, que moro este testigo a soldada con Juan Gonsales Pintado, regidor, que moraba a Santiago en Barrionuevo, con el qual moro obra de ocho o nueve meses, sabe e vido en aquel tienpo que guardaban el

---

[8] The writing of the aforementioned scribe ends here.
[9] She also testified at the trial of Juan González Pintado, appearing before the Inquisition on 6 October 1483, during the Period of Grace; see No. 5, fol. 10v.

sabado y se vestian ropas linpias y de fiesta y se yvan e ber parientes, e otras venian e ber a ellas ⟨sic⟩. Y sabe que ençendian candiles linpios los viernes en la tarde. Del guisar del comer dixo que non se acuerda. Y sabe que ella comia carne la Quaresma, tasajos, ella e otras dos hermanas suyas. E que esto es lo que sabe e vido para el juramento que fiço.

Juan Martines,[10] labrador, vesino de Las Casas, testigo presentado por el dicho promutor fiscal, jurado en forma, preguntado por los articulos de la acusaçion dixo que puede aber doçe años, poco mas o menos, que este testigo moro con Juan Gonçales Pintado, regidor, e con su muger, e que vido como el biernes en la noche ençendian una lanparilla e vn candil con tres o quatro torçidas; e que sabe que guardaban el sabado como nosotros el domingo, e que guisaban el biernes lo que abian de comer el sabado, e que comian el guisado del viernes. E que los vido comer carne en Quaresma e huevos. E que este testigo degollo vn dia vn pollo, y que desde que supieron que el le abia degollado, que non lo quisieron comer, e que le fisieron comer a este testigo e a vna canaria que estaba en casa. E que sabe e vido como, de que trayan carne de la carneçeria, que la desensevaban e purgaban todo. Iten, dixo que le vio rezar al dicho
4v su amo Juan Gonsales muchas veses | pero que non sabe ni entendia lo que rezava. E que vna vegada dieron a este testigo a comer de (de) vn pan blanco, e que era tan desaborado que non lo podia comer, e que otra vegada le dieron a comer de vna cosa que era guisada con muchas espeçias, e que desian que era adafina; e que cree que aquel pan blanco, que era pan çençeño. E que vna vegada reño con este testigo el dicho su amo porque non avia traydo vna arrotada de leña el domingo de mañana. E que agora non se le acordaba mas; e que esto es lo que sabe e vido para el juramento que fiço.

Maria Alonso, muger de Diego Hernandes de Piedrabuena, defunto, que era çestero, pared y medio de Rodrigo, regidor, testigo presentado por el dicho promutor fiscal, jurado en forma, preguntada por los articulos de la acusaçion dixo que abra quarenta años que moro este testigo a soldada con Juan Gonsales Pintado, con el qual e con su muger Maria Gonsales, hija de Terras, moro çinco años, y ha que salio de su casa treynta e çinco, sabe e vido en todo este

---

[10] He also testified at the trial of Juan González Pintado, appearing before the Inquisition on 22 October 1483, during the Period of Grace; see No. 5, fol. 12v.

dicho tienpo que nunca el dicho Juan Gonsales estubo en su casa, porque continuamente andaba con el Rey, a saluo vna Quaresma; e a su muger sabe e vido que guardava el sabado e se vestia de ropa linpia, y sabe e vido que guisava de comer del viernes para el sabado, de lo qual comia el dicho Juan Gonsales Pintado. Y sabe e vido que ençendian candiles linpios. Iten, sabe y vido ayunar a la dicha su muger un ayuno fasta el estrella salida. Y que sabe e vido que ella masaba en su casa el pan çençeño en la Quaresma, por la Semana Santa, lo qual yva este testigo a cozer al horno de poya de Diego Gonsales. Preguntada sy guardava la Pascua del Pan Çençeño, porque non se acuerda.[11] Y que algunas vezes la vido rezar. Iten, dixo que estas çerimonias que ella hasia non se las reñia el dicho Juan Gonsales Pintado, aunque algunos veya e otros no. E que esto es lo que sabe e vido para el juramento que fiço.

Mari Ruys,[12] muger de Pero Martines de Almagro, molinero, veçina a la collaçion de Santa Maria a la puerta de la yglesia, testigo presentado por el dicho promutor, jurada en forma, preguntada por los articulos de la acusaçion, dixo que pasando vn domingo por la puerta de Juan Gonsales Pintado, regidor, que vido como salian xabonaduras por vn aluañar, de labaduras de trapos, a la calle, e que creya que lavaban trapos aquel dia en casa del dicho Juan Gonsales. E que esto es lo que sabe e vido para el juramento que fecho abia.

Ysabel Rodrigues, muger del bachiller Gonsalo Rodrigues de Santa Crus,[13] veçino de Almagro, testigo presentado por el dicho promutor, jurada en forma, preguntada por los articulos de la acusaçion dixo quando ⟨sic⟩ este testigo como la de Juan Gonsales Pintado, veçino de Çibdad Real, non façia nada el dia del sabado, e que sus moças desian a este testigo como ayunaba algunos dias, y que esto abra doze años, quando este testigo biuia en Çibdad Real. E que esto es lo que sabe e vido para el juramento que fiço.

Ferrand Falcon, testigo presentado, jurado en forma, preguntado por los articulos de la acusaçion dixo.[14] |

---

[11] *Sic*; the scribe probably omitted part of her answer.
[12] She also testified against Juan González Pintado, appearing before the Inquisition during the Period of Grace, on 7 November 1483; see No. 5, fol. 12v.
[13] On him, see the trial of Juan González Pintado, No. 5, fol. 16v.
[14] Although this is all that is recorded in the file, the contents of his testimony were well known to the Court.

[Maria Gonsales, muger de Juan Gonsales Pintado, regidor. Estando preguntado Gonsalo, licençiado, dixo que non queria responder a XV dias.] | [15]

Publication of Testimonies and Conclusion

5r E despues [16] desto, en la dicha Çibdad Real, en dies e ocho dias del
18 Jan. mes de enero, año del Nasçimiento del Nuestro Saluador Ihesu
1485 Christo de mil e quatroçientos e ochenta e çinco años, ante el reuerendo señor Pero Dias de la Costana, liçençiado e ynquisidor susodicho, estando presente el liçençiado Juan Gutierres de Baltanas, açeçor en el dicho Ofiçio de la Santa Ynquisyçion, estando dentro en las dichas casas donde tiene el dicho su auditorio en la abdiençia a la dicha ora de la terçia acostunbrada, sentados pro tribunali, en presençia de nos, los dichos notarios, e de los testigos ⟨de⟩ yuso escritos, paresçio y presente el dicho promutor fiscal e dixo que acusava e acuso la rebeldia de los dichos fijos e herederos e parientes de la dicha Mari Gonsales, e pidio que fisiesen publicaçion de los testimonios e provanças, e que mandavan e mandaron dar treslado dellas al dicho promutor fiscal e a los dichos fijos e herederos e parientes de la dicha Mari Gonsales, sy paresçieren e lo quisyeren, e termino de seys dias primeros syguientes para que vengan disiendo e concluyendo. Testigos que fueron presentes a esto que dicho es: Juan de Vria, reçebtor, e Juan Sanches de Baldivieso e Pedro de Torres, capellanes del dicho señor liçençiado e ynquisydor, para esto llamados.

24 Jan. E despues desto, en la dicha Çibdad Real, en veynte e quatro dias
1485 del dicho mes de enero del dicho año del Señor de mil e quatroçientos e ochenta e çinco años, ante el dicho reuerendo señor liçençiado e ynquisydor e Juan Gutierres de Baltanas, liçençiado, açeçor, estando en la dicha abdiençia a la dicha ora de la terçia sentados pro ribunali, en presençia de nos, los dichos notarios e testigos yuso escritos, paresçio ende presente el dicho promutor fiscal ⟨e⟩ dixo que acusava e acuso la rebeldia de los dichos fijos e herederos

---

[15] Gonzalo, Licenciado, whose full name was Gonzalo Díaz Albín, was her son. This marginal remark explains his attitude to the case. As already mentioned, he also appeared in defence of his father. Despite his personal tragedy, the Inquisition, in accordance with its rules, proclaimed him a rebel. It is doubtful, however, that he forfeited his rights and was actually excommunicated from the Church. See Beinart, pp. 128.

[16] This was written by the scribe mentioned in n. 7.

Trial of María González, Wife of Juan González Pintado

e parientes de la dicha Mari Gonsales, muger defunta del dicho Juan Gonsales Pintado, que pues non paresçen nin vienen disiendo e concluyendo, que por do los ayan por rebeldes, y en su rebeldia, dixo que fallaran su yntinçion ser bien provada e que deven faser lo por el pedido, e que concluya e concluyo, pidio sentençia. E luego el dicho ynquisydor e asesor dixeron que resçebian la dicha rebeldia e los ovieron por rebeldes, e en su rebeldia de los dichos fijos e parientes de la dicha Mari Gonsales e concluyan e concluyeron con el dicho promutor fiscal e ovieron este dicho pleyto por concluso e las rasones del por ençerradas, e que asynavan e asynaron termino para dar e pronunçiar en el sentençia para terçero dia primero syguiente, e dende en adelante para cada dia que feriado non fuese, fasta que la diesen. Testigos que fueron presentes: El liçençiado Jufre e Fernando de Poblete, regidor, e Juan de Arevalo, jurado, e Fernand Falcon, veçinos de la dicha çibdad, pa esto llamados.

Sentence Pronounced and Carried Out

5 March 1485 E despues desto, en la dicha Çibdad Real, en quinçe dias del mes de março del dicho año del Nasçimiento del Nuestro Saluador Ihesu Christo de mil e quatroçientos e ochenta e çinco años, este dicho dia, en la plaça publica de la dicha çibdad, estando los dichos señores Pero Dias de la Costana, liçençiado e ynquisydor susodicho, e Juan Gutierres de Baltanas, liçençiado, asesor en la dicha Ynquisyçion en la plaça publica ençima de un cadahalso de madera que estava fecho en la dicha plaça, en presençia de nos, los dichos notarios e testigos de yuso escritos, luego el dicho liçençiado e ynquisydor, seyendo presente el dicho asesor, dio e pronunçio e leer fiso, por ante nos, los dichos notarios, e por el vno de nos, vna sentençia contra la dicha Mari Gonsales, defunta, muger del dicho Juan Gonsales Pintado, el tenor de la qual dicha sentençia esta asentado a bueltas con otros en el proçeso de Juan Martines de los Oliuos, defunto. Testigos que fueron presentes quando el dicho señor liçençiado dio e pronunçio la dicha sentençia: El arçipreste de Calatrava, raçionero en la Santa Yglesia de Toledo, e Alvaro Gaytan e Gonçalo de Sasedo e Fernando de Hoçes e Fernando de Poblete, regidores de la dicha çibdad, e el liçençiado Jufre de Loaysa e el liçençiado Juan del Canpo e el bachiller Gonçalo Muños, vesinos de la dicha Çibdad Real, e otros muchos vesinos e moradores della e de las otras villas e logares de su comarca.

Records of the Spanish Inquisition in Ciudad Real, 1483–1485

The Composition of the Court

Judges: Francisco Sánchez de la Fuente
Pero Díaz de la Costana
Assessor: Juan Gutiérrez de Baltanás
Prosecutor: Fernán Rodríguez del Barco

Witnesses for the Prosecution in Order of Testification

1 Catalina Sánchez, wife of Juan Sánchez de Segovia
2 Juan Martínez
3 María Alonso, widow of Diego Hernández de Piedrabuena
4 Mari Ruiz, wife of Pedro Martínez de Almagro, miller
5 Isabel Rodríguez, wife of Bachiller Gonzalo Rodríguez de Santa Cruz, of Almagro
6 Fernán Falcón [17]

Synopsis of Trial

1484

8 Aug. The trial opens. The heirs of María González are summoned to defend her memory.
17 Aug. The first summons is issued to the heirs, and they are charged with rebellion.
27 Aug. The second summons is issued, and the heirs are again charged with rebellion.
6 Sept. The third summons is issued, and the heirs are once more charged with rebellion. Gonzalo Díaz Albín declines to defend his mother, and the arraignment is presented.
20 Sept. The defendant and her heirs are charged with rebellion, and the interim decision is handed down. The prosecutor is allowed thirty days to present his evidence. Fifteen days are allowed for the heirs to appear in Court to defend the memory of the accused.
25 Oct. Witnesses for the prosecution are presented.

1485

18 Jan. The prosecutor asks for the publication of the testimonies. Six days are allowed for their publication.
24 Jan. No heirs have come forward to appear in Court. The prosecutor asks, therefore, that the trial be concluded. The date is set on which the sentence will be handed down.
Date unknown *Consulta-de-fe.*
15 March The sentence is pronounced and is carried out at the *auto-de-fe* held in the Town Square.

[17] He was the only witness to be presented and sworn in.

[486]

80 Trial of Juan González Escogido
1484–1485

Source: AHN IT, Legajo 154, No. 360, foll. 1r–6v; new number: Leg. 154, No. 13.

Juan González Escogido was a very famous Converso, known in the Converso Community as 'Confesor de los Confesos'. Only one other — Gonzalo Alonso Podrido [1] — was given this title. This designation could only have been given to him out of veneration. His standing in the community may perhaps be compared to that of a rabbi. The witnesses testified that he served as shoḥet, and that he was considered qualified to examine the slaughtered calf or cow and to decide whether it was Kasher or trefa, i.e. fit or unfit to be eaten according to rabbinic Law. These are only a few of his Jewish activities.

Juan González Escogido was tried posthumously. His trial started on 8 August 1484 and was concluded on 15 March 1485 with the exhumation of his bones, which were burnt at the auto-de-fe held on the same day. His sentence is found in the file of Juan Martínez de los Olivos (No. 81).

Two sons, Francisco Escogido and Diego Escogido, are mentioned in the trial, and both of them were summoned on 6 September 1484 to defend the memory of their father.

This trial also contains the summons ordering a long list of Conversos to appear before the Court to defend the memory of their parents and relatives.[2]

Bibliography: Leg. 262 No. 3, fol. 4r; Fita, p. 473, No. 145; R. Santa María, *BAH*, XXII (1893), pp. 189–204; Delgado Merchán, pp. 428–439; Beinart, index.

---

[1] See Biographical Notes.
[2] This same list is also found in the file of Juan Martínez de los Olivos, No. 81.

1r
Visto acordado
Juan Gonçales Escogido muerto condenado
Çiudad Real

6 Sept. En la Çibdad Real, en seys dias del mes de setienbre, año del
1484 Nasçimiento del Nuestro Saluador Ihesu Christo de mil quatroçientos e ochenta e cuatro años, ante ⟨los⟩ reverendos señores Pero Dias de la Costana, liçençiado en santa theologia, canonigo en la yglesia de Burgos, e Françisco Sanches de la Fuente, doctor en decretos, canonigo en la yglesia de Çamora, jueses inquisidores de la heretica prauedad dados por la actoridad apostolica en la dicha Çibdad Real e su tierra e en todo el Canpo de Calatraba e arçobispado de Toledo, e el dicho Pero Dias de la Costana como ofiçial e vicario general en todo el arçobispado de Toledo por el reverendisimo in Christo ⟨padre⟩ e señor don Pero Gonçales de Mendoça, cardenal de España, arçobispo de Toledo, primado de las Españas, chançeller mayor de Castilla, estando los dichos señores inquisidores dentro en vnas casas donde resyden e façen abdiençia continua en su audictorio acostunbrado, pro tribunali sedendo, en presençia de nos, los notarios e escrivano de yuso escriptos, paresçio ende presente el honrado Ferrand Rodrigues del Barco, clerigo, capellan del Rey nuestro señor, promutor fiscal en el Ofiçio de la dicha Santa Inquisiçion, e dixo que por quanto sus reverençias abian dado vna carta çitatoria de llamamiento e de hedicto a su pedimiento, por la qual, entre otras personas, çitaban a Juan Gonçales Escogido, defunto, e a sus fijos e herederos e parientes, veçino que fue de esta dicha çibdad, para que paresçiesen antellos a defender la persona e huesos e bienes del dicho Juan Gonçales Escogido, defunto, çerca del delicto de la heregia e apostasia de que fue e estaba infamado e notado, e a beer poner la denunçiaçion e acusaçion que el dicho promutor le entendia poner e acusar, e ⟨a⟩ tomar tresladodella e responder e decir e alegar de su derecho, segund que en la dicha carta se contiene, la qual abia seydo leyda, publicada e pregonada en la dicha çibdad, y ellos avian seydo çitados por vno de nos, los dichos notarios, el termino de la qual era e es oy, dicho dia; por ende, dixo que el acusaba e acuso su contumaçia e r[ebe]ldia. E luego el dicho promutor, en su absençia e rebeldia, presento ante los dichos señores inquisidores la dicha carta çitatoria e de edicto, e vn ecripto de acusaçion contra el dicho Juan Gonçales

Trial of Juan González Escogido

Escojido, escripta en papel, que por vno de nos, los dichos notarios, fue leyda; ⟨el⟩ thenor de la qual dicha carta e acusaçion, vno en pos de otro, es este que se sygue:

General Summons of Heirs of Conversos Indicted as Judaizers

8 Aug. 1484 De nos, Pero Dias de la Costana, liçençiado en santa theologia, canonigo en la yglesia de Burgos, e Françisco Sanches de la Fuente, doctor en decretos, canonigo en la yglesia de Çamora, jueses inquisidores de la heretica prauedad en esta Çibdad Real e su tierra e en todo el Canpo de Calatraba, e nos, el dicho liçençiado Pero Dias de la Costana, como ofiçial e vicario general en todo el

1v arçobispado de Toledo por el reverendisimo in | Christo padre e señor don Pero Gonçales de Mendoza, cardenal de España, arçobispo de Toledo, primado de las Españas, chançeller mayor de Castilla, a vos, Juan de la Sierra,[3] e Diego de la Sierra,[4] su hermano, e Rodrigo de la Sierra,[5] su hijo ⟨sic⟩, fijos e herederos de Alonso Gonçales de Frexinal,[6] defunto; e a bos, los fijos e herederos e parientes de Alonso Dias Cavallero,[7] hermano de Juan de Hynela,[8] e de su muger, e a otras qualesquier personas que pretendieren aver acçion e derecho a sus bienes; e a bos, Mendo de Bonilla, e Juan de Bonilla,[9] e la muger de Gonzalo de Pisa,[10] e la muger del bachiller Manuel de Pisa,[11] veçino de Almagro, fijos e herederos de Alvaro de Bonilla,[12] defunto; e a bos, la muger de Aluar Garçia,

---

[3] See his trial (No. 118) and the trial o fhis mother, Leonor González (No. 98); cf. Biographical Notes.
[4] For a reconstruction of his trial, see No. 8; cf. Biographical Notes.
[5] See Biographical Notes.
[6] See Biographical Notes.
[7] See Biographical Notes.
[8] See Biographical Notes.
[9] He ay be the same person as Juan García de Bonilla, mentioned as an observer of Jewish traditions at the trial of Sancho de Ciudad; see trial No. 1, fol. 12r.
[10] Her name was Juana García. Her property and that of her children was returned under the Edict of Grace promulgated by the Catholic monarchs on 23 January 1503. On Gonzalo de Pisa, see Vol. IV, No. 39.
[11] Her name was Beatríz González. Their property was released by the Edict of Grace of 23 January 1503; see H. Beinart, *Sefarad*, XVII (1957), pp. 281 ff. At the trial of Juan Ramírez (No. 109, fol. 22r), Alonso Sánchez de Madrid testified that in about 1498 Manuel de Pisa was known to have kept the Sabbath and that he had found him reading a Hebrew book.
[12] See Biographical Notes and Vol. IV, No. 19.

canbiador, defunto, heredera e tenedora de los bienes del dicho Aluar Garçia; e a vos, Juan de Aluaro; e a bos, la muger de Alvaro Muleto; e a bos, los fijos e herederos de Alfonso Gonçales Franco;[13] e a vos, los herederos de Alvaro, lençero;[14] e a vos, Juan Falcon,[15] e la muger de Diego de Villarreal,[16] vesino de Almagro, fijos e herederos de Anton Falcon, el uiejo, e de su muger;[17] e a bos, Gonçalo Gomes, que bibe en La Menbrilla, heredero de Alonso Gomes Ronquillo;[18] e a bos, Anton de los Olibos, que bibe en Puertollano, fijo ⟨e⟩ heredero de Alonso Garçia de los Olibos, e a otros qualesquier sus fijos e herederos; e a vos, Ferrando de Merida,[19] fijo ⟨e⟩ heredero de Alfonso de Merida,[20] e a otros qualesquier sus fijos e herederos; e a bos, los fijos e herederos de Aluaro de Madrid;[21] e a bos, Flor Gonçales, su muger,[22] como su madre tutris de los dichos fijos; e a bos, los fijos e herederos [   ] Abençerraje Fixinix,[23] que biben en Chillon; e a vos, [   ], su muger, como su madre tutris dellos; e a vos, los fijos e herederos de Ferrando de Teba,[24] defunto; e a bos, [   ] muger de Rodrigo Mazodia,[25] su hermana del dicho Ferrando de Theba,[26] como fijos e herederos de Alonso Martines,[27] tartamudo; e a vos, los fijos e herederos de Alvaro, calçetero;[28] e a bos, los fijos e herederos de Alvar Dias,[29] lençero; e a bos, los fijos e herederos de Alonso Gonçales, relator; e a bos, los fijos e herederos de Beatris Gonçales,[30] tia de Ruy Dias, boticario; e a bos, los fijos e herederos de Beatris,[31] muger de Rodrigo, el alcayde; e a bos, [   ] de Villarreal; e a bos, Mayor Aluares,[32] muger de Dia ⟨sic⟩ Sanches de Madrid,[33] e Leonor,[34] muger de Juan de Haro, e Violante,[35]

---

[13] Their son was Juan de Herrera. Juan de Ciudad and his wife Isabel de Teva performed purifying ablutions in a *miqveh* situated at his house; see trial No. 12, fol. 3v; cf. Biographical Notes.

[14] See Biographical Notes.
[15] See Biographical Notes and Trial No. 17.
[16] See Biographical Notes.
[17] See Biographical Notes.
[18] See Biographical Notes.
[19] See Biographical Notes.
[20] See Biographical Notes.
[21] See Biographical Notes.
[22] See Biographical Notes.
[23] See Biographical Notes.
[24] See Biographical Notes.
[25] See Biographical Notes.
[26] See Biographical Notes.
[27] See Biographical Notes.
[28] See Biographical Notes.
[29] See Biographical Notes.
[30] See her trial, No. 78.
[31] See her trial, No. 77.
[32] See Biographical Notes.
[33] See Biographical Notes.
[34] Leonor Alvares, who was tried and condemned; see trial No. 92.
[35] She was burnt on 30 June 1494; see Fita, p. 478, No. 230.

Trial of Juan González Escogido

muger de Pedro de Sant Roman,[36] e Ynes Lopes, donsella, hijos e herederos de Diego Lopes, çapatero;[37] e a bos, Juan Dias,[38] boticario, hijo e heredero de Diego Dias,[39] fisico; e a bos, los fijos e herederos del bachiller Diego Rodrigues Abudarme;[40] e a bos, los fijos e herederos de Diego el Pinto,[41] sastre; e a vos, Alfonso de Villarreal[42] e Anton de Villarreal,[43] como hijos e herederos de Diego de Villarreal,[44] regidor, e a qualesquier otros sus fijos e herederos del dicho Diego de Villarreal; e a vos, Juan de la Çarça e Pedro de la Çarça,[45] tundidor, e a otros qualesquier herederos e parientes de Diego de la Çarça; e a vos, Juan Gonçales Fixinyx,[46] fijo ⟨e⟩ heredero de Diego Gonçales Fixinyx,[47] e a vos, Rodrigo de los Olibos,[48] el moço, e Anton de los Olibos[49] e Ferrando de los Olibos, fijos e herederos de Diego de los Olibos;[50] e a bos, Ferrando de Merida,[51] que bibe en Almagro, fijo e heredero de Diego de

2r Merida;[52] e a bos, el bachiller Lope de la Higuera[53] e | a [   ], muger de Ferrando de Villa, fijos e herederos del bachiller de la Plaça e de Juana Garçia, su muger; e a bos, Anton Moreno,[54] heredero e pariente de Ferrando Moreno e ⟨de⟩ Cathalina, su muger, e a otros qualesquier personas, herederos e parientes de los dichos Ferrando Moreno e Cathalina, su muger, que pretenden aber

---

[36] See Biographical Notes.
[37] For his trial, see No. 86; cf. Biographical Notes.
[38] His wife, Mari Díaz, was burnt in effigy on 24 February 1484; see No. 44.
[39] A certain Diego Díaz, *fisico,* who joined the Marquis of Villena. His property was confiscated and given to Rodrigo Mora; see Vol. IV, No. 33; cf. Biographical Notes.
[40] See Biographical Notes; cf. also Diego Gutiérrez de Abudarme.
[41] His full name was Diego López el Pinto; see Biographical Notes.
[42] See Biographical Notes.
[43] See Biographical Notes.
[44] See Biographical Notes.
[45] On him, see the trial of Leonor Alvarez, No. 92, fol. 26v.
[46] See Biographical Notes.
[47] See Biographical Notes.
[48] See Biographical Notes.
[49] See Biographical Notes.
[50] See Biographical Notes.
[51] His mother-in-law was heir-general to Juan Díaz Terras. She, too, was summoned to defend the memory of her father.
[52] He and his wife Flor González were the grandparents of María González, wife of Rodrigo de Chillón; see her trial, No. 105.
[53] He was the husband of Isabel, daughter of María Díaz, *la cerera.* He was burnt on 24 February 1484; see trial No. 2.
[54] See Biographical Notes.

acçion e derecho a sus bienes; e a ⟨vos⟩, qualesquier herederos e parientes de Ferrando Dias, tintorero; [55] e a vos, Rodrigo de los Olibos e Ferrando de los Olibos [56] e Anton de los Olibos [57] e Lope de los Olibos,[58] fijos e herederos de Ferrando de los Olibos, el uiejo; e a vos, los fijos e fijas de Ferrando de la Oliba, el uiejo,[59] los quales dis que biben en Almagro; e a vos, [   ], muger de Diego de la Vega, e a los otros sus hermanos, fijos e herederos de Ferrando Canario, canbiador; e a vos, Alfonso de la Higuera e Pedro e Juan de la Higuera, hijos ⟨e⟩ herederos de Ferrand Garçia de la Higuera, el tuerto, e de Ysabel, su muger; e a vos, [   ], muger de Diego de Cordova, vesino de Daymyel, e a qualesquier otros fijos e herederos de Ferrando Dias Caldes; e a vos, los fijos e herederos de Garçia, sedero; e a bos, los fijos e herederos de Garçia Barbas,[60] sastre; e a vos, Ferrando Moyano e Lope Moyano, vesino⟨s⟩ de Daymyel, fijos ⟨e⟩ herederos de Gonçalo Alonso Moyano; e a bos, los fijos e herederos e parientes de Gonçalo Dias de Villarrubia; e a ⟨vos⟩, Juan de Villarrubia, e los otros fijos e fijas e herederos de Gonçalo Ferrandes Calbillo [61] e de Constança Herrandes, su muger; [62] e a bos, Françisco Escogido e Diego Escogido, fijos e herederos de Juan Gonçales Escogido e de su muger; e a bos, Rodrigo de Villarrubia [63] e Ferrand Falcon,[64] como herederos e parientes mas çercanos de Juan de Hynela, trapero; e a vos, Ferrando Falcon [65] e Diego Falcon [66] e los fijos de Ferrando de Torres,[67] regidor, defunto, como fijos e nietos e herederos de Juan Falcon, el uiejo;[68] e a bos, [   ], suegra de Ferrando de Merida,[69] como fija e heredera de Juan Dias Terras;[70] e a vos, Luys platero,[71] vesino de Daymiel, como fijo ⟨e⟩ heredero

---

[55] See the trial of Juan Falcón, the Elder, No. 84; cf. Biographical Notes.
[56] See Biographical Notes.
[57] His father's confiscated property was returned to him under the Edict of Grace of 23 January 1503; see H. Beinart, *Sefarad*, XVII (1957), pp. 280 ff.
[58] A certain Lope de los Olivos was witness to the appointment of Juan Gómez as *procurador* to Teresa de Castro of Almagro on 26 January 1485; see Leg. 139, No. 143, fol. 2v.
[59] See Biographical Notes.
[60] See Biographical Notes.
[61] See Biographical Notes.
[62] See Biographical Notes.
[63] See Biographical Notes.
[64] See Biographical Notes.
[65] See Biographical Notes.
[66] See Biographical Notes.
[67] See Biographical Notes.
[68] For his trial, see No. 84; cf Biographical Notes.
[69] See above fol. 1v; n. 19.
[70] See Biographical Notes.
[71] See Biographical Notes.

Trial of Juan González Escogido

de Juan Gonçales, platero, e de Beatris, su muger; e a vos, su fija de Juan Caldes,[72] que bibe en Daymiel; e a bos, los fijos e herederos e parientes mas çercanos de Juan de Toledo; [73] e a bos, los fijos e fijas e herederos de Juan Gonçales de Santisteban e de su muger;[74] e a vos, Juan de Villarreal, yerno de Anton Moreno,[75] sobrino e heredero de Luys Gato, sastre; e a bos, los fijos e herederos e parientes mas çercanos de Marina Gentil,[76] muger de Ferrand Gentil; e a vos, Gonçalo Albin,[77] hijo e heredero e pariente mas çercano de Mari Gonçales,[78] muger de Juan Gonçales Pintado,[79] regidor; e a vos, Juan Calbillo,[80] hijo ⟨e⟩ heredero de Pero Ferrandes Calbillo; [81] e a vos, [   ], muger de Diego, canbiador,[82] vesino de Almagro, e a los otros fijos e herederos de Pero Lopes Farin e de Cathalina, su muger; e a bos, Pedro Escrivano, vesino de Almagro, sobrino e heredero de Rodrigo Marin, escrivano, e de Cathalina Lopes, su muger; [83] e a vos, Juan Gonçales Fixinyx,[84] como hijo ⟨e⟩ heredero de Ruy Gonçales Fixinyx e de Cathalina Gonçales, su muger; e a bos, Ferrando de Madrid,[85] e Alonso de Madrid, yerno de Anton Moreno,[86] fijos e herederos de Rodrigo de Madrid [87] e de Cathalina, su muger; e a bos, ⟨los⟩ fijos e herederos de Rodrigo Varçano e ⟨de⟩ su muger; [88] e a bos, Ferrando de Torres e Rodrigo de Torres e Miguel de Torres e Diego de Torres e otros qualesquier sus hermanos e hermanas, fijos e herederos de Ferrando de Torres, regidor, defunto, vesinos que fueron todos desta dicha Çibdad Real; e a otros qualesquier sus fijos, nietos e parientes

2v e amigos, e a otras | qualesquier personas que pretendieren aber algund derecho e acçion a los bienes de los susodichos defuntos nonbrados, e ⟨a⟩ cualesquier otras personas, de cualquier estado o condiçion que sean, a quien ataña e atañer puede lo de yuso contenido en qualquier manera, salud en Nuestro Señor Yhesu Christo,

---

[72] For his trial, see No. 75.
[73] See Biographical Notes.
[74] See Biographical Notes.
[75] See Biographical Notes.
[76] For her trial, see No. 82.
[77] Gonzalo Díaz Albín; see Biographical Notes.
[78] See her trial, No. 79.
[79] See his trial, No. 5.
[80] See his trial, No. 13.
[81] See Biographical Notes.
[82] The property of a Diego.

cambiador, was confiscated and given to Fernando de Hoces, see Vol. IV, No. 28.
[83] See their trial, No. 83.
[84] See Biographical Notes.
[85] See Biographical Notes.
[86] See Biographical Notes.
[87] See Biographical Notes.
[88] See below, the testimony of Francisco Hernández de Torrijos, fol. 5r.

e a los nuestros mandamientos, que mas verdaderamente son dichos apostolicos, firmemente obedeçer e cunplir. Sepades que ante nos paresçio el honrado Ferrand Rodrigues del Barco, clerigo, capellan del Rey nuestro señor, nuestro promutor fiscal, e nos fiço relaçion e dixo que, por quanto los susodichos nonbrados defuntos, bibiendo en este mundo, avian hereticado seguiendo la Ley de Moysen, fasiendo sus rictos e çerimonyas, e que en esta opinion e seta abian fallesçido, e que los entendia acusar de la dicha heregia, por ende, que sy vos, los susodichos, o qualquiera de vos, entendiades de los defender, que vos mandasemos llamar para que paresçiesedes ante nos a los defender asy quanto a sus cuerpos e huesos como a su fama e bienes. Et nos, veyendo que nos pedia raçon e justiçia, mandamos dar e dimos esta nuestra carta de llamamiento para vos so la forma de yuso contenida, por que vos mandamos que desde el dia que vos esta nuestra carta de llamamiento e çitaçion vos fuere intimada e leyda, en vuestras personas sy pudieredes ser abidos o ante las puertas de vuestras casas, e fuere pregonada en la plaça publica desta dicha Çibdad Real e leyda en la yglesia de San Pedro e afixada en vna de las puertas de la dicha yglesia de San Pedro desta dicha çibdad, donde este todo el termino de yuso contenido, fasta treynta dias primeros siguyentes parescades e parescan ante nos, aqui, en esta Çibdad Real, en las casas donde fasemos e acostunbramos fasçer nuestra audiençia, a la hora de entre prima e terçia, a ber poner el ⟨sic⟩ acusaçion e acusaçiones de heregia de que el dicho promutor fiscal a los susodichos nonbrados defuntos e a cada uno dellos los querra poner e acusar, e a los defender, vos o qualquier de vos o otras qualesquier personas, en la dicha causa de heregia, ⟨e⟩ a responder a ello, aperçebiendovos que sy paresçieredes, vos oyremos con el dicho promutor fiscal e guardaremos vuestra justiçia, en otra manera, non paresçiendo del dicho termino en adelante, syn vos mas llamar ni çitar para ello, veremos lo que el dicho fiscal querra acusar e desir, e proçederemos en la dicha causa segund e como fallaremos por derecho. Para lo qual todo e para cada vna cosa dello, fasta la sentençia definitiua e tasaçion de costas, sy las y oviere, vos çitamos perenptoriamente. E mandamos firmemente, en virtud de santa obediençia e so pena de excomunion, que ninguna ni alguna persona que sea, que non sea osado de quitar nin quite esta dicha nuestra carta de la dicha puerta, donde asy fuere e asy estubire afixada, sin nuestra espeçial liçençia.

En testimonio de lo qual mandamos dar e dimos esta nuestra carta de llamamiento e de çitaçion e hedicto para vos en la dicha razon, firmada de nuestros nonbres e sellada con el sello que al presente vsamos e refrendada del notario publico apostolico infrascripto. Dada en esta dicha Çibdad Real, dentro de las casas do fazemos nuestra morada e tenemos nuestra continua audiençia, a ocho dias del mes de agosto, año del Nasçimiento del Nuestro Saluador Ihesu Christo de mil e quatroçientos e ochenta e quatro años.

(–) Petrus, licenciatus   (–) Franciscus, doctor |

Arraignment

3r Juan Gonçales Escogido

Muy Reuerendos e Virtuosos Señores:

Yo, Ferrand Rodrigues del Barco, capellan del Rey nuestro señor, promotor fiscal de la Santa Ynquisiçion acuso ante Vuestras Reuerençias a Juan Gonçales Escogido ⟨e⟩ a su muger, defuntos, los quales, syn themor de Dios et en oprobio e ynjuria e menospreçio Del e de nuestra Santa Fe Catolica, biviendo en posysyon ⟨e⟩ en nonbre de christianos e asy se llamamando, e gosando de los privillejos, exençiones e ynmunidades a las tales personas conçedidos, judayçaron, hereticaron e apostataron, guardando la Ley de Moysen e sus ritos e çirimonias en las cosas e casos siguientes, conviene a saber: leyendo oraçiones judaycas a otras personas conversas; et ençendiendo e mandando ençender los candiles linpios el viernes tenprano por honra del sabado e guarda de la dicha Ley; et guisando de comer el viernes para el sabado, e comiendolo el sabado; e guardando los sabados e solepnisandolos con ropas linpias e de fiesta; e matando carne con çerimonia judayca para sy e para otros muchos conversos; e yngeriendose a consolar e confesar a los enfermos en articulo de la muerte asy como judio; e quebrantando las fiestas e domingos que la Madre Santa Yglesia manda guardar. Yten, judayçaron, hereticaron e apostataron en otras cosas e casos, los quales protesto de desyr e alegar en el proçeso desta mi acusaçion en su tienpo e lugar, sy nesçesario me fuere. Por que os pido e requiero, Reuerendos Señores, que pues los dichos Juan Gonçales Escogido e su muger notoriamente judayçaron, hereticaron e apostataron en las cosas e casos por mi ya susodichos, y por tal notorio lo alego, por lo qual yncurrieron en confiscaçion e perdimiento de todos sus bienes e en sentençia dexcomunion mayor e en todas las otras penas e çensuras por los sacros canones y leyes contra las tales personas ynpuestas, que los declareys e pronunçieys por herejes, mandandolos desenterrar adondequiera que estuviesen sus cuerpos e quemar a ellos e a sus huesos, e aver yncurrido en la dicha confiscaçion y perdimiento de todos sus bienes desde el dia que cometio ⟨sic⟩ la tal heregia e delito, y ser aplicados a la camara e fisco de los Reyes nuestros señores. La qual dicha acusaçion propongo en la mejor via e forma e modo que puedo e de derecho ⟨debo⟩, con protestaçion que hago de añadir e amenguar e corregir en ella cada e quando bien visto me fuere. Para lo qual y en todo lo neçesario y conplydero, ynploro vuestro noble y reuerendo ofiçio, y las costas pido e protesto, e sobre todo pido serme fecho conplimiento de justiçia.

E juro a las hordenes que resçibi que esta acusaçion que pongo contra los dichos Juan Gonçales Escogido e su muger, que non la pongo maliçiosamente, saluo porque en fecho de verdad paso asy, segund e como e en la manera e forma por mi susodicha, e protesto, segund protestado tengo, que sy a otra justificaçion o solepnidad o declaraçion desta dicha mi acusaçion el derecho me obliga, que estoy presto y aparejado de la faser sy y en quanto nesçesario me sea y non mas.

6 Sept. En VI de setiembre de LXXXIIII° por el promutor fiscal, en absen-
1484 çia, que non paresçio persona alguna, treslado e plaço a XV dias.

20 Sept. En XX de setiembre el promutor fiscal acuso las contumaçias e
1484 rebeldias, pidio segund de suso e concluyo. Los señores resçibieron las contumaçias e rebeldias e concluyeron, e resçibieron al fiscal a la prueua a XXX dias. |

The Defence is Called to Reply to the Arraignment

3v Et asy presentada la dicha carta e acusaçion ante los dichos señores inquisidores, lugo el dicho promutor fiscal fiço el juramento aqui contenido, e asy fecho, dixo que acusaba las rebeldias a todos los fijos e parientes del dicho Juan Gonçales Escogido, e pidio a los dichos señores que los oviesen por rebeldes, e en su rebeldia, ponia e puso esta acusaçion. Luego los dichos señores dixeron que la resçibian, e resçibieron la dicha rebeldia e acusaçion puesta por el dicho promutor, e que en su absençia les mandavan dar treslado della e termino de quinçe dias primeros siguientes para que vengan disiendo e respondiendo de su derecho a la dicha acusaçion e concluyendo. Testigos que fueron presentes: El liçençiado Jufre de Loaysa y el bachiller Gonçalo Muños y el bachiller Diego Fernandes de Çamora, vesinos de la dicha çibdad.

20 Sept. E despues desto, en la dicha Çibdad Real, en beynte dias del dicho
1484 mes de setienbre del dicho año del Señor de mil e quatroçientos e

Trial of Juan González Escogido

ochenta e quatro años, ante los dichos señores, en presençia de nos, los dichos notarios, paresçio presente el dicho promutor fiscal e acuso la contumaçia e rebeldia de los fijos e herederos e parientes del dicho Juan Gonçales Escogido, pues non paresçian nin respondian, e que pedia e pidio segun que pedido tenia, e concluyo. E luego los dichos señores inquisidores dixeron que resçebian la dicha rebeldia e los ⟨o⟩vieron por rebeldes, e concluyeron con el dicho promutor fiscal, e asygnaron termino para dar sentençia para lugo, la qual dieron e pronunçiaron lugo en la forma seguiente:

Fallamos que devemos resçibir e resçibimos al dicho promutor fiscal a la prueva de lo por el dicho e acusado, e de todo aquello que provar la convenga, e prouado, le aprovechara, saluo jure inpertinentium et non admitendorum, para la qual prueva façer le damos e asygnamos termino de treynta dias primeros seguientes, interloquando, asy lo pronunçiamos en estos escriptos e por ellos. Testigos que fueron presentes: El liçençiado Jufre e el bachiller Diego Ferrandes de Çamora, vesinos de la dicha çibdad.

Witnesses for the Prosecution

9 Oct. 1484 Despues desto, en nueve dias del mes de otubre del dicho año del Señor de mil e quatroçientos e ochenta e quatro años, ante los dichos señores inquisidores, paresçio el dicho promutor fiscal e dixo que presentaba e presento por testigo⟨s⟩ a Juan de Gusman, hijo de Gonçalo de Gusman, e a Juan Martines de Alcaras, arcador, vesinos de la dicha Çibdad Real; e a Lope Gonçales, escudero, primo de Rodrigo, regidor, e a Alonso de Torres, el moço, vesinos de la dicha çibdad, de los quales e de cada vno dellos los dichos señores resçibieron juramento en forma devida, en que juraron a Dios e a Santa Maria e a las palabras de los Santos Evangellos e a le señal de la Crus +, ⟨en⟩ que corporalmente ellos y cada vno dellos pusieron sus manos derechas, que ellos e cada vno dellos dirian la verdad de lo que supiesen e por los dichos señores les fuese preguntado en raçon de lo que eran presentados por testigos,

4r e seyendoles echada la confusion | del dicho juramento, ellos y cada vno dellos dixeron: Si, juro; – e: Amen. Testigos que fueron presentes: Juan Gonçales de Valdevieso e Pedro de Torres, capellanes del dicho señor liçençiado inquisidor.

12 Oct. 20 Oct. 25 Oct. 1484 Et despues desto, en la dicha Çibdad Real, en doze y en veynte y en veynte e çinco dias del dicho mes de otubre del dicho año, ante los dichos señores inquisidores, paresçio el dicho promutor fiscal e presento por testigo, para en prueva de su intençion, a Anton

[497]

Gonçales, fijo de Ferrand Gonçales, sastre, e a Anton de Herrera, labrador, e a Ygnes de Aguilera, muger de Gonçalo de Gusman, e a Juan de Ortega, odrero, e a Pascual, borçeguinero, e a Juan Gonçales Fixinix, e a Mari Gonçales, muger de Pero Dias Costilla, vesino de Daymiel, e a Françisco Ferrandes de Torrijos, cardador, vesino de la dicha çibdad, de los quales e de cada vno dellos los dichos señores inquisidores resçibieron juramento en forma, en que juraron a Dios e a Santa Maria e a las palabras de los Santos Evangelios, doquiera que son escriptos, e a la señal de la Crus +, que corporalmente con sus manos derechas tocaron, que ellos y cada vno dellos dirian la verdad de lo que supieren e por los dichos señores inquisidores les fuese preguntado en raçon de lo que eran presentados por testigos, e seyendoles echada la confusion del dicho juramento, dixeron que asy lo juravan, e juraron, – e: Amen.

Et lo que los dichos testigos e cada vno dellos dixeron e deposieron por sus dichos e deposiçiones, seyendo preguntados por los dichos señores inquisidores secreta e apartadamente, es lo siguiente: |

4v Juan Gonçales Escogido
Juan de Gusman,[89] hijo de Gonçalo de Gusman, vesino a Sant Pedro cabe Sant Françisco, testigo presentado por el promutor fiscal, jurado en forma, preguntado por los articulos de la acusaçion dixo que se acuerda este testigo que antes del robo veya llevar a muchos conversos carne de casa de Juan Gonçales Escogido, pero que non se le acuerda quienes eran. E que esto es lo que sabe e vido para el juramento que fiço.

Anton Gonçales,[90] fijo de Ferrand Gonçales, sastre, vesino de esta çibdad en la collaçion de Sant Pedro en la calle del Conejero, testigo presentado por el dicho promutor ⟨fiscal⟩, jurado en forma, dixo que puede aber veynte e çinco años, poco mas o menos, que este testigo oyo deçir que Juan Escogido e el Podrido,[91] vesinos desta çibdad, eran los confesores de los confesos, e que asy era publica bos y fama en aquel tienpo en esta çibdad. E que esto es lo que sabe e vido para el juramento que fiço.

[89] The *procurador* in the trial of Catalina de Zamora referred to his bad reputation; see No. 74, fol. 19v. His daughters María and Constanza de Guzmán testified for the prosecution at that trial, No. 74, fol. 15r.

[90] He also testified against Juan Calvillo (No. 13, fol. 4v) and María Alonso, (No. 11, fol. 4r); see also Biographical Notes.

[91] Gonzalo Alonso Podrido; see Biographical Notes.

Trial of Juan González Escogido

Anton de Herrera, labrador, vesino de Sant Pedro en la cal de Alarcos, testigo presentado por el dicho promutor fiscal, jurado en forma, preguntado por los articulos de la acusaçion dixo que abra mas de quinçe años que moro a soldada con Juan Escogido, al qual conosçio toda su vida de vista y trato que con el tubo, y bivio con el de los dichos quinçe años a esta parte tres tenporadas, cada tenporada dos o tres meses, sabe e vido en aquel tienpo que en su casa estubo que el y su muger e hijos e hijas guardaban el sabado, vestiendo ropas linpias de fiesta, y se ivan a ber parientes. Iten, sabe e vido que vn fijo suyo mataba en su casa carne, y el tanbien, de la qual llevaban muchos conversos, y el que de alli la llevaba avialo a buena ventura, porque desia, e oyo este testigo, que el hera confesor de los confesos y otro que se desia Gonçalo Podrido; e dixo que vido cozer en su casa vna caldera de arrope de los candiles; y del guisar de comer dixo que non vido ninguna cosa. E que esto es lo que sabe e vido para el juramento que fiço.

Ygnes de Aguilera,[92] muger de Gonçalo de Gusman, vesina a Sant Pedro frontero a Ramiro de Gusman, testigo presentado por el dicho promutor, jurado en forma, preguntado por los articulos de la acusaçion dixo que abra dies e siete o dies e ocho o veynte años que tubo este testigo por vesinos honze años a Juan Gonçales Escogido, en la calle de Juan de Torres el regidor, sabe e vido que (a)guardaban el sabado el y su muger y todos los de su casa, y se vestian ropas linpias ⟨y se⟩ yvan a sus añazeas; y sabe que guisaban de comer del viernes para el sabado; y ençendian candiles linpios los viernes; e que oyo desir muchas veçes que era rabi e confesor de los confesos; e vido que mataba carne y llevaban de alli muchos; e vido entrar muchas veses en su casa a muchos, las capillas puestas, en Quaresma. Iten, dixo que honze años que fue su vesina nunca los vido en Misa. Iten, dixo que al tienpo que llevaban carne de su casa oyo bozes como quando ha priesa la carne en la carniçeria. E que esto es lo que sabe e vido por el juramento que fiço. |

5r Lope Gonçales, escudero,[93] primo de Rodrigo, regidor, vesino a Sant Pedro en las casas del coronel, testigo presentado por el dicho promutor fiscal, jurado en forma, preguntado por los articulos de

---

[92] Mother of the witness Juan de Guzmán; see above, fol. 4v.
[93] A certain Lope González was appointed *procurador* to the victims of the 1474 riots; see vol. IV, No. 48. On Rodrigo, *regidor*, see Vol. IV, No. 34.

la acusaçion dixo que abra dies e ocho años, poco mas o menos, que entrando e saliendo muchas veses en casa de Juan Escogido, que moraba a Sant Pedro, sabe e vido que llevavan muchas vezes a su casa aves ha degollar, e que oyo desir que era rabi de los confesos. E que esto es lo que sabe e vido para el juramento que fiço.

Pascual, borçeguilero,[94] vesino de esta çibdad en la collaçion de Santiago en la calle del Pintado, testigo presentado, jurado en forma, dixo que puede aver dies años, poco mas o menos, que moro este testigo con Juan Dias e Rui Dias su hijo,[95] e que llevo muchas vezes carne para los dichos sus amos de casa de Juan Escogido, que la degolava con çerimonia judayca. E que esto es lo que sabe e vido para el juramento que fiço.

Juan Martinez de Alcaras,[96] arcador e cardador, vesino en la collaçion de Sant Pedro en la calle de la Mata, testigo presentado por el dicho promutor fiscal, jurado en forma, preguntado por los articulos de la acusaçion dixo que antes del robo postrimero desta çibdad, andando este testigo labrando en casa de çiertos conversos desta çibdad antes del robo, yendo vn dia por la calle que va desde Sant Pedro a Sant Françisco, que le llamo Juan de Gusman,[97] escudero, e que le metio en casa de su padre, e que vido este testigo por un agujero como en las casas de Juan Escogido, en el corral, estava una res degollada e abierta, colgada de vn palo, e que vido como el dicho Juan Escogido e otros dos conversos la estaban mirando e atentando e mirandose el vno al otro. E que esto es lo que sabe e vido para el juramento que fecho avia.

Juan Gonçales Fixinix,[98] vesino de esta çibdad en la collaçion de Sant Pedro, testigo presentado por el dicho promutor, jurado en forma, preguntado por los articulos de la acusaçion dixo que este testigo, seyendo moço, llevo muchas veses carne, por mandado de su padre, de casa de Juan Escogido para el dicho su padre deste testigo. E que esto es lo que sabe e vido para el juramento que fiço.

Françisco Herrandes de Torrijos, cardador, vesino a Sant Pedro a

---

[94] He also testified at the trial of Juan Díaz Doncel, No. 16, fol. 6r.
[95] See the trial of Juan Díaz, No. 16.
[96] He also testified at the trial of Juan Martínez de los Olivos (No. 81) and, in his testimony, informed against Gonzalo de la Zarza and Abencerraje Fixinix. See also the trial of Leonor de la Oliva, No. 123, fol. 25r; cf. Biographical Notes.
[97] For his testimony, see above, fol. 4v.
[98] See Biographical Notes.

Trial of Juan González Escogido

los Harrenales, testigo presentado, jurado en forma, preguntado por los articulos de la acusaçion dixo que abra nueve años o dies, poco mas o menos, que cardando este testigo en casa de Varzano,[99] çerca del pilar, pared y medio de Bancorbo, sabe que mataba en su casa carne vn hombre que no era desta çibdad e que cree que era judio, e que vido yr alli por carne a Juan Escogido. E que esto es lo que sabe e vido para el juramento que fiço. |

5v Mari Gonçales, muger de Pero Dias Costilla, vesina de Daymiel, testigo presentado por el dicho promutor, jurada en forma, preguntada por los articulos de la acusaçion dixo que ha treynta e ocho años, poco mas o menos, que este testigo bivio con Alonso Martines Jurado, vesino en Çibdad Real, que moraba cabe la plaça, que en este tienpo vido como Juan Escogido e otros conversos guardaban los sabados e vestian ropas linpias y camisas lavadas y se yvan a plaçeres. E que esto es lo que sabe e vido para el juramento que fiço.

Alonso de Torres, el moço,[100] vesino en la collaçion de Santiago en la calle de Calatrava, dixo que morando aqui en esta çibdad su padre del liçençiado Ferrando de Cordova, que este testigo le vido desir que todos los conversos desta çibdad biuian como judios y que los confesava Juan Escogido. E que esto oyo desir este testigo al dicho padre del dicho liçençiado para el juramento que fiço.

Juan de Ortega, odrero, vesino de Sant Pedro en la calle de Ferrando de Trebiño,[101] testigo presentado por el dicho promutor, jurado en forma, preguntado por los articulos de ⟨la⟩ acusaçion dixo que abra catorçe e quinçe años que este testigo e Juan Escogido conpraron vn cordero despues de Pascua Florida, e el dicho Juan Escogido dixo: Llevemoslo a mi casa, que alla lo mataremos. Y fue este testigo con el a su casa, y dixo que el o su hijo lo degollaron a modo judayco, atravesado, pero que non se acuerda qual dellos lo degollo. E que esto es lo que sabe e vido para el juramento que fiço.

Ferrand Falcon, vesino desta cibdad cabe Sant Françisco, testigo ⟨not continued⟩

---

[99] Rodrigo Varzano (or Barzano); see above, fol. 1v, the list of those summoned.
[100] He also testified against Juan Díaz Doncel (No. 16, fol. 6r), and Juan Falcón, the Elder (No. 84, fol. 5r); cf. Biographical Notes.
[101] *Regidor* in Ciudad Real; see Biographical Notes. See also the trial of Leonor de la Oliva, No. 123, fol. 25v.

Indictment and Publication of Testimonies

18 Jan. 1485 E despues desto, en la dicha Çibdad Real, en dies e ocho dias del mes de enero, año del Nasçimiento del Nuestro Saluador Ihesu Christo de mil e quatroçientos e ochenta e çinco años, antel dicho reverendo señor Pero Dias de la Costana, liçençiado e inquisidor susodicho, estando ende presente el honrado Juan Gutierres de Valtanas, liçençiado, asesor en el dicho Ofiçio de la Santa Inquisiçion, estando dentro en las dichas casas donde tienen el dicho su auditorio en la dicha audiençia a la hora acostunbrada sentado pro tribunali en presençia de nos, los dichos notarios, e de los testigos de yuso escriptos, paresçio ende presente el dicho promutor fiscal e dixo que acusava e acuso la rebeldia de los dichos fijos e herederos e parientes del dicho Juan Gonçales Escogido, defunto, *6r* e pidio que fisiese publicaçion de los testigos | e prouanças por el presentados. E luego los dichos señores, liçençiado inquisidor e el dicho asesor, dixeron que fasian e fiçieron de los testigos e provanças publicaçion de sus dichos e deposiçiones, e que mandavan e mandaron dar treslado dellos al dicho promutor fiscal e a los fijos, herederos e parientes del dicho Juan Gonçales Escogido, defunto, sy paresçieren e lo quisieren, e termino de seys dias primeros siguientes para que vengan desiendo e concluyendo. Testigos que fueron presentes: El liçençiado Jufre e Juan de Arevalo, jurado, e Ferrando de Poblete e Ferrando Falcon e los capellanes del señor liçençiado.

Conclusion of Trial

24 Jan. 1485 E despues desto, en la dicha Çibdad Real, en veynte e quatro dias del dicho mes de enero del dicho año del Señor de mil e quatroçientos e ochenta e çinco años, antel dicho señor liçençiado jues inquisidor susodicho, estando presente el dicho asesor, estando dentro en el palaçio donde façen su audiençia continua a la dicha ora acotunbrada, pro tribunali sedendo, en presençia de nos, los dichos notarios, e de los testigos de yuso escriptos, paresçio ende presente el dicho Ferrand Rodrigues, clerigo, promutor fiscal, e dixo que acusaba e acuso las rebeldias a los fijos, herederos e parientes del dicho Juan Gonçales Escogido, defunto, pues non paresçen nin vienen disiendo e concluyendo, e pidio los ayan por rebeldes, e en su rebeldia, dixo que fallaran su entinçion ser bien prouada e que deven façer lo por el pedido, e que concluya e concluyo. E luego, el dicho señor liçençiado inquisidor e el dicho

Trial of Juan González Escogido

asesor dixeron que resçebian la dicha rebeldia, e los ovieron por rebeldes, y en su rebeldia de los dichos fijos e herederos e parientes del dicho Juan Gonçales Escogido concluyeron con el dicho promutor fiscal e ovieron este dicho pleito por concluso e las razones del por ençerradas, e que asygnaban e asygnaron termino para dar e pronunçiar en el sentençia para terçero dia primero siguiente, e dende en adelante para cada dia que feriado non fuese, fasta que la dyesen. Testigos que fueron presentes: Ferrando de Poblete, regidor, e Juan de Arevalo, jurado, e el liçençiado Jufre e Ferrand Falcon, vesinos de la dicha çibdad.

Sentence Pronounced and Carried Out

15 March 1485 E despues desto, en la dicha Çibdad Real, en quinçe dias del mes de março del dicho año del Señor de mil e quatroçientos e ochenta e çinco años, este dicho dia, en la plaça publica de la dicha çibdad, estando el dicho señor liçençiado inquisidor e el dicho liçençiado asesor en el Ofiçio de la dicha Inquisiçion en la dicha plaça publica de la dicha çibdad, encima de vn cadahalso de madera que estaba fecho en la dicha plaça, e luego el dicho liçençiado inquisidor, sedendo pro tribunali, dio e pronunçio por ante nos, los dichos notarios, e leer fiço a vno de nos, alta voçe, vna sentençia contra el dicho Juan Gonçales Escogido, defunto, el thenor de la qual

6v dicha sentençia esta asentado a bueltas con otros | en el proçeso (en el proçeso) de Juan Martines de los Olivos, defunto, Testigos que fueron presentes quando el dicho señor liçençiado inquisidor dio e pronunçio la dicha sentençia: El honrado arçipreste de Calatraba, raçionero en la santa yglesia de Toledo, e Alvaro Gaytan e Gonçalo de Salçedo e Ferrando de Hoçes e Ferrando de Poblete, regidores de la dicha çibdad, e el liçençiado Jufre de Loaysa e el liçençiado Juan del Canpo e el bachiller Gonçalo Moños, vesinos de la dicha Çibdad Real, e otros muchos de los vesinos e moradores della e de las otras villas e lugares de su comarca.

Esta le sentençia deste proçeso con otros en el proçeso de Juan Martines de los Olivos, defunto.

Records of the Spanish Inquisition in Ciudad Real, 1483–1485

The Composition of the Court

    Judges: Francisco Sánchez de la Fuente
                      Pero Díaz de la Costana
    Assessor: Juan Gutiérrez de Baltanás
    Prosecutor: Fernán Rodríguez del Barco

Witnesses for the Prosecution in Order of Testification

1. Juan de Guzmán, son of Gonzalo de Guzmán
2. Antón González, son of Fernando González, tailor
3. Antón de Herrera
4. Inés de Aguilera, wife of Gonzalo de Guzmán
5. Lope González, *escudero,* cousin of Rodrigo, *regidor*
6. Pascual, the buskin maker
7. Juan Martínez de Alcaráz
8. Juan González Fixinix
9. Francisco Hernández de Torrijos
10. María González, wife of Pero Díaz Costilla, of Daimiel
11. Alonso de Torres, the Younger
12. Juan de Ortega
13. Fernán Falcón [102]

Synopsis of Trial

1484

8 Aug.   The trial opens. A summons is issued calling upon the heirs and relatives to defend the memory of the accused. Thirty days are allowed for them to appear in Court.

6 Sept.   The arraignment is presented. The heirs and relatives are again summoned. In their absence, they are charged with rebellion.[103]

20 Sept.   The pleading of the prosecutor is accepted. A term is set for the presentation of evidence.

9 Oct.
12 Oct.   Witnesses for the prosecution are presented.
20 Oct.

1485

18 Jan.   The heirs are charged with rebellion for the third time, and the prosecutor asks for the publication of the testimonies.

24 Jan.   The prosecutor again charges the heirs with rebellion. A date is set on which the sentence will be handed down.

Date unknown   *Consulta-de-fe.*

15 March   The sentence is pronounced and is carried out at the *auto-de-fe* held in the Town Square.

---

[102] Only the beginning of his testimony is recorded.
[103] This list includes the names of heirs of other accused persons, some of whom also came from Almagro and Daimiel; see Biographical Notes.

81 Trial of Juan Martínez de los Olivos and his First Wife 1484–1485

Source: AHN IT, Legajo 165, No. 551, foll. 1r–10r; new number: Leg. 165, No. 1.

The posthumous trial of Juan Martínez de los Olivos and his first wife started on 8 August 1484. Forty-two condemned Conversos were included in the sentence, but files are extant for only some of them. No doubt the Inquisition intended, with this general sentence, to close a long list of pending trials. Very little information is available for the other Conversos, although we may presume, from scattered observations by witnesses, that they practised Judaism. It is possible that the Court did not find it necessary to prepare files for them because they were tried posthumously, because their Judaizing practices allegedly were beyond doubt, and because none of their heirs or relatives had responded to the summons of the Court. The fact that all their Jewish acts are combined and included in the one sentence is most extraordinary. Such a uniform charge gives the impression that all of them lived entirely in conformity with Jewish tradition.

Juan Martínez de los Olivos [1] was an ardent Judaizer who took refuge in Almagro from the 1474 riots in Ciudad Real. He was charged with washing off the Holy Unction from newborn, baptized children; with using Jewish forms of oath-taking; with slaughtering at his house according to Jewish ritual; and with generally leading a Jewish life. He married twice and was the father of a large family whose children lived in various places. His daughter, Leonor de la Oliva, was tried in 1521, and her file contains much information on the family and on the first days of the Inquisition in Ciudad Real. Many testimonies that are repeated in both trials have been extracted from the trial of Juan Martínez de los Olivos and copied into the file of Leonor de la Oliva (No. 123).

One of his sons, Gonzalo de la Oliva, appeared to answer the summons to defend the memory of his parents. But since no further

---

[1] For the genealogy of his family, see below, p. 527.

note is found on this, perhaps the Court did not think it necessary to arrange a proper defence by a *procurador* and *letrado*.

Bibliography: Leg. 262, No. 3, fol. 4r; Fita, p. 473, No. 137; R. Santa María, *BAH*, XXII (1893), pp. 355 ff.; Delgado Merchán, pp. 222, 440 ff.; Beinart, index.

1r Veçino de Cibdad Real

        Juan Martinez de los Olibos

    Estan aqui XXXV personas y mas condenadas

            por vna sentençia

9 fols

En este proçeso estan la⟨s⟩ sentençia⟨s⟩ de todos los proçesos de [   ] que es de XXXV personas segun por ella pareçe si no son mas de treynta y çinco vn parte con algunas mugeres de algunos de los maridos condenados. Son todas estas personas defuntas y lo eran al tiempo que se dio esta sentençia [2]

            Çibdad Real

1v *Blank page*

2r En la Çibdad Real, seys dias del mes de setiembre, año del
6 Sept. Nasçimyento del Nuestro Saluador Ihesu Christo de mil e quatro-
1484 çientos e ochenta e quatro años, ante los reuerendos señores Pero Dias de la Costana, liçençiado en santa theologia, canonygo en la yglesia de Burgos, e Françisco Sanches de la Fuente, doctor en decretos, canonigo en la yglesia de Çamora, jueses inquisidores de la heretica pravedad dados por la actoridad apostolica en la dicha Çibdad Real e su tierra e en todo el Canpo de la Horden de

[2]   For this list, see Sentence.

[506]

Trial of Juan Martínez de los Olivos

Calatraua e arzobispado de Toledo, e el dicho liçençiado Pero Dias de la Costana como ofiçial e vicario general en todo el arçobispado de Toledo por el reuerendisimo en Christo padre e señor don Pedro Gonçales de Mendoça, cardenal de España, arçobispo de Toledo, primado de las Españas, chançiller mayor en Castilla, obispo de Syguença, estando los dichos señores inquisidores dentro de vnas casas donde resyden e fazen audiençia continua en el su auditorio acostunbrado ⟨pro⟩ tribunali sedendo, en presençia de nos, los notarios e testigos infraescriptos, paresçio ende presente el honrado Ferrand Rodrigues del Barco, clerigo, capellan del Rey nuestro señor, promutor fiscal en el Ofiçio de la dicha Santa Inquisiçion, e dixo que por quanto sus reverençias abian dado vna carta çitatoria e de hedicto a pedimiento suyo, por la qual, entre otras personas, çitava⟨n⟩ a los fijos e herederos e parientes de Juan Martines de los Olibos e de su muger, defuntos, veçino que fue desta dicha çibdad, para que paresçiesen ante ellos a defender la persona e huesos e fama e bienes del dicho Juan Martines de los Olibos çerca del delito de la heregia e apostasya de que fue e estava infamado e notado, e a ber poner la denunçiaçion e acusaçion que le entendia poner e acusar, e a tomar treslado della e responder e desir e alegar de su derecho, segund que en la dicha carta se contiene, la qual abia sydo leyda e publicada e pregonada en la dicha çibdad, e ellos abian seydo çitados por vno de nos, los dichos notarios, el termyno de la qual era e es oy, dicho dia; por ende, que el acusaba e acuso su contumaçia e rebeldia. E luego el dicho promutor, en su absençia e rebeldia, presento ante los dichos reuerendos señores la dicha carta çitatoria e de hedicto, e vn escripto de acusaçion contra los dichos Juan Martines de los Olivos e su muger, escripta en papel, que por vno de nos, los dichos notarios, fue leyda; ⟨el⟩ thenor de la qual dicha carta e acusaçion, vno en pos de otro, es este que se sygue:

General Summons of Heirs of Conversos Indicted as Judaizers [3]

8 Aug. 1485 De nos, Pero Dias de la Costana, liçençiado en santa theologia, canonigo en la yglesia de Burgos, e Françisco Sanches de la Fuente, doctor en decretos, canonigo en la yglesia de Çamora, jueses inquisydores de la heretica prauedad en esta Çibdad Real e su tierra e en todo el Canpo de Calatraba, e nos, el dicho liçençiado Pero Dias

---

[3] This list is exactly the same as that given in the file of Juan González Escogido. For notes on the list of persons, see No. 80, fol. 1v; cf. Biographical Notes.

de la Costana como ofiçial e vicario general en todo el arçobispado de Toledo por el reuerendisimo señor in Christo padre ⟨*sic*⟩ don Pedro Gonçales de Mendoça, cardenal de España, arçobispo de Tholedo ⟨*sic*⟩, primado de las Españas, chançiller mayor de Castilla, a vos, Juan de la Syerra, Diego de la Syerra, su hermano, e Rodrigo de la Syerra, su hermano, fijos e herederos de Alfonso Gonsales de Frexynal, defunto; e a bos, los fijos e herederos e parientes de Alfonso Dias Cavallero, hermano de Juan de Hynela, e de su muger, e a otras qualesquier personas que pretendieren aber

2v acçion e derecho a sus bienes; e | a uos, Mendo de Bonylla, e Juan de Bonilla, e la muger de Gonsalo de Pisa, e la muger del bachiller Manuel de Pisa, veçinos de Almagro, hijos e herederos de Alvaro de Bonylla, defunto; e a vos, la muger de Aluar Garçia, canbiador, defunto, heredera e tenedora de los bienes del dicho Aluar Garçia; e a vos, Juan de Aluaro; e a vos, la muger de Aluaro Muleto; e a bos, los fijos e herederos de Alonso Gonsales Franco; e a bos, los herederos de Aluaro, lençero; e a vos, Juan Falcon, e la muger de Diego de Villarreal, vesino de Almagro, fijos e herederos de Anton Falcon, el uiejo, e de su muger; e a vos, Gonçalo Gomes, que bibe en La Menbrilla, heredero de Alonso Gomes Ronquillo; e a bos, herederos; e a vos, Ferrando de Merida, fijo ⟨e⟩ heredero de Alonso Garçia de los Olibos, e a otros qualesquier sus fijos e herederos; e a vos, Ferrando de Merida, fijo ⟨e⟩ heredero de Alfonso de Merida, e a otros qualesquier sus fijos e herederos; e a vos, los fijos e herederos de Aluaro de Madrid; e a vos, Flor Gonsales, su muger, como su madre tutris de los dichos fijos; e a vos, los fijos e herederos de [   ] Abençerraje Fixinyx, que biben en Chillon; e a vos, [   ], su muger, como su madre tutris dellos; e a bos, los fijos ⟨e⟩ herederos de Ferrando de Theba, defunto; e a bos, [   ], muger de Rodrigo Mazodia, su hermana del dicho Ferrando de Theba, como fijos ⟨e⟩ herederos de Alonso Martynes, tartamudo; e a vos, los fijos e herederos de Aluaro, calçetero; e a bos, los fijos e herederos de Aluar Dias, lençero; e a bos, los fijos e herederos de Alfonso Gonsales, relator; e a bos, los fijos e herederos de Beatris Gonsales, tia de Ruy Dias, boticario; e a bos, los fijos e herederos de Beatris, muger de Rodrigo, el alcayde; e a bos, [   ] de Villarreal; e Mayor Aluares ⟨*sic*⟩[4], muger de Diego Dia ⟨*sic*⟩ Sanches de Madrid, e Leonor, muger de

---

[4] Cf. the list given in the record of the trial of Juan González Escogido. No. 80, fol. 1v: 'e a bos'.

Trial of Juan Martínez de los Olivos

Juan de Haro, e Violante, muger de Pedro de Sant Roman, e Ygnes Lopes, donzella, hijos e herederos de Diego Lopes, çapatero; e a vos, Juan Dias, boticario, fijo e heredero de Diego Dias, fisico; e a vos, los fijos e herederos del bachiller Diego Rodrigues Abudarme; e a vos, los fijos e herederos de Diego el Pinto, sastre; e a vos, Alfonso de Villarreal e Anton de Villarreal, como hijos e herederos de Diego de Villarreal, regidor, e a qualquier otros sus fijos e herederos del dicho Diego de Villarreal; e a bos, Juan de la Çarça e Pedro de la Çarça, tundidor, e a otros qualesquier herederos o parientes de Diego de la Çarça; e a vos, Juan Gonçales Fixinyx, fijo ⟨e⟩ heredero de Diego Gonçales Fixinys; e a bos, Rodrigo de los Olibos, el moço, e Anton de los Olibos e Ferrando de los Olibos, fijos e herederos de Diego de los Olibos; e a bos, Ferrando de Merida, que bibe en Almagro, fijo y heredero de Diego de Merida; e a vos, el bachiller Lope de la Higuera, e a [   ], muger de Ferrando de Villa, fijos e herederos del bachiller de la Plaça e de Juana Garçia, su muger; e a vos, Anton Moreno, heredero e pariente de Ferrando Moreno e ⟨de⟩ Cathalina, su muger, e a otras qualesquier personas, herederos e parientes de los dichos Ferrando Moreno e Cathalina, su muger, que pretenden aber acçion e derecho a sus bienes; e ⟨a vos⟩, qualesquier herederos e parientes de Ferrando Dias, tintorero; e a bos, Rodrigo de los Olibos e Ferrando de los Olibos e Anton de los Olibos e Lope de los Olibos, fijos e herederos de Ferrando de los Olibos, el uiejo; e a vos, los fijos e fijas de Ferrando de la Oliba, el uiejo, los quales que biven en Almagro; e a vos, [   ], muger de Diego de la Vega, e ⟨a⟩ los otros sus hermanos, fijos e herederos de Fernando Canario, canbiador; e a vos, Alonso de la | Higuera e Pedro e Juan de la Higuera, fijos e herederos de Ferrand Garçia de la Higuera, el tuerto, e de Ysabel, su muger; e a vos, [   ], muger de Diego de Cordova, vesino de Daymiel, e a qualesquier otros fijos e herederos de Ferrando Dias Caldes; e a vos, los fijos e herederos de Garçia, sedero; e a vos, los fijos e herederos de Garçia Barbas, sastre; e a vos, Ferrando Moyano e Lope Moyano, vesino de Daymiel, fijos e herederos de Gonçalo Alonso Moyano; e a vos, los fijos e herederos e parientes de Gonçalo Dias de Villarruya; e a ⟨vos⟩, Juan de Villarrubia e los otros fijos e fijas e herederos de Gonçalo Ferrandes Calbillo e de Costança Herrandes, su muger; e a bos, Francisco Escogido e Diego Escogido, fijos e herederos de Juan Gonçales Escogido e de su muger; e a vos, Rodrigo de Villarrubia e Ferrand Falcon, como herederos e parientes mas çercanos de Juan de Hynela, trapero; e a vos, Ferrando Falcon e Diego Falcon e los fijos de Ferrando de Torres, regidor, defunto, como fijos e nietos e herederos de Juan Falcon, el uiejo; e a vos, [   ], suegra de Ferrando de Merida, como fija e heredera de Juan Dias Terras; e a bos, Luys Platero, vesino de Daymiel, como fijo e heredero de Juan Gonsales, platero, e de Beatris, su muger; e a vos, [   ], su fija de Juan Caldes, que bibe en Daymyel; e a vos, los fijos e herederos e parientes mas çercanos de Juan de Toledo; e a bos, los fijos e fijas e herederos de Juan Gonsales de Santistevan e de su muger; e a vos, Juan de Villarreal, yerno de Anton Moreno, sobrino e heredero de Luys Gato, sastre; e a vos, los fijos e herederos e parientes mas çercanos de Marina Gentil, muger de Fernand Gentil, e a vos, Gonsalo Albin, fijo e heredero e pariente mas çercano de Mary Gonsales, muger de Juan Gonçales Pintado, regidor; e a bos, Juan Calbillo, fijo e heredero de Pedro Fernandes Calbillo; e a vos, [   ], muger de Diego Canbiador, vesino de Almagro, e a los otros fijos e herederos de Pedro Lopes Farin e de Cathalina, su muger; e a vos, Pedro Escriuano, vesino de Almagro, sobrino e heredero de Rodrigo Marin, escriuano, e de Cathalina Lopes, su muger; e a vos, Juan Gonsales Fixinyx, como fijo ⟨e⟩ heredero de Ruy Gonsales Fixinyx e de Cathalina Gonçales, su muger; e a vos, Ferrando de Madrid e Alfonso de Madrid, yerno de Anton Moreno, hijos e herederos de Rodrigo de Madrid e de Cathalina, su muger; e a vos, los fijos e herederos de Rodrigo Varzano e ⟨de⟩ su muger; e a vos, Ferrando de Torres e Rodrigo de Torres e Myguel de Torres e Diego de Torres e otros quales⟨quier⟩ sus hermanos e hermanas, fijos e herederos de Ferrando de Torres, regidor, defunto, vesinos que fueron todos desta dicha Çibdad Real; e a otros qualesquier sus fijos e nietos e parientes e amigos, e a otros qualesquier personas que pretendieren aber algund derecho e açion a los bienes de los susodichos defuntos nombrados, e a qualesquier otras personas, de qualquier estado o condiçion que sea⟨n⟩, a quien atañe e atañer puede lo de yudo contenydo en qualquier manera, salud en Nuestro Señor Ihesu Christo, e a los nuestros mandamientos, que mas verdaderamente son dichos apostolicos, firmemente obedeçer e conplir. Sepades que ante nos paresçio el honrado Ferrand Rodrigues del Barco, clerigo, capellan del Rey nuestro señor, nuestro promutor fiscal, e nos fiço

relaçion e dixo que, por quanto los susodichos nonbrados defuntos, biuiendo en este mundo, abian hereticado seguiendo la Ley de Moysen, fasiendo sus rictos e çerimonyas, e que en esta openyon e seta abian fallesçido, e que los entendia acusar de la dicha heregia, por ende, que sy vos, los susodichos, o qualesquier de vos, entendiades de los defender, que vos mandasemos llamar
3v para que paresçiesedes ante nos a los defen|der, asy quanto a sus cuerpos e huesos como a su fama e bienes. Et nos, veyendo que nos pedia razon e justiçia, mandamos dar e dimos esta carta de llamamiento para vos so la forma de yuso contenyda, por la qual vos mandamos que desde el dia que vos esta nuestra carta de llamamyento e çitaçion vos fuere intimada e leyda, en vuestras personas sy pudieredes ser abidos o ante las puertas de vuestras casas, e fuere pregonada en la plaça publica desta dicha Çibdad Real e leyda en la yglesia de Sant Pedro e afixada en vna de las puertas de la dicha yglesia de Sant Pedro desta dicha çibdad, donde este todo el termino de yuso contenido, fasta treynta dias primeros seguientes parescades e parescan ante nos, aqui, en esta Çibdad Real, en las casas do resçibimos e acostumbramos façer nuestra audiençia, a la hora de entre prima e terçia, a ver poner el ⟨sic⟩ acusaçion o acusaçiones de heregia de qual el dicho promutor fiscal a los susodichos nonbrados defuntos e a cada vno dellos los querra poner e acusar, e a los defender, vos o qualquier de vos o otras qualesquier personas, en la dicha causa de heregia e ⟨a⟩ responder a ello, aperçibiendovos que sy paresçieredes vos oyremos con el dicho promutor fiscal e guardaremos vuestra justiçia, en otra manera, non paresçiendo del dicho termino en adelante, syn vos mas llamar ny çitar para ello, veremos lo que el dicho fiscal querra acusar e desir, e proçederemos en la dicha causa segund e como fallaremos por derecho. Para lo qual todo e para cada vna cosa dello, fasta la sentençia definitiua e tasaçion de costas, sy las y oviere, vos çitamos perenptoriamente. Et mandamos firmemente, en virtud de santa obediençia e so pena de excomunion, que ninguna ny alguna persona que sea que no sea osado de quitar ny quite esta dicha nuestra carta de la dicha puerta, donde asy fuere e estubiere afixada, syn nuestra espeçial liçençia. En testimonio de lo qual mandamos dar e dimos esta nuestra carta de llamamiento e çitaçion e hedicto para vos en la dicha raçon, firmada de nuestros nombres e sellada con el sello que al presente vsamos e refrendada del notario publico apostolico infraescripto. Dada en esta dicha Çibdad Real, dentro de las casas do façemos nuestra morada e tenemos

nuestra continua audiençia, a ocho dias del mes de agosto, año del Nasçimiento del Nuestro Saluador Ihesu Christo de mil e quatroçientos e ochenta e quatro años. Va escripto entre renglones, o dis: e a los bienes, vala. (–) Petrus, licenciatus. (–) Franciscus, doctor. Va escripto entre renglones en la primera plana, o dis: e de su muger, vala. |

Arraignment

4r Muy Reuerendos e Virtuosos Señores:
Yo, Ferrand Rodrigues del Barco, capellan del Rey nuestro señor, promotor fiscal de la Santa Ynquisiçion, acuso ante Vuestras Reuerençias a Juan Martines de los Oliuos e a su muger, defuntos, los quales, syn themor de Dios et en oprobrio e ynjuria e menospreçio Del e de nuestro Santa Fe Catolica, biuiendo en posision e en nombre de christianos et asy se llamando, e gozando de los preuillejos e exençiones et ynmunidades a las tales personas conçedidos, judaysaron, hereticaron e apostataron guardando la Ley de Moysen e sus ritos y çerimonias en las cosas e casos siguientes, conviene a saber: Ençendiendo e mandando ençender los candiles linpios el viernes tenprano por la honra del sabado e obseruacion de la su Ley; et guisando e mandando guisar el viernes lo que avian de comer el sabado, por lo no guisar el sabado, disiendo quebrantar la dicha Ley; et ayunando los ayunos judaycos en la forma que los ayunan los judios; et purgando la carne que auyan de comer, de modo judayco; et leyendo e oyendo muchas veses leer a otros oraçiones judaycas; et degollando la carne con çerimonia judayca; et lauando a sus fijos los lugares donde les era puesto el Santo Exarismo, en trayendolos de baptisar; et guardando las pascuas de los judios con sus çerimonias. Yten, judaysaron, hereticaron e apostataron en otras cosas e casos, los quales protesto de desyr e alegar en el proçeso desta mi acusaçion en su tienpo e lugar, si nesçesario me fuere. Por quanto os pido e requiero, Reuerendos Señores, que pues los dichos Juan Martines de los Oliuos e su muger notoriamente hereticaron, judaysaron e apostataron en las cosas e casos por mi ya susodichas, y por tal notorio lo alego, por lo qual yncurrieron en confiscaçion e perdimiento de todos sus bienes et en sentençia de excomunion mayor e en todas las otras penas e çensuras por los sacros canones y leyes contra las tales personas ynpuestas, que los declareys e pronunçieys por hereges, mandandoles desenterrar adondequera ⟨sic⟩ que estuuieren sus cuerpos et quemar a ellos e a sus huesos, et auer yncurrido en la dicha confisca-

çion e perdimiento de sus bienes desde el dia que cometieron la tal heregia e delito y ser aplicados a la camara y fisco de los Reyes nuestros señores. La qual dicha acusaçion propongo en la mejor manera, via et forma e modo que puedo e de derecho devo, con protestaçion que hago de añadir et amenguar e corregir con ella cada e quando bien visto me fuere. Para en lo qual y en todo lo neçesario ynploro vuestro noble y reuerendo ofiçio, y las costas pido e protesto, et sobre todo pido serme fecho conplimiento de justiçia.

Et juro a las hordenes que reçebi que esta acusaçion que pongo contra los dichos e Juan Martines de los Oliuos e su muger, que no la pongo maliçiosamente, salvo porque en fecho de verdad paso asy, segund et como e en la manera e forma por mi susodichas, et protesto, segund protestado tengo, que sy a otra solepnidad o justificaçion o declaraçion desta dicha mi acusaçion el derecho me obliga, que estoy presto y aparejado de la faser sy y en quanto neçesario me sea y no mas.

Summons and Procedure

6 Sept. En VI de setiembre, IVCDLXXXIIII°, por el promutor fiscal Pedro Gonsales del Oliba se fijo treslado e plaso a XV dias.

20 Sept. 1484 En XX dias d setiembre el promutor fiscal acusa las contumaçias e rebeldias, pidio segund de suso, e concluyo. Los señores reçibieron las rebeldias e contumaçias e concluyeron, e resçibieron al fiscal a la prueua a XXX dias. |

4v Et asy presentada la dicha carta e acusaçion ante los dichos señores ynquisidores, lugo el dicho promutor fiscal fiso el juramento aqui contenido, e asy fecho, dixo que acusaua e acuso de todos los fijos e herederos e parientes de los dichos Juan Martines de los Oliuos e su muger sus rebeldias e contumaçias, e pidio a los dichos señores que los oviesen por rebeldes, e en sus rebeldias, ponia e puso su acusaçion. Lugo los dichos señores dixeron que la resçebian, e resçebieron la dicha rebeldia e acusaçion puesta, e que en su alegaçion les mandaua⟨n⟩ dar treslado della e termyno de quinçe dias primeros siguyentes para que vengan desiendo e respondiendo de su derecho a la dicha acusaçion e concluyendo. Testigos que fueron presentes: El liçençiado Jufre de Loaysa e el bachiller Gonçalo Muños e el bachiller Diego Fernandez de Çamora, vesinos desta çibdad, para esto llamados.

20 Sept. 1484 Et despues desto, en la dicha Çibdad Real, veynte dias del dicho mes de setiembre del dicho año del Señor de mil e quatroçientos

[513]

e ochenta e quatro años, ante los dichos señores, en presençia de nos, los dichos notarios, paresçio y presente el dicho promutor fiscal e acuso la contumaçia e rebeldia de los fijos e herederos e parientes (del e herederos) de los dichos Juan Martines de los Olivos ⟨e su muger⟩, e puesto no paresçian ni respondian, que pedia e pidio segund que pedio tenia, e que concluya e concluyo. E lugo los dichos señores dixeron que resçebian ⟨la dicha rebeldia⟩ e los ovieron por rebeldes.

Et asy concluyeron con el dicho promutor fiscal, e asignaron termyno para dar sentençia, la qual dieron e pronunçiaron lugo en la forma siguiente:

{Sentençia a prueva}

Fallamos que deuemos resçebir e resçebimos al promutor fiscal ⟨a la prueba⟩ de todo lo dicho e alegado por el, e de aquello que prouar deua, saluo jure ynpertinentium et non admitendorum, para la qual prouança le damos e asinamos termino de treynta dias primeros siguientes, e ynterloquando, asi lo pronunçiamos en estos escriptos e por ellos. Testigos que fueron presentes: El liçençiado Jufre e el bachiller Diego Fernandes de Çamora, para esto llamados.

Witnesses for the Prosecution

25 Sept. 1484   E despues desto, en la dicha Çibdad Real, XXV dias del dicho mes de setiembre,[5] ante los dichos señores, el dicho promutor fiscal presento por testigo, para en prueva de su yntençion, a Beatris de Treviño, muger de Diego de Coca, ⟨vesina⟩ a Sant Pedro en la cal de las Bestias desta çibdad, de la qual resçibieron juramento en forma devida, e etç. Testigos: Pedro de Torres e Juan Gonzalez, capellanes del dicho señor liçençiado de la Costana, ynqiusidor.

8 Oct. 1484   E despues desto, en la dicha Çibdad Real, ocho dias de otubre del dicho año, ante los dichos señores, el promutor fiscal, para en prueva de su yntençion, presento por testigo a Pero Ferrandes, pastor a Santiago en la cal de Santo Domingo, e a Juan de la Torre, notario en la Correria a Sant Pedro, e ⟨a⟩ Aluaro Cardoso, vesinos de la dicha Çibdad Real, los quales juraron en forma devida, etç. Testigos: Los susodichos.

12 Oct. 1484   E despues desto, en la dicha Çibdad Real, dose dias del dicho mes de otubre, ante los dichos señores ynquisidores, el dicho promutor fiscal presento por testigo, para en prueva de su yntençion, a Juan

---

[5] Published by Delgado Merchán, Appendix XXI, pp. 440 ff.

Trial of Juan Martínez de los Olivos

Martines de Alcaras, cardador a Sant Pedro en la cal de la Mata, el qual juro en forma devida, etç. Testigos: Los ⟨suso⟩dichos.

5 Oct. 1484 E despues desto, en la dicha Çibdad Real, çinco dias del mes de otubre del dicho año, el promutor fiscal pidio quinto plazo para en que pueda acabar de fazer su provança, e juro en forma que la non avia podido faser, etç. Los dichos señores se lo otorgaron por todo el dicho mes de otubre presente. Testigos: Juan Gonsales e Pedro de Torres, capellanes. Este acto se ha de poner antes del acto que dise: E despues desto en la dicha Çibdad Real, ocho dias de otubre.

29 Oct. 1484 E despues desto, veynte e nueve dias del mes de otubre de IVCDLXXXIIII°, ante los dichos señores ynquisidores, en presençia de nos, los dichos notarios, paresçio y presente el dicho promutor fiscal, e para en prueva de su yntençion, dixo que presentaua e presento por testigo a Diego Ferrandes de la Andrada, a Santa Maria en la calle de la Torre de Olivilla, vesino desta çibdad, el qual juro en forma deuida. Testigos: Juan Gonsales e Pedro de Torres, capellanes.

11 Dec. 1484 E despues desto, honse dias del mes de diçiembre del dicho año del Señor de mil quatroçientos ochenta e quatro años, ante el reverendo señor liçençiado Pero Dias de la Costana, ynquisidor, dentro en las casas donde acostunbran faser la audiençia, estando asentado en el logar acostumbrado, paresçio ende presente el dicho promutor fiscal e dixo que por quanto le avia seydo dado e otorgado por su reverençia quinto plazo en las acusaçiones e causas de los *5r* muertos acusados, | de que en una acusaçion e causa, esta que el trata contra el dicho Juan Martines de los Olivos e su muger en rebeldia de sus fijos e herederos e parientes, para faser sus provanzas e durante el tienpo del dicho quinto plazo, su reverençia se absento e partio desta çibdad para Sevilla por mandamiento, que el non pudo gozar ni gozo del dicho quinto plazo e non pudo faser provança por la dicha causa; por ende, que pedia e pidio al dicho señor liçençiado ynquisidor que le diese e otorgase la quinta dilaçion e termino conveniente para faser la dicha su provança; el qual juro que la non demandava maliçiosamente. El dicho jues se la dio e otorgo, por termino de dilaçion, de aqui a mediado el mes de henero primero que venia del año LXXXV. El dicho fiscal consintio, e protesto su derecho a salvo para çiertos testigos que dixo que estaban en alarma fasta que viniesen. El señor liçençiado dixo que lo oya. Testigos: Pedro de Torres, capellan, e Fernando Falcon e Gonsalo de Moya, veçino de Almodovar.

Records of the Spanish Inquisition in Ciudad Real, 1483–1485

22 Dec. 1484 E despues desto, en la Çibdad Real, veynte e dos dias del dicho mes de disiembre del dicho año del Señor de mil quatroçientos ochenta e quatro, ante el dicho señor liçençiado de la Costana, ynquisidor, estando presente el señor Juan Gutierres de Baltanas, liçençiado en decretos, asesor en la dicha Santa Ynquisiçion, en presençia de nos, los dichos notarios publicos, e de los testigos de yuso escriptos, paresçio y presente el dicho promutor fiscal e dixo que, para en prueba de su yntençion, presentava e presento por testigos a Gil Martines, labrador a Sancta Maria en la cal que va a la Torre de la Merçed, e a Marina Gutierrez, muger de Gonzalo borçeguinero,[6] a Sant Pedro en la plaza, vesinos de la dicha Çibdad Real, de los quales e de cada vno dellos el señor jues ynquisidor resçibio juramento en forma devida, etç., e siendoles echada la confusion del dicho juramento, cada vno delante respondio e dixo: Sy, juro, – e: Amen. Testigos que fueron presentes: Pedro de Torres, capellan, e el alguasil Juan de Alfaro e Juan Redondo, portero de la Santa Ynquisiçion, para esto llamados.

E lo que los dichos testigos dixeron e depusieron por sus dichos e depusiçiones, seyendo cada uno dellos tomados e preguntados por el dicho señor liçençiado inquisidor secreta e apartadamente, es lo que sigue:

Pero Herrandes,[7] pastor, vesino a Santiago en la cal de Santo Domingo que va para Santiago, testigo presentado por el dicho promutor fiscal, jurado en forma, preguntado por los articulos de la acusacion dixo que abra quinçe años, poco mas o menos, que moro este testigo con Juan Martines de los Olivos dos años, al qual e a su muger, que moraban frontero a Mazariegos, sabe e vido que guardaban el sabado, y se vestian de fiesta camisas linpias, e guisaban continuamente del viernes para el sabado, y encendian los candiles limpios los viernes en la tarde. Iten, dixo que les vido ayunar un dia, antes de Sant Miguel, e sabe que purgaban la carne a manera de judios; esto fasian ellos e sus fijos. Y esto es lo que sabe e vido para el juramento que fizo.

Gil Martines, labrador,[8] vesino a Santa Maria en la calle que va a la

[6] See Biographical Notes. He testified on 11 November 1483, during the Period of Grace; see below, n. 11.

[7] This testimony, given at the trial of Leonor de la Oliva (No. 123, fol. 21r), was originally entered in *Libro Primero de Çibdad Real*, fol. CXXXIX; cf. Biographical Notes.

[8] See No. 123, fol. 21v. He testified on 20 October 1483, and his testimony was entered in *Libro Primero de Çibdad Real*, fol. XLXXXII; cf. Biographical Notes.

Trial of Juan Martínez de los Olivos

Torre de la Merçed, testigo presentado por el dicho promutor fiscal, jurado en forma, dixo que abra quinçe años que moro a soldada por pastor con Juan Martines de los Olivos, que moraba frontero a Hernando de Treviño, sabe e vido en aquel dicho tienpo que guardaban el sabado, el e su muger e hijos e hijas, e se vestian de ropas linpias, e sabe e vido que guisaba⟨n⟩ de comer del viernes para el sabado, e sabe e vido que ençendian los candiles lympios, y los vido purgar la carne que comian. E que esto es lo que sabe para el juramento que fizo. |

5v Beatris de Treviño,[9] muger de Diego de Coca, veçina a Sant Pedro en la calle de las Bestias, etç., dixo que abra veynte años, poco mas ⟨o menos⟩, moza por casar en casa de su señor padre Lope Herrandes Treviño, que moraba cabe Sant Pedro, tenia por vesino a Juan Martines del Oliva e a su muger e hijos, sabe e vido en aquel tienpo que con su padre estubo, que fueron quasi veynte e dos años, e ha que salio de su casa ocho años, que en aquel tienpo vido a los sosodichos en su casa los viernes candiles ençendidos, e guisar de comer el viernes para el sabado, y verles la casa aderesada, e guardaban los sabados, y vestian ropas lympias y de fiesta. Y esomismo les vio guardar las pascuas de los judios, e que oyo muchas veses a sus mozas como comian pan çençeño. E que esto es lo que sabe e vido para el juramento que fizo.

Juan de la Torre, vesino en la collaçion de Sant Pedro en la cal de la Correria, testigo presentado, etç., dixo que sabe que la Çerera, muger de Ferrand Alonso, çerero,[10] que es pura judia, e que la vio comer carne en Quaresma asas veçes; e asymismo que la carne que ella comia, que creia que la traya de casa de Alonso Garçia de los Olivos e de Juan Martines de los Olivos, conversos, que la degollavan. E que esto es lo que sabe e vido para el juramento que fizo.

Diego Ferrandes de Andrada, vesino en la collaçion de Santa María en la cal de la Torre de la Olivilla, testigo presentado, etç., dixo que puede aver veynte años, poco mas o menos, que oyo desir este testigo a la muger de Lope Herrandes Treviño que, seyendo ella comadre de Juan Martines de los Olivos e de su muger de un fijo que les nasçio, que ella avia seydo madrina del en el bautismo, e que despues que le traxeron de baptizar de la yglesia a casa de los

---

[9] She probably testified for the defence at the trial of María González, wife of Rodrigo de Chillón, No. 105, foll. 22r–22v. On Diego de Coca, see Vol. IV, No. 91.
[10] See her trial, No. 2, fol. 8r. On the witness, see Biographical Notes.

dichos su padre e madre, que les dexaron la criatura e se fueron las madrinas a sus casas; y que despues, que la dicha muger del dicho Lope Ferrandes, madrina, que volvio a ber al ahijado e a la comadre, e que fallo el niño desnudo e syn el alba, ⟨e⟩ vio vna artesilla que estaba con agua caliente y el niño todo vañado; lo qual este testigo dixo que oyo desir a la dicha madrina, muger del dicho Lope Ferrandes Treviño. E que esto es lo que sabe para el juramento que fiso.

Marina Gutierres, muger de Gonzalo, borçeguilero,[11] vesino a San Pedro en la plasa, testigo presentado, etç., dixo que abra quinçe años, poco mas o menos, que seyendo esta testigo criada de Pedro de Torres, hermano de Juan de Torres, regidor, que moraba cabe Sant Françisco, pared y medio ⟨de⟩ Juan Martines de los Olivos, sabe e vido que guardaban el sabado, e se bestian ropas lynpias, e sabe que guisaban de comer del viernes para el sabado, e que algunas veçes oyo este testigo a una moza suya, Maria, que sus amos ayunaban fasta la noche. E que esto es lo que sabe e vido para el juramento que fiso. |

6r Juan Martines de Alcaras, arcador e cardador,[12] vesino en la collaçion de Sant Pedro en la Mata, testigo presentado por el dicho promutor fiscal, jurado en forma, preguntado por los articulos de la acusaçion dixo que labrando este testigo antes del robo postrimero en las casas de çiertos conversos desta çibdad, entre los quales dixo que sabe e vido en casa de Juan Martines de los Olibos se ençendian candiles el viernes en la noche, e guisaban de comer ⟨el viernes⟩ para el sabado, e guardaban el sabado, e vestian ropas linpias. E que esto es lo que sabe e vido pa el juramento que fiço.

Alvaro Cardoso, çintero, vesino desta çibdad a Sant Pedro a la puerta de Miguelturra, testigo presentado por el dicho promutor fiscal, jurado en forma, preguntado por los articulos de la acusaçion dixo que abra veynte años, poco mas o menos, que vido a Aluar Dias,[13] lençero, e a Juan Martines del Oliba, padre del Bernaldo del Oliua, que tenian vna contienda e question en la correria, en la calle,

---

[11] This testimony, given on 11 November 1483 at the trial of Leonor de la Oliva (No. 123, fol. 24v) before Ruíz de Córdoba, was entered in *Libro Terçero de Çibdad Real*, fol. CCCXV; cf. Biographical Notes.

[12] His testimony, given on 17 November 1483 at the trial of Leonor de la Oliva (No. 123, fol. 25r), was entered in *Libro Segundo de Çibdad Real*, fol. CCXXI; see also the trial of Juan González Escogido (No. 80) and Biographical Notes.

[13] For his sentence, see below, fol. 8r; cf. Biographical Notes.

no sabe sobre que cosas; el Aluar Dias, por faser verdad lo que desia, juraba por Dios Bibo, ⟨e⟩ el dicho Juan Martines non la creya; Aluar Dias, como vido que non lo creya, dixo: Por la Ley de Moysen que es verdad. Entonçes se conçertaron y no ovieron mas question, y lugo fueron amigos. E que esto es lo que sabe e vido para el juramento que fiso.

Ferrand Falcon,[14] vesino desta çibdad, testigo presentado por el dicho promotor fiscal, jurado en forma, preguntado por los articulos de la acusaçion dixo que conosçio a Juan Martines de los Olibos e a su muger, e que sabe e vido que la dicha su muger guardava el sabado e se vestia camisa linpia e ropas de fiesta, e que guisaba del viernes para el sabado; e que esto todo façia estando con el dicho su marido, en su presençia. E dixo que lo sabe porque lo vido, so cargo del juramento que fiso, e que cree que tambien el era judio como ella, e que por tales eran abido e infamados en esta dicha çibdad, e aun su hijo Fernando del Oliba con ellos, para el juramento que fiso. |

Publication of Testimonies and Conclusion of Trial

6v
18 Jan.
1485

Et despues desto, en la dicha Çibdad Real, dies e ocho dias del mes de henero del dicho año del Nasçimiento del Nuestro Saluador Ihesu Christo de mil e quatroçientos e ochenta e çinco años, antel dicho señor liçençiado Pero Dias de la Costana, jues ynquisidor susodicho, estando ende presente el dicho señor liçençiado de Baltanas, asesor en el dicho Ofiçio de la Santa Ynquisiçion, e estando dentro de las dichas casas do tienen el dicho su auditorio, en la dicha audiençia, a la dicha ora de la terçia, asentados pro tribunali, en presençia de nos, los dichos notarios, e de los testigos de yuso escriptos, paresçio y presente el dicho promutor fiscal e dixo que acusaua e acuso la rebeldia de los dichos fijos e herederos e parientes de los dichos Juan Martinez de los Oliuos e su muger, e pidio que fisiese⟨n⟩ publicaçion de los testigos por el presentados. Lugo el dicho señor jues ynquisidor, con acuerdo del dicho asesor, dixo que fasia e fiso la dicha publicaçion de los dichos testigos e prouanças, e que mandaua e mando dar treslado dellos al señor fiscal e a los fijos e herederos e parientes de los dichos Juan Martines de los Oliuos e su muger, si lo quisieren e paresçieren, e termino de seys dias primeros siguyentes para que vengan disiendo e concluyendo. Testigos que fueron presentes: El reçebtor Juan de

---

[14] See Biographical Notes.

Vria e Juan Sanches e Pedro de Torres, capellanes del dicho señor liçençiado, para esto llamados.

24 Jan. 1485 Et despues desto, en la dicha Çibdad Real, lunes, veynte e quatro dias del dicho mes de henero del dicho año del Señor de mil e quatroçientos e ochenta e çinco años, ante los dichos señores ynquisidores e asesor, estando en la dicha audiençia a la dicha ora los dichos muger ⟨sic⟩ e fijos e herederos e parientes de los dichos notarios, e de los testigos de yuso escriptos, paresçio y presente el dicho promutor fiscal e dixo que acusaua e acuso la rebeldia de los dichos muger ⟨sic⟩ e fijos e herederos e parientes de los dichos Juan Martinez de los Oliuos e su muger, e pues non paresçen ni vienen disiendo e concluyendo, que pide los ayan por rebeldes, y en su rebeldia, dixo que fallarian su yntinçion bien prouada e que deuian faser lo por el pedido, e ⟨que⟩ concluya e concluyo. Lugo el dicho señor ynquisidor, con acuerdo del dicho asesor, dixo que resçebia la dicha rebeldia e los avia e ovo por rebeldes, y en su rebeldia de los dichos fijos e herederos e parientes de los dichos Juan Martines de los Oliuos e su muger, que concluya e concluyo con el dicho promutor fiscal e avia e ovo este dicho pleyto por concluso e las rasones del por ençerradas, e que asignaua e asigno termino para dar e pronunçiar en el sentençia para terçero dia primero siguiente, e dende en adelante para de cada dia que feriado non fuese fasta que la diese. Testigos que fueron presentes: El liçnçiado Jufre de Loaysa e Ferrando de Poblete, regidor, e Juan de Areualo, jurado, e Ferrand Falcon, vesinos de la dicha Çibdad Real, para esto llamados. |

Sentence Pronounced at Auto-de-fe

7r *15 March 1485* Et despues desto, en la dicha Çibdad Real, en quinse dias del mes de março, año del Nasçimiento del Nuestro Saluador Ihesu Christo de mil e quatroçientos e ochenta e çinco años, este dicho dia, en la plaça publica de la dicha çibdad, estando los dichos señores Pero Dias de la Costana, liçençiado, jues inquisidor susodicho, e Juan Gutierres de Valtanas, liçençiado e asesor en el Ofiçio de la Santa Inquisiçion, en la dicha plaça publica ençima de vn cadahalso de madera que estaba fecho en la dicha plaça, en presençia de nos, los dichos notarios e testigos de yuso escriptos, lugo el dicho señor liçençiado susodicho, tribunali sedendo, por ante nos, los dichos notarios, dio e pronunçio e leer fiço por vno de nos, alta voçe, vna sentençia contra el dicho Juan Martines de los Olibos y contra los otros en ella contenidos, defuntos, thenor de la qual es este

Trial of Juan Martínez de los Olivos

que se sygue. A lo qual fueron presentes por testigos el arçipreste de Calatraba, rasionero en la santa yglesia de Toledo, e Aluaro Gaytan e Gonçalo de Salçedo e Ferrando de Hozes e Ferrando de Poblete, regidores de la dicha çibdad, e el liçençiado Jufre de Loaysa e el liçençiado Juan del Canpo e el bachiller Gonçalo Moños, vesinos de la dicha çibdad, e otros muchos de los vesinos e moradores della e de las villas e lugares de sus comarcas. |

7v Juan Martinez de los Oliuos   Paresçio Gonzalo de la Oliua, su fijo, e ⟨not continued⟩[15] |

Sentence

8r Por nos, Pero Dias de la Costana, liçençiado en santa theologia, canonigo en la yglesia de Burgos, jues ynquisidor de la heretica prauedad dado por la actoridad apostolica en esta Çibdad Real e su tierra e en todo el Canpo de Calatrava e arçobispado de Toledo, e ofiçial e vicario general en todo el arçobispado de Toledo por el reverendisimo yn Christo padre e señor don Pero Gonsales de Mendoça, cardenal de España, arçobispo de Toledo, primado de las Españas, chançiller mayor de Castilla, obispo de Siguença, con acuerdo e deliberaçion e consejo del honrado e sabio varon el liçençiado Juan Gutierres de Baltanas, nuestro asesor, e aconpañado en esta Santa Ynquisiçion, visto e con diligençia examinados los proçesos de pleito que ante nos an pendido e se han tractado sobre las denunçiaçiones e querellas que el honrado Ferrand Rodrigues del Varco, clerigo, capellan del Rey nuestro señor, promutor fiscal desta Santa Inquisiçion, yntento e puso ante nos contra las personas defuntas, vesions que fueron desta çibdad, los nonbres de los quales son estos que syguen:

Juan Martines de los Olivos
Aluaro, lençero [16]
Abençerraje Fixinix [17]

---

[15] This shows that one son answered the summons, but perhaps the Court did not find it necessary to arrange for a defence.

[16] Alvaro, *lencero*, judging by his name, was probably a linen merchant. He lived in the Barrionuevo quarter in Ciudad Real. His wife was a niece of Sancho de Ciudad, and they used to pray at his house. See No. 1, foll. 8r–9r; see also Biographical Notes.

[17] His heirs lived in Chillón. For information on him, see the testimony of Juan Martínez de Alcaraz as cited in the file of Leonor de la Oliva, No. 123, fol. 25r; see also Biographical Notes.

[521]

Records of the Spanish Inquisition in Ciudad Real, 1483–1485

Alfonso Martines, tartamudo [18]
Aluaro, calçetero [19]
Aluar Dias, lençero [20]
Aluar Garçia, canbiador [21]
Alonso Garçia de los Olivos e Catalina, su muger [22]
Alonso Gomes Ronquillo e Ynes Gonçales, su muger [23]
Beatris, muger de Rodrigo, el alcayde [24]
Beatris, tia de Ruy Dias, boticario [25]
Diego Gutierres Abudarme, bachiller [26]
Diego Axir [27]
Garçia, sedero [28]
Diego el Pinto, sastre [29]
Diego Çarça [30]
Diego Gonçales Fixinix [31]
Fernando Moreno e Catalina, su muger [32]

[18] Alfonso Martínez, *tartamudo*, was probably the step-father of Juan de Fez. According to Juan de Fez, Alfonso Martínez used a Hebrew prayer-book and forced him to keep Jewish traditions; see No. 9, fol. 2r; see also Biographical Notes.
[19] Alvaro, *calcetero*, was a knitter of stockings. Juan de Fez mentioned him as one of those who worshipped at the house of Alfonso Martínez, *tartamudo;* see No. 9, fol. 11r; see also Biographical Notes.
[20] Alvar Díaz was a linen merchant who lived and worked in Correheria street. His house was confiscated by Ferdinand and Isabella and was given to the Municipality of Ciudad Real. He was heard using a Jewish form of oath when speaking to Juan Martínez de los Olivos; see above, fol. 6r. For further details, see Biographical Notes and Vol. IV, No. 97.
[21] No details are available; see Biographical Notes.
[22] *Kasher* meat was brought from his house to María Díaz, *la cerera;* see No. 1, fol. 8r; see also Biographical Notes.
[23] No details are available; see Biographical Notes.
[24] See trial No. 77.
[25] See trial No. 78.
[26] See the trial of his wife Marina González (No. 18), where he is called Rodríguez Abudarme.
[27] No details are available; see Biographical Notes.
[28] A certain Diego Díaz, physician, participated in the Marquis of Villena's rebellion. His property was confiscated and was given to Rodrigo de Mora on 3 April 1476 (*RS*, I, fol. 232). See Vol. IV, No. 33, and Biographical Notes.
[29] His full name is Diego López el Pinto. He was the father-in-law of Juan de Chinchilla and informed against him; see trial No. 7, fol. 3v.
[30] No details are available; see Biographical Notes.
[31] No details are available; see Biographical Notes.
[32] No details are available; see Biographical Notes.

Trial of Juan Martínez de los Olivos

Fernand Garçia de la Yguera e Ysabel, su muger [33]
Fernando Dias Caldes [34]
Fernando del Oliva, el viejo [35]
Gonçalo Dias de Villaruvia [36]
Gonçalo Fernandes Calvillo e Constanza, su muger [37]
Garçia sedero [38]
Garçia Baruas [39]
El bachiller Juan Garçia de la Plaça [40]
Juan Caldes [41]
Juan Gonçales, platero, e Beatris, su muger [42]
Juan Dias Terras o Hain [Tirraz o Nahym] [43]
Juan Gonçales Escogido [44]
Juan Gonçales Santestevan e Juana Gonçales, su muger primera [45]
Mari Gonçales, muger de Juan Gonçales Pintado, regidor [46]
Marina Gentil, muger de Ferrando Gentil [47]
Ruy Gonçales Fixinix [48]
Rodrigo Barçano [49]

---

[33] His house served as a place of worship for both Conversos and Jews. See the trial of Juan Díaz, No. 85, fol. 5r; cf. Biographical Notes.
[34] No details are available; see Biographical Notes.
[35] Leonor de la Oliva (No. 123, fol. 14v) was brought up in his house after her father died; see Biographical Notes.
[36] No details are available; see Biographical Notes.
[37] He was the father of Juan Calvillo. See trial No. 13 for the Jewish practices of his children; cf. Biographical Notes.
[38] No details are available; see Biographical Notes.
[39] He was a tailor and his shop was in the Santa María quarter near the house of Antón López, son of Alonso Martínez. Conversos gathered at his house for prayers, and he was ritual slaughterer for the Conversos. He fled to Palma during the 1474 riots and lived there quite openly as a Jew. See the trial of Juan de Chinchilla, No. 7, fol. 3v; cf. Biographical Notes.
[40] No details are available, see Biographical Notes.
[41] See his trial, No. 75.
[42] See their trial, No. 76.
[43] No details are available; see Biographical Notes.
[44] See his trial, No. 80.
[45] They were the parents of Juan de Chinchilla and Gómez de Chinchilla. See the trial of Juan de Chinchilla, No. 7, fol. 8r; cf. Biographical Notes.
[46] See her trial (No. 79), the trial of Juan González Pintado (No. 4) and Biographical Notes.
[47] See her trial (No. 82), which opened on 6 September 1484.
[48] No details are available; see Biographical Notes.
[49] See the trial of Juan González Escogido (No. 80, fol. 5r), where Fran-

8v Por las quales denunçiaçiones nos dixo e denunçio que las susodichas personas e cada una dellas, syn temor de Dios e en oprobio e ynjuria e menospreçio Del e de nuestra Santa Fe Catolica, biuyendo en posesion e en nonbre de christianos et asi se llamando, e goçando de los priuillejos, esençiones e inmunidades a las tales personas conçedidos, judaiçaron, hereticaron, apostataron, guardando la Ley de Moysen e sus ritos e çeremonias en las cosas e casos siguientes, conviene a saber: ençendiendo e mandando ençender los candiles linpios el viernes tenprano por honra del sabado e obseruançia de la dicha ley; et guisando e mandando guisar el viernes lo que avian de comer el sabado, por lo non guisar el sabado disiendo quebrantar la dicha Ley; et ayunando los ayunos judaycos en la forma que los ayunan los judios; et purgando la carne que avia⟨n⟩ de comer, a modo judayco; et leyendo e oyendo muchas veçes leer oraçiones judaycas, enseñandolas a otros; et degollando la carne con çerimonya judayca; et lauando a sus fijos los lugares donde les era el Santo Olio e Crisma, en trayendolos de bautiçar; et guardando los sabados e festiuandolos con ropas linpias e de fiesta; et proybiendo a sus familias e fijos christianos que se non santiguasen ny nonbrase⟨n⟩ el Nombre de Nuestro Saluador Ihesu Christo ny fasiese⟨n⟩ çerimonia ny cosas de christiano⟨s⟩; et comyendo el pan çençeño en los tienpos por la dicha ley determynados; et çircunçidando a sus fijos por çerimonia; ⟨et⟩ leyendo como rabis a otros muchos confesos; et quando juravan, juravan por la Ley de Moysen; et comyan carne en Quaresma e en otros dias vedados; et degollando la carne como rabi para si e para otros; et tenyendo libros judaycos e reçando en ellos; et se yuan a folgar a casa de otros conversos; et bendesian la mesa judaycamente, bendiçendo a la postre vn vaso de vino e dando del a cada vno de los que estauan a la mesa vn poco; et quando murieron se amortajaron como judios; et en el dia del Ayuno Mayor, demandando aquel dia perdon a otros, e otros a ellos, çerimonyalmente, como fasen los judios, disiendo serles perdonados todos sus pecados aquel dia; et resçibian judios de señal en sus casas, e comyan e beuyan con ellos; et quebrantando las fiestas e domingos que la Santa Madre Yglesia manda guardar; e vañauan los finados conversos a modo e forma de judios; e non comyan toçino, disiendo quebrantar la dicha ley; e fasiendo las adas a sus fijos como judios; et quando algunas veçes a caso avian de nombrar a Nuestro Señor Ihesu Christo e a Nuestra

cisco Fernández de Torrijos testified that he saw a Jew slaughtering a calf in the courtyard of Rodrigo Barzano's house; cf. Biographical Notes.

Señora, llamauan e nombravan Adonay e Çema Ysgrael; e yngirien-
9r dose a consolar e confesar a los ynfermos | en el articulo de la
morte, asi como judios; e otras mas y en este uso, segund que se
contiene en la denunçiaçion que de cada vno de los susodichos ante
nos dio e denunçio. Sobre lo qual el dicho promutor fiscal pidio
que le fisiesemos cunplimiento de justiça, e para ver poner las dichas
denunçiaçiones e tomar treslado e responder a ellas, primeramente
no ovimos mandado dar e dimos una nuestra carta çitatoria ⟨e⟩
de edicto pa todos los fijos e herederos e parientes de los suso
nombrados e de cada vno dellos en forma debida de derecho, por la
qual los çitamos, e mandamos que a cierto termino paresçiesen
ante nos a ver poner las dichas denunçiaçiones e ⟨a⟩ tomar treslado dellas e a desir e alegar de su derecho e a escusar a los susodichos
nonbrados e a ellos, como a sus fijos e herederos e parientes, contra
las dichas denunçiaçiones. La qual carta les fue notificada, e fueron
çitados segund e en la forma que el derecho quiere, e al termino
della, en sus rebeldias, el dicho nuestro promutor fiscal ante nos
fiso e dio las dichas denunçiaçiones e quexas de los susodichos,
de cada vno por sy. E nos, vsando del cargo a nos cometido,
ovimoslos por rebeldes e contumaçes, e en su rebeldia e contumasia,
resçebimos las dichas denunçiaçiones e quexas, e mandamos dar
copia e traslado dellas e los dichos fijos e herederos e parientes de
los susodichos contenidos en las dichas denunçiaçiones e en cada
vna de ellas, si viniesen, e termino convenible, que viniesen disiendo
e alegando de su derecho, al qual termino ninguno dellos paresçio,
e en su contumaçia e rebeldia, el dicho promutor fiscal dixo e pidio
segund dicho e pedido tenia, e concluyo, e nos concluymos con el
e resçebimosle a la prueva; el qual ante nos presento testigos dinos
de fe e de creer, e de sus dichos e depusiçiones por nos fue fecha
publicaçion; por los quales paresçe que el dicho promutor fiscal
provo clara e abiertamente su yntençion, conviene a saber, todo lo
contenido en las dichas sus denunçiaçiones; sobre lo qual el dicho
fiscal dixo e pidio segund pedido avia, e concluyo, e nos concluymos
con el e asignamos termino pa en esta causa dar sentençia; e
avido nuestro acuerdo con letrados e reverendos personas religiosas
de sana e buenas conçiençias, siguiendo su consejo e determinaçion,
teniendo a Dios ante nuestros ojos, |

9v   Christi Nomine ynvocato
Por ende nos, el dicho liçençiado Pero Dias de la Costana, inquisidor susodicho, fallamos que devemos declarar e declaramos,

e pronunçiar e pronunçiamos, las susodichas personas defuntos de
suso nonbrados e cada una dellas aver seydo herejes, apostotas e
aver judayçado e apostatado en los dias de sus vidas, e por tales
los pronunçiamos e declaramos, et por aver cometido el dicho
crimen de heregia e apostasia declaramoslos aver yncurrido e caydo
en sentençia de Excomunion Mayor Papal e en las otras penas
spirituales e temporales en los derechos contra los tales herejes e
apostotas estableçidas, e aver perdido sus bienes e ser confiscados
e aplicados a la camara e fisco del Rey e Reyna nuestros señores,
segund e en la manera e forma que se contiene en la capitulaçion
que el reverendo padre, el prior de Santa Crus, jues prinçipal
ynquisidor, con acuerdo de los señores letrados ynquisidores, ordeno en la çibdad de Sevilla, e la qual sobre los dichos bienes nos
referimos en esta parte. Et porque ningund hereje nin apostota nin
dexcomulgado de dexcomunion mayor non puede nin debe ser
enterrado en lugar sagrado, et porque nos somos informados que los
sobredichos de suso nonbrados estan enterrados en lugar sagrado,
et por⟨que⟩ nos somos informados que los sobredichos de suso
nonbrados estan enterrados en lugar sagrado ⟨sic⟩ et ovimos
ynformaçion que sus huesos se podrian sacar de donde estan sin
perjuyçio de los otros huesos de fieles e catolicos christianos, mandamos que los dichos huesos de las sobredichas personas e de cada
vna dellas sean desumados e desenterrados e sacados de las huessas
e logares sacros donde estan, e sean publicamente quemados, por
que perescan ellos e su memoria con ellos, e sean açesos e quitados
de la vid e çepa en que estan, pues fueron herejes e cometieron la
dicha heregia e apostasia contra Nuestro Señor Ihesu Christo e
contra nuestra Santa Fe Catolica. Lo qual, sedendo en el logar
acostumbrado pro tribunali, asi lo pronunçiamos e declaramos e
mandamos por esta nuestra sentençia definitiva en esto escriptos e
por ellos.

(–) Petrus, licenciatus |

10r En XV de março de LXXXV se dio esta sentençia en el cadahalso
15 March en la plaça. Testigos: El arcipreste de Calatrava e Alvaro Gaytan
1485 e Gonçalo de Sa⟨l⟩çedo e Fernando de Oçes e Fernando de Poblete, regidores, e el liçençiado Jufre e el liçençiado Juan del Canpo
e el bachiller Gonçalo Muños, vesinos de la Çibdad Real, e otros
muchos.

Trial of Juan Martínez de los Olivos

Genealogy of the Family of Juan Martínez de los Olivos

Juan Martínez de los Olivos

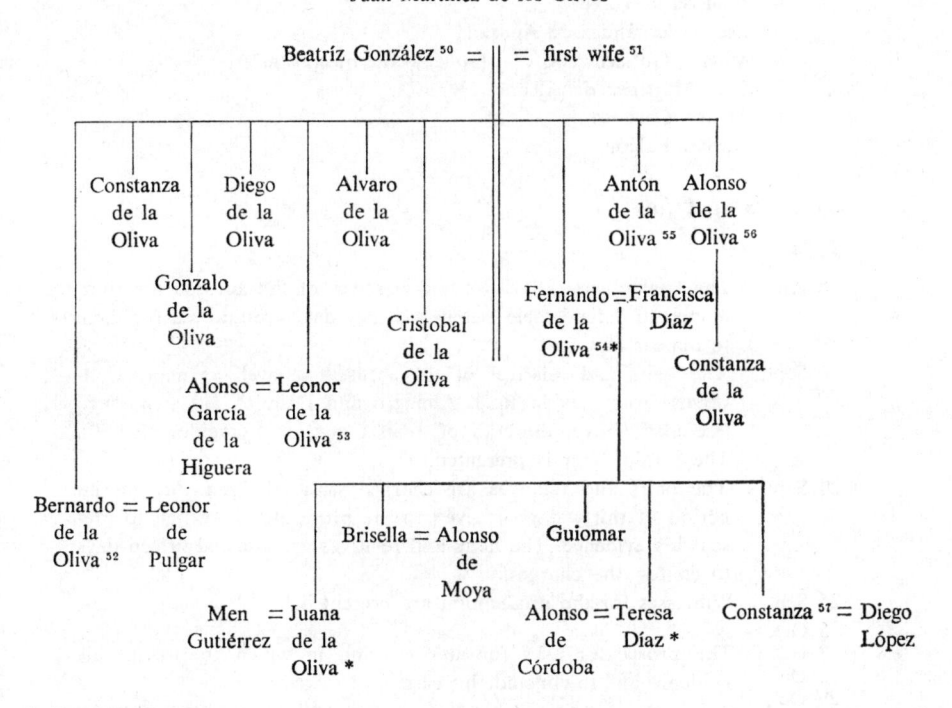

Beatríz González [50] = || = first wife [51]

- Constanza de la Oliva
- Diego de la Oliva
  - Gonzalo de la Oliva
    - Alonso García de la Higuera = Leonor de la Oliva [53]
      - Bernardo de la Oliva [52] = Leonor de Pulgar
        - Men Gutiérrez = Juana de la Oliva *
- Alvaro de la Oliva
  - Cristobal de la Oliva
    - Brisella = Alonso de Moya
- Antón de la Oliva [55]
  - Fernando de la Oliva [54*] = Francisca Díaz
    - Guiomar
      - Alonso de Córdoba = Teresa Díaz *
- Alonso de la Oliva [56]
  - Constanza de la Oliva
    - Constanza [57] = Diego López

* From Almagro

The Composition of the Court

Judges: Francisco Sánchez de la Fuente
Pero Díaz de la Costana
Assessor: Juan Gutiérrez de Baltanás
Prosecutor: Fernán Rodríguez del Barco

[50] She was his second wife.
[51] Her name is not known.
[52] He was a merchant who fled to Portugal.
[53] See her trial, No. 123.
[54] He was a merchant.
[55] He was an *escudero*.
[56] He was a draper.
[57] She lived in Valdepeñas and was brought to trial and condemned; see the trial of Leonor de la Oliva, No. 123, fol. 15r.

[527]

Witnesses for the Prosecution in Order of Testification

1. Pero Hernández (or Fernández), shepherd
2. Gil Martínez
3. Beatríz de Treviño, wife of Diego de Coca
4. Juan de la Torre
5. Diego Fernández de Andrada
6. Marina Gutiérrez, wife of Gonzalo the buskin maker
7. Juan Martínez de Alcaráz
8. Alvaro Cardoso
9. Fernán Falcón

Synopsis of Trial

1484

8 Aug. — The trial opens. The heirs and relatives of the accused are summoned to defend their memory. Thirty days are allowed for them to appear in Court.

6 Sept. — The heirs and relatives of the accused, as well as many Conversos from Ciudad Real, Almagro and Daimiel, are summoned (see also above, the trial of Juan González Escogido, No. 80). The arraignment is presented.

20 Sept. — The heirs and relatives are charged with rebellion. An interim period of thirty days is given to the prosecutor in which to present his evidence. The heirs and relatives are allowed fifteen days to contest the charges.

25 Sept. — Witnesses for the prosecution are presented.

5 Oct.
8 Oct.
12 Oct.
29 Oct. — The prosecutor asks for an extension in which to present his evidence and to conclude his case.

11 Dec. — The prosecutor asks for a further postponement of hearing because the Inquisitor, Francisco Sánchez de la Fuente, is away in Seville.[58]

22 Dec. — Witnesses for the prosecution are presented before Pero Díaz and Juan Gutiérrez de Baltanás.

1485

18 Jan. — The heirs are again charged with rebellion. The testimonies are published.

24 Jan. — The trial is concluded, and the date is set on which the sentence will be handed down.

Date unknown — *Consulta-de-fe.*

15 March — The sentence is pronounced and is carried out at the *auto-de-fe* held in the Town Square.

---

[58] He was attending a reunion of the Inquisitors of the Kingdom.

82 Trial of Marina Gentil
1484–1485

Source: AHN IT, Legajo 150, No. 299, foll. 1r–4r; new number: Leg. 150, No. 6.

Marina Gentil (also Marina Rodríguez Gentil), wife of Fernando Gentil, was tried posthumously. Her trial started on 6 September 1484 and terminated with the exhumation and burning of her bones on 15 March 1485. Her name was added to the general sentence passed against the group that was included in the trial of Juan Martínez de los Olivos.[1] Her heirs and sons were proclaimed rebels, since none of them appeared to defend her memory.[2]
Regarding her observance of Judaism, it should be noted that she asked her husband to prepare thirty measures of linen for her burial shroud; she was, of course, buried according to Jewish rites.

Bibliography: Leg. 262, No. 3, fol. 5v; Fita, p. 476, No. 197; Delgado Merchán, p. 222; Beinart, index.

---

[1] See his trial, No. 81, fol. 8r.
[2] Marina González, wife of Ferrand Gentil, testified for the prosecution (see below, fol. 3r). Either she was his second wife, or there were two people in Ciudad Real with the name Ferrand Gentil.

¹ʳ Leg. 35 No. 15

        Maria Gentil   muerta   Çiudad Real
      Esta su sentençia en el proçeso de Juan
   Martines de los Oliuos   Vezina de Çiudad Real
             Leg. 23 No. 48
    Esta la sentençia deste en el proçeso de Juan
                  Martines

Padres prior e liçençiados

e alcalde

1v   En la Çibdad Real, en seys dias del mes de setienbre, año del
6 Sept. Nasçimiento del Nuestro Saluador Ihesu Christo de mil e quatro-
1484 çientos e ochenta e quatro años, ante los reuerendos señores Pero Dias de la Costana, liçençiado en santa theologia, canonigo en la yglesia de Burgos, e Françisco Sanches de la Fuente, doctor en decretos, canonigo en la yglesia de Çamora, jueses inquisydores de la heretica prauedad dados por la actoridad apostolica en la dicha Çibdad Real e su tierra e en todo el Canpo de Calatrava e arçobispado de Toledo,³ e el dicho liçençiado Pero Dias como ofiçial e vicario general en todo el arçobispado de Toledo por el reverendisimo in Christo padre e señor don Pedro Gonsales de Mendoça, cardenal d⟨e⟩ España, arçobispo de Toledo, primado de las Españas, chançiller mayor de Castilla, estando los dichos reuerendos señores inquisydores dentro en las casas donde residen e façen su audiençia continua en su audictorio acostunbrado, sedendo pro tribunali, en presençia de nos, los notarios e testigos infrascriptos, paresçio ende presente el honrado Ferrand Rodrigues del Barco, clerigo, capellan del Rey nuestro señor, promutor fiscal en el Ofiçio de la Santa Inquisiçion, e dixo que por quanto sus reverençias avian dado vna su carta çitatoria e de hedicto a pedimiento suyo, por la qual, entre otras personas, çitaba⟨n⟩ a los fijos e herederos e parientes de Marina Gentil, defunta, veçina que fue desta dicha

---

³ The Court's authority extended throughout this entire region, and it could therefore be transferred to any place within the region without Pontifical authorization.

çibdad, para que paresçiesen ante ellos a defender la persona e bienes e huesos e fama de la dicha Marina Gentil çerca del delicto de la heregia e apostasia de que fue e estava infamada e notada, e a ber poner la denunçiaçion e acusaçion que la entendia poner e acusar, e a tomar treslado della e responder e alegar de su derecho, segund que en la dicha carta se contiene, la qual avia seydo leyda, publicada e pregonada en la dicha çibdad, e ellos abian seydo çitados por vno de nos, los dichos notarios, el termino de la ⟨qual⟩ era e es oy, dicho dia; por ende, que el acusava e acuso su contumaçia e rebeldia. E luego el dicho promutor fiscal, en su absençia e rebeldia, presento ante los dichos reuerendos señores la dicha carta çitatoria e de hedicto, e vn escripto de acusaçion contra la dicha Marina Gentil, defunta, muger que fue de Fernand Gentil, escripta en papel, que por vno de nos, los dichos notarios, fue leyda, thenor de la qual dicha carta çitatoria e de hedicto va incorporado en el proçeso de Juan Martines de los Olibos, defunto, e de la dicha acusaçion es este que se sygue:

⟨below, at end of folio⟩ el treslado de la carta va incorporado en el proçeso de Juan Martines de los Olibos, defunto; la acusaçion se sygue. |

Arraignment

2r Marina Gentil
Muy Reuerendos e Virtuosos Señores:
Yo, Ferrand Rodrigues del Varco, capellan del Rey nuestro señor, promotor fiscal de la dicha Santa Ynquisiçion, acuso ante Vuestras Reuerençias a Maryna Gentil, muger de Fernand Gentil, defunta, la qual, syn themor de Dios e en oprobrio e ynjuria e menospreçio Del e de nuestra Santa Fe Catholica, byuiendo en posesyon e en nonbre de christiana e asy se llamando e gosando de los priuillejos, exençiones e ynmunydades a las tales personas conçedidas, judayso, heretico e apostato, guardando la Ley de Muysen e sus ritos e çerimonias en las cosas e casos syguientes, conviene a saber: guardo los sabados e solepnisandolos e vistiendo en ellos ropas linpias et de fiesta e fasyendo las otras çerimonias judaycas; e que en fin de su muerte, que murio como judia e ansy se mando amortejar, e asy amortejada la enterraron. Yten, judayso, heretico e apostato en otras cosas e casos, los quales protesto de deçir e alegar en el proçeso desta mi acusaçion en su tiempo e lugar, sy neçesario me fuere. Por que os pido e requiero, Reuerendos Señores, que pues la dicha Marina Gentil notoriamente judayso, heretico e apostato

[531]

en las cosas e casos por mi susodichas, y por tal notorio lo alego, por lo qual yncurrio en confiscaçion y perdimiento de todos sus bienes y en sentençia de excomunion mayor e en todas las otras penas e çensuras por los sacros canones y leyes contra las tales personas ynpuestos, que la declareys e pronunçieys por hereje, mandandola desenterrar adondequiera ⟨sic⟩ que estuuiere su cuerpo e quemar a ella e a sus huesos, e aver yncurrido en la dicha confiscaçion e perdimiento de sus bienes desde el dia que cometio la dicha heregia e delito, y ser aplicados a la camara y fisco de los Reyes nuestro señores. La qual dicha acusaçion propongo en la mejor manera, via e forma e modo que puedo e de derecho devo, con protestaçion que hago de añadir e amenguar e corregir e alegar cada e quando bien visto me fuere; para en lo qual y en todo lo neçesario ynploro vuestro noble y reuerendo ofiçio, y las costas pido e protesto, e sobre todo pido serme fecho conplimiento de justiçia.

⟨E⟩ juro a las hordenes que resçebi que esta acusaçion que pongo contra la dicha Marina Gentil, que non la pongo maliçiosamente, saluo porque en fecho de verdad paso asy, segund e como e en la manera e f⟨orma⟩ por mi susodicha⟨s⟩, e protesto, segund protestado tengo, que sy [stain] justificaçion o solepnidad o declaraçion desta dicha mi acusaçion el derecho me obliga, que estoy presto y aparejado de la faser y conplir sy y en quanto neçesario me sea e non mas.

6 Sept. En VI de setienbre de LXXXIIII° por el promutor fiscal en
1484 absençia, que non paresçio persona alguna, treslado e plaço a XV dias. En XX de setienbre, el promutor fiscal acuso las contumaçias e rebeldias e pidio segund de suso e concluyo. Los señores resçebieron las rebeldias e contumasias e concluyeron, e resçebieron al fiscal a la prueua a XXX dias. |

Summons and Procedure

2v E asy presentada la dicha carta e acusaçion ante los dichos señores inquisidores, lugo el dicho promutor fiscal fiço el juramento aqui contenido, e asy fecho, dixo que acusava e acuso sus rebeldias e contumasias de todos los fijos e herederos e parientes de la dicha Marina Gentil, defunto, e pidio a los dichos señores que los oviesen por rebeldes, e en su rebeldia ponia e puso esta acusaçion. E lugo los dichos señores dixeron que resçebian e resçebieron la dicha rebeldia e acusaçion puesta, e que en su absençia los mandaban dar treslado della e termino de quinçe dias primeros seguientes para que vengan respondiendo a la dicha acusaçion, e desiendo de su

Trial of Marina Gentil

derecho, e concluyendo. Testigos que fueron presentes: El liçençiado Jufre de Loaysa e el bachiller Gonçalo Moños e el bachiller Diego Ferrandes de Çamora, vesinos desta çibdad, para esto llamados.

20 Sept. 1484 E despues desto, en la dicha Çibdad Real, veynte dias del dicho mes de setienbre del dicho año del Señor de mil e quatroçientos e ochenta e quatro años, ante los dichos señores, en presençia de nos, los dichos notarios, paresçio presente el dicho promutor fiscal e acuso la contumaçia e rebeldia de los fijos e herederos e parientes de la dicha Marina Gentil, e pues non paresçian ni respondian, que pedia e pidio segund que pedido tenia, e que concluya e concluyo, e pedio que sea resçebido a la prueva. E luego los dichos señores dixeron que resçebian e resçebieron su rebeldia, e los ovieron por rebeldes e contumaçes, e concluyeron con el dicho promutor fiscal e ovieron el dicho proçeso de pleyto por concluso, e asygnaron termino para dar sentençia en el para lugo, la qual dieron e pronunçiaron en la forma seguiente:

[Sentençia]

Fallamos que devemos resçebir e resçebimos al dicho promutor fiscal a la prueva de lo por el pedido, dicho e acusado, ⟨e⟩ de todo aquello que prouar le conuenga, saluo jure inpertinentium, etç., para la qual prueva façer le damos e asygnamos termino de treynta dias primeros seguientes, interloquando, asy lo (asy lo) pronunçiamos por ⟨esta⟩ nuestra sentençia en estos escriptos e por ellos. Testigos que fueron presentes: El liçençiado Jufre e el bachiller Diego Fernandes de Çamora, vesinos de la dicha çibdad.

Witnesses for the Prosecution

4 Oct. 1484 E despues desto, en la dicha Çibdad Real, en quatro dias del mes de octubre del dicho año, ante los dichos señores, paresçio presente el dicho promutor fiscal e presento por testigos, para en prueva de su intençion, a Mari Ramires, muger de Juan de Villarreal, defunto, e a Marina Gonsales, muger de Ferrand Gentil, e a Cathalina Gonsales, biuda, muger que solia ser de Juan de Montilla, e a Fernand Falcon, vesinos desta dicha çibdad, de los quales e de cada vno dellos los dichos señores resçebieron juramento en forma, en que juraron a Dios e a Santa Maria e a las palabras de los Santos Evangelios, e a la señal de la Crus +, sobre que ellos e cada vno dellos pusieron sus manos derechas, que dirian la verdad de todo lo que supiesen como fieles e verdaderos christianos, e que non la dexarian de desir por amor ni por themor ni por amistad ni por debdo ni parentesco ni afecçion alguna, e que sy el contrario dixesen o jurasen, que Dios se lo demande a ellos e a cada vno dellos mal e caramente, en este mundo a los cuerpos e en el otro a las animas, como a malos christianos que juran e perjuran el Nonbre de Dios en vano; e respondieron a la confusion del dicho juramento e dixeron ⟨que⟩ asy lo juravan e juraron, – e: Amen. Va escripto sobre raydo en este acto, o dis: quatro de octubre, vala. |

3r Marina Gentil

E lo que los dichos testigo e cada vno dellos dixeron e deposieron, cada vno por sy, seyendo preguntados por los dichos señores secreta e apartadamente, es lo seguiente:

Mari Ramires, muger de Juan de Villarreal, defunto, veçino en la collaçion de Santa Maria, testigo presentada por el promutor fiscal, jurada en forma, preguntada por los articulos de la acusaçion, dixo que sabe que vido a Ferrand Gentil e a Marina Gentil, su muger, que guardavan el sabado, e dixo que lo sabe porque los vido holgar bien vestidos aquel dia. Iten, dixo que este testigo vido, estando la dicha Marina Gentil doliente en cama, que dixo al dicho su marido que le diese treynta varas de lienço para su mortaja, e que el dicho su marido la dixo que callase, que era⟨n⟩ judios, y que respondio que non lo fasia sy non porque le dexaba heredero. E que esto es lo que sabe e vido para el juramento que fiço.

Marina Gonsales, muger de Ferrand Gentil,[4] vesina en la collaçion de Sant Pedro en la calle de Çihiruela, testigo presentado por el dicho promutor, jurada en forma, preguntada por los articulos de la acusaçion, dixo que sabe que quando Marina Gentil estaba finada, que este testigo fue alla e la vio amortajada a manera de judia. E que esto es lo que sabe e vido por el juramento que fiço.

Cathalina Gonsales, biuda, muger que solia ser de Juan de Montilla, vesina a Santa Maria a la puerta, testigo presentado por el dicho promutor fiscal, jurada en forma, preguntada por los articulos de la acusaçion, dixo que abra dies e ocho años, poco mas o menos, que estubo este testigo dos años e medio por aprentis a texer con Marina Rodrigues Gentil, muger de Ferrand Gentil, que morava en la cal de Çihiruela, adonde mora agora Françisco de Hozes, sabe e vido en aquel tienpo que holgava algunos sabados, e que algunos viernes ençendia los candiles linpios, e non le vido mas,

[4] See above, n. 2.

Trial of Marina Gentil

porque mas tiraba a christiana que non ha confesa. E que esto es lo que sabe e vido para el juramento que fiço. |

3v Ferrand Falcon,[5] veçino desta çibdad en la collaçion de Sant Pedro cabe Sant Françisco, testigo presentado, jurado en forma, preguntado por los articulos de la acusaçion, dixo que conosçio a Marina Gentil, muger de Ferrand Gentil, que moraba en la calle de Çihiruela, que oya desir que era judia, e que ella e la del bachiller Bonero, que se juntaban entre amas e fasian çerimonias judaycas. E esto es lo que sabe e vido para el juramento que fiço.

Publication of Testimonies

18 Jan. 1485 E despues desto, en la dicha Çibdad Real, en dies e ocho dias del mes de enero, año del Nasçimiento del Nuestro Saluador Ihesu Christo de mil e quatroçientos e ochenta e çinco años, ante el dicho reuerendo señor liçençiado Pero Dias de la Costana, jues inquisidor susodicho, e estando ende presente el honrado e discreto varon el liçençiado Juan Gutierres de Valtanas, asesor en el dicho Ofiçio de la Santa Inquisiçion, estando dentro de las dichas casas do tienen su audiençia continua a la hora de la terçia, asentados pro tribunali, en presençia de nos, los dichos notarios, e de los testigos de yuso escriptos, paresçio ende presente el dicho promutor fiscal e dixo que acusaba e acuso la rebeldia de los dichos fijos e herederos e parientes de la dicha Marina Gentil, defunta, e pidio fisiesen publicaçion de testigos de los por el presentados. E lugo el dicho señor jues inquisidor, con acuerdo del dicho asesor, visto su pedimiento, fiso publicaçion de los dichos e deposiçiones de los dichos testigos, e mando dar treslado dellos al dicho fiscal e a los fijos e herederos e parientes de la dicha (dicha) Marina Gentil, sy paresçieren e le quisieren, e termino de seys dias primeros seguientes para que vengan desiendo e concluyendo. Testigos que fueron presentes: El reçebtor Juan de Vria e Juan Gonsales e Pedro de Torres, capellanes del dicho señor liçençiado inquisidor.

The Heirs are Pronounced Rebels

24 Jan. 1485 E despues desto, en la dicha Çibdad Real, en beynte e quatro dias del dicho mes de enero del dicho año del Señor de mil e quatroçientos e ochenta e çinco año, ante los dichos señores inquisidor e asesor, estando en la dicha audiençia a la hora de la terçia, asentados

---

[5] See Biographical Notes.

pro tribunali, en presençia de nos, los dichos notarios, e de los testigos de yuso escriptos, paresçio ende presente el dicho promutor fiscal e dixo que acusava e acuso la rebeldia de los fijos e herederos e parientes de la dicha Marina Gentil, e que pues non paresçen ni vienen desiendo e concluyendo, que los oviesen por rebeldes, e en su rebeldia, dixo que fallaran su entinçion estar bien prouada e que devian façer segund por el les esta pedido, e concluyo e pidio sentençia. E luego el dicho reuerendo señor inquisidor, con acuerdo del dicho asesor, dixo que resçibia ⟨sic⟩, e que les abia e ovo por rebeldes, y en su rebeldia de los dichos fijos e herederos de la dicha Marina Gentil concluya e concluyo con el dicho promutor fiscal e ovo el dicho pleito por concluso e las raçones del por ençerradas, e que asygnava e asygno ⟨termino⟩ para dar e pronunçiar en el sentençia para terçero dia primero siguiente, e dende en adelante para cada dia que feriado non fuese, fasta que la diese. Testigos que fueron presentes: Juan de Arevalo, jurado, e Ferrando de Poblete, regidor, e Fernando Falcon, vesinos de la dicha Çibdad Real.

⟨at end of folio⟩
|Marina Gentil, muger de Ferrand Gentil
Ferrando   Ysabel Rodrigues   Pedro [   ]
Isabel Garcia   Ferrand Falcon
Fray [   ]   Catalina [   ]
Juan Sanches   Mari Gonsales, muger
                                                de [   ]| |

Sentence Pronounced at Auto-de-fe

4r
15 March
1485

E despues desto, en la dicha Çibdad Real, en quinze dias del mes de março, año del Nasçimiento del Nuestro Saluador Ihesu Christo de mil e quatroçientos e ochenta e çinco años, este dicho dia, en la plaza publica de la dicha çibdad, estando los dichos señores Pero Dias de la Costana, liçençiado, jues inquisidor susodicho, e Juan Gutierres de Valtanas, liçençiado, asesor, en la dicha plaça publica, ençima de vn cadahalso de madera que estaba fecho en la dicha plaça publica, lugo el dicho señor liçençiado inquisidor, pro tribunali sedendo, dio e pronunçio por ante nos, los dichos notarios, e alta vose leer fiço, vna sentençia contra la dicha Marina Gentil, defunta, thenor de la qual esta asentado a bueltas con otros en el proçeso de Juan Martines de los Olibos e de su muger. Testigos que fueron presentes: El arçipreste de Calatraba e Aluaro Gaytan e Gonçalo de Salzedo e Ferrando de Hozes e Ferrando de Poblete, regidores de la dicha çibdad, e el liçençiado Jufre de Loaysa e el liçenciado

Trial of Marina Gentil

Juan del Canpo e el bachiller Gonçalo Moños, veçinos de la dicha çibdad, e otros muchos de los veçinos e moradores della e de las villas e logares de sus comarcas.

The Composition of the Court

Judges: Francisco Sánchez de la Fuente
Pero Díaz de la Costana
Assessor: Juan Gutiérrez de Baltanás
Prosecutor: Fernán Rodríguez del Barco

Witnesses for the Prosecution in Order of Testification

1 Mari Ramírez, wife of Juan de Villarreal
2 Marina González, wife of Ferrand Gentil
3 Catalina González, widow of Juan de Montilla
4 Fernán Falcón

Synopsis of Trial

1484

6 Sept. The trial opens, and the arraignment is presented. The prosecutor requests that the heirs be summoned and charged with rebellion.
20 Sept. The heirs are charged with rebellion. Thirty days are allowed for the prosecutor to present his evidence. Fifteen days are allowed for the heirs in which to contest the charges; however, they are pronounced rebels in an interim decision.
4 Oct. Witnesses for the prosecution are presented.

1485

18 Jan. The prosecutor asks for the publication of the testimonies.
24 Jan. The prosecutor charges the heirs with rebellion, and they are pronounced rebels. The sentence will be handed down within three days.
Date unknown *Consulta-de-fe.*
15 March The sentence is pronounced and is carried out at the *auto-de-fe* held in the Town Square.

[537]

83 Trial of Rodrigo Marín and Catalina López, his Wife
1484–1485

Source: AHN IT, Legajo 164, No. 543, foll. 1r–10r; new number: Leg. 164, No. 15.

Rodrigo Marín, also called Rodrigo López Marín, was a notary. He and Catalina López lived a full Jewish life, and he must be considered one of the foremost Conversos in Ciudad Real. He was buried in the Santo Domingo Cemetery; his wife died in Almagro.

In this posthumous trial, which opened on 6 September 1484, witnesses for the prosecution testified that the Jewish practices of husband and wife went back as far as 1434.[1] Their house was a meeting place for prayers, and Juan Calvillo [2] was among the participants, one of whom prayed while robed in a ṭalit. In the years 1472–1473 they held prayers at their home on the Day of Atonement.[3] In addition they kept Succot [4] *and perhaps even the* tashlikh *ceremony.[5]*

Pedro, the notary of Almagro and nephew of Rodrigo Marín, was summoned to defend his memory.[6] Perhaps this Pedro and the Pedro González de Córdoba (also a relative) who appointed Juan Gómez as procurador *were the same person. In any event, the* procurador *claimed, on the behalf of Pedro González de Córdoba, the right to secure certain goods and property purchased from Rodrigo Marín.*

Bibliography: Leg. 262, No. 3, fol. 6r; Fita, p. 477, Nos. 216–217; Delgado Merchán, p. 222; Beinart, index.

---

[1] See the testimony of Inés Martínez, below, fol. 6v.
[2] See his trial, No. 13, fol. 6v.
[3] See the testimony of Lope Franco, below, fol. 7r.
[4] See the testimony of Teresa López, below, fol. 7r.
[5] *Loc. cit.*
[6] See trial of Juan González Escogido, No. 80, fol. 3r.

                              Çiudad Real
                Rodrigo Maryn
            e su muger Catalina Lopez

1r *Blank page*

1v A Rodrigo Marin
2r Muy Reuerendos e Vituosos Señores:
Yo, Fernand Rodrigues del Barco, capellan del Rey nuestro señor, promotor fiscal de la Santa Ynquisiçion, acuso ante Vuestras Reuerençias a Rodrigo Marin e a Catalina Lopes, su muger, defuntos, los quales, sin themor de Dios e en oprobrio e ynjuria e menospreçio Del de nuestra Santa Fe Catolica, biuiendo en posesyon e en nonbre de christianos e asy se llamando, e gosando de los preuillejos e eçençiones e ynmunidades a las tales personas conçedydas, judaysaron e hereticaron e apostataron en las cosas e casos syguientes: Guardando la Ley de Moysen e sus rictos e çerimonias; guisando el viernes de comer para el sabado, e la comieron el sabado; e ençendiendo los candiles el viernes tenprano por honra del sabado, en guarda de la dicha ley; e guardando los sabados e solepnisandolos con ropas linpias e de fiesta; e guardando las pascuas de la dicha ley; e comiendo el pan çençeño en sus tienpos; e reçibiendo judios de señal en su casa, por mejor ser ynformados en las çerimonias de la dicha ley; e comiendo carne muerta de mano de judios con çerimonia; e comiendo en coguerços, segund costunbre de judios; e leyendo e oyendo leher libros e oraçiones judaycas; e jurando por la dicha Ley de Moysen; e ella bañandose como façen las judias; e comiendo carne en Quaresma e otros dias vedados; e oyendo leher a judios vestidos como rabis. Yten, judaysaron, hereticaron e apostataron en otras cosas e casos, los quales protesto de desyr e alegar en el proçeso desta mi acusaçion en su tienpo e lugar, sy nesçesario me fuere. Por que os pido e requiero, Reuerendos Señores, que pues los dichos Rodrigo Marin e Catalyna Lopes, su muger, notoriamente judaysaron e hereticaron e apostataron en las cosas e casos por mi ya susodichas, y por tal notorio lo alego, por lo cual yncurrieron en confiscaçion e perdimiento de todos sus bienes e en sentençia de excomunion mayor e en todas las otras penas e çensuras por los sacros canones y leyes contra las tales personas ynpuestas, que los declareys e pronunçieys por herejes, mandandolos desenterrar adonquiera ⟨*sic*⟩

que estuuieron sus cuerpos e quemar a ellos e a sus huesos, e aver yncurrido en la dicha confiscaçion e perdimiento de sus bienes desde el dia que cometieron la tal heregia e delito, y ser aplicados a la camara e fisco de los Reyes nuestros señores. Y la qual dicha acusaçion propongo en la mejor manera, via e forma e modo que puedo e de derecho devo, con protestaçion que hago de añadir e amenguar e corregir en ella cada e quando bien visto me fuere. Para en lo qual y en todo lo nesçesario ynploro vuestro noble y reuerendo ofiçio, y las costas pido e protesto, e sobre todo pido serme fecho conplimiento de justiçia.

E juro a los hordenes que reçebi que esta acusaçion que pongo contra los dichos Rodrigo Marin e Catalina Lopes su muger, que non la pongo maliçiosamente, saluo porque en fecho de verdad paso asy, segund e como e en la manera e forma por mi susodicha, e protesto, segund protestado tengo, que sy a otra justyficaçion o solepnidad o declaraçion desta dicha mi acusaçion el derecho me obliga, que estoy presto y aparejado de la faser sy y en quanto neçesario me sea, e non mas.

Summons and Procedure

6 Sept. 1484   En VI de setienbre de LXXXIIII° por el promutor fiscal, paresçio Pedro Gonsales de Cordoua, vesino de Almagro ⟨stain⟩ e desia que conprovara con su treslado e pregon a XII dias.

17 Sept. 1484   En XVII de setienbre el fiscal acuso e presento ⟨a⟩ Juan Gomes en nonbre de Pedro Gonsales de Cordoua, e presento vn escripto; el fiscal dixo en aver logar para en responder a lo prinçipal e concluyo. Los señores mandaron que se pongan en el proçeso e aver justiçia; el dicho Juan Gonçales concluyo. Los señores concluyeron e reçibieron las partes a prueua a XXX dias. |

2v *Blank page*

Power of Attorney to Juan Gómez to Plead for the Relatives [7]

3r 10 Sept. 1484   Sepan quantos esta carta de poder vieren como yo, Pedro Gonçales de Cordoua, vesino de la villa de Daymiel de la Horden de Calatraua, otorgo e conosca e do e otorgo todo mi poder conplido a vos, Iohan Gomes, fiel vesino de la Çibdad Real, espeçialmente para que por mi e en mi nonbre podades paresçer e parescades ante los reuerendos e muy deuotos señores padres los ynquisidores de

---

[7] In the file, this section is under separate cover.

la heretica prauedad de la dicha Çibdad Real e su tierra e en todo el Canpo de Calatraua, e por mi e en mi nonbre podades sacar el traslado de çiertas acusaçiones que fueron puestas ante los dichos señores padres contra Rodrigo Marin, escriuano publico que fue desta dicha çibdad, e a Catalina Lopes su muger, e podades desir e alegar contra las dichas acusaçiones todas ⟨e⟩ cualesquier rasones, e responder a las dichas acusaçiones, e replicar e triplicar e façer todos e cualesquier acto o actos, previmientos e requerimientos e protestaçiones e enplasamientos e çitaçiones, e para jurar en una sentençia qualquier juramento o juramentos, asi declaratorio como deçesorio e de verdad desir, e todo otro qualquier juramento o juramentos que se convengan faser de derecho, e para faser todos e qualesquier actos judiçiales e extrajudiçiales, ynçedentes, amergantes, anexos e conexos, prinçipales e açesorios e subsiguientes, fasta la sentençia definitiua ynclusiue, e despues della fasta la tasaçion de costas, sy las y oviere, e para concluyr e çerrar rasones e pedir e oyr qualquier sentençia o sentençias definitiuas o ynterlocutorias, e para aplicar e suplicar e presentar qualesquier testigos e prouanças e excripturas para purgar su ynoçençia e contradeçir e tachar los testigos e prouanças que contra ellos fueron presentados, e les pedir los absueluan e den por libres e quitos de todo lo contra ellos

3v opuesto e demandado por el promutor fiscal, e pedir ser | condepnado en costas, e para que en la dicha cavsa e rason podades faser e fagades todos otros e qualesquier actos e diligençias que puedan e devan faser de derecho, e que yo mismo, seyendo presente, faria e faser podria, e avnque sean tales e de aquellas cosas e casos que segun derecho demanden e requieren aver mi espeçial mandado; e que en conplido e bastante poder, como yo he e tengo, para todo lo que dicho es e para cada vna cosa e parte dello otro tal e tan conplidamente e bastante poder lo do e otorgo, çedo e transpaso a vos, el dicho Iohan Gomes, con todas sus ynçedençias e dependençias, emergençias, anexidades e conexidades, e relieuo a vos, el dicho mi procurador, de toda carga de fiança e cabçion, so obligaçion de mi mesmo e de todos mis bienes muebles e rayses, avidos e por aver, que para ello expresamente obligo, e so aquella clausula que es dicha en derecho, judiçio systi indicatur so ley con todas las otras clausulas convenibles. E por que esto se confirme e con venga en dubda, otorgue esta carta de poder ante el escriuano e notario publico e testigos de yuso escriptos, al qual rogue que la segurase e fesiese ⟨e⟩ escriuiese e la signase con su signo, que fue fecha e otorgada esta dicha carta de poder en la dicha Çibdad Real en dies dias del mes de setiembre, año del Nasçimiento de Nuestro Saluador Ihesu Christo de mil e quatroçientos e ochenta e quatro años. A lo qual fueron testigos presentes, para esto llamados e requeridos, Iohan de Medina [8] e Fernan Gomes su yerno, vesino de la villa de Daymiel, e [   ] de Vrueña, vesinos de la dicha Çibdad Real. E yo, Fernan Martines de Villa,[9] escriuano de camara de nuestro señor el Rey e notario arçobispal de Toledo, fuy presente

4r al otorgamiento deste dicho poder | quanto el dicho Pedro de Cordoua lo otorgo en presençia mia e de los dichos testigos, e por ende fise aqui este mi signo [   ] en testimonio de verdad.

(–) Fernan Martines de Villa, escribano

17 Sept. En XVII de setienbre de LXXXIIII° años, en juysio, Juan Gomes
1484 presento esta carta de poder ante los reuerendos señores inquisidores. Testigos: Françisco de Hozes e Christoual, criado del señor prouisor. |

4v *Blank page*

Defence

5r Muy Reuerendos e Virtuosos Señores:

17 Sept. Iohan Gomes, en nonbre e como procurador que soy de Pedro
1484 Gonsales de Cordoua, vesino de la villa de Daymiel, beso las manos de Vuestras Reuerençias e me encomiendo en Su Merçed, ante la qual paresco en el dicho nonbre, e digo, Reuerendos Señores, que a notyçia del dicho Pedro Gonçales, mi parte, es venido como, en las causas que mandaron dar e disçerner contra los defuntos e sus fijos e herederos e personas a quien tocaua o pretendian algund ynterese en la defensa, fue puesto el dicho mi parte para que viniese e paresçiese ante aquellas a defender las personas e bienes de Rodrigo Marin, vesino que fue en esta Çibdad Real, e de Catalina Lopes, su muger, ya defuntos, contra vna acusaçion que contra ellos intento el venerable Fernand Rodrigues del Varco, capellan del Rey nuestro señor, vuestro promutor fiscal, en que dixo que pedia e requeria a Vuestras Reuerençias los pronunçiase⟨n⟩ e declarase⟨n⟩ por herejes a cabsa que, biuiendo en este mundo, auyan heretiçado e apostatado en las cosas e casos e segund que en la dicha su acusaçion se contiene; çerca de lo qual, non tomando otra ni mas defensa çerca de los susodichos, de creer los dichos Rodrigo Marin

[8]   He may be the same person who testified in defence of Juan de Chinchilla; see No. 7, fol. 6r.
[9]   See Biographical Notes.

e su muger ser tenidos por catolicos christianos e personas que en tal fama e reputaçion eran tenidos e que guardauan las cosas que la Santa Madre Yglesia manda, e con quien como con personas catolicas e christianas todos entratauan e tal fe e creençia se les atribuia, de cuya cabsa podria çesar lo asy contra ellos acusado; e sy algo paresçieron faser, ser⟨ia⟩ en tienpos e negoçios e neçesidades que, representadas ante Vuestras Reuerençias, las podian justificar, cuya examinaçion e verificaçion yo, en el dicho nonbre, remito a Vuestras Catolicas Reuerençias como de sy mismos e de su reuerendo ofiçio lo fasen por cada vno quanto como al derecho o ynterese que se podria cabsar al dicho Pedro Gonsales, mi parte; y entendiendo çerca de la defensa de algunos de sus bienes, e que el dicho mi parte por tytulo de conprar e oneroso ouo de la dicha Catalina Lopes, digo, Reuerendos Señores, que el dicho mi parte conpro, como dicho es, por sus propios dineros, çiertos bienes de la dicha Catalina Lopes, e que tanbien resultaron del dicho Rodrigo Marin, por çierta cantidad de maravedis, y como de las escripturas e articulos paresçiera que Vuestras Reuerençias pueden ser sabidores e ynformados, puede aver nueve años a esta parte, poco mas o menos tienpo, e antes que memoria de ynquisyçion en estos regnos ouiese, a cabsa de lo qual, puesto que rigurosamente los derechos algo permitiesen en disfauor del dicho mi parte, su buena fe, la comun contrataçion en fas del pueblo e del regno que con los tales se fesia, asy por Reyes como por grandes señores e por todos otros
5v de qualesquier estados e naçiones, abastaria para justificar al dicho mi parte, ca de otra manera la mia parte desta tierra e regno seria pedida. Por que pido e suplico a Vuestras Reuerençias que, vsando de clemençia e caridad con el dicho mi parte, los rigores referentes quanto a los dichos bienes sy los dichos Rodrigo Marin e su muger se fallasen culpados, desde agora lo⟨s⟩ manden dar e den a mi, en su nonbre, por libre⟨s⟩ e quito⟨s⟩, e que çerca dello el dicho mi parte non sea molestado ni perturbado. Muy Reuerendos Señores, Nuestro Señor acreçiente las vidas y estado de Vuestras Reuerençias a Su Santo Seruiçio.

En XVII de setienbre de LXXXIIII° años, en juysio ante los dichos señores, el dicho Juan Gomes presento este escripto de respuesta. El dicho promutor fiscal dixo que lo non ha lugar porque non alega en la causa prinçipal, e ⟨que⟩ concluya e concluyo con lo contenido en su acusaçion. E el dicho Juan Gomes concluyo con esta respuesta. Los señores concluyeron con ellos e dieron lugo sentençia, en que resçibieron las partes a la prueva fasta treynta dias primeros siguientes. Testigos: Ferrand Falcon e Françisco de Hoçes e el liçençiado Jufre.[10]

6r *Blank page*

Witnesses for the Prosecution

Rodrigo Marin

16 Sept. 1484
XII dias que se conplieron el jueves, que seran dies e seys de setienbre

Leonor Lopes, vesina de Almagro, testigo presentado por el promutor fiscal, jurada en forma, preguntada por los articulos de la acusaçion dixo que este testigo vido en casa de Rodrigo Marin, veçino de Çibdad Real, resar oraçiones judaycas, pero que non se acuerda quien heran las personas que rezavan. Y que esto es lo que sabe e vido para el juramento que fiço.

Ynes Martines, muger de Anton Martines de los Barrios, veçina a la collaçion de Santiago cabe la puerta de Calatraba, testigo presentado por el dicho promutor fiscal, jurada en forma, preguntada por los articulos de la acusaçion dixo que abra çinquenta años, poco mas o menos, que conosçio a Rodrigo Marin, escribano, e a su muger, que non se acuerda como se llamava. Preguntada como los conosçe, dixo que porque biuio con ellos siete años, seyendo este testigo de nueve años, y que en este tienpo sabe e vido que el dicho Rodrigo Marin e su muger guardauan los sabados y se vestian ropas linpias en ellos y de fiesta. E dixo que sabe e vido como ençendian candiles linpios los viernes en la noche y comian carne los sabados, y este testigo dixo que comia dello porque era entonçes niña; e que sabe que comia⟨n⟩ las Quaresmas huevos; e que morava este Rodrigo Marin çerca de Santo Domingo. E que esto es lo que sabe e vido para el juramento que fiço.

Mari Lopes, muger de Hernando, monedero, vesino de Sant Pedro çerca de Alcaçar, testigo presentado por el dicho promutor fiscal, jurada en forma, preguntada por los articulos de la acusaçion dixo que abra treynta e çinco años, poco mas o menos, que bivio este testigo honze años con Rui Lopes Marin, escriuano, e con su muger Cathalina Lopes; el es defunto, ella non sabe si es muerta ni si non, e que moraba⟨n⟩ en Barrionuevo, sabe e vido que en todo el dicho tienpo, que guardavan los sabados que non fazian ninguna cosa en ellos; e que sabe que guisavan de comer ⟨para⟩ el sabado;

[10] On these persons, see Biographical Notes.

Trial of Rodrigo Marín and Catalina López

y sabe que ençendian los candiles linpios el uiernes en la noche. Yten, sabe e vido en aquel tienpo que cozian pan çençeño en sus tienpos en vnas alquitaras, e que hasian hadafinas. Yten, sabe e vido que algunas vezes venian a su casa judios de fuera y mataban en su casa carne, de la qual comia⟨n⟩ el dicho Ruy Lopes e su muger. Yten, dixo que en aquel tienpo fallesçieron dos hermanos de la muger del dicho Rodrigo Marin, y sabe que los vañaron su ama deste testigo e otras que non se acuerda, e que comieron sus cohuerços por nueve dias en el suelo, en los quales cohuerços estubo el dicho Rodrigo Marin e su muger y comieron aquellos dias pescado e huevos. Preguntada por que non comieron carne, dixo que porque desian que tenian cuerpo muerto. Iten, sabe e vido que comian carne en Quaresma. Iten, sabe e vido que non guardaban las fiestas que manda nuestra Santa Madre Yglesia. Yten, sabe e vido que en lugar de Santa Maria llamavan a Moysen, y quando avian de jurar juravan por la Ley de Moysen y por los dies mandamientos. Iten, que sabe e vido que ella se vañava los viernes; y que vido que fablaban palabras ebraycas, pero que este testigo non los entendiese. Yten, sabe e vido que en aquellos honçe años fueron muy pocas vezes a Misa, e que nunca los vido santiguar ni supo que se confesase⟨n⟩. E que esto es lo que sabe e vido para el juramento que fiço. |

7r Lope Franco,[11] veçino de esta çibdad en la collaçion de Sant Pedro, testigo presentado, jurado en forma, preguntado por los articulos de la acusaçion dixo que puede aver dies o honçe años, que se acordava de vn dia del Ayuno Mayor que estubo este testigo e otros conuersos en casa de la Rodrigo Marin. E que esta es la verdad de lo que sabe e vido para el juramento que fiço.

Teresa Lopes, vesina de esta çibdad en la collaçion de Santiago cabe casa del Coyo, testigo presentado por el dicho promutor, jurada en forma, preguntado por las preguntas de la acusaçion dixo que seyendo este testigo moça e morando con Rodrigo Marin, su amo, que moraba çerca de Santo Domingo, que vio al dicho Rodrigo Marin au amo e a Cathalina Lopes, su muger, que guardaban las Cabañuelas, e ayunavan fasta la noche la estrella salida, e que despues los vio çenar a las noches gallinas e otra carne todos nueve dias de la fiesta de las Cabañuelas; e que esto es lo que vio asy façer a los susodichos por tienpo de çinco años e medio que moro con ellos este testigo, e que puede aber esto que lo vio fasta

---

[11] See Biographical Notes.

treynta años, poco mas o menos. E asymismo dixo que en todo el dicho tienpo los veya ençender candiles los viernes en la tarde e guardar el sabado e vestir ropas linpias. E que vio en este tienpo que el dicho Rodrigo Marin e otros que venian alli a su casa, sus parientes, rezavan en libros oraçiones judaycas, e que muchas vezes vio alli predicarles a otro judio que les leya vestido vn lienço blanco, e que non pudo conosçer ni conosçio saluo a dicho su amo. E dixo que vio muchas veses que quando su ama desia aguna cosa a dicho Rodrigo Marin, que desia el: Non es asy, muger, para la Ley de Moysen. Iten, dixo que este testigo vio a la dicha Cathalina Lopes en su casa estando con su marido al fuego, que el dicho Rodrigo Marin, su marido, la pregunto si abia confesado, e ella le respondio que cada ves que el clerigo la preguntava el pecado le desia: Duelos le de Dios, mas que faria vn hoyo en su huerto e que alli confesaria sus pecados [12]; e que lo vio morando en su casa. E que vio vn viernes en la noche que mataron vna gallina e comieron las tetillas e guardaron la cosina para otro dia sabado; e que dos vezes fiço coser madexas en domingo a este testigo. Esta enterrado el en Santo Domingo cabe el pozo, e su muger en Almagro. E que esto es lo que sabe e vido para el juramento que fiço.

Ysabel Gonsales,[13] muger de Rodrigo de Villarruya,[14] veçina a la collaçion de Santiago, testigo presentada por el dicho promutor fiscal, jurada en forma, preguntada por los articulos de la acusaçion dixo que sabe que las mismas cosas que este testigo dixo que declaro por su confesion, que gelo enseñaron dos primos suyos que se llamavan, el vno Rodrigo Marin, e el otro Alonso Marin.[15] E que esto es lo que sabe e vido para el juramento que fico.

Alonso Martines Chaparro, labrador, vesino a Santa Maria en la cal de la Pedrera, testigo presentado por el dicho promutor fiscal, jurado en forma, preguntado por los articulos de la acusaçion dixo que abra veynte e çinco años, poco mas o menos, que morando este testigo a soldada con Ruy Lopes Marin, escriuano, que moraua en Barrionuevo, con el qual moro siete meses, poco mas o menos, sabe e vido que el e su muger guardaban los sabados | y se vestian ropas linpias y de fiesta, y guisaban de comer del viernes para el sabado, y ençendian candiles linpios los viernes, y comian carne en Quares-

---

[12] This may refer to the custom of *Tashlikh* (תשליך).
[13] She was burnt on 7 September 1513; see the trial of Beatríz González, wife of Juan de la Sierra (No. 98, fol. 7r), and Biographical Notes.
[14] See Biographical Notes.
[15] For more information, see the trial of Beatríz González, No. 98, fol. 7r.

ma tres dias cada semana. E que esto es lo que sabe e vido para el juramento que fiço.

Leonor Gonsales, muger de Gonsalo Gonsales de Villaviçiosa, vesina en la collaçion de Sant Pedro çerca de Santo Domingo, testigo presentado por el promutor fiscal, jurado en forma, preguntado por los articulos de la acusaçion dixo que puede aber veynte años, poco mas o menos, que morando vna su hija con Rodrigo Marin y con su muger, que este testigo seguia en aquella casa entrando e saliendo, y que vido como guardaban el sabado y vestian ropa linpia, e que ençendian candiles linpios el viernes en la noche, e que sabado comian el guisado del viernes. Iten, dixo que los vio comer carne en Quaresma e guardar las pascuas de los judios e andar en ellas muy vestidas e conpuestas la Semana Santa y comer pan çençeño en aquella pascua. E asymismo que los vio ayunar algunos dias y non comer fasta la noche la estrella salida. Item, dixo que este testigo los vido rexar e fazer oraçion de cara ⟨a⟩ la pared, sabadeando. E dixo que nunca vio yr a Misa al dicho Rodrigo Marin. E que esto es lo que sabe e vido para el juramento que fiço.

Ferrand Falcon [16] veçino desta çibdad ⟨*not continued*⟩ |

8r *Blank page*

Sentence Pronounced and Carried Out

8v Vysto por nos, Pero Dyas de la Costana, liçençiado en santa theo-
15 March logia, canonigo en la yglesia de Burgos, jues ynquisydor de la
1485 heretica prauedad dado por la abtoridad apostolica en esta Çibdad Real e su tierra e en todo el Canpo de Calatraua e ofiçial e vicario general en este arçobispado de Toledo por el muy reuerendisimo yn Christo padre e señor don Pedro Gonçales de Mendoça, cardenal de España, arçobispo de Toledo, primado de las Españas e obispo de Çiguença e chançiller mayor de Castilla, con acuerdo e deliberaçion e a consejo del honrado e sabyo Juan Gutierrez de Baltanas, liçençiado en decretos, asesor en aconpañado desta Santa Ynquisyçion, vn proçeso de pleito que ante nos se tracto sobre vna denunçiaçion e querella que al honrado Ferrand Rodrigues del Barco, clerigo, capellan del Rey nuestro señor e promutor fiscal desta Santa Ynquisyçion, yntento e puso ante nos contra Rodrigo Marin e Catalina Lopes, su muger, ya defuntos, por la qual nos dixo e

---

[16] See Biographical Notes.

[547]

denunçio que estando los sobredichos Rodrigo Marin e su muger en posesyon de christianos e asy se llamando, e aun ende reçebido agua de bautismo, pospuesto el themor de Dyos e en ofensa de Su Santa Fe Catholica, e gosando de los preuillegios e esençiones e ynmunidades que los catholicos christianos gosan e deuen gosar, judaysaron e hereticaron e apostataron en las cosas e casos syguientes: Guardando la Ley de Muysen e fasyendo todas sus çerimonias e rictos, en espeçial, dixo que ençendian los candiles los viernes tenprano por honra e çerimonia del sabado; e dixo que permitieron e mandaron que los viernes guisaran de comer para el sabado, e los sabados los comian, e ellos e cada vno dellos, frio e guisado del viernes; e dixo que guardauan los sabados, solemnisandolos e vystiendo en ellos ropas linpyas e de fiesta, asy de lienço como de paño, lo qual fasyan por onra de la Ley de Muysen; e que guardaron las pascuas e fiestas de los judios; otrosy, dixo que comian e comieron los sobredichos Rodrigo Marin e Catalina Lopes su muger pan çençeño en la Pascua del Cordero, e lo fasyan comer a los de su casa, e que comieron e comian en la dicha pascua en vasyjas nueuas por mas çerimonia de la dicha Ley de Muysen; e otrosy dixo que resauan los sobre dichos e cada vno dellos oraçiones judiegas, ellos solos e en conpañia de judios de señal, para esto llamados e acogidos en su casa de los sobredichos. Iten, dixo que ayunauan e ayunaron los ayunos de los judios, en espeçial el Ayuno Mayor, non comiendo fasta la noche que salia la estrella, e que a la noche comia⟨n⟩ carne. E otrosy dixo que comian carne muerta con çerimonia atrauesada, como la comen los judios. E asymismo que comieron en coguerços con otros conversos, de la misma forma que comen los judios, todo lo qual fisyeron por çerimonia judayca e por onra de la Ley de Muysen. Otrosy dixo que fisyeron e cometyeron todas las otras çerimonias e costunbres e rictos de la dicha Ley de Muysen, como puros e verdaderos judios, sobre lo |

9r qual nos fiso su pedymento e nos pidio que sobre ello le proueyesemos de remedyo de justiçia. E nos damos e çitamos nuestra carta çitatoria de edicto para çitar e llamar ante nos a los fijos e herederos de los fijos de los dichos Rodrigo Marin e de Catalina Lopes, su muger, para que viniesen alegando del derecho de los dichos acusados e suyo, la qual les fue notificada en forma e segund de derecho, e paresçieron ante nos disyendo e alegando de la justiçia de los dichos acusados, e asymismo de su justiçia. Las quales dichas partes sobre lo rasonado concluyeron e fueron por nos reçebidos a prueua, e el dicho promutor fiscal prouo la dicha denunçiaçion e todo lo en ella contenido clara e abyertamente, con testigos dygnos de fe e de creer, e el qual pydio ser publicados sus dichos e depusyçiones. E el dicho Juan Gomes, en nonbre de las dichas sus partes, non prouo cosa de lo contenido en la dicha su petiçion. E a pedymiento del dicho promutor mandamos publicar los dichos de los testigos; e fue fecha conclusyon en esta dicha cabsa, e nos concluymos en ella e ovymos nuestro acuerdo e deliberaçion con letrados e reuerendas e religiosas personas e de conçiençia, e syguiendo su consejo e pareçer, teniendo a Dios ante nuestros ojos,

Christi Nomine ynvocato

Fallamos que deuemos declarar e declarmos, e pronunçiar e pronunçiamos a los dichos Rodrigo Marin e a la dicha Catalina Lopes su muger, defuntos, aver seydo herejes ⟨e⟩ apostotas, e aver judaysado e apostatado en los dias de su vyda, e por tales los pronunçiamos e declaramos, e por aver cometydo el dicho crimen de heregia e apostasya declaramoslos aver yncurrido e caydo en sentençia de excomunion mayor e en las otras penas espirituales e tenporales contra los tales herejes apostotas estableçidas, e aver perdido sus bienes e ser confiscados e aplicados a la camara e fisco del Rey e Reyna nuestros señores, guardada la forma que se contyene en la capytulaçion que el reuerendo prior de Santa Crus, Ynquisydor Prinçipal, con acuerdo de los señores ynquisydores e letrados ordeno en la çibdad de Seuilla, a la qual sobre los dichos bienes nos referimos; e porque ningund hereje ni descomulgado de descomunion mayor non puede ni deue ser enterrado en logar sagrado, e porque nos somos ynformados que los dichos Rodrigo Marin e Catalina Lopes, su muger, estan enterrados en [   ] logar sagrado, e ovymos ynformaçion que sus huesos se podrian sacar del logar sagrado donde estan syn perjuysyo de otros huesos de fieles e catholicos christianos, mandamos que los dichos huesos de los sobredichos Rodrigo Marin e Catalina Lopes, su muger, sean esumados e desenterrados e sacados del logar donde estan e sean publicamente quemados, porque perescan | ellos e su memoria con ellos, e sean açesos e quitados de la vyd e çepa en que estan, pues fueron herejes e cometyeron la dicha heregia e apostasya contra Nuestro Saluador e Redentor Ihesu Christo e contra nuestra Santa Fe Catholica, lo qual, sedendo pro tribunali en el logar e abdiençia acostunbrada, asy lo pronunçiamos e declaramos e mandamos por esta nuestra sentençia difynitiba en estos escriptos e por ellos.

(–) Petrus, licenciatus

Records of the Spanish Inquisition in Ciudad Real, 1483–1485

[En XV de março de LXXXV de dio esta sentençia. Testigos: Aluaro Gaytan e Consalo de Saçedo e Fernando de Hoçes e Fernando de Poblete e el arçipreste de Calatraba e el liçençiado Jufre e el bachiller Goncalo Muños e el liçençiado Juan del Canpo e otros muchos.] |

10r *Blank page*

The Composition of the Court

Judges: Francisco Sánchez de la Fuente
Pero Díaz de la Costana
Assessor: Juan Gutiérrez de Baltanás
Prosecutor: Fernán Rodríguez del Barco
Defence: Juan Gómez

Witnesses for the Prosecution in Order of Testification

1 Leonor López, of Almagro
2 Inés Martínez, wife of Antón Martínez de los Barrios
3 María López, wife of Hernando, *monedero*
4 Lope Franco
5 Teresa López
6 Isabel González, wife of Rodrigo de Villarrubia
7 Alonso Martínez Chapurro
8 Leonor González, wife of Gonzalo González de Villaviciosa
9 Fernán Falcón

Synopsis of Trial

1484

6 Sept.   The trial opens. The prosecutor asks that a copy of the arraignment be made available within twelve days.
10 Sept. Pedro González de Córdoba, nephew of Rodrigo Marín, gives power-of-attorney to Juan González, *procurador* in the case.
16 Sept. Witnesses for the prosecution are presented.
17 Sept. Both the prosecution and the defence are received by the Court to make arrangements for pleading their cases. Juan Gómez presents his power-of-attorney. Thirty days are allowed for the presentation of evidence by the prosecution. The defence enters its plea.

1485

Date unknown   *Consulta-de-fe*.
15 March   The sentence is pronounced and is carried out at the *auto-de-fe* held in the Town Square.

84 Trial of Juan Falcón, the Elder
1484–1485

Source: AHN IT, Legajo 146, No. 236, foll. 1r–4r; new number: Leg. 146, No. 2.

Juan Falcón, the Elder (el viejo), was related to many Converso families in Ciudad Real and was very active in the Converso community there. He was one of those Conversos who openly declared themselves leaders of Jewish life, and Juan González Pintado stated in his confession that this way of life was discussed at a Town Council meeting. Juan Falcón's house was open to both Jews and Conversos, who gathered there to pray and to observe Jewish rituals. In the 1449 riots he and Pero Martínez, the stammerer, formed a Converso self-defence organization.

Despite the fact that the list of Jewish traditions kept by him was quite impressive, there were witnesses who also heard him express Averroistic views (see below, fol. 4r). His property was confiscated after he participated in the Marquis of Villena's rebellion, but it was returned to him later by order of Ferdinand and Isabella. Moreover, on 28 January 1477 he was appointed, together with Juan González Pintado, to collect donations for the restoration of the Converso community in Ciudad Real.[1] *We know that he fled the town during the riots, but we do not know to where. During this time his property suffered,*[2] *and he was granted a five-month extension in which to repay his debts. A document dated 20 March 1480, found at Simancas, allowed Diego de Coca*[3] *to present a claim against him. This indicates that he was still alive at that time, unless that document refers to Juan Falcón, the spice merchant.*[4]

Juan Falcón was brought to trial posthumously in a trial that opened on 6 September 1484. His sentence was pronounced and carried

---

[1] See Vol. IV, No. 48; Beinart, pp. 250–251. This order aws later revoked; see Vol. IV, No. 75.
[2] See Vol. IV, No. 57; cf. Vol. IV, No. 53.
[3] He was probably the husband of Beatríz de Treviño, who testified against Juan Martínez de los Olivos; see No. 81, fol. 5v; cf. No. 105, foll. 22r–v.
[4] See his trial, No. 17.

out on 15 March 1485, when his bones were exhumed and burnt in the auto-de-fe held in the Town Square. His sons and heirs were summoned to defend his memory, but two of them, Fernán and Diego, testified for the prosecution instead.[5] Of the thirty-nine witnesses who testified against him, the testimonies of only fifteen were entered in his file. It is strange that Fernán Falcón, who served the Inquisition so faithfully as an informer, should have been proclaimed a rebel against the Church during the trial of his father.

The sentence passed against Juan Falcón included a judgement on the Jewish practices of Fernando Díaz, cloth dyer, and Juan Díaz (alias Juan Dinela), draper (see below, No. 85). A separate file for Fernando Díaz has not reached us; perhaps it was lost or was never prepared. We must therefore refer to the sentence and testimonies of various witnesses of the trial of Juan Falcón and other trials (see below) in order to reconstruct his Jewish practices. All three should be considered Judaizers of the same level.

Fernando Díaz, cloth dyer (tintorero), was the brother-in-law of Juan Falcón. He, too, was tried posthumously. His bones were exhumed and his sentence to be burnt was carried out on 15 March 1485.[6]

A fairly clear view of his Jewish way of life can be reconstructed from the testimonies found in various other Ciudad Real trials. Juan González Pintado told the Inquisition about Fernando Díaz, son of Sancho Díaz, who was circumcised in 1462/3 by a Jewish merchant from Cáceres who came to Ciudad Real to perform circumcisions.[7] He would have been over thirty years old at that time. He and his wife frequented the house of Sancho de Ciudad for prayers and scripture reading, and Juan González Panpán worshipped in his house. In 1465/6 he prayed at Diego de Villarreal's house from a Hebrew prayer book, with a ṭalit covering his head. He also read from a prayer book in Romance,[8] blessed the wine and lived a full Jewish life.

While a refugee in Palma after the 1469 riots in Ciudad Real, he participated in prayers at Alfonso de Herrera's house. He fled again to Palma in 1474 and was present at the purifying ablutions

---

[5] See their genealogy, below, p. 566.
[6] The sentence is recorded in the file of Juan Falcón; see below, fol. 8v.
[7] See trial No. 5, fol. 16r; see also Biographical Notes on Fernando, *maestro*.
[8] See the testimony of Lope Franco at the trial of Juan Calvillo, No. 13, fol. 4v.

Trial of Juan Falcón, the Elder

performed there by a daughter of María Díaz, la cerera, *on her wedding day.*[9]
His sons and heirs were summoned to defend his memory, but not one came forward.[10]

Bibliography: Fita, p. 474, No. 152; Delgado Merchán, pp. 222, 242, n. 2; Beinart, pp. 235, 258–259 and index. On Fernando Díaz: Leg. 262, No. 3, fol. 3r; Fita, p. 471, No. 102; Delgado Merchán, p. 221; Beinart, index.

1r Juan Falcon el viejo   Çiudad Real
    Juan Falcon el viejo muerto
  la sentençia que esta en este proçeso
    habla contra muchas personas

1v *Blank page*

Arraignment

2r Juan Falcon el viejo
6 *Sept.* Muy Reuerendos e Virtuosos Señores:
1484 Yo, Ferrand Rodrigues del Barco, capellan del Rey nuestro señor, promotor fiscal de la Santa Ynquisiçion, acuso ante Vuestras Reuerençias a Juan Falcon, el viejo, defunto, el qual, syn themor de Dios e en oprobrio e ynjuria e menospreçio Del e de nuestra Santa Fe Catholyca, beuiendo en posesion e en nonbre de christiano e asy se llamando, e gosando de los preuil⟨l⟩ejos e exençiones e ynmunydades a las tales personas otorgados, judayso, heretico e apostato, guardando la Ley de Moysen e sus rictos e çerimonias en las cosas e casos syguientes, conviene a saber: Ençendiendo e mandando ençender los candiles el viernes tenprano por honra del sabado e çerimonia de la dicha ley; e guisando e mandando guisar en viernes lo que avian de comer el sabado, e comiendo⟨lo⟩ en el sabado; e guardando los sabados e las pascuas en la dicha Ley

---

[9] See her trial, No. 2, fol. 8v.
[10] See the trial of Juan González Escogido, No. 80, fol. 2v.

contenidas, e solepnisandolas con ropas linpias e de fiesta; e comiendo el pan çençeño en los tienpos por la dicha Ley determinados; e comiendo carne con çerimonia judayca muerta; e reçebiendo en su casa los dichos sabados e otros dias, a resar e comunicar, judios de señal, e resando con ellos oraçiones judaycas, e syn ellos, o ⟨con⟩ otras muchas personas conversas; e bendeçiendo la mesa a forma judayca; e desenseuando ⟨la⟩ carne como fasen los judios; e quebrantando las fiestas que la Madre Santa Yglesia manda guardar. Yten, judayso, heretico e apostato en otras cosas e casos, los quales protesto de desyr e alegar en el proçeso desta mi acusaçion en su propio lugar, sy neçesario me fuere. Por que os pido e requiero, Reuerendos Señores, que pues el dicho Juan Falcon notoriamente judayso, heretico e apostato en las cosas e casos por mi ya susodichas, y por tal notorio lo alego, por lo qual yncurrio en conficaçion y perdimiento de todo sus bienes e en sentençia de excomunion mayor e en todas las otras penas e çensuras por los sacros canones y leyes contra los tales personas ynpuestas, que lo declareys e pronunçieys por hereje, mandandole desenterrar adondequiera ⟨sic⟩ que estuviere su cuerpo e quemar a el e a sus huesos, e aver yncurrido en la dicha confiscaçion y perdimiento de sus bienes desde el dia que cometio la tal herejia e delito, y ser aplicados a la camara e fisco de los Reyes nuestros señores. La qual dicha acusaçion propongo en la mejor manera e via e forma y modo que puedo e de derecho devo, con protestaçion que hago de añadir e amenguar e corregir en ella cada e quando bien vysto me fuere, para en lo qual y en todo lo nesçesario y conplydero ynploro vuestro noble y reuerendo ofiçio, y las costas pido e protesto, e sobre todo pydo serme fecho conplimiento de justiçia. |

2v E juro a las hordenes que reçibi que esta acusaçion que pongo, que non la pongo maliçiosamente contra ⟨el⟩ dicho Juan Falcon, saluo porque en fecho de verdad paso asy, segund a como e en la manera ⟨e⟩ forma por mi susodicha, e protesto, segund protestado tengo que sy a otra justificaçion o solepnidad o declaraçion desta dicha mi acusaçion el derecho me obliga, que estoy presto y aparejado de la faser, y en lo otro nesçesario puesto, y non mas.

[Declaration by Fernan Falcon][11]

6 *Sept.* En VI de setienbre de LXXXIIII° por el promotor fiscal, ante los
1484 señores, paresçio Fernand Falcon, su fijo, e dixo ser verdad todo

---

[11] This declaration was not entered in the right folio by the scribe. It was also mentioned in the sentence at the end of fol. 8r.

Trial of Juan Falcón, the Elder

lo contenido en la dicha acusaçion e mucho mas que non cabria en vna resma de papel, e concluyo. El fiscal acuso las contumaçias e rebeldias de los otros fijos e herederos: treslado e pregon a XV ⟨dias⟩.

Indictment of Heirs as Rebels

23 Sept. 1484 En XXIII de setienbre el promotor fiscal acuso las contumaçias e rebeldias de los otros fijos e herederos, pidio segund suso y concluyo. Los señores los ovieron por contumaçes e rebeldes e concluyeron, ⟨e⟩ reçibieron al promutar fiscal a la prueua a XXX dias. |

3r-v *Blank folio*

Witnesses for the Prosecution

4r Anton Falcon,[12] vesino desta çibdad en la collaçion de Santa Maria, testigo jurado en forma, presentado por el promutor fiscal, preguntado por los articulos de la acusaçion dixo que sabe que Juan Falcon el uiejo, vesino desta çibdad, que era mas tenido e avido por judio que non por christiano en esta çibdad; e dixo que estando el dicho Juan Falcon preso e detenido en su casa deste testigo, que le vido rezar oraçiones judaycas. E que esto es lo que sabe e vido para el juramento que fiço.

Lope Franco,[13] vesino desta çibdad en la collaçion de Sant Pedro, testigo presentado por el promutor fiscal, jurado en forma, preguntado por los articulos de la acusaçion dixo que puede aber veynte años que vido a los conuersos traer carne de casa de Juan Falcon el uiejo, e que este testigo la traxo tanbien de alla. E que esto es lo que sabe e vido para el juramento que fiço.

III Juan de Spinosa, vesino desta çibdad en la collaçion de Sant Pedro en la plaçuela de Sant Françisco, testigo presentado por el dicho promutor fiscal, jurado en forma, preguntado por los articulos de la acusaçion dixo que puede aber fasta veynte e tres años, poco mas o menos, que este testigo entro en vna tienda de Rui Dias,[14] boticario, vesino desta çibdad, e que vio estar al dicho Ruy Dias e a Juan Falcon el uiejo, que estaban fablando el vno con el otro; e que este testigo oyo desir al mismo Juan Falcon que dixo: Non

---

[12] Antón Falcón testified against Juan Díaz Doncel, No. 16, fol. 5r. He was a public notary; see Biographical Notes.

[13] He was a renowned Converso, who testified at various trials; see Biographical Notes.

[14] On Ruy Díaz, see Biographical Notes.

cureys, que non ay otro diablo alguno saluo el verdugo o el gurrea[15] quando esta delante el malhechor para le justiçiar. E que este testigo respondio: ¿Como? ¿No ay infierno donde estan los diablos? E que entonzes respondio el dicho Juan Falcon: Andad, que todo es burlera; en otras cosas sabreys mas que en esto, — queriendo desir que ni ay infierno ni parayso. E que esto es lo que sabe e vido e oyo para el juramento que fecho abia.

IIII° Juan de Torres el bueso, fidalgo,[16] vesino a Santa Maria frontero al regidor Juan de Villarreal de los Alvarranos, testigo presentado por el dicho promutor fiscal, jurado en forma, preguntado por los articulos de la acusaçion dixo que conosçio a Juan Falcon el uiejo, al qual conosçio desde niño por vesindad e por vista y fabla, y que abra quatorçe años o quinze que fablando este testigo con el dicho Juan Falcon en la calle de Calatraba, al esquina de las casas de su padre deste testigo, Juan de Torres, pregunto el dicho Juan Falcon a este testigo y dixole que que deseos eran los que en este mundo mas deseaba; e respondio este testigo e dixo: Saluaçion para mi anima. El dicho Juan Falcon dixo: Esta saluaçion ¿Como es? Dixo este testigo: Querria hazer tales obras que fuese a parayso, y no al purgatorio ni al infierno. Dixo el dicho Falcon: ¡Asy que me des parayso y purgatorio e infierno! Dixo el este testigo: ¿Quien dubda en ello? E dixo el dicho Falcon: Yo hos dire que duelo es parayso y purgatorio e infierno tener mucha riqueza sobrada para dar y que non le falte nada ⟨es paraiso⟩; y horas tener y horas no tener es purgatorio; pobreza conosçida, este es infierno, y non vos hagan creer que ay otro parayso ni otro purgatorio ni otro infierno. Y que este testigo dixo entonces: ¡O! ¡Que mal creer! E que esto es lo que sabe e vido para el juramento que fiço. |

4v V Christino de ⟨E⟩scalona,[17] sobrino de Fernand Garçia de ⟨E⟩scalona, vesino a Sant Pedro en la calle de Alarcos, testigo presentado por el dicho promutor fiscal, jurado en forma, preguntado por los articulos de la acusaçion dixo, so cargo del juramento, que abra dies e ocho años, poco mas o menos, que teniendo este testigo por amigo a vn hijo de Juan Falcon el uiejo, que se llamaba Aluari-

---

[15] He means the executive officer of the Court of Justice in Ciudad Real.
[16] On him, see Biographical Notes. Juan Falcón had accounts to settle with him for taxes; see Vol. IV, No. 53.
[17] He was a witness for the prosecution against Juan Alegre (No. 15, fol. 4r–v) and was mentioned as a witness against Sancho de Ciudad (testimony not included in file); see Biographical Notes.

llo, yendo algunas noches a dormir con el a casa del dicho su padre, sabe e vido que el dicho Juan Falcon se levantaba de noche a rezar, lo qual oyo este testigo; e que dixo al dicho su hijo: ¿Que reza tu padre? Dixo el dicho su hijo: Sienpre lo tubo por costunbre. E pregunto este testigo: ¿En que reza? E dixo el dicho su hijo: En vnos libros que tiene, judaycos. Iten, que sabe que guardavan los sabados e se vestian de fiesta; e sabe e vido algunas noches en viernes los candiles ençendidos. E que esto es lo que sabe e vido para el juramento que fiço.

VI Beatris Gonçales, muger de Rodrigo Aluares,[18] lençero, veçino en la collaçion de Santa Maria en la calle de Toledo, testigo presentado por el dicho promutor, jurada en forma, preguntada por los articuos de la acusaçion dixo que Juan Falcon el uiejo e Diego Daray e Alfonso Dias [19] fueron acusadores, e por su consejo e causa fiço este testigo las çerimonias judaycas, e que estos la inpusieron en ello e non otro ninguno. E que esto es lo que sabe para el juramento que fiço.

VII Diego Falcon el moço,[20] fijo de Juan Falcon el uiejo, vesino desta çibdad en la collaçion de Santiago, testigo presentado por el dicho promutor fiscal, jurado en forma, preguntado por los articulos de la acusaçion dixo que, allende de lo contenido en su confesion, que seyendo este testigo de hedad de fasta ocho años, poco mas o menos, e continuo en casa del dicho su padre desde el dicho tienpo fasta los doze años, poco mas o menos, que en este tienpo vio leer al dicho Juan Falcon, su padre, muchos dias en vn libro, e façer oraçion dos o tres veses al dia, e que los sabados leya en aquel libro e en la Brebia, quando estaban ende algunos, e que este testigo vio ende a su madre e a otros muchas veses venian alli a rezar con el a su casa. E dixo que muchas vezes le metiera consigo el dicho su padre a este testigo por le enseñar algo de aquello que el rezaba, pero que nunca lo aprendio ni supo, saluo dos oraçiones, las quales dixo que non sabia nin se la acordavan. Iten, dixo que sabe que el dicho Juan Falcon, su padre, e Costança Dias, su madre, que guardaban el sabado e ençendian candiles el uiernes en la noche tenprano, e que comian guisando el sabado del viernes, e que les

---

[18] She was a Conversa. A certain Rodrigo Alvarez, linen merchant, testified for the prosecution against María González, *la panpana,* (No. 3, fol. 8r) and Juan González Panpán (No. 4, fol. 2r).

[19] See Biographical Notes on both of them.

[20] He lived in Caracuel later. See also the trial of Marina González (No. 91, fol. 9r) and Biographical Notes.

vio comer pan çençeño en vna vegada. E dixo que esto es lo que sabe e vido, allende de lo contenido en su acusaçion, para el juramento que fiço.

VIII° Anton de Valverde,[21] veçino desta çibdad (çibdad) en la collaçion de Sant Pedro en la calle de la Correria, testigo presentado por el dicho promutor fiscal, jurado en forma, preguntado por los articulos de la acusaçion dixo que este testigo conosçio bien a Juan Falcon el uiejo, e que sabe que çiertos conuersos yvan a su casa a rezar e a façer oraçiones judaycas. E que esto es lo que sabe e vido para el juramento que fecho abia. |

5r IX Cathalina de la Thorre, muger honesta, madre de Briolangel,[22] vesina a Sant Pedro cabe Sant Françisco, testigo presentada por el dicho promutor fiscal, jurada en forma, preguntada por los articulos de la acusaçion, dixo que abra quinçe años, poco mas o menos, que entrando este testigo en casa de Juan Falcon el uiejo, padre de Fernando Falcon, yerno deste testigo, muchas vezes le veya leer en vnos libros, no sabe que dia era, y quando leya en ellos lloraba. E sabe mas que guardaban el sabado el y su muger Constança Dias, y se vestian ropas linpias y de fiesta. Y que esto es lo que sabe e vido para el juramento que fiço.

X Alonso de las Torres,[23] vesino desta çibdad en la collaçion de Santiago, testigo presentado por el dicho promutor fiscal, jurado en forma, preguntado por los articulos de la acusaçion dixo que puede aber quinçe años, poco mas o menos, que este testigo vido en casa de Juan Falçon el uiejo a Rodrigo Verengena que estaba en vn corral del mismo Juan Falcon, que moraba a las espaldas de las casas en que agora mora este testigo, que estaba degollando dos carneros prietos, y que vio que los degollo (y los degollo) e adobo como carniçero, con su abantal de lienço puesto delante; e que a tienpo de quartear los carneros, que entro el dicho Juan Falcon el uiejo e otros conuersos con el, y los quarteo el dicho Rodrigo e dio a cada vno su quarto en la mano; y ellos tomaron sus quartos e metieronlos baxo de las capas y fueronse vno a vno, cada vno camino de su casa, e que este testigo los vido yr asy. Iten, dixo mas, que este testigo, seyendo moço, que tenia conpania

---

[21] A certain Converso, Antón de Valverde, was burnt at the stake. Details are not available; see Biographical Notes.

[22] Briolangel de Padilla, wife of Fernán Falcón; see Biographical Notes.

[23] Cf. the testimony found in the file of Juan Díaz Doncel, No. 16, fol. 6v. He also testified against Juan González Escogido (No. 80, fol. 5v) on 9 October 1484.

con vna conuersa, y que ella le dixo vn dia a este testigo que le rogava que las veses que oviese de yr a estar con ella, que fuese lo mas secreta que pudiese, porque ella era mucho reprochada de los conuersos, espeçialmente de Juan Falcon el uiejo, que la llamava perra porque dormia con christiano viejo, disiendo que era contra ley. E que esto es lo que sabe e vido para el juramento que fiço.

XI Pero Franco el uiejo,[24] veçino desta çibdad en la collaçion de Santiago en la calle de Rodrigo Gusman, testigo presentado por el dicho promutor fiscal, jurado en forma, preguntado por los articulos de la acusaçion dixo que puede aber treynta e çinco años que esta cosa de heregia se començo en esta çibdad, e que lo prinçipiaron e levantaron Juan Falcon el uiejo e Pero Martines, tartamudo,[25] e que estos fueron los prinçipiadores dello, e aun que el dicho Juan Falcon lo desia publicamente a algunos regidores desta çibdad que eran en aquel tienpo. E que esto es lo que sabe e vido para el juramento que fiço.

XII Juana Ruys, muger de Juan Calero, en la collaçion de Santa Maria en la calle de Toledo, enfrente del vaño, testigo presentada por el dicho promutor fiscal, jurada en forma, preguntada por los articulos de la acusaçion dixo que seyendo este testigo en conpania de Diego Falcon, hijo de Juan Falcon el uiejo, continuando en su casa e aun estando en ella de continuo, que sabe e vido que el dicho Juan Falcon el uiejo e la dicha su muger, que guardaban el sabado e se vestian ropas lin|pias, e que comian el sabado el guisado del viernes. E asymesmo que vio que quando ponian la mesa el sabado e en otros dias para comer, que ponian en ella vn vaso grande de vino, e que desque se asentavan a comer, que el dicho Juan Falcon leya en vn libro, e despues desia çiertos palabras callando sobre aquel vaso de vino e aspiraba sobre el con el resollo, y despues, que daba a beuer a todos de aquel vino. Item, dixo que sabe que el dicho Juan Falcon comia carne en Quaresma. E que esto es lo que sabe e vido para el juramento que fiço.

XIII Juana Lopes, muger de Garçia de Cordoua, texedor, vesino a Sant Pedro a las espaldas de Sant Françisco, testigo presentada por el dicho promutor, jurada en forma, preguntada por los articulos de la acusaçion dixo que estando con Briolangel, muger de Ferrand Falcon, yva muchas vezes a casa de su suegro de la dicha Briolangel,

---

[24] See also the trial of Sancho de Ciudad, No. 1, fol. 7v. On his own Jewish practices, see Biographical Notes.
[25] See Biographical Notes.

que se llamava Juan Falcon, sabe e vido muchas vezes los viernes vna mesa puesta con vnos manteles blancos, y en la mesa vn libro enbuelto con vn paño de lienço, e vn salero. E sabe e vido que guardaban el dia sabado e se vestian de fiesta ropas linpias, e guisaban de comer del viernes para el sabado, y ençendian candiles linpios, y que non los vido hazer ninguna cosa de christianos; y esto abra quinze años, e esto vido hasta que se fue de aqui quando el robo. Y que esto es lo que sabe e vido para el juramento que fiço.

XIIII° Mari Sanches, muger de Diego de Andrada, cardador, veçino a Santa Maria a la moreria, hacia la Torre del Olmilla, testigo presentado por el dicho promutor fiscal, jurada en forma, preguntada por los articulos de la acusaçion dixo que abra quarenta años, poco mas o menos, que moro este testigo con Juan Falcon el uiejo, con el cual moro veynte años, poco mas o menos, y con su muger Constança Dias, sabe e vido en aquel tiempo que guardaban el sabado y se vestian de fiesta ropas de lienço y paño; y sabe que guisavan de comer del viernes para el sabado y ençendian los candiles linpios. Y sabe e vido que guardavan las pascuas de los judios, y la del Pan Çençeño, y comian el pan çençeño. Y sabe e vido que los sabados comian carne, y en las Quaresmas comian carne e huevos. Y que sabe e vido que algunas vezes matavan en su casa carne çiertos judios de señal, quando venian aqui, a esta çibdad. Y que sabe e vido que se subian a vna camara a rezar. Y sabe e vido que al tiempo que aca⟨ba⟩n de comer, bendesian vn vaso de vino, e daban a cada vno de sus hijos vn poco. E sabe e vido que purgavan la carne que avian de comer, e comian. Item, dixo que quando este testigo mentaba a Santa Maria, desian el y ella: Nunca la Santa Maria venga por ti. Y si desia Juan, desian: Mal Juan venga por ti. Y que nunca les vido señal ninguno de christianos. E que esto es lo que sabe e vido para el juramento que fiço.

XV Alonso de Camargo, escudero [26] veçino en esta çibdad a Santa Maria en la calle de Diego Garçia, herrador, testigo presentado por el dicho promutor fiscal, jurado en forma, [Juan Falcon el viejo, padre
6r ⟨de⟩ Fernand Falcon. Dixo es verdad todo.] | preguntado por los articulos de la acusaçion dixo que abra doze o treze años que yendo este testigo muchas veses a casa de Juan Falcon el uiejo los sabados por algunas cosas, porque tenia conpania con su padre de este testigo en vn tinte,

---

[26] See the trial of Inés López (No. 93, fol. 33v) and Biographical Notes.

Trial of Juan Falcón, the Elder

fallava holgando a el e a su muger, y la casa aderesçada, y vestidos de fiesta, y que le vido venir y desçendir a el e a su muger de vn sobrado, que cree este testigo que desçendian de leer. Iten, dixo que en este dicho tienpo dixo el dicho Juan Falcon a su hermano deste testigo, porque se abia querido ahogar, que cayo en el rio: Cuando cayste en el rio ¿A quien te encomendaste? Dixo su hermano deste testigo: A la Virgen Maria. Dixo el: No fueste nesçio en encomendarte a la Virgen Maria, que mientras tomase su manto y lo fuese a rogar a su fijo, fuera el ahogado. Otra ves non te acaeste, syno encomiendate al Señor. Esto oyo este testigo, e su hermano echo mano ⟨a⟩ vn puñal e lo quiso matar; e estonçes su padre deste testigo le requerio que en su casa non fablase en la Fe Catholica, sino que si lo mentase fuese a su culpa. E que esto es lo que sabe e vido para el juramento que fiço.

[*Estan por asentar en este proçeso mas otros XXIIII° testigos, que estan en los libros*]

6v *Blank page*

Sentence

7r Juan Falcon el viejo
5 *March* Juan Dias, trapero, o Juan Dinela [27]
1485 Fernando Dias, tintorero
Por nos, Pero Dias de la Costana, liçençiado en santa theologia, canonigo en la yglesia de Burgos, jues ynquisidor de la heretica prauedad dado por la actoridad apostolica en esta Çibdad Real e su tierra e en todo el Canpo de Calatraua e arçobispado de Toledo, ofiçial e vicario general en todo el arçobispado de Toledo por el reuerendisimo yn Christo padre e señor don Pedro Gonçales de Mendoça, cardenal de España, arçobispo de Toledo, primado de las Españas, chançiller mayor de Castilla, obispo de Çiguença, con acuerdoe deliberaçion e consejo del honrado e sabio varo⟨n⟩ el liçençiado Juan Gutierres de Baltanas, nuestro asesor e aconpañado en esta Santa Ynquisiçion, vistos e con diligençia examinados tres proçesos de pleyto que ante nos ha⟨n⟩ pendido e se ha⟨n⟩ tratado sobre las denunçiaçiones e querellas que el honrado Ferrand Rodrigues del Varco, clerigo, capellan de Rey nuestro señor, promutor fiscal desta Santa Ynquisiçion, yntento e puso ante nos contra Juan Falcon el viejo, e contra Juan Dias, trapero, o Juan Dinela, e contra

---

[27] See his trial, No. 85.

Fernando Dias, tintorero, e cada vno dellos, syn temor de Dios e en oprobio e ynjuria e menospreçio Del e de nuestra Santa Fee Catolica, biuiendo en posesion e en nombre de christiano⟨s⟩ e asi se llamando, e gosando de los preuil⟨l⟩ejos e esençiones e ynmunidades a las tales personas conçedidos, judaysaron e hereticaron e apostataron, guardando la Ley de Moysen e sus rictos e çeremonias en los casos e cosas syguientes, conviene a saber: el dicho Juan Falcon, ençendiendo e mandando ençender los candiles le viernes tenprano por onra del sabado e çerimonia de la dicha ley; e guisando e mandando guisar el viernes lo que avian de comer el sabado, e comiendolo en el sabado; e guardando los sabados e las pascuas en la dicha ley contenidas, e solepnisandolas con ropas linpias e de fiesta; e comiendo el pan çençeño en los tienpos por la dicha ley determinados; e comiendo carne con çerimonia judayca muerta; e reçibiendo en su casa los dichos sabados e otros dias a faser e comunicar con judios de señal, et resando con ellos oraçiones judaycas, e syn ellos, e otras muchas personas conversos; et bendisiendo la mesa a forma judayca, et desenseuando la carne como fasen los judios; et quebrantando las fiestas que la Madre Santa Yglesia manda guardar; et comiendo carne en Quaresma e otros dias que la Madre Santa Yglesia manda guardar. Et el dicho Juan Dias, trapero, ençendiendo e consyntiendo ençender candiles los viernes

7v en la tarde por honra del sabado | e guarda de la dicha ley; et guiso e mando guisar el viernes para el sabado; et guardo los sabados, e vistio en ellos ropas linpias e de fiesta; et tenia vn cruçifiço en su casa e lo açotaua los viernes en las tardes; et comia carne en Quaresma e otros dias devedados; et guardaua las pascuas de la dicha ley; e comia el pan çençeño; et desenseuaua la carne que comia; et ayunaua los ayunos de los judios fasta la noche, e estonçes comia carne; et nunca fiso señales de christiano; et se consyntio çircunçidar en hedad de setenta años. Et el dicho Fernando Dias, tintorero, domatisando en forma e como rabi la dicha ley a otros muchos conversos, con su paño de lienço sobre la cabeça; et leyo esomismo las oraçiones e çerimonias de la dicha ley a otras personas; et folgando los sabados e solepnisandolos çerimonialmente e con ropas de fiesta; et guisando de comer el viernes para el sabado, e comiendolo en el dicho dia del sabado; et bendiçiendo la mesa a forma judayca, teniendo vn vaso de vino en las manos e disiendo çiertas palabras sobre el, e dando a beuer a cada vno de los que estauan a la mesa vn poquillo; et reso esomismo las oraçiones judaycas en conpania de otros e con judios de señal; et purgando

Trial of Juan Falcón, the Elder

la carne que avian de comer, como judio; et mandando ençender los candiles el viernes en la tarde por honra e guarda de la dicha ley; et se consyntio retajar en grande, de treynta años arriba, segund que esto e otras cosas mas por este uso se contiene en la denunçiaçion que de cada vno de los susodichos ante nos dio e denunçio, sobre lo qual el dicho promutor fiscal pidio que lo fisiesemos conplimiento de justiçia. Ea para ver poner las dichas denunçiaçiones e acusaçiones e querellas, e responder a ellas, primeramente nos ovimos mandado ⟨dar⟩ e dimos vna nuestra carta çitatoria de hedicto para todos los fijos e herederos e parientes de los dichos Juan Falcon el viejo e Juan Dias, trapero, e Fernando Dias, tintorero, e de cada vno dellos, en forma deuida de derecho, por la qual los çitamos e mandamos que a çierto termino paresçiesen ante nos a ver poner las dichas denunçiaçiones e querellas e acusaçiones, e a tomar treslado dellas, e a desir e alegar de su derecho, e a escusarlos a los sobredichos nonbrados, e a ellos como sus fijos e herederos e parientes, contra las dichas denunçiaçiones e querellas e acusaçiones. La qual carta les fue notificada, e fueron 8r çitados | segund e en la forma que el derecho quiere. E al termino della, en sus rebeldias, el dicho nuestro promutor fiscal ante nos fiso e dio las dichas denunçiaçiones e querellas o acusaçiones de los susodichos e de cada vno delos por sy; ⟨e⟩ comoquier que ante nos paresçio Fernan Falcon como vn fijo e heredero del dicho Juan Falcon el viejo, e so como sobrino e pariente de los dichos Juan Dias, trapero, e Fernando Dias, tintorero, e dixo, quanto a lo contenido en la dicha acusaçion e denunçiaçion contra el dicho Juan Falcon el viejo, su padre, ser verdad todo lo contenido en la dicha acusaçion, e mucho mas, que non cabria en vna resma de papel; et quanto a la acusaçion contra el dicho Juan Dias, trapero, o Juan Dinela, su tio, dixo que cree ser verdad todo lo contenido en la dicha acusaçion; e quanto a la acusaçion de Fernando Dias, tintorero, su tio o pariente, dixo que non tenia que responder, e que viesemos e librasemos lo que fallasemos por derecho, e sobre todo concluyo. E lugo el dicho promutor fiscal acuso las contumasias e rebeldias de todos los otros fijos e herederos e parientes de los dichos Juan Falcon e Juan Dias, trapero, e Fernando Dias, tintorero, e pidio los oviesemos por contumaçes e rebeldes. E nos, vsando del cargo a nos cometido, ovimoslos por rebeldes e contumaçes a los otros fijos e herederos e parientes de los susodichos, e en su rebeldia e contumasia, e en presençia del dicho Fernan Falcon, su fijo e sobrino e pariente, resçebimos las dichas denunçiaçiones e querellas e acusaçiones, e mandamos dar copia e treslado de ellas a los dichos fijos e herederos e parientes de los susodichos contenidos en las dichas denunçiaçiones e acusaçiones, e en cada vna dellas, sy viniesen en termino convenible, que viniesen disiendo e alegando de su derecho; al qual termino ninguno dellos paresçio, e en su contumaçia e rebeldia, el dicho promutor fiscal dixo e pidio segund derecho e pedido tenia, e concluyo; e nos concluymos con el e resçebimoslo a la prueua, el qual ante nos presento testigos dignos de fe e de creer; e sus dichos e depusiçiones por nos fueron publicado⟨s⟩, por los que les paresçe que el dicho promutor fiscal prouo clara e abiertamente su yntençion, conviene a saber, todo lo contenido en las dichas sus denunçiaçiones e acusaçiones, sobre lo qual el dicho promutor fiscal dixo e pidio segund pedido avia, e concluyo, e nos concluymos con el, e asignamos termino para en esta causa dar sentençia. E avido nuestro acuerdo con letrados e reuerendas personas religiosas de sanas e buenas conçiençias, siguiendo su consejo e determinaçion, teniendo a Dios ante nuestros ojos,

8v   Christi Nomine ynvocato

Por ende nos, el dicho liçençiado Pero Dias de la Costana, jues ynquisidor susodicho, fallamos que deuemos declarar e declaramos, e pronunçiar e pronunçiamos, los dichos Juan Falcon el viejo e Juan Dias, trapero, e Fernando Dias, tintorero, e cada vno dellos, aver seydo e ser herejes ⟨e⟩ apostotas, e aver judaysado e apostado en los dias de sus vidas, e por tales les pronunçiamos e declaramos, e por aver cometido el dicho crimen de heregia e apostasya, e declaramoslos aver yncurrido e caydo en sentençia de excomunion mayor papal, e en las otras (otros) penas spirituales e tenporales en los derechos contra los tales herejes e apostotas estableçidas, e aver perdido sus bienes e ser confiscados e aplicados a la camara e fisco del Rey e Reyna nuestros señores, segund e en la manera e forma que se contiene en la capitulaçion que el reuerendo padre, el prior de Santa Crus, jues prinçipal ynquisidor, con acuerdo de los señores letrados ynquisidores ordeno en la çibdad de Seuilla, a la qual sobre los dichos bienes nos referimos en esta parte. E por que ningund hereje ni apostota ni dexcomulgado de descomunion mayor non puede ni deue ser enterrado en lugar sagrado, e porque nos somos ynformados que los sobredichos Juan Falcon el viejo e Juan Dias, trapero, e Fernando Dias, tintorero, estan enterrados en lugar sagrado, e ovimos ynformaçion que sus huesos se podrian sacar de las huesas donde estan syn perjuiçio de los otros huesos de fieles e catolicos christianos, mandamos que los dichos huesos de los dichos Juan Falcon el viejo e Juan Dias, trapero, e Fernando Dias, tintorero, e de cada vno dellos, sean açesos e quitados de la vid e çepa en que estan, pues fueron hereges e cometieron la dicha heregia e apostasya contra Nuestro Señor Ihesu Christo e contra nuestra Santa Fe Catolica. Lo qual, sedendo en el lugar acostunbrado por ⟨sic⟩ tribunali, asi lo pronunçiamos e declaramos, e mandamos pronunçiar esta nuestra sentençia difinitiua en estos escriptos e por ellos.

(–) Petrus, licenciatus

15 March 1485 [En XV de março de LXXXV se dio esta sentençia. Testigos: El arçipreste de Calatrava e Aluaro Gaytan e Fernando de Hoçes e Fernando de Poblete e Gonçalo Saçedo, regidores, e el liçençiado Juan del Canpo e el liçençiado Jufre e el bachiller Gonçalo Muños, vesinos desta Çibdad Real, e otros muchos.] |

9r *Blank page*

Records of the Spanish Inquisition in Ciudad Real, 1483–1485

Genealogy of the Family of Juan Falcón, the Elder

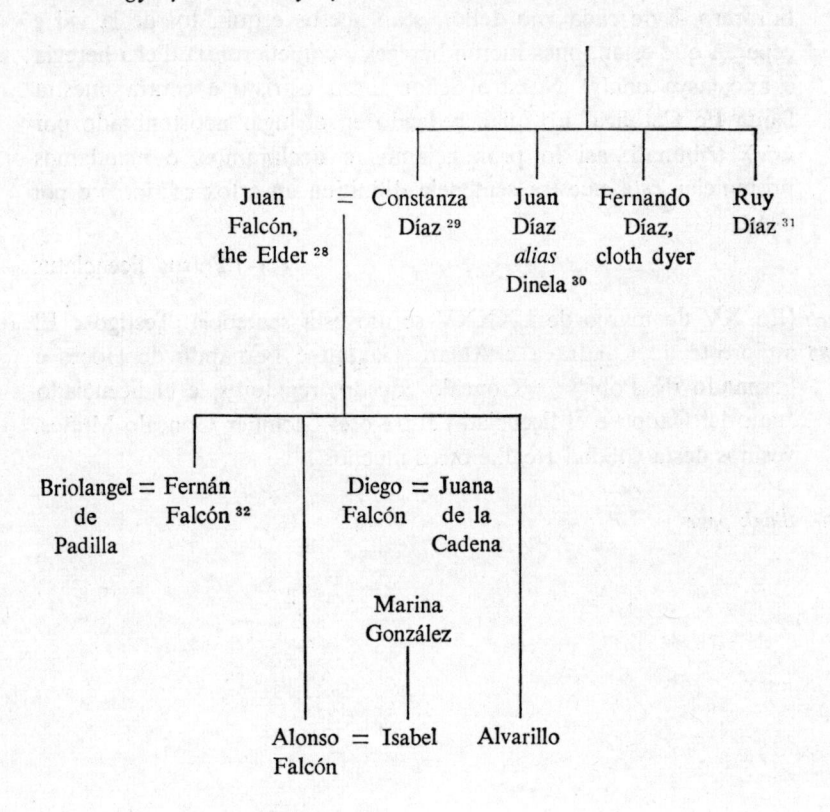

```
                    ┌─────────┬─────────┬─────────┐
                    │         │         │         │
     Juan    =  Constanza   Juan    Fernando    Ruy
   Falcón,      Díaz[29]    Díaz     Díaz,    Díaz[31]
  the Elder[28]             alias  cloth dyer
                          Dinela[30]

        ┌──────────────────┤
        │                  │
Briolangel = Fernán    Diego  = Juana
   de       Falcón[32] Falcón   de la
 Padilla                       Cadena

                       Marina
                      González

              Alonso  =  Isabel    Alvarillo
              Falcón
```

The Composition of the Court

Judge: Pero Díaz de la Costana
Assessor: Juan Gutiérrez de Baltanás
Prosecutor: Fernán Rodríguez del Barco

[28]   He was the uncle of Catalina Gómez, wife of Juan de Fez.
[29]   She was the sister of Juan Díaz, *alias* Dinela, and of Fernando Díaz. Beatriz González is also mentioned as the wife of Juan Falcón; cf. the testimony of María González, daughter of Juan de Soria, in the trial of Catalina de Zamora. No. 74. fol. 14v. See also the trial of Leonor de Oliva, No. 123, fol. 23r.
[30]   He was tried and condemned; see trial No. 85.
[31]   He was condemned; see trial No. 56.
[32]   The well-known witness for the prosecution; see Biographical Notes.

[566]

Trial of Juan Falcón, the Elder

Witnesses for the Prosecution in Order of Testification [33]

1. Fernán Falcón
2. Antón Falcón
3. Lope Franco
4. Juan de Spinosa
5. Juan de Torres, *hidalgo*
6. Christino de Escalona
7. Beatríz González, wife of Rodrigo Alvárez
8. Diego Falcón, son of Juan Falcón
9. Antón de Valverde
10. Catalina de la Torre
11. Alonso de las Torres
12. Pero Franco, the Elder
13. Juana Ruiz, wife of Juan Calero
14. Juana López, wife of García de Córdoba
15. Mari Sánchez, wife of Diego de Andrada
16. Alonso de Camargo, *escudero*

Synopsis of Trial

1484

6 Sept.   The trial opens, and the arraignment is presented. Fernán Falcón appears before the Court and declares that the prosecutor's charges against his father are all true. Juan Falcón's other heirs are given fifteen days in which to answer the summons.

23 Sept.   The prosecutor asks that Juan Falcón's heirs be pronounced rebels. Thirty days are allowed him for the presentation of evidence.

Date unknown   *Consulta-de-fe.*

1485

15 March   The sentence is pronounced and is carried out at the *auto-de-fe* held in the Town Square.

---

[33] Marginal note, fol. 6r: 'twenty-four more witnesses whose testimony is entered in the books'.

85 Trial of Juan Díaz, alias Juan Dinela, Draper
1484–1485

Source: AHN IT, Legajo 143, No. 189, foll. 1r–5r; new number: Leg. 143, No. 4.

Juan Díaz was the brother of Constanza Díaz, wife of Juan Falcón, the Elder, and Fernando Díaz, cloth dyer. He was married to Isabel González. In 1458 they lived on Los Caballeros street; in 1474 they were refugees in Palma.[1] His posthumous trial started on 6 September 1484. On that day his nephew appeared before the Court and declared that the charges against Juan Díaz, those against his other uncle Fernando Díaz and those against his father Juan Falcón were entirely true, and that many charges could be added to those made by the prosecutor. Nineteen more witnesses testified against Juan Díaz, and at the end of their testimony the notary mentioned, in a marginal note, that six more entries of testimonies were to be copied into the file. Juan Díaz was condemned, and his bones were exhumed on 15 March 1485 and publicly burnt at the auto-de-fe *held on that day.*

The testimonies give a vivid description of Juan Díaz' Jewish practices. He was considered a rabbi and shoḥet *by the Conversos and had a certain Rabbi Samuel as a guest in his house. In addition, Jews and Conversos gathered at his house, where prayers were held and Hebrew books were read and discussed. He prayed at the houses of Fernando García de la Higuera and Alonso de Herrera on the Day of Atonement in 1469 or 1470.[2] He consented to be circumcised at the age of 70. If this was done in 1462/3, he must have be born shortly after the 1391 riots; it is thus clear that it was his parents who were converted.[3]*

The arraignment as well as the sentence mention that there was a crucifix at his house and that he would lash it every Friday afternoon before the commencement of the Sabbath. We do not know

---

[1] For their genealogy, see the trial of Juan Falcón, the Elder, No. 84.
[2] Alonso de Herrera was the son-in-law of Juan Díaz.
[3] See the testimony of Juan de Valdecabras, below, fol. 3v. For the year, see the trial of Juan González Pintado, No. 5.

who was responsible for making such a libellous statement to the Inquisition. It was the first charge of its kind that was levelled against a Ciudad Real Converso, and it had a great impact on the town's Christian Society.[4] A special prayer found in his file should also be considered libellous; see the testimony of Catalina Alonso.[5]

The testimony of Juan de Morales merits special mention, as the talk he had with Juan Díaz verified the accused's knowledge of midrashim.[6]

Bibliography: Leg. 262, No. 3, fol. 4v; Fita, p. 474, No. 153, Delgado Merchán, p. 222; Beinart, pp. 118, 178, 224 ff., 231 and index.

1r   Juan Dias   trapero   muerto
              Çiudad Real
         Esta la sentençia en el
         proçeso de Juan Falcon
       el viejo veçino de Çiudad Real

1v *Blank page*

Arraignment

2r Juan Dias, trapero, o Juan Dinela
Muy Reuerendos e Virtuosos Señores:
Yo, Ferrand Rodrigues del Barco, capellan del Rey nuestro señor, promotor fiscal de la Santa Ynquisiçion, acuso ante Vuestras Reuerençias a Juan Dias, trapero por el nonbre, o Juan Dinela, defunto, el qual, syn temor de Dios e en oprobrio e ynjuria e

[4] See Beinart, pp. 118, 178, 231, and bibliography there.
[5] For the Prayer of Grace, see the testimony of Juan de las Higueras, below, fol. 4r.
[6] See below, fol. 4r.

[569]

menospreçio Del e de nuestra Santa Fe Catolica, biuiendo en posysyon e en nonbre dechristiano e asy se llamando, e gosando de los preuil⟨l⟩ejos, exençiones e ynmunidades a las tales personas conçedidas, judayso, heretico e apostato, guardando la Ley de Muysen e sus rictos e cerimonias en las cosas e casos siguientes, conviene a saber: Ençendiendo e consyntiendo ençender candiles los viernes en la noche por honra del sabado e guarda de la dicha Ley; e mando guisar el viernes para el sabado; e guardo los sabados e uystio en ellos ropas linpias e de fiesta; e tenia vn cruçifixo en su casa e lo açotaua los viernes en las tardes; e comia carne en Quaresma e otros dias vedados; e guardaua las pascuas de la dicha ley, e comia el pan çençeño; e desenseuaua la carne que comia; e ayunaua los ayunos de los judios fasta la noche, e entonçes comia carne; e nunca fiso señales de christianos; e se consyntio çircunçidar en hedad de setenta años. Yten, judayso, heretico e apostato en otras cosas e casos, los quales protesto de desyr e alegar en el proçeso desta mi acusaçion en su tienpo e lugar, sy nesçsesario me fuere. Por que os pido e requiero, Reuerendos Señores, que pues el dicho Juan Dias, trapero, notoriamente heretico e apostato e judayso en las cosas e casos por mi susodichas, y por tal notorio lo alego, por lo qual yncurrio en confiscaçion y perdimiento de todos sus bienes e en sentençia de excomunion mayor e en todas las otras penas e çensuras por los sacros canones y leyes contra las tales personas ynpuestas, que lo declareys e pronunçieys por hereje, manda⟨n⟩dole desenterrar dondequiera que estuuiere su cuerpo e quemar a el e a sus huesos, e aver yncurrido en la dicha confiscaçion e perdimiento de sus bienes desde el dia que cometio la tal heregia e delito y ser aplicados a la camara e fisco de los Reyes nuestros señores. La qual dicha acusaçion propongo en la mejor manera, via e forma e modo que puedo e de derecho devo, con protestaçion que hago de añadir e amenguar e corregir en ella cada e quando bien visto me fuere, para en lo qual en todo lo neçesario, ynploro vuestro noble y reuerendo ofiçio, y las costas pido e protesto, e sobre todo pido serme fecho conplimiento de justiçia.

E juro a las hordenes que resçebi que esta acusaçion que pongo contra el dicho Juan Dias, que non la pongo maliçiosamente, saluo porque en fecho de verdad paso asy, segund e como e en la manera e forma por mi susodichas, e protesto, segund protestado tengo, que sy a otra justificaçion o solepnidad o declaraçion desta dicha mi acusaçion el derecho me obliga, que estoy presto y aparejado de la faser sy y en quanto neçesario me sea, y non mas.

[570]

Trial of Juan Díaz, alias Juan Dinela

Declaration Made by Fernán Falcón

6 Sept. 1484 En VI de setienbre de LXXXIIII°, por el promutor fiscal, paresçio Fernand Falcon como su sobrino, e dixo que cree ser verdad todo lo contenido en la dicha acusaçion. Los señores mandaron dar treslado e pliego a otros parientes e herederos, sy ay, a XV dias.

20 Sept. 1484 En XX de setienbre el promutor fiscal acuso las contumaçias e rebeldias, pidio segund de suso e concluyo. Los señores resçibieron las contumaçias e rebeldias e concluyeron, e reçibieron al fiscal a la prueva a XXX dias. |

Witnesses for the Prosecution

2v I Gonçalo de Herrera,[7] condenado, ya muerto, testigo jurado en forma, antes que muriese dixo, so cargo del juramento que fiço, que puede aber fasta veynte años e mas tienpo que este testigo entro en vnas casas, donde moravan Fernand Garçia de la Higuera[8] e Alonso de Herrera,[9] y era dia que ayunavan, e que vido a Juan Dias, trapero, e a su muger, estar rezando en vna Briuia e en otros libros, e que estaban ende otros conversos e conversas, e que vio algunas vezes al dicho Juan Dias, trapero, rezar en libros judaycos, E que esto es lo que sabe e vido para el juramento que fiço.

II Maria Gonsales, muger de Juan Garçia, cavallero, vesina desta çibdad en la collaçion de Sant Pedro çerca del estudio, en las casas de Juan de Torres, testigo presentada por el dicho promutor, jurada en forma, preguntada por los articulos de la acusaçion dixo que puede aver veynte e seys años, poco mas o menos, que este testigo moraba con Juan Dias, trapero, en la calle de los Cavalleros, y con Ysabel Gonsales su muger, e que moro con ellos seys años, poco mas o menos, e dixo que en todo este tiempo que con ellos moro les vido que ençendian candiles los viernes en la noche, e que guisavan de comer el uiernes para el sabado, e que el tal guisado comian el sabado; e que los sabados de mañana se vestian camisas blancas e sus ropas linpias; e que guardavan el sabado. E que esto es lo que sabe e vido para el juramento que fiço.

[7] He was handed over to the Secular Arm on 23 February 1484, thus he testified before that date. See Delgado Merchán, p. 218; cf. Biographical Notes.
[8] He and his wife Isabel were tried posthumously and condemned. The sentence was carried out on 15 March 1485; see list above and Biographical Notes.
[9] On his testimony, see below, fol. 3r.

III Cathalina Alonso, muger de Alonso Martines, labrador, vesina a Santa Maria en la calle de Tol(l)edo, en las casas que eran del dixo que abra quinçe años, poco mas o menos, que seyendo este comendador de Santanton, testigo presentado por el dicho promotor fiscal, jurada en forma, preguntada por los articulos de la acusaçion testigo moço por casar estaba con vna su abuela, que se llamava la de Moralejo, que morava en la calle de los Cavalleros, tenian por vesino de pared en medio a Juan Dias, trapero, padre de los donzeles, el qual era rabi de los confesos; sabe e vydo que el dicho Juan Dias leya en libros ebraycos desde el uiernes en la tarde y el sabado en vn portal, y que venian alli muchos conbersos y conuersas a le oyr leer, el portal lleno y sentados todos all derredor, e davan bozes todos a tienpo de leer, sabadeando con las cabezas. E oya este ⟨testigo⟩ lo que leyan, en que desian: Bendito Tu, Adonay, en que me fiste puerco para que me comiese el christiano, y Bendito Adonay, Dio myo y de mis parientes, matalos y destruylos, tornalos a nuestra Ley y a nuestros Mandamientos. Y que sabe y vido que todos los que alli yuan a oyr, yvan todos y todas de fiesta vestidos, y el sabado asymismo. Y que sabe que llevavan carne de alli, la qual mataba el dicho Juan Dias en su casa. E sabe mas que el dicho Juan Dias e su muger guardavan los sabados y se vestian de fiesta, e guisavan de comer del viernes para el sabado, y ençendian los candiles linpios los viernes en la noche. Iten, dixo que oyo este testigo a dos moças suyas, la vna se llamaba Cathalina e la otra Leonor, que era su sobrina, que el dicho Juan Dias y los de su casa guardavan todas las pascuas de los judios e ayunavan sus ayunos, y que non comian fasta la estrella salida. E que sabe e vido que el dicho Juan Dias mataba las abes e carne, como dicho tiene, e que muchos conuersos lo llevaban a que lo matase. E que esto es lo que sabe e vido para el juramento que fiço.

Juan Dias, testigo primero paresçio Ferrand Falcon XV dias. ⟨sic⟩ |

3r IIII° Alonso de Herrera,[10] condenando, muerto, jurado en forma antes que moriese, so cargo del juramento que fecho abia dixo que puede aber dies e ocho años, poco mas o menos, que morando en vnas casas que son de Ruy Gonsales Mazodia este testigo e Fernand Garçia de la Higuera,[11] que su suegro del dicho Alonso de Herrera, que se desia Juan Dias, trapero, dixo a este testigo e al dicho Fernand Garçia de la Higuera que sy querian yrse a su casa vn

---

[10] See the trial of Juan González Escogido, No. 80; cf. Biographical Notes.
[11] See the testimony of Gonzalo de Herrera, fol. 2v.

dia del Ayuno Mayor. E que este testigo se fue alla, a casa del dicho su suegro, e que estavan ende otros conversos; e que estubo alli aquel dia en la dicha casa, e que tenia alli el dicho su suegro vn libro de oraçiones de la Ley de Moysen e vna Brivia en que leyan los conuersos que alli estavan. E que asy lo sabe e vido para el juramento que fecho abia.

V Juana Gonsales,[12] muger de Gomes de Chinchilla, veçina en la collaçion de Santa Maria en la calle de Calatrava, testigo presentado por el dicho promutor fiscal, jurada en forma, preguntada por los articulos de la acusaçion dixo que estando este testigo e su marido en Palma en casa de Juan Dias, trapero, vido que estaban ende aquel dia façiendo oraçion en aquella casa muchos conuersos y conuersas. E que esto es lo que sabe, porque lo vido, para el juramento que fiço.

VI Leonor Rodrigues,[13] muger de Alonso Cathalan, veçina en la collaçion de Santa Maria en la calle de Diego Moños, testigo presentado por el promutor fiscal, jurada en forma, preguntada por los articulos de la acusaçion dixo que entrando vna ves este testigo en casa de Ruy Dias, padre de los donzeles, que vido a Juan Dias, su hermano, que estaba rezando y sabadeando de cara ⟨a⟩ la pared. Iten, dixo que sabe e vido como Juan Dias, trapero, hermano del dicho Ruy Dias, e su muger, guardaban el sabado e vestian ropas linpias, e comian el sabado el guisado del viernes, e que alinpiavan los candiles e los ençendian el uiernes en la noche, e comian carne en Quaresmas; e dixo que nunca vido al dicho Juan Dias ni a su muger yr a la yglesia a Misa. E que esto es lo que sabe e vido para el juramento que fiço.

VII Juana de Loaysa, muger que fue del bachiller Pedro de Torres, que Dios aya, vesino en la collaçion de Santa Maria, testigo presentado por el dicho promutor, jurada en forma, preguntada por los articulos de la acusaçion dixo que seyendo este testigo donzella pequeña en casa de su padre, morando çerca de Juan Dias, trapero, y de otro su hermano Rui Dias, sabe que sus mugeres guardaban el sabado y se vestian de fiesta e andavan muy ataviadas, andandose de casa en casa como en pascua, viendolo e sabiendolo los dichos sus maridos.

[12] Juan de Fez said in his confession that she kept the Sabbath; see trial No. 9, fol. 14r. Gómez de Chinchilla was burnt on 23 February 1484. See above, No. 30, and Biographical Notes.

[13] See also the trial of Juan Díaz Doncel (No. 16), where she testified for the prosecution.

VIII° Cathalina Ximenes, hija de Alonso Ximenes, labrador y ortholano, que mora con su madre a la puerta de Santa Maria, testigo presentada por el dicho promutor fiscal, jurada en forma, preguntada por los articulos de la acusacion dixo que abra doze o treze años que moro y entraba y salia en casa de Alonso de Herrera el largo, fasta que abra medio año, poco mas o menos, que salio de su casa; e morava de vna puetra adentro Juan Dias, su suegro, e su muger; sabe e vido que guardavan los sabados y se vestian de fiesta las ropas mejores, y guisavan del viernes para el sabado, y ençendian los candiles (candiles) linpios el viernes en la tarde. E que esto es lo que sabe e vido para el juramento que fiço. |

3v IX Anton Lopes, hijo de Alonso Martines, odrero, vesino a Santa Maria, a la odreria, testigo presentado por el dicho promutor fiscal, jurado en forma, preguntada por los articulos de la acusaçion dixo que abra quinse años, poco mas o menos, que este testigo cognosçio a Garçia Barbas, sastre,[14] que tenia tienda de sastre çerca deste testigo; e sabe que era como rabi, porque mataba carne para los confesos; e vido muchas veses que le llamaban para matar la carne y que el yva alla, y quando venia, preguntavale Juan Dias, trapero, que tenia tienda frontero, que sy le dexaba alguna carne de aquella que avia muerto. Dezia en muchas vezes: Sy, os queda vna pierna. E otras veses: Vnas agujas. E otras vezes desia: Oy no quedo nada; para otro dia lo guardare. E que esto es lo que sabe e vido para el juramento que fiço.

X El bachiller Gonçalo Moños,[15] vesino desta çibdad en la collaçion de Santiago en la cal de Calatraba, testigo presentado, jurado en forma, preguntado por los articulos de la acusaçion dixo que sabe e vido çiertos libros de Juan Dias, padre de los donzeles, y de su hermano Ruy Dias, los quales truxeron a casa de su padre deste testigo. E este testigo leyo en ellos y contenian muchas oraçiones judaycas. E que esto es lo que sabe e vido para el juramento que hizo.

XI Maria Ruys, muger de Anton Biues de Carrion, testigo presentada por el dicho promutor, jurada en forma, preguntada por los articulos de la acusaçion, dixo que puede aber quinze años, poco mas o menos, que este testigo ovo morado con Diego Dias, espeçiero, en esta çibdad, bien tres años, e que en este tienpo vido al dicho su amo leer en vn libro, que desian era la Briuia de Juan

---

[14] See the trial of Juan González Escogido, No. 80; cf. Biographical Notes.
[15] He was a familiar at the Court of the Inquisition; see Biographical Notes.

Trial of Juan Díaz, alias Juan Dinela

Dias, padre de los donzeles; e que quando leya, que estava ende el dicho Juan Dias e otros conuersos con el y conuersas. Y que esto es lo que sabe e vido para el juramento que fiço. Iten, dixo que vio venir muchas vezes alli, a casa de su amo Diego Dias, vn judio que les mataba la carne que abian de comer, e desian ellos a este testigo que porque era mas saborosa la carne trayan alli aquel judio. E que vido venir alli por carne a Juan Dias, trapero, e a otros conuersos. E que esto es lo que sabe e vido para el juramento que fiço morando con el dicho Diego Dias, espeçiero.

XII Juan Grande, vesino en la collaçion de Sant Pedro cabe el Pilar, testigo presentado por el dicho promutor fiscal, jurado en forma, preguntado por los articulos de la acusaçion dixo que puede aver veynte e quatro años, poco mas o menos, que este testigo fallo en casa de Juan Dias, trapero, padre de los donzeles, vn libro pequeño en que estaban las reglas de las Pascuas de Hanuca e Roxiaxania y del Zelahod y del Pan Çençeño y otras muchas oraçiones judaycas; y que dio este libro al ministro que es agora de Sant Françisco. E que esto es lo que sabe e vido para el juramento que fizo.

XIII Juan de Valdecabras el uiejo, tintorero, que solia ser vesino a Santiago çerca de Sant Anton, testigo presentado por el dicho promutor fiscal, jurado en forma, preguntado por los articulos de la acusaçion dixo que abra ve⟨i⟩nte e siete años, teniendo este | 4r testigo el tinte de Hernando Dias, cavallero, e dixo que en este tienpo vido vn judio que vino alli de frontera de Portugal, que se llama Rabi Samuel, el qual leya alli, y le venian oyr muchos conuersos y conuersas. Y que vido como el dicho judio comia a vna mesa con Juan Dias, trapero, o Daynela, y con otros conversos. Lo qual dixo que sabe porque lo vido para el juramento que fiço.

XIV Juan de las Higueras,[16] veçino desta çibdad a Santa Maria en la calle que va de Santa Maria a la calle de Alarcos, testigo presentado por el dicho promutor fiscal, jurado en forma, preguntado por los articulos de la acusaçion dixo que abra veynte e vno o veynte e dos años que este testigo moro a soldada, para que le enseñase a leer e escriuir, con su padre de Alonso de Herrera,[17] que se llamaba Juan Martines, escriuano, con los quales estubo doze años, e ha que salido de su casa desde el robo, aunque puede aber

---

[16] On him, see the trial of Juan González Panpan, No. 14, fol. 3v; cf. Biographical Notes.
[17] For his testimony, see above.

nueve años. E asymesmo conosçio morar alli dentro, en casa del dicho Alonso de Herrera, a su suegro, Juan Dias, trapero, o Juan Deynela, padre de los donzeles, e dixo que en todo aquel tiempo vido que el dicho Juan Dias guardava el sabado, e comia carne degollada, la qual degollava el dicho Juan Dias o de casa del conpadre, e que nunca la comia de la carneçeria. E que sabe que los domingos apuntava e apusava sus paños. E que le vido comer pan çençeño en Quaresma, en la Semana Santa. E sabe e vido que rezaba oraçiones e libros judiegos, segund lo creya, porque le veya mas judio que christiano y lo vido sabadear. Y sabe e vido por las pascuas de los judios que guardaua algunos dias, e que le vido ayunar hasta la noche, y en la noche comia carne. Y sabe e vido que quando comia bendesian la mesa, desiendo: Bendigamos a Dios que de lo Suyo comemos e de lo Suyo beuemos, Bendito sea El y el Su Santo Nonbre. Y que sabe que no comia tosino ni liebre ni conejo ni cosa vedada; y sabe que purgava la carne que comian. Y sabe que murio alli en aquel tienpo vna sobrina del dicho Juan Dias, hija de Ruy Dias, que se llamava Leonor, sabe e vido que non comieron carne aquel dia, puesto que era dia de carne. Y sabe que la endecharon. E sabe e vido que todos los sabados leya el dicho Juan Dias en vna Bribia e en otros libros grandes como la Bribia; e ally venia⟨n⟩ a leer muchas veses Juan Falcon el uiejo e otros muchos conuersos. E que esto es lo que sabe e vido para el juramento que fiço.

XV Juan de Morales,[18] vesino desta çibdad a la collaçion de Sant Pedro en la calle de las Bestias, testigo presentado por el dicho promutor fiscal, jurado en forma, preguntado por los articulos de la acusaçion dixo que abra dies e ocho años o XX, poco mas o menos, que estando este testigo en casa de Juan Dias o Juan Dinela le fallo leyendo en los plautos de Jeremias; estaba el libro estorado, y tenia vnos fuegos como brasero. Preguntole este testigo que que cosa era aquello, e el dixo que era el Fuego Santo del Santo Santorum, que Jeremias lo tenia para lo esconder por que non fuese tomado de la mano de los enemigos que abian de destruyr a Gerusalem, e quel dixo que lo abia escondido, e que Dios abia dicho a Jeremias: No paresçera hasta que venga el Santo de los Santos. E que este testigo dixo: Eso ya es conplido, e ya vino quando vino el Spiritu Santo a Nuestra Señora y tanbien conçebio por Spiritu Santo. El entonçes çerro el libro y no queso mas fablar.

[18] His wife, Inés López, testified against Juan Alegre, No. 15, fol. 4r.

Y esto es lo que sabe y vido y es verdad para el juramento que fico. |

4v XVI Maria Lopes,[19] muger de Pedro de Valladolid, vesino de la villa de Almagro, que mora junto con Santa Maria de los Llanos, testigo presntado por el dicho promutor fiscal, jurado en forma, preguntado por los articulos de la acusaçion dixo que ha veynte años, poco mas o menos, que vido que Juan Dias, padre de los donzeles, guardo el sabado e vestia ropas linpias, y que al dia del domingo fasia en el bardar los asnos; e fasian yr las moças para guiar y non el sabado; y quando ponia de camino el viernes que partian los viernes. E que este testigo oyo desir a Olilla, criada de los donzeles, que los sabados rezava en libros judaycos; y en la Quaresma comia carne; y que los viernes en las noches echavan savanas linpias en la cama; y que los viernes en las noches ençeuava dos adafinas o vna para çenar, y guardaban lo otro para el sabado; y que solempnizava las pascuas de los judios y comia en todas las cosas linpias, fasta el estropajo con que fregavan. E que esto es lo que sabe e vido para el juramento que fiço.

XVII Juana Lopes, muger de Pedro Garçia, defunto, que mora cabe Santa Maria de los Llanos, vesina de Almagro, testigo presentado por el dicho promutor, jurada en forma, preguntada por los articulos de la acusaçion dixo que ha tres años, poco mas o menos, que tuvo por vesino a Juan Dias, trapero, vesino que fue de la Çibdad Real, e a sus hijos, los donzeles, e vido como guisavan de comer el uiernes para el sabado y ençendian candiles linpios el viernes en la noche y guardaban los sabados publicamente, los susodichos e sus mugeres, vestiendo camisas linpias, levantandose tarde ⟨e⟩ yendose a ver parientes. Iten, que vido que el dicho Juan Dias se vestia los sabados de vn manton como judio. E que esto es lo que sabe e vido para el juramento que fiço.

XVIII° Juan Ruis de Molina,[20] vesino a Santa Maria çerca de la moreria a la Lançejuela, testigo presentado por el promutor fiscal, jurado en forma, preguntado por los articulos de la acusaçion dixo que de quarenta años aca sabe e ha visto que Juan Dias, espeçiero, que moraba frontero a las casas de Diego Moños, leyendo el dicho Juan Dias en vna Bribia faboresçia mas la Ley de Moysen que no la de Christo, por quanto hasian sino desputar en la Bliuia. Y que

[19] She testified also against Teresa de Castro of Almagro, Leg. 139, No. 143, fol. 20r.
[20] He was a tax-farmer for the Archbishop of Toledo; see Biographical Notes.

cree que murio en la Ley de Moysen. Y que cree que era judio. E que esta es la verdad de lo que sabe e vido para el juramento que fiço.

XIX Pascual, borçeguilero,[21] veçino en la collaçion de Santiago en la calle del Pintado. testigo jurado en forma, presentado por el dicho promutor fiscal, preguntado por los articulos de la acusaçion dixo que puede aber dies años, poco mas o menos, que este testigo moro con Juan Dias e Rui Dias, su hijo, e con Juan Dias, su sobrino, que se desian los donzeles, bien seys años e mas tienpo que estubo con ellos. Dixo que sabe que ellos e sus mugeres guardaban el sabado e vestian ropas linpias, y que ençendian candiles linpios el uiernes en la noche, e ue guisavan de comer el uiernes para el sabado, e que lo comian el sabado el tal guisado, e que non ençendian candiles ni fazian cosa alguna el dia del sabado. E que esto es lo que sabe e vido para el juramento que fiço.

⟨Notary's remark⟩ quedaron por asentar en este proçeso otros seys testigos que estan en los lybros.[22] |

5r *Blank page*

The Composition of the Court

Judges: Francisco Sánchez de la Fuente
Pero Díaz de la Costana
Assessor: Juan Gutiérrez de Baltanás [23]
Prosecutor: Fernán Rodríguez del Barco

Witnesses for the Prosecution in Order of Testification [24]

1 Gonzalo de Herrera
2 María González, wife of Juan García, *caballero*

---

[21] He was a witness for the prosecution at various trials; see Biographical Notes.
[22] See the sentence in the file of Juan Falcón, the Elder, No. 84, fol. 7r.
[23] His role as assessor in this trial was cited in the trial of Juan Falcón, the Elder, No. 84.
[24] In view of his declaration on the Jewish practices of the accused at this trial, Fernán Falcón should be considered a witness for the prosecution. There were also six more witnesses whose testimonies are not in the file.

Trial of Juan Díaz, alias Juan Dinela

Witnesses for the Prosecution (continued)

3. Catalina Alonso, wife of Alonso Martínez
4. Alonso de Herrera [25]
5. Juana González, wife o fGómez de Chinchilla
6. Leonor Rodríguez, wife of Alonso Catalán
7. Juana de Loaysa, widow of Bachiller Pedro de Torres
8. Catalina Ximénez, daughter of Alonso Ximénez
9. Antón López, son of Alonso Martínez
10. Bachiller Gonzalo Muñoz
11. María Ruiz, wife of Antón Vives de Carrion
12. Juan Grande
13. Juan de Valdecabras, the Elder, cloth dyer
14. Juan de las Higueras
15. Juan de Morales
16. María López, wife of Pedro de Valladolid
17. Juana López, wife of Pedro García
18. Juan Ruiz de Molina
19. Pascual, the buskin maker

Synopsis of Trial

1484

6 Sept. The trial opens, and the prosecutor presents the arraignment. Fernán Falcón makes his declaration on the Jewish practices of the accused.

20 Sept. The prosecutor asks to be received for the presentation of evidence. Thirty days are allowed him for this.

Date unknown The witnesses begin to testify.[26]

Date unknown *Consulta-de-fe.*

1485

15 March The sentence is pronounced and is carried out at the *auto-de-fe* held in the Town Square [27]

---

[25] He was condemned, and the sentence was carried out; see Biographical Notes.
[26] They probably began to testify, at least in part, by the end of the month.
[27] See the trial of Juan Falcón, the Elder, No. 84.

86   Trial of Diego López, Shoemaker
1484–1485

Source: AHN IT, Legajo 160, No. 477, foll. 1r–19r; new number: Leg. 160, No. 8.

Diego López of Almodovar, who died in 1481, was tried posthumously. His trial began on 6 September 1484. Fernán Falcón testified on his Jewish practices, as did other witnesses who reported that he porged a leg of mutton to make it kasher, and that he was buried according to Jewish rites. His wife and daughters (see their genealogy on p. 608) were also tried in the fifteenth century and in the second decade of the sixteenth century. Some of his Jewish acts may have been connected with the Judaizing of his daughters: Inés López, who was tried twice, in 1495–1496 and in 1511–1512;[1] Violante, the wife of Pedro de San Román, who was tried in 1494;[2] and Leonor Alvárez,[3] the wife of Juan de Haro.
Although his wife, Elvira González, who was reconciled during the Period of Grace, later testified against him, he was absolved on 15 March 1485. This was most likely due to the fact that his son-in-law Juan de Haro, a tax-farmer to the King, engaged Juan Gómez as counsel for the defence.
Fernán Falcón's testimonies were usually considered trustworthy by the Court, but this time the defence had the upper hand. The procedure of the trial was somewhat faulty: there was no presentation of witnesses for the prosecution; no interim sentence; no petition that a copy of the testimonies be given to the defence, etc. At any rate, none of these items was entered in the file.

[3]   She was condemned to life imprisonment on 25 October 1946.

[1]   She was handed over to the Secular Arm and burnt on 16 August 1512.
[2]   She was burnt on 30 June 1494.
[3]   She was condemned to life imprisonment on 25 October 1496.

1r Toledo   No se prouo contra el
                  libre
                           Legajos No. 12
            Contra Diego Lopes çapatero
               Muerto   Toledo
            Asuelto en XV de março de LXXXV
                           No tiene genealogia
            Beatris Gonçales muger de Juan Falcon el moço

1v *Blank page*

2r Muy Reuerendos e Virtuosos Señores:
6 *Sept.* Yo, Fernand Rodrigues del Barco, capellan del Rey nuestro señor,
1484 promutor fiscal de la Santa Ynquisiçion, acuso ante Vuestras Reuerençias a Diego Lopes, çapatero, defunto, el qual, syn themor de
Dios e en oprobrio e ynjuria e menospreçio de nuestra Santa Fe
Catolyca, biuiendo en posysyon e en nonbre de christiano e asy se
llamando, e gosando de los preuillejos, exençiones e ynmunidades a
las tales personas conçedidos, judayso, heretico e apostato, guardando la Ley de Moysen e sus rictos e çerimonias en los casos e cosas
syguientes, conviene a saber: mandando ençender candiles el viernes
tenprano por honra de la dicha ley; e que guisava e mandaua e
consentia guisar el viernes lo que avian de comer el sabado; e
guardando los sabados e çesando de toda obra e vistiendose en
ellos ropas linpias e de fiesta; e guardando asimesmo las pascuas
de los judios por honra de la dicha ley; e quebrantando las fiestas
que la Madre Santa Yglesia manda guardar. Yten, judayso, heretico
e apostato en otros casos e cosas, los quales protesto de desyr e
alegar en el proçeso desta mi acusaçion en su tienpo e lugar, sy
nesçesario me fuere. Por que os pido e requiero, Reuerendos
Señores, que pues el dicho Diego Lopes notoriamente judayso,
heretico e apostato en las cosas e casos por mi ya susodichas, y
por tal notorio lo alego, por lo qual yncurrio en confiscaçion e
perdimiento de todos sus bienes e en sentençia descomunion mayor
e en todas las otras penas e çensuras por los sacros canones y leyes
contra las tales personas ynpuestas, que lo declareys e pronunçieys
por hereje, mandandole desenterrar adondequiera ⟨*sic*⟩ que estuuiere su cuerpo e quemar a el e a sus huesos, e aver yncurrido en

[581]

confiscaçion e perdimiento de todos sus bienes desde el dia que cometio la tal heregia, y ser aplicados a la camara y fisco de los Reyes nuestros señores. La qual dicha acusaçion pongo en la mejor manera, via e forma e modo que puedo e de derecho devo, con protestaçion que hago de añadir e amenguar e corregir en ella cada e quando nesçesario e bien visto me fuere. Para en lo qual y en todo lo nesçesario ynploro vuestro noble y reuerendo ofiçio, y las costas pido e protesto, e sobre todo pido serme fecho conplimiento de justiçia.

E juro a las hordenes que reçebi que esta acusaçion que pongo contra el dicho Diego Lopes, que non la pongo maliçiosamente, saluo porque en fecho de verdad paso asy, segund e como e en la manera e forma por mi susodicha. E protesto, segund protestado tengo, que sy a otra justificaçion o solepnidad o declaraçion desta dicha mi acusaçion el derecho me obliga, que estoy presto y aparejado de la faser sy y en quanto nesçesario me fuere, y non mas.

En VI de setienbre de LXXXIIII°, por el promutor fiscal, en absençia, non paresçio persona alguna, acuso la contumaçia e rebeldia. Los señores lo resçibieron, e mandaron dar termino de IX dias que venga desiendo e concluyendo.

14 Sept. En XIIII° de setienbre el promutor acuso las contumaçias e rebel-
1484 dias e concluyo; pidio ser resçibido a prueua. Los señores concluyeron con el; resçibieronlo a la prueua a XXX dias. |

2v *Blank page*

Defence

3r Diego Lopes

Muy Reuerendos e Virtuosos Señores:
Iohan Gomes [4] en nonbre e como procurador que soy de las fijas de Diego Lopes de Almodouar, que fue vesino desta Çibdad Real, ya defunto, beso las manos de Vuestras Reuerençias e me encomiendo en Su Merçed, ante la qual paresco respondiendo a vna acusaçion contra el dicho Diego Lopes que fue propuesta e yntentada por el honrado Fernand Rodrigues del Varco, vuestro promutor fiscal, en que dixo que, biuiendo el dicho Diego Lopes, cometyo e fiso çiertos actos e çerimonias e cosas de la Ley de Muysen, apostatando nuestra Fe e se apartando della en todo o en parte, e todas las dichas çerimonias e cosas en obseruançia de la dicha ley, sobre

---

[4] On him and on his method of defence, see Beinart, pp. 133 ff.

Trial of Diego López

que pide que dis que pues el dicho Diego Lopes heretyco notoriamente en las cosas susodichas, Vuestras Reuerençias lo declaren e pronunçien por hereje, e le manden desenterrar su cuerpo e quemar sus huesos, e aver yncurrido en las otras penas çeuiles e criminales en los sacros canones e leyes contra los tales estableçidas. La qual auida aqui por resumida, segund que en ella mas largo se contiene, digo, Reuerendos Señores, dexadas las excebçiones que contra las dicha acusaçion a las dichas mis partes convenga a cabsa del sumario conosçimiento que este proçeso requiere, que el dicho Diego Lopes que fue, non quiera Dios ni mande aya perpetrado ni cometido las dichas cosas e casos heretycos en la dicha acusaçion contenidos, antes, todos los dias e tienpos de su vida biuio e obro como bueno, fiel a catolico christiano, teniendo, creyendo ⟨e⟩ confesando por entero todas aquellas cosas que la Santa Madre Yglesia tiene, cree, predica e confiesa ⟨e⟩ manda guardar, e en tal reputaçion e comun estimaçion fue auido e tenido, e asi ⟨ha⟩ obrado, segund dicho es, e como catolico, segund Vuestras Reuerençias podran ser sabidores por verdadera ynformaçion e prouança que ante aquellas entiendo faser, contynuo en los tienpos convenibles que a el posible eran e podia segund su facultad variar en seruiçio de Dios, oyr las Misas e Sermones e Oras Canonicas en las yglesias çelebradas, e aquellas visitando en los tales tienpos, e cunpliendo las obras de misericordia e cosas de nuestra Santa Fe; e sy algo de aquellas tan entero non fiso, çesaria dellas como pecador, enpero non como heretyco, ni tal quiera Dios. Ni menos que el ouiese ençendido los que dise candiles por çerimonia, e de sy paresçe

3v cosa | non verisimile, como los tales actos mas convengan a mugeres e moças e siruientas de casa que non a los onbres, ni aquellos el consyntio ençender, porque era onbre que en las tales cosas non entendia ni aquellas se enboluia. Lo qual esomismo digo del que dise en guisando de viernes para el sabado; que aquello convenga a las mugeres e non a el, el qual, segund la condiçion que touo, comiera lo que le dieran e segund su estado le convenia. Ni otrosy guardo los que dise sabados por çerimonia, ni se fallara que al tienpo que su ofiçio vso çesaua ni çeso de faser en el mas que en los otros dias de entre semana, e despues, quando Dios quiso dar honra e fasiendas a sus fijas que lo pudiesen mantener, ni trabajaua en dia de sabado ni en otro alguno de la semana. E lo que el vestia en el dia del sabado, aquello mismo se vestia en otro qualquier dia de entre semana, syn faser mas diferençia en voluntad e obra mas aquel dia que otro. E las pascuas que se dise aver guardado en comun de todo el año çesar de obra e non faser cosa alguna, pudo acaeçer porque todos los dias folgaua, enpero non por çerimonia ni otra cosa puede paresçer por prouança que alguno no sea de contradiçion, e sy el quebranto algunas fiestas, podia ser acaso e con nesçesydad grande de mas non podia faser como otros christianos deuan, enpero non con damnada entençion de heretycar, e ynposible seria prouar que el con animo de heretycar tal fisiese, como ninguno puede ser sabido⟨r⟩ del coraçon de otro. Pero, Reuerendos Señores, digo que lo contenido en la dicha acusaçion non paso en realidad ni segund e en la forma que en ella se contiene, e asy se niega; por que lo pedido contra el dicho Diego Lopes non ha logar ni deue ser fecho ni conplido por Vuestras Reverençias con justiçia, a las quales suplico, por las rasones ya dichas, manden declarar e pronunçiar la dicha acusacion contra el dicho Diego Lopes que fue non aver lugar, e sy nesçesario es, lo den por libre e quito della, e a las dichas sus fijas asimesmo, poniendo perpetuo silençio çerca dello al dicho promutor; e negando, como niego, segund suso, la dicha acusaçion, sy [   ], concluyo.

Et digo otrosy, Reuerendos Señores, que, caso negado que algo de lo contrario el dicho Diego Lopes, acusado, pasara, que a notiçia de los dichos mis partes non viene, de lo qual tiene⟨n⟩ justa causa de ynorar, que en los postrimeros tiempos de su vida e quando el dicho Diego Lopes adolesçio de la enfermedad que fallesçio, se confeso e comulgo e resçibio los sacramentos, e en la recebçion de aquellos se profirio, menifesto e dixo ⟨como⟩ buen, fiel e catolico
4r christiano | que tenian, creen e guardan la Santa Fe Catolica e los artyculos de la Fe, en espeçial segund se acostunbran faser quando por algund fiel christiano se resçibe el Corpus Christi, que en aquella Fe queria morir e murio, en la qual muriendo e fasiendo, segund dicho es, ⟨ha⟩ auido ⟨e⟩ resçebido absoluçion entera de sus culpas, e a el ynjunta ⟨sic⟩ penitençia saludable dellas; la dicha absoluçion junto a lo susodicho, que tal artyculo le pudo reconçiliar por entero a la Santa Fe Catolica e confirmar e redusir a ella, e ser absuelto de qualquier sentençia en que ouiese yncurrido e de la dicha pena de confiscaçion e de sus huesos e de todo lo al que contra el se pide. Por que, Reuerendos Señores, digo e pido e concluyo en todo segund suso.

Opposition of Prosecutor — Opposition Overruled

15 Sept. En XV dias de setienbre de LXXXIIII°, ante los dichos señores en
1484 juysio, paresçio Juan Gomes en el dicho nonbre e presenta este

Trial of Diego López

escripto de respuesta. E luego el dicho promutor fiscal dixo que sus reverençias non devian resçebir el dicho escripto, por quanto era pasado el termino a el asignado y le presentaba fuera de termino, y que non consentia, y pedia a sus reverençias que non resçebiesen la dicha respuesta, y que con esto y con lo contenido en su acusaçion dixo que concluya e concluyo. El dicho Juan Gomes concluyo asimesmo. Los dichos señores concluyeron e dieron sentençia, en que resçebieron las partes a la prueva fasta XXX dias primero, etç.

Testigos: Anton Moreno e Juan de Las Higueras e Fernand Falcon.[5] |

4v *Blank page*

Defence Continued

5r {Hijas de Diego Lopes de Almodouar}
En XXVII de setienbre
Muy Reuerendos e Virtuosos Señores:
Yo, el dicho Juan Gomes, en nonbre e como procurador que soy de las fijas de Diego Lopes de Almodouar, ya defunto, paresco ante Vuestras Reuerençias e les pido e suplico que a los testigos que por mi en los dichos nonbres son e fueren presentados en la cabsa de la acusaçion por el dicho promutor fiscal puesta ante Vuestras Reuerençias contra el dicho Diego Lopes, defunto, les manden faser las preguntas e ynterrogaçiones siguientes:

I Primeramente, sy conosçieron al dicho Diego Lopes, defunto, e sy conosçen a las dichas sus fijas, mis partes.

II Yten, sy saben, vieron, oyeron desir o creen que el dicho Diego Lopes fue e biuio todos los dias e tienpos de su vida como fiel catolico christiano, e en tal posesyon, reputaçion e comun estimaçion fue auido e tenido, e como tal manifestaua, publicaua e confesaua tener e creer todas aquellas cosas que la Santa Madre Yglesia tiene, cree, predica e confiesa.

III Yten, sy saben, etç., que fasiendo obras de tal catolico christiano continuaua las yglesias en los tienpos que podia, segund la facultad de su fasienda e manera de buiuir, a oyr Misas, Ofiçios e Sacrifiçios Diuinos en ellas çelebrados, e se confessua e comulgaua en tienpos deuidos e en sus enfermedades, quando la dispusiçion dello se lo requeria.

---

[5] See Biographical Notes.

IIII° Yten, sy saben, etç., que las mismas lunbres, candelas e candiles con que se alunbraua en su casa las otras noches de entre semana, de aquella manera se alunbraua los viernes en las noches, con las que a caso auia, segund que en las otras noches, syn faser espeçialidad ni çerimonia.

V Yten, sy saben, etç., que se guisaua e el guisaua en su casa lo que se avia de comer en los sabados en aquel dia, e de aquello comia.

VI Yten, sy saben, etç., que en los mismos sabados fasia e trabajaua en las mismas obras e cosas que en los otros dias de entre semana fasia, e se vestia las mismas ropas de paño e de lienço aquel dia, como en los otros dias de entre semana, syn faser diferençia, e que las tornaua linpias e nueuas para vestir era en los domingos e dias festiuales estableçidos por la Yglesia. |

5v VII Yten, sy saben, etç., que el dicho Diego Lopes, de seis e ocho o veynte años a esta parte, poco mas o menos tienpo, folgaua todo lo mas del tienpo e non fasia en espeçial obra alguna, saluo acaso negoçiar algunas cosa de soliçitaçion e negoçiaçion e liuiano trabajo, lo qual fasia en qualquier dia e tienpo del año, sin poner ni faser diferençia de dia alguno señalado, saluo como le ocurria o seyendo fiesta mandada guardar por la Yglesia.

VIII° Yten, sy saben, etç., que el dicho Diego Lopes guardaua los domingos e fiestas mandadas guardar por la Santa Madre Yglesia, sy non fuese que algund liuiano trabajo, como otro catolico.

E Vuestras Reuerençias les manden faser las otras preguntas al caso pertenesçientes, para lo qual e en lo nesçesario ynploro vuestro rcuerendo e noble ofiçio. |

Witnesses for the Defence

6r Provança de los fijos de Diego Lopes de Almodovar
Benito Sanches, mayordomo de Juan de Haro

I El dicho Benito Sanches, testigo presentado por Juan Gomes en el dicho nonbre, jurado en forma, preguntado por las preguntas del interrogatorio, por la primera pregunta dixo que conosçio al dicho Diego Lopes en la dicha primera pregunta contenido de çinco o seys años a esta parte, poco mas o menos, porque dixo que estuvo el dicho Diego Lopes el dicho tienpo en casa del dicho Juan de Haro fasta que murio el dicho Diego Lopes, morando este testigo con el dicho Juan de Haro.

II A la segunda pregunta dixo que en aquel tienpo que este testigo conosçio al dicho Diego Lopes e estubo en casa del dicho Juan de

Haro, que le vido beuir como christiano e façer obras de christiano en todo lo que este testigo pudo ver y conosçer, y que el por christiano le tenia. E dixo que sy otra cosa avia en el ofiçio que este testigo non lo sabe.

III A la terçera pregunta dixo que sabe que le vido yr a la yglesia los domingos e las fiestas de guardar, e oyr las Misos e Oras que se desian como christiano. E que lo otro contenido en la dicha pregunta que non lo vido ni lo sabe.

IIII° A la quarta pregunta dixo que en todo el dicho tienpo que le conosçio que estaba en casa de Juan de Haro, nunca vido façer diferençia ni mudança alguna en la candela mas viernes en la noche que en otras noches de los otros dias, ni vido que feçiese çerimonia judayca ni lo oyo desir.

V A la quinta pregunta dixo que sabe que comia el sabado y todos los otros dias de las viandas que se guisavan e comian en casa de Juan de Haro, donde el estaba, en el tienpo que en ella estubo.

VI A la sesta pregunta dixo que en aquel tienpo que estubo este testigo en casa de Juan de Haro, que estaba ende el dicho Diego Lopes, que nunca le vido façer mas mudança en el vestir de la camisa e ropa el dia del sabado mas que otro dia qualqueera de entre semana, ni lo consentiera Juan de Haro que en su casa se fesiese aquello ni otra çerimonia judayca.

VII A la VII pregunta dixo que en aquel tienpo que lo conosçio fue en casa del dicho Juan de Haro, e que eso le vido façer el dia del sabado que façia otro qualquier dia de labor de la semana.

VIII° A la VIII° pregunta dixo que en el dicho tienpo que estubo en la dicha casa, que le vido guardar los domingos e fiestas mandadas guardar por la Yglesia, e que sienpre le vido aconpañarse con christianos viejos mas que con conversos, e aun que se desuiaba de su conpania dellos.

Iten, dixo que nunca le vido façer çerimonya alguna ni lo oyo desir que la oviese fecho ni que de tal fuese infamado, e dixo que esto es lo que sabe e vido para el juramento que fecho abia.

Anton Tenbleque, veçino en la collaçion de Santa Maria |

6v I El dicho Anton Tenbleque, testigo presentado, jurado en forma, preguntado por las preguntas del interrogatorio, por la primera pregunta dixo que conosçio al dicho Diego Lopes, contenido en la dicha pregunta, porque dixo que este testigo moro en casa de Juan de Haro dies años, poco mas o menos, e que todo este tienpo conosçio al dicho Diego Lopes, que estaba en casa del dicho Juan de Haro su yerno. E dixo que conosçe a sus fijas.

II A la segunda pregunta dixo que sabe que en aquel tienpo que estubo en casa del dicho Juan de Haro, que sienpre le vido façer obras de christiano, e beuir como christiano, e comer e beuer con los de casa de todo lo que aquellos comian, e que le vido que fasia todas las cosas que otro qualquier christiano façia, e que el Diego Lopes se aconpañava mas con christianos viejos gue non con conversos.

III A la terçera pregunta dixo que sabe que los domingos e fiestas mandadas guardar por la Yglesia que yva a Misa, horas con Juan de Haro, otras veses con los de su casa, e que le vido estar en la yglesia e oyr las Misas que en ella se desian, como christiano. Pero dixo que no le vido confesar ni comulgar, ni lo sabe.

IIII° A la quarta pregunta dixo que sabe e vido que por la misma via que se alunbravan en la dicha casa las noches de los dias de la semana, que por aquella via e forma se alunbrava(v)n el uiernes en la noche, sin façer diferençia alguna mas el uiernes en la noche que las otras noches.

V A la quinta pregunta dixo que sabe que tanbien comia el sabado de las viandas que se guisavan en casa del dicho Juan de Haro, donde estava, como en los otros dias de la semana, sin dyferençia alguna. E dixo que nunca vido al dicho Diego Lopes guardar sabado ni façer çerimonia judayca, ni oyo desir que la feçiese.

VI A la sesta pregunta dixo que sabe que las lavores que façia entre semana, en los dias de lavor, aquellas e otras semejantes façia el dia del sabado, sin ninguna diferençia. E asymismo traya el dia del sabado vestidas las ropas de lana e de lino que traya en los otros dias de entre semana, sin façer mudança ni diferençia alguna.

VII A la setima pregunta dixo que sabe que el dicho Diego Lopes façia pocas lavores en casa del dicho Juan de Haro, e que aquellas façia tanbien el dia del sabado como otro qualquier dia de labor, sin façer ninguna diferençia.

VIII° A la otava pregunta dixo que sabe que el dicho Diego Lopes guardaba los domingos e fiestas, segund que en la dicha pregunta se contiene.

Iten, dixo que nunca le vido façer ninguna çerimonia judayca ni lo oyo desir, e que nunca oyo desir que era infamado dello. E que esto es lo que sabe e vido para el juramento que fiço.

Trial of Diego López

Juan Garçia, carretero

I El dicho Juan Garçia, carretero, testigo presentado por el dicho Juan Gomes en el dicho nonbre, jurado en forma, preguntado por las preguntas del interrogatorio, por la primera dixo que conosçio al dicho Diego Lopes de doçe años a esta parte, poco mas o menos, que dixo que morava çerca deste testigo. |

7r II A la segunda dixo que a lo que paresçia, que lo vido que biuia como christiano, e que este testigo por tal le tenia, pero que si otra cosa fasia, que este testigo non lo vido.

III A la terçera pregunta dixo que algunas veses le vido en la yglesia, pero que lo otro contenido en la dicha pregunta dixo que non lo sabe.

IIII° A la quarta pregunta dixo que lo que sabe de lo contenido en la dicha pregunta es que oyo desir a vnos moços que tenia el dicho Diego Lopes en su casa que tenia vna lanparilla, e avn dixo este testigo ⟨que⟩ la vido, pero que non sabe quando la ençendian, e que sabe que despues desato Juan de Haro aquel portal donde estaba la lanparilla colgada.

V A la quinta pregunta dixo que non lo sabe.

VI A la VI pregunta dixo que le vido asas veses yr a la heras de Juan de Haro quando tenia pa en ellas tanbien en dia de sabado, como en otro dia qualqueera de la semana.

VII A la VII pregunta dixo que sabe que era honbre holgado e de poco trabajo, e que se aconpañava con christianos viejos a jugar e a folgar, e que sabe que tanbien comia tosino como otro christiano viejo qualqueera, e que nunca le vido façer mas diferençia el dia del sabado que otro qualquier dia de la semana.

VIII° A la otaba pregunta dixo que le vido que guardaba los domingos e las pascuas e fiestas de la Santa Madre Yglesia. E que sabe que era honbre holgado. Preguntado por las otras preguntas al fecho pertenesçientes dixo que desia lo que dicho abia, e que esta es la verdad de lo que sabe para el juramento que fiço, e dixo que nunca le vido façer çerimonia, ni lo sabe, ni lo oyo desir que la oviese fecho.

Cathalina Martines, muger de Juan Gonsales de Sant Fagund

I La dicha Cathalina Martines, testigo presentada, jurada en forma, preguntada por las preguntas del interrogatorio, por la primera pregunta dixo que conosçio al dicho Diego Lopes, porque dixo que continuo en su casa mas de veynte años dias e noches, e dixo que conosçe a sus hijos.

II A la segunda pregunta dixo que sabe que en el dicho tienpo que cognosçio al dicho Lopes, que le vido que beuia como christiano e que fasia obras de christiano e que por tal le tubo este testigo e que en tal posesion estaba.

III A la terçera pregunta dixo que algunas veses le vido este testigo estar en la yglesia e oyr Misa como christiano.

IIII° A la quarta pregunta dixo que en el tienpo que este testigo seguia e estubo en su casa, que dixo que fueron muchos dias e noches, que nunca vido que feçiesen mas diferençia en ençender candiles e candelas en los viernes en las noches que en las otras noches de la semana, e que nunca le vido faser çerimonia judayca en todo el dicho tienpo que le conosçio. |

7v V A la quinta pregunta dixo que sabe que lo que se abia de comer el dia de sabado en su casa se guisava aquel dia, e que de aquello comian aquel dia todos los de su casa y el mismo Diego Lopez.

VI A la sesta pregunta dixo que sabe, que tanbien trabajaba en su ofiçio, en lo que el podia, el dia del sabado como otro qualquier dia de entre semana, e todos los de su casa; e que las mismas ropas que se vestia e traya en los dias de entre semana, aquellas mismas se vestia e traya en los dias de los sabados, sin façer diferençia alguna mas aquel dia que los otros.

VII A la VII pregunta dixo que sabe que era honbre que sienpre trabajava en su ofiçio de conprar e vender en lo que el podia, sin façer diferençia alguna mas vn dia que otro, saluo sy fuese domingo o fiesta de guardar.

VIII° A la otaba dixo que sabe que guardaba los domingos e fiestas mandadas guardar por la Yglesia.

Preguntada por las otras preguntas al fecho pertenesçientes dixo que desia lo que dicho abia, e dixo que nunca le vido façer çerimonia judayca ni oyo desirque la fisiese ni della fuese (della) infamado. E que esto es lo que sabe para el juramento que fiço.

Juana Gonçales, muger de Alonso Martines de Murçia, veçino en Barrionuevo

La dicha Juana Gonsales, testigo presentada, jurada en forma, preguntada por las preguntas del interrogatorio, por la primera pregunta dixo que conosçio al dicho Diego Lopes de quinse años (años) a esta parte, poco mas o menos, que dixo que moro este testigo çerca de su casa, que moraba cabe Juan de Haro, e que conosçe a sus hijas.

II A la segunda pregunta dixo que en el dicho tienpo que le

Trial of Diego López

conosçio, que sabe que bivio como christiano e que le vido façer tales obras, e que este testigo en tal posesion de christiano le tubo e conosçio.

III A la terçera pregunta dixo que sabe que yva a la yglesia e oya las Misas e Ofiçios e Sermones que en ellas se desian como buen christiano con buena devoçion, pero que sy se confesaba, que non lo vido, ni le vido resçebir el Cuerpo de Dios, e que non lo sabe.

IIII° A la quarta pregunta dixo que non lo sabe.

V A la quinta pregunta dixo que non lo sabe.

VI A la sesta pregunta dixo que sabe e vido que tanbien amasavan e cosian el pan e façian otras façiendas e labores en casa del dicho Diego Lopes los dias del sabado, como en otro qualquier dia de lavor, e dixo que en quanto al vestido que trayan, que non miro en ello e que non lo sabe.

VII A la VII pregunta dixo que non lo miro, e que desia lo que dicho abia en la sesta pregunta.

VIII° A la otaba pregunta dixo que sabe que el dicho Diego Lopes guardaba los domingos e las fiestas mandadas guardar por la Yglesia.

Preguntada por las otras preguntas al fecho pertenesçientes, dixo que desia lo que dicho abia, e dixo que nunca le vido façer çerimonia alguna ni lo oyo desir ni que de tal cosa fuese infamado. |

8r Cathalina Martines, muger de Alonso de Toledo, veçino a Santa Maria

I La dicha Cathalina, testigo presentada, jurada en forma, preguntada por las preguntas del interrogatorio, por la primera pregunta dixo que conosçio al dicho Diego Lopes de doçe o trese años a esta parte, porque dixo que el dicho Diego Lopes seguia mucho en casa de su padre deste testigo.

II A la segunda pregunta dixo que en todo el dicho tienpo que este testigo conosçio al (al) dicho Diego Lopes, le vido que biuia como christiano e que façia obras de christiano, e que este testigo dixo que por tal le tenia en quanto del pudo ver y conosçer.

III A la terçera pregunta dixo que le vido algunas veses estar en la yglesia oyendo Misa como christiano, pero que non sabe sy se confesaba ni sy resçibio el Cuerpo de Dios, porque dixo que non lo vido este testigo.

IIII°, V A la quarta e quinta pregunta⟨s⟩ dixo que non lo sabe.

VI A la sesta pregunta dixo que non lo sabe.

VII A la setima pregunta dixo que non lo sabe.

VIII° A la otaba pregunta dixo ⟨que⟩ algunas ⟨veses⟩ vido este testigo al dicho Diego Lopes algunos domingos e disantos yrse a folgar a casa de su padre deste testigo.
Preguntada por las otras preguntas al fecho pertenesçientes dixo que desia lo que dicho abia, e que nunca oyo desir que fuese infamado de ninguna çerimonia judayca.

Helena Gonsales,[6] muger de Juan Manojo, veçino en la collaçion de Sant Pedro
I La dicha Helena Gonsales, testigo presentada por el dicho Juan Gomes en el dicho nonbre, jurada en forma, dixo que conosçio al dicho Diego Lopes de honçe años a esta parte, poco mas o menos, porque este testigo dixo que le conosçio que estava en casa de Juan de Haro, e que criava a la saçon este testigo vn hijo del dicho Juan de Haro; e dixo que conosçe a sus hijas del dicho Diego Lopes.
II A la segunda pregunta dixo que en el dicho tienpo que le cognosçio, estando en casa del dicho Juan de Haro, que sienpre le vido beuir como christiano e façer obras de christiano, e que este testigo por tal le tenia e le conosçio.
III A la terçera pregunta dixo que non lo vido ni lo sabe, saluo que vio como los moços de Juan de Haro reñian con el dicho Diego Lopes porque non les dava lo que abian menester de mañana para se yr a labrar, e que el les desia que venia de la yglesia de oyr la Misa del alba.
IIII° A la quarta pregunta dixo que lo sabe segund que en la facer el dicho Diego Lopes non se consentiera en casa del dicho tienpo, estando en casa del dicho Juan de Haro.
V A la quinta pregunta dixo que lo sabe porque lo vido asi estando en casa del dicho Juan de Haro, e aunque otra cosa quisiera facer el dicho Diego Lopes non se consentier a en casa del dicho Juan de Haro, donde el estaba.
VI A la VI pregunta dixo que sabe que tanbien trabajaba el dicho

---

[6] She also testified for the defence at the trials of María González, wife of Rodrigo de Chillón (No. 105, fol. 28r); Juana Nuñez (No. 107, foll. 32v–33r); María González, wife of Alonso de Merlo (No. 106, fol. 23r). The defence at the trial of Leonor Alvarez mentioned that she knew about the hatred of María González, wife of Pedro de Villarreal, for Leonor; see trial No. 101, fol. 20v (cf. foll. 23r, 25r). Further, she is mentioned in the *tacha* that Diego Mudarra cited against María González, wife of Pedro de Villarreal, in the trial of Juan Ramírez, No. 109, fol. 94v.

Trial of Diego López

Diego Lopes en su ofiçio, en lo que podia façer, el dia del sabado, como en otro qualquier dia de la semana, sin ninguna diferençia. |

8v VII   A la VII pregunta dixo que oyo desir este testigo que antes que el dicho Diego Lopes casase a su fija con Juan de Haro, que era çapatero, e que desque la caso que non vso mas el ofiçio de la çapateria, e que su ofiçio era despues entender en la façienda de sus yernos, con sus moços, sin que guardase mas el dia del sabado que otro dia qualqueera de labor, saluo si fuese fiesta.

VIII°   A la otaba dixo que sabe que guardava los domingos e fiestas que la Yglesia manda guardar, porque dixo que lo vido asi en el dicho tienpo.

Preguntado por las otras preguntas al fecho pertenesçientes dixo que desia lo que dicho abia, e dixo que nunca le vido haçer çerimonia judayca ni oyo desir que la oviese hecho. E que esta es la verdad para el juramento que fecho abia.

Juan Manojo, veçino desta çibdad [7]

I   El dicho Juan Manojo, testigo presentado por el dicho Juan Gomes en el dicho nonbre, jurado en forma, dixo, preguntado por las preguntas del interrogatorio, a la primera dixo que conosçio al dicho Diego Lopes de ocho años o nueve a esta parte, poco mas o menos, porque este testigo dixo que moro en casa de Juan de Haro dos años e le veya estar alli continuamente.

II   A la segunda pregunta dixo que sabe que en los dichos dos años que este testigo moro con Juan de Haro e conosçio alli al dicho Diego Lopes, que le vido que se trataba e beuia como christiano, e que le veya façer obras de christiano, e que este testigo le tenia por buen christiano, pero que si otra cosa abia en el, que este testigo non lo sabe.

III   A la terçera pregunta dixo que lo vido en aquel tienpo los domingos e las fiestas de holgar yr a la yglesia e oyr Misa como christiano, pero que non le vido confesar ni comulgar, ni lo sabe.

IIII°   A la quarta pregunta dixo que en aquel tienpo que este testigo estubo en casa de Juan de Haro, que entraba a las noches a pensar las bestias e por paja, etç., para ellas en la misma casa donde el dicho Diego Lopes estaba e dormia, e que nunca vido façer en las candelas e candiles que se ençendian a las noches mas

---

[7]   On 25 January 1513, he was mentioned as a witness to a *tacha* against Catalina, the Elder, at the trial of María González, wife of Alonso de Merlo, No. 106, fol. 19v.

diferençia el viernes en las noches que otras noches de entre semana.

V   A la quinta pregunta dixo que sabe que algunas veses, en algunos sabados, comia el dicho Diego Lopes con los moços de casa, e que le vido comer de lo que ellos comian.

VI   A la sesta pregunta dixo que sabe que las mismas labores que façia los dias de labor entre semana, aquellas façia el los dias del sabado, sin façer mas diferençia aquel dia que otro qualquier dia de labor, saluo si fuese fiesta. E que las mismas ropas de lana e lino que traya entre semana, aquellas traya el sabado, sin façer otra mudança, saluo sy fuese fiesta.

VII   A la VII pregunta dixo que en el dicho tienpo que alli estubo, que le vido que negoçiava en la façienda de Juan de Haro en lo que podia en qualquier dia de la semana.

VIII°   A la VIII° pregunta dixo que sabe que guardava los domingos e las fiestas de la Yglesia que se mandavan guardar, como otro qualquier christiano.

Por las otras preguntas al fecho perteneçsientes dixo que desia lo que dicho abia, e dixo que nunca le vido façer ninguna çerimonia judayca ni oyo desirque la oviese fecho. |

9r Juan de Molina, bachiller de la gramatica [8]

I   El dicho bachiller, testigo presentado por Juan Gomes en el dicho nonbre, jurado en forma, preguntado por las preguntas del interrogatorio, por la primera pregunta dixo que conosçio al dicho Diego Lopes de doçe o treçe años a esta parte, poco mas o menos, porque dixo que enseñava este testigo a leer a vna fija del dicho Diego Lopes.

II   A la segunda pregunta dixo que al tienpo que este testigo conosçio al dicho Diego Lopes, que le cognosçia por christiano, pero dixo que sy otra cosa façia o abia en el, que non lo sabe.

III   A la terçera pregunta dixo que non sabe lo en ella contenido.

IIII°   A la quarta pregunta dixo que non lo vido ni lo sabe.

V   A la quinta pregunta dixo que este testigo se acuerda que algunos sabados vido en casa del dicho Diego Lopes el dia del sabado ençendido fuego e guisar de comer, e depues le vido comer de aquello guisado.

VI   A la sesta pregunta dixo que non se acordaba de lo contenido en la dicha pregunta ni lo sabe.

---

[8]   He testified for the defence at the trial of Catalina de Zamora, No. 74, fol. 22r; see also the trial of Mayor González, No. 116, fol. 4v.

VII A la VII pregunta dixo que en lo que este testigo pudo ver e saber era honbre de poco trabajo, e que algunas veses le vido negoçiar (en negoçiar) en negoçios de otras personas levianamente.

VIIIº A la VIIIº pregunta dixo que en lo que este testigo vido, que le paresçe que guardava los domingos e fiestas. E que esto es lo que sabe del fecho para el juramento que fiço.

Dicho de Pedro Ruis, cura de Santa Maria

I El dicho Pedro Ruis, cura, testigo presentado por parte de los hijos del dicho Diego Lopes, jurado en forma, preguntado por las preguntas del interrogatorio, por la primera pregunta dixo que conosçio al dicho Diego Lopes çinco años antes que el fallesçiese porque era su perrochiano e morava çerca de la yglesia.

II A la segunda pregunta dixo que este testigo le vido beuir como christiano en aquel tienpo que le conosçio, e que estaba en posesion de christiano.

III A la terçera pregunta dixo que como en aquel tienpo este testigo no tenia el cargo del curadgo, que non lo miro, pero que algunas veses le vido en la yglesia.

IIIIº,V A la quarta pregunta dixo que non lo sabe. A la quinta dixo que non lo sabe, pero dixo que oyo desir a los moços de Juan de Haro que el dicho Diego Lopes lleva⟨ba⟩ vn pedaço de tosino e que se yva a comer e a beuer a la bodega con ellos.

VI A la VI pregunta dixo que tanbien le veya yr a las viñas el dia del sabado como otro dia qualqueera de labor, sin façer diferençia alguna mas el sabado que otro dia, e que las mismas ropas que traya vestidas de paño e lienço entre semana, aquellas mesmas le vido que traya el sabado, sin facer diferençia mas aquel dia que otro qualquier dia de labor.

VII A la setima pregunta dixo que sabe que era honbre de libiano trabajo, e que lo mas trabajaba dixo que era mirar por la façienda de Juan de Haro.

VIIIº A la otaba pregunta dixo que nunca le vido trabajar, e que cree que guardaba los domingos e fiestas de la Yglesia, e que nunca le vido façer çerimonia nin lo oyo desir. E dixo que esto es lo que sabe para el juramento que fecho avia. |

9v Alonso Garçia de Tres Casas, veçino del dicho logar Tres Casas

I El dicho Alonso Garçia, testigo presentado por el dicho Juan Gomes en el dicho nonbre, jurado en forma, preguntado por las preguntas del interrogatorio, por la primera pregunta dixo que conosçio al dicho Diego Lopes bien abia treynta años, poco mas o menos, porque dixo que en todo este tienpo continuo mucho en su casa, e que conosçe a sus hijas.

II A la segunda pregunta dixo que en todo el dicho tienpo que le conosçio, que en lo que este testigo vido e del pudo conosçer, que biuia como christiano, e que este testigo por tal le tenia, e que nunca le vido façer cerimonia judaysa.

III A la terçera pregunta dixo que en el dicho ⟨tienpo⟩ le vido asas veses yr a la yglesia e oyr las Misas e Ofiçios que en ella se desian, como buen christiano, pero dixo que non le vido confesar ni comulgar, e que non lo sabe.

IIII° A la quarta pregunta dixo que este testigo estubo muchos dias e noches en casa del dicho Diego Lopes, pero que nunca vido los viernes en la noche ençender mas candiles ni candelas que en las otras noches de la semana, ni que tal este testigo viese façer por çerimonia judayca mas en aquellas noches de los viernes que en las otras.

V A la quinta pregunta dixo que lo sabe segund que en la dicha pregunta se contiene, porque dixo que lo vido muchas veses.

VI A la sesta pregunta dixo que sabe que esas mismas lavores e façiendas que el dicho Diego Lopes façia entre semana, façia el sabado, e las mismas ropas que traya entre semana, traya en el dia del sabado, segund que dixo que lo vido, sin façer diferençia alguna en cosa de lo susodicho.

VII A la setima pregunta dixo que desia lo que dicho abia en la sesta pregunta.

VIII° A la VIII° pregunta dixo que lo sabe como en la dicha pregunta se contiene.

Por las otras preguntas al fecho pertenesçientes dixo que desia lo que dicho abia. E que esta es la verdad de lo que sabe para el juramento que fico. |

10r-v *Blank folio*

Witnesses for the Prosecution [9]

11r Testigos contra Diego Lopes, çapatero, Maria Godines,[10] hija de Alonso Godines, vesina desta çibdad en la collaçion de Santa

---

[9] The dates and the notice of the witnesses' presentation are not in the file.
[10] She was the daughter of Beatríz Sánchez. The *procurador* also tried to refute the testimony of Beatríz Sánchez, although she did not testify;

Trial of Diego López

Maria, testigo presentado por el promutor fiscal, jurada en forma, preguntada por los articulos de la acusaçion dixo que conosçe a Eluira Gonsales, muger de Diego Lopes, çapatero, e que puede aver fasta vn año e medio que este testigo, morando çerca de las casas donde mora Sant Roman e su muger,[11] e que este testigo entro algunas veçes en las dichas sus casas, e que vio muchas vezes vna lanpara con candeleros alderredor con candelas ençendidas los viernes en la noche, e adornada e linpia su casa. E que sabe e vido como el dicho Diego Lopes e su muger comian el sabado el guisado del viernes, e que non sabe que era lo que comian; e que guardavan el sabado como los christianos el domingo e aun mas, e que cada sabado de mañana vestian camisas blancas e otras ropas festibales. E que sabe que todas estas çerimonias se façian dentro en casa del dicho Sant Roman e de su muger. E que lo façian en absençia del dicho Sant Roman, quando el non estaba presente. E que todas cosas susodichas façian los dichos Diego Lopes e la dicha su muger en la dicha casa de Sant Roman. E que esto es lo que sabe e vido para el juramento que fiço.

Diego Sanches, moçarabe, vesino a Santa Maria a la moreria, testigo presentado por el dicho promutor fiscal, jurado en forma, preguntado por los articulos de la acusaçion dixo que abra ocho años, que estando este testigo en vna cofradia en la casa del cabildo, dia de Santa Maria, en setienbre, sabe e vido que al tienpo que sacaron el carnero para comer, Diego Lopes, çapatero, suegro de Juan de Haro, que moraba en la calle de los Cavalleros, tomo vna pierna del dicho carnero e purgola publicamente segund costunbre de judios. E que esto es lo que sabe e vido para el juramento que fiço.

Juana Ruis, la de Alonso de la Camara, vesina en la collaçion de Santa Maria, testigo presentada por el dicho promutor fiscal, jurada en forma, preguntada por los articulos de la acusaçion dixo y cabe el tanbien asentada e cubijada ⟨con⟩ vn manto la muger Eluira Gonsales, como entro vn judio. Y que este testigo entrando en aquella casa vido como estava el judio tras vna puerta asentado

---

he presented a *tacha* against María Godines as well; see below, fol. 14r. María Godines testified at the trial of Inés López (No. 93, fol. 1v), and she is mentioned in the *tacha* (fol. 34v). See also trial of Juan Ramírez, No. 109, fol. 72v.

[11] Violante, daughter of Diego López. She was burnt on 30 June 1494. Her husband's name was Pedro. See the genealogy on p. 608.

y cabe el tanbien asentada e cubijada ⟨con⟩ vn manto la muger de Ferrando Marin, que se llamava Costança. Y que esto es lo que sabe e vido para el juramento que fiço.

Fernand Falcon,[12] veçino a la collaçion de Sant Pedro cabe Sant Françisco, testigo presentado por el dicho promutor fiscal, jurado en forma, preguntado por los articulos de la acusaçion, dixo que sabe que Diego Lopes, çapatero, era judio, e que fiço, seyendo bibo, muchas çerimonias judaycas e algunas veses lo vido. E que esto es lo que sabe para el juramento que fiço. |

11v Françisca Dias, criada de Galiana, veçina en la collaçion de Santa Maria en la calle de Rodrigo, regidor, testigo jurado segund de yuso, so cargo del juramento de la sumaria informaçion dixo por su dicho que puede aber tres años, poco mas o menos, que murio Diego Lopes, çapatero, e que sabe e vido como le vañaron, e que sabe que le fesieron el cohuerço nueve dias, que non comieron carne, e que non comieron saluo en el suelo. E dixo que vido como pusieron en vn palaçio donde el dicho Diego Lopes fallesçio vna escudilla llena de agua e vnas tovajas blancas e vnas agujas salmar e nueve candilejas ençendidas por el alma del dicho Diego Lopes. E que esto es lo que sabe e vido para el juramento que fiço. |

Second Pleading of the Defence

12r Diego Lopes

Muy Reuerendos e Virtuosos Señores:

Yo, el dicho Iohan Gomes, en nonbre e como procurador que soy de las fijas de Diego Lopes de Almodouar, ya defunto, paresco ante Vuestras Reuerençias en la cabsa en negoçio de la acusaçion propuesta ante Vuestras Reuerençias por el venerable promutor fiscal contra el dicho Diego Lopes, e digo que por aquellas mandada ver e vista la prouança por mi fecha e testigos por mi presentados, fallaran yo en los dichos nonbres aver prouado entera e sufiçientemente mi entinçion por asas numero de testigos de fe, onbres e personas onradas e de buenas conçiençias, caresçientes de toda sospecha, mayores de toda esçebçion, prouandose, como se prueua, entera e claramente por cosa bien notoria el dicho Diego Lopes todos los dias e tienpos que biuio ser a aver seydo fiel e catolico christiano, y en tal posesyon, reputaçion e comun estimaçion ser avido e tenido, e como tal catolico christiano manifiesto, publico e confeso, tener e creer todas aquellas cosas que la Santa

---

[12] See Biographical Notes.

Trial of Diego López

Madre Yglesia tiene, cree, predica e confiesa, e asy, fasiendo obras de tal, continuaua las yglesias lo mas continuo que podia a oyr las Misas, Ofiçios e Sacrifiçio Diuinos en ellas çelebrados, segund lo diçen e declaran los dichos Benito Sanches e Anton Tenbleque e Juana Gonsales, muger de Alonso Martines de Murçia, en la terçera pregunta, do dise que lo veya⟨n⟩ continuamente oyr las Misas e Oras Canonicas con grand deuoçion; e tanbien la dicha Elena Gonsales, en la misma pregunta, que yva cada mañana a Misa del alua; e todos los otros testigos disen esto mesmo, e que se confesaua e comulgaua en sus tienpos deuidos, como buen christiano; e que las mismas lunbres, candelas e candiles con que se alunbraua en su casa las otras noches de entre semana, con aquellas mismas e de aquella manera se alunbraua los viernes en las noches, syn faser en esto espeçialidad alguna mas vna noche que otra; e se prueua que el mismo, avn por su persona, en los sabados guisaua de comer, e lo asy giusado comia luego y en el mismo dia. Y non solo lo ya dicho se prueua por los testigos por mi suso nonbrados, mas muy plenariamente por todos mis testigos; e aver prueua muy entero como el dicho Diego Lopes era onbre folgado e tenia muy poco cargo de trabajo, e que en lo que trabajaua tanbien lo fasia en el sabado como en los otros dias de semana, syn distinçion algua, non fasiendo en el vestir de las ropas mas espeçialidad en el sabado que en otro qualquier dia, sy non fuese domingo o fiesta mandada guardar por la Santa Madre Yglesia. E que tanbien que el dicho Diego Lopes honro e festiuo como buen christiano los domingos, pasquas e fiestas mandadas onrar e guardar por la Santa Madre Yglesia. E sobre todo, avn se prueua ser su continua amistad y conversaçion con ombres christianos viejos, e que apartaua de sy e de su conversaçion e trato a los conversos; lo qual disen los dichos Benito Sanches e Anton de Tenbleque e Juan Gonsales, carretero, e otros, de manera que, visto lo ya dicho, resulta e finca la prouança del dicho promutor

12v muy syn fuerças e tal que | contra las dichas mis partes enpesçe tan poco, que en cosa alguna non les daña. Et a mayor justificaçion de las dichas mis partes e de su grande e notoria justiçia, digo que los testigos asy por el dicho promutor fiscal presentados non fasen ni fe ni prueba alguna, asy porque son enemigos de las dichas mis partes e de liuianos testimonos e falsarios, e tales que de muy ligero se corronperian por desir contrario de la verdad, e personas que tienen los otros defectos juridicos, por donde sus dichos e deposiçiones que, caso negado que obstar pudiesen al

dicho Diego Lopes, que non fasen, segund la dicha mi provança
non valen, e caso que algo digan, lo tal es convençido por dichos
contrarios, e se confunden por tan grande copia e numero de
testigos, como dicho es. E deuiniendo al dicho e deposiçion de
cada vno dellos, digo que el dicho e deposiçion del primero testigo
non consta, lo vno, porque es general en su dicho; lo otro, porque
es solo e syngular, e avn, non dise ni declara que el dicho Diego
Lopes fisiese lo que dise ni lo consyntiese ni viese, quanto mas
que los dichos Diego Lopes e su muger morauan en vesindad e
debaxo de la mano de Juan de Haro, regidor, el qual, como sea
tan bueno e catolico christiano, non es veresimile cosa creedera,
a quien tenga bueno e recto conosçimiento, que tal pasando lo
auia de tolerar ni sofrir en su misma casa, dexando que avn, como
dixe, este dicho en todos los artyculos que contyene es convençido
por tanto numero de los dichos mis testigos, que de contynuo
conversauan con el dicho Diego Lopes en la casa del dicho Juan
de Haro, pues que el rason ⟨no⟩ puede sofrir que los que contino
estauan en la dicha casa donde el dicho Diego Lopes estaua, non
viesen ni supiesen de las tales que dise çerimonias, y qual tal
testigo, persona estraña, lo pudiese ver, e desir que en cada sabado
de mañana vestian las que dise camisas e ropas. Et sy el dicho
testigo es Beatris Sanches, muger de Alonso Godines,[13] digo que
es enemiga de las dichas mis partes, e como tal enemiga dixo sus
dichos antes de agora contra las dichas mis partes en esta Santa
Ynquisiçion, los quales dichos remanesçieron falsos e depuestos
en grand cargo de su conçiençia, la qual enemiga es notoria en
esta çibdad, e por tal e persona de liuiana opinion la contradigo
en dicho e persona quanto puedo e con derecho deuo. Y sy el
dicho testigo non es la dicha Beatris Sanches la Godina, digo,
Reuerendos Señores, que porque el nonbre e persona de tal testigo
es a las dichas mis partes ynnoto e non les consta, pido e suplico
a Vuestras Reuerençia que de su reuerendo e noble ofiçio, el qual
para ello ynploro, manden aver su ynformaçion, por la qual
fallaran tener los defectos juridicos, por donde su dicho e deposiçion non vale, sobre lo qual les encargo sus catolicas e santas
conçiençias. E digo otrosy que non enpesçe a las dichas mis partes
el dicho e deposiçion del segundo testigo, que dise que estando
en vna cofradia, etç., porque caso que sacara de la tal pierna a
la landresilla, digo que esto non es caso que se deuia ni deue notar

[13] She did not testify; see n. 10, above, on María Godines.

Trial of Diego López

a eregia, pues que lo tal muchos catolicos acaesçe lo fasen, e sy a fin de çerimoniar fuere non es de creer que publicamente lo fisiera, y lo que el dicho testigo dise a guardar contra el, disiendo que lo fiso publicamente, aquello justifica el dicho Diego Lopes, quanto mas que concurriendo tanto quanto por los dichos mis testigos es depuesto en justificaçion del dicho Diego Lopes, que fase ninguno e syn fuerças lo dicho e depuesto por este testigo, en el qual concurriran los dichos defuntos o algunos dellos, por que pido e suplico segund suso; por ende, contradigolo. Y el dicho e depusiçion del terçero testigo enpeçe menos a las dichas
13r mis partes pos los | que dicho tengo de suso, e avn porque, bien mirado, su dicho non dise ni depone cosa contra el dicho Diego Lopes que parar le puede perjuisio, pues non dise que el fisiese ricto ni çerimonia que non deuia ni a el enderesçia en cosa susodicha, ni sera cosa ynconueniente posar o estar judio alguno en su casa, pues que en casas de otros catolicos posan y estan acaso judios o moros e avn alarabes, cuanto mas que el dicho Diego Lopes de lo tal nunca seria sabidor ni a cargo de cosa ni tal el dicho testigo declara, el qual terna e touera los defectos juridicos por do su dicho e deposiçion non fase⟨n⟩ fe ni prueua alguna, por que pido e suplico segund suso. Por ende, digo e pido en todo segund suso, e negando lo perjudiçial, concluyo.

(–) Juan Gomes |

13v En XXVI de henero de LXXXV, por Juan Gomes en nonbre de
26 Jan. los fijos de Diego Lopes de Almodouar, dio el promutor fiscal
1485 treslado e plaso a responder. Testigo⟨s⟩: El bachiller Gonsalo Muños e el notario de Segovia e Juan de Soto. |

14r Primero de febrero de LXXXV
1 Feb. Diego Lopes
1485 Muy Reuerendo e Muy Virtuoso Señor:
Yo, el dicho Iohan Gomes, en nonbre e como procurador que soy de las fijas del dicho Diego Lopes de Almodouar, defunto, paresco ante Vuestra Reuerençia e le pido e suplico que a los testigos que por mi en los dichos nonbres son e fueren presentados çerca de las tachas e ojebtos por mi puestos e alegados contra los testigos presentados por el venerable promotor fiscal de la Santa Ynquisiçion, les manden faser e fagan las ynterrogaçiones e **preguntas** siguientes:
I Primeramente, sy conosçe a Beatris Sanches, muger de Alfonso

[601]

Godines, e a Mari Godines su fija e al dicho Alonso Godines, vesinos desta çibdad, e si conosçe a las dichas mis partes, fijas del dicho Diego Lopes.

II Yten, sy saben, vieron, oyeron desir o creen que la dicha ⟨sic⟩ Alonso Godines e Beatris Sanches e Mari Godines sea⟨n⟩ enemigo⟨s⟩ capital⟨es⟩ de las dichas mis partes, e aya⟨n⟩ dicho muchos males e ynjurias contra ellas mediante la malquista y enemiga grande que les han tenido e tienen, procurando su destruymiento, asi de vidas como de honras.

III Iten, sy saben, etç., que las dichas Beatris Sanches e Maria Godines, a cabsa de la dicha grande enemistad, paresçieron de desir e dixeron contra las dichas mis partes sus dichos e testigos, contraria a la verdad e falsamente, en esta Santa Ynquisiçion, de guisa que como a falsos non se les dio ni tribuyo fe ni creençia alguna por Vuestra Reuerençia.

IIII° Yten, sy saben etç., que mediante la dicha enemistad que asi contra las dichas mis partes han tenido e tienen, procuraron quanto pudieron de sobornar e atraer a otras personas que dixesen e depusiesen dichos e depusiçiones contra las dichas mis partes en esta dicha Santa Ynquisiçion, falsa e non verdaderamente, e asy tales e falsos remanesçieron despues.

V Yten, sy saben, etç., que la dicha enemistad tan grande que los dichos Alonso Godines e su muger e fija tyenen e han tenido dicho Diego Lopes, que non fasen, segund la dicha mi prouança contra las dichas mis partes aya seydo e sea muy publica e notoria en esta dicha çibdad e tierra.

E Vuestra Reuerençia les mande façer las otras preguntas al caso pertenesçientes; e allende de lo susodicho, porque a las dichas mis partes non consta de los testigos del dicho promutor e de sus nonbres e personas, pido e suplico a Vuestra Reuerençia se mande [   ] de las tachas e defectos dellos, pues que dellas los dichos mis partes son ygnorantes a cabsa de lo que dicho es; para lo cual e en lo nesçesario ynploro vuestro reverendo e noble ofiçio. |

14v *Blank page*

15r Prouança de Diego Lopes, çapatero
Juan Mexia [14]
El dicho Juan Mexia, testigo presentado por parte de Juan Gomes,

---

[14] See also the trial of Leonor Martínez, No. 92, fol. 1v.

Trial of Diego López

fiscal ⟨sic⟩ en nonbre de sus partes, jurado, e seyendo preguntado por las preguntas del interrogatorio:

I A la primera pregunta dixo que la sabe segund que en ella se contiene, e que conosçe a los contenidos en la dicha pregunta.

II Por la segunda pregunta dixo que sabe que las quieren mal, e que cualquier daño o perdida que les pudiesen haser, que se las haran, porque este testigo es vesyno dellos e lo vee cada dia, etç.

III A la terçera pregunta dixo que sabe que dixeron estas dichas Godines contra las dichas fijas de Diego Lopes, e que las echaron presas, e que salieron por su derecho, e que paresçia falso todo lo que contra ellas dixeron, etç.

IIII° A la quarta pregunta dixo que la sabe segund que en ella se contiene, que sabe que se entraron testigos e que non paresçia verdad todo ningund casa de lo que le⟨s⟩ leuantaron.

V A la quinta pregunta dixo que la sabe porque muchas veses se juntauan algunos vesinos desta çibdad a entender entrellos. E seyendo preguntado este testigo por las otras preguntas del ynterrogatorio, dixo que no sabe mas saluo lo que dicho tyene, e se afirma en ello, e non sabe mas deste fecho para el juramento que fiso.

Catalina Ruis, vesina desta çibdad
La dicha Catalina Ruis, testigo presentado por Juan Gomes en el nonbre de sus partes, jurado, e seyendo preguntado por las preguntas del ynterrogatorio:

I A la primera dixo que la sabe segund que en ella se contiene, e que fue vesina de las Godines de la puerta adentro.

II A la segunda pregunta dixo que sabe que tyenen enemistad por vn real e por vna caldera e por vna poca de çera e por vn çinto, e que a este testigo que le leuantaron nueve testimonios falsos las dichas Godines.

III A la terçera pregunta dixo que su creer, que dixeron contra los susodichos falso testimonio, mas que lo non vido.

IIII° A la quarta pregunta dixo que la non sabe ni la cree.

V A la quinta pregunta dixo que sabe que algunas personas saben de la dicha enemistad en esta çibdad.

El señor, de su ofiçio le pregunto otras çiertas preguntas, a las quales dixo que las oyo. E que esto es lo que sabe deste fecho para el juramento que fiso.

Mari Sanches, muger que fue de Juan del Esquina
La dicha Mari Sanches, testigo presentado por parte de Juan Gomes en nonbre de sus partes, jurado, seyendo preguntado por las preguntas del ynterrogatorio:
I A la primera pregunta dixo que conosçe a los contenidos en la dicha pregunta. |

15v II A la segunda pregunta dixo que sabe que la hija de que se llama Mari Godines tyene enemistad contra las fijas de Diego Lopes, e que del padre e de la madre que non lo sabe, saluo de la fija, que le ha oydo desyr çiertas veses a la dicha Mari Godynes muchas palabras ynjuriosas, llamandolas judias.
III A la terçera pregunta dixo que non la sabe porque non lo vyo, pero que lo ha oydo desyr.
IIII° A la quarta pregunta dixo que la non sabe.
V A la quinta pregunta dixo que la sabe ⟨e⟩ que lo saben muchos en esta çibdad. E que esto es lo que sabe deste fecho para el juramento que fiso, e que se afirma en lo que dicho tyene.

Teresa Gomes, muger de Diego de Rueda
La dicha Teresa Gomes, testigo presentado por parte de Juan Gomes en nonbre de sus partes, jurado, seyendo preguntado por las preguntas del ynterrogatorio dixo:
I A la primera pregunta dixo que las conosçe porque ha seydo vesyna dellas e fue criada de vna hermana del dicho Diego Lopes, e la caso e la crio en su casa.
II A la segunda pregunta dixo que el dicho Alonso Godines e Beatris Sanches son enemigos de las dichas fijas de Diego Lopes e les disen muchas ynjurias con las enemistades que tyenen.
III A la terçera pregunta dixo que la sabe segund que en ella se contyene.
IIII° A la quarta pregunta dixo que non la sabe.
V A la quinta pregunta dixo quqe la sabe segund que en ella se contiene; dise que asymismo que uierenle que son enemigos de las dichas fijas de Diego Lopes, e cree que se perjurauan es esta cabsa. E que esto es lo que sabe para el juramento que fiso, etç.

Teresa Martines, muger de Juan Sanches [15]
La dicha Teresa Martines, testigo presentada por Juan Gomes en

---

[15] A certain Teresa Martínez testified against Juan González Panpan, No. 14, fol. 2r.

Trial of Diego López

nonbre de sus partes, la qual juro, e seyendo preguntada por las preguntas del ynterrogatorio, etç.:

I   A la primera pregunta dixo que los conosçe a los en la pregunta contenidos, etç.

II   A la segunda pregunta dixo que la non sabe.

III   A la terçera pregunta dixo que sabe lo contenido en la terçera pregunta segund le paresçe en este testimonio.

IIII°   A la quarta pregunta dixo que (la sabe) non sabe lo contenido en la quarta pregunta.

V   A la quinta pregunta dixo que la non sabe, e que esto es lo que sabe deste fecho para el juramento que fiso. |

16r–v   *Blank folio*

Addition of a Witness for the Defence from Fol. 19r

Fernando de la [   ], escriuano publico en esta çibdad, testigo presentado por ⟨sic⟩ jurado, e preguntado por las preguntas del dicho ynterrogatorio:

A la primera pregunta dixo que conosçe a los contenidos en la dicha pregunta.

A la segunda pregunta dixo que la sabe segund que en ella se contiene.

A la terçera pregunta dixo que la sabe ⟨sic⟩.

A la quarta pregunta dixo que la oyo, pero que la non vido.

A la quinta pregunta dixo que la sabe y que la vido.

Sentence

17r   Diego Lopes de Almodouar

5 March   Visto por nos, Pero Dias de la Costana, liçençiado en santa theo-
1485   logia, canonigo en la yglesia de Burgos, jues inquisydor dado por la actoridad apostolica en esta Çibdad Real e su tierra e en todo el Canpo de Calatraua e arçobispado de Toledo, ofiçial e vicario general en todo el arçobispado de Toledo por el reuerendisimo yn Christo padre e señor don Pedro Gonçales de Mendoça, cardenal de España, arçobispo de Toledo, primado de las Españas, chançiller mayor de Castilla, obispo de Siguença, con acuerdo del honrado e sabio varon el liçençiado Juan Gutierres de Baltanas, açesor en esta Santa Ynquisiçion, vn proçeso de pleyto que ante nos se ha tratado e pende en esta parte, de la vna parte el honrado Fernando Rodrigues del Varco, clerigo, capellan del Rey nuestro señor, e de la otra los fijos e herederos de Diego Lopes de Almodouar,

[605]

defunto, veçino que fue desta çibdad, e sobre rason de vna denunçiaçion e acusaçion que el dicho promutor fiscal ante nos contra el dicho Diego Lopes yntento, en que dixo que syn temor de Dios e en oprobrio e injuria e menospreçio Del e de nuestra Santa Fe Catolica, biuiendo en posesion e en nonbre de christiano e asi se llamando, goçando de los preuillejos e exençiones e ynmunydades a las tales personas conçedidas, judayça ⟨sic⟩, heretico e apostato en los casos e cosas escriptas, conviene a saber: mandando ençender candiles el viernes tenprano por honra de la dicha ley; e guisaua e mandaua e consentia guisar del viernes lo que avian de comer el sabados; e guardando los sabados e çesando de toda obra e vistiendose en ellos ropas linpias e de fiesta; e guardando asymismo las pascuas de los judios por honra de la dicha ley; e quebrantando las fiestas que la Madre Santa Yglesia manda guardar; e que judayço e heretico e apostato en otras cosas e casos de la dicha Ley de Moysen, sobre lo qual pidolo ser declarado el dicho Diego Lopes por hereje e apostota, mandandolo desenterrar a el adondequeera ⟨sic⟩ que estouiese su cuerpo e quemar a el e a sus huesos, e avn yncurriendo en confiscaçion e perdimiento de todos sus bienes e en sentençia dexcomunion mayor, e pidiendo serle fecho conplimiento de justiçia. E visto como por parte del dicho Diego Lopes e de sus fijas, su procurador en su nonbre, fue negada la dicha acusaçion e alegadas muchas rasones contra ella, en espeçial, desiendo que todos los dias e tienpos de su vida biuio e obro como bueno e fiel e catolico christiano, teniendo, creyendo, confesando por entero todas aquellas cosas que la Santa Madre Yglesia tiene e cree, predica e confiesa, manda guardar, e en tal reputaçion e comun estimaçion fue avido e tenido; e que continuo en los tienpos convenibles que a el posible era e podia, segund su facultad, vacar en serviçio de Dios e en oyr las Misas e Sermones e Horas Canonicas en las yglesias çelebrados, e aquellas visitando en los tales tienpos e cunpliendo las obras de misericordia e cosas de nuestra Santa Fe; e que non ençendio los que dise candiles por çerimonias | ni aquellos el consyntio ençender; e que non guiso ni fiso guisar del viernes para el sabado; e que non guardo los sabados por çerimonia ni çeso de faser en ellos mas que en los otros dias de entre semana, e si pascuas guardo en comun de todo el año que pudo conosçer, porque todos los dias folgaua, enpero non por çerimonias, e que si el quebranto algunas fiestas podia ser acaso e con nesçesidad grande de mas non puede faser, como otros christianos pecan, pero non con dañada yntençion de hereticar;

e que quando el dicho Diego Lopes adoleçio de la enfermedad que fallesçio, se confeso e comulgaua, e resçibio los Sacramentos, e en la reçebçion de aquellos se profirio, manifesto e dixo bueno e fiel e catolico christiano; e tenia e creya e guardaua la Santa Fe Catolica e los articulos de la Fe, en espeçial segund se acostunbra faser quando por algun fiel christiano se resçibe el Corpus Christi, e que en aquella Fe queria morir e murio; por lo qual el procurador de los fijos e herederos del dicho Diego Lopes de Almodouar pidio ser absuelto de la dicha denunçiaçion e acusaçion del dicho fiscal contra el dicho Diego Lopes de Almodouar, como fue presentado, en su nonbre de los dichos fijos e herederos. E vistas todas las otras rasones por cada vna de las partes alegadas, e como fueron sobrello resçebidos a las pruebas, asy el dicho promutor de su acusaçion como los fijos e herederos del dicho Diego Lopes e su procurador en su nonbre de sus exebçiones, e como cada vno presento los testigos de que se entendio aprovechar, e como se fiso publicaçion de sus dichos e depusyçiones e se dio copia dellos e termino para desyr e alegar lo que quisyesen contra ellos como en abonaçion e aprovaçion de los que cada vno presento, e acatado todo lo otro que quisieron desyr e alegar en este proçeso, fasta que concluyeron e por nos fue el pleito avido por concluso, e asinado dia çierto para dar sentençia; e como lo consultamos e comunicamos con letrados e personas religiosas de çiençia e de buenas e sanas conçiençias, seguiendo su consejo e comun determinaçion, teniendo a Dios ante nuestros ojos,

Christi Nomine ynvocato

Por ende nos, el dicho liçençiado Pero Dias de la Costana, jues
18r ynquisidor susodicho, con acuerdo del dicho nuestro asesor, | fallamos que los dichos fijos e herederos del dicho Diego Lopes, e su procurador en su nonbre, provaron bien e complidamente las exçebçiones e defensyones contra la acusaçion deste proçeso contra el dicho Diego Lopes por el dicho promutor fiscal puesta e yntentada, por do su provança fue ex[   ]sa. Por ende, nos soluemos al dicho Diego Lopes de la dicha denunçiaçion e acusaçion, e a sus fijos e herederos, e a su procurador en su nonbre, e damosle por libre e quito della, e restituymoslo a su buena fama e ⟨a⟩sy en quanto de fecho fue dapnificado e denigrado, e asy lo denunçiamos e declaramos sentençiamos en estos escriptos e por ellos.

(–) Petrus, licenciatus

Sentence Pronounced and Carried Out

15 March 1485 En XV de março de LXXXV se dio e pronunçio esta sentençia en el cadaalso por el dicho liçençiado ynquisidor, con acuerdo del dicho asesor. Testigos: Aluaro Gaytan, e Saçedo, e Fernando de Oçes, e Fernando de Poblete, regidores, e el liçençiado Jufre, e el bachiller Gonsalo Muños, su hermano, e el liçençiado Juan de Canpo. |

18v *Blank page*

19r *See above, after fol. 16v.*

Genealogy of the Family of Diego López

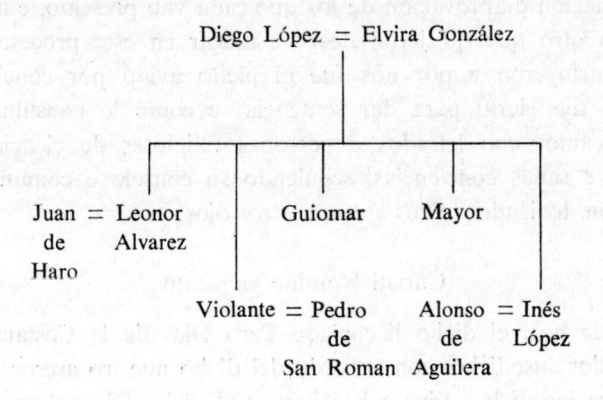

```
                Diego López = Elvira González
    ┌──────────────────┬──────────────┬──────────────┐
Juan = Leonor      Guiomar         Mayor
de     Alvarez        │               │
Haro                  │               │
              Violante = Pedro    Alonso = Inés
                       de           de    López
                   San Roman     Aguilera
```

[608]

Trial of Diego López

The Composition of the Court

Judges:	Francisco Sánchez de la Fuente
	Pero Díaz de la Costana
Prosecutor:	Fernán Rodríguez del Barco
Assessor:	Juan Gutiérrez de Baltanás
Defence:[16]	Juan Gómez — *procurador*
Notaries:	Juan de Segovia
	Juan de Soto

Witnesses for the Prosecution in Order of Testification

1. María Godines, daughter of Alonso Godines
2. Diego Sánchez
3. Juana Ruiz
4. Fernán Falcón
5. Francisca Díaz

Witnesses for the Defence in Order of Testification

1. Benito Sánchez, *mayordomo* for Juan de Haro
2. Antón Tenbleque
3. Juan García
4. Catalina Martínez, wife of Juan González de Sant Fagund
5. Juana González, wife of Alonso Martínez de Murcia
6. Catalina Martínez, wife of Alonso de Toledo
7. Helena González, wife of Juan Manojo
8. Juan Manojo
9. Juan de Molina, *bachiller de gramatica*
10. Pedro Ruiz, *clérigo*
11. Alonso García de Tres Casas
12. Juan Mexia
13. Catalina Ruiz
14. María Sánchez, former wife of Juan del Esquina
15. Teresa Gómez, wife of Diego de Rueda
16. Teresa Martínez, wife of Juan Sánchez
17. Fernando de la [   ], public notary

Synopsis of Trial

1484

6 Sept.	The trial opens, and the arraignment is presented. Nine days are allowed for the defence to appear in Court and to present its case.
14 Sept.	The defendant's heirs are charged with rebellion. Thirty days are allowed for the prosecutor to present his evidence.
15 Sept.	The defence pleads and presents his case, which the prosecutor opposes because the *procurador* is late by *one* day. This opposition is overruled, and thirty days are allowed for the presentation of evidence.

---

[16] No *letrado* is mentioned in the file.

Records of the Spanish Inquisition in Ciudad Real, 1483–1485

Synopsis of Trial (continued)

27 Sept. The defence presents the questionnaires for its witnesses, and witnesses for the defence are examined.

Date unknown Witnesses for the prosecution are presented.

1485

26 Jan. The defence pleads for the second time.
Date unknown *Consulta-de-fe*.
1 Febr. A second questionnaire is presented by the defence.
15 March The sentence is pronounced and is carried out at the *auto-de-fe* held in the Town Square.

87 The Case of Alonso de la Carrera
1484

Source: Legajo 262, No. 3.

Alonso was absolved on 23 March 1485 in Ciudad Real. No further details are available on him.

Bibliography: Fita, p. 479, No. 244; Delgado Merchán, p. 223.

88 The Case of Alonso González de Teva

Source: Legajo 262, No. 3.

Alonso González de Teva was tried in absentia, *condemned and burnt in effigy on 6 May 1485. His wife, Catalina, was also burnt, but no further details are available on her.*

Juan de Féz testified that Alonso kept the Sabbath.[1] *Constanza Díaz of Almagro stated that he came to her house for* kasher *meat slaughtered by Alfonso Fernández.*[2] *Elvira González mentioned him in her testimony against Juan de Ciudad and Isabel de Teva.*[3] *It is also known that he and his wife took part in Jewish prayers.*

In 1475 he joined the rebellion of the Marquis of Villena, and his property was confiscated by Rodrigo Manrique and given to Juan de Gamboa. This gift was confirmed by Ferdinand and Isabella on 3 April 1476.[4]

Bibliography: Fita, p. 468, No. 41; p. 469, n. 2; Delgado Merchán, p. 223; Beinart, pp. 202, 217.

---

[1] See his trial, No. 9, fol. 14r.
[2] See her trial, Leg. 141, No. 176, fol. 14v.
[3] See their trial, No. 12, fol. 4r.
[4] See Vol IV, No. 21; cf. Vol. IV, No. 22.

The Proceedings of the Court

The Proceedings of the Court of Ciudad Real, 1483–1485

The following pages summarize the activities of the Ciudad Real Court of the Inquisition from 1483 to 1485.

Almost all the dates listed herein have been derived from the files of accused Conversos. However, since the files do not reflect the full activities of the Court, it is quite possible that the Court dealt with particular Conversos in question on many occasions not listed in their files. Further, as will become evident from the Biographical Notes in Vol. IV, there were many Conversos tried by the Inquisition for whom files were not prepared, or whose files no longer exist.

Although the information included herein is incomplete in that it does not include the complete work of the Inquisition in Ciudad Real, it does indicate the pace at which the Court worked. Even the gaps between the dates listed show how much of the work was accomplished outside Court sessions, thereby indicating the extent to which the officials involved laboured to control the spread of Judaizing and backsliding into Jewish practices.

For a more complete picture of the Court's work in the La Mancha region of Spain, I would suggest that the files of accused Conversos in Almagro, Almodóvar del Campo and Daimiel be consulted.

It should be noted that the issuing of summonses, the taking down of pre-trial examinations, as well as the many activities necessary to the smooth function of the Court — including regular Court procedures — all took place simultaneously. The examiner of witnesses, the prosecutor and the notaries involved were, therefore, never idle.

1483

14 Sept. (Sunday) — The thirty-day Period of Grace [1] opens with the pronouncement of the Edict of Grace, which has been signed by the Inquisitors Pero Díaz de la Costana and Francisco Sánchez de la Fuente.[2] The Edict is read at the Church of Santa María and is affixed to the gates of the Church.[3]

1 Oct. — Juan de la Sierra [4] confesses before the Court. His confession is recorded in *Libro Segundo de Çibdad Real de Confesiones*, fol. CIII.

---

[1] After the thirty days had elapsed, the Period of Grace was prolonged for another thirty days.
[2] See Biographical Notes.
[3] See the trial of Leonor de la Oliva, No. 123, fol. 12v.
[4] See trial No. 118, fol. 5r–v.

Records of the Spanish Inquisition in Ciudad Real, 1483–1485

2 Oct.	Beatriz Alonso,[5] wife of Juan de la Sierra, and Isabel González,[6] wife of Rodrigo de Villarrubia, confess.
3 Oct.	Pedro de Molina, a spice merchant from the San Pedro quarter, informs against Juan González Daza [7] (see also 10 December 1483).
	Juan de Lucas, wool comber, informs against Diego de la Sierra. The information is recorded in *Libro Primero de Çibdad Real*, fol. XLV.[8]
	Juan González, cloth weaver, informs against Diego de la Sierra. The information is recorded in *Libro Primero de Çibdad Real*, fol. XLIV.[9]
6 Oct.	Catalina Sánchez, wife of Juan Sánchez de Segovia, informs against Juan González Pintado.[10]
8 Oct.	María González, wife of Pedro (Pero) Díaz de Villarrubia, confesses.[11]
	Mayor González, wife of Pero Nuñez Franco, confesses.[12]
9 Oct.	María González, *la panpana*, wife of Juan González Panpán, confesses.[13] The prosecutor asks permission to proceed with her trial.
10 Oct.	Antonia, daughter of Juan de Buendía, informs against Juan González Pintado.[14]
	Catalina Gómez, wife of Juan de Fez, confesses and denounces many Conversos.[15]
11 Oct.	Juan de Fez confesses and denounces his parents, his wife and many others.[16]
13 Oct.	María Sánchez, wife of Canysales 'the runner', informs against Juan González Pintado.[17]
14 Oct.	Juan González Pintado confesses and informs against various Conversos, including Sancho de Ciudad.[18]
	Leonor González, wife of Martín Hernández del Corral, informs against Juan González Daza and his wife.[19]

[5] She was also called Beatriz González, and she was tried *in absentia* during the years 1511–1513; see her trial No. 98, fol. 4r.
[6] See trial No. 98, fol. 7r.
[7] See trial No. 6, foll. 10v–11r.
[8] See the trial of Juan de la Sierra, No. 118, fol. 18r.
[9] See trial No. 118, fol. 18v.
[10] See trial No. 5, fol. 10v; see also Biographical Notes.
[11] See trial No. 99, fol. 12v.
[12] See trial No. 116, fol. 2r; see also the notarial confirmation of her confession in fol. 2v.
[13] See trial No. 3, fol. 1v.
[14] See trial No. 5, fol. 10v.
[15] See trial No. 9, fol. 15r.
[16] *Ibid.*, fol. 14r–v.
[17] See trial No. 5, fol. 11r.
[18] *Ibid.*, fol. 16r–v.
[19] See trial No. 6, fol. 9v. She appeared as a witness on 4 December 1483; see below, 15 October.

Proceedings of the Court of Ciudad Real, 1483–1485

15 Oct.	Pero Fernández, shepherd, informs against Juan Martínez de los Olivos and his family. The information is entered in *Libro Primero de Çibdad Real*, fol. CXXXIX.[20]
	Leonor González, wife of Martín Hernández del Corral, informs against Juan González Daza.[21]
20 Oct.	Gil Martínez informs against the family of Juan Martínez de los Olivos.[22] The information is recorded in *Libro Primero de Çibdad Real*, fol. CLXXXII.
22 Oct.	Juan Martínez, *labrador*, informs against Juan González Pintado.[23]
	Miguel, son of Martín García, informs against Juan de la Sierra and his family.[24] The information is recorded in *Libro Primero de Çibdad Real*, fol. CXCII.
23 Oct.	Juan Martínez Cepudo informs against Juan González Pintado.[25]
	Alonso Rodríguez, pack-saddle maker, informs against Juan González Daza.[26]
27 Oct.	Isabel, daughter of Andrés Rodero and niece of Rodero the Abbot, informs against Bernardo and Fernando del Oliva, referring to the Jewish traditions they kept in Almagro.[27] The information is recorded in *Libro Primero de Çibdad Real*, fol. CXCVIII.
28 Oct.	María González, daughter of Juan de Soria, tailor, informs against Catalina de Zamora, María Alonso, the Oliva family, Juan González Pintado and his wife María González, and Juan Falcón the Elder.[28]
30 Oct.	París de la Torre informs against Juan González Daza.[29]
3 Nov. (Monday)	Fernán Falcón informs against the entire Converso community of Ciudad Real.[30]
10 Nov.	María López, wife of Juan López, informs against Pero Díaz de Villarrubia.[31]

---

[20] See the trial of Leonor de la Oliva, No. 123, fol. 21r.
[21] See trial No. 6, foll. 9v–10r; see also above, 14 October.
[22] See the trial of Leonor de la Oliva, No. 123, fol. 21v.
[23] See trial No. 5, foll. 4r, 12v–13r.
[24] See trial No. 118, fol. 18r.
[25] See trial No. 5, fol. 13r.
[26] See trial No. 6, fol. 11r. He testified on 10 December 1483.
[27] See trial No. 123, fol. 22r–v.
[28] Her testimony was recorded in *Libro Primero de Çibdad Real*, fol. CCXVI, and was copied into Leonor de la Oliva's file, No. 123, fol. 23r.
[29] See trial No. 6, fol. 10d. He testified on 4 December 1483.
[30] See the trials of María González, *la panpana* (No. 3, fol. 6v), Juan González Pintado (No. 5, fol. 12r–v), Juan González Daza (No. 6, fol. 10r). His testimony was recorded in *Libro Segundo de Çibdad Real*, fol. CCXXIII: it was partially copied into the file of Maria González, wife of Pero Díaz de Villarrubia, No. 99, fol. 15r.
[31] See trial No. 99, fol. 15r.

Records of the Spanish Inquisition in Ciudad Real, 1483–1485

11 Nov.	Gonzalo, buskin-maker, husband of Marina Gutierrez, testifies before Maestre Ruiz de Córdoba.[32]
12 Nov.	Juan, son of Gonzalo de Aguilar, informs against Juan González Pintado.[33]
13 Nov.	Leonor de la Oliva, daughter of Juan Martínez de los Olivos confesses.[34]
14 Nov.	The trials begin. Proceedings are opened against Sancho de Ciudad and María Díaz, his wife.[35] Sancho is summoned to appear within thirty days.
	The trial of María Díaz, *la cerera,* commences; [36] witnesses for the prosecution are presented and sworn in.
15 Nov.	Juan García Barbas appears before the Court and informs against Juan González Daza.[37]
16 Nov. (Sunday)	Many Conversos are reconciled and restored to the Church today.
	Sancho de Ciudad and María Díaz are summoned for the first time in the parish church of San Pedro.[38]
	María Díaz, *la cerera,* is summoned for the first time in the parish church of San Pedro.[39]
	María González, wife of Pero Díaz de Villarrubia, is reconciled and restored to the fold.[40]
	Beatríz González, wife of Juan de la Sierra, and her sister Isabel González, wife of Rodrigo de Villarrubia, are reconciled and restored to the fold.[41]
	Mayor González, wife of Pero Núñez Franco, is reconciled and restored to the fold.[42]
17 Nov.	Sancho de Ciudad and María Díaz are summoned by the town crier in the public square.[43]
	María Díaz, *la cerera,* is summoned by the town crier at the gate to her house.[44]
	María Ruiz, wife of Pedro Martínez de Almagro, gives the Court summary information against Juan González Pintado.[45]

[32] His testimony was entered in the file of Leonor de la Oliva, No. 123, fol. 24v. It was copied from *Libro Terçero de Çibdad Real,* fol. CCCXV.
[33] See trial No. 5, fol. 11r.
[34] See trial No. 123, foll. 9v, 18r.
[35] See trial No. 1, foll. 1v–3v.
[36] See trial No. 2, fol. 2r.
[37] See trial No. 6, fol. 11v. He testified on 15 December 1483.
[38] See trial No. 1, fol. 3v.
[39] See trial No. 2, fol. 4v.
[40] See trial No. 99, fol. 27v and the notarial confirmation of Diego López de Tamayo, dated 21 May 1512.
[41] See trial No. 98, fol. 8r and the notarial confirmation of Diego López de Tamayo, 1511.
[42] See trial No. 116, fol. 3v and the notarial confirmation of Diego López de Tamayo, 1513.
[43] See trial No. 1, fol. 4r.
[44] See trial No. 2, foll. 4v–5r.
[45] See trial No. 5, fol .11v.

Proceedings of the Court of Ciudad Real, 1483–1485

	Juan Martínez de Alcaraz informs against many Ciudad Real Conversos.[46]
	Juan de la Sierra is reconciled and restored to the fold.[47]
	The following are also reconciled and restored: Antón Ramírez de Santiago; Antón Moreno; Aldonza Díaz, wife of Pedro Franco.[48]
25 Nov.	The prosecutor Fernán Rodríguez del Barco appears before the Court and declares that the first ten days of the summons of Sancho de Ciudad and his wife have expired. He charges them with rebellion for the first time.[49]
	The same procedure is applied in the case of María Díaz, *la cerera*.[50]
26 Nov.	The prosecutor hands in the arraignment against María González, *la panpana*.[51]
	The prosecutor appears before the judges and declares his readiness to arraign Sancho de Ciudad and María Díaz.[52] The same for María Díaz, *la cerera*.[53]
27 Nov.	Gonzalo Díaz Albín presents his power-of-attorney in the case of Juan González Pintado.[54]
28 Nov.	Juan Ruiz Cavallero is appointed *procurador* to Juana González, who committed suicide while a prisoner of the Court. He does not really defend her.[55]
29 Nov.	The trial of Juan González Pintado opens.[56] A *letrado* is appointed to serve with the *procurador*.[57]
1 Dec.	The trial of Juan González Daza opens.[58]
	María González, *la panpana*, defends herself and asks for a nine-day postponement to present witnesses for the defence.[59]
2 Dec.	Witnesses for the prosecution are presented at the trial of Juan González Daza.[60]
3 Dec.	The questionaire for defence witnesses is presented at the trial of María González, *la panpana*.[61]
3 Dec.	Bartolomé de Balboa testifies against María González, wife of Pero Díaz de Villarrubia.[62]
4 Dec.	Witnesses for the prosecution are presented at the trial of María González, *la panpana*.[63]

---

[46] His testimony was copied from *Libro Segundo de Çibdad Real*, fol. CCCXXI, to the file of Leonor de la Oliva, No. 123, fol. 25r.
[47] See trial, No. 118, fol. 8r–v.
[48] *Ibid.*, fol. 7r; this was recorded in the *Libro de los Reconçiliados*.
[49] See trial No. 1, fol. 4r.
[50] See trial No. 2, fol. 5r.
[51] See trial No. 3, fol. 2r.
[52] See trial No. 1, fol. 4v.
[53] See trial No. 2, fol. 5r.
[54] See trial No. 5, fol. 1v.
[55] See the trial of Juan Calvillo, No. 13, fol. 5v.
[56] See trial No. 5, fol. 1v.
[57] *Ibid.*, fol. 2v.
[58] See trial No. 6, fol. 1v.
[59] See trial No. 3, fol. 3r–v.
[60] See trial No. 6, fol. 9r.
[61] See trial No. 3, fol. 4r.
[62] See trial No. 99, fol. 15v. The testimony was copied from *Libro Segundo de Çibdad Real*, fol. CCCLI.
[63] See trial No. 3, fol. 6v.

Records of the Spanish Inquisition in Ciudad Real, 1483–1485

	The prosecutor declares that another ten days have elapsed since the summons of Sancho de Ciudad and María Díaz.[64] The same for María Díaz, *la cerera*.[65] He announces his readiness to arraign them, and his declaration is accepted by the Court.
	Witnesses for the prosecution are presented at the trial of Juan González Daza.[66]
5 Dec. (Friday)	Sancho de Ciudad and María Díaz are charged with rebellion for the second time.[67]
	Juan González Pintado replies to the arraignment.[68] The prosecutor asks to present his evidence. Both sides are given nine days to prepare their evidence.[69]
	María Díaz, *la cerera*, is charged with rebellion for the second time.[70]
	The prosecutor presents his arraignment against Juan González Daza.[71] Nine days are allowed for him to present his witnesses before the Court.
6 Dec.	Fernando de Treviño testifies against Juan Martínez de los Olivos, Bernardo de la Oliva and many others.[72]
8 Dec. (Monday)	The questionnaire for the defence is presented in the case of Juan González Daza; witnesses for the defence are also presented.[73]
9 Dec.	Witnesses for the prosecution are presented in the case of María González, *la panpana*.[74]
	Gonzalo Díaz Albín presents a questionnaire on behalf of his father Juan González Pintado.[75] Witnesses for the defence [76] and for the prosecution [77] are also presented in separate audiences.
10 Dec.	Witnesses for the prosecution are presented in the trial of María González, *la panpana*.[78]
	Witnesses for the prosecution are presented against Juan González Pintado.[79]
	Among the witnesses presented against Juan González Daza is Pedro de Molina.[80]
11 Dec.	Witnesses for the prosecution are presented against María González, *la panpana*.[81]
	Witnesses for the prosecution are presented in the trial of Juan González Pintado.[82]

[64] See trial No. 1, fol. 4r.
[65] See trial No. 2, fol. 5r–v.
[66] See trial No. 6, fol. 9r–v.
[67] See trial No. 1, fol. 4v.
[68] See trial No. 5, foll. 3r–4r.
[69] *Ibid.*, fol. 4v.
[70] See trial No. 2, fol. 5v.
[71] See trial No. 6, fol. 13r; on fol. 4r the date of presentation is given as 1 December 1483.
[72] His testimony is recorded in *Libro Segundo de Çibdad Real*, fol. CCCLIX. It was copied into Leonor de la Oliva's file, No. 123, fol. 25v.
[73] See trial No. 6, fol. 5r–v.
[74] See trial No. 3, fol. 7r.
[75] See trial No. 5, fol. 5r.
[76] *Ibid.*, foll. 5v–6r.
[77] *Ibid.*, fol. 10r.
[78] See trial No. 3, fol. 7r.
[79] See trial No. 5, fol. 12r.
[80] See trial No. 6, fol. 10r.
[81] See trial No. 3, fol. 8r.
[82] See trial No. 5, fol. 13r.

Proceedings of the Court of Ciudad Real, 1483–1485

13 Dec. (Saturday)	The prosecutor presents additional witnesses against Juan González Pintado.[83]
15 Dec.	Announcement is made to the effect that the last ten days have elapsed in the summons of Sancho de Ciudad and María Díaz.[84] The same is made separately for María Díaz, *la cerera*.[85] Witnesses are presented against Juan González Daza for the fourth time.[86]
16 Dec.	The prosecutor requests that Sancho de Ciudad and María Díaz be pronounced rebels.[87] He requests the same for María Díaz, *la cerera*.[88] The Court agrees in both cases. Prosecution witnesses are presented against Juan González Daza; Elvira González, wife of Gonzalo Gómez, testifies.[89]
17 Dec.	The prosecution and the defence conclude their cases in the trial of Juan González Daza. They ask to be given six days to hand in copies of their pleadings.[90] The trials of Juan de Chinchilla [91] and Diego de la Sierra [92] open.
19 Dec.	Pedro de Villegas' trial opens, and the arraignment is handed in.[93] The trial of Juan de Fez and his wife Catalina Gómez opens. The accused deny the charges and relinquish the right to appoint a defence counsel.[94] The counsel for Juan de Chinchilla hands in his plea.[95]
22 Dec.	The prosecutor requests publication of the testimonies against María González, *la panpana* [96] and Juan González Pintado.[97] The Court agrees.

1484

2 Jan. (Friday)	The Court appoints a counsel for the defence of Pedro de Villegas; however, Pedro de Villegas announces that he will defend himself.[98] Witnesses for the prosecution are presented.[99] Juan González Pintado presents his declaration.[100] Witnesses for the prosecution are presented in the trial of Juan de Chinchilla.[101]
5 Jan.	The trial of María Alonso opens.[102] The prosecutor presents his arraignment against Sancho de Ciudad and María Díaz.[103]

[83] *Ibid.*, fol. 13v.
[84] See trial No. 1, fol. 4v.
[85] See trial No. 2, fol. 5v.
[86] See trial No. 6, fol. 11r.
[87] See trial No. 1, fol. 5r.
[88] See trial No. 2, fol. 5v.
[89] See trial No. 6, fol. 11v.
[90] *Ibid.*, fol. 12v.
[91] See trial No. 7, fol. 1v.
[92] Mentioned in the trial of Juan de la Sierra, No. 118, fol. 17v.
[93] See trial No. 10, fol. 2v.
[94] See trial No. 9, foll. 1v ff.
[95] See trial No. 7, fol. 3r.
[96] See trial No. 3, fol. 8v.
[97] See trial No. 5, fol. 13v.
[98] See trial No. 10, fol. 3v.
[99] *Loc. cit.*
[100] See trial No. 5, foll. 14r. ff.
[101] See trial No. 7, foll. 7v–8r.
[102] See trial No. 11, fol. 2r.
[103] See trial No. 1, foll. 5r ff.

He also presents the arraignment against María Díaz, *la cerera*.[104]

The questionnaire for the defence is presented in the trial of Juan de Chinchilla.[105]

7 Jan. The prosecution requests that the summons be published in the trial of Sancho de Ciudad and María Díaz. Witnesses for the prosecution are presented.[106]

The prosecutor informs the Court that the three-day period in which María Díaz, *la cerera,* was to appear in Court has elapsed. He asks for and receives permission to present the arraignment. Nine days are allowed for the presentation.[107]

8 Jan. Witnesses for the prosecution are presented in the trial of Sancho de Ciudad and María Díaz. The children of the accused are among those who testify against them.[108]

Witnesses for the prosecution are presented in the trial of Juan de Fez and his wife Catalina Gómez.[109]

10 Jan. Witnesses for the prosecution are presented in the trial of Sancho de Ciudad and María Díaz.[110]

Witnesses for the prosecution are presented in the trial of María Díaz, *la cerera*.[111]

Witnesses for the prosecution are presented in the trial of Juan de Fez and Catalina Gómez.[112]

12 Jan. Witnesses for the prosecution are presented in the trial of María Díaz, *la cerera*. Fernando de Trujillo is presented and sworn in.[113]

Juan de Fez and Catalina Gómez present their questionnaire for defence witnesses. Defence witnesses are presented.[114]

13 Jan. Witnesses for the prosecution are presented in the trial of Sancho de Ciudad and María Díaz.[115] The prosecutor requests the publication of testimonies.[116]

The prosecutor requests the publication of testimonies in the trial of María Díaz, *la cerera*. María is summoned to appear in Court, where the prosecutor announces his intention to conclude his case; the Court agrees.[117]

Gonzalo Díaz Albín and Diego de Úbeda are the witnesses to the

---

[104] See trial No. 2, fol. 6r.
[105] See trial No. 7, fol. 5r.
[106] See trial No. 1, fol. 6v.
[107] See trial No. 2, fol. 7r.
[108] See trial No. 1, fol. 7r–v.
[109] See trial No. 9, fol. 9r. This may only be a note, as the witnesses were presented on 10 January (see below). If so, the witnesses for the prosecution in this case were not presented before the witnesses for the defence, the usual procedure, but after the defence witnesses had testified and the defendant had already handed in her plea and *tachas*.
[110] See trial No. 1, fol. 7v.
[111] See trial No. 2, fol. 7v.
[112] See trial No. 9, fol. 9v.
[113] See trial No. 2, fol. 10r.
[114] See trial No. 9, foll. 4r–v.
[115] See trial No. 1, fol. 7v.
[116] *Ibid.,* fol. 13r.
[117] See trial No. 2, fol. 10v.

[622]

Proceedings of the Court of Ciudad Real, 1483–1485

summons of María Díaz, who is summoned at her house to appear before the Court.[118]

14 Jan. The arraignment is presented against Juan de Ciudad and his wife Isabel de Teva.[119]

Sancho de Ciudad and María Díaz are charged with rebellion. As they are absent, the judges order the publication of testimonies.[120]

The prosecution and defence conclude their pleading in the trial of Juan González Pintado and ask for sentence to be pronounced.[121]

Testimonies are published in the trial of María Díaz, *la cerera*. She is pronounced a rebel.[122]

16 Jan. Sancho de Ciudad and María Díaz are charged and declared rebels.[123]

The prosecutor presents the arraignment in the trial of Juan Calvillo, which opens with the accused *in absentia*.[124]

The prosecutor requests that María Díaz, *la cerera*, be given three days in which to appear and answer the arraignment. Should she not appear, her case will be regarded as closed.[125]

17 Jan. María, daughter of Antón Martínez de Soria inhabitant of Bolanos, testifies against Juana de Chinchilla.[126]

Isabel de los Olivos, wife of Pedro de Alarcón of Almagro, testifies against Juana de los Olivos.[127]

19 Jan. Juan Calvillo is summoned,[128] and witnesses for the prosecution are presented.

Sancho de Ciudad and María Díaz are summoned in the morning; the *consulta-de-fe* is held in the afternoon.[129]

Alfonso Alvarez appears as *procurador* in defence of Juan González Pintado. He presents his questionnaire, and witnesses for the defence are sworn in.[130]

The prosecutor declares that he has concluded his arraignment and presentation of evidence against María Díaz, *la cerera*. At the *consulta-de-fe* held today it was decided to hand over her effigy to the Secular Arm. The sentence will be carried out in three days.[131]

20 Jan. Witnesses for the prosecution are presented at the trial of Juan Calvillo.[132]

---

[118] See trial No. 1, fol. 13v.
[119] See trial No. 12, fol. 2r.
[120] See trial No. 1, fol. 13r.
[121] See trial No. 5, fol. 19r. This took place before the questionnaire for the defence was handed in on 19 January.
[122] See trial No. 2, foll. 10v–11r.
[123] See trial No. 1, fol. 13v.
[124] See trial No. 13, fol. 1v.
[125] See trial No. 2, fol. 11r.
[126] See trial No. 94, fol. 2r.
[127] See trial No. 97, fol. 2r.
[128] See trial No. 13, fol. 3r.
[129] See trial No. 1, fol. 13v.
[130] See above, 14 January, trial No. 5, fol. 18r.
[131] See trial No. 2, fol. 11v.
[132] See trial No. 13, fol. 4r.

[623]

Records of the Spanish Inquisition in Ciudad Real, 1483–1485

24 Jan. The trial against Juan Díaz Doncel, son of Juan Díaz, cloth merchant, opens. The arraignment is handed in and three days are allowed for the accused to appear.[133]

The prosecutor, Fernán Rodríguez del Barco, arraigns Juan González Panpán before the Court.[134]

Juan Alegre is arraigned.[135]

26 Jan. The arraignment of Juan Falcón, spice merchant, is presented.[136]

The arraignment of Marina González, wife of Bachiller Abudarme, is presented.[137]

María González, *la panpana*, contests the testimonies of the prosecution witnesses. She hands in a list of names (*tachas*) to disqualify the witnesses who testified against her out of malice.[138]

Both prosecution and defence conclude their pleading in the trial of Juan de Fez and Catalina Gómez. The Court announces that the testimonies will be published unless their publication is opposed within the next six days.[139]

The prosecutor asks that Juan Díaz Doncel and Catalina González be pronounced rebels and that they be given nine days in which to produce their evidence. His petition is granted.[140]

Juan González Daza confesses before the Court.[141]

27 Jan. Juan de Fez confesses after being admonished and threatened with torture.[142]

28 Jan. Sancho de Ciudad and María Díaz are summoned to hear their sentence, which will be pronounced in six days.[143]

The *consulta-de-fe* is held in the trial of Juan de Fez.[144]

The prosecutor asks that sentence be passed on María Díaz, *la cerera*. His petition is granted and the date on which she will hear the sentence is set.[145]

29 Jan. Witnesses for the prosecution are presented in the trial of Juan Díaz Doncel and Catalina González.[146]

Juan González Daza confirms his confession.[147]

30 Jan. The trial of Leonor González, wife of Alonso González del Frexinal, opens.[148]

María Díaz, *la cerera*, is pronounced a rebel. Sentence is passed.[149]

3 Feb. The prosecutor charges Leonor González with rebellion.[150]

Witnesses for the prosecution are presented against Juan Díaz Doncel and Catalina González.[151]

---

[133] See trial No. 16, fol. 1v.
[134] See trial No. 14, fol. 1r.
[135] See trial No. 15, fol. 2r.
[136] See trial No. 17, fol. 2r.
[137] His full name was Diego Rodríguez Abudarme; see trial No. 18, fol. 2r.
[138] See trial No. 3, fol. 8v.
[139] See trial No. 9, fol. 10v.
[140] See trial No. 16, fol. 3r–v.
[141] See trial No. 6, fol. 15r.
[142] See trial No. 9, fol. 11r–v.
[143] See trial No. 1, fol. 14v.
[144] See trial No. 9, fol. 11r.
[145] See trial No. 2, fol. 12r.
[146] See trial No. 16, fol. 3v.
[147] See trial No. 6, fol. 15v.
[148] See trial No. 19, fol. 1v.
[149] See trial No. 2, fol. 12r.
[150] See trial No. 19, fol. 2v.
[151] See trial No. 16, fol. 3v.

Proceedings of the Court of Ciudad Real, 1483–1485

4 Feb.   Witnesses for the prosecution are presented and sworn in at the trial of Juan Calvillo.[152]

5 Feb.   Juan de Fez's confession is confirmed.[153]

Juan de Chinchilla makes a declaration before the Court and confesses.[154]

6 Feb.   An *auto-de-fe* is held today.[155]

Pero Alegre and María González are burnt at the stake.[156]

The prosecution and defence conclude their pleadings in the trial of Juan de Fez and Catalina Gómez. A term is set for passing sentence.[157]

The prosecution and defence in the trial of María González, *la panpana*, declare that they have concluded their pleadings.[158]

The prosecutor appears in the trial of Juan González Daza.[159]

The prosecution and defence in the trial of Juan de Chinchilla conclude their pleadings and ask that a date be set for passing sentence; the term is fixed.[160]

7 Feb. (Saturday)   Juan de Chinchilla's confession is confirmed. Additional information on him is added to his file.[161]

9 Feb.   Witnesses for the prosecution are presented in the trial of Juan Díaz Doncel and Catalina González.[162]

Sentence is passed on Juan de Chinchilla.[163]

10 Feb.   Witnesses for the prosecution are presented at the trial of Leonor González.[164]

11 Feb.   The trial of Inés de Belmonte opens.[165]

12 Feb.   Witnesses for the prosecution are presented at the trial of Leonor González.[166]

13 Feb.   Inés de Belmonte confesses.[167]

Pedro de Villegas is penanced.[168]

14 Feb.   Constanza, wife of Pero Franco, is burnt in effigy.[169]

17 Feb.   The *consulta-de-fe* is held in the trial of Juan Alegre.[170]

The prosecutor asks for publication of testimonies at the trial of

---

[152] See trial No. 13, foll. 3v–4r.
[153] See trial No. 9, fol. 11v.
[154] See trial No. 7, fol. 10r–v.
[155] See Delgado Merchán, p. 218; Fita, p. 469, Nos. 28, 65, 68. The names of Cecilia González and of Catalina Ruiz, wife of Antonio Ruiz, spice merchant, are also mentioned here.
[156] See Fita, p. 479, Nos. 205–206.
[157] See trial No. 9, fol. 12r.
[158] See trial No. 3, fol. 9v.
[159] See trial No. 6, fol. 14v.
[160] See trial No. 7, fol. 10v.
[161] *Loc. cit.*
[162] See trial No. 16, fol. 4r.
[163] See trial No. 7, fol. 1r.
[164] See trial No. 19, fol. 3r.
[165] See trial No. 22, fol. 2r.
[166] See trial No. 19, fol. 3r.
[167] See trial No. 22, fol. 3r.
[168] See trial No. 10, fol. 8v.
[169] See Delgado Merchán, p. 218. He also lists as burnt: Constanza Díaz, daughter of María Díaz, *la cerera* (*in absentia*) and Diego de los Olivos and his wife; cf. AHN, Leg. 262, No. 3, fol. 2v
[170] See trial No. 15, fol. 1r.

Records of the Spanish Inquisition in Ciudad Real, 1483–1485

Juan Díaz Doncel and Catalina González. The Court agrees and sets a term of three days.[171]

19 Feb. The three-day term, given to Juan Díaz Doncel and his wife Catalina ends. The Court decides to pass sentence.[172]

21 Feb. Many *consultas-de-fe* are held, and many cases decided upon today.

The *consulta-de-fe* is held in the case of María Alonso, wife of Alonso the notary; [173] Juan de Ciudad and his wife Isabel de Teva; [174] Juan Díaz Doncel and his wife Catalina; [175] and Juan González Daza.[176]

23 Feb. The following are burnt at the stake at the *auto-de-fe* held today: [177] Rodrigo the Alcaide; [178] Alonso Alegre and his wife Elvira; [179] Rodrigo Alvarez; [180] Alvaro de Belmonte; [181] Gómez de Chinchilla; [182] Juan de Chinchilla, *alias* Juan Soga; [183] Gonzalo Díaz, cloth dyer; [184] Maestre Fernando, Licenciado of Córdoba; [185] Juan de Fez and his wife Catalina Gómez; [186] María González, *la panpana;* [187] Juan González Pintado; [188] Juan González Daza; [189] Catalina López de Salazar; [190] Fernando del Oliva; [191] Fernando de Teva; [192] Gonzalo de Herrera; [193] Juan Galán, spice merchant, and his wife Elvira González; [194] La Perana; [195] Pero

---

[171] See trial No. 16, fol. 7r.
[172] *Loc. cit.*
[173] See trial No. 11, fol. 1r.
[174] See trial No. 12, fol. 1r.
[175] See trial No. 16, fol. 1r.
[176] This is mentioned in the sentence, but the date is not given. Since the sentence was carried out on 23 February, this is the only possible date on which the *consulta-de-fe* could have been held; see trial No. 6, fol. 16r.
[177] See the list in Delgado Merchán, pp. 218–219.
[178] AHN, Leg. 262, No. 3, fol. 6r; Fita, p. 466, No. 2; AHN, Leg. 137, No. 77.
[179] See Fita, p. 467.
[180] AHN, Leg. 262, No. 3, fol. 6r. His son, Fernando Alvarez, merchant, was rejected as a witness in the trial of Juan Ramírez, No. 109, fol. 119r.
[181] See Fita, p. 467, No. 32.
[182] *Ibid.*, p. 472, No. 121.
[183] *Ibid.*, p. 473, No. 138; trial No. 7, fol. 10r–v.
[184] See Fita, p. 473, No. 130.
[185] *Ibid.*, p. 473, No. 113.
[186] See trial No. 9, fol. 13r.
[187] See trial No. 3, fol. 10r.
[188] See trial No. 5, fol. 20r.
[189] See trial No. 6, fol. 16r.
[190] See Delgado Merchán, p. 218; Fita, p. 469, No. 62. She was probably the wife of Rodrigo Marín (see below in this list).
[191] See Fita, p. 471, Nos. 103–104; Delgado Merchán, p. 218.
[192] See Fita, p. 472, No. 108; Delgado Merchán, p. 218.
[193] See Fita, p. 472, No. 120; Delgado Merchán, p. 218.
[194] See Fita, p. 478, Nos. 143, 148; Delgado Merchán, p. 218.
[195] See Fita, p. 475, No. 179; Delgado Merchán, p. 218.

Proceedings of the Court of Ciudad Real, 1483–1485

Zarza; [196] Pero de Villarrubia, [197] Gonzalo Gutiérrez and his wife Catalina Gutiérrez; [198] Rodrigo Marín and his wife Catalina López.[199]

24 Feb. The following are burnt in effigy today, the second day of the *auto-de-fe*: Juan de Ciudad and his wife Isabel de Teva; [200] García de Alcalá, shoemaker;[201] Constanza González, wife of Antonio González Fixinix; [202] Constanza Alonso, wife of Alonso González Abenaxón; [203] María Alonso, wife of Alonso the notary; [204] Gonzalo Alonso Podrido; [205] Hernando Atrachón; [206] Fernán García Axir and his wife; [207] Fernando Calvillo; [208] Juan Calvillo; [209] Diego de Ciudad; [210] Juan de Madrid; [211] Sancho de Ciudad and his wife María Díaz; [212] Diego Daray and his wife María; [213] Juan Debi and his wife Beatriz; [214] Juan Díaz Doncel and his wife Catalina; [215] María Díaz, wife of Juan Díaz, physician and apothecary; [216] Ruy Díaz, apothecary; [217] Ruy Díaz, son of Juan Doncel; [218] Teresa Díaz, wife of Fernando Díaz Calvillo; [219] Juan Falcón, spice merchant; [220] Arias Franco; [221] García Franco; [222] Juan González Panpán; [223] Bernardo del Oliva; [224] Diego de Madrid, draper; [225] Inés González, wife of Antonio de Herrera; [226] Antón Toledano; [227] Antó, *zurrador,* and his wife Aldonza González; [228] Beatriz de Teva, wife of Antón de los Olivos; [229] Fernán

---

[196] See Fita, p. 477, No. 204; Delgado Merchán, p. 218.
[197] See Delgado Merchán, p. 218 (for Pero Díaz de Villarrubia).
[198] See Delgado Merchán, p. 219.
[199] See Delgado Merchán, p. 219; Fita, p. 477, Nos. 216–217. According to Fita and also to their file (No. 83, fol. 9v), they were burnt posthumously on 15 March 1485.
[200] See trial No. 12, fol. 1r.
[201] See Fita, p. 473, No. 136.
[202] See Fita, p. 470, Nos. 72–73; Delgado Merchán, p. 218.
[203] See Fita, p. 469, No. 69; Delgado Merchán, p. 218.
[204] See trial No. 11, fol. 8r.
[210] See Fita, p. 470, No. 87.
[205] See trial No. 3, fol. 7r.
[211] *Ibid.,* p. 474, No. 163.
[206] See Fita, p. 472, No. 118.
[212] See trial No. 1.
[207] *Ibid.,* Nos. 115–116.
[213] See Fita, p. 471, Nos. 88–89.
[208] *Ibid.,* No. 114.
[214] *Ibid.,* p. 474, Nos. 165–166.
[209] See trial No. 13, fol. 8v.
[215] See trial No. 16, fol. 8r–v. She was burnt in person on 14 June 1484.
[216] See Fita, p. 470, No. 72; p. 477, No. 200.
[217] *Ibid.,* p. 478, No. 226.
[222] *Ibid.,* p. 473, No. 135.
[218] *Ibid.,* No. 225.
[223] See trial No. 14, fol. 4r.
[219] *Ibid.,* p. 470, No. 724.
[224] See Fita, p. 469, No. 58.
[220] See trial No. 17, fol. 4r–v.
[225] *Ibid.,* p. 470, No. 82.
[221] See Fita, p. 468, No. 38.
[226] *Ibid.,* p. 478, No. 233. Her husband was also known as Alonso. She was burnt in person on 14 June 1484.
[227] *Ibid.,* p. 468, No. 37.
[228] *Ibid.,* No. 39. His name was Antón Rodríguez, and he was a leather tanner; see also the trial of Sancho de Ciudad, No. 1, foll. 7v, 11v.
[229] See Fita, p. 469, No. 45.

Records of the Spanish Inquisition in Ciudad Real, 1483–1485

González Fixinix;[230] Juan Gascón;[231] Juan Alegre;[232] Pedro Lorenzo;[233] Rodrigo de Guadalupe;[234] Isabel, wife of Bachiller Lope de la Higuera;[235] Pero González de Teva and his wife.[236] Marina González, wife of Bachiller Abudarme, is burnt in person.[237]

Sentence is passed on Leonor González, wife of Alonso González del Frexinal.[238]

31 March   Catalina de Torres testifies against María González, wife of Pero Díaz de Villarrubia.[239]

6 April   Sentence is passed on Inés Alonso, sister of María Alonso.[240]

1 May   Diego Ruiz testifies against María González, wife of Pero Díaz de Villarrubia.[241]

2 June   Fernando de Tremal is absolved.[242]

14 June   *Auto-de-fe.*

Inés González, wife of Antonio de Herrera,[243] and Catalina, wife of Juan Díaz Doncel [244] are burnt.

The bones of Fernando Zarza are exhumed and burnt.[245]

26 June   The bones of Constanza Díaz, wife of Ruy Díaz Doncel, are exhumed and burnt.[246]

28 July   Francisco de Hoces hands in his plea at the trial of Catalina de Zamora. This takes place prior to the opening of her trial.[247]

8 Aug.   The trials of the following deceased Conversos open: Juan Caldes;[248] Juan González and his wife Beatriz;[249] Beatriz, wife of Rodrigo the Alcaide;[250] Beatriz, aunt of Ruy Díaz;[251] Juan Gon-

---

[230] *Ibid.*, p. 472, No. 117.
[231] *Ibid.*, p. 474, No. 164.
[232] See trial No. 15, fol. 6r–v.
[233] See Fita, p. 477, No. 212.
[234] *Ibid.*, p. 478, No. 227.
[235] *Ibid.*, p. 479, No. 210; trial No. 69, fol. 1r.
[236] See Fita, p. 520.
[237] See trial No. 18, fol. 4v.
[238] See trial No. 19, fol. 7r–v.
[239] See trial No. 99, fol. 17r. She also testified against Juan Caldes; see below, 1 October 1484.
[240] Inés was burnt on 15 March 1485; see the trial of María Alonso, No. 11, fol. 8v.
[241] See trial No. 99, fol. 16v.
[242] See Fita, p. 479, No. 251; Delgado Merchán, p. 220.
[243] She was burnt in effigy on 24 February 1484.
[244] See their trial, No. 16, fol. 1r.
[245] See Fita, p. 471, No. 105.
[246] *Ibid.*, p. 469, No. 64; AHN, Leg. 262, No. 3, fol. 2r.
[247] See trial No. 74, fol. 4r.
[248] See trial No. 75, fol. 2r.
[249] See trial No. 76, fol. 2r
[250] See trial No. 77, fol. 1v.
[251] See trial No. 78, fol. 1v.

zález Escogido; [252] Juan Martínez de los Olivos; [253] María González, wife of Juan González Pintado.[254]

9 Aug.   The prosecutor informs the Court that Juana González, wife of Juan Calvillo, has committed suicide.[255]

10 Aug. Witnesses for the defence testify in the trial of Catalina de Zamora.[256]

17 Aug. The heirs of the following Conversos are each charged with rebellion for the first time: Juan Caldes; [257] Juan González and his wife Beatriz; [258] Beatriz, wife of Rodrigo the Alcaide; [259] Beatriz, aunt of Ruy Díaz; [260] María González, wife of Juan González Pintado.[261]

27 Aug. The heirs of the following Conversos are each charged, with rebellion for the second time: Juan Caldes; [262] Juan González and his wife Beatriz; [263] Beatriz, wife of Rodrigo the Alcaide; [264] Beatriz, aunt of Ruy Díaz; [265] María González, wife of Juan González Pintado.[266]

3 Sept. The defence hands in its plea in the trial of Catalina de Zamora.[267]

6 Sept. Fernán Falcón testifies against Juan Díaz, *alias* Dinela.[268]

Pedro González de Córdoba appears as a witness for the prosecution at the trial of Rodrigo Marín and his wife Catalina López; he asks that the Court give a copy of the arraignment to their heirs within the next twelve days.[269]

The trial of Juan Falcón, the Elder, and Fernando Díaz, cloth dyer, opens. Fernán Falcón testifies against them. Fifteen days are allowed for their summons and appearance.[270]

The trial of Diego López, shoemaker, opens. The prosecutor hands in his plea, and nine days are allowed for the defendant to be summoned and to appear in Court.[271]

---

[252] See trial No. 80, fol. 1r. Forty-one other Conversos were also tried on this occasion.

[253] See trial No. 81, fol. 3r. The forty-one accused Conversos tried along with Juan González Escogido are again mentioned here. Relatives of these Conversos, who were all deceased, were called to defend their memory.

[254] See trial No. 79, fol. 1v. Her descendents were called to defend her memory.

[255] See trial No. 13, fol. 5v.
[256] See trial No. 74, fol. 13r.
[257] See trial No. 75, fol. 2r.
[258] See trial No. 76, fol. 2r.
[259] See trial No. 77, fol. 2r.
[260] See trial No. 78, fol. 23.
[261] See trial No. 79, fol. 2r.
[262] See trial No. 75, fol. 2r.
[263] See trial No. 76, fol. 2v.
[264] See trial No. 77, fol. 2v.
[265] See trial No. 78, fol. 2v.
[266] See trial No. 79, fol. 2r. The heir was Gonzalo Díaz Albín, who had defended his parents.
[267] See trial No. 74, fol. 16r; Beinart, pp. 130 ff.
[268] See trial No. 85, fol. 2r. Fernán Falcón was his nephew.
[269] See trial No. 83, fol. 2r.
[271] See trial No. 86, fol. 2r.
[270] See trial No. 84, fol. 2r.

[629]

The following are summoned, separately, to defend the memory of the accused: the daughter of Fernando Díaz Caldes, of Daimiel;[272] the daughter of Juan Díaz Terraz;[273] the heirs of Gonzalo Díaz de Villarrubia;[274] Diego and Francisco Escogido, sons of Juan González Escogido;[275] the heirs of Antón Falcón and his wife Beatriz;[276] Rodrigo de Villarrubia and Fernán Falcón, relatives of Juan de Hynela; the heirs of Juan Falcón, the Elder;[277] Juan de Villarrubia, relative of Gonzalo Fernández Calvillo, and Juan Calvillo, son of Gonzalo.[278]

The heirs of Juan Caldes are charged with rebellion. A term is set for their appearance, and the prosecutor hands in his plea.[279]

Juan González and his wife Beatriz are charged with rebellion. Fifteen days are allowed for them to appear.[280]

Beatriz, wife of Rodrigo the Alcaide, is summoned for the third time.[281]

Beatriz, aunt of Ruy Díaz, is summond for the third time.[282]

The heirs of Juan Martínez de los Olivos are summoned to defend his memory. The prosecutor hands in his plea.[283]

The heirs of María González, wife of Juan González Pintado, are charged with rebellion, and the prosecutor hands in his plea. Their son Gonzalo Díaz Albín was summoned to be present.[284]

Leonor Alvarez is summoned in her own defence.[285]

Fernando Moyano and Lope Moyano of Daimiel are summoned to defend their father.[286]

The following are also summoned, separately, to defend the mem-

---

[272] See the trial of Juan Martínez de los Olivos, No. 81, fol. 3r. She was the wife of Diego de Córdoba, and she lived in Daimiel. See also trial No. 80, fol. 2r; Delgado Merchán, p. 222.

[273] See the trial of Juan González Escogido, No. 80, fol. 2r. Fita suggests that he should be identified with Juan Tirraz [Haym] o Naym; see Fita, p. 474, No. 147; Delgado Merchán, p. 222.

[274] See trial No. 80, fol. 2r. He was burnt on 15 March 1485; see Fita, p. 473, No. 129.

[275] See trial No. 80, fol. 1r.
[276] Ibid., fol. 2r.
[277] Loc. cit.
[278] Loc. cit.
[279] See trial No. 75, fol. 2v.

[280] See trial No. 76, fol. 2v.
[281] See trial No. 77, fol. 2v.
[282] See trial No. 78, fol. 2v.
[283] See trial No. 81, fol. 2r.
[284] See trial No. 79, foll. 2v–5r.

[285] See trial No. 80, fol. 3r. It is difficult to determine which Leonor Alvarez is referred to here. The wife of Alvarez de Burgos was burnt on 15 March 1485; (Fita, p. 475, No. 183; Delgado Merchán, p. 222); there was another whose trial was suspended (Delgado Merchán, p. 225; Fita, p. 480, No. 262). Two other persons called Leonor Alvarez were tried in Toledo in the nineties of the fifteenth century; see Biographical Notes.

[286] See trial No. 81, fol. 3r.

ory of the accused: the heirs of Alvaro, linen merchant;[287] the heirs of García Barbas, tailor;[288] the heirs of Beatriz, wife of Rodrigo the Alcaide;[289] the heirs of Beatriz, aunt of Ruy Díaz;[290] Juan and Mendo, heirs of Alvaro de Bonilla;[291] Juan Caldes, son of Pero Caldes;[292] the sons and heirs of Fernando Canario;[293] the children of Alvar Díaz, linen merchant;[294] Diego Díaz, physician;[295] the children of Fernando Díaz, cloth dyer;[296] the heirs of Ruy Díaz, apothecary;[297] the heirs of Alonso Díaz, Caballero.[298]

Juan Díaz, physician and apothecary, is summoned to defend himself and his father Diego Díaz.[299]

Fernando Calvillo is summoned to defend himself.[300]

The trial of Marina Gentil opens.[301]

The trial of Rodrigo Marín and his wife Catalina López opens.[302]

10 Sept. Pedro González de Córdoba gives power-of-attorney to Juan Gómez to appear as defending counsel in the trial of his uncle and aunt, Rodrigo Marín and Catalina Gómez.[303]

14 Sept. The heirs of Beatriz, wife of Rodrigo the Alcaide, are given thirty days to present their plea. They are charged with rebellion.[304]

Beatriz, aunt of Ruy Díaz,[305] and Diego López, shoemaker,[306] are charged with rebellion. The prosecutor is given thirty days to substantiate his indictment.

15 Sept. Juan Gómez testifies for the defence in the trial of Diego López.[307]

17 Sept. The prosecutor and defence plead in the trial of Rodrigo Marín and Catalina López. Thirty days are allowed in which to bring evidence. The defence hands in his power-of-attorney and pleads for the first time.[308]

18 Sept. Witnesses for the defence are examined in the trial of Catalina de Zamora.[309]

---

[287] *Loc. cit.*
[288] *Loc. cit.*
[289] *Loc. cit.*
[290] *Loc. cit.*
[291] *Loc. cit.*
[292] *Loc. cit.*
[293] See trial No. 81, fol. 3r; see also below, Juan Díaz (and n. 297).
[294] See trial No. 81, fol. 3r.
[296] *Loc. cit.*
[295] See trial No. 81, fol. 2r.
[297] *Loc. cit.*
[298] See trial No. 81, fol. 2v. Alonso was burnt at the stake on 15 March 1485. His brother was Juan de Hynela; see Fita, p. 467, No. 28; Delgado Merchán, p. 223.
[299] See trial No. 81, fol. 2v. Juan Díaz's wife, María Díaz, was burnt in effigy on 24 February 1484.
[300] See trial No. 81, fol. 3r; cf. AHN, Leg. 262, No. 3, fol. 4v.
[301] See her trial, No. 82, fol. 1v. She was tried posthumously; her sentence is in the file of Juan Martínez de los Olivos, No. 81.
[302] See trial No. 83.
[303] *Ibid.*, foll. 3r–4r.
[306] See trial No. 86, fol. 2r.
[304] See trial No. 77, fol. 3r.
[307] *Ibid.*, foll. 3r–4r.
[305] See trial No. 78, fol. 3r.
[308] See trial No. 83, foll. 2r; 5r.
[309] See her trial, No. 74, fol. 20r; this was the second group of *tachas*.

20 Sept.   The heirs of Juan Martínez de los Olivos and his wife are charged with rebellion.[310]
The heirs of Marina Gentil are summoned to defend her memory. They are charged with rebellion.[311]
The prosecutor concludes his case against Juan Caldes. The Court accepts his pleading and pronounces Caldes' heirs rebels.[312]
The prosecutor concludes his pleading and asks that the heirs of Juan González and his wife Beatriz be pronounced rebels. Thirty days are allowed for him to substantiate his indictment.[313]
The Court accepts the prosecutor's pleading in the trial of Juan González Escogido.[314]
The relatives and heirs of Juan Martínez de los Olivos are charged with rebellion.[315]
The heirs of María González, wife of Juan González Pintado, are charged with rebellion.[316]
The prosecutor asks the Court to accept his evidence against Juan Díaz, *alias* Dinela. The Court accepts the evidence and sets a term of thirty days for him to submit it in writing.[317]

23 Sept.   The prosecutor charges the sons and heirs of Juan Falcón, the Elder, with rebellion. Thirty days are allowed in which to produce the evidence.[318]

25 Sept.   Witnesses are presented in the trial of Juan Martínez de los Olivos.[319]

27 Sept.   The defence presents its questionnaire in the trial of Diego López.[320]

1 Oct.   The prosecutor charges the heirs of Juan Caldes with rebellion. Witnesses for the prosecution are presented and sworn in;[321] Catalina de Torres, wife of Gerónimo de Vargas, is one of the witnesses.[322]

4 Oct.   Witnesses for the prosecution are presented and sworn in at the trial of Marina Gentil.[323]

5 Oct.   The prosecutor asks for a term in which to produce his evidence against Juan Martínez de los Olivos.[324]

8 Oct.   Witnesses for the prosecution are presented in the trial of Juan Martínez de los Olivos. A date is set for them to testify.[325]

9 Oct.   Witnesses are presented and sworn in at the trial of Juan González Escogido;[326] Juan Martínez de Alcaraz testifies for the prosecution.[327]

[310]   See trial No. 81, fol. 4v.
[311]   See trial No. 82, fol. 2v.
[312]   See trial No. 75, fol. 3r.
[313]   See trial No. 76, fol. 3r–v.
[314]   See trial No. 80, fol. 3r.
[315]   See trial No. 81, fol. 4v.
[316]   See trial No. 79, fol. 3r.
[317]   See trial No. 85, fol. 2r.
[318]   See trial No. 84, fol. 2r.
[319]   See trial No. 81, fol. 4v.
[320]   See trial No. 86, fol. 5r–v.
[321]   See trial No. 75, fol. 4r.
[322]   *Loc. cit.*
[323]   See trial No. 82, fol. 4v.
[324]   See trial No. 81, fol. 5v.
[325]   *Ibid.,* fol. 4v.
[326]   See trial No. 80, fol. 3v
[327]   *Ibid.,* fol. 6r.

Proceedings of the Court of Ciudad Real, 1483–1485

12 Oct.	Catalina de Carrión is one of the witnesses for the prosecution at the trial of Beatriz, wife of Rodrigo the Alcaide.[328] Additional witnesses for the prosecution are presented and sworn in at the trials of Juan González Escogido [329] and Juan Martínez de los Olivos.[330]
13 Oct.	Witnesses for the prosecution are presented and sworn in at the trial of Juan Caldes; their testimony is received.[331]
15 Oct.	The heirs of Juan González and his wife Beatriz are charged with rebellion. Witnesses for the prosecution are presented.[332]
20 Oct.	Witnesses for the prosecution are presented at the trial of Beatriz, aunt of Ruy Díaz.[333] Witnesses for the prosecution are again presented at the trial of Juan González Escogido.[334]
22 Oct.	Additional witnesses for the prosecution are presented and sworn in at the trial of Juan González Escogido.[335]
25 Oct.	Still more witnesses are presented in the Escogido trial.[336] Witnesses for the prosecution are presented and sworn in at the trial of María González, wife of Juan González Pintado.[337]
26 Oct.	Catalina de Zamora is subjected to one hundred lashes, her mouth is bridled and she is expelled from Ciudad Real and the Archbishopric of Toledo.[338]
29 Oct.	Witnesses for the prosecution are again presented at the trial of Juan Martínez de los Olivos.[339]
15 Nov.	Catalina de Zamora presents to the Court the Inquisition's approval of her reconciliation.[340]
17 Nov.	Sancho de Ciudad is summoned to Court by a citation affixed to the gates of the San Pedro church.[341]
18 Nov.	Fernando and Isabel approve the gift of the house of Alvar Díaz, linen merchant, to the Municipality.[342]
11 Dec.	Pero Díaz de la Costana conducts the *audiencias* by himself, as Francisco Sánchez de la Fuente is in Seville at a gathering of Inquisitors. Díaz de la Costana accepts the prosecutor's petition to postpone the trial of Juan Martínez de los Olivos.[343]

[328] See trial No. 77, fol. 4v. Catalina was the wife of Juan de Antón Sánchez; she lived in Carrión.
[329] See trial No. 80, fol. 4r.
[330] See trial No. 81, fol. 4v.
[331] See trial No. 75, fol. 4r.
[332] See trial No. 76, fol. 3v.
[333] See trial No. 78, fol. 3v.
[334] See trial No. 80, fol. 4r.
[335] *Loc. cit.*
[336] *Loc. cit.*
[337] See trial No. 79, fol. 3v.
[338] This was probably a day on which an *auto-de-fe* was held. See trial No. 74, fol. 1r; Delgado Merchán, p. 220.
[339] See trial No. 81, fol. 4v.
[340] See trial No. 74, fol. 2r.
[341] See trial No. 1, fol. 4r. This was witnessed by a priest named Ferrand Alonso. There may be an error in the year, which may be 1483.
[342] The house was in the Correhería St.; see Beinart, p. 48; Delgado Merchán, pp. 458–459. See also above, 6 September 1484.
[343] See trial No. 81, fol. 5r.

20 Dec. Juan Gutiérrez Baltanás, assessor to the Court, presents prosecution witnesses in the trial of Juan Martínez de los Olivos to Pero Díaz de la Costana.[344]

30 Dec. María Díaz, wife of Pedro Galindo, testifies against María Gonzáles, wife of Pero Díaz de Villarrubia.[345]

1485

18 Jan. Witnesses for the prosecution are presented in the trial of Marina Gentil.[346]

The prosecutor announces that he has concluded his case against Juan Caldes and charges him with rebellion.[347]

The publication of testimonies is announced in the case of Juan González and his wife Beatriz. Witnesses for the defence are summoned to appear within fifteen days.[348]

The prosecutor announces that he has concluded his case in the trial of Beatriz, wife of Rodrigo the Alcaide. Witnesses for the defence are summoned to appear within fifteen days.[349]

The same in the case of Beatriz, aunt of Ruy Díaz; however, only six days are allowed for the presentation of defence witnesses.[350]

The heirs of Juan González Escogido are charged with rebellion. The prosecutor is requested to publish the witnesses' testimonies.[351]

The prosecutor is requested to publish witnesses' testimonies in the trial of María González, wife of Juan González Pintado.[352]

24 Jan. Marina Gentil, her heirs and her relatives are charged with rebellion.[353]

The heirs of Juan Caldes are charged with rebellion.[354]

The heirs of Juan González and his wife Beatriz are charged with rebellion for the last time, and the prosecutor concludes his arraignment.[355]

The heirs of Beatriz, wife of Rodrigo the Alcaide,[356] Beatriz, aunt of Ruy Díaz,[357] and Juan González Escogido [358] are charged with rebellion for the last time.

The prosecutor concludes his case in the trial of María González, wife of Juan González Pintado; he asks that a date be set for handing down the sentence.[359]

26 Jan. Juan Gómez, attorney for Diego López, pleads for the second time.[360]

---

[344] *Loc. cit.*
[345] See trial No. 99, fol. 16r. There may be an error in the date, which should, perhaps be 1483.
[346] See trial No. 82, fol. 3r.
[347] See trial No. 75, fol. 5r.
[348] See trial No. 76, fol. 4r.
[349] See trial No. 77, fol. 5r.
[350] See trial No. 78, fol. 5r.
[351] See trial No. 80, fol. 5v.
[352] See trial No. 79, fol. 5r.
[353] See trial No. 82, fol. 3v.
[354] See trial No. 75, fol. 5r.
[355] See trial No. 76, fol. 4v.
[356] See trial No. 77, fol. 5v.
[357] See trial No. 78, fol. 5v.
[358] See trial No. 80, fol. 5v.
[359] See trial No. 79, fol. 4v.
[360] See trial No. 86, fol. 13r–v.

Proceedings of the Court of Ciudad Real, 1483–1485

1 Feb.	The second defence questionnaire is presented in the trial of Diego López.[361]
18 Feb.	Diego de la Sierra is absolved.[362]
26 Feb.	Bernardo del Tremal abjures and is expelled from Ciudad Real.[363]
15 March (Sunday)	The following Conversos were burnt at the stake in person at the *auto-de-fe* held today: [364] Elvira González (*la linera*), wife of Ruy González de Llerena; [365] Ruy González de Llerena; Fernando Adaliz; Gonzalo Díaz de Villarrubia; [366] Juan García de la Plaza; [367] Pedro González Fixinix; Leonor Alvarez, wife of Antonio Alvarez de Burgos; [368] Inés de Belmonte, *alias* González, wife of Fernando de Belmonte.[369]

The Bones of the following Conversos were exhumed and Burnt: Alonso Martínez, the stammerer; [370] Alonso Gómez Barquillo and his wife; [371] Antón Falcón, the Elder, and his wife Beatriz; [372] Alvaro de Madrid;[373] Antón Ruiz de las dos Puertas; [374] Alonso García de los Olivos and his wife Catalina; [375] Alonso Calcetero; [376] Alonso González del Frexinal; [377] Avencerraje Fixinix; [378] Antón de los Olivos; [379] Alvar García, money changer; [380] Alvaro de Bonilla; [381] Alvar Díaz, linen merchant; [382] Beatriz, aunt of Ruy Díaz, apothecary; [383] Beatriz, wife of Rodrigo the Alcaide; [384] Constanza, wife of Gonzalo Hernández Calvillo; [385]

---

[361] *Ibid.*, fol. 14r.
[362] See Delgado Merchán, p. 220.
[363] *Loc. cit.* See also Fita, p. 469, No. 56; p. 479, No. 244; AHN, Leg. 262, foll. 2r, 17r.
[364] See list in Delgado Merchán, pp. 221–223.
[365] See Fita, p. 471, No. 95; p. 478, No. 220; Delgado Merchán, p. 224.
[366] See Fita, p. 473, No. 129; AHN, Leg. 262, No. 3, fol. 4r.
[367] See Fita, p. 475, No. 173; AHN, Leg. 262, No. 3, fol. 5r.
[368] See Fita, p. 475, No. 183; AHN, Leg. 262, No. 3, fol. 5r.
[369] See Fita, p. 479, No. 239; trial No. 22 fol. 4v; AHN, Leg. 262, No. 3, fol. 6v.
[370] See Fita, p. 466.
[371] Her name was Inés Sánchez; his name may have been Ronquillo; see Fita, p. 466.
[372] He was probably the brother of Juan Falcón, the Elder; see Biographical Notes.
[373] See Fita, p. 466.
[375] *Ibid.*, Nos. 75–76, 130–131.
[374] *Ibid.*, p. 467.
[376] *Ibid.*, No. 16.
[377] *Ibid.*, No. 17; p. 475, No. 185. See also Biographical Notes.
[378] See Fita, p. 467, No. 18.
[379] *Ibid.*, No. 20.
[380] *Ibid.*, No. 22.
[381] See above, 6 September 1484.
[382] See the trial of Juan Martínez de los Olivos, No. 81.
[383] See trial No. 78.
[384] See trial No. 77.
[385] See Fita, p. 470, No. 76. He was also called Fernández Calvillo.

Diego González Fixinix; [386] Diego Zarza; [387] Diego de Villarreal, *regidor*; [388] Diego Díaz, physician; [389] Diego Axir; [390] Bachiller Diego Rodríguez Abudarme; [391] Diego el Pinto, tailor; [392] Fernán García de la Higuera and his wife Isabel; [393] Fernando Díaz, cloth dyer; [394] Fernando del Oliva, the Elder; [395] Fernando Caldes; [396] Francisco de Torres, *regidor*; [397] Fernando Moreno [398] and his wife Catalina; Fernando Canario, money changer; [399] García Barvas; [400] García, *sedero;* [401] Gonzalo [García?] Hernández Barvillo; [402] Juan González Escogido; [403] Juan Díaz Terraz; [404] Juan Caldes; [405] Juan Martínez de los Olivos; [406] Juan González, silversmith, and his wife Beatriz; [407] Juan Falcón, the Elder; [408] Juan Díaz Doncel; [409] Juan Díaz, *alias* Juan Dinela, draper; [410] Juan González de Santestevan and his first wife Juana González; [411] Bachiller Juan García de la Plaza; [412] Juan Díaz Tirraz (o Naym); [413] Marina Gentil, wife of Fernando Gentil; [414] María González, wife of Juan González Pintado, *regidor*; [415] Ruy López Marín, notary, and his wife Catalina; [416] Rodrigo Barzano; [417] Rodrigo de Madrid and his wife Catalina; [418] Diego López,

---

[386] See Fita, p. 469, No. 63, n. 1; p. 470, No. 79.
[387] *Ibid.*, p. 470, No. 80.
[388] *Ibid.*, No. 81.
[389] *Ibid.*, No. 83.
[390] *Ibid.*, No. 84. For his sentence, see trial No. 81.
[391] *Ibid.*, p. 471, No. 91.
[392] *Ibid.*, No. 92. His full name was López el Pinto.
[393] *Ibid.*, Nos. 100–101.
[394] See Biographical Notes.
[395] See Fita, p. 471, No. 104.
[396] *Ibid.*, p. 472, No. 106.
[397] *Ibid.*, No. 109.
[398] *Ibid.*, Nos. 110–111.
[399] *Ibid.*, No. 112.
[400] *Ibid.*, No. 126.
[401] *Ibid.*, p. 473, No. 127; trial No. 81, fol. 3r.
[402] See Fita, p. 470, No. 76; p. 473, No. 128.
[403] See trial, No. 80, fol. 6v.
[404] See Fita, p. 474, No. 147; p. 475, No. 174.
[405] See trial, No. 75, fol. 5v.
[406] See trial, No. 81, fol. 10r.
[407] See trial, No. 76, fol. 5r.
[408] See trial, No. 84, fol. 8v.
[409] See trial, No. 16.
[410] See trial, No. 85, fol. 8v.
[411] See Fita, p. 474, Nos. 154–155.
[412] He is listed above without the title Bachiller.
[413] See above, n. 273.
[414] See trial No. 82, fol. 4r.
[415] See trial, No. 79, fol. 4v.
[416] See trial, No. 83, fol. 9v.
[417] See the trial of Juan Martínez de los Olivos, No. 81, fol. 3r.
[418] See the trial of Juan Ramirez, No. 109, fol. 97v.

shoemaker;[419] Fernando de los Olivos;[420] Gonzalo Alonso Moyano.[421]

22 March Alonso de la Carrera is absolved.[422]
6 May   Alonso González de Teva is convicted *in absentia*.[423]
15 June   The Court is transferred to Toledo.[424]

---

[419] See trial, No. 86, fol. 18r.
[420] See Fita, p. 480, No. 252.
[421] *Ibid.*, No. 256.
[422] *Ibid.*, p. 479, No. 244.
[423] See Delgado Merchán, p. 223; Fita, p. 468, No. 41; cf. p. 469, n. 2.
[424] This is an approximate date.

Dates of Autos-de-fe Held in Ciudad Real, 1483–1485

Date	Type of Auto-de-fe	Source
1483		
16 Nov.*	Reconcilliation to the Church	Trials No. 1, fol. 3v; Vol. II, No. 118, fol. 8r–v. Not mentioned by Delgado Merchán.
17 Nov.*	Reconcilliation to the Church	Ibid. Not mentioned by Delgado Merchán.
1484		
3 Feb.*	Reconcilliation to the Church	Trial No. 10, fol. 30; see also the Biographical Note on Pedro de Villegas.
6 Feb.	Public Burning	Delgado Merchán, p. 218.
14 Feb.	Public Burning	Ibid.
23 Feb.	Public Burning	Delgado Merchán, pp. 218–219; see also Proceedings of the Court of Ciudad Real.
24 Feb.	Public Burning	Ibid.
28 Feb.**	Public Burning	Trial of Constanza Díaz of Almagro, Leg. 141, No. 176, foll. 32v–33v.
2 June	Public Burning	Delgado Merchán, p. 220.
14 June	Public Burning	Trial No. 16, fol. 1r and Delgado Merchán, p. 220.
24 July	Public Burning	Delgado Merchán, p. 220; Inés González, wife of Antonio de Herrera, was burnt.
26 Oct.	Autillo (Private *Auto-de-fe*)	Trial of Catalina de Zamora, No. 74, fol. 1r.
1485		
18 Feb.	Unknown	Delgado Merchán, pp. 218–219; Diego de la Sierra was restored to the fold.
26 Feb.	Unknown	Delgado Merchán, p. 220; Bernardo Tremal recanted and was expelled from Ciudad Real.
15 March	Public Burning	Delgado Merchán, pp. 221–223; see also Proceedings of the Court of Ciudad Real.
22 March	Unknown	Delgado Merchán, p. 223.
6 May	Public Burning	Ibid.

* Held in the San Pedro church.
** This *auto-de-fe* was held in the town of Almagro.

כתבי האקדמיה הלאומית הישראלית למדעים

החטיבה למדעי-הרוח

מקורות לתולדות עם ישראל

מסמכי האינקוויזיציה הספרדית בסיאודאד ריאל

ההדיר והוסיף מבואות וביאורים

חיים ביינארט

כרך ראשון